Ideología Transgénero y Disforia de Género

Una respuesta Católica

MARYVALE CATHOLIC
PRESS

Providence, RI USA

Impreso en los Estados Unidos de América

Ilustrado por Alan Syah

Datos de catalogación en publicación de la Biblioteca del Congreso

Thibault, Jake Ross, 1980—

Ideología transgénero y disforia de género / Jake Thibault.

p. cm.

Incluye referencias bibliográficas e índice.

ISBN- 978-1-7372273-1-1 Tapa dura

ISBN- 978-1-7372273-0-4 Libro de bolsillo

ISBN- 978-1-7372273-2-8 Libro electronico

El transexualismo. 2. Suma Teológica. 3. Teología moral. 4. Teología filosófica. 5. Patología-Teorías de la enfermedad. Etiología. Patogénesis.

A los Monjes Benedictinos y Oblatos de la Abadía de Pluscarden en la Fiesta de Nuestra Señora del Rosario 2020

Tabla de Contenido

TABLA DE FIGURAS MÉDICAS

Tabla de Ilustraciones

Resumen

Durante el siglo pasado, los profesionales de la medicina intentaron aliviar las tensiones internas de los transexuales ajustando su apariencia externa a sus identidades de género preferidas. En repetidos estudios se constató una reducción de la disforia de género mediante cirugías de reasignación de sexo y terapias hormonales. Aunque bienintencionados, estos esfuerzos fueron por sí solos insuficientes para aliviar la angustia subyacente causada por la disforia de género. Además, las personas transexuales, incluso después de los procedimientos de reasignación de sexo, tienen mayores riesgos de mortalidad, neoplasias, comportamientos suicidas y morbilidad psiquiátrica que la población general.

Las terapias de conversión basadas en la fe duplican las tasas de morbilidad de los individuos transgénero. Un enfoque religioso no basado en la ciencia médica produce peores resultados que no proporcionar ningún tipo de apoyo. La falta de apoyo familiar y comunitario a los jóvenes transexuales conduce a un aumento de la falta de vivienda, la prostitución y el abuso de sustancias. El enfoque intransigente y de *amor-duro* no conduce a resultados positivos para muchos jóvenes transexuales.

Las pruebas médicas de la década anterior sugieren una causa del neurodesarrollo para las identidades transgénero; sin embargo, los estudios sobre la disforia de género de inicio rápido apuntan a causas sociales para el pico de adolescentes que se identifican como transgénero. Mientras que las altas tasas de niños preadolescentes diagnosticados como transgénero desisten de su disforia, algunos estudios han demostrado que los adolescentes que toman bloqueadores hormonales no desisten hasta los veinte años. Se necesitan estudios de seguimiento a más largo plazo para conocer los efectos que tienen los bloqueadores hormonales en el desistimiento cuando se prescriben a tiempo. Los teóricos nominalistas del género han integrado las identidades transgénero en su ideología, según la cual el cuerpo, la mente y el espíritu no están esencialmente unidos. Aunque estas ideologías intentan liberar a los individuos de las restricciones del realismo biológico, esta ideología no ha ofrecido a las personas transgénero una sensación de paz interior. Según un estudio de la Campaña de Derechos Humanos de 2018, los individuos que se identifican como no binarios y otras identidades de género recién nombradas sufren los niveles más altos de depresión, ansiedad e intentos de suicidio.

Bajo el paraguas transgénero se encuentran tres grupos de personas: (1) los que tienen disforia de género de inicio temprano, (2) los que tienen disforia de género de inicio rápido y (3) los teóricos del género que forman parte de la 4ª ola del feminismo. Las personas con disforia de género de inicio temprano padecen una condición médica que desiste en un 80% en la adolescencia; el 20% que persiste se beneficia de alguna forma de transformación social en el sexo opuesto. La gran mayoría de las personas que se autodenominan transgénero pertenecen a la segunda categoría, que son principalmente mujeres adolescentes. Al igual que las autolesiones y los trastornos alimentarios, este contagio social alcanza su punto álgido a los diecisiete años, desistiendo en la edad adulta. Los jóvenes autistas están muy afectados. Este grupo busca principalmente una identidad y una comunidad de apoyo. El teórico del género ha aprovechado este caos y ha presentado eficazmente la identidad transgénero como una forma de reinvención. Las personas con disforia de género necesitan apoyo, las que tienen confusión de género necesitan orientación y los teóricos del género necesitan ser desafiados filosóficamente.

El realismo tomista ofrece recursos adicionales para los individuos transgénero, que la ciencia secular no puede ofrecer por sí sola. El tomismo abarca todas las disciplinas de la ciencia y las humanidades para presentar una expresión holística de la verdad. La heurística tomista utiliza la ciencia médica y busca restaurar la naturaleza por los medios menos invasivos, al tiempo que depende de las virtudes y la gracia para proporcionar sabiduría y carácter para superar los obstáculos.

Este libro sostiene que el uso de una heurística tomista en consonancia con la enseñanza de la Iglesia es mejor que las terapias médicas por sí solas, la terapia de conversión basada en la fe o la adopción de una ideología de teoría de género basada en el nominalismo.

CAPÍTULO 1
INTRODUCCIÓN

Aunque trabajemos entre las muchas distracciones de este mundo, debemos tener una sola meta. Porque no somos más que viajeros en un viaje que aún no tiene una morada fija. Estamos en camino, pero no en nuestra tierra natal.

— San Agustín, *Sermón*

Conoce, pues, oh alma bella, que eres imagen de Dios.

— San Ambrosio, *Veritatis Splendor*

Después de que Amazon.com eliminara el súper-ventas de Ryan Anderson, *Cuando Harry se convirtió en Sally*, en 2021, el foco de atención pasó a ser el libro *un Daño irreversible*, de Abigail Shrier, que afirma la existencia de una locura transgénero que seduce a las adolescentes. La nueva directriz de Amazon.com establece que cualquier referencia a que las personas transgénero *son enfermas mentales* será inmediatamente eliminada de la plataforma. La política de Amazon presupone que cualquier libro que desafíe la narrativa transgénero de que "*las mujeres trans son mujeres*" debe estar afirmando que las personas transgénero son enfermas mentales. Es probable que muchos de los que critican estos libros no hayan leído ninguno de los dos, ya que ninguno de los dos autores llama enfermos mentales a las personas transgénero.

Tanto el Dr. Anderson como la periodista Abigail Shrier son notables conservadores que publicaron libros en editoriales conservadoras. Este libro es católico y tomista, y no se inclina ni hacia lo conservador ni hacia lo liberal. Una cosmovisión católica intenta ver los problemas con la iluminación del amor encarnado de Cristo. La única agenda es proclamar la verdad en amor y caminar con nuestros hermanos y hermanas en un espíritu de buena voluntad.

Dado que muchas personas que tratan de desvirtuar un libro no lo leen en su totalidad, abordemos la premisa principal por adelantado. ***Este libro no afirma que los transexuales sean enfermos mentales***. En cambio, este libro hará afirmaciones limitadas utilizando la menor retórica y las mejores pruebas médicas disponibles en 2021. Estas afirmaciones se adaptarán a medida que la ciencia médica evolucione. Por desgracia, los activistas suelen cancelar las investigaciones debido a la presión política si los científicos no enmarcan la investigación sobre la transexualidad según la ideología de género. Esta censura es contraproducente, ya que los tratamientos basados en la ideología y no en los datos han fracasado repetidamente.

Lo que creemos saber

Andrófilia

Algunas personas desarrollan disforia de género de inicio temprano (0,1% de la población). Estos niños de entre dos y cuatro años que muestran una expresión de género del sexo opuesto pueden ser diagnosticados como andrófilos. Un individuo andrófilo es, en términos crudos, una forma extrema de homosexualidad. Aunque la masculinidad y la feminidad son ligeramente diferentes y a menudo culturales, existen algunas conexiones entre la expresión de género y la identidad de género.

Es probable que un fenómeno atípico del neurodesarrollo sea el responsable de esta identificación. El uso del ***término neurodesarrollo no significa que se trate de una enfermedad mental***. La zurdera y el autismo también son condiciones del neurodesarrollo y no enfermedades mentales. Una causa del neurodesarrollo de la disforia de género sugiere que hay estructuras cerebrales específicas (probablemente dentro del hipotálamo) que son parcialmente intersexuales.

Las personas con disforia de género tienen estructuras cerebrales más parecidas a su sexo asignado. No hay pruebas que sugieran que una persona con disforia de género tenga el cerebro del sexo opuesto; sin embargo, las pequeñas variaciones del sexo opuesto pueden tener un efecto significativo. Dado que la ciencia médica no puede identificar la parte del cerebro responsable de la expresión de género, los médicos no pueden determinar si todas las personas con disforia de género tienen una condición intersexual. La posibilidad de un cerebro parcialmente intersexual puede expresarse en diferentes lugares del cerebro sexuado. Es posible que la comunidad médica nunca comprenda la complejidad de la expresión sexual humana, pero su etiología biológica puede hacerse más evidente a medida que se realicen más estudios. Deben fomentarse todos los estudios en los límites de la ciencia respetable en este ámbito.

Muchas personas con disforia de género de inicio temprano superan la disforia de forma natural al entrar en la pubertad y la edad adulta. Muchos de estos individuos son homosexuales y no conformes con el género, pero la disforia de género cesa. La tasa de hombres y mujeres con disforia de género es igual en esta clasificación. Aunque es puramente observacional, las personas con disforia de género de inicio temprano que persisten en la edad adulta parecen ser notablemente diferentes de los teóricos del género y de los individuos autoginéfilos en cuanto a su expresión de género del sexo opuesto.

Autoginéfilo

Algunas personas se declaran transgénero más tarde, en la edad adulta. Estos hombres suelen sentirse atraídos por las mujeres. No presentan los signos clásicos de disforia de género, pero tienen un fuerte deseo de abrazar la vida como una persona del sexo opuesto. Esta categoría está compuesta casi en su totalidad por individuos de sexo masculino a femenino. El doctor Ray Blanchard identificó la causa de estos deseos como una extensión de la fantasía transvestista, a la que llamó autoginefilia.

La comunidad médica no ha encontrado estructuras cerebrales intersexuales en los individuos autoginéfilos. Sin embargo, ***esto no significa que estos individuos sean enfermos mentales***. Por el contrario, se puede concluir que no todas las personas transexuales tienen la causa o la experiencia exacta de la disforia.

Transgénero se convierte en un término paraguas para describir a las personas con múltiples condiciones de disforia de género o sin disforia de género en absoluto. Las personas transgénero suelen tener varios tipos de tratamientos porque la condición no es idéntica en cada persona. Dado que la causa de los deseos andrófilos y autoginéfilos es diferente, los métodos de alivio psíquico no pueden ser los mismos. Para más información sobre estas dos categorías, véase el capítulo seis.

Inicio Tardío

La disforia de género de inicio tardío es un fenómeno nuevo y mucho más controvertido. Esta categoría comprende principalmente a las mujeres natas (75%) que nunca mostraron signos de disforia de género hasta la pubertad o la pubertad tardía. Las personas con disforia de género de aparición tardía suelen padecer disforia general en la adolescencia con una alta comorbilidad con trastornos alimentarios, cortes, autolesiones y autismo. Además, los jóvenes precedidos por interacciones sociales en persona o en línea con otras personas transgénero se identifican más tarde como transgénero ellos mismos.

Los activistas del género nominalista se han infiltrado en los espacios online impulsando la teoría del género personal. Los foros en línea convencen a los jóvenes de que convertirse en transgénero o no binario es una forma de reinventarse a sí mismos como mejor les parezca. Esta ideología da a los jóvenes un sentido de identidad que antes ocupaban otras narrativas, como los góticos, los emos y los neo-punks.[1] ***Los jóvenes que experimentan esta disforia de género generalizada de inicio tardío no son enfermos mentales.*** Por el contrario, los activistas han convencido incorrectamente a estos jóvenes de que, si cambian de género, tendrán un mayor control sobre sus vidas y encontrarán la felicidad. La búsqueda de la felicidad en las externalidades es una falsa esperanza que conduce a la desesperación, lo que explica las elevadas tasas de estrés, depresión y suicidio tras la transición o la aceptación como persona de su género propuesto.

Teóricos de Género

El último grupo bajo el paraguas de la transexualidad es el de los teóricos del género nominal. Este grupo es una extensión del feminismo de la cuarta ola, que pretende erradicar todos los aspectos del sexo binario. La teoría de género es una ideología social y política que intenta deconstruir la familia, la economía, el gobierno, la iglesia y todos los elementos clásicos de la cultura con la esperanza de reconstruir una superestructura a su propia imagen. Aunque utilizar el término marxista puede ser exagerado, los aspectos marxistas de esta destrucción intencionada de las instituciones occidentales son frecuentes. Por ejemplo, la YouTuber transgénero Rose of Dawn afirma que grupos como la N.U.S. *Trans Students Campaigners Network* excluyen a las personas con disforia de género de inicio temprano, al tiempo que utilizan la empatía del público hacia las personas transgénero para promover una agenda marxista (Rose of Dawn 2019).

Los activistas de género incluyen a las personas con disforia de género de inicio temprano en el espectro transgénero. Aun así, se trata principalmente de individuos que eligieron esta identidad para derribar el supuesto patriarcado. Este grupo ha politizado las condiciones médicas de la disforia de género y la intersexualidad y las ha reivindicado como propias para legitimar su movimiento. Algunos teóricos del género son disfóricos de la vida, por lo que son disfóricos de género. Otros reclaman la etiqueta de disforia para obtener puntos de opresión. Y otros afirman que la disforia no es necesaria para ser transgénero, ya que afirman que el sistema binario es una construcción social. En consecuencia, uno puede elegir ser transgénero.

---

[1] Una estética de principios de la década de 2000 caracterizada por el cabello teñido de negro, camisetas ajustadas y jeans ajustados.

Cuando un grupo no tiene la virtud de construir la sociedad, expresa su agencia derribando la sociedad. Aunque las personas de este movimiento pueden tener buenas intenciones, las consecuencias de sus acciones son tóxicas. ***Los teóricos del género no son enfermos mentales,*** pero este libro reacciona principalmente contra su ideología al tiempo que afirma la realidad de las personas con disforia de género y de los jóvenes que, en general, tienen disforia en la vida.

Cuatro Propuestas

Este libro aboga por cuatro cambios en la forma actual de ver la cuestión transgénero: en primer lugar, la disforia de género de inicio temprano es real; sin embargo, es muy rara. No todos los niños con disforia de género se convierten en adultos con disforia de género; por lo tanto, el Protocolo Holandés (un enfoque de esperar y ver) es mejor que un enfoque de afirmación de género.

En segundo lugar, los jóvenes con disforia de género de inicio tardío deben ser escuchados y recibir terapia por parte de profesionales que busquen descubrir la causa subyacente de la disforia. En ocasiones, los médicos pueden tratar los síntomas de disforia con antidepresivos y terapia cognitivo-conductual. Los médicos deben seguir el Protocolo Holandés ya que, al igual que los Trastornos Dismórficos Corporales (TDC), los síntomas suelen cesar por sí solos al llegar a la edad adulta.

En tercer lugar, este libro cuestiona la filosofía del nominalismo de género y la teoría personal de género. Una filosofía particular no debería ser protegida como una clase especial de pensamiento, validada por la censura académica. Las filosofías existen para ser debatidas, no para ser impuestas doctrinalmente por la izquierda o la derecha. Como dice el adagio, si tienes los hechos de tu lado, golpea los hechos; si tienes la ciencia de tu lado, golpea la ciencia; si no tienes ni los hechos ni la ciencia, golpea la mesa. Este libro intenta golpear los hechos y la ciencia más que la mesa. Los hechos y la ciencia deben conducir a la verdad y no a la censura.

En cuarto lugar, este libro reconoce que la transexualidad es una ideología paraguas que incorpora muchos sentimientos y actitudes hacia la no conformidad de género. La integración de estos grupos, si bien es políticamente beneficiosa, no es apropiada a la hora de ofrecer tratamientos medicalizados o atención pastoral. Identificar la etiología es esencial a la hora de buscar los medios menos invasivos para restaurar el orden natural. Por ejemplo, los médicos no pueden tratar a alguien con disforia de género de inicio temprano de la misma manera que con disforia de género de inicio tardío. Del mismo modo, los médicos no pueden tratar a los pacientes andrófilos como a un paciente autoginéfilo; o a un teórico del género como a alguien diagnosticado de disforia de género. Tratar a todos los pacientes transgénero por igual es un enfoque de la medicina con los ojos bien cerrados que merece ser criticado.

Enfoque Católico

La clave para mantener relaciones sanas con los demás es la paciencia y amar a las personas donde están. En cualquier relación, hay que centrarse en la persona y no en sus identidades sociales: masculino, femenino, educado, inculto, viejo, joven, persona de color, blanco, gordo, flaco, gay, heterosexual, creyente, incrédulo, amante de los gatos, amante de los perros, vegano, carnívoro, woke, redneck, local, extranjero, demócrata, republicano, trans, cis, etc. A pesar de que estas categorías proporcionan descripciones útiles en determinadas situaciones, sus propietarios no deben interpretarlas como identidades.

Aunque la afabilidad es una virtud, el buen consejo, seguido de un juicio adecuado, es necesario para que una persona prudente dé lo que le corresponde a otra con justicia. Ser consciente de las cuestiones médicas, psicológicas, filosóficas y espirituales subyacentes relacionadas con la condición transgénero es vital para ser un amigo fiel, un pastor competente, un padre atento o un responsable político justo y prudente. Desde el punto de vista pastoral, hay que comprender a los transexuales y actuar con justicia hacia ellos. La justicia conmutativa trata de un cierto tipo de correlación entre iguales dentro de la sociedad. Cuando los vecinos tienen una relación, ninguno tiene autoridad sobre el otro. Por lo tanto, juzgar al otro no es apropiado. Los ciudadanos del commonweal no deben decirle a un camarero transgénero sus creencias sobre la cuestión transgénero en su cafetería local. El deber de uno es ser un vecino afable, buscando la paz y la buena voluntad. Mostrar beneficencia hacia el prójimo es suficiente como virtud cristiana propia. Este enfoque apoya a la persona y no necesariamente a su ideología.

Supongamos que uno tiene autoridad sobre otro, como pastor de almas, padre de familia o representante del bien común. En ese caso, la actitud de *quién soy yo para juzgar* se convierte en una abnegación de las responsabilidades otorgadas por Dios y de la confianza pública. Los padres que no juzgan adecuadamente a sus hijos son negligentes. ¿Y cuando se trata de adultos racionales y no de niños?

Ejercer fielmente la autoridad se vuelve más complicado cuando la figura de autoridad es el político, un administrador institucional o un pastor de almas. La sociedad ya no está de acuerdo con el precepto de que los líderes de la Iglesia y del Estado deben guiar a sus miembros hacia la virtud y los fines adecuados. Sin embargo, si los que ejercen la autoridad rechazan sus responsabilidades, se pone en duda la necesidad de su existencia. Los teóricos del género, por el contrario, no piensan en afirmar la autoridad establecida por la iglesia y el commonweal.

La primera respuesta de los católicos cuando se encuentran con una persona con disforia de género no debería ser el castigo, sino la compasión. El arzobispo Robert Carlson de San Luis escribió en una carta pastoral que el punto de partida para dirigirse a las personas transgénero es la compasión: "*Pero si la compasión es lo primero (y lo último) que hay que decir, no es lo único que hay que decir*" (Carlson 2020, 4). La Iglesia tiene que decir que la disforia de género debe basarse en el realismo biológico y en las ciencias racionales, y no en cualquier forma de terapia de conversión basada en la fe por parte de pastores y laicos bien intencionados.

Los eticistas del Centro Nacional Católico de Bioética enseñan: "*Las personas que se declaran transgénero deben ser acompañadas en su difícil camino con verdadera caridad, y se les deben ofrecer terapias éticas y eficaces basadas en una antropología sólida y en la evidencia científica*" (The Ethicists of The National Catholic Bioethics Center 2016, 599). La respuesta católica debe estar enraizada tanto en las verdades científicas como en las antropológicas.

Este libro tiene un doble propósito para los católicos. En primer lugar, dar a los ciudadanos de la commonweal una mejor comprensión de las complejidades de la cuestión transgénero desde una perspectiva no modernista. En segundo lugar, este libro puede ayudar a quienes tienen autoridad a actuar razonablemente con un buen consejo basado en una ciencia médica y una filosofía sólida.

Consideraciones Éticas

Aunque las expresiones transgénero no son un hecho común de forma natural, el enfoque médico de las personas transgénero plantea nuevas realidades éticas y jurídicas no sólo para las personas transgénero sino para la sociedad. Los llamamientos de los defensores de las ideologías de género no cognitivas para crear un tercer sexo o setenta y seis géneros rechazan la necesidad natural de la complementariedad de los sexos para la generación de la especie. En su lugar, la antropología materialista considera el cuerpo humano como carne cruda, que los cirujanos expertos pueden moldear en cualquier forma deseada.

En una época de secularidad, la pérdida de los principios teológicos cristianos aplicados a la sexualidad humana no preocupa a la mayoría de los católicos laicos,[2] que quieren ser simpáticos y no ser considerados críticos en ningún sentido. Sin embargo, la violación de la normatividad de la naturaleza se traduce en altas tasas de suicidio para los transexuales entre 10 y 15 años después de la cirugía, con muertes por tumores y enfermedades cardíacas 2,5 veces mayores y hospitalizaciones psiquiátricas 2,8 veces mayores que la población general (Dhejne, Lichtenstein et al. 2011).Por lo tanto, las gafas de color rosa que tiñen el encuadre de las identidades transgénero como una ocurrencia celebrada son opacas a la realidad a la que se enfrentarán las personas transgénero cuando reciban sus tratamientos médicos deseados.

Si un diagnóstico es filosófico, teológico y médicamente inseguro, hay razones para detenerse. Cuando la ciencia médica no puede curar al paciente por sí sola, hay que considerar si el enfoque médico es su mejor opción. Del mismo modo, personas de fe bien intencionadas crearon tratamientos poco útiles en un intento de curar a los transexuales de su disforia. Como resultado de estos intentos amateurs de los curanderos cristianos, las personas transgénero tienen un mayor riesgo de suicidio que las que no recibieron su ayuda (Meyer, Teylan y Schwartz 2014).

---

[2] Los que utilizan las emociones o las ideas no universales para determinar la ética.

No existe una cura médica para la disforia de género, por lo que manejar los efectos de estos sentimientos es la mejor solución. Aunque no hay una explicación única de cómo se desarrolla la disforia de género de inicio temprano, los avances significativos de los últimos diez años apuntan a una causa del neurodesarrollo (Rajkumar 2014) (Guillamon, Junque, and Gómez-Gil 2016).

Muchos factores genéticos, hormonales y ambientales contribuyen a la formación de la psique mientras el cerebro se desarrolla en el útero. En el momento del nacimiento, el cerebro cristaliza muchas de estas estructuras y vías. A continuación, en un plazo de cinco años, el cerebro desarrolla plenamente el resto de los centros de control de la identidad. Por tanto, antes de que surja cualquier preocupación por que un niño exprese una identidad transgénero, el niño tiene un cerebro inmutable casi completamente formado.

Hasta la década de 1990, los médicos de la Clínica de Identidad de Género de Johns Hopkins operaban bajo la falsa creencia de que el sexo de un niño era mutable durante los tres primeros años de vida. La falsa ciencia que siguió, basada en teorías de género nominalistas y no en el realismo biológico, nunca tuvo éxito. Tras hacerse públicos los desastrosos resultados de estas cirugías y tratamientos, la comunidad médica desacreditó la falsa ideología de la mutabilidad sexual de los niños. A pesar de las pruebas médicas, algunas transfeministas, como Rachel Anne Williams, afirman que fueron niños y que evolucionaron a mujeres en la edad adulta (R. A. Williams 2019, 100). Este concepto de mutabilidad del sexo y del género en la mediana edad es una anomalía coherente con la teoría del género personal, pero incoherente con el realismo de 800 millones de años de biología humana evolutiva.

Durante la pubertad, los cerebros jóvenes se inundan con niveles elevados de estrógeno y testosterona que desencadenan el último período de cambios estructurales significativos dentro del cerebro. La presión social se ejerce sobre los padres para que se apresuren a realizar la transición hormonal y quirúrgica de sus hijos a partir de los ocho años de edad (Ruttimann 2013) (Olson-Kennedy 2014). En este libro se argumenta que el protocolo holandés (opción de esperar y ver) parece ser el más práctico, teniendo en cuenta que entre el 63 y el 84% de los prepúberes diagnosticados con disforia de género desisten de forma natural antes de los 15 años (Steensma, McGuire, et al. 2013). Quienes afirman que los jóvenes transgénero diagnosticados correctamente no desisten deben reconocer que son muchos más los niños a los que se les diagnostica disforia de género que los que persisten más adelante.

En un proyecto de ley de la Asamblea (AB2218) para la salud de los transexuales, el Estado de California sugirió que el 27% de los jóvenes de entre doce y diecisiete años eran de alguna manera transexuales (CA 2020). La media nacional de personas transgénero es del 0,4% (Flores et al. 2016). El número de personas transgénero que se someten a cirugías de reasignación es solo el 25% de las que se consideran transgénero (Nolan, Kuhner y Dy 2019, 188). Los resultados son muy diferentes si las clínicas de género abordan a los jóvenes con la filosofía de que el 27% son disfóbicos de género. Estas falsas estadísticas conducen a la falsa creencia de que es necesario detener la pubertad *"en una fase temprana del proceso"*, como afirma la doctora Johanna Olson-Kennedy, del Hospital Infantil de Los Ángeles (Olson-Kennedy 2014). Cuando los médicos utilizan la filosofía de que el 0,1% de la población finalmente buscará cirugías de reasignación de sexo en la edad adulta, llegan a una terapéutica diferente. Algunos estudios muestran que los niños que utilizan bloqueadores hormonales son más propensos a persistir con la disforia de género, lo que plantea la cuestión de si el desistimiento se produciría de forma natural si se deja sin tratamiento hormonal (de Vries et al., 2011).

Durante la década anterior, la tasa de disforia de género de inicio tardío en adolescentes se ha disparado como contagio social, lo que sugiere que las tasas de desistimiento también se dispararán en la década siguiente. En los casos que afectan a los jóvenes, cuanto más progresan social, legal y médicamente, mayor es el riesgo de no poder admitir un error. Además, el bochorno, la vergüenza y la desesperación de no tener una causa externa de felicidad al final del arco iris pueden llevar a una autolesión destructiva.

Ante la falta de procedimientos sencillos que puedan ayudar a las personas transexuales a superar su ruptura, la Iglesia tiene la oportunidad de ayudar a personas que, de otro modo, no tendrían alternativas médicas viables. Los datos muestran que si una persona se siente satisfecha con la cirugía de reasignación de sexo, ésta no está exenta de graves efectos secundarios. Los transexuales deben vivir con altas tasas de cáncer, enfermedades cardíacas, coágulos de sangre y otros problemas médicos derivados de la transición. Los estudios han descubierto que la reasignación de sexo tampoco cura ninguna de las afecciones psicológicas subyacentes.

Aplicación de la Ética de la Virtud

El neotomismo apunta a la unificación de la persona y a la sensación de paz interior con su cosmología, antropología, epistemología, teología y ética. La felicidad, según la ética de la virtud, es el resultado de la suerte moral y de la práctica de las virtudes. Por ejemplo, la disforia de género puede ser mala suerte, ya que uno no elige ni espera esta condición debilitante. Por lo tanto, uno puede centrarse en ser virtuoso para alcanzar la felicidad en lugar de esperar ser feliz a través de la buena suerte. Aristóteles consideró el papel que desempeñan la suerte y la virtud en la consecución de la *eudaimonia*, o vida floreciente. Escribió en la *Ética a Nicómaco*:

> Ahora bien, muchos sucesos ocurren por casualidad, y los sucesos difieren en importancia; pequeños trozos de buena fortuna o su opuesto claramente no pesan en la balanza de la vida de una manera u otra, pero una multitud de grandes sucesos, si resultan bien, harán la vida más bendita mientras que si resultan mal, aplastan y mutilan la bendición; porque ambos traen dolor con ellos y obstaculizan las actividades. *Sin embargo, incluso en éstos brilla la nobleza, cuando un hombre soporta con resignación muchas grandes desgracias, no por insensibilidad al dolor sino por nobleza y grandeza de alma.* (Aristóteles NE, 1100b22-32)

El Papa León I se hizo eco de esta grandeza de alma cuando predicó: *"La virtud no es nada sin la prueba de la tentación, pues no hay conflicto sin enemigo, ni victoria sin lucha"* (*Sermo.* León I). Aristóteles también recomienda la amistad como medio de felicidad. Nadie tiene que llevar sus cargas solo, sino con la ayuda de sus amigos y del Espíritu Santo.

La vida de la virtud para los cristianos es cuando unen sus mentes y almas a Cristo, convirtiéndose en la *imagen de Cristo*. La autoayuda en sentido cristiano no está centrada en el ego, sino que, siguiendo el consejo del P. W. Norris Clarke, S.J., *dar y recibir lleva a convertirse*. Un cristiano nunca encuentra la felicidad mirándose al espejo durante demasiado tiempo. El P. Clarke escribió en *Persona y Ser*: *"Ser plenamente persona consiste en vivir plenamente el ritmo alternado de la posesión de sí mismo y la apertura a los demás, o como explica Jacques Maritain, el dominio de sí mismo para darse"* (Clarke 2016, 113).

Por último, este método requiere la apertura a la gracia de Dios para permitir que su amor y misericordia transformen los sentimientos de disforia. La esperanza llena de gracia se convierte en una oportunidad para amar a Dios en soledad y utilizar la propia energía para servir a los demás.

1.1 Análisis Interdisciplinario

Se requiere un enfoque interdisciplinario para analizar la experiencia transgénero dentro de sus contextos históricos, culturales y biológicos. El lector debe examinar las pruebas médicas para apreciar mejor las experiencias transgénero. Además, el lector también debe conocer las perspectivas sociales y eclesiásticas relacionadas con el sexo y el género. El propósito de este libro es examinar las pruebas utilizando las humanidades y las ciencias para encontrar la verdad sobre el fenómeno transgénero.

Para entender bien la cuestión transgénero, hay que comprender la biología y la psicología que afectan a los pacientes con disforia de género. La comprensión de la ciencia de la disforia de género permite dar una respuesta médica y pastoral más matizada. Un triple enfoque para entender el fenómeno transgénero incluye: (1) el deseo sexual, (2) la ontología y (3) la teoría de género

Argumento del Deseo Sexual

La primera está relacionada con la identidad y la orientación sexual. Muchos activistas sociales colocan la identidad sexual y las atracciones sexuales en casillas diferentes, pero no hay que suponer que estas categorías no están relacionadas. El enfoque tomista considera las relaciones vivas entre las categorías orgánicas y cómo todos los aspectos de la vida están interrelacionados. ¿Podrían la atracción y la orientación sexual afectar a la identidad sexual? La respuesta desde una perspectiva tomista es: ¡por supuesto! Las atracciones de una persona podrían apuntar a una etiología de la identidad sexual. Por ejemplo, los individuos ginéfilos poseen una etiología diferente a la de los andrófilos. El proceso de afrontamiento sería totalmente diferente si los sentimientos de la persona transexual son el resultado del travestismo o de la homosexualidad. Para una persona ginéfila, el sentimiento de ser femenina y llevar ropa, maquillaje y prendas de mujer tiene un efecto seductor. Por el contrario, las personas transexuales de tipo homosexual desean convertirse en otro sexo, y los objetos de sexo cruzado no les atraen. Por lo tanto, el enfoque pastoral será diferente en ambos casos. La disforia basada en el deseo de convertirse en algo es diferente de la disforia por ser algo. Según explica la doctora Judith Shapiro, los transexuales son *"más monárquicos que el rey"* (J. Shapiro 1991, 250).

Argumento Ontológico

El segundo es el enfoque ontológico de las identidades transgénero, que sostiene que una mente transgénero reside en una persona del sexo opuesto. La ontología considera la totalidad de una persona. La existencia de rasgos femeninos o masculinos o de un pene o unos pechos no siempre explica por completo la realidad ontológica de la persona. La totalidad de la persona incluye a la persona morfológica, hormonal y mentalmente. Si un hombre está atrapado en el cuerpo de una mujer o una mujer está atrapada en el cuerpo de un hombre, esto requeriría una respuesta muy diferente que si estos sentimientos se originan en los deseos sexuales. Ser un hombre o una mujer es diferente de desear ser un hombre o una mujer.

Argumento de la Teoría de Género

La tercera es sociológica y cultural. Si la identidad de género fuera una elección personal o parte de una ruptura, el patriarcado requeriría una respuesta pastoral diferente. Desgraciadamente, la respuesta de las personas bienintencionadas ha sido a menudo la de abordar únicamente esta tercera categoría, excluyendo los fundamentos biológicos y psicológicos dentro de las dos categorías anteriores.

También hay que considerar si una persona es disfórica de género por una causa biológica, disfórica en general como contagio social, o forma parte de una ideología nominalista de la teoría de género. Al considerar si una persona sufre disforia de género, hay que abordar los argumentos del deseo sexual y ontológico. Cuando se considera la teoría de género nominalista, el elemento biológico pasa a ser irrelevante y, en consecuencia, cualquiera puede convertirse en transgénero según esta filosofía. Los teóricos del género suelen tener buenas intenciones; sin embargo, las consecuencias de su ideología antinatural impuesta a los jóvenes desconectados pueden ser perjudiciales.

La Importancia de la Investigación Médica

Los fundamentos biológicos de un trastorno del neurodesarrollo también pueden aportar ideas para mejorar el tratamiento de la afección sin necesidad de utilizar hormonas del sexo opuesto, bloqueadores hormonales y cirugía. Basándose en las pruebas médicas, muchos científicos creen que algunas formas de disforia de género tienen una causa del neurodesarrollo.

Al igual que otros trastornos del neurodesarrollo, como la esquizofrenia, el trastorno dismórfico corporal y el autismo, existen tratamientos no quirúrgicos y no hormonales. La disforia de género se parece mucho al Trastorno Dismórfico Corporal o a su contraparte, el Trastorno de Identidad Corporal, pero no hay estudios que aborden la disforia de género con terapias similares. Las opciones de tratamiento disponibles para la disforia de género son más limitadas y se basan en los deseos del paciente, es decir, hacer que su cuerpo coincida con su identidad de género.

Las identidades transgénero aparecen en diversas culturas de todo el mundo, pero sus tratamientos difieren. En la mayoría de las culturas, las personas con identidades transgénero están integradas en la sociedad y se les asigna una función determinada. En la última parte del siglo XX, los avances médicos proporcionaron un enfoque medicalizado para las identidades transgénero. A pesar de ello, el suicidio era un hecho anormal en Occidente durante la era preindustrial (Zell 1986, 303). Además, algunos registros muestran que personas famosas vivieron como miembros del sexo opuesto durante los siglos XIX y XVIII. Entonces, ¿por qué la era moderna convierte la inconformidad de género en un trastorno, que termina en una alta tasa de suicidios?

1.2 Método y Estructura

Este libro divide el análisis cualitativo en once capítulos. En primer lugar, la investigación examinará los factores biológicos que pueden contribuir a los sentimientos de disforia de género. En segundo lugar, las encíclicas de León XIII animan a la Iglesia a abrazar la verdad de las ciencias seculares, pero entendida a través de la lente de Santo Tomás de Aquino ((Leo XIII 1879) (Leo XIII 1893). En tercer lugar, el análisis esbozará vías creativas para situar a las personas con identidades transgénero en un contexto bíblico y magisterial utilizando el neotomismo. Por último, al combinar la ética de la virtud con una teología de la discapacidad, el libro ofrece una visión de la *eudaimonía* como alternativa a la medicalización de las personas transgénero.

A diferencia de la mayoría de los libros filosóficos, este libro está lleno de ilustraciones. Este uso del arte tiene una doble intención. En primer lugar, los objetos católicos deben ser verdaderos, buenos y bellos. Las ilustraciones son un intento de atraer al lector para que acepte la belleza de la verdad. En segundo lugar, la humanidad debe estar presente en este diálogo. Con demasiada frecuencia, los interlocutores deshumanizan a sus oponentes. Santo Tomás de Aquino, por el contrario, fortifica las objeciones en la *Suma Teológica*, ya que, a través de fuertes objeciones, Santo Tomás define la verdad con mayor claridad. Los argumentos de Strawmen pueden ser útiles para los sofistas, pero son de poca utilidad para los filósofos. Mostrar la cara de las personas de ambos lados del debate debería ayudar al católico a querer a los interlocutores en esta conversación. Se puede estar en desacuerdo con alguien filosófica y teológicamente sin perder de vista la humanidad de la persona. Como un rostro es más difícil de odiar que un nombre, este libro está lleno de rostros para disminuir el odio.

El capítulo uno será un capítulo introductorio que contendrá el método y la estructura del libro y un planteamiento del problema.

El capítulo dos define la terminología de género utilizada para hablar de sexo y género. La sección también explica los procedimientos médicos utilizados en las cirugías de reasignación de sexo y presenta la enseñanza de la Iglesia sobre las cirugías estéticas. El documento *Cultura de la mujer: Igualdad y diferencia* (Consejo Pontificio de la cultura, 2015) plantea la ética de las cirugías electivas. *La Teología del cuerpo* de Juan Pablo II (Juan Pablo II, 2006) también constituye una fuente esencial para entender la antropología católica del siglo XX. El capítulo dos aborda tres enfoques de la teoría del género: biológico, personal y social. Esta sección examina la diversa comprensión de las personas transgénero, dando contexto a las variaciones de género a lo largo del tiempo y del lugar. Por último, esta sección analiza la normatividad de la creación y la epistemología. Esta sección ayuda a crear el contexto para comprender las cuestiones transgénero. El capítulo dos aborda las múltiples perspectivas epistemológicas dentro de cada uno de estos campos del conocimiento.

El capítulo tres aborda la división cultural que rodea la cuestión transgénero. Esta sección examina brevemente la guerra cultural que se está produciendo en el mundo occidental entre los teóricos nominalistas del género y los legisladores antitransgénero. Además, este capítulo aborda el silenciamiento de los investigadores médicos que no repiten la narrativa políticamente correcta en relación con las cuestiones transgénero. A pesar de la división relativa a la cuestión transgénero, el Papa Francisco y la Congregación para la Educación Católica abordan los problemas desde una perspectiva pastoral. El Papa Francisco rechaza las teorías de género que promueven la división antinatural entre sexo y género, pero no deja de mostrar su apoyo a las personas que se enfrentan a la condición de disforia de género. Por último, el capítulo tres afirma la relación positiva entre la ciencia y la fe y cómo ambas se benefician de esta relación.

El capítulo cuatro inicia una investigación sobre la ciencia de las anomalías sexuales. La naturaleza incluye las anomalías como parte de cada especie. A pesar de la importancia de no exagerar el fenómeno de la intersexualidad (el 1,6% de la población mundial), la Iglesia debe reconocer a esos 120,48 millones de personas. Los parámetros de lo que constituye la intersexualidad son amplios, y van desde la infertilidad hasta dos conjuntos de genitales y genotipos que no son ni XX ni X.Y.

Estas anomalías son frecuentes en las especies inferiores, lo que sugiere que la naturaleza permite la variabilidad y las anomalías. Por desgracia, las personas intersexuales se han politizado y se han utilizado como prueba de que el sexo es un espectro. La politización de una anomalía sexual es un ejemplo de cómo una condición médica se convierte en una ideología. La iglesia ha aceptado la diferencia entre las personas intersexuales con una condición médica y la ideología de género que utiliza a las personas intersexuales como un arma. Del mismo modo, la Iglesia puede distinguir entre las personas con disforia de género y las que utilizan a las personas transexuales como punto de apoyo para levantar su ideología de género nominalista.

El capítulo cinco examina el inicio de la medicalización de las personas transexuales en el siglo XX y los primeros diagnósticos de este trastorno. Esta sección histórica narra la historia del travestismo, un término anterior para describir a las personas transexuales. A continuación, este capítulo analiza la persistente demanda de las personas transexuales de una asignación médica del sexo y la respuesta de los profesionales médicos que utilizan la tecnología moderna. Por último, la rápida progresión de la ciencia médica en materia de sexo y género condujo al surgimiento y caída de la primera Clínica de Identidad de Género. Las consecuencias de lo que este libro argumentará es una filosofía inexacta de la persona humana. Este acontecimiento ejemplifica por qué la biología sólida y la filosofía recta deben ir de la mano para ayudar a las personas con un trastorno sexual atípico.

El capítulo seis examina las teorías de la identificación transgénero desarrolladas durante los años 80 y 90 por el doctor Ray Blanchard (1945-), psiquiatra clínico del Instituto Clarke de Psiquiatría de Toronto, y miembro del comité de Identidad de Género para el DSM.-4 y 5. Aunque la comunidad transexual suele renegar del trabajo del Dr. Blanchard, sus informes de observación crearon ideas sobre dos posibles fundamentos etiológicos de los deseos transexuales. El enfoque de la doble etiología rompe la barrera entre la identidad sexual y la orientación y los deseos sexuales. Este enfoque no es muy popular entre los activistas de género nominalistas firmemente arraigados en el enfoque de silo del sexo, el género, la orientación sexual, la masculinidad/feminidad y los roles de género. Sin embargo, la investigación del neurodesarrollo 30 años después valida algunas de las observaciones del Dr. Blanchard. Por lo tanto, este material se incluye no para promover la división, sino porque estas teorías siguen siendo indirectamente parte de la investigación médica en curso.

El capítulo siete examina los estudios médicos contemporáneos relacionados con las identidades transgénero y la correlación entre la identidad, el cerebro y las hormonas. Esta sección muestra cronológicamente la evolución de la investigación médica, que construye la mejor comprensión contemporánea del *cerebro transgénero*. La investigación médica sobre el cerebro transgénero no ha hecho más que empezar y debería continuar sin interferencias políticas. Si estos estudios fundacionales quedan desfasados por futuros estudios, probablemente sólo definirán aún más lo que la ciencia ya ha establecido. Por el contrario, si los estudios futuros crean un cambio de paradigma hacia una comprensión diferente de la sexualidad humana, muchos elementos pastorales originales seguirán siendo relevantes. Por ejemplo, aunque Einstein sustituyó a Newton mediante un cambio de paradigma, la física de Newton puso a un hombre en la luna (Kuhn 2012, 115). Del mismo modo, si la ciencia sustituye estas teorías en el futuro, seguirán siendo útiles, y muchas de sus verdades se trasladarán de una teoría a otra.

El capítulo ocho concluye las secciones de investigación sobre el cerebro. Este capítulo termina con las afirmaciones de una etiología del neurodesarrollo. Esta sección también considera las causas médicas plausibles de este hecho. El capítulo cuatro se centra en las anomalías genéticas y los efectos hormonales en el desarrollo humano, mientras que el capítulo ocho relaciona estas anomalías genéticas, hormonales y estructurales con las causas probables de la disforia de género. Es posible que exista un vínculo entre los cuerpos intersexuales y los cerebros intersexuales, que forman parte del cuerpo.

Hay que tener en cuenta la correlación entre la disforia de género, los trastornos del neurodesarrollo y su comorbilidad. Algunas personas transexuales orgullosas interpretarán esta sección como polémica, ya que el lenguaje es similar al que describe los trastornos intelectuales y psicológicos, pero esta no es la intención del libro. Además, ***la correlación entre las enfermedades mentales y la disforia de género no afirma que los transexuales sean enfermos mentales***. Por el contrario, estos estudios afirman una posible relación con una causa común del neurodesarrollo para ambos, una idea confirmada por múltiples estudios.

En el capítulo nueve se afirma que un porcentaje significativo de adolescentes con disforia de género de inicio tardío no tiene una base genética o biológica para los sentimientos o deseos transgénero. En cambio, las pruebas de esta sección sugieren una fuerte relación entre la disforia de género y una etiología social entre las adolescentes. Esta sección también examina las razones biológicas por las que un niño con disforia de género de inicio temprano puede desistir naturalmente de estos sentimientos una vez completada la pubertad. Aunque los teóricos nominalistas del género discuten fuertemente las teorías presentadas en esta sección, es sin embargo una de las secciones más importantes del libro. Este tema es grave, ya que afecta a niños que dependen de adultos bien informados para tomar decisiones médicas acertadas basadas en la ciencia médica confirmada.

Los niños también dependen de que sus padres sean ejemplos de fe y de juicios filosóficos sólidos. Los niños pueden aprender a ser niño o niña siendo testigos de la clara visión de la vida de sus padres, de su teleología y de cómo vivir una vida moralmente agradable a Dios, que conduzca al florecimiento humano. Lamentablemente, los teóricos nominalistas del género han invertido inmensas energías y dinero en utilizar a los niños para promover su ideología. Sin embargo, muchos teóricos del género creen sinceramente que sus acciones son liberadoras. Los padres, los pastores y los funcionarios públicos deben ser conscientes de estas diferencias filosóficas para responder adecuadamente a las situaciones difíciles.

Comprender correctamente los problemas de la transexualidad conduce a un complejo dilema que se aborda en el capítulo diez. Esta sección aborda los problemas médicos asociados a las cirugías de reasignación de sexo y a los tratamientos con hormonas cruzadas. Por último, la sección culmina con la investigación médica y el memorando de la Administración Obama sobre la denegación de las cirugías de reasignación de sexo en los programas de Medicare y Medicaid en 2016.

El capítulo diez concluye con un enfoque heurístico que, si se aplica, puede ofrecer orientación a las autoridades eclesiásticas, los pastores, los padres y las personas con disforia de género. Este enfoque de cinco pasos incorpora la ciencia, la teología moral y la gracia desde una perspectiva neotomista. Este marco neotomista proporciona una comprensión e identifica los elementos cruciales en la experiencia de una persona transgénero, a la vez que sitúa estos acontecimientos dentro de la cosmología cristiana más amplia.

El capítulo once se centra en un enfoque pastoral coherente con el planteamiento del Dr. Vanier para ayudar a quienes se enfrentan a la disforia de género. Este diseño heurístico ayuda a los que están en la iglesia con un enfoque sencillo paso a paso, en lugar de permitir a los pastores ofrecer consejos con un conocimiento incompleto del trastorno. El capítulo once está en deuda con el tomismo del padre Cessario, cuyo comentario sobre la *Suma Teológica* y las virtudes es esencial para este libro. Esta sección aborda la fusión de la investigación médica con una comprensión tomista clásica de las virtudes y la gracia para crear una vía de curación y florecimiento humano.

1.3 Filosofía y Tecnología

En el centro del dilema transgénero está la cuestión filosófica: ¿Existe una diferencia entre los hombres y las mujeres? ¿Qué es un hombre o una mujer desde el punto de vista biológico, personal, espiritual y social? Este libro se pregunta qué significa ser hilomorfo: ¿una persona de materia y esencia?

Antes de aplicar el método científico, un filósofo propone primero una hipótesis científica. Dan Dennett escribió: "No existe la ciencia libre de filosofía; sólo existe la ciencia cuyo bagaje filosófico es asumido sin examen" (Dennett 1996, 157). Las preguntas de la ciencia se refieren a por qué ocurre algo, cómo ocurre, o la posible relación entre dos objetos. Para crear la hipótesis científica, una persona necesita observar el mundo natural, descubrir algo desconocido y, finalmente, considerar, utilizando el intelecto y la sabiduría, crear una hipótesis razonable. Así pues, el método científico tiene su origen en una propuesta filosófica basada en observaciones racionales del mundo.

El mejor uso de la ciencia empieza por formular las preguntas adecuadas. ¿Cuáles son las preguntas correctas sobre las personas que experimentan identidades transgénero? La pregunta más formulada por los transexuales durante el siglo XX era si *"existían cirugías para modificar a los hombres que querían ser mujeres"* (Ettner 1999, 11). La primera petición de una solución médica nunca fue "*cómo consigo que mi mente se ajuste a mi cuerpo*", sino "*cómo consigo que mi cuerpo se ajuste a mi mente*". Este punto de partida configura el tratamiento de este trastorno. Un filósofo que se precie desafía estos supuestos.

La cuestión que se plantea es también una cuestión de ética de la tecnología, ya que los actuales planes de tratamiento para las personas que experimentan sentimientos transgénero se basan en un enfoque medicalizado. En su encíclica, Alabado seas (*Laudato Si'*), el Papa Francisco escribió,

> *La tecnología tiende a absorberlo todo en su férrea lógica. Quienes están rodeados por la tecnología comprenden plenamente que esta avanza, en última instancia, ni por el beneficio ni por el bienestar de la raza humana (*Francis 2015a, sec. 108*).*

Estas consideraciones éticas nunca se habrían manifestado hasta los avances de la endocrinología y las cirugías estéticas, pero ¿estos avances médicos mejoran a la humanidad?

1.4 PLANTEAMIENTO DE PROBLEMAS

¿Existe un cerebro transgénero?

La situación ante la Iglesia es doble. En primer lugar, la Iglesia debe estar abierta a las ciencias médicas, que informan su comprensión de la persona humana. En segundo lugar, la Iglesia debe ofrecer una orientación maternal para apoyar a las personas transgénero y ayudar a guiar al conjunto de la sociedad para que apoye las vidas virtuosas y los fines adecuados.

Al examinar la ciencia, surgen dos interpretaciones divergentes de los datos, la del Dr. McHugh y la de Katherine Wu. En primer lugar, el Dr. McHugh afirma una débil conexión entre las identidades transgénero y una causa de neurodesarrollo (McHugh and Mayer 2016). Sin embargo, las investigaciones médicas de la década anterior desafían la afirmación del Dr. McHugh (Hare et al. 2009), (Rametti et al. 2011), (Diamond 2013), (Fisher et al. 2013), (Rajkumar 2014), (Strang et al. 2014), (Ostgathe, Schnell and Kasten 2014), (Fernández 2014), y (Guillamon, Junque and Gómez-Gil 2016).

En segundo lugar, en yuxtaposición, los estudios médicos han demostrado que Katherine Wu es incorrecta en su afirmación de que las personas transgénero nacen "*con cerebros más parecidos al género con el que se identifican, que al que les fue asignado*" (K. Wu 2016). Los estudios han demostrado definitivamente que los cerebros de las personas transgénero son más parecidos a los de otras personas del mismo sexo asignado. Los investigadores en cada estudio encontrarían un sitio entre cientos por el cual una sección era como el sexo opuesto (Henningsson et al. 2005), (Hare et al. 2009), (Rametti et al. 2011), y (Fernández 2014).

Un estudio único determinó que las personas transgénero tienen ciertas porciones de sus cerebros disímiles a los de los hombres o mujeres cis, pero más similares a los de otras personas transgénero (Guillamon, Junque, y Gómez-Gil 2016). La postura adoptada dentro de este libro está entre los dos extremos del Dr. McHugh y Katherine

Wu. El cerebro de una persona transgénero solo contiene pequeños segmentos, a diferencia de los del sexo asignado, lo que hace difícil saber exactamente cómo afectan ciertas secciones del cerebro a la identidad sexual. Dentro de la ciencia médica, las pequeñas diferencias pueden tener consecuencias de gran alcance

¿Cómo es que la Transexualidad forma parte del alfabeto LGBTQIA+?

Los líderes de la commonweal y las autoridades han malinterpretado las distinciones entre sexo, género, orientación sexual, identidad de género y expresión de género. En un intento de incluir a las personas homosexuales, los políticos han creado protecciones para todo el espectro de LGBTQIA+. Aunque pretenden proteger la orientación sexual, a las personas lesbianas, gays y bisexuales [LGB], han incluido a las personas que cuestionan [Q] su orientación (que son heterosexuales u homosexuales) y a los aliados [A] (que son heterosexuales) y a las personas intersexuales [I] (que son personas heterosexuales con condiciones médicas). También han incluido a las personas transexuales [T], que se refieren a la identidad de género y no a la orientación sexual. Proteger a las personas transgénero con su definición expansiva es proteger (1) a las personas con disforia de género, una condición médica. La ley adecuada para proteger a las personas con una discapacidad es la Ley de Estadounidenses con Discapacidad (A.D.A.). (2) La gente está promoviendo una ideología de género que es de naturaleza política. En junio de 2020, el Tribunal Supremo codificó en la Ley de Derechos Civiles de 1964 la protección no sólo de las personas homosexuales, sino también de las personas transgénero. Para las personas en la última categoría de ser transgénero, esto es ahora una ideología protegida federalmente.

¿La disforia de género es innata?

La genética por sí sola no explica la disforia de género, ya que cuando nacen gemelos idénticos en los que uno es transgénero, hay un 70% de posibilidades de que el otro no lo sea (Diamond 2013). El estudio de los gemelos sugeriría que las influencias epigenéticas, hormonales y ambientales, tanto dentro como fuera del vientre materno, son factores que determinan si una persona es disforia de género.

El arzobispo Carlson se basa en la *Breve declaración sobre transexualidad* de The Ethicists of The National Catholic Bioethics Center para su conclusión de que las instituciones católicas no pueden apoyar los procedimientos de reasignación de sexo. Este documento rechaza definitivamente y sin ambages cualquier posibilidad de procedimientos de reasignación de sexo, pero dejan una importante excepción dentro de su argumentación. Al principio del documento, los éticos afirman que sólo se dirigen a las personas emocionalmente transgénero y no a las que tienen una indeterminación sexual ambigua. Escriben,

> A los efectos de la presente declaración, hay que subrayar que no nos ocupamos de los casos complicados en los que diversos trastornos congénitos del desarrollo sexual provocan *incertidumbre sobre el sexo biológico de una persona,* por ejemplo, las situaciones de genitales ambiguos. (The Ethicists of The National Catholic Bioethics Center 2016, 600)

La afirmación de los bioeticistas es sólo para aquellos con una identidad sexual *inequívoca* y "*claramente definida como hombre o mujer*". Los bioeticistas afirman que la naturaleza incorpora la determinación del sexo en los órganos sexuales secundarios. Los neurocientíficos y endocrinólogos del siglo XXI afirman ahora que el sexo biológico de una persona está determinado con más precisión por sus hormonas y estructuras cerebrales que por la existencia de un pene o una vagina.

La realidad biológica podría estar estrechamente conectada con la realidad psicológica, creando una identidad que no forma parte de la ideología de género, sino de la realidad biológica. Algunas personas que se identifican como disfóricas de género pueden tener un cerebro intersexual, lo que podría causar indeterminación sexual y no ser puramente emocional (no cognitiva). Los católicos pueden estar totalmente de acuerdo en que aliviar el deseo de ser del sexo opuesto no puede ser el motivo para recibir una cirugía de reasignación de sexo. Sin embargo, los católicos pueden seguir estando abiertos a alguna forma de tratamiento medicalizado, ya que muchas, si no la mayoría, de las personas transgénero de inicio no participan en un experimento de teoría de género, sino que reaccionan a alguna ambigüedad sexual biológica con orígenes naturales.

¿Deben las autoridades fomentar un enfoque medicalizado?

Si las identidades transgénero se dan de forma natural en la especie humana, ¿deberían aceptarse las identidades transgénero como un tercer género, o debería la sociedad animar a los individuos a elegir cualquiera de los dos géneros o debería la sociedad animar a las personas a cambiar de género según lo consideren oportuno? Aunque la iglesia debería estar abierta a nuevas formas de entender a la persona humana, no puede violar sus propios principios filosóficos y teológicos para ser inclusiva o popular. ¿Es éste un tema en el que la Iglesia debería involucrarse? Este libro defiende que la iglesia debería implicarse en este tema (aunque con cautela) y ofrecer apoyo a las personas transexuales y sus familias. También es esencial, y a menudo se pasa por alto, una preocupación pastoral particular por las personas que abandonan el sexo.

Las personas con disforia de género de inicio temprano merecen compasión, los jóvenes con disforia de género de inicio tardío requieren una orientación prudente y los teóricos del género nominalista requieren una refutación adecuada. La tasa de intentos de suicidio para los adolescentes MtF es del 29,9%, los intentos FtM adolescentes están en el 50%, y el 41,8% para los adolescentes no binarios (Toomey, Syvertsen y Shramko 2018). La tasa de formación de tumores también es un 2,5% mayor debido a las terapias hormonales (Knight y McDonald 2013). Un estudio descubrió que incluso 15 años después de la cirugía, las tasas de suicidio eran un 19,1% más altas que las de los individuos cis (Dhejne, Lichtenstein, et al., 2011). Las tasas de insatisfacción de las 610 encuestas de seguimiento realizadas en Alemania entre 1995 y 2015 llegan al 79% (Hess et al. 2018).

Supongamos que estos resultados adversos del estudio Dhejne son estadísticas de personas con disforia de género de inicio temprano. En ese caso, los datos de las personas con disforia de género de inicio tardío probablemente sólo serán peores. Sin embargo, después de un periodo de espera suficiente, los que tienen disforia de género de inicio temprano serían los que más ganarían si sus expresiones sociales de género coincidieran con sus identidades de género, ya que su cerebro ha cristalizado completamente su psique.

Las personas con disforia de género de inicio tardío son especialmente vulnerables porque la ideología de género ha cautivado sus esperanzas, que no pueden ofrecer la liberación que buscan. Las personas con disforia de género de inicio tardío desistirán de su disforia en la edad adulta; la única pregunta es si seguirán teniendo su cuerpo intacto. En segundo lugar, ¿les permitirá la vergüenza y el bochorno de caer en esta ideología reintegrarse en la sociedad como su sexo natural?

¿Es posible tratar a los transexuales personas transgénero sin cirugías?

Cuando se trata del Trastorno Dismórfico Corporal (TDC) y del Trastorno de la Identidad Corporal (TIC) -trastornos de origen psicológico y del neurodesarrollo-, los tratamientos nunca implican hacer que el cuerpo coincida con la mente. Sin embargo, tratan la mente para que coincida con el cuerpo. Los tratamientos para el TDC y el TID implican aprender a amar y aceptar el propio cuerpo tal y como existe (Fundacion Para el Trastorno Dismorfico Corporal n.d.)

La espiritualidad, el volverse menos ensimismado y la práctica de la autoaceptación reducen la ansiedad y la depresión hasta que el individuo puede vivir una vida floreciente. Sin embargo, dadas las deficiencias de los tratamientos médicos actualmente disponibles para las personas transgénero: ¿pueden los tratamientos para el TDC y el TBI ofrecer algún alivio, especialmente en los jóvenes que ya experimentan una tasa de desistimiento del 63 al 84% a los 15 años de edad (Steensma, McGuire, et al. 2013) y en las mujeres jóvenes que sufren elevadas tasas de trastornos alimentarios y otras formas de dismorfia corporal? Existen tratamientos alternativos a pesar de la tendencia a la transición rápida de una persona utilizando bloqueadores hormonales, hormonas del sexo opuesto y cirugías.

¿Cuál debería ser el enfoque de la iglesia?

La Iglesia aborda esta cuestión con varios principios intactos. En primer lugar, un argumento común entre los éticos católicos contra la cirugía de reasignación de sexo y los tratamientos hormonales es que violan el principio de totalidad, lo que resulta en una esterilización directa. En segundo lugar, mutilar el cuerpo humano es incoherente con la teología de la encarnación. En tercer lugar, la práctica del dualismo pone en duda la unidad del cuerpo y el espíritu cuando afirma que los seres humanos son fantasmas dentro de máquinas y que los cuerpos humanos son carne cruda que los médicos pueden manipular.

Juan Pablo II señala en El esplendor de la verdad (*Veritatis Splendor*): "*Una libertad que pretende ser absoluta acaba tratando el cuerpo humano como un dato en bruto, desprovisto de todo significado y de valores morales hasta que la libertad lo haya modelado de acuerdo con su diseño*" (Juan Pablo II 1993, 46). La Iglesia cree que los seres humanos están vinculados a su biología y al orden natural de Dios como medios y no como escollos para la salvación. Cuando una persona nace con un trastorno del neurodesarrollo o es víctima del destino, estas condiciones dificultan la capacidad de la persona para prosperar (Tessman 2005).

La gente no controla su suerte moral (B. Williams 1981), pero la gente controla sus virtudes. Vivir una vida virtuosa conduce a una vida de felicidad. Sean cuales sean las circunstancias de cada uno, uno puede encontrar el sentido de la vida, haciendo que la vida merezca la pena (Frankl 2007). Asimismo, el Dr. Vanier practicó esta teología en las comunidades de *El Arca* durante medio siglo y encontró paz y felicidad en las personas, independientemente de su discapacidad.

La Iglesia no tiene por qué rechazar la ciencia médica, y la ciencia médica no tiene por qué rechazar los dones de la Iglesia. La medicina moderna funciona mejor cuando se combina con la espiritualidad y la práctica de la virtud (Terruwe and Baars 1981). Del mismo modo, la iglesia no es necesaria para condenar la disforia de género, un concepto predicado por el Papa Francisco (Francisco 2016) y la Congregación para la Educación Católica (Congregación para la Educación Católica 2019). Aun así, necesita ayudar a curar a los individuos que no pueden encontrar todas sus respuestas en las cirugías y los suplementos hormonales.

Un estudio de 2017 descubrió que la afiliación religiosa es un "*predictor significativo*" en la felicidad de las personas transgénero (Barringer y Gay 2017). Además, un estudio de Pew de 2013 descubrió que una tasa significativa de personas transgénero considera la religión -incluida la cristiana- "*muy seria*" (Bautista, Mountain, y Mackenzie-Reynolds 2014). Por lo tanto, la iglesia no tiene que rehuir la cuestión de las identidades transgénero; por el contrario, posee un enorme regalo que ofrecer a las personas transgénero.

Las creencias religiosas y el asesoramiento religioso no han servido para reducir las tasas de suicidio de los jóvenes transgénero. Después de recibir asesoramiento basado en la religión, las tasas de suicidio de esas personas aumentaron (Meyer, Teylan y Schwartz 2014). La iglesia no debería involucrarse en el asesoramiento psicológico sobre asuntos con los que no está familiarizada. Este libro propone una heurística distinta al asesoramiento religioso o a las terapias de conversión y más parecida al programa de doce pasos de Alcohólicos Anónimos. Las tasas de suicidio no aumentan debido al programa de doce pasos, ya que el proceso también se centra en la gracia y las virtudes.

Capítulo 2
Marco de Género

Creer que es posible conocer una verdad universalmente válida no es en absoluto fomentar la intolerancia; al contrario, es la condición esencial para un diálogo sincero y auténtico entre las personas.

— Papa San Juan Pablo II, *Fides et Ratio*

Por lo tanto, un yo es de género, no esencialmente, sino inevitablemente.

— *Charlotte Witt, Ph.D., La metafísica del género*

2.1 Sexo y Género

El sexo se refiere a la condición biológica de una persona como hombre o mujer. Una persona es miembro de un sexo en función de cinco variables físicas: (1) cromosómicas, (2) gonadales, (3) la feminización o virilización hormonal y puberal, (4) las estructuras reproductoras accesorias internas y (5) la morfología genital externa (Money, Hampson, y Hampson 1957, 333). La activista transgénero Rachel Anne Williams añade a esta lista que el sexo es (6) reproductivo, (7) social y (8) psicológico también (R. A. Williams 2019, 204). Tradicionalmente estos seis primeros serían el sexo, mientras que el siete y el ocho serían el género.

El género es el sexo psicológico de una persona, un conjunto de "*roles, comportamientos, actividades y atributos construidos socialmente que una sociedad determinada considera apropiados para niños y hombres o niñas y mujeres*" (Money, Hampson, y Hampson 1957, 333). Mientras que el concepto de sexo no es complicado para la mayoría de los individuos, las expresiones de género pueden variar según las culturas, las religiones y las épocas, ya que implica cultura y psicología.

Hasta que el sexólogo John Money, de Johns Hopkins, acuñó el término rol de género en 1955, la mayoría de la gente utilizaba sexo y género de forma relativamente intercambiable (Money 1955, 253). La figura 2.1 muestra la relación entre el sexo y los roles de género, tal y como se han entendido tradicionalmente a lo largo del siglo XX.

Rachel afirma que "*no sólo es posible, sino relativamente sencillo, cambiar de sexo*" (R. A. Williams 2019, 203). ¿Cómo de sencillo es? Uno no puede cambiar su sexo cromosómico. Algunas estructuras morfológicas del sexo pueden modificarse mediante cirugías estéticas, por ejemplo, la adición o sustracción de pechos.

[1] Salvo una minoría de individuos que nacen con una condición intersexual tan grave que no se puede determinar el sexo del individuo.

En cambio, los profesionales de la medicina no pueden cambiar otras estructuras como el esqueleto, las gónadas, el tamaño del corazón de una persona o crear un útero. Los farmacéuticos pueden cambiar el sexo endocrinológico de forma artificial mediante bloqueadores y suplementos hormonales, que los pacientes deben tomar durante el resto de su vida. El individuo nunca producirá la testosterona o el estrógeno necesarios para el funcionamiento saludable del cuerpo. Los médicos pueden crear genitales no reproductivos reconfigurando el tejido ya existente. Un cirujano estético puede dar a una persona pechos, pero no pechos que puedan alimentar a los bebés. Un transexual puede utilizar estos genitales para el coito, pero no para la reproducción. El sexo reproductivo es inmutable. La idea de que uno puede cambiar su sexo para tener relaciones sexuales sin posibilidad de descendencia pasa por alto la naturaleza esencial de tener un cuerpo sexuado.

La única forma directa en que una persona puede cambiar su sexo es psicológica y socialmente, y sólo después de un notable esfuerzo. Los elementos psicológicos y sociales del sexo se denominan también género. Por lo tanto, cambiar de sexo no es sencillo, sino imposible.

Facetas Anatómicas y Sociales del Sexo

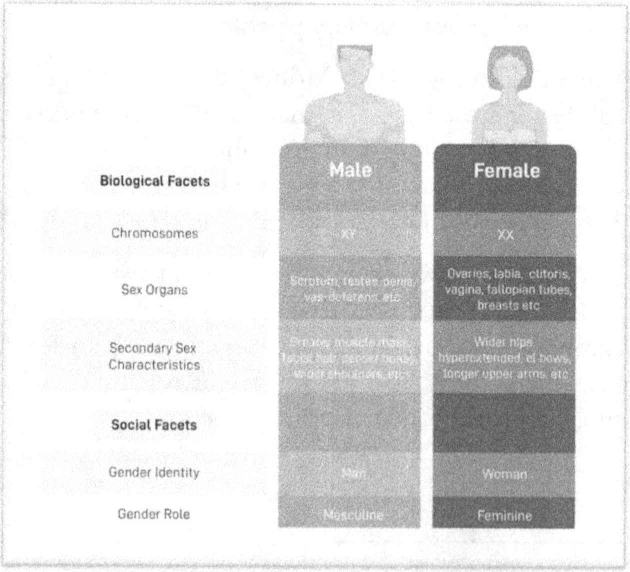

Biological Facets
Chromosomes
Sex Organs
Secondary Sex Characteristics
Social Facets
Gender Identity
Gender Role
Male
Female
XY
XX
Ovaries, labia, clitoris, vagina, fallopian tubes, breasts etc
Wider hips
Woman
Masculine
Feminine

Figura 2.1 Facetas anatómicas y sociales del sexo

¿Qué es el género?

El género diferencia la relación necesaria entre el sexo biológico y la expresión de uno mismo. La Iglesia promueve el realismo de género, un concepto que afirma el vínculo esencial entre la biología y el comportamiento. La hermana Mary Prudence Allen, R.S.M., utiliza la etimología de la palabra género para apoyar la teoría del realismo de género. La raíz, gen, significa producir o engendrar, como en las generaciones o generar. Otros usos de gen incluyen genealogía, genes, génesis, genital y progenie. Por lo tanto, afirma la hermana Allen, "*la separación radical del concepto y la palabra 'sexo' del concepto y la palabra 'género' sugerida por algunos autores del siglo XX es realmente artificial*" (Allen 2014, 26–27).

Algunos teóricos nominalistas del género, como Indigo Fox, afirman actualmente "diarios médicos", y los expertos médicos afirman la prevalencia de más de dos géneros (B. White 2017). Este tema de conversación está dentro del lenguaje común de los individuos de izquierda y, en particular, dentro de la mentalidad cultural de los jóvenes. En cambio, la YouTuber transgénero conservadora Blaire White, en un debate online con Indigo Fox, respondió a esta ideología afirmando que "solo hay dos géneros... separar el género del sexo es como separar las olas del océano" (B. White 2017).

La etimología puede mostrar la intención original de la palabra género, pero ¿cuál es su significado desde una perspectiva científica? En 1968, el investigador psiquiátrico de la UCLA, El doctor Robert Stoller. (1924-1991), introdujo tres criterios en el establecimiento de las identidades de género (1) influencias biológicas y hormonales, (2) asignación de sexo al nacer, y (3) influencias ambientales y psicológicas con efectos similares a la impronta (Stoller 1968, 383). El Dr. Stoller definió la identidad de género como "la sensación de ser miembro de un sexo determinado" (Stoller 1968, 115). Existe ambigüedad en este criterio científico, ya que los dos primeros criterios, el biológico/hormonal y el sexo asignado al nacer, son normas objetivas. En cambio, la sensación de pertenecer a un sexo determinado es totalmente subjetiva. Entonces, ¿qué ocurre cuando lo objetivo entra en conflicto con lo subjetivo?

El lector debe reconsiderar la definición de género. El género puede considerarse de dos maneras (véase la figura 2.2); la primera es el género como expresión del propio sexo e inseparable del sexo. En segundo lugar, el género es la forma en que uno se identifica. Según el primer enfoque, la perspectiva psiquiátrica predominante vincula inextricablemente el sexo y el género como inseparables. Aunque se considere que el género es principalmente social, no se puede negar la influencia de la biología y la asignación de sexo. La segunda definición de género se basa en la sensación de pertenencia a un sexo determinado. Según esta definición, no hay criterios adicionales para afirmar que se es miembro de un sexo concreto.

Al afirmar que la ciencia demuestra la existencia de innumerables géneros, Indigo comete un error lógico, ya que la ciencia médica no puede demostrar el género de alguien según su definición, ya que el género es, por tanto, subjetivo. En el marco tradicional, el género es una expresión del propio sexo y puede verificarse médicamente. En el marco moderno, el género es lo que una persona considera que es. A menudo, los que defienden que el género es no binario argumentan a partir de esta última definición de género, pero de alguna manera reclaman la validez científica de sus afirmaciones. Cabe preguntarse si el término género puede seguir siendo definido por consenso.

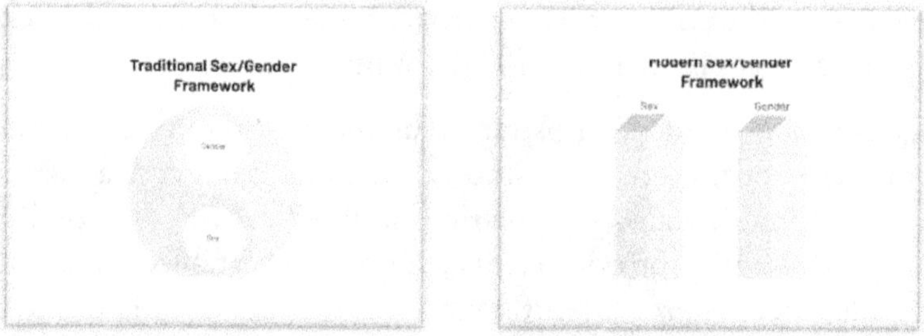

Figura 2.2 Sexo y género

¿Cómo se forma el género en el marco moderno?

Lo que sea que quieras ser, realmente lo eres. Si las personas se llaman a sí mismas mujeres, son mujeres, mientras que si se llaman hombres, son hombres. Si las personas dicen que no son ninguno de los dos o ambos, eso se convierte en su género. El género es una identidad mega esencial, superior al sexo de uno.

¿Cómo se forma el género en el marco tradicional?

El filósofo social y consultor educativo Michael Gurian distingue: "*El género es innato, y luego se socializa por la cultura*" (Gurian y Stevens 2005, 57). Así, la forma de comportarse dentro de una sociedad tiene una base biológica, pero está impulsada por la cultura en las expresiones específicas de su sexo. En The Minds of Boys [La Mente De Los Chicos], Michael establece una formación de género en tres etapas a partir de factores biológicos y psicológicos del desarrollo infantil (Gurian y Stevens 2005, 56-58). Por tanto, el proceso de creación del género de una persona incluye estas tres etapas: genética, endocrinológica y psicológica.

Primera Etapa

En el momento de la concepción, los bebés son genéticamente XX o XY, a menos que exista un defecto genético que provoque un niño intersexual con XXX, XXY, XO u otros. Una de estas formaciones atípicas podría causar cualquier número de trastornos intersexuales. Los marcadores cromosómicos de estos genes ponen en marcha el desarrollo de cerebros y hormonas fetales masculinos o femeninos (Dewing et al., 2003). Si un cromosoma Y está presente, se inicia una "*cascada de genes*" que hace que las gónadas previamente indiferenciadas se conviertan en testículos; en ausencia de un cromosoma Y, una cascada alternativa lleva a la diferenciación de los ovarios (Austriaco 2013) (Bowles y Koopman 2013).

Segunda Etapa

Los marcadores genéticos inducen la liberación de estrógenos y testosterona en cantidades variables entre el segundo y el quinto mes de gestación. Además del genotipo sexual marcado por los cromosomas XX y XY, hay dos factores hormonales que determinan el sexo de una persona: la testosterona rige a los varones y los estrógenos a las mujeres. Si la naturaleza inflige a una mujer infertilidad o una morfología deformada, el predominio de los estrógenos en su sistema indicaría que el individuo es femenino; sin embargo, existen excepciones a estas reglas.

En la formación típica, los testículos producen testosterona durante un breve período prenatal, y esta exposición hormonal es responsable de la masculinización de los genitales externos y de los sistemas de conductos internos (Jost 1978, 6). La testosterona también entra en el cerebro en desarrollo y actúa a través de los receptores de andrógenos o, después de la aromatización a estrógenos, a través de los receptores de estrógenos para causar muchas diferencias sexuales neurales reconocidas en los animales (Forger, Strahan, y Castillo-Ruiz 2016, 75).

El intenso baño de hormonas que rodea al cerebro en desarrollo afecta a la migración de las neuronas a regiones cerebrales específicas y crea vías diferentes en hombres y mujeres. Por ejemplo, la densidad de neuronas en el hipotálamo afecta a las glándulas, que son fundamentales para el desarrollo sexual, un proceso que se extiende hasta la pubertad. Cuando el proceso de desarrollo se desarrolla como se espera, los cromosomas XX y XY señalan la liberación de los niveles correctos de testosterona y estrógeno para crear órganos acordes con el propio sexo; sin embargo, la biología no sigue las leyes a la perfección, y regularmente se producen anomalías (Schore 2001, 11–15).

Tercera Etapa

Los niños varones reciben un aumento de testosterona entre cuatro y ocho semanas después del nacimiento, lo que a veces se denomina "*minipubertad*" (G. Butler 2017, 173). Los niños con un desarrollo hipofisario anormal o una secreción de gonadotropina hipofisaria deficiente pueden carecer de esta minipubertad. Estos niños tendrían cuerpos masculinos completamente formados pero podrían carecer de una masculinización temprana. No hay datos establecidos que relacionen esta ocurrencia con la disforia de género, pero este tema parece estar aún sin explorar. Estos grandes estallidos hormonales durante las doce a catorce semanas de gestación, seguidos de los tres primeros meses postnatales, desempeñan un papel en el establecimiento de la apoptosis neutra (muerte de las células que forman los patrones cerebrales) más adelante en el desarrollo neuronal (Hutchinson 1997).

A las pocas semanas de nacer, el niño envía "*señales no verbales y luego verbales a los padres, a la comunidad de crianza y a la cultura en general*". Estas señales son biológicas y se basan en la genética y el cableado del niño" (Gurian y Stevens 2005, 57). Las cortezas visuales de los niños se diferencian a los cuatro días de vida, y las niñas empiezan a establecer el doble de contacto visual que los niños. A los cuatro meses, las niñas pueden diferenciar mejor a los extraños de las personas reconocidas, mientras que los niños pasan más tiempo observando los objetos que se mueven en el espacio. Las niñas desarrollan las habilidades verbales más rápidamente que los niños, mientras que éstos utilizan los objetos como herramientas (Rhoads 2004, 22). La mayoría de los científicos sociales aceptan la definición de género como un "*sistema que restringe y fomenta el comportamiento pautado*" (Risman 2018, 202). Algunas de estas restricciones y estímulos son sociales, aunque muchas más son psicológicas y, una vez cristalizadas, son imposibles de deshacer.

El género en el sentido tradicional es el cableado subconsciente que afecta a la forma en que las personas se enfrentan al mundo socialmente. Por tanto, el género no tiene nada que ver con la identidad y sí con un patrón de comportamiento subconsciente.

La Escala de Madurez Sexual de Tanner

La escala de Tanner o índice de madurez sexual (SMR) fue desarrollada en 1969 por el doctor James Tanner, un pediatra británico (véase la figura 2.3). Aunque la escala de Tanner se centra predominantemente en los factores externos del desarrollo sexual, estas morfologías y funciones tienen un elemento causal. Estas etapas no se producen sólo con el tiempo, sino que se deben a ráfagas de hormonas que masculinizan y feminizan aún más el cuerpo, incluido el cerebro. En consecuencia, el cuerpo es testigo morfológico de los efectos de estas hormonas masculinizantes y feminizantes.

Algunas mujeres no desarrollan los senos ni comienzan su ciclo menstrual antes del estadio 5 de Tanner, que puede ocurrir hasta los 18 años. El inicio de estas etapas finales de feminización se produce cuando la última ráfaga de estrógenos inunda su cuerpo. Esta feminización de su cuerpo está directamente relacionada con la feminización de su cerebro. El cerebro es el órgano sexual más importante del cuerpo.

Un proceso similar ocurre en los adolescentes. Que un individuo sea totalmente masculino o femenino depende del resultado de las explosiones hormonales en el desarrollo sexual. La masculinización y la feminización continúan, marcando el final de la pubertad y el comienzo de la edad adulta. Antes de la edad adulta, sería prematuro afirmar que no se tiene un cerebro adecuadamente masculinizado o feminizado. Si uno saca el pan del horno a mitad de la cocción, no puede quejarse de que no es ligero y esponjoso. Una vez completada la pubertad, la disforia de género suele desaparecer. La pubertad conduce a una adecuada feminización y masculinización del cerebro. La reducción de los estallidos hormonales también ayuda a reducir los cambios de humor, permitiendo que las personas se acomoden a sus cuerpos adultos. La disforia de género desaparece de forma natural cuando los niveles hormonales no se disparan, y el sexo pasa a un segundo plano en la vida adulta.

Stage	**Female**				**Male**				
	Age range (years)	**Breast growth**	**Pubic hair growth**	**Other changes**	**Age range (years)**	**Testes growth**	**Penis growth**	**Pubic hair growth**	**Other changes**
I	0–15	Pre-adolescent	None	Pre-adolescent	0–15	Pre-adolescent testes (≤2.5 cm)	Pre-adolescent	None	Pre-adolescent
II	8–15	Breast budding (thelarche); areolar hyperplasia with small amount of breast tissue	Long downy pubic hair near the labia, often appearing with breast budding or several weeks or months later	Peak growth velocity often occurs soon after stage II	10–15	Enlargement of testes; pigmentation of scrotal sac	Minimal or no enlargement	Long downy hair, often appearing several months after testicular growth; variable pattern noted with pubarche	Not applicable
III	10–15	Further enlargement of breast tissue and areola, with no separation of their contours	Increase in amount and pigmentation of hair	Menarche occurs in 2% of girls late in stage III	1½–16.5	Further enlargement	Significant enlargement, especially in diameter	Increase in amount; curling	Not applicable
IV	10–17	Separation of contours; areola and nipple form secondary mound above breasts tissue	Adult in type but not in distribution	Menarche occurs in most girls in stage IV, 1–3 years after thelarche	Variable: 12–17	Further enlargement	Further enlargement, especially in diameter	Adult in type but not in distribution	Development of axillary hair and some facial hair
V	12.5–18	Large breast with single contour	Adult in distribution	Menarche occurs in 10% of girls in stage V.	13–18	Adult in size	Adult in size	Adult in distribution (medial aspects of thighs; linea alba)	Body hair continues to grow and muscles continue to increase in size for several months to years; 20% of boys reach peak growth velocity during this period

Figura 2.3 Escala de Tanner

¿Son los humanos sexualmente dimórficos?

Aunque la sociedad divide el género en expresiones masculinas y femeninas basándose en influencias biológicas y sociales, ¿cuán diferentes son los hombres de las mujeres en la especie humana? El P. Benedict Ashley, O.P., en su exhaustivo libro, *Theologies of the Body* [*Teologías del cuerpo*], afirma

> La diferenciación sexual también conduce a un grado variable de dimorfismo entre los sexos, adaptándolos a las funciones reproductivas y educativas descritas. En el caso de la especie humana, este dimorfismo es moderado. (Ashley 1985, 434)

Este dimorfismo moderado es el resultado de 800 millones de años de evolución humana. Así, la fecundidad femenina es cíclica, pero la "*disposición de la mujer para el coito no lo es*", lo que llevó a la especie humana a una "*vinculación monógama y relativamente permanente*" (Ashley 1985, 435).

Las relaciones monógamas condujeron a una diversificación del trabajo y permitieron periodos de cuidado de los hijos más prolongados y el papel activo del padre en la crianza. La bióloga darwiniana Helena Cronin, Ph.D., y el psicólogo clínico Simon Baron-Cohen, Ph.D., hicieron afirmaciones similares sobre la distinción relativamente pequeña pero aún importante entre machos y hembras en la especie humana (Cronin, Rippon, y Baron-Cohen 2016).

Los chimpancés y los humanos se parecen genéticamente en un 99%, lo que demuestra que una diferencia del 1% genético puede ser la diferencia entre una especie que come piojos en los árboles y otra que puede llegar al espacio exterior. Las diferencias entre los sexos son aún menores, pero pueden tener un efecto significativo. El doctor Jordan Peterson sostiene que, aunque hombres y mujeres son casi iguales psicológicamente, casi todos los presos de Estados Unidos culpables de delitos violentos son hombres. Todos los tiradores en masa son hombres. Casi todos los asesinos en serie son hombres o son mujeres instruidas por machos alfa. La mayoría de los hombres no son asesinos violentos, pero casi todos los asesinos violentos son hombres. (Peterson 2018). La correlación entre el sexo y la violencia no puede ser puramente diferencias culturales entre hombres y mujeres, ya que estas tasas son consistentes a través del tiempo y la cultura. En cambio, estas pequeñas diferencias genéticas pueden tener un efecto acumulativo importante.

Santa Teresa Benedicta de la Cruz, O.C.D. (1891-1942), enseñó que las diferencias entre hombres y mujeres eran pocas pero también complementarias:

> Creo que la especie humana se desarrolla como una especie doble, "*masculina*" y "*femenina*". Esa esencia del ser humano, de la que ningún rasgo debería estar ausente, se expresa en ambos, y que toda la estructura del ser pone de manifiesto este molde específico. (Bello 2016, 12)

El santo afirma que cada ser humano, hombre o mujer, puede obtener todos los mismos rasgos y, sin embargo, manifestarse de forma diferente. Los hombres tienen el rasgo del valor, pero también las mujeres. Los hombres son fuertes, y las mujeres también. Los hombres son inteligentes, y las mujeres son inteligentes. Los hombres son sensibles, y las mujeres son sensibles. El Catecismo enseña la complementariedad de los sexos: "*Cada uno de los dos sexos es imagen del poder y de la ternura de Dios, con igual dignidad aunque de manera diferente*" (CCC, 2205). El hombre y la mujer pueden manifestar el valor y la sensibilidad de manera diferente, pero ninguno de los dos sexos carece de estas virtudes.

¿Cuál es la concepción clásica del sexo?

La teoría de Aristóteles sobre la diferencia sexual es biológica y cosmológica. Aristóteles aborda la diferenciación sexual, la *Metafísica*, la *Historia de los animales* y la *Generación de los animales*. Aristóteles define el macho y la hembra en función de la generación:

> Un animal macho genera en otro, y una hembra genera en sí misma. Los hombres consideran a la tierra como una madre en el macrocosmos y se dirigen al cielo, al sol y a otras entidades similares como progenitores y padres. (Aristóteles Generación de los animales, 716a 10-15)

Aristóteles distinguía entre los sexos basándose en las diferentes facultades y órganos físicos:

> Un macho y una hembra se definen de forma diferente al tener facultades individuales. Por definición, un macho es un animal que puede engendrar en otro; una hembra es un animal que puede engendrar en sí mismo y luego producir una descendencia que ya existía en el generador. Para la unión y el nacimiento de la

> descendencia, es necesario que existan ciertas partes. Además, éstas deben ser diferentes entre sí, por lo que, en consecuencia, el macho se diferenciará de la hembra. En la hembra, esto es el útero; en el macho son los testículos y el pene. (Aristóteles *Generación de los animales*, 716a 20-30)

Aristóteles describe varios atributos que clasifica como propios del hombre o de la mujer, algunos físicos (sexo) y otros emocionales o temperamentales (género):

> El macho es más grande y más largo que la hembra. De nuevo, la hembra es menos musculosa y con articulaciones menos compactas y más fina y delicada en el pelo. Además, la hembra es más flácida en la textura de la carne y más patizamba, y los huesos de la espinilla son más finos que los del macho. La mujer es más compasiva que el hombre, se emociona más fácilmente hasta las lágrimas, y es más celosa, más querellante, más apta para regañar y golpear. Como ya se ha dicho, el macho es más valiente que la hembra y más simpático a la hora de prestar ayuda. (Aristóteles *Historia de los animales*, 538a 22-38b 10; 608b 8)

Aristóteles reconoce que el macho y la hembra son contrarios y privaciones del otro. Esta privación "*proporcionó el primer marco metafísico para la polaridad de los sexos*" (Allen 1985, 89). Los sexos son privaciones el uno del otro, como el yin y el yang son privaciones. Lo que le falta a cada uno proporciona el espacio para la comunión con el otro. El neotomismo contribuirá a actualizar la biología de Aristóteles, pero manteniendo la metafísica de la complementariedad entre los sexos.

Aristóteles es conocido por su metafísica; también es un biólogo natural, estudiando todas las especies que pudo examinar. Su comprensión de las especies se basa en sus observaciones en la naturaleza. En sus observaciones, Aristóteles intenta generalizar qué es algo por sus características estándar dentro de su categoría. Por ejemplo, cuando Aristóteles afirma que un pulpo posee ocho patas, usa el razonamiento deductivo en lugar de presenciar cada pulpo. Como observó muchos pulpos y, en general, todos tienen ocho patas, afirma que los pulpos tienen ocho patas.

Utilizando la deducción, Aristóteles hace ciertas afirmaciones generales sobre la naturaleza de los machos y las hembras dentro de las especies. Utilizando el realismo biológico para entender las identidades transgénero, hay que considerar los factores biológicos y sus acciones para validar estas identidades. Los nominalistas del género suelen afirmar que, dado que algunas personas nacen con la anomalía de la intersexualidad, el sexo y el género no existen. Estos teóricos del género también llegan a la conclusión de que cualquier género que uno reivindique es su propio género. Si los lectores consideraran seriamente el razonamiento de los nominalistas de género, tendrían que rechazar de plano el razonamiento deductivo. Por ejemplo, la existencia de cualquier pulpo de siete patas significaría que un bacalao podría ser un pulpo, ya que el número de patas no es un requisito para ser un pulpo. Esta lógica se pierde la comprensión de la totalidad, que también considera factores biológicos adicionales y la causa formal de un ser.

En la *Metafísica*, Aristóteles afirma que "*lo masculino y lo femenino son, en efecto, modificaciones propias del 'animal', pero no en virtud de su esencia, sino en la materia, es decir, en el cuerpo*" (Aristóteles Metafísica, 1058b 21-23). Aristóteles sitúa la creación del sexo propio en la materia provista en el vientre de la madre y no en la forma del padre. Los neoaristotélicos definen el sexo biológicamente como "*una diferenciación que se da en los animales de los tipos superiores y que hace que cada individuo sea macho o hembra*" (von Hildebrand, Shivanandan, y Latkovic 2013, 1405).

El debate sobre la transexualidad gira en torno a la forma en que el interlocutor entiende el sexo y el género, lo que hace que sean los términos más controvertidos de definir. La perspectiva aristotélica es que la única forma de ser mujer (género) es ser mujer (sexo), y la única forma de ser hombre (género) es ser hombre (sexo). Mientras que la cultura pop, los filósofos emotivistas y los teóricos experimentales del género como el Dr. Money diferencian entre el sexo como realidad biológica y el género como rol social, la antropología aristotélica utiliza el género y el sexo indistintamente

---

[2] En cambio, la genética moderna demuestra que, prácticamente siempre, el esperma del padre determina el sexo.

[Aristóteles, 384—322 a.C.]

Esencia y Cualidades Accidentales

Utilizando los principios aristotélicos, se puede argumentar que el género es un carácter accidental del sexo y que puede aplicarse de forma diferente según las normas sociales o culturales (normas de género). Un ejemplo de ello podrían ser las responsabilidades domésticas en la crianza de los hijos. En las culturas que dependen de la caza, las responsabilidades domésticas de las mujeres incluían la jardinería cerca del hogar, mientras que los hombres se encargaban de la agricultura en las sociedades agrícolas. La agricultura no depende del sexo del agricultor.

Un padre de una sociedad puede enseñar a su hijo a pescar, mientras que el padre de otra cultura puede enseñar a sus hijos a afeitarse o a utilizar un ordenador. Todas estas acciones son cualidades accidentales de la paternidad. Del mismo modo, los colores de la ropa, los tipos de zapatos, las trayectorias profesionales, las comidas favoritas, los estilos de crianza y cientos de otros factores sociales no son intrínsecamente masculinos o femeninos. La atracción de un estilo sobre otro puede confundirse con la no conformidad de género o la transexualidad. Desde una perspectiva aristotélica, todas estas son cualidades accidentales y tienen poco en común con las esencias de los hombres y las mujeres. La suma de sus accidentes no determina la esencia. La facultad que determina la masculinidad y la feminidad es singular, ya sea que la generación de especies ocurra interna o externamente.

La periodista Amy Nickell apareció en *Good Morning Britain* para argumentar que "*cualquiera, incluidos los hombres, puede ser madre*" (Nickell 2019). Los aristotélicos estarían en desacuerdo con este sentimiento, no porque los hombres no puedan ser padres sensibles o nutritivos, sino porque un progenitor masculino sensible y nutritivo se llama padre. Del sexo de la persona se derivan algunas de sus propiedades. Estas características son propiedad de un sexo concreto. La paternidad es propiedad del hombre, mientras que la maternidad es propiedad de la mujer. Los hombres y las mujeres no son esencialmente padres o madres, ya que una persona sin hijos no es ninguna de las dos cosas, pero la paternidad se predica de la condición de hombre. La maternidad se basa en la condición de mujer.

A pesar de la afirmación de Amy Nickell, una mujer nunca podría ser un padre, incluso teniendo la capacidad de enseñar roles o acciones específicas de su género. Por ejemplo, que una madre enseñe a su hijo a cazar no la convierte en padre. Del mismo modo, ciertas facultades biológicas asociadas a una propiedad sólo existen en un hombre o una mujer como relación, no como mera función. Cualquier enseñanza en sentido contrario requeriría una redefinición de los términos madre y padre.

Por lo tanto, cuando un hombre con disforia de género desea participar en actividades femeninas, estas acciones no determinan que un hombre sea una mujer. Las funciones accidentales no determinan el sexo. Por ejemplo, dar a luz es una propiedad de la feminidad, mientras que la ropa, el vestuario, los manierismos y las atracciones son cualidades accidentales, que no determinan esencialmente la ontología de género. El arzobispo Carlson afirmó la perspectiva aristotélica cuando enseñó:

> La forma de vivir nuestra identidad masculina y femenina es ciertamente diversa, y debe haber espacio para ello. Hay una gran variedad de personalidades, y no siempre se ajustan a los estereotipos de género. (Carlson 2020, 4)

Muchos rasgos que la sociedad considera una propiedad esencial de uno u otro sexo pueden ser una cualidad accidental, totalmente desvinculada de la naturaleza de un sexo concreto y más bien atribuida a la costumbre o la preferencia. Sin embargo, simultáneamente, algunas propiedades dependientes del sexo son tratadas como propiedades accidentales, desvinculadas totalmente del sexo biológico.

El libro de Laura Erickson-Schroth, M.D., y Laura Jacobs, LCSW-R, *You're in the Wrong Bathroom* [*Estás en el baño equivocado*], proporciona muchos ejemplos de confusión de género. Por ejemplo, dentro del texto, las autoras describen a una persona FtM que se quedó embarazada, afirmando: "*El embarazo y el parto fueron experiencias muy masculinas para mí. Cuando di a luz a mis hijos, nací a la paternidad*" (Erickson-Schroth y Jacobs 2019, 59).

Desde una perspectiva clásica, un macho es "*lo que es capaz de generar en otro*", mientras que "*la hembra es lo que es capaz de generar en sí misma y de la que sale la cría*" (Aristóteles *Generación de animales*, 716a 20-24). Por lo tanto, la persona que da a luz es una hembra por definición. La propiedad parental de las hembras es la maternidad. No importa la acumulación de cualidades masculinas accidentales, la esencia y las propiedades de una persona que dio a luz son la feminidad y la maternidad.

2.2 Disforia de Género

Algunas personas son disconformes con el género, cuando sus comportamientos y manierismos son contrarios a las expectativas sociales de sus respectivos sexos, por ejemplo, un marimacho, un mariquita (hombre femenino) o un travesti, pero estas personas no son necesariamente disfóricas de género. Las personas no conformes con el género pueden tener orientaciones homosexuales, o estas expresiones pueden formar parte de la amplia variedad de expresiones cis heterosexuales relacionadas con el propio sexo. Las expresiones sexuales atípicas no son per se signos de disforia de género.

Si las personas se identifican como géneros diferentes a su sexo biológico, normalmente se identifican como *transgénero*. Sin embargo, una persona puede identificarse como miembro del sexo opuesto por varias razones; por lo tanto, no todas las personas transgénero son disfóricas de género. Por ejemplo, si una persona es transgénero para promover una teoría de género nominalista, el individuo puede no ser disfórico de género.

Lo contrario de los teóricos del género que afirman ser transgénero y no experimentan disforia de género son las personas que experimentan angustia en relación con su género sin ser transgénero. Casi todos los adolescentes que experimentan la pubertad pasan por algún grado de disforia de género cuando sus cuerpos cambiantes se convierten en una fuente de vergüenza, y experimentan ansiedad relacionada con la pubertad.

La disforia de género es la "*angustia o deterioro clínicamente significativo en el ámbito social, laboral u otras áreas importantes del funcionamiento*" y "*una marcada incongruencia entre el género experimentado/expresado y el género asignado*" (American Psychiatric Association 2013, 452).

Por lo general, después de su primera menstruación y cuando desarrollan los pechos, las adolescentes suelen desear no ser mujeres. La disforia de género puede originarse en esta etapa del desarrollo si la joven llega a la conclusión de que su aversión a los pechos y a la menstruación significa que es, en cambio, un chico adolescente. Del mismo modo, un joven homosexual puede interpretar que su disposición femenina y su atracción por sus compañeros masculinos indican que es una adolescente. Estas ansiedades típicas de los adolescentes son formas leves de disforia de género, pero estos jóvenes no son transgénero.

El doctor Paul McHugh describe la disforia de género de la siguiente manera: el individuo "*comienza sintiendo que es del sexo opuesto pero sabe que no lo es. Luego luchan con esos sentimientos hasta que llegan a creer que son del sexo opuesto y tratan de actuar en consecuencia*" (McHugh 2014a, 20).

El doctor Norman Fisk, uno de los primeros pioneros de la medicina transexual, escribió: "*originalmente, el concepto de síndrome de disforia de género surgió de la necesidad clínica de una forma muy orgánica y naturalista... Estoy de acuerdo en que el transexualismo clásico se describe mejor [como] la forma más extrema de disforia de género*" (Fisk 1974).

Las personas auténticamente transexuales son las que tienen disforia de género diagnosticada. Esta distinción entre transexuales auténticos y falsos se denomina "*gatekeeping*" por los extremos de los teóricos del género. Sin embargo, como explicó el Dr. Fisk, para cambiar radicalmente el cuerpo de una persona de forma hormonal y quirúrgica, ésta tendría que sufrir un grado extremo de disforia de género o no ser consciente de los retos que supone someterse a una cirugía de reasignación de sexo.

Del mismo modo, nadie amputa un miembro por un corte de papel. Una persona que no padece disforia de género pero que decide someterse a estos procedimientos invasivos, a pesar de todo, mantiene que estos procedimientos son sólo su preferencia. Aunque es irracional y autodestructivo, esto último no es impensable, teniendo en cuenta que muchas personas actúan como si sus cuerpos fueran completamente maleables.

¿Cuál es el enfoque máximo de la ideología transgénero?

Desde la década de los noventa, distintos grupos de personas con variantes de género se agruparon bajo el único epígrafe de *Transgénero*. Algunos de estos grupos estaban dispuestos a reunirse bajo el lenguaje de ser trans en aras del activismo político, lo que "*marcó un importante alejamiento de las categorías de identidad derivadas por médicos y psiquiatras e imaginó un futuro para los transgénero como una identidad explícitamente pública y política*" (Murib 2015, 387). Este enfoque de hacer un gran paraguas para cubrir a todas las personas con variantes de género se titula maximalismo.

La doctora Janice Raymond (1943-), feminista de género crítico, señala en su nueva introducción a *El imperio transexual*, 1994

> La cuestión del transexualismo ha sido superada en gran medida por los debates sobre la transexualidad o lo que se ha llamado "la nueva vanguardia de la sexualidad". El término transgénero abarca a los transexuales pre y postoperatorios, los travestis, las drag queens, los travestis, los gays y las lesbianas, los bisexuales y los heterosexuales que muestran cualquier tipo de vestimenta y/o comportamiento que se interpreta como una "transgresión" de los roles de género. (Raymond 1994, xxv)

Al considerar el vasto arco iris de opciones dentro del espectro de género, uno puede perderse rápidamente en la terminología y las complejas antropologías posmodernas de la comunidad de variantes de género. La lista de la Dra. Raymond se refiere a las identidades personales o a las expresiones de género, pero no necesariamente a los individuos diagnosticados con disforia de género. La disforia de género no es una orientación sexual, un movimiento político o una construcción social -este trastorno debería estar totalmente desvinculado de la teoría de género- a diferencia de muchas otras identidades incluidas en esta agrupación.

En un intento de desafiar las teorías de género nominalistas, los eclesiásticos han condenado la transexualidad sin aclarar algunas de estas subcategorías de personas transexuales. Es correcto afirmar que el paraguas transgénero es una ideología mientras que la disforia de género es un trastorno, pero muchas personas con disforia de género desconocen esta distinción. Cuando un médico diagnostica a una persona como disforia de género, a menudo se presenta como transgénero como identidad, sin tener ningún otro tipo de orientación.

La disforia de género es una condición transgénero con efectos psicológicos adversos diagnosticables que requieren una respuesta terapéutica médica o psiquiátrica. Además, mientras que la orientación sexual está cristalizada y no cambia, la disforia de género suele desistir con el tiempo y con la ayuda de la terapia conductual.

¿Cuál es la definición de disforia de género del DSM-5?

El DSM-5 ofrece información sobre la experiencia de las personas con disforia de género. Tener un *fuerte deseo* es un atributo necesario de la disforia de género. El diagnóstico es el siguiente:

1. Una marcada incongruencia entre el género experimentado/expresado y las características sexuales primarias y/o secundarias
2. Un fuerte deseo de deshacerse de las propias características sexuales primarias y/o secundarias
3. Un fuerte deseo por las características sexuales primarias y/o secundarias del otro género
4. Un fuerte deseo de ser del otro género
5. Un fuerte deseo de ser tratado como el otro género
6. Una fuerte convicción de que uno tiene los sentimientos y reacciones típicos del otro género

Según las estadísticas de 2013 del DSM-5, la *Sociedad Americana de Psiquiatría* estima que entre el 0,005 y el 0,014% de los hombres adultos, y entre el 0,002 y el 0,003% de las mujeres adultas experimentan disforia de género (Asociación americana de psiquiatría 2013, 454). Estas estadísticas solo incluyen a las personas que buscan ayuda de un profesional de la salud mental autorizado antes de que la cuestión transgénero tuviera el apoyo principal. Estas estadísticas del DSM son anteriores a la afirmación de la revista Time de que la sociedad estadounidense había alcanzado *el punto de inflexión transgénero*; antes de que Diane Sawyer entrevistara a Caitlyn Jenner en abril de 2015; y del lanzamiento del reality show sobre jóvenes transgénero, Jazz Jennings. Las tasas de personas diagnosticadas con disforia de género, sobre todo jóvenes, se dispararon en este fenómeno social.

Es habitual que las personas transexuales afirmen que siempre han creído que eran disforia de género desde la primera infancia. Cuando la gente se imagina a un joven transexual, puede imaginarse a un niño pequeño con los zapatos y el maquillaje de su madre. Sin embargo, otra forma de disforia de género es más frecuente que la disforia de género de inicio temprano; es la llamada disforia de género de inicio tardío. Una de las personas que abandonaron la FtMtF, con un canal de

YouTube titulado *Grayson's Projects*, explicó su experiencia con la disforia de género de inicio tardío,

> Cuando tenía catorce o quince años, no estaba muy bien mentalmente, pero también estaba muy insegura de mí misma. Siempre me sentía fea y o como si no me sintiera cómoda en mi cuerpo. También era socialmente torpe y tenía mucha ansiedad y cosas por el estilo. En esa época, me volví más activa en las redes sociales y aprendí más sobre la comunidad **LGBT**, la comunidad transgénero en particular. Y me sentía insegura sobre mi cuerpo y confundida con muchas partes de mí misma. Interpreté esa inseguridad como que estaba en el cuerpo equivocado y que no era una chica. (Proyectos Grayson 2021)

Estas formas de disforia de género son algo diferentes entre sí. Para la mayoría de los individuos con disforia de género de inicio temprano, su disforia cesa al final de la pubertad. Estadísticamente, el 84% de la disforia de género de inicio temprano remite independientemente de la intervención (Steensma, McGuire, et al. 2013, 582). Las estadísticas para la disforia de género de inicio tardío, el tipo de disforia generalizada experimentada por Grayson, son totalmente indeterminadas. La disforia de género de inicio tardío es un concepto nuevo y sólo ha adquirido prevalencia en los últimos años. El lector puede suponer que a medida que la disforia generalizada se desvanece en la edad adulta, la disforia de género también cesará.

Grayson vivió socialmente como un varón con bloqueadores hormonales y testosterona durante seis años y ahora, a sus veinte años, se da cuenta de que nunca fue transgénero. Este libro predice un rápido índice de detransición a medida que los jóvenes con disforia de género de inicio tardío llegan a la edad adulta. El resultado será una infertilidad generalizada y mujeres con voces profundas, que nunca revertirán.

En el caso de las personas con disforia de género permanente de inicio temprano, la iglesia debe preocuparse por no estigmatizar a quienes constituyen el 0,01% de la población. Al mismo tiempo, debe ser una guardiana, no aceptando el testimonio de cada persona que dice ser transgénero como si todas las personas tuvieran disforia de género persistente de inicio temprano. La preocupación pastoral particular es apropiada para cada categoría de personas transgénero, incluidas las que padecen disforia de género, pero quienes tienen autoridad no pueden tratarlas a todas por igual.

[Caitlyn Jenner, 1949—]

2.3 Reasignación de Sexo

Entender lo que implica la cirugía de reasignación de sexo es vital a la hora de hablar de los pacientes que se someten al procedimiento. Sin embargo, también hay que reconocer que la mayoría de los transexuales no reciben todos o ninguno de estos tipos de tratamientos médicos. Mientras que el término transexual requiere cierta transición médica, el término transgénero sólo se refiere a la identidad de género y no a la expresión de género. En esta sección se abordarán las distintas etapas de la transición.

Este libro se refiere a las personas a las que se les asignó un sexo masculino al nacer, pero que posteriormente se autoidentifican como mujeres, como personas MtF (hombre a mujer). Del mismo modo, este libro se refiere a las personas a las que los médicos asignaron sexo femenino al nacer, pero que se autoidentifican como masculinos, como individuos FtM (de mujer a hombre). Este sistema de identificación no tiene en cuenta si la persona ha recibido tratamientos médicos o simplemente se autoidentifica como miembro de ese sexo. Esta nomenclatura alerta al lector sobre cómo los médicos asignaron a la persona al nacer y cómo se identifica actualmente.

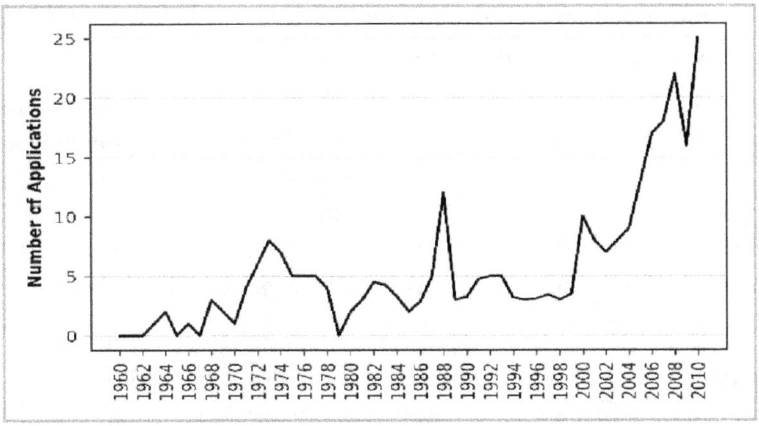

Figura 2.4 Solicitudes de cirugías de reasignación de sexo 1960-2010

Un enfoque menos políticamente correcto sería llamar a la persona por su sexo asignado al nacer o utilizar MtT y FtT, es decir, masculino a trans y femenino a trans. Sin embargo, las personas que utilizan estos términos se mantienen firmes en su decisión de inmutabilidad sexual y afirman que lo máximo que se puede hacer es "*ser trans*" (R. A. Williams 2019, 107). Así, el término más políticamente correcto sería hombre trans/mujer trans o simplemente hombre/mujer. Por lo tanto, este libro toma el camino intermedio de utilizar los términos MtF y FtM para mostrar el menor sesgo posible a cualquiera de las dos ideologías y, al mismo tiempo, evitar la confusión para un público no especializado y acostumbrado a la terminología.

Otra cuestión terminológica se refiere a la denominación del procedimiento médico que se ofrece a la[3]s personas transexuales. El término utilizado a lo largo de este libro es *cirugía de reasignación de sexo* (SRS), la fraseología más común. El término más políticamente correcto es *cirugía de confirmación de género*. Las personas transgénero, en particular los transmedicalistas, afirman que la cirugía no cambia el sexo de una persona. En cambio, alinea el género de uno con el que es más aceptable socialmente, funcionando así como un miembro de ese género. Otro término es el de *cirugía de reasignación de género,* aunque parece erróneo ya que el género es un sentido interno del ser y no puede cambiarse mediante la cirugía.

Un informe de 2014 en una revista sueca relataba un rápido aumento de las solicitudes de cirugías de reasignación de sexo, sobre todo a partir del año 2000 (Dhejne, Öberg, et al. 2014, 1540). Esta tendencia parece haber aumentado desde 2010.

La *Sociedad Americana de Cirujanos Plásticos* presentó un informe en el que afirma que las cirugías de reasignación de sexo aumentaron un 20% entre 2015 y 2016 en Estados Unidos (Sociedad Americana de Cirujanos Plásticos 2017a). El Instituto Williams de la Facultad de Derecho de la UCLA afirmó que en 2016, el 0,4% de los estadounidenses se identificaron como transgénero (Flores et al. 2016).

---

[3] Un tema que se tratará con más detalle en la sección 2.4. Las personas transgénero afirman que ser transgénero es una condición diagnosticable médicamente con una etiología biológica similar a la de ser intersexual. Suelen reaccionar contra los teóricos nominalistas del género y las personas que creen que uno puede elegir su género.

Estadísticamente, hay 1,4 millones de estadounidenses que se identifican como transgénero.

Normalmente, los individuos MtF que se someten a una cirugía de reasignación de sexo reciben bloqueadores hormonales denominados antiandrógenos, entre los que se encuentran la espironolactona, los bloqueadores de la 5-a reductasa, los bloqueadores de los receptores de andrógenos y los análogos de la GnRH. Una vez bloqueada la testosterona, las personas también reciben estrógenos para sustituir las hormonas masculinas perdidas. Después de aproximadamente un año de transición hormonal y social, un médico puede determinar si una persona es apta para la cirugía. Si el médico está dispuesto a realizar la operación, el paciente debe dejar la terapia hormonal durante al menos un mes.

Desde el punto de vista quirúrgico, el individuo MtF se somete a procedimientos de orquiectomía y penectomía, extirpando los testículos y el pene, respectivamente. El cirujano realiza una construcción genital de vaginoplastia, clitoroplastia, labioplastia y uretrostomía. Más comunes son las terapias no quirúrgicas, que incluyen inyecciones intramusculares o parches y geles transdérmicos. Los tratamientos no hormonales son los más comunes, e incluyen la depilación láser, la electrólisis y los trasplantes de pelo. Una orquiectomía cuesta aproximadamente 5.000 dólares, mientras que la vaginoplastia ronda los 30.000 dólares (Erickson-Schroth y Jacobs 2019, 20).

En el caso de los FtM, los individuos que se someten a procedimientos de reasignación de sexo, los médicos prescriben andrógenos en lugar de testosterona y, un año después, la toma de progestágenos/análogos de la GnRH suspenderá la menstruación y comenzará el inicio de la menopausia. La atrofia vaginal puede convertirse en un efecto de por vida. Un individuo FtM experimenta simultáneamente la pubertad masculina y la menopausia.

Al cabo de un año, el médico puede determinar si el paciente es apto para la cirugía de reasignación de sexo. De dos a cuatro semanas antes de la cirugía, el paciente deja de tomar el suplemento hormonal y los bloqueadores. La mastectomía es el procedimiento más típico para los individuos FtM. Una minoría de individuos también se somete a una metoidioplastia, una prótesis de pene inflable/rígida, una inserción y una reconstrucción escrotal. La faloplastia cuesta aproximadamente 100.000 dólares (Erickson-Schroth y Jacobs 2019, 21).

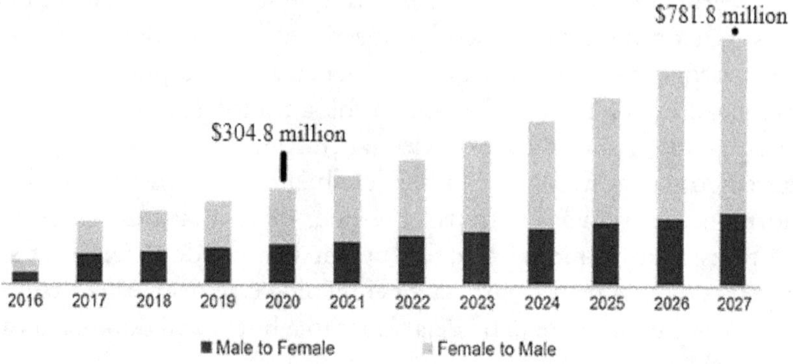

Figura 2.5 Tamaño del mercado de la industria de la cirugía de reasignación de sexo en Estados Unidos, por sexo (datos de Grand View Research 2000)

Según las encuestas de autoinforme, entre el 25 y el 35% de las personas que se identifican como transgénero se someten a algún tipo de cirugía de reasignación de sexo (Nolan, Kuhner, y Dy 2019, 185). Dentro de la comunidad transgénero existe una jerarquía de individuos preoperados, no operados y postoperados, con la vergüenza y el estrés añadidos para las personas de bajos ingresos que no pueden permitirse las cirugías. En 2018, se realizaron 9.576 cirugías de reasignación de sexo, de las cuales 6.691 fueron FtM. En comparación, los individuos MtF recibieron solo 2.285 cirugías (ASPS National Clearinghouse of Plastic Surgery 2019).

Los estudios que evalúan a los hombres y mujeres transgénero como un agregado informaron que la cirugía de tórax comprendía del 8 al 25% de las cirugías, mientras que la cirugía genital comprendía del 4 al 13% (Kailas et al., 2017). Según un estudio de mercado médico realizado por Grand View Research, el "*tamaño del mercado de la cirugía de reasignación de sexo de Estados Unidos se valoró en 267,0 millones de dólares en 2019 y se espera que se expanda a una tasa de crecimiento anual compuesta (CAGR) del 14,4% desde 2020 hasta 2027*" (Grand View Research 2020). Global Market Insights predice una tasa de crecimiento anual compuesto (CAGR) del 24,5% entre 2020 y 2026 dentro de los Estados Unidos (Ugalmugle y Swain 2020). Las cirugías de reasignación de sexo se han convertido en un campo rentable de la medicina para un auge de 300 nuevas clínicas de género (Shrier 2021).

Los médicos llevaron a cabo cirugías de tórax a un ritmo aproximadamente dos veces mayor que la construcción de genitales. Refiriéndose a los 9.576 individuos en 2018 que se sometieron a una cirugía de reasignación de sexo, la mitad de ellos solo habrían recibido cirugías de pecho, ya sea mastectomía o aumento de pecho. Algunos centros médicos destacados de SRS en Estados Unidos son Mount Sinai (Nueva York, NY), Transgender Surgery Institute of Southern California (Santa Mónica, CA), Cedars Sinai (Los Ángeles, CA), Moein Surgical Arts (Los Ángeles, CA), Boston Medical Center (Boston, MA), Cleveland Clinic(Cleveland, OH), CNY Cosmetic & Reconstructive Surgery (East Syracuse, NY) y Plastic Surgery Group Rochester (Rochester, NY).

Una sociedad progresista como la sueca, con una asistencia sanitaria nacional y sin gastos de bolsillo para las cirugías, recibió 767 solicitudes (289 mujeres y 478 hombres) para cirugías de reasignación de sexo entre 1960 y 2010. La población sueca fue de una media de 9 millones de personas en 50 años, con una tasa de cirugías de reasignación de sexo de alrededor del 0,007% de la población (Dhejne, Öberg, et al. 2014, 1540). Incluso cuando las sociedades son liberales y las cirugías son gratuitas, las cirugías de reasignación de sexo son increíblemente infrecuentes.

¿Son los SRS un gran porcentaje de todas las cirugías estéticas?

A pesar de la abrumadora cobertura de los medios de comunicación sobre las cuestiones transgénero, la tasa real de cirugías de reasignación de sexo es baja. El coste total de la cirugía de reasignación de sexo en 2020 fue de 304,8 millones de dólares, con previsiones de una tasa de crecimiento anual del 14,4% (Grand View Research 2020). Global Market Insights prevé que la SRS sea una industria de 1.500 millones de dólares en 2026 (Ugalmugle y Swain 2020), mientras que la industria de la cirugía estética se prevé que sea de unos 50.920 millones de dólares en 2028 (Inkwood Research 2020). La industria de la cirugía plástica tiene un valor de 16.500 millones de dólares al año en Estados Unidos en 2018, con 930 millones de dólares gastados en estiramientos faciales anualmente. En 2018 se realizaron

313.735 aumentos de pecho y 10.246 rejuvenecimientos vaginales. El índice de cirugías estéticas fue una preocupación del *Consejo Pontificio de la Cultura* en su documento de trabajo *Cultura Femenina: Igualdad y Diferencia*, en el que se alertaba de la cosificación de la mujer a través de una falsa valoración de la feminidad.

Supongamos que el principal problema ético de los transexuales es la manipulación antinatural del cuerpo físico. En ese caso, la iglesia debería considerar estas cirugías dentro del contexto más amplio de la medicalización de la disforia corporal experimentada a nivel mundial. El número de cirugías de reasignación de sexo realizadas en 2018 fue de 9.576 en comparación con las cirugías de cisgénero, incluyendo principalmente procedimientos de aumento de pecho y mastectomía (ASPS National Clearinghouse of Plastic Surgery 2019). Las mujeres cis se sometieron a 43.591 cirugías de reducción mamaria cosmética, y los hombres cis se sometieron a 24.753 reducciones mamarias cosméticas (Ginecomastia). Las mujeres se sometieron a 313.735 aumentos de pecho. No sólo 9.576 es una tasa exigua en comparación con la población estadounidense de unos 340 millones de personas, sino que es una tasa baja en comparación con los 1,8 millones de estadounidenses que se sometieron a cirugía plástica por vanidad y comodidad psicológica. Las cirugías transgénero solo comprendieron el 0,55% de todas las cirugías estéticas a nivel nacional en 2018. Por lo tanto, existe un grado de hipocresía cuando las mujeres cristianas con cirugías plásticas por valor de 100.000 dólares aparecen en la televisión en vivo para quejarse de los males de la teoría de género. Mientras los conservadores estigmatizan a los transexuales por operarse para encontrar consuelo y paz psicológica, que los que no tienen cirugía plástica tiren la primera piedra.

La *Asociación Médica Americana afirmó que las cirugías de reasignación de sexo no son estrictamente "cosméticas", afirmando que "es importante subrayar que la cirugía no es una intervención cosmética, sino una que intenta reconciliar la identidad principal de un individuo con sus características físicas*" (Best y Stein 1998). El Tribunal Supremo de Nueva York también está de acuerdo con el concepto, al dictaminar que las cirugías de reasignación de sexo "*no pueden considerarse de naturaleza estrictamente cosmética*", señalando que "*la cirugía cosmética se considera opcional o electiva" (Davidson v. Aetna Life & Casualty Insurance Company* 1979, 453).

¿Cuál es la respuesta de la Iglesia a las cirugías estéticas?

¿Cuál es la postura de la Iglesia sobre las cirugías cosméticas o electivas? Sorprendentemente, la Iglesia no tiene una enseñanza universal al respecto. En 1958, el Papa Pío XII proclamó que la moralidad de este tipo de cirugía "*depende de las circunstancias específicas de cada caso*" (Pentin 2010). No obstante, Pío XII elogió a los cirujanos afirmando que "*muchos rostros de hijos de Dios, a los que la desgracia les ha negado el don de reflejar su belleza, recuperan su sonrisa perdida gracias a vuestra ciencia y vuestro arte [del cirujano plástico*". (Pentin 2010). En 1989, Juan Pablo II elogió la "*noble misión*" de los cirujanos dentales y maxilofaciales, subrayando que la "*indisoluble unidad de la persona significa que lo que es defectuoso o deficiente en el cuerpo también tiene un grave impacto indirecto en la psique humana*". Dijo a los médicos que su trabajo es "*un verdadero arte*", que es "*una misión muy noble*" y "*un servicio a la composición armónica y al buen funcionamiento de las distintas partes del cuerpo*". (Pentin 2010).

El documento *La cultura de las mujeres: Igualdad y Diferencia* promulgado por la Asamblea Plenaria del Consejo Pontificio para la Cultura ("Consejo Pontificio") en 2015 no es de carácter ministerial, pero proporciona algunas ideas sobre la mentalidad de los actuales clérigos de alto rango en el Vaticano. El Consejo Pontificio, compuesto por laicos y clérigos italianos, declaró: "*La cirugía plástica puede contarse como una de las muchas manipulaciones del cuerpo.*" El Consejo Pontificio continuó: "*La cirugía plástica que no es médico-terapéutica puede ser agresiva hacia la identidad femenina, mostrando un rechazo del cuerpo en tanto que es un rechazo de la "estación" que se está viviendo*" (Consejo Pontificio para la Cultura 2015, sec. 7).

Este Consejo Pontificio se hace eco del sentimiento de Juan Pablo II y Pío XII en su aprobación del uso médico-terapéutico de la cirugía estética. Sin embargo, al igual que el *Catecismo de la Iglesia Católica* 2289 y 2297 y el *Enchiridion Symbolorum* 3722, advierte sobre una actitud que *idolatra la perfección física* y pretende que las *amputaciones, mutilaciones y esterilizaciones* con fines no terapéuticos estén estrictamente prohibidas. La comisión recuerda el relato de una mujer: "*La cirugía plástica es como un burka hecho de carne. Después de la libertad de elección para todos, ¿no estamos bajo un nuevo yugo cultural de un modelo femenino singular?*" (Consejo Pontificio de la Cultura 2015, sec. 9)

Este apartado puede aplicarse a la cuestión transgénero de tres maneras. En primer lugar, algunos mutilan o deforman sus cuerpos por alguna ideología o enfermedad mental, por ejemplo, las personas que intentaron alterar sus cuerpos para parecerse a serpientes o gatos. La segunda forma incluye a las personas que utilizan la cirugía para mejorar su atractivo sexual y aumentar la lujuria. La tercera forma es la de las personas transexuales que no intentan mutilar su cuerpo, pero que lo hacen en consecuencia. Las personas con disforia de género tienden a caer en la tercera categoría, buscando encajar mejor en la sociedad. El deseo de ser más atractivo es universal, pero las personas con disforia de género no se operan para ser atractivas. Por lo tanto, el propósito de la SRS para las personas transgénero es únicamente el alivio psíquico

El documento de la iglesia *Culturas de las mujeres: Igualdad y Diferencia* rechaza el concepto de cirugías estéticas en aras de la vanidad, aunque la línea que separa la vanidad del tratamiento terapéutico es tenue. Los rabinos y los imanes han tenido los mismos problemas. ¿Las terapias se limitan a las causas físicas, o también pueden tratarse los problemas psicológicos?

Si a una mujer se le extirpa un pecho debido a un cáncer de mama, ¿podría ponerse un implante mamario para mantenerse equilibrada, proporcionada y no desformada? ¿Y qué hay de los injertos cosméticos de piel para una persona que ha sido víctima de una quemadura de fuego? ¿Qué tal una persona con un "*pico de nariz*", término frecuentemente utilizado para describir el rostro de San Carlos Borromeo (Yeo 1938, 113)? ¿Y una persona con órganos sexuales ambiguos? ¿Qué pasa con una persona con un trastorno del neurodesarrollo, que le hace identificarse como alguien del sexo

---

[4] David Shabtai, rabino, médico y profesor de bioética en la Universidad de Yeshiva trata de explicar la postura judía explicando: "*Si una chica cree que no va a poder encontrar marido porque es muy fea, los rabinos acabarán diciendo: Si de verdad, de verdad, le molesta tanto, estará bien*". (Oppenheimer 2015). El imán Suhaib Webb enseña que los musulmanes no aceptan la cirugía estética e incluso la prohíben, aunque existen excepciones. Explica: "*Mi pregunta es: ¿Hasta qué punto está arraigada en tu bienestar personal?*". dice el imán Webb. "*Mi sensación es que si hablas con tu médico y éste te dice: 'Esto está arraigado en tu bienestar y salud personal', eso depende de ti*" (Oppenheimer 2015). Parece haber una aceptación universal de las cirugías realizadas por razones médicamente necesarias, un rechazo por razones de vanidad, y un término medio para la discreción. Cómo se define la discreción está abierto a la interpretación.

opuesto? ¿Y si un inglés quiere parecer coreano? En todos estos casos, los esfuerzos terapéuticos son más bien psicológicos que médicos. Sin embargo, ¿hasta qué punto puede una persona modificarse físicamente para curarse psicológicamente? ¿Es la filosofía de la cultura que creó los rostros de Jocelyn Wildenstein, Donatella Versace y Michael Jackson fundamentalmente diferente de la filosofía personal de Caitlyn Jenner?

El arzobispo Robert Carlson, en *Compasión y desafío*, llega a una postura moral definitiva. El arzobispo traza la línea moral: "*Sobre el tema de las hormonas y la cirugía entre sexos, debo decir, muy simplemente: la Iglesia no aprueba ni puede aprobar esto*" (Carlson 2020,11). El arzobispo no habla con la autoridad de la Santa Sede sobre este tema; sin embargo, su punto de vista sería el que prevalece entre los dirigentes de la Iglesia.

Mientras que la cirugía estética para los individuos cisgénero puede ser por vanidad, el objetivo es ser una mujer o un hombre más "*perfecto*". La cirugía para un individuo transgénero es, "*al final, una falsa esperanza porque no está arraigada en la verdad sobre el cuerpo*" (Carlson 2020, 12). Por el contrario, se puede argumentar que la cirugía de reasignación de sexo crea la verdad didáctica que existía en la biología del cerebro de la persona transgénero. La cuestión gira en torno a la ontología de la persona transgénero. ¿Es la persona con disforia de género intersexual, lo que desencadenaría un conjunto diferente de consideraciones éticas a la hora de evaluar la flexibilización psíquica? ¿Qué define el sexo real de una persona con disforia de género?

2.4 Identidad de Género

El tema del género gira actualmente en torno al tema de la identidad. El término identidad comenzó a popularizarse en los años 60, pero a mediados de los 80 el concepto se disparó (véase la figura 2.6). Identidad viene del latín *identitās*, que connota la *igualdad*, o la personalidad distinta de un individuo considerada como una entidad persistente. La identidad de un individuo es una propiedad inmutable. Al igual que la raza o el sexo biológico, la identidad de un individuo persiste durante toda su vida.

En el lenguaje común, la *identidad* ha perdido su significado clásico. James Baldwin describe la identidad en su acepción contemporánea común: "*Parece que se llega a la identidad por la forma en que la persona afronta y utiliza su experiencia*" (Chang 2007, 186). La identidad, según James Baldwin, evoluciona a medida que la persona responde a sus experiencias personales.

En el ámbito del nominalismo, la propia identidad se convierte en sacrosanta y en una fuente infalible de conocimiento. Cuestionar la identidad de una persona es "borrarla". En contraste con las identidades derivadas de los *identitās* originales, el enfoque de Baldwin de la identidad es un concepto subjetivo derivado de cómo los individuos internalizan sus experiencias.

El doctor Shuvo Ghosh define la identidad de género como una "*concepción personal de uno mismo como hombre o mujer*" (Ghosh 2020). La concepción de las personas sobre su identidad de género puede ser subjetiva y puede cambiar con el tiempo, o puede estar equivocada en función de los estereotipos de género.

Uno no puede interiorizar realmente lo que es ser del sexo opuesto, por lo que sus creencias se limitan a percibir esta identidad. La mejor manera de evaluar las propias percepciones es ponerlas en evidencia y permitir que la gente las cuestione. Por desgracia, cuestionar las concepciones de una persona sobre ser de un sexo u otro se considera ahora un delito de odio en varios países occidentales, por lo que se está eliminando el proceso de descubrir la verdad mediante la investigación empírica. En su lugar, hay que creer ingenuamente que las concepciones de otra persona son la realidad. Aceptar la autoidentificación de una persona puede ser un enfoque aceptable cuando se trata de extraños en la sociedad, pero ¿qué pasa cuando uno es padre, pastor, profesor o líder de la commonweal? ¿Pueden entenderse las concepciones personales como hechos incuestionables?

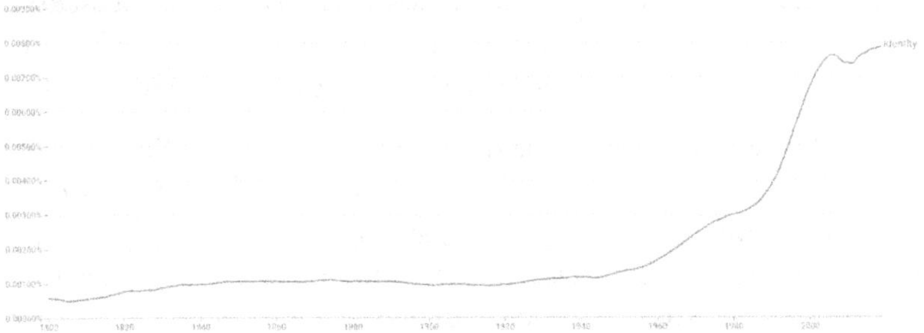

Figura 2.6 Ngrama del uso de la identidad en la literatura (Visor de Ngramas de Libros 2019)

Tres Formas de Ideología de Género

La activista transgénero y teórica del género Natalie Wynn (1988-) utiliza tres clasificaciones de género para identificarlo. Una persona posee un género de tres maneras: (1) biológica, (2) personal y (3) social (Wynn 2019). Estas tres categorías reflejan lo que Charlotte Witt, Ph.D. (1951-), describe en la Metafísica del Género como "*la complejidad ontológica tripartita de nuestra existencia*" (Witt 2011, 57). Natalie Wynn aborda el género principalmente a través del marco de la experiencia personal, mientras que el marco principal de la Dra. Witt es el social. El enfoque tomista enraíza lo social y lo personal en la realidad biológica.

Un análisis exhaustivo de los distintos enfoques sobre el género y una comprensión adecuada de las complejidades de las ideologías de la teoría de género es esencial para tender puentes entre la iglesia y la cultura popular. Esta comprensión filosófica es también esencial para disipar las ideologías inconsistentes con una visión racional y realista del mundo.

El P. Dan Horan, O.F.M., que ocupa la Cátedra de Espiritualidad Duns Scotus en la Unión Teológica Católica de Chicago, afirma que la Iglesia no define claramente la identidad de género o, más ampliamente, la teoría de género. El P. Horan argumenta que la falta de comprensión de la iglesia sobre la teoría de género indica un vacío de expertos católicos en el campo de la teoría de género. El P. Horan escribe en el *National Catholic Reporter*,

> Es evidente que quienes invocan la "ideología de género" generalmente no saben de qué están hablando. Esa gente haría bien en escuchar a los principales estudiosos de los temas de sexo y género, como Judith Butler de la Universidad de California, Berkeley, en lugar de atacarla a ella y a otros expertos. (Horan 2020)

Filósofas feministas como la doctora Judith Butler (1956-), afirman una diferencia esencial "*entre el sexo, como facticidad biológica, y el género, como interpretación o significación cultural de esa facticidad*" (J. Butler 1988, 522). Sin embargo, los aristotélicos y los tomistas se oponen a la afirmación de la Dra. Butler, insistiendo en una unidad necesaria entre el sexo y el género.

La teoría del género biológico (1) es la más cercana al realismo tomista. Esta teoría exige la armonía entre lo fenoménico (físico) y lo pneuménico (espiritual).

La teoría personal del género (2) se basa en gran medida en las ideas propias de una ontología pneuménica personal y en la identidad de género. La identidad de género sólo requiere un sentido personal del propio género sin requisitos de ninguna manifestación fenomenológica (corporal). En términos sencillos: la teoría personal de género se basa únicamente en lo que uno piensa de sí mismo, independientemente de la realidad física.

La teoría social del género (3) está relacionada con la expresión del género y la aceptación por parte de la sociedad de una persona como miembro de su clasificación social. Para la teoría social del género, uno se expresa como miembro del sexo opuesto. Una persona recibida en una clase de personas crea una expresión de género exitosa. Por ejemplo, cuando una persona es "*fichable*" (notablemente transgénero), la identidad de género personal puede estar presente, pero la expresión de género fue un intento fallido. Cuando una persona es involuntariamente errónea en cuanto a su género, es el resultado de una expresión de género insuficiente y de la incapacidad de formar parte de la clase social de género deseada. Al mostrar una expresión de género convincente, la persona es aceptada socialmente en su clase de género preferida.

Los que reivindican las teorías de género personales o sociales, divorciadas del realismo biológico, se alinean con lo que el Papa Francisco llama *"teoría de género"*. El doctor en psicología clínica Jordan Peterson no considera que el realismo biológico sea una ideología, sino una realidad (Peterson 2021). El Dr. Peterson argumenta que una vez que la sociedad categoriza el realismo como una ideología entre muchas, los principios del realismo se convierten en un objeto más del relativismo. Este libro está dispuesto a argumentar que el no-esencialismo con raíces en el realismo biológico es superior a cualquier otra ideología basada en su metafísica y no en la autoridad de la naturaleza. La iglesia basa su perspectiva en el realismo biológico, que difiere significativamente de la mayoría de los activistas transgénero; sin embargo, podría decirse que sigue siendo una forma de teoría de género.

La YouTuber transgénero Blaire White afirma que su disforia como individuo MtF le hace querer ajustarse al binario de género. Reconoce las diferencias entre hombres y mujeres, pero cree que hay elementos en su cerebro que le hacen tener una identidad de género femenina (B. White 2021b). Blaire White afirma que su transición como mujer social alivió la mayor parte de su disforia y su calidad de vida mejoró considerablemente.

Las personas que reconocen la base biológica del sexo, pero que experimentan una auténtica disforia, tienen más probabilidades de beneficiarse de la transición social cuando se les permite hacerlo. Esta transición tampoco es un engaño, ya que un transmedicalista es consciente de que su sexo natal es incongruente con su psique. Un transmedicalista MtF no pretende ser una mujer, sino que busca el alivio psíquico convirtiéndose socialmente en un miembro de la clase femenina como *mujer transgénero*. Si una persona realiza con éxito la transición social, la sociedad no es consciente de su presencia como persona transgénero.

La doctora Debbie Hayton, profesora de MtF y periodista, llevó polémicamente una camiseta con el lema "*Las mujeres trans son hombres*" en un acto organizado por Fair Play For Women (Hayton 2021). La Dra. Hayton defiende la conservación de los espacios exclusivos para mujeres basados en el sexo biológico y no en la identidad de género.

Cuando el entrevistador le cuestionó su postura, afirmó: "*Yo diría que la única validación que realmente importa es la que viene de dentro. Nos validamos a nosotros mismos como lo que somos, y también, supongo, de nuestros amigos y familiares, de la gente que queremos y nos importa. Si alguien en las redes sociales dice: 'Eres un hombre, Hayton', ¿por qué debería molestarme?*". (Hayton 2020).

Como físico, La Dra. Hayton señala los hechos del cuerpo, que son la altura, el peso, la edad y el sexo. Afirma que el sexo es binario y que nadie puede hacer nada al respecto. Según la Dra. Hayton, el sexo es objetivo y biológico, mientras que el género es totalmente individual. Se podría argumentar que hay tantos géneros como personas, pero esto no da derecho a nadie a esperar que los demás se ajusten a su género. Aunque la Dra. Hayton sigue el enfoque moderno del género, lo hace de forma coherente hasta sus fines naturales, aboliendo el género como clase de calificación práctica.

En una entrevista con *Triggernometry*, la doctora Hayton reveló que recibe numerosas críticas por su afirmación de que el género no es una categorización, sino la forma en que uno vive en el mundo, que es única e individual. Por ejemplo, no se necesita una clasificación de ser asexual; si una persona no está interesada en una relación romántica, simplemente se abstiene de tenerla. No se necesita ninguna categorización (Hayton 2021). La Dra. Hayton desafía la suposición de los teóricos del género de que el deseo crea la identidad. Según la Dra. Hayton, la necesidad de categorización y la posterior necesidad de que otras personas validen estas categorías es narcisista e insegura.

A lo largo de esta sección se utilizan cuatro libros escritos por personas MtF que se adscriben a las teorías personales de género: *Gender Outlaw[Género fuera de la ley]* (1994) de Kate Bornstein, *You're in the Wrong Bathroom [Estás en el baño equivocado]* (2017) de Laura Erickson-Schroth y Laura Jacobs, *Everything You Ever Wanted to Know About Trans*[Todo lo que siempre quiso saber sobre las personas trans*.]* (2018) de Brynn Tannehill, y *Transgressive [Transgresor]* (2019) de Rachel Anne Williams.

Estos cuatro textos presentan una visión general de la teoría del género personal, la teoría líder entre los activistas transgénero. Dentro de estos textos hay capítulos dedicados a las leyes, los deportes, la política, la religión, las cirugías, las hormonas, la soledad, los fetiches, la liberación de género, las relaciones sexuales y la liberación sexual. Estos libros no dicen nada sobre cómo su transición a la feminidad medicalizada les permitió psicológica y socialmente convertirse en mujeres de forma más natural. En particular, con más de mil páginas de texto sobre sexo y género, la única referencia a la reproducción fue un brevísimo pasaje relativo a la capacidad de los individuos FtM de dar a luz como padre.

Su énfasis en convertirse en una mujer parece estar desprovisto de los valores de las mujeres reales. Profesionales y legos especulan que la disforia de género puede indicar un cerebro intersexual, lo que significa que estos hombres tienen una psique feminizada. Sin embargo, ¿no debería esta esencia femenina manifestarse en un enfoque feminizado de las relaciones sexuales, la intimidad y la familia? La comprensión contemporánea del sexo y del género no requiere una expresión objetiva de lo que significa ser miembro de ese género, ni biológica ni psicológicamente.

Lo que parece coherente a lo largo de estos textos es el énfasis desmesurado que ponen los activistas transgénero de MtF en el *deseo de ser percibidos por los demás* como una mujer en lugar de vivir como una mujer real. En el caso de personas como Blaire White, Debbie Hayton e India Willoughby, que no se adhieren a la teoría del género personal, parece prevalecer el interés por el matrimonio y los hijos.

¿Qué es la teoría biológica del género?

La YouTuber transgénero Natalie Wynn explica cómo la comunidad transgénero se divide entre las diferentes ideologías de la teoría de género en un vídeo de YouTube titulado "*Transtrenders*" | *Contrapoints* (Wynn 2019). Natalie explica que algunas personas transgénero son "*transmedicalistas*" o "*truscas*", refiriéndose a las personas transgénero que creen que la identidad transgénero incluye tener una etiología biológica, diagnosticada como disforia de género. Los transmedicalistas afirman tener una forma de cerebro intersexual, lo que les hace tener al menos parcialmente el sexo biológico al que se adscriben. Blaire White, transmedicalista, afirma que la disforia de género es una condición médica neurológica que requiere tratamiento médico. Blaire afirma que el tratamiento de esta disforia incluye bloqueadores hormonales, suplementos hormonales y cirugía para aliviar su angustia y alinear su cuerpo con el sexo biológico dentro de su cerebro. Los transmedicalistas afirman que los médicos deben seguir la neurología del paciente y no la presencia de gónadas. Esta es la política que utilizan los médicos en los casos de personas intersexuales. Los transmedicalistas se adhieren al sistema de sexo binario pero creen que tienen un cerebro intersexual. En general, los transmedicalistas se adscriben al realismo biológico y a los postulados del marco tradicional de sexo/género establecido en el apartado 2.1. El Papa Francisco y la Congregación para la Educación Católica han mostrado su apoyo pastoral a los transmedicalistas (sin utilizar explícitamente el término), al tiempo que han denunciado las ideologías de género basadas en fundamentos personales y sociales.

[Debbie Hayton, Ph.D., 1968—]

La Iglesia no ha determinado qué soluciones médicas que se ofrecen actualmente son moralmente coherentes con la enseñanza de la Iglesia. Sin embargo, la Iglesia reconoce que la disforia de género existe y que algunas personas sufren este trastorno médico. El realismo tomista requiere una creencia fundamental en la realidad biológica. Por lo tanto, la totalidad de la persona y la teleología del cuerpo humano deben seguir siendo un factor esencial a la hora de considerar las opciones para tratar las identidades transgénero. El doctor Peter Geach escribió en *Virtudes: "Un código moral 'libremente adoptado' que ignore las teleologías incorporadas a la naturaleza humana sólo puede conducir al desastre"* (Geach 1977, vii).

Si existe una condición de intersexualidad, los médicos emprenden un enfoque médico para afirmar el orden natural para restaurar la totalidad personal. ¿Existe la disforia de género porque la persona *desea* ser del sexo opuesto o porque la persona es mentalmente del sexo opuesto? Esta distinción es clave para comprender la totalidad de la persona. Si un paciente tiene el cerebro de una persona del sexo opuesto asignado, realinear las características sexuales secundarias para que coincidan con su cerebro es restaurar la totalidad de la persona. Supongamos que la disforia de género es el deseo desmesurado de ser del sexo opuesto, aunque haya una causa química para este deseo. En ese caso, la totalidad de la persona es su sexo asignado. Alinear el cuerpo para que coincida con el deseo sería apoyar una mentira, abriendo la puerta a la trans-especie, trans-racial, o cualquier cosa que la mente pueda imaginar. La ciencia médica que ha identificado diferentes morfologías cerebrales en los cerebros de las personas con disforia de género no ha estudiado si estas anormalidades crean un deseo o se alinean con el sexo opuesto en la práctica.

Si una condición cerebral intersexual causa disforia de género, ¿cuál es el mejor tratamiento? ¿Es el mejor enfoque ofrecer procedimientos de reasignación de sexo para enmascarar el cuerpo y poder hacer la transición social? ¿O debería tratarse la disforia de género como el Trastorno Dismórfico Corporal o el Trastorno de la Identidad Corporal, afecciones que confunden el sentido de la expresión fenoménica? En igualdad de condiciones, la opción preferible es curar la psique en lugar de enmascarar el cuerpo.

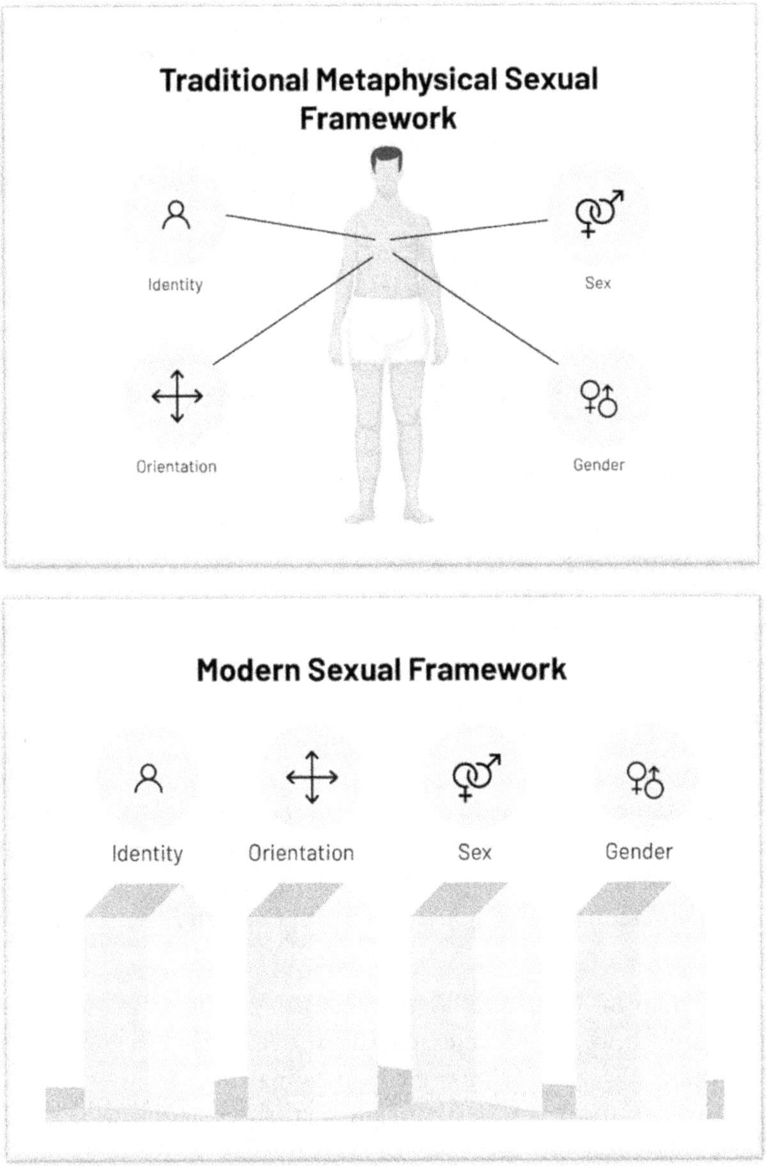

Figura 2.7 Marcos sexuales tradicionales/modernos

La Unidad de Sexo y Género dentro el Marco Biológico

Al contrastar los sexos masculino y femenino, la manifestación de estas diferencias aparece en las formas de masculinidad y feminidad. El Papa Francisco, en su encíclica Alabado seas *(Laudato Si')*, escribió: *"valorar el propio cuerpo en su feminidad o masculinidad es necesario si voy a ser capaz de reconocerme en un encuentro con alguien que es diferente"* (Francisco 2015a, sec. 155). El sexo, hasta cierto punto, es incómodo, ya que se está encontrando una privación en uno mismo para cumplir una privación en otro. Volviendo al libro del Génesis, Adán tiene la privación de su costilla, que sólo Eva puede cumplir, y sólo Adán puede completar a Eva. La privación lleva a un encuentro, como lo expresa el Papa Francisco, y por lo tanto lleva a la comunión.

A los teóricos nominalistas del género les gusta aislar las categorías de expresión de género (masculino/femenino), orientación sexual (homosexual/heterosexual), identidad de género (masculino/femenino) y sexo (hombre/mujer). El dimorfismo sexual puede abarcar una amplia gama de variaciones; sin embargo, estas categorías no son silos como afirman los nominalistas de género, sino que están integradas en la persona humana (véase la figura 2.7). Las mujeres, por naturaleza, son femeninas, se casan con hombres y actúan de forma femenina. Este patrón no niega que algunas mujeres se sientan más atraídas por otras mujeres que por hombres (o viceversa), pero el orden natural determina la normatividad. El marco metafísico integra a la persona humana, pero todavía posee un anhelo por el sexo opuesto.

La feminista Charlotte Witt, doctora en filosofía, adscribe y desarrolla el concepto de uniessencialismo de género, según el cual el género une los elementos biológicos, personales y sociales del mismo. El uniesencialismo plantea la pregunta aristotélica sobre la *quididad*, ¿qué es? ¿Qué hace que una casa sea una casa? La Dra. Witt explica que la propiedad funcional de la casa (teleología) determina por qué existe un nuevo individuo unificado. Por último, La Dra. Witt examina la causalidad de la metafísica:

> De ahí que haya razones para pensar que se trata de dos teorías diferentes del esencialismo individual, en el sentido de que responden a cuestiones distintas sobre los individuos. Aristóteles explica por qué un nuevo individuo existe en absoluto por encima de la suma de sus componentes materiales de las partes, es decir, su teleología. En cambio, el profesor Kripke parte de un individuo existente y se pregunta por las propiedades de ese individuo que son necesarias para ser ese mismo individuo. (Witt 2011, 6)

Sin la teleología aristotélica, el profesor Kripke, como modernista, aborda la quididad como un proceso de denominación. Con su enfoque contingente a priori de la existencia que precede a la esencia, el profesor Kripke puede preguntarse: "*¿qué parte de la persona es necesaria para seguir siendo miembro de un determinado sexo?*" ¿El útero, las hormonas, las gónadas, el funcionamiento mental? Para la Dra. Witt y otros aristotélicos, la mujer no es una cuestión de una parte individual, sino de cómo las partes funcionan juntas para crear el ser completo, que existe socialmente en el mundo. Posie Parker (una persona crítica con el género) también propuso que no son los pechos ni ninguna otra característica física lo que hace que una persona sea una mujer. Al hablar de la ciclista de MtF Rachel McKinnon, Posie afirmaba que la gente se centra en partes específicas del cuerpo cuando explica por qué es injusto que un hombre de nacimiento compita en deportes femeninos. La gente dice: "*Son los pulmones, las fibras musculares, el....*". Posie responde con rotundidad: "*no, es porque es un hombre*" (Parker 2019). Esta respuesta es increíblemente aristotélica, pues se centra en la totalidad de la persona y no en una parte individual.

La teleología del sexo biológico

Francis Marshall, DS.c. (1878-1949), define la doctrina de la finalidad interna como una teoría según la cual "[5]cada individuo, o en todo caso cada especie, está hecho para sí mismo, que todas sus partes conspiran para el mayor bien del conjunto, y están organizadas

---

[5] El filósofo estadounidense Saul Kripke (1940-) defendió una forma diferente de esencialismo. El profesor Kripke utiliza un atril como ejemplo de esencialismo. ¿Qué hay en el atril que sea esencial para que siga llamándose atril? ¿Cuánto se puede eliminar para que deje de llamarse atril? Este enfoque reductivista difiere del de Aristóteles, cuyo enfoque considera todas las partes trabajando juntas.

[6] Ha optado por no identificarse como feminista.

inteligentemente con vistas a ese fin, pero sin tener en cuenta otros organismos o tipos de organismos" (Marshall 1937, 3). Este concepto es fundamental en la causa final de Santo Tomás, o teleología de las partes. Todas las partes trabajan para el bien mayor del conjunto: las partes del cuerpo trabajan para el beneficio de la persona, cada persona trabaja para el esplendor de la iglesia, y la iglesia trabaja para la gloria de Dios.

La finalidad externa es una extensión de la finalidad interna. Todas las partes funcionan juntas y conducen a la deificación de la creación. La teleología conduce a la humanidad de vuelta al Creador; se describe el *reditus tomista*, el retorno a Dios. ¿Qué es la teleología para los transeúntes? ¿Qué utilidad ofrecen al Cuerpo de Cristo, que glorificará a Dios? ¿Cómo afecta la falta de un *reditus* claro a la comprensión de las personas transexuales de sí mismas y de su lugar dentro de la cosmología del universo?

La Iglesia enseña que el sexo desde su totalidad se convierte en funcional y relacional en las formas de paternidad y maternidad. Juan Pablo II explicó que *"el misterio de la feminidad se manifiesta y revela en toda su profundidad a través de la maternidad"*, como dice el texto, *"que concibió y dio a luz"* (Juan Pablo II 2006, sec. 210). La mujer se presenta ante el hombre como esposa y madre. Su ser es el origen de la nueva vida humana, concebida y desarrollada en ella. A través de la mujer, se nace en el mundo. "*De este modo, se revela también el misterio de la masculinidad del hombre, es decir, el sentido generativo y 'paternal' de su cuerpo"* (Juan Pablo II 2006, sec. 211). Esta diferencia en una relación es también diferente en sus propiedades más esenciales. El Papa reitera que la constitución de la mujer difiere de la del hombre: "*Toda la constitución exterior del cuerpo de la mujer, su aspecto particular, las cualidades que se sitúan, con la fuerza de una atracción perenne, en el principio del "conocimiento" del que habla el Génesis* 4,1-2 *("Adán se unió a Eva"), están en estricta unión con la maternidad"* (Juan Pablo II 2006, sec. 212). La teleología del sexo es relacional. El sexo atrae a las personas fuera de sí mismas a una relación con otra, creando un vínculo de marido, mujer, madre, padre, hijo, hija, etc.

En el documento de 2015 *Cultura femenina: Igualdad y diferencia*, los autores de la Asamblea Plenaria del Consejo Pontificio de la Cultura repitieron las enseñanzas de Juan Pablo II. La complementariedad fisiológica de la diferencia sexual hombre-mujer asegura las condiciones necesarias para la procreación. La Asamblea Plenaria afirma: "*La fisicalidad de la mujer -que hace al mundo vivo, longevo, capaz de extenderse- encuentra en el seno materno su máxima expresión*" (Consejo Pontificio de la Cultura 2015, sec. 5). La mayor expresión de la feminidad no son los pechos, el maquillaje, el pelo largo, las voces suaves y cosas por el estilo. Utilizando este patrón, se pueden encontrar múltiples formas de ser femenino y masculino. La feminidad y la masculinidad son predominantemente construidas socialmente, pero no del todo. Cuando los teóricos del género dicen que el *género es una construcción social*, quieren decir esencialmente que la feminidad es una construcción social. Según los realistas biológicos, estos atributos y relaciones enraizados en el sexo y el género tienen una base biológica.

Según los documentos de la Iglesia, la expresión más significativa de la feminidad es el vientre y la maternidad. Las feministas que quieren que la Iglesia vea a las mujeres como algo más que vientres atacan habitualmente esta posición naturalista. La doctora Mary Hunt, una teóloga feminista católica, escribió en respuesta a este documento: "¿Qué pasa con el cerebro de las mujeres?" (Hunt 2015). Esta perspectiva opositora pierde un elemento esencial de la antropología católica, que afirma que "*la esencia del ser humano, de la que no debe faltar ningún rasgo, está presente en ambos, manifestándose de dos maneras*" (Bello 2016, 12). La iglesia no podría identificar el cerebro de las mujeres como la mayor expresión de la feminidad, ya que hombres y mujeres comparten por igual la ratio entis. Los hombres y las mujeres son igualmente seres racionales y tienen cerebros igualmente capaces de realizar actividades intelectuales.

La cultura de las mujeres: Igualdad y Diferencia no negaba las diferencias entre hombres y mujeres. En cambio, el documento afirmaba que la diferencia física más significativa entre hombres y mujeres es el vientre materno, porque la persona humana viene al mundo a través del vientre. El Dr. Hunt se pregunta: "*¿Diríamos que la fisicalidad del hombre encuentra en el pene su máxima expresión? Lamentablemente, en algunos círculos, pero espero que no. Semejante cosificación de las personas, semejante reducción a lo puramente físico nunca es apropiada*" (Hunt 2015), pero esto no estaría demasiado lejos de la posición de la iglesia. Ninguna otra cualidad física de un hombre hace que el mundo esté vivo, aparte de sus genitales y gónadas. En su declaración, la iglesia tal vez ejemplifica el vientre sobre el pene por dos razones, la primera porque el documento se refería a las mujeres; la segunda, cualquier hombre puede fecundar a una mujer en minutos. Sin embargo, una madre cría a un bebé durante nueve meses en el vientre materno. Aunque ambos son necesarios para la reproducción, la iglesia, con su conocimiento de la historia de los padres negligentes, elogia con razón a las mujeres por su papel más vital en la reproducción y la continuación de la vida humana.

Cuando la iglesia afirma que el físico en el centro de ser mujer es el vientre (útero), las feministas etiquetan a la iglesia como parte del patriarcado, sin embargo, esto es un doble estándar cuando durante casi dos décadas, las mismas feministas aclamaron los *Monólogos de la Vagina* como liberadores de las mujeres. Para un número creciente de estudiantes progresistas, los Monólogos de la Vagina están siendo abandonados, se han convertido en antitransgénero y antiintersexuales. Erin Murphy, presidenta de la compañía de teatro del Mount Holyoke College, anunció que dejarían de representar los *Monólogos de la Vagina* en 2015. La razón aducida fue que el género es "algo que no puede reducirse simplemente a distinciones biológicas o anatómicas, y muchos de los que hemos participado en el espectáculo nos hemos sentido cada vez más incómodos presentando un material que es inherentemente reduccionista y exclusivo" (Kingkade 2015).

Desde el inicio de los *Monólogos de la Vagina*, la iglesia protestó contra la representación alegando que el espectáculo reduce a las mujeres a vaginas, algo materialista y sexualmente cosificante. Irónicamente, los *Monólogos de la Vagina* sólo se cerraron tras la indignación de los individuos de MtF. Las personas con pene obligaron a las mujeres a dejar de hablar de sus vaginas como un espectáculo público. La iglesia no disfruta de una victoria ya que no se reconoce el vientre como el centro de la fisicalidad de la mujer o el epicentro de toda la existencia humana. Por el contrario, esto sólo provoca una brecha más amplia ya que su ideología borró por completo el concepto de feminidad.

Por último, la doctora Judith Butler afirma que el concepto de identidades transgénero es tan difícil para la gente porque la imagen de la persona transgénero suele ser la del hombre biológico feminizado. La Dra. Butler afirmó: "*Las mujeres trans han renunciado a la masculinidad, mostrando que se puede renunciar a ella, y eso es muy amenazante para un hombre que quiere ver su poder como una característica intrínseca de lo que es*" (J. Butler 2015). La filósofa social transgénero contemporánea Julia Serano, Ph.D. (1967—), insiste en este mismo tema afirmando la f*emmephoibia*, el miedo a todo lo femenino. El concepto de que un hombre sea femenino es repulsivo en las sociedades antiguas y modernas debido a la *femmefobia* (Serano 2007).

El ideal victoriano de feminidad existe únicamente para complacer la *mirada masculina.* Esta falsa feminidad o *femmefobia* no es el desacuerdo subyacente que tienen los tomistas con el cambio de sexo. Aunque el sexismo existe, incluso de manera informal dentro de la iglesia, las enseñanzas de la iglesia son siempre el resultado de la razón fortificada y no del miedo o de cualquier apetito. El Papa Francisco adopta algunos avances en la igualdad de género en su defensa de la familia natural vista en la exhortación apostólica La alegría del Evangelio (*Evangelii Gaudium*). En este documento, el Papa Francisco rechaza la cultura machista del alcoholismo y el abuso físico y mental de las mujeres (Francisco 2013a, sec. 69). Como explica la exhortación apostólica La alegría del amor (*Amoris Laetitia*), "*[nuestra] historia está cargada de los excesos de las culturas patriarcales que consideraban a las mujeres inferiores*" (Francisco 2016, sec. 54). La crítica del papa a las teorías personales de género, que desvinculan el sexo del orden natural y niegan sus orígenes biológicos, no es un planteamiento sinónimo de patriarcado o de roles de género restrictivos, que reduzcan a las mujeres a los personajes de The Handmaid's Tale [El cuento de la criada]. En cambio, un realista biológico reconoce la unidad de la persona humana como un ser *hilomórfico* con una teleología específica.

¿Qué es la teoría personal del género?

La segunda categoría incluye a quienes creen que el género es personal o psicológico. Como señalan algunos activistas transgénero:

> Mientras que algunos miembros de las comunidades trans creen que la transexualidad es biológica y la base de su verdadero yo, otros sienten que han llegado a su identidad trans a partir de una exploración continua del género y que su comprensión de sí mismos ha sido influenciada por la cultura y las normas de género. (Erickson-Schroth y Jacobs 2017, 30)

Los defensores de esta ideología afirman que no es necesario un diagnóstico científico para validar los propios sentimientos personales. La Dra. Serano explica: "*Identificarse como algo, ya sea como mujer, demócrata, cristiano, feminista, gatuno o metalero, parece ser una elección consciente y deliberada por nuestra parte, que hacemos para describir mejor cómo creemos que encajamos en el mundo"* (Serano 2007, 56). Así, el enfoque de la Dra. Serano sobre la teoría del género alinea el género con la identidad.

¿Hay algo esencial en el género? ¿Qué es necesario para ser mujer? Se podría decir que la capacidad de tener hijos, pero no todas las mujeres pueden tenerlos. Se podría decir que tener pechos y útero, pero no todas las mujeres tienen pechos y útero, ya sea por discapacidades congénitas o por cáncer. Se podría decir tener cromosomas XX, pero como en los casos de intersexualidad, no todas las mujeres tienen cromosomas XX. Ante esto, muchas feministas sostienen que las mujeres no poseen ninguna característica esencial de la feminidad. Este tipo de feminista se adscribe al nominalismo, que afirma que el único elemento que une a todas las mujeres es el título de mujer, que todas utilizan. ¿Es la feminidad una cuestión de simple autoidentificación?

Las personas transgénero han utilizado, en consecuencia, el argumento nominalista: *"Soy una mujer porque me llamo a mí misma mujer; no se necesita ninguna otra explicación"* (Wynn 2019). Los nominalistas consideran el género como un atributo no esencial del individuo, lo que significa que ninguna característica física especifica un género o un rol de género. Por lo tanto, una mujer puede tener cualquier trabajo, hacer cualquier cosa socialmente, ser masculina o femenina, definirse a sí misma de la manera que quiera, o quedarse embarazada o embarazar a otra: nada determina el género más que la autoprofesión. Incluso el *Centro de Control de Enfermedades* (CCE) comenzó a utilizar el término *personas embarazadas* en 2019 para dar cabida a las personas FtM que se quedan embarazadas, ya que ahora tanto hombres como mujeres pueden estar embarazados y pueden amamantar. Siguiendo con la tendencia, algunas escuelas liberales, al impartir educación sexual, han dividido la clase en *"personas con pene" y "personas con vagina"* en lugar de *"niños" y "niñas"* (Soh 2020,26).

La activista de género Mey Valdivia Rude se describe como una *"mujer trans latina bisexual que vive en Los Ángeles". Es escritora, asesora de cómics y activista trans. Es una bruja, una femme, una princesa del pop y le encantan los cómics, las brujas, los dinosaurios y llorar. Tiene un gato llamado Sawyer y un twitter muy exitoso"* (Rude 2014). La identidad es muy importante para Mey. Proclamó: *"No hay nada intrínsecamente masculino en los cromosomas XY, la testosterona, el vello corporal, la masa muscular o los penes... El sexo, como el género, se construye socialmente y puede cambiarse"* (Rude 2014). Estas afirmaciones suelen ser las que más llaman la atención, lo que hace que las personas con disforia de género se sientan excluidas de la conversación. Por lo tanto, Mey sería considerada una activista de género y tal vez una *transexual*. Normalmente, los transmedicalistas se sienten frustrados con los individuos *"transtrender"* que perciben que utilizan el movimiento transgénero como parte de una liberación sexual más amplia diseñada para socavar los valores del propio género (Wynn 2019). *"Maximales"* es otro término para los transtrenders que querrían que el término "trans" fuera inclusivo para progresar en la política trans.

Bajo el nominalismo de género, si un hombre natal cree que es una mujer, es una mujer. Amnistía Internacional adoptó esta ideología con afirmaciones como: *"Una mujer transgénero es una mujer a la que se le asignó el sexo 'masculino' al nacer' pero que tiene una identidad de género femenina"* (Amnistía Internacional 2014, 17). El Dr. McHugh, un realista biológico, responde a esto, afirmando: *"El lenguaje de 'asignado al nacer' es deliberadamente engañoso y sería idéntico a una afirmación de que el tipo de sangre se asigna al nacer. Sí, un médico puede comprobar el grupo sanguíneo y anotarlo. Pero el grupo sanguíneo, al igual que el sexo, es objetivamente reconocible, no asignado"* (McHugh 2014a, 6). El término *"asignado"* sugiere que otra persona podría asignar al niño de forma diferente y basándose en un conjunto separado de normas. Estos mismos activistas afirman ahora que la biología es solo una *"construcción científica"* (Soh 2020, 26). Aunque los médicos utilizan varias categorías para describir a un niño al nacer, como la longitud, el peso, la raza, la capacidad, etc., el sexo sigue siendo uno de los factores más importantes que hay que tener en cuenta.

De forma similar a la definición de Amnistía Internacional, el actor Daniel Radcliffe escribió tras uno de los tuits de J.K. Rowling sobre el realismo de género,

> Las mujeres transexuales son mujeres. Cualquier afirmación en sentido contrario borra la identidad y la dignidad de las personas transgénero y va en contra de todos los consejos de las asociaciones profesionales de la salud que tienen mucha más experiencia en este tema. Según The Trevor Project, el 78% de los jóvenes transgénero y no binarios declararon haber sido objeto de discriminación debido a su identidad de género. Está claro que tenemos que hacer más para apoyar a las personas transgénero y no binarias, no invalidar sus identidades y no causar más daño. (Radcliffe 2020)

La declaración de Daniel Radcliffe es un ejemplo del enfoque emotivista subjetivo de la ontología y la epistemología. Si uno *se siente* mujer, entonces es mujer. Por lo tanto, el único conocimiento que vale la pena considerar es la *propia verdad* personal. La Congregación para la Educación Católica en el documento de 2019 *masculino y Femenino los creó* aborda esta ideología. La CCE critica: *"La teoría de género (especialmente en sus formas más radicales) habla de un proceso gradual de desnaturalización, es decir, un alejamiento de la naturaleza y una opción absoluta por la decisión de los sentimientos del sujeto humano"* (Congregación para la Educación Católica 2019, sec. 19).

Los teóricos del género han armado la empatía contra la naturaleza. El Papa Benedicto XVI se manifestó en el mismo sentido en su mensaje al parlamento alemán. El pontífice afirmó: *"[El hombre] es intelecto y voluntad, pero también es naturaleza, y su voluntad se ordena correctamente si respeta su naturaleza, la escucha y se acepta a sí mismo por lo que es, como alguien que no se ha creado a sí mismo"* (Benedicto XVI 2011). El Papa Francisco, en un encuentro de 2016 con los obispos polacos, se quejó de la colonización ideológica: "*Hoy, en las escuelas, se enseña a los niños que cada uno puede elegir su género... Estamos viviendo un momento de aniquilación del hombre como imagen de Dios*" (Francisco 2016b).

¿Cuántos géneros hay?

Algunos defensores de esta ideología abogan por la selección personal de uno de los dos géneros, mientras que otros abogan por 76 géneros (M. Stewart 2020) o un número ilimitado de géneros (Brusman 2019) o un mundo sin género (Joel 2019). Kate Bornstein, en su propio ejemplo extremo, reflexiona,

> Mi identidad como lesbiana transexual cuyo amante femenino se está convirtiendo en hombre se manifiesta en mi declaración de moda. No me identifico ni como hombre ni como mujer, y ahora que mi amante está pasando por su cambio de género, resulta que no soy ni heterosexual ni gay. (Bornstein 1995, 3-4)

Rachel Anne Williams, una compañera transfeminista, afirma: *"Mi cuerpo es un acto de terrorismo. Confunde a quienes no pueden ver el cuerpo como lo que es: un campo de potencial"* (R. A. Williams 2019, 121).

Una tendencia cada vez más popular son los neopronombres, en los que una persona utiliza términos como ze/zer, árbol/árbol y conejito/conejo en lugar de los pronombres tradicionales. Aunque localizado, este enfoque personal del género es popular dentro de una pequeña comunidad de teóricos del género. Por ejemplo, el actor y músico Keiynan Lonsdale pidió al público que se refiriera a él como Tree y Treeself. En un Instagram Live Q&A, Keiynan declaró: *"Quiero que la gente me llame 'árbol', porque todos venimos de los árboles, así que no importa si eres un él o una ella o un ellos o una ellas. Al fin y al cabo, todo el mundo es un árbol"* (Bote 2018). Además, que los famosos salgan del armario como no binarios es una tendencia de 2020 para acaparar los focos durante 15 minutos de fama y apoyar a la comunidad transgénero. Jonathan McDonald Van Ness de *Queer Eye* y los músicos Sam Smith, Harry Styles y Miley Cyrus han salido del armario como no binarios o genderfluid. El siguiente paso previsible dentro de la teoría del género personal serán los verbos y adjetivos personalizados.

[Kate Bornstein, 1948—]

Este enfoque de autoidentificación de género está creciendo en Estados Unidos, pero al mismo tiempo está siendo derrotado en Europa. El Reino Unido comenzó a restringir los bloqueadores de la pubertad para los niños tras el caso de Kierra Bell a finales de 2020. En mayo de 2021, los partidos de izquierda en España y Alemania propusieron implementar leyes de autoidentificación que los parlamentos derrotaron por amplios márgenes. En España, el partido Podemos propuso una ley que permitiera la transición de género de los menores a los doce años. Además, el proyecto de ley proponía que los adolescentes pudieran cambiar su sexo legal sin necesidad de controles médicos o psicológicos que demostraran que sufrían disforia de género. El partido conservador, así como las feministas, se opusieron a este proyecto de ley. Por su parte, el partido liberal FDP de Alemania propuso un proyecto de ley para rebajar la edad de autoidentificación de género a los catorce años. En ambos casos, el 70% de los parlamentarios votaron en contra de estos proyectos de ley.

Jóvenes no Binarios

La forma más extrema de una teoría de género personal es la de los jóvenes no binarios. Los individuos no binarios sienten que no se ajustan a ninguna de las categorías binarias claramente definidas. Algunos ejemplos de expresiones de género no binario son genderqueer, gender fluid, demigender, bigender, agender y gender unicorns. Genderqueer se utiliza a menudo para mostrar el significado político. Una persona genderqueer puede jugar con el género y las normas sociales. Por ejemplo, una persona genderqueer puede ser un hombre que se presenta como mujer pero incluye una barba de purpurina. Esta expresión viola intencionadamente las normas sociales.

El género fluido es un concepto cada vez más popular por el que una persona puede expresarse de forma más masculina o femenina en un día determinado. Por ejemplo, el uso de pronombres puede fluctuar con frecuencia. Un demigénero está conectado a ambos géneros, pero está parcialmente más conectado a un género que a otro. Una persona bigénero trata de incorporar ambos géneros. Una persona que se identifica como agénero o no-género no reclama un género masculino o femenino. Un unicornio de género es una *"criatura rara y fantástica que aparentemente podría desafiar las leyes de la naturaleza y no puede existir, pero lo hace"* (Erickson-Schroth y Jacobs 2017, 15).

Las mujeres jóvenes no heterosexuales constituyen el grupo más numeroso de personas que se declaran no binarias (Whyte, Brooks, y Torgler 2018, 2403). El término no binario describe a los individuos que se identifican como genderqueer o *"genderfluid, bigender, agender, gender creative y otros"* (Yarhouse y Sadusky 2019, 108). Estos individuos adoptan la no conformidad de género como identidad de género. A menudo, quienes forman parte de las categorías no binarias de transgénero no experimentan *"angustia o deterioro clínicamente significativo en el ámbito social, laboral u otras áreas importantes del funcionamiento"* (American Psychiatric Association 2013, 452) y, por tanto, no es disfórico de género. A diferencia de los transexuales, no existe el compromiso de someterse a una cirugía u hormonas esterilizantes, por lo que se puede ser transgénero un día y dejar de serlo al siguiente sin consecuencias permanentes. Esta característica es una bendición y una maldición. Aunque los activistas no binarios pueden tener pocas repercusiones a largo plazo por sus identidades ambiguas, son un grupo que se hace oír dentro de los círculos activistas. Su retórica suele codificarse en las protecciones y políticas transgénero. Como las redes sociales se han convertido en una fuerza dominante en la sociedad, muchos adolescentes se aferran a esta ideología y adoptan estas identidades como propias. Los jóvenes pueden tomar decisiones vitales a largo plazo utilizando bloqueadores hormonales y hormonas del sexo opuesto debido a este activismo no binario.

Las primeras versiones de las *Normas de Atención* publicadas por la Asociación Internacional de Disforia de Género Harry Benjamin exigían que las personas transgénero tuvieran una presentación binaria para recibir tratamientos médicos. Esta postura cambió con la séptima versión de 2014, que aceptaba varios géneros fuera del sistema binario. Este cambio es un ejemplo de cómo la teoría de género influye en las normas de atención médica.

La doctora Judith Lorber, especialista en teoría de género, niega toda la construcción del sexo y el género, reivindicando una forma extrema de no binarismo. Ella escribe: *"Para los seres humanos, no hay feminidad o masculinidad esencial, feminidad o masculinidad, feminidad u hombría, pero una vez que se atribuye el género, la construcción del orden social mantiene a los individuos con fuertes normas y expectativas de género"* (Lorber 2018, 278). Según la teoría de la Dra. Lorber, todas las personas nacen no binarias y con plena plasticidad. Según la Dra. Lorber, ser transgénero sería imposible, ya que el género sería simplemente, como afirma Ru Paul, "*naces desnudo, y el resto es drag*". (Raymond 1994, 31). Sin embargo, escribe La Dra. Raymond, a diferencia de las drags, "*pretenden ser de verdad. Y nuestra suspensión de la incredulidad en su naturaleza sintética se requiere como un imperativo moral*" (Raymond 1994, xxiii). Aunque este sofisma no engaña a la mayoría de los adultos, los jóvenes sin la debida prudencia y astucia gravitan hacia esta ideología.

La doctora Diane Ehrensaft, directora de salud mental de la clínica de género de la Universidad de California en San Francisco, rechaza el término "*persistente y consistente*" que se encuentra en el DSM-5, ya que esos términos implican que el sexo binario es fijo en los niños. En una entrevista con Jon Brooks, la doctora Ehrensaft afirma que "*las generaciones más jóvenes de personas transgénero -e incluso las generaciones más jóvenes de la población general- ven el género como algo más proteico, incluso personalizable*" (Brooks 2018). El informe de 2016 del Centro Nacional para la Igualdad Transgénero descubrió que más de un tercio de los casi 28.000 jóvenes transgénero encuestados afirmaban tener alguna forma de género no binario (Centro Nacional para la Igualdad Transgénero 2016). La Dra. Ehrensaft sostiene que los niños se identifican de forma natural como "*tanto masculino como femenino, ni masculino ni femenino, o a veces masculino, a veces femenino*" (Brooks 2018).

La idea de la Dra. Ehrensaft de que los niños cambian de género sin esfuerzo contradice la experiencia compartida de los adultos que trabajan con niños. Si uno llama a un niño pequeño una niña o a una niña pequeña un niño, el error de género produce una reacción adversa inmediata por parte de un niño. Los niños son más conscientes del género que de la raza o la religión. El género para los niños es un papel megaesencial. Los adolescentes, en cambio, experimentan con el sexo, el género y la orientación sexual, pero al final se decantan por una sexualidad estable.

Algunas personas del movimiento no binario utilizan el término "*trans*" con un asterisco (*trans**) para indicar la inclusión de todas las personas que no se identifican como miembros del grupo de género conformado. Esta identificación se originó en la década de 1980 en los tablones de anuncios, donde la gente utilizaba "t*" para identificar a los transgénero (Ryan 2014). En la actualidad, *Trans** se rechaza en algunos círculos transgénero, ya que el asterisco indica que los trans (transexuales) son más válidos que los trans* (que significan no binarios). Como afirma un sitio activista: "*Afirmar que el asterisco en sí mismo es fundamentalmente opresivo niega la responsabilidad e ignora la cultura del binarismo y la transmisoginia que afecta a la comunidad*" ((Trans Student Educational Resources n.d.).

Las personas no binarias son transgénero porque no tienen una identidad de género, experimentada de la misma manera que las personas cisgénero experimentan el sexo. Aunque tradicionalmente las identidades no binarias no serían "*transgénero*", ya que no cruzan identidades de género, rechazan las categorías binarias de sexo. El uso de *trans* sin *género* fomenta la idea de que las identidades personales no tienen por qué ser binarias. La palabra *transgénero* sugiere que una persona está cambiando de un género a otro, mientras que muchas personas que se identifican como no binarias rechazan este concepto rotundamente (Ryan 2014). Una persona puede ser no binaria por numerosas razones, incluyendo la experimentación de sentimientos de identidad transgénero, la no conformidad de género o una postura social/política contra el patriarcado. Un estudio descubrió que "*entre las personas no binarias a las que se les asignó un sexo masculino al nacer, el 1% se ha sometido a una vaginoplastia o a una labioplastia, y el 11% las desea en el futuro*" (James et al., 2016, 103). La mayoría de las transiciones de las personas no binarias afectan a los pechos. Las mujeres natales buscan con mayor frecuencia una doble mastectomía, mientras que los hombres natales buscan estrógenos para obtener senos y detener la virilización (G. Butler 2017, 176).

Aunque esta teoría está en el centro de la crítica de la iglesia a la ideología de la teoría de género, la no binaria no conlleva las mismas preocupaciones pastorales, ya que la identificación no binaria no se manifiesta frecuentemente en ninguna acción específica. Paradójicamente, la ideología no binaria es la que más preocupa, ya que es una filosofía proselitista que perjudica tanto a las personas transgénero como a las cisgénero. En comparación con cualquiera de los subgrupos LGBTQ, los jóvenes que se identifican como no binarios (90%) y no conformes con el género (91%) son los que autodeclaran los niveles más altos de estrés (Human Rights Campaign 2018, 6). Además, el 41,8% de los adolescentes no binarios intentan suicidarse (Toomey, Syvertsen y Shramko 2018).

Las identidades no binarias pueden ser un término de tendencia para los jóvenes confundidos, o algunas personas pueden ser no binarias de por vida. Sin embargo, no ha pasado suficiente tiempo desde que la gente empezó a utilizar el término para determinar su fecundidad. Por ejemplo, una encuesta realizada a estudiantes de secundaria de Minnesota reveló que el 41% de los encuestados transgénero se identificaban principalmente como no binarios (Rider et al. 2018, 2). Notablemente, las personas mayores que se identifican como transgénero no se identifican frecuentemente como no binarios, lo que sugiere que esto puede estar asociado a una tendencia más que a una forma de disforia de género con una etiología biológica.

Los individuos no binarios son, naturalmente, la forma más extrema de los teóricos del género personal, ya que la política social suele impulsar su no binarismo en lugar de una condición médica. Dentro de la sociedad, se encuentran republicanos con disforia de género, siendo un ejemplo notable Caitlyn Jenner. Por el contrario, no se encuentran personas republicanas o conservadoras que se identifiquen como no binarias o de género fluido.

Los teóricos del género pretenden que los jóvenes se inventen estas expresiones de forma independiente, pero esto no es cierto. Trans Student Education Resources (TSER) es uno de los sitios de activismo transgénero que, por su uso de la abstracción y la hipérbole, suscita más críticas (Anderson 2018a, 31-33) (Anderson 2018c). Un ejemplo de respuesta hiperbólica de TSER es esta afirmación: *"El sexo biológico es una palabra ambigua [sic] que no tiene escala ni significado, además de que se relaciona con algunas características sexuales. Además, es perjudicial para las personas trans"* (Trans Student Educational Resources n.d.). La creencia de que el uso del término *"sexo biológico"* es *"perjudicial para las personas trans"* es el tipo de mentalidad victimista que incita a los individuos cisgénero a rechazar todas las cuestiones transgénero como un tipo de ideología de género extremista.

En un artículo titulado Transgender Youth: ways to be an ally and advocate (Jóvenes transgénero: formas de ser un aliado y un defensor), los autores recomiendan hacer hincapié en los modelos de género en el arte, la historia y el plan de estudios, además de abogar por que los jóvenes cambien de identidad sin esfuerzo. Los autores recomiendan permitir que el niño elija: *"hombre, mujer, prefiero no decirlo, que se discuta cuando te conozca, genderqueer, gender flux, gender neutral, gender fluid, genderless, transgender, u otro"* (Gary-Smith y Steinhart 2016, 215). Por desgracia, este enfoque de la identidad de género está siendo fabricado y promovido por los teóricos del género.

¿Qué es la teoría social del género?

El enfoque social del género es más matizado que la teoría personal y merece un análisis más filosófico. ¿Qué significa socialmente ser hombre o mujer? Los humanos nunca interactúan entre sí a nivel cromosómico. Rara vez los humanos interactúan con la sociedad utilizando sus genitales. En cambio, los humanos interactúan constantemente en la sociedad utilizando su sexualidad. Si una persona se comporta como una mujer en la sociedad y la sociedad la recibe como tal, entonces, socialmente, esa persona es una mujer. Junto con la teoría del género social está la teoría de la expresión de género. Para ser recibido como miembro de una clase de género se requiere algo más que un sentido de identidad interiorizado; la pertenencia requiere una manifestación en el mundo social, convencer a otras personas de que son miembros de este grupo.

La YouTuber transgénero, Blaire White, en un debate de 2018 con Ben Shapiro, Esq. afirmó que los padres adoptivos no engendran ni tienen descendencia biológicamente, y sin embargo, la sociedad no dudaría de que los padres adoptivos son padres (B. White 2018). Un padre adoptivo asume socialmente el papel de padre de un niño. A diferencia del enfoque psicológico o personal, la teoría social se centra en las relaciones. La teoría social de género no trata del sentimiento de ser padre o madre, un concepto no medido ni observado. Por ejemplo, supongamos que una mujer se siente madre porque trata a una muñeca como a un bebé humano. En esta situación, una madre-muñeca es una madre personalmente, pero no biológicamente ni socialmente. Aunque la sociedad suele tolerar este lenguaje, las leyes, los rituales o la cultura no fomentan estas prácticas.

Frente a la mujer con un muñeco de bebé, sería la rarísima excepción de que alguien no estuviera de acuerdo con la premisa de que un *padre adoptivo es un padre*. Los padres biológicos y los adoptivos actúan de la misma manera. La actuación de los padres que crían a sus hijos biológicos es la misma que la de los padres adoptivos; por tanto, ambos merecen con razón ser llamados padres. Utilizando el lenguaje aristotélico, un padre adoptivo es formalmente un padre pero no un padre eficiente. La persona es un padre en la acción y la intención, pero no es la causa material de la existencia del niño. El acto de criar una muñeca es sustancialmente diferente y, por tanto, no se considera paternidad formal o eficiente.

La teoría social del género también puede ser una herramienta en beneficio de las personas con disforia de género. Supongamos que una persona con disforia de género de inicio temprano encuentra alivio psíquico al ser percibida como miembro de un sexo concreto. Se confía más en la teoría social del género que en las teorías personal y biológica. Muchos transmédicos saben que no pueden cambiar los aspectos biológicos de su sexo, independientemente de la habilidad del cirujano o de las hormonas que reciban. Sin embargo, encuentran facilidad y comodidad al ser percibidos como un miembro del sexo opuesto.

La YouTuber transgénero MtF Rose of Dawn (Transmedicalist) afirma: *"No cambias la biología cuando transicionas. Haces todo lo posible para encajar en esa biología y sentirte lo más cómodo posible"* (Rose of Dawn 2019). Aunque los transmedicalistas suelen reconocer esta realidad, diferenciar entre una transición social y una biológica es una distinción silenciada por los medios de comunicación y las plataformas de redes sociales. Por ejemplo, Rose of Dawn afirma que Twitter prohibió a otras personas con disforia de género MtF por afirmar que (ellos mismos) seguían siendo hombres biológicos (Rose of Dawn 2019).

Perspectivas Feministas

En cuanto al género, la Dra. Witt no categoriza a las mujeres como mujeres por una deducción puramente biológica, sino que considera cómo se perciben a sí mismas y cómo existen en la sociedad. Si hay dos categorías que son las más universales en los seres humanos, son las de hombre y mujer. Muchas categorías definen a las personas en la sociedad, pero la Dra. Witt afirma que el *"papel social mega esencial"* es el género (Witt 2011, 80). Incluso si uno quisiera negar tener un género, la sociedad recordaría constantemente a los individuos su sexo. Los transmedicalistas pueden estar de acuerdo con la Dra. Witt, ser percibido socialmente como miembro de un género determinado es más importante que la transformación biológica a la hora de aliviar la disforia. Blaire White, por ejemplo, hizo la transición como individuo MtF socialmente pero no está orquiectomizada. No niega su realidad biológica, pero sus cirugías y hormonas son sólo un intento de transición social hacia la feminidad.

La metafísica del género de la Dra. Witt se alinea con el concepto de ser socialmente una mujer. Una persona transexual que se hace pasar socialmente por una mujer puede tener todas las apariencias socialmente aceptables de una mujer, pelo largo, pechos, ausencia de nuez de Adán, raya del pelo más baja, maquillaje, ropa femenina, voz más suave, etc. Las personas transgénero MtF suelen imitar estas características hasta un grado cómico cuando salen del armario por primera vez para *"pasar"* como mujeres, pero finalmente adoptan una presentación más neutra. Este personaje es un uniforme que se ponen para convertirse en un miembro social de un sexo determinado. Los defensores de la teoría del género personal, al igual que las personas no binarias con barba de purpurina, a menudo se niegan a ponerse ese uniforme pero exigen que se les reconozca como miembros de la clase femenina. Por el contrario, los interlocutores de la teoría social de género afirman que uno debe adscribirse al contrato social para convertirse en miembro de una clase de género.

El voluntarismo es la teoría de que el género no es en absoluto determinante y es algo que las personas pueden rechazar. Otro término es el no-ascriptivista, que afirma que una mujer no está sujeta a las normas de su sexo si no se adscribe a ellas. La propia mujer debe tomar la decisión. La Dra. Witt, que se adscribe a la teoría social del género, rechaza tanto las afirmaciones no-ascriptivistas como las voluntaristas. El documento *Masculino y Femenino los creó* sigue la misma desconfianza por el voluntarismo, afirmando: *"Esta combinación de fisicalismo y voluntarismo da lugar al relativismo"* (Congregación para la Educación Católica 2019, sec. 20).

Los seres humanos nacen, y las normas sociales de género enmarcan todo lo que hace un niño desde los primeros momentos de su vida. Estas normas están tan arraigadas que si una mujer rechaza las normas sociales, no puede afirmar honestamente que no le siguen afectando. Una mujer no puede renunciar voluntariamente a su experiencia de ser tratada como mujer. Una mujer que no sigue las normas sociales de género seguirá sufriendo las consecuencias sociales por violar las normas sociales; por lo tanto, el sexo es "adscriptivo" (Witt 2011, 43). La Dra. Witt afirma que el género forma la manera en que los hombres y las mujeres interactúan con el mundo social, y por mucho que una mujer intente rechazar su sexo, la sociedad no se lo permitirá.

En contraste con esta comprensión social de la feminidad, las feministas de la segunda ola afirman que no se puede asumir un género más adelante en la vida. Utilizando el modelo social, un individuo MtF puede sentirse como una mujer, pero no se puede entender lo que se siente al ser una mujer si no se creció experimentando lo que era ser una joven. Janice Raymond, Ph.D., afirmó de forma similar: *"Negar que la historia femenina se basa, en parte, en la biología femenina es como negar que aspectos importantes de la historia negra se basan en el color de la piel"*. (Raymond 1994, xx). Una crítica a los individuos autoginéfilos es que dicen ser mujeres, pero no pueden evitar actuar como hombres cuando entran en los espacios de las mujeres.

El privilegio masculino de ser visto y escuchado por las mujeres y otros hombres continúa después de la transición médica. Uno no puede abandonar rápidamente su socialización y su masculinidad de toda la vida, incluso cuando desea ser mujer y cree que es una mujer. Por ejemplo, Zoey Tur, de MtF, durante un debate con Ben Shapiro, J.D., se inclinó, lo miró a los ojos y lo amenazó tranquilamente con enviarlo a casa en ambulancia si volvía a insultarla (Tur 2015). La naturaleza de esta amenaza de violencia es un comportamiento masculino socializado.

En la edad adulta, se puede ser una mujer en la imitación social convencional del ideal occidental de feminidad, pero esto es lo que la feminista de género crítico Germaine Greer, Ph.D. (1939-), llama *"falsa feminidad"*. Afirma que *"la feminidad es la versión falsa de la feminidad. Lo femenino es real, y es sexo; la feminidad es irreal, y es género. Es un papel que se desempeña y que se convierta en la identidad dada de las mujeres es una noción profundamente incapacitante"*(Greer 2018).

La Dra. Greer afirma que una mujer auténtica no consiste en tener pechos y una piel perfectamente suave, como afirma la sociedad occidental en su marketing comercial. El Consejo Pontificio está de acuerdo con la postura de la Dra. Greer de que la feminidad se traiciona en el género cuando éste se desprende de la realidad del propio sexo. En este sentido, el documento *Cultura femenina: Igualdad* y *Diferencia* coincidiría en parte con la Dra. Greer,

> La corporeidad de la mujer -que hace que el mundo esté vivo, que sea longevo, que pueda extenderse- encuentra en el vientre materno su máxima expresión. El cuerpo de la mujer es el punto de partida de cada persona humana. Si el cuerpo es el lugar de la verdad del ser femenino, en la mezcla indispensable de cultura y biología, es también el lugar de la *"traición"* de esta verdad. (*Cultura femenina: igualdad y diferencia,* 5)

¿Tiene la iglesia una narrativa alternativa?

En Persona Humana, la Congregación para la Doctrina de la Fe (CDF) afirma: "De hecho, es de [su] sexo que la persona humana recibe las características que, en los planos biológico, psicológico y espiritual, hacen de ella un hombre o una mujer, y por tanto condicionan en gran medida su progreso hacia la madurez y su inserción en la sociedad" (Congregación para la Doctrina de la Fe 1975, párrafo 1). Así, la CDF une las teorías biológica, psicológica, espiritual y social. Esta teoría unitiva mantiene todos estos elementos juntos en la realidad del sexo. Así como la herejía del parcialismo divide falsamente la naturaleza de Dios en categorías y roles artificiales, el parcialismo humano divide artificialmente a la persona humana en psiquis, cuerpos y espíritus desunidos. El Papa Benedicto XVI advirtió de esta racionalidad nominalista no descriptiva como una *"nueva filosofía de la sexualidad... [donde el sexo] ya no es un elemento dado de la naturaleza [sino] un papel social que elegimos para nosotros mismos"*(Benedicto XVI 2012).

La Iglesia rechaza que los hombres y las mujeres sean seres sin sexo como los ángeles, un concepto promulgado por Tertuliano en sus enseñanzas sobre el más allá. Tertuliano escribió: *"Estoy clasificado con los ángeles; no soy un ángel masculino, ni uno femenino. No habrá nadie que haga nada contra mí, ni encontrarán en mí ninguna energía masculina"*(Tertuliano, *Adversus Valentinianos,* sec. 32. 5). En consecuencia, Rachel Anne Williams y los teóricos nominalistas del género se encontrarían a gusto en la teoría del género de Tertuliano.

Aparte de Tertuliano, los padres de la iglesia condenaron esta teología sin cuerpo, que se parecía al unísono de voz del gnosticismo. San Agustín llamó a esta teoría del género del primer milenio *"¡una locura asombrosa!"*.(Augustine, *Monachorum*, sec. 32) San Juan Crisóstomo llamó a esto la *"obra del Diablo... [la castración] hiere la creación de Dios y permite a los hombres caer en el pecado"*(Crisóstomo, Homilía XXXV sobre el Génesis 14) . San Ambrosio afirmaba: *"La Iglesia reúne a los que conquistan, no a los que son derrotados"* (Ambrose, *De viduis*, sec. 13.75–77). San Basilio respondió al eunuco clérigo como uno *"condenado por el cuchillo y que aunque sea casto, su castidad quedará sin recompensa"*(Ringrose 2004, 116).

La iglesia está familiarizada con las teorías experimentales de género. Los concilios han incrustado estos experimentos en la *memoria* de la iglesia. En el siglo I, *"los hombres santos soñaban con ser ángeles castrados"* (Tougher 2004, 94). En esta época, los hombres castrados se dejaban el pelo largo para acentuar la renuncia a su masculinidad. Mostraban su vergüenza como orgullo. Las mujeres también se descubrían la cabeza para renunciar a su feminidad y a su nueva identidad en Cristo. El clero cristiano primitivo, con el celo del Evangelio, se castró para ser siervos de Cristo. Durante la iglesia primitiva, otros clérigos se suicidaron para mostrar su fe en el más allá y entrar rápidamente en el cielo. La Iglesia respondió condenando el suicidio y la castración como un pecado contra la creación. El Primer Concilio de Nicea (325 d.C.), que estableció el Credo, también prohibió todas las mutilaciones corporales. El primer canon establece,

> Si alguno de los enfermos ha sido sometido por los médicos a una operación quirúrgica, o si ha sido castrado por los bárbaros, que permanezca entre los clérigos; pero, si alguno de los que gozan de buena salud se ha castrado a sí mismo, conviene que tal persona, si [ya] está inscrita entre los clérigos, cese [de su ministerio], y que en lo sucesivo no sea promovida. (Cánones del Primer Concilio de Nicea, Canon 1)

El primer canon del Primer Concilio de Nicea condena la autocastración, una teoría de género de cuatro siglos. La declaración del Concilio de Nicea es relevante para abordar la ideología no binaria, pero este canon no es didáctico a la hora de considerar a las personas con disforia de género. Por el contrario, el primer canon reconoce a cualquiera que en *"la enfermedad haya sido sometido por los médicos a una operación quirúrgica... que permanezca entre los clérigos"*. Este decreto no está en contra de la castración médica con fines terapéuticos, sino sólo de aquellos que lo hacen por una falsa ideología del cuerpo humano. Las operaciones quirúrgicas como medio para restaurar la totalidad de una persona serían aceptables, incluso para el clero.

En cambio, los teóricos del género que defienden que ser no binario es un tipo de virtud ilustrada es sinónimo de que el clero se autocastiga para obtener la santidad. La santidad y la virtud ilustrada resultan de la caridad puesta en práctica y no dentro de la carne del cuerpo. *Circuncidad vuestros corazones, no vuestro prepucio* (Deut. 10:16).

La Iglesia tampoco es ingenua ante los efectos de la propaganda visual y narrativa. Los movimientos cristianos de derecha tienen la tentación de combatir la propaganda transgénero con propaganda hiperheterosexual cisgénero. En cambio, la Iglesia católica presenta una opción mejor: comparte su depósito de miles de santos de todas las edades, nacionalidades y razas. Estos santos incluyen a personas casadas, célibes, vírgenes, viudas y viudos, y personas de todo nivel de complejidad. Las vidas de los santos revelan el espíritu desvalido de la minoría perseguida. Sus sacrificios se convierten en virtudes y en una muestra de integridad.

La Iglesia ejemplifica libremente sus propios modelos para los jóvenes, lo que ayuda a crear una cosmología para sus propias vidas, al tiempo que se aleja de una ideología que, en ocasiones, es trágica y carece de esperanza. Desgraciadamente, la iglesia aún no ha encontrado la manera de incorporar a los jóvenes adultos LGBT a la iglesia universal. Un estudio de 2015 mostró que los jóvenes LGBT que *"maduran en contextos religiosos tienen mayores probabilidades de tener pensamientos suicidas, y más específicamente 'pensamientos suicidas crónicos', así como intentos de suicidio en comparación con otros adultos jóvenes* LGBT" (Gibbs y Goldbach 2015, 472). Cuando el fruto de la experiencia religiosa es el suicidio, se puede concluir razonablemente que la praxis religiosa ha fracasado, pero también está fracasando la siguiente ideología de género nominalista. Las semillas del Evangelio caen entre las zarzas, y los pájaros se las comen; sin embargo, el auténtico discipulado cultivará un espacio para la fecundidad.

2.5 Variación de Género

El inconformismo de género, tal como lo entiende la sociedad occidental, no es un fenómeno reciente y no puede reducirse a una moda liberal pasajera. Los misioneros católicos de la época colonial registraron otras estructuras sociales de no conformidad de género entre los pueblos no europeos. Algunas personas no conformes con el género pueden ser intersexuales, otras transgénero y otras homosexuales; estas distinciones no siempre son claras. ¿Qué confirman los ejemplos de estas prácticas? La cuestión no está clara, ya que no se puede defender la máxima ahistórica de que las culturas no europeas son mejores, más humanas o más éticas que muchas culturas europeas. En muchos casos, los sacrificios humanos y las orgías ritualizadas seguían presentes durante el colonialismo, lo que sugiere que los modernos no deberían copiar ciegamente las tradiciones antiguas.

En 2018, los arqueólogos descubrieron los restos sacrificados ritualmente de más de 140 niños en el Imperio Chimú antes de las conquistas coloniales (Romey 2018). La historia no apoya la visión romántica de una utopía precolonial. Estar familiarizado con estas otras culturas y prácticas es ventajoso porque son parte de la narrativa no binaria, que afirma que ser transgénero no es una tendencia sino un enfoque original de la sexualidad libre de colonización.

En contraste con esta pretensión de una utopía no colonizada, el Papa Francisco se refiere a las teorías de género nominalistas como "*colonización ideológica que destruye*" (San Martín 2016). A pesar de los notables ejemplos de anormalidad sexual fuera del mundo cristiano occidental, el modelo binario también cuenta con un amplio apoyo. En el *Journal of Personality and Social Psychology* de 2008, el Dr. David Schmitt informó de datos de cincuenta y cinco países que revelan que las mujeres tienden a ser más agradables, concienzudas, cuidadosas, cautelosas y neuróticas, mientras que los hombres suelen ser más competitivos y arriesgados (Schmitt et al. 2008, 172). Para buscar la homogeneidad habría que investigar los ciclos vitales y las culturas de las personas en su totalidad y no sólo instantáneas sacadas de su contexto. En la mayoría de los casos, las culturas son más similares que disímiles. Si la Dra. Schmitt está en lo cierto, el avance de la teoría del género nominativo constituye una colonización en lugar de una descolonización.

La última parte de esta sección incluye a Estados Unidos, una excepción a las culturas más antiguas enumeradas en esta sección. Estados Unidos es una nación tribal, no sólo en sus culturas indígenas sino también en la política actual. Algunas partes de Estados Unidos son profundamente conservadoras, mientras que otras son tremendamente liberales. Los datos recientes no muestran ninguna correlación entre el número de personas que se consideran transgénero y la liberalidad cultural de una zona.

Estos datos, junto con los demás relatos, presentan la perspectiva de que la no conformidad de género no es algo nuevo ni aislado. Además, estos relatos ilustran cómo otras culturas han logrado entrelazar a los marginados de género en su tejido religioso y social. La consecuencia normativa de esta exploración no está clara, pero merece una investigación somera.

Dos Espíritus Americanos y Machi

En el siglo XVI, los misioneros españoles, junto con los conquistadores, estaban *"indignados por la homosexualidad y el travestismo generalizados que encontraron tan frecuentes entre los pueblos nativos"* (Taylor 1996, 17). Timothy Taylor Ph.D., en su libro *the pre-history of sex: Four million years of human sexual cultura [la prehistoria del sexo: Cuatro millones de años de cultura sexual humana]*, afirma que los colonizadores *"destruyeron sistemáticamente las esculturas, las joyas y los monumentos que representaban y celebraban tales prácticas"* (Taylor 1996, 17), aunque cabe preguntarse cómo podría ser consciente de ello cuando alguien destruyó deliberadamente las pruebas hace 500 años.

Aunque el relato del Dr. Taylor sobre la destrucción del arte tabú puede carecer de pruebas, una historia similar de homosexualidad generalizada e identidades transgénero realizada por los jesuitas franceses da credibilidad a sus afirmaciones sobre la variación de género dentro de estas sociedades. Por ejemplo, se hicieron observaciones y se documentaron sobre un grupo de miembros de la tribu de las Grandes Llanuras llamado *Berdache*, un término que se traduce más literalmente como "joven prostituta". En la década de

1990, el título *Berdache* se cambió por el de dos espíritus o *wergern* para evitar la connotación negativa de la prostitución. No obstante, tenían un papel destacado dentro de la sociedad, según el padre Jacques Marquette, S.J.:

[Mahu]

> A través de qué superstición no sé, algunos de Illinois, así como algunos de Nadouessi, cuando aún son jóvenes, asumen la vestimenta femenina y la mantienen toda su vida. Hay un misterio en ello, ya que nunca se casan y se glorían en degradarse para hacer todo lo que hacen las mujeres, y sin embargo van a la guerra, aunque no se les permite usar un arco y una flecha, sólo un garrote. Se les permite cantar pero no bailar; asisten a los consejos. Nada se decide sin su consejo; finalmente, por la profesión de una vida extraordinaria, pasan por *manitas* o personas de importancia. (Shea 2015, 34)

Los antropólogos registraron estas actividades entre otras tribus, como los choctaws y los delaware, y las tribus de Florida, el pueblo de Nuevo México y las tribus del alto Missouri. (Carr 1883, 33). El sacerdote jesuita Pierre François Xavier de Charlevoix, en sus cartas a la duquesa de Lesdiguières, supuso que esta actividad formaba parte de los rituales religiosos de las tribus que reservaban a ciertos hombres este lugar dentro de la sociedad (Charlevoix 1851, 213). Sin embargo, el P. Charlevoix no especula si este encargo era voluntario o predeterminado.

Los *machi* en la América del Sur tribal mostraron las mismas observaciones en los grupos indígenas *mapuches* cerca de Chile y Argentina. Las *machi* tienen una finalidad altamente religiosa y ritualizada dentro de su sociedad (Vincent and Manzano 2017, 24).

Mahu Hawaiano

En Hawái, los mahu son el equivalente polinesio al pueblo de los dos espíritus. Las culturas polinesias también consideran que este papel dentro de la sociedad es religioso, como encarnación de la dualidad espiritual. Aun así, los mahu tienen una posición única dentro de la sociedad, a menudo como cuidadores de los niños, dadas sus virtudes de ser compasivos y creativos. Toda la cultura polinesia intenta encarnar algún elemento de esta dualidad espiritual. Los nombres en la cultura polinesia no tienen género como en la cultura occidental, de modo que un hombre puede tener el mismo nombre que una mujer. Al abordar la homosexualidad, la intersexualidad o el transexualismo, los hawaianos tienen el mito de que "*a veces la madre naturaleza no puede decidirse a hacer un hombre o una mujer, incluso en la Polinesia, así que mezcla un poco del elemento masculino con algo del femenino*" (Robertson 1989, 313). Esta idea de estar compuesto por elementos mezclados recuerda a la interpretación que Aristóteles hizo de las personas intersexuales. Aristóteles enseñó que los trastornos congénitos se producen cuando una mujer produce demasiado material para hacer una persona, pero no el suficiente para hacer dos personas; en consecuencia, el niño nace con partes adicionales o con ambos sexos. En las culturas polinesias, esto se considera natural y un beneficio para la sociedad.

Kathoey y Toms

Las sociedades asiáticas incluyen a las personas con variantes de género de diversas maneras en sus culturas. Tailandia cuenta con *kathoey* y *toms*, mientras que Indonesia incluye a los *waria* (Vincent y Manzano 2017, 11). A los *kathoey* se les denomina a veces *"ladyboys"*, aunque algunos *kathoey* se ofenden por el término, ya que los hombres cis lo utilizan de forma peyorativa para identificarlos como trabajadores del sexo. Los *Toms* son mujeres natales que se presentan como hombres. Suelen salir con mujeres más femeninas. Los *toms* suelen identificarse como lesbianas u hombres transgénero (Erickson-Schroth y Jacobs 2017, 125). El término *waria* tiene su origen en las palabras *wantia* (mujer) y *pria* (hombre). En la década de 1820, los occidentales los llamaban *"artistas travestidos"*, y en la década de 1960 eran conocidos principalmente como trabajadores sexuales (Boellstorff 2004, 164).

Los hombres que se visten como mujeres desempeñan un papel esencial en la vida religiosa de los birmanos. El concepto occidental de cambiar físicamente el cuerpo por medio de la cirugía para que coincida con la expresión de género sería extraño en culturas que abrazan la santidad de la paradoja (Coleman, Colgan, y Gooren 1992, 313). El *Kama Sutra* dedicó un capítulo a los cortesanos eunucos, incluyendo dos tipos de eunucos que aparecían como hombres y otros que imitaban a las mujeres. Los hombres que actúan como mujeres *"imitan su vestimenta, su forma de hablar, sus gestos, su ternura, su timidez, su sencillez, su suavidad y su timidez"* (Vatsyayana 1961, IX). Dentro de esta cultura india, los transexuales masculinos y femeninos eran sexualmente activos como cortesanos, seduciendo a sus parejas con su inconformismo sexual.

Kinner India

Asimismo, los Hirjas, o como prefieren llamarse en la India, los Kinner, los seres mitológicos que sobresalen en el canto y la danza, son famosos por sus identidades transgénero. Constituyen una parte esencial de la cultura india, aunque siguen siendo un tabú y no se habla de ellos en la sociedad propiamente dicha. Se calcula que en la India viven entre 5 y 6 millones de *kinners*, con una tasa de castración del 8% (Swain 2006, 57). En el subcontinente indio se les reconoce oficialmente como un tercer sexo, que no es ni hombre ni mujer. En sus culturas, traen buena suerte a los recién casados, pero algunos los acusan de ser secuestradores. Se presentan en las bodas sin invitación y bailan, haciendo gestos insólitos y burlándose de los invitados. Al final, la fiesta de la boda les paga para que se vayan (Jaffrey 1996, 73).

Irán

Después de Tailandia, Irán tiene el mayor índice de cirugías de reasignación de sexo del mundo (Barford 2008). Si la liberalidad fuera la única causa de las cirugías de transexualidad, Irán no tendría la segunda tasa más alta de cirugía de reasignación de sexo. Una razón probable para el elevado número de cirugías en Irán puede ser que la homosexualidad se castiga con la muerte. La fatwa de 1979 instituida por el líder revolucionario iraní, el ayatolá Jomeini, legalizó las cirugías de intersexualidad sin necesidad de ningún defecto físico. El gobierno iraní concede subvenciones de 1.240 dólares y préstamos de hasta 1.500 dólares para ayudar a pagar las cirugías (Departamento de Estado de los Estados Unidos 2017, 43). Hojatol Islam Muhammad Mehdi Kariminia, el clérigo religioso responsable de las cirugías de reasignación de género en una entrevista con la BBC, afirmó,

> La discusión está fundamentalmente separada de la discusión sobre los homosexuales. No tiene ninguna relación. Los homosexuales hacen algo antinatural y contrario a la religión. Nuestra ley islámica establece claramente que ese comportamiento no está permitido porque altera el orden social. (Barford 2008)

El *Departamento de Estado de los Estados Unidos*, en un informe de 2017, afirmó esta afirmación afirmando que *"las autoridades presionaron a las personas LGBTI para que se sometieran a una cirugía de reasignación de sexo"*. (Departamento de Estado de los Estados Unidos 2017, 43) Los clérigos pueden presionar a los varones femeninos para que acepten la cirugía de reasignación de sexo, para que actúen como mujeres sin consecuencias y puedan casarse con un hombre. El componente social de esto también es un reto. Las familias no se alegran de que sus hijos se conviertan en mujeres, y el joven queda aislado. Las comunidades de transexuales se unen y a menudo sobreviven prostituyéndose. Los individuos FtM podrían existir en teoría, aunque parece que son extremadamente raros.

[Kinner]

Castrati Italianos

A pesar de la condena de la práctica de la castración por parte de la iglesia para asemejarse a los santos ángeles, la castración siguió siendo una parte esencial de las diócesis italianas durante siglos hasta 1870, cuando fue prohibida por las autoridades seculares. Los *castrati* alcanzaron su máximo esplendor entre 1650 y 1750, ocupando los puestos necesarios en el teatro, la ópera y los coros de la iglesia. Con frecuencia, los castrati procedían de niños huérfanos de la península italiana. Durante el siglo XVIII se registraron 4.000 operaciones de castrati (Barbier 1996, 11). El último castrati romano, Alessandro *Moreschi, Direttore dei concertisti* (Director de solistas) del Coro de la Capilla Sixtina, murió en 1922.

Estados Unidos contemporáneo

Dentro de Estados Unidos, la prevalencia de personas transgénero no sería la que muchos esperan. Los datos no apoyan la presunción de que las cuestiones transgénero afectan principalmente a las personas de clase media y media-alta en los estados liberales. En el informe del Instituto Williams de 2016 (Flores et al. 2016), el 0,58% del país se identifica como transgénero. Los estados conservadores superan en número a los estados liberales cuando se observan los promedios per cápita de personas que se identifican como transgénero, véase la figura 2.8.

Además de Vermont, ningún otro estado de la socialmente liberal Nueva Inglaterra supera la media nacional. Basándose en la cultura polinesia sin discriminación por sexo, Hawái mantiene una diferencia del 0,03% con Georgia, un estado moderadamente conservador. De los diez estados más conservadores identificados por una encuesta de Gallup de 2017 (Newport 2017), cinco de ellos tienen tasas superiores a la media de personas que se autoidentifican como transgénero. De los diez estados más liberales, solo cinco tienen tasas superiores a la media de personas que se identifican como transgénero. Las culturas conservadoras y liberales pueden afectar a la identidad de las personas, pero no es lo suficientemente significativo como para mostrar una causalidad liberal para las cuestiones transgénero como tendencia.

States above the national average	Percentage (Nat. Avg. 0.58 %)
Hawaii	0.78
California	0.76
Georgia	0.75
New Mexico	0.75
Texas	0.66
Florida	0.66
Oregon	0.65
Oklahoma	0.64
Deleware	0.64
Tennesee	0.63
Washington	0.62
Arizona	0.62
Mississippi	0.61
Nevada	0.61
Alabama	0.61
Arkansas	0.6
Louisiana	0.6
North Carolina	0.6
Vermont	0.59
Minnesotta	0.59

Figura 2.8 Estados con tasas superiores a la media de personas que se identifican como transgénero. Los recuadros grises se consideran estados conservadores, según los datos del World Population Review

2021. La letra negrita identifica a los estados que se encuentran entre los diez más liberales o conservadores.

Según un informe de la revista Playboy, el 25% de los 5.000 hombres británicos encuestados afirmó haberse travestido en algún momento de su vida, y el 8% afirma hacerlo semanalmente (Ettner 1999, 28). Por tanto, la variación de género dentro de las culturas es un elemento principal a la hora de considerar el fenómeno transgénero. Sin embargo, incluso en una cultura como la británica, sin historia de travestismo, sin tradiciones religiosas de variación de género, ni ninguna tendencia trans notable antes del siglo XX, los hombres siguen interesados en experimentar con la feminidad de forma públicamente tabú.

Las pequeñas comunidades de transexuales encuentran un lugar en las sociedades de todo el mundo. Ya formen parte del sacerdocio babilónico, del Indian courtesanship o de un coro romano, hay un lugar para estos marginados sexuales. Otro signo de la universalidad de las identidades transexuales es su prevalencia en todo el mundo a pesar de las consecuencias negativas a las que se enfrenta uno por ser transexual. Existen casos de personas que buscan cirugías transexuales en EE.UU., Canadá, Suecia, Países Bajos, Singapur, China, Alemania, Francia, Sudeste Asiático, Japón, África Oriental, etc. La presencia casi universal de subculturas transexuales sugiere que es más probable una explicación innata que una cultural. Sus funciones pueden diferir de una cultura a otra, pero su existencia parece ampliamente extendida. Estos individuos son universalmente raros y se ven como atípicos, lo que probablemente sea la razón por la que tienen papeles sagrados y tabúes dentro de sus culturas. Las culturas cristianas occidentales necesitan ahora discernir qué vocaciones se fomentan para las personas con expresiones de género atípicas.

2.6 Naturaleza Humana

Aristóteles en la *Retórica* también afirma que la *"ley de la naturaleza"* o la "ley común" es un principio eterno e inmutable (Aristóteles, Retórica 1373b2-8). La identidad personal está profundamente arraigada en esta ley de la biología natural, pero no se trata únicamente de algo biológico, como señaló el Papa Francisco en su exhortación apostólica La alegría del amor (*Amoris Laetitia*),

> La configuración de nuestro único modo de ser, ya sea como hombre o mujer, no es simplemente el resultado de factores biológicos o genéticos, sino de múltiples elementos que tienen que ver con el temperamento, la historia familiar, la cultura, la experiencia, la educación, la influencia de amigos, familiares y personas respetadas, así como otras situaciones formativas. (Francis 2016, sec. 286)

La biología humana y el sexo están unidos. Sin embargo, dar demasiada importancia a la biología es caer en la predestinación genética, por la que la biología elimina el libre albedrío. Ahora bien, la naturaleza humana no sólo se guía por la ley natural, sino que también está contenida en el libre albedrío. El libre albedrío humano existe en un estado caído, sin embargo Adán y Eva tenían absoluta libertad para seguir voluntariamente a la serpiente o a Dios. Como humanos sin pecado, no tenían pasiones ni concupiscencia. En resumen, no tenían malos hábitos. Aunque los humanos adultos son libres, llevan el bagaje de los hábitos creados en su juventud y la caída. El pecado original es inherente a la naturaleza de la humanidad. Aunque el pecado original no sea un tema popular en el mundo moderno, sus efectos explican muchos de nuestros problemas más profundos.

No se puede entender la naturaleza humana iluminada por las Escrituras sin contrastar las dos realidades tan diferentes que se encuentran entre los capítulos dos y tres del libro del Génesis. En el primer caso, *"El hombre y su mujer estaban desnudos, pero no sentían vergüenza"* (Gn 2:25 NAB) *y luego, sólo unos versos más tarde, "Te oí en el jardín; pero tuve miedo, porque estaba desnudo, y me escondí"* (Gn 3:10 NAB). Así, al principio no hubo vergüenza, y en el segundo, *tuve miedo porque estaba desnudo, así que me escondí.* Estos acontecimientos se sitúan a ambos lados de la caída del hombre: la inocencia prelapsaria frente a la vergüenza postlapsaria.

Santo Tomás (ST IIa-IIae q. 164, a. 2) afirmó que el castigo del pecado original incluye tres partes universales. En primer lugar, la confusión que experimentaron como una rebelión de la carne conduce a la vergüenza y la confusión sobre el cuerpo. Como se dice en el capítulo 3 del Génesis, *"se percibieron desnudos"*. En segundo lugar, por el reproche de su pecado, están cargados con el conocimiento del bien y del mal. Mientras que los demás animales siguen su naturaleza de forma instintiva e involuntaria, la humanidad debe seguir voluntariamente lo que es racional (ST Ia-IIae q. 91, a. 2, ad 3). En tercer lugar, el hombre es consciente de la proximidad de la muerte, lo que le lleva a una crisis existencial sobre el sentido de la vida y las cuestiones de fe. La humanidad es constantemente consciente de que *"polvo eres y en polvo te convertirás"*. Una combinación de ansiedad por la vergüenza, confusión sobre la vida, libre albedrío sobre cómo vivir y miedo a la mortalidad lleva a la humanidad a una distopía psicológica personal. La gente encuentra la paz al someterse a la voluntad de Dios y no al propio ego.

En la *Teología del cuerpo*, Juan Pablo II se centra en el pecado original, describiendo la vergüenza de Adán y Eva: *"Así, la vergüenza no es sólo una de las experiencias originales del hombre, sino que es también una experiencia de "límite""* (John Paul II 2006, sec. 172). El pontífice explica que este límite no es una transición del *"no saber"* al *"saber"* de la desnudez como una forma de gnosis, sino que este conocimiento cambia la relación entre el hombre y la mujer. El conocimiento carnal es la desnudez del hombre ante la mujer y de la mujer ante el hombre. Juan Pablo II plantea un reto a los cristianos: *"debemos preguntarnos si podemos reconstruir de algún modo el sentido original de la desnudez"* (John Paul II 2006, sec. 173). ¿Puede el hombre, ahora después de la resurrección de Cristo, ser redimido en su naturaleza caída para estar desnudo ante la mujer, sin vergüenza? El sexo, en un vínculo de alianza de amor y con la unidad original restaurada, en unión con la Trinidad, en la *imago Dei*: el hombre y la mujer de pie ante Dios y el otro sin vergüenza.

El corazón inquieto

Los católicos creen que la normatividad de la creación está arraigada en cada célula del cuerpo humano. Santiago lo describe así cuando escribe: "*Pero todo el que mira la Ley Perfecta de la Libertad y persevera en ella, no es un oidor que ha oído lo que se olvida, sino que es un hacedor de las obras, y éste será bendecido en su trabajo*" (Sant 1: 25 ABPE). La obediencia a las leyes de la naturaleza conduce a la libertad y a la preservación de la dignidad de la persona humana. El Papa Francisco, en su primera encíclica Alabado seas (*Laudato Si'*), proclama que la ecología humana implica la profunda realidad de "*la relación entre la vida humana y la ley moral, que está inscrita en nuestra naturaleza y es necesaria para la creación de un ambiente más digno*" (Francisco 2015a, sec.155)

Los sentimientos de inquietud también forman parte de esta experiencia humana. San Agustín lo explica de dos maneras: la primera es el resultado del pecado original en el mundo; la segunda es la famosa frase, "*cor nostrum inquietum est donec requiescat in Te*" el destino del hombre es el cielo. El Catecismo enseña,

> Como el hombre es un ser compuesto, espíritu y cuerpo, ya existe en él una cierta tensión; se desarrolla una cierta lucha de tendencias entre el "*espíritu*" y la "*carne*". Pero, de hecho, esta lucha pertenece a la herencia del pecado. Es una consecuencia del pecado y, al mismo tiempo, una confirmación del mismo. Forma parte de la experiencia cotidiana del combate espiritual. (*CCC*, 2516)

La Dra. Raymond lo reconoce y llama a los sentimientos de transexualidad "*insatisfacción de género*", término que utiliza 257 veces en su libro El imperio transexual. Sin embargo, estar en desacuerdo con nuestro cuerpo no es necesariamente un signo de ser transexual, sino un signo de ser humano.

Los cristianos han reconocido esta división entre el corazón y el cuerpo durante milenios. Sin embargo, escribió Santo Tomás, el hombre posee un alma inmortal y, desde la caída de sus primeros padres, su cuerpo es moral. Esta paradoja hace que el hombre esté *compuesto de contrarios*: es consciente de que está llamado a la eternidad y

---

[7] Además de seis castigos especiales que son específicos para cada sexo.

de que morirá de forma natural (ST IIa-IIae q. 164, a. 1, ad 1). El hombre dividido es ciertamente inquieto.

Un elemento principal de la epistemología y la ética católicas refleja la normatividad de la creación. Br.Jacques Maritain, P.F.J., describe el elemento ontológico de la normatividad de la creación como un piano desafinado. Por ontológico, entiende la *"normalidad del funcionamiento, que se basa en la esencia de ese ser"* (Maritain 2001, 29). El piano debe ser afinado o desechado, ya que un piano que no puede emitir las notas adecuadas viola su ontología. Los seres humanos dotados de inteligencia pueden descubrir su verdadera naturaleza. El Br. Maritain explica: *"Esto significa que hay, por la virtud misma de la naturaleza humana, un orden o una disposición que la razón humana puede descubrir y según la cual la voluntad humana debe actuar para sintonizar con los fines esenciales y necesarios del ser humano"* (Maritain 2001, 27).

Todo expresa un modo natural de funcionamiento que, si se pone en acción, es bello y da alegría. Una auténtica comprensión de la naturaleza y de la libertad establece la comprensión adecuada de la normatividad de la creación. El cardenal Joseph Ratzinger escribe en El don de la vida (*Donum Vitae*): *"La ley moral natural expresa y establece los fines, derechos y deberes que se basan en la naturaleza corporal y espiritual de la persona humana"* (Ratzinger 1987, sec. 3). El corazón inquieto encuentra su hogar en la ley natural, que se encuentra en los recovecos de la naturaleza humana de la persona.

¿Qué tan didáctica es la normatividad de la creación?

El enfoque de la iglesia en la naturaleza puede ser mal utilizado por individuos que generalizan demasiado los elementos didácticos de la naturaleza. Como un predicador que intenta ganar una discusión con la frase de triunfo: *"La Biblia dice..."*. Los católicos son a veces culpables de la misma apelación a la autoridad con la frase: *"La ley natural dice..."* o *"Está claro al observar la naturaleza que..."*. La naturaleza no es clara en muchas cosas. Sin embargo, a pesar de las deficiencias de la naturaleza como fuente de la ética humana, aplicada con cuidado, con un adecuado estudio exegético de la Biblia, este proceso puede ayudar a

[8] Nos has hecho para ti, y nuestro corazón está inquieto hasta que descanse en ti (Agustín Las Confesiones, cap. 1).

dar una visión de los significados que hay detrás de ser hombre, mujer o humano. Además, Br. Maritain destaca el desconocimiento de la normatividad de la creación, o lo que él llama *"elementos gnoseológicos"*. Se refiere a la *Suma Teológica* (ST IIa-IIae q. 45, a. 2) donde Santo Tomás llama a esto, *"conocimiento por inclinación.... [Que es] un conocimiento que no es claro, como el que se obtiene mediante conceptos y juicios conceptuales"*. Br. Maritain explica: *"Todo esto conduce a un juicio, no a un juicio basado en conceptos, sino al juicio que expresa simplemente la conformidad de la razón con las tendencias a las que se inclina"* ((Maritain 2001, 35). Esta normatividad de la creación no es un conocimiento a *priori*, sino una percepción a través de las inclinaciones. La normatividad de la creación proporciona mayores conocimientos y establece esquemas dinámicos de cómo funciona la vida en el mundo natural. A través de las inclinaciones naturales, los patrones divinos inscriben la normatividad en la razón humana.

¿Está la humanidad encadenada a la naturaleza?

Aunque la ascendencia común del ser humano no esclaviza a la humanidad, el P. Ashley escribió: *"La marca de la civilización es que nosotros, los 'simios desnudos', nos pusimos ropa, pero aunque pudimos cubrir nuestros cuerpos, no pudimos mejorarlos. Nuestros cuerpos siguieron siendo los mismos cuerpos arcaicos y salvajes que la evolución nos ha dado"* (Ashley 1985, 6). Esta perspectiva de la normatividad de la creación contrasta con la de pensadores de los siglos XIX y XX como Karl Marx, que escribió

> El hombre es ahora Dios porque se crea a sí mismo, crea su propia esencia, y también decide qué valores se impondrán a su vida y a sus acciones, e incluso a la vida y a las acciones de los demás. Es Dios, pero un Dios encadenado; está condenado a tomar estas decisiones. No ha elegido jugar a ser Dios y, sin embargo, haga lo que haga, no puede escapar de su papel. (Marx 1975, 305–306)

Al principio, parece que Karl Marx promueve una arrogancia antropológica -casi como el orgullo de Lucifer contra los cielos-, pero este último identifica la trágica realidad de la vida humana. Karl Marx se hace eco de los escritos de Milton o Dante*: el hombre es un Dios encadenado, condenado.* Marx podría estar describiendo el pecado original y la *"irrealidad de la naturaleza y del hombre"* ((Marx 1975, 305–306), pero la teología cristiana de la gracia y la redención de la naturaleza y del hombre por la encarnación y resurrección de Jesús, libera a ambos de las cadenas de ser un (falso) Dios.

La consecuencia de esta ideología de la identidad personal para Juan Pablo II en El esplendor de la verdad (*Veritatis Splendor*) es *que "al fin y al cabo el hombre ni siquiera tendría naturaleza; sería su propio proyecto de vida personal"* (Juan Pablo II 1993, 46). Naturalmente, los partidarios de las escuelas de pensamiento no cognitivo y no adscriptivista se alegrarían de tener un "proyecto personal de vida" en lugar de una naturaleza. Sin embargo, este proyecto personal de vida es una prisión, encadenada a las limitaciones del propio ego.

Jean-Paul Sartre, un existencialista humanista, también comparte opiniones sobre el destino humano con Karl Marx, escribiendo una visión cínica de la naturaleza,

> El hombre, creador y recreador de su propia vida y de toda la vida humana, creador de sentido y de valores, único factor que gestiona activamente la historia, conquistando cada vez más una situación existente para su objetivación, es el futuro del hombre, así como su presente inmediato. El hombre es el problema del hombre, pero también es su prójimo y su hermano. (Sartre 1965, 139)

El lector puede tomar erróneamente esta visión sartriana/marxista fuera de contexto para apoyar una antropología triunfalista del hombre como creador singular de su destino, lo que implica que la naturaleza ya no se aplica al hombre. Esta perspectiva también significa que el hombre no está vinculado a la ética normativa de la naturaleza, sino que sólo es responsable de su individualidad. Al igual que Karl Marx, esta interpretación de Jean-Paul Sartre pasaría por alto el tono trágico de sus escritos. Los modernos pretenden liberarse de las limitaciones de la naturaleza, pero esto les ha llevado a su *objetivación*. La gente se libera de la naturaleza, se libera de ser un *mono desnudo*, sólo para ser esclavizada por las construcciones sociales.

¿La enemistad con la naturaleza crea una distopía?

El P. Ashley, reflexionando sobre la relación distópica entre el hombre y la tecnología en el libro de Jacques Ellul *La sociedad tecnológica* (1965), describe la visión trágica pero familiar de la persona moderna. El P. Ashley describe:

> Nuestro avance en el control de la tecnología no ha ido acompañado de un control social y ético, de modo que la tecnología, en lugar de liberar, nos esclaviza cada vez más a través de la contaminación ambiental, la "*explosión demográfica*", "*la crisis energética*", la enfermedad iatrogénica, la dominación social totalitaria y la amenaza de obliteración nuclear. Quizás la nueva definición del ser humano no debería ser "*el animal que se crea a sí mismo*", sino "*el animal que se autodestruye*". (Ashley 1985, 7)

Frente a esta distopía, el P. Ashley no defiende que los hombres deban volver a los estados primitivos de la existencia. En su elogio del noble salvaje y del estado natural, ni siquiera Jean-Jacques Rousseau recomendó que la sociedad retrocediera, ya que esto es innegablemente imposible. El tiempo sólo viaja en una dirección. Sin embargo, el ser humano puede aprovechar sus propiedades naturales, la *ratio entis*, la creatividad, la sociabilidad y, sobre todo, la risibilidad. En general, la disforia disminuiría si la gente se riera más. Tanto los humanistas como los cristianos pueden estar de acuerdo en estos rasgos humanos comunes construidos sobre la naturaleza humana.

Br. Maritain, en 1936, advirtió sobre el pseudorrealismo, que crea una distopía de la ciencia y la tecnología. Escribe: "*También éste, en la práctica, niega que el hombre sea una criatura de Dios, pero es porque no quiere reconocer que lo que viene de la nada es el hombre*". Br. Maritain prosigue: "*pero desde el momento en que se han separado de los poderes de las tinieblas y han renunciado a la naturaleza, se han convertido en extraños a los valores connotados por el nombre de hombre*" (Maritain 1968, 227).

Al reflexionar sobre las cuestiones transgénero y la normatividad de la creación, inmediatamente surgen algunas preocupaciones. Los bloqueadores hormonales, los suplementos de hormonas del sexo opuesto y los procedimientos quirúrgicos no son naturales. Para saber si los sentimientos de disforia de género son naturales es necesario que los practicantes de la normatividad de la creación escuchen profundamente las experiencias de las personas transgénero. Como observó el Br. Maritain, los seres humanos intentan comprender la normatividad de la creación, pero pueden encontrarse con problemas cuando suponen que la han comprendido sin la humildad de seguir escuchando. La naturaleza apunta a la voluntad divina, que debe seguirse no como un mandamiento absoluto, sino como una guía.

Cómo conduce la naturaleza humana a la soledad?

El defensor más notable del vínculo entre sexo y género fue la *Teología del Cuerpo* de Juan Pablo II. El pontífice desarrolló una vigorosa antropología filosófica y teológica que influye dramáticamente en la interpretación católica de la moral y la ética. Juan Pablo II comenzó su tratado de *Teología del Cuerpo* introduciendo la complementariedad y la soledad de la humanidad. En su exégesis del Génesis, *"El hombre dio nombre a todos los animales domésticos, a todas las aves del cielo y a todos los animales salvajes; pero ninguno resultó ser un ayudante adecuado para el hombre"* (Génesis 2:20 NAB). El Papa plantea el concepto de *género próximo* y *diferenciación específica*, utilizando la antropología de Aristóteles. El género próximo agrupa a los seres similares, mientras que la *diferenciacion específica* advierte los modos en que los seres son diferentes entre sí (Juan Pablo II 2006, sec. 149 n.10). Con el hombre entendido como *ratio entis* un ser racional *el género próximo es el "ser"*, que hace a la humanidad como cualquier otro animal o sustancia. La racionalidad es la *diferenciacion específica* del hombre, la cualidad del ser que lo distingue de los demás seres vivos. Esta differentia específica lo convierte en un ser solitario en el mundo, *pero ninguno demostró ser un ayudante adecuado para el hombre.*

[Br. Jacques Maritain, P.F.J., 1882—1973]

Dios responde al aislamiento del hombre diciendo: "*No es bueno que el hombre esté solo. Le haré una ayudante adecuada*" (Gn 2:18 NAB). El hombre miró a todas las especies de la tierra y concluyó que estaba solo. Era un "*cuerpo entre cuerpos*" en su *género próximo,* pero estaba solo como ser racional. Dios es la otra *ratio entis*; Dios es el *género próximo* del hombre y ningún otro. Este misterio teológico apunta a una realidad antropológica; Dios hizo del hombre un socio de Él solo. A través de su humanidad, Juan Pablo II concluye que el hombre está solo, pero al mismo tiempo, "*puesto en una relación única, exclusiva e irrepetible con Dios mismo*" (Juan Pablo II 2006, sec. 151). Los sentimientos de soledad de las personas forman parte del plan divino de atraer a la humanidad hacia sí. Uno puede desaparecer en la madriguera del conejo en busca de sentido o mirar al cielo en *beatitudo.*

La soledad del hombre le llevó a su subjetividad y autoconocimiento. Como resultado, el hombre toma conciencia de su propio cuerpo en su búsqueda de la comunión. Juan Pablo II afirma: "*esa división de la soledad por la que el hombre tiene desde el principio en el mundo visible como un cuerpo entre cuerpos y descubre el sentido de su propia corporeidad*" (Juan Pablo II 2006, sec. 153). La respuesta de Dios es dividir al hombre en masculino y femenino. Utilizando la teología de Santa Teresa Benedicta de la Cruz, Juan Pablo II se hace eco de su teología de dos caminos para una sola ontología. Escribe que esto "*se basa en la masculinidad y la feminidad, que son, por así decirlo, dos "encarnaciones" diferentes, es decir, dos formas en que el mismo ser humano, creado "a imagen de Dios* (Gn 1,27), es un cuerpo" (John Paul II 2006, sec. 157). Antropológicamente, ¿qué significa esto? En primer lugar, la esencia ontológica del hombre es el ser humano. En segundo lugar, se es hombre o mujer por un accidente o propiedad necesaria de la esencia. En última instancia, la finalidad de esta creación es atraer a la persona a la unidad divina, de la *solitudo* a la *communio*, no a pesar del propio cuerpo, sino a través de él.

2.7 Epistemología

Los factores biológicos y culturales contribuyen a la cuestión de la transexualidad, así como las consideraciones epistémicas. El Papa Francisco escribió en su exhortación apostólica postsinodal La alegría del amor *(Amoris Laetitia), "Mostrar comprensión ante situaciones excepcionales nunca implica atenuar la luz del ideal más pleno, ni proponer menos de lo que Jesús ofrece al ser humano"* (Francisco 2016, 307). La verdad ilumina la mente a través de la recta ratio o recta razón. La disforia de género es el fuerte deseo de un individuo de ser recibido como miembro del sexo opuesto. Este deseo cree que si uno fuera del otro sexo, la angustia y el deterioro significativos cesarían. Rachel Anne Williams escribe sobre su propia experiencia,

> ¿Soy un tipo especial de hombre o un tipo especial de mujer? No lo sé. No me parece importante. Lo que importa más es el autoconocimiento de mi deseo de continuar con la transición. Deseo seguir usando pronombres femeninos, comprar [sic] en la sección de mujeres, tomar TRH, usar [sic] el nombre *'Rachel'*, etc... Soy consciente de mi deseo de seguir transicionando. (R. A. Williams 2019, 184)

Rachel Anne Williams, una persona MtF, se deja llevar por su deseo más que por el conocimiento de ser mujer. En términos de autoconocimiento, Rachel Anne Williams afirma ser agnóstica en cuanto al género. Estas creencias se basan en los sentimientos innatos de ser percibida como el género equivocado. ¿Qué *epistēmē* es verdadera, la propia biología (realismo) o los propios sentimientos (emotivismo)?

Juan Pablo II sostiene la opinión de que la identidad de género debe estar arraigada en la verdad. Escribe en *Acting Person: "La autodeterminación y el autogobierno, estrechamente relacionado con ella, requieren a menudo que se actúe en nombre de una verdad desnuda sobre el bien, en nombre de valores que no se sienten. Incluso puede requerir que se actúe en contra de los propios sentimientos"* (Wojtyla 1979, 233). Por lo tanto, cuando una persona experimenta disforia de género, hay que examinar sus sentimientos según el criterio de la *pura verdad.* Debido a la naturaleza caída de la humanidad, los deseos concupiscibles ya no son la verdad. Los deseos, según el pontífice, deben ser juzgados por la razón, ya que los deseos pueden engañar a la humanidad.

El deseo de ser hombre o mujer plantea la pregunta: si uno no es mujer u hombre, ¿cómo llega a darse cuenta de lo que se siente al ser hombre o mujer? Sentirse hombre o mujer es una afirmación de conocimiento experiencial que no puede verificarse ni siquiera subjetivamente, y mucho menos mediante ningún criterio objetivo. Por ejemplo, la sociedad descartaría de plano las declaraciones subjetivas de identidad si un hombre blanco dijera que comprende profundamente lo que es ser una mujer negra. O si una persona nacida en la riqueza dijera que entiende lo que es ser pobre o si alguien que no experimenta pérdidas sabe lo que se siente al perder un hijo o un cónyuge. Esta contradicción es lo que Santa Edith Stein llamó la fenomenología de la empatía o lo primordialmente dado. Estas afirmaciones son ridículas u ofensivas, pero nunca podrían ser exactas según la razón.

En 2021, un joven británico obsesionado con sí mismo llamado Oli London se operó para parecer coreano, afirmando que lo *era.* A pesar de afirmar que es transracial, Oli no sabe hablar coreano y los coreanos no han respondido amablemente a la apropiación de su nacionalidad. Esta falsa identidad ejemplifica el principio de Edith Stein de que ser otra persona es una imposibilidad metafísica. Entonces, ¿cómo pueden las personas que adoptan una teoría personal del género o que tienen una visión nominalista del mundo rechazar las reivindicaciones transraciales sin un control adecuado? Una vez abierta la compuerta, todo el mundo debe aceptar todas las afirmaciones de las creencias como realidad. Sólo las personas que se adhieren a la superioridad del realismo racional pueden oponerse con razón a estas falacias ideológicas.

[Arzobispo Robert Carlson, 1944—]

Necesidad epistemológica de un Creador

Los escépticos epistemológicos modernos no confían en su experiencia de la realidad externa; como tal, confían en sus percepciones e intuiciones. John Locke (1632—1704) afirma que el sentido requiere un creador de sentido, por lo que si no hay creador, no hay creación, y todos los cuerpos materiales existen como un dato bruto. El rechazo de Dios por parte de John Locke conlleva una negación del valor inherente de la vida. Un universo diseñado intencionadamente conlleva racionalmente fenómenos naturales con fines inherentes, conceptos que los teóricos del género rechazan. La teoría del género adopta la perspectiva lockeana de rechazar el esencialismo de tipo aristotélico, afirmando que no hay nada esencial en ser hombre o mujer. Este rechazo del esencialismo conduce a la fluidez entre hombres y mujeres, así como a la masculinidad y la feminidad. John Locke afirmaba que la normatividad de la creación no podía existir sin un legislador; por tanto, no hay nada esencial en ser hombre o mujer. A las feministas de la segunda ola les gusta especialmente la ética lockeana, ya que John Locke no hace ninguna afirmación positiva sobre el sexo y el fundamento del sistema es un relativismo sin Dios.

¿Es el emotivismo el mejor enfoque epistemológico?

El arzobispo Robert Carlson de San Luis, en su carta pastoral de 2020, *Compasión y desafío*, aborda tres principios de la filosofía moderna que se han abierto paso en la teoría del género:

1. Los sentimientos definen nuestra identidad: *"Lo que sientes es lo que eres"*.
2. La integridad humana significa actuar según nuestros deseos persistentes. *"Tengo que ser fiel a mí mismo"*.
3. Cualquiera que no afirme nuestros sentimientos y acciones nos odia. (Carlson 2020, 6)

En su carta, el arzobispo afirma que los sentimientos forman parte del ser humano, pero no definen al individuo. Los sentimientos cambian, por lo que uno no puede basar su vida en lo que siente en ese momento. El arzobispo también pide a las personas que examinen sus deseos en lugar de seguirlos sin el debido discernimiento. Afirma el arzobispo Carlson,

> Para la ideología de género, un sentimiento o deseo es auténtico y bueno si es persistente, insistente y consistente. Pero cualquier número de ejemplos puede decirnos que los deseos pecaminosos e inútiles deseos y sentimientos que son contrarios a nuestra identidad como hijos de Dios y nos alejan del Cielo- pueden ser persistentes, insistentes y consistentes. (Carlson 2020, 6)

Por último, el arzobispo subraya que el amor y el desacuerdo pueden coexistir y, en muchos sentidos, deben existir para que se produzca la evangelización. Según el arzobispo, cuando los católicos y la cultura secular están en desacuerdo mutuo, sólo la Iglesia es tachada de odiosa, pero no la cultura secular es odiosa para la Iglesia. En su encíclica, Fraternidad y Amistad Social *(Fratelli Tutti)*, el Papa Francisco menciona que aquellos que quieren lograr el caos interfiriendo con la civilidad están capitalizando y promoviendo desacuerdos arraigados. El Papa Francisco escribió,

> La vida política ya no tiene que ver con debates sanos sobre planes a largo plazo para mejorar la vida de la gente y hacer avanzar el bien común, sino sólo con hábiles técnicas de marketing destinadas principalmente a desacreditar a los demás. En este vil intercambio de acusaciones y contraacusaciones, el debate degenera en un estado permanente de desacuerdo y confrontación. (Francisco 2020, apartado 15)

Durante décadas, las feministas han silenciado a los hombres porque son hombres. Con ironía, la feminista Posie Parker señala que ahora se silencia a las mujeres en los espacios exclusivos para mujeres si no están de acuerdo con la ideología de que las *mujeres trans son mujeres* (Parker 2019). Como mujer cis, los teóricos del género la silencian por tener una opinión sobre ser mujer mientras no reconocen la experiencia de las mujeres trans. La política de identidad cerró el círculo, sustituyendo el realismo racional por el emotivismo. Los sofistas utilizan la política de la identidad para acallar el debate, lo que conduce a una epistemología especialmente peligrosa por la que la gente no puede desafiar una idea a menos que pertenezca al género, raza, orientación o forma única de victimismo correctos. La identidad, más que la verdad, se convierte en la autoridad.

El cardenal Karol Wojtyła, en *Amor y responsabilidad*, escribe: "*La capacidad de descubrir la verdad da al hombre la posibilidad de autodeterminarse, de decidir por sí mismo el carácter y la dirección de sus propias acciones, y eso es lo que significa la libertad*" (Wojtyla 1981, 115). La autodeterminación del hombre no se basa en sus emociones o sentimientos, sino en la verdad. El cristiano necesita la verdad para ser libre y elegir un camino que le lleve a la felicidad. En ausencia de la verdad, las emociones y los deseos rigen las acciones de las personas. Santo Tomás abogó por la *rectitudo appetitus* o el apetito rectificado. Este principio establece que todas las emociones y capacidades apetitivas deben permanecer dispuestas a su propia teleología. Los objetos de las emociones se apoderan del individuo hasta que éste deja de tener libertad sobre sus acciones, por lo que la *rectitudo appetitus* libera a la humanidad mediante la práctica del ser *ratio entis*. Mediante la virtud de la fortaleza, el individuo supera el miedo y el apetito irascible. Por el contrario, la virtud de la templanza controla la concupiscencia y el deseo de placeres desmedidos.

El *cogito ergo sum* de René Descartes (1596-1650) y la invención del idealismo y el escepticismo, que rechazaban la realidad concreta del mundo exterior, desgarraron el realismo de los filósofos escolásticos, que hacían hincapié en la causalidad del universo material. El *cogito* pone el acento en la mente como único principio de verdad. La teoría de René Descartes contiene dos partes: el pensamiento y las externalidades. La mente es el pensamiento sin las externalidades, mientras que la materia es las externalidades sin el pensamiento. Este enfoque del cogito influye en gran medida en la ideología de la teoría nominalista del género, dando cabida a la idea de que la mente y el cuerpo pueden estar desunidos.

¿Están unificados el cuerpo y el alma?

La influencia fenomenológica en la *Teología del Cuerpo* de Juan Pablo II reconoce el profundo significado del cuerpo. Esta fenomenología no minimiza la importancia del alma racional.

En cambio, la fenomenología destaca la necesidad antropológica de la persona humana como cuerpo y alma. La unidad cuerpo-alma es la esencia del principio tomista del hilomorfismo, según el cual las

---

[9] Discurso de Descartes sobre el método y meditaciones sobre la primera filosofía, 18.

personas no sólo poseen cuerpos, sino que son cuerpos. Tal y como proponen los cartesianos, un espíritu amorfo de género sería imposible bajo el enfoque tomista de la teoría de género.

La teoría cartesiana no proporciona un puente metafísico entre las externalidades y el pensamiento. Si la mente es más válida que el cuerpo, ¿cómo refleja el cuerpo la realidad de la mente? ¿Cómo comprende la mente que las externalidades concretas son reales? El filósofo holandés del siglo XVII Baruch Spinoza (1632-1677) resuelve este problema afirmando que todo es espíritu y que las externalidades no existen (Spinoza 2001, 162–163). En la dirección opuesta, la ciencia moderna afirma que sólo existe el positivismo mecánico, es decir, que sólo existe el cuerpo y no la mente, y si la mente existe, es el órgano del cerebro. El órgano del cerebro y la biología de los sentidos humanos interpretan una realidad física. Este último enfoque conduce a una cosmovisión materialista en la que la materia se identifica sólo por propiedades cuantificables. El Br. Maritain rechaza ambas epistemologías, afirmando: *"No hay peor filosofía que la que desprecia la naturaleza. Un conocimiento que desprecia lo que es en sí mismo nada; una guinda entre los dientes encierra en sí más misterio que toda la metafísica idealista"* (Maritain 1959, 335). El realismo tomista, en cambio, contiene verdad y profundidad.

¿Qué teoría es más didáctica, el idealismo o el realismo?

El enfoque realista considera que la abstracción es la finalidad de un ser. El ser puede ser un trozo de carne, pero también es un hombre, un padre, un hermano, un hijo o un amigo. La sustancia es algo más que un dato bruto cuantificable. El realismo considera la teleología del ser. ¿Cómo experimenta el mundo un realista? En primer lugar, el intelecto capta la naturaleza externa, luego el intelecto por reflexión capta el acto y, finalmente, el intelecto por examen se capta a sí mismo. Este conocimiento de algo es un encuentro, una experiencia y una relación con el mundo exterior. Esta existencia es individual y singular y se comprende a través de los sentidos, *"pues el sentido juzga los objetos particulares, mientras que la razón juzga los universales" (ST Ia, q 59, a. 1, ad. 1).*

El cardenal Wojtyla escribe igualmente en *La persona actuante: "La fusión de la sensibilidad con la veracidad es la condición necesaria de la experiencia de los valores"* (Wojtyla 1979, 233). Los sentidos son esenciales como *núcleo para cristalizar* la experiencia, pero el intelecto integra la sensibilidad con la razón, expresando el auténtico realismo. En el prólogo del *Realismo Tomista*, el Dr. Frederick Wilhelmsen (1923-1996) explica la evolución histórica de esta filosofía: *"El fundamento del realismo es la unidad del sujeto conocedor. Esta unidad del sentido y el intelecto dentro de un sujeto conocedor había sido rota por el cogito; la discontinuidad resultante había sido aceptada por Kant como un hecho consumado"* (Wilhelmsen 2012, 18).

El idealismo de René Descartes no puede salir de su no-realismo, y las consecuencias lógicas conducen a Berkeley o a Kant. La filósofa Ayn Rand llamó a Kant *"el verdadero villano de nuestra época"* porque

> Predicó que la mente del hombre no es válida, que las cosas que percibes no están ahí. Las cosas que percibes están en el mundo fenomenal y en el mundo pneuménico, que no puedes percibir de ninguna manera, y el pneuménico (místico) es la verdadera realidad. (Rand 1979)

Ayn Rand afirma, según los académicos, que *"todos debemos seguirla basándonos en la fe en Kant, y no en la razón"* (Rand 1979). Juan Pablo II retomó el debate de lo fenoménico frente a lo pneuménico en su comprensión de la unidad *"psicosomática"* y *"psicofísica"*. Esta integración se refiere a un nivel superior de unidad que la unidad psicosomática en sentido empírico (Wojtyla 1979, 191).

Al utilizar el realismo y el idealismo para considerar la cuestión de la transexualidad, el grado en que un neotomista podría entender esta cuestión depende de la realidad, de algo que existe en el mundo exterior. Si un individuo MtF afirma a través de sus impresiones que es un ella, esta creencia podría ser perfectamente válida bajo la epistemología *cogito ergo sum* de René Descartes: *creo que* soy una mujer; por lo tanto, *soy* una mujer o, más bien, *sentio ergo sum*, siento que soy una mujer; por lo tanto, soy una mujer. Desde una perspectiva realista, uno no parte de sus impresiones o intuiciones, sino de la realidad concreta del ser que existe. ¿Cómo se manifiesta la realidad material concreta? Esta respuesta no es tan sencilla en el caso de las personas transexuales, ya que no se puede simplemente mirar dentro del propio cerebro para extraer la realidad material.

[René Descartes, 1596—1650]

¿Qué aspecto tiene el escepticismo en una ideología transgénero?

Este enfoque neumático llevado al extremo del absurdo se encuentra en el concepto de sexo y género de Rachel Anne Williams. Ella argumenta,

> No hay nada "masculino" en una mujer trans; el término *"masculino"* simplemente no es apropiado aplicado a las mujeres trans. No tienen partes del cuerpo *"masculinas"* porque sólo los hombres tienen partes del cuerpo masculinas, y en mi opinión, las mujeres trans no son hombres sino mujeres, por lo que cualquier parte del cuerpo o característica física que tengan sólo puede describirse como femenina.

Ella continúa,

> Los penes no son *"masculinos"* porque algunas mujeres tienen penes. Las vaginas no son "femeninas" porque algunos hombres tienen vaginas. Los cromosomas XY no son *"masculinos"* porque algunas mujeres tienen cromosomas XY, y algunos hombres tienen cromosomas XX. (R. A. Williams 2019, 174)

La postura de Rachel no es solo la posición extrema de una activista transgénero. Para celebrar el Día del Hombre en 2019, la ACLU tuiteó: *"No hay una sola forma de ser hombre. Los hombres que tienen la menstruación son hombres. Los hombres que se embarazan y dan a luz son hombres. Los hombres trans y no binarios pertenecen. #DíaInternacionalDelHombre"* (ACLU 2019). La marca de productos femeninos Always respondió retirando toda la imaginería femenina de sus envases de productos femeninos (Murphy 2019). Esta teoría neumática llega a afirmar que los penes de las mujeres trans son *"penes de chica"* (R. A. Williams 2019, 175). Esta teoría de género nominalista basa su principio de género en el concepto de género pneuménico: los sentimientos de una persona son la base para juzgar la realidad.

Para doblar la realidad física para acomodar los sentimientos y deseos de una persona, uno llamaría a los órganos sexuales masculinos órganos sexuales femeninos. Esta ideología no sólo llama a la biología por los nombres opuestos, sino que también a las acciones determinadas por el sexo. Por ejemplo, cuando un transexual ovula, se queda embarazado y da a luz, es padre según esta teoría neumática. Los que se oponen a esta ideología son calificados de transfóbicos, pero el miedo a los transexuales no lleva a los católicos a rechazar esta ideología, sino la epistemología basada en el realismo.

¿Qué es la división epistemológica?

En sus reflexiones en *Nuestro viaje a casa*, el doctor Jean Vanier también reconoció esta división epistemológica en la década de 1990. El Dr. Vanier identifica a los que desean cambiar el mundo a través del realismo frente a los que intentan cambiar el mundo a través de la ideología. Reconoce estas dos categorías:

> Mi experiencia me muestra que hay dos tipos de ideales: uno que se centra en las estructuras; otro que se dirige más a las personas. El primero tiende a ser militante, buscando reformar las estructuras sociales y apoyándose en una buena organización y una forma de propaganda. El otro hace hincapié en la importancia de la escucha, la presencia y la amabilidad, cambiando un corazón a la vez. (Vanier 1997, 97)

Estos dos caminos tienen resultados drásticamente diferentes también para las personas involucradas. El activismo no cognitivo conduce a la ira y la frustración, ya que las utopías no son para este mundo. El realismo conduce a la paz y a la comprensión, ya que el realismo se basa en las relaciones con personas reales. El realismo acepta a las personas reales en su camino hacia la vida. El Dr. Vanier comentó,

> Los jóvenes que centran sus energías en las personas tienden a vivir más cerca de la realidad humana que los que buscan el cambio a través de teorías, estructuras y un modo de vida perfecto. Estas últimas pueden convertirse rápidamente en ideologías que aplastan a las personas en lugar de conducirlas a una mayor libertad, sabiduría y compasión. (Vanier 1997, 97)

Aunque los que buscan liberar a la sociedad de la opresión son nobles en sus objetivos liberadores, su enfoque utópico no cognitivo se queda corto con la realidad. Como resultado, el lector debe abandonar los pasillos de la academia, la cámara de eco de los medios sociales y los espacios seguros diseñados para los jóvenes. En su lugar, trabajar en una comunidad de personas discapacitadas como *L'Arche* [*El Arca*], establecer amistades con personas en residencias de ancianos, o hacerse amigo de personas que son transgénero o cualquier otra serie de actividades prácticas, cumple los objetivos de liberación, no sólo para la otra persona, sino para ella misma.

La epistemología del *cogito* no es coherente con la perspectiva neotomista. Muchos problemas futuros relativos a la identidad personal caerán en una de estas dos epistemologías: la realidad por un lado y las impresiones o intuiciones por otro... ¿Qué pasa si alguien se siente como una especie animal diferente, una persona de otra raza, edad, etc.? ¿Estos sentimientos se basan en lo real o en la imaginación? Según el enfoque católico, el desarrollo de la propia vida debe basarse en la realidad concreta y no en los propios sentimientos. El lector debe juzgar los sentimientos con la razón.

2.8 Revisión de Conceptos

En el capítulo dos se exploraron los conceptos de sexo y género en el contexto de las cuestiones transgénero existentes desde el punto de vista cultural, médico y filosófico. Esta sección también exploró los conceptos de género desde una ideología biológica, social y personal. La Iglesia se mantiene firme en su postura: *"Dado que el hombre es un ser compuesto, espíritu y cuerpo, existe ya en él una cierta tensión"* (CCC, 2516). Esta tensión es el resultado de la *"herencia del pecado"* del hombre. A pesar de esta tensión, la biología vincula a la humanidad consigo misma: su carne y su vida social y espiritual. Aristóteles llama esencialismo a la unificación de la mente, el cuerpo y la acción, por lo que la esencia o el alma hace que la materia o las partes se conviertan en un todo unificado (Witt 1989, 103). El realismo tomista asegura que los humanos no son sólo partes materiales y espíritus desencarnados, sino que son un todo unificado.

Por último, esta sección examinó lo que el Papa Francisco quiere decir con la teoría de género, que es parte de una *guerra global contra la familia y la colonización ideológica.* El Papa Francisco no critica a las personas con disforia de género en sus escritos, ya que la disforia de género es una condición médica; en cambio, plantea objeciones a la ideología de la teoría de género personal. El movimiento de los teóricos nominalistas del género no es un fenómeno aislado, ya que su ideología fundamental tiene sus raíces en la Ilustración y en el escepticismo de René Descartes, que persistió durante 400 años. El escepticismo crea un abismo entre las impresiones y la realidad, que nunca se puede cruzar, creando dos visiones del mundo diferentes en la actualidad: el materialismo, que es material sin esencia, y el spinozismo, que es esencia sin materia. Como resultado, la ciencia moderna se volvió principalmente materialista, mientras que los teóricos del género y los académicos dentro de las humanidades se han convertido en su mayoría en seguidores de Spinoza, Hume o Kant.

Otra razón por la que esta ideología es preocupante es el adoctrinamiento del no realismo dentro de la cultura. Este escepticismo conduce al relativismo, que pasa a formar parte del currículo educativo y del lenguaje habitual de los medios de comunicación. Independientemente de la postura de cada uno sobre la disforia de género, la cuestión más importante para la iglesia es el rechazo del realismo por parte de la sociedad. La iglesia debe volver a combatir una cultura gnóstica para acercarse a la verdad encarnada de Cristo. Irónicamente, la iglesia encontró alianzas con filósofos antieclesiásticos como Ayn Rand y feministas de género crítico como la Dra. Greer y Posie Parker, ya que sostienen el realismo como su base epistemológica.

Capítulo 3
La cultura y la Iglesia

Los hombres son privilegiados y las mujeres están oprimidas: esa es la narrativa a la que debemos atenernos si queremos sobrevivir en el mundo académico.

— Administrador universitario anónimo, Saving Our Sons

No querían mirar la cara desnuda de la suerte (*tuchê*), así que se entregaron a la ciencia (*techne*). Como resultado, se liberan de su dependencia de la suerte, pero no de su dependencia de la ciencia.

— Autor del Tratado Hipocrático, *La fragilidad de la bondad.*

En su libro de 1981 *After Virtue*, el doctor Alastair MacIntyre comentó la causa de la división social: sin una cosmología, una antropología, una religión, una filosofía o una ética unificadoras, la sociedad se desmorona. El Dr. Macintyre sostiene que la ética personal está ligada a una narrativa global: *"Sólo puedo responder a la pregunta "¿Qué debo hacer?" si puedo responder a la pregunta previa "¿De qué historia o historias me encuentro apartado?"*. (MacIntyre 1981, 250). El nominalismo y el emotivismo conducen a la relatividad y a la subjetividad, lo que conlleva un mandato arbitrario. Una visión del mundo que carece de un marco filosófico cohesivo crea un caos y un desorden internos cuando se vive dentro de la vida ordinaria.

Las culturas occidentales luchan por establecer una cosmología dominante: por un lado está el realismo racional y por otro el relativismo. La cosmología católica arraigada en el realismo racional gira en torno a una jerarquía eclesiástica y celestial ordenada con una trayectoria singular hacia el cielo. La cosmología secular es posmoderna, igualitaria, moralmente relativista y antijerárquica. Esta batalla por el marco cosmológico se manifiesta en una guerra cultural que incorpora la política, el poder judicial, la cultura pop, el entretenimiento, la espiritualidad y la narrativa histórica.

Los dos bandos reflejan las deidades hindúes de Vishnu (el preservador) y Shiva (el destructor). El caos puede romper falsas ilusiones e ídolos, mientras que el preservador proporciona paz y estabilidad. Los hindúes pueden ser sabios al reconocer la necesidad de ambos poderes, pero lo que se requiere con prudencia es el discernimiento sobre la proporción correcta. El cristianismo manifiesta esta paradoja, tanto en la adhesión a los preceptos divinos como en la apertura al Espíritu Santo. En esta visión, se abre una puerta estrecha para que la iglesia pase, no atrincherada en el conservadurismo o el liberalismo, sino guiada por la luz de Cristo, que es la Verdad.

¿Cómo debe participar la Iglesia en la guerra cultural?

En una entrevista con *Triggernomitry*, Posie Parker (una persona crítica con el género), fundadora de *Standing for Women*, se preguntaba dónde se trazará la línea para la gente que sigue la narrativa transgénero. Bromeó: *"En todos los lugares a los que se llega, donde se cree que se va a parar, nadie va a seguir, seguro que se va a parar. Esto es una locura... Y sin embargo, todo el mundo está de acuerdo con ello"* (Parker 2019). La gente común, incluidas las feministas, buscan una guía autorizada basada en el sentido común y en principios realistas.

La iglesia opta por participar en esta guerra cultural luchando activamente contra sus adversarios ideológicos y mediante el método franciscano de *predicar el Evangelio en todo momento y, cuando sea necesario, utilizando las palabras.* Sin embargo, una vez que la iglesia decide que el mejor enfoque para luchar contra la guerra cultural es ser silenciosamente auténtica, sigue siendo necesario algún contraataque contra la cultura si se toma en serio su responsabilidad como líder espiritual y ético.

La Iglesia guía a sus fieles por la puerta estrecha con la gracia de Dios. El ego y el orgullo cargan al lector con un peso que hace impasible el paso. Iglesia en griego es *ekklēsía: ek* (*fuera de*) y *kaleein* (llamar). El papel de la iglesia es llamar a salir de la mundanidad. La iglesia no debe convertirse en una imitación del mundo. Por el contrario, la iglesia llama a sus miembros a principios más elevados y a ser proféticos para aquellos que aún no son miembros del Cuerpo de Cristo. La iglesia crea un camino a través de los peligros de la cultura moderna. El cristiano debe vivir *en el mundo* y no ser *del mundo.* ¿Cómo es posible? "*Lo que es imposible para el ser humano es posible para Dios*" (Lc 18,27). La vida cristiana sólo es posible a través del Espíritu Santo.

En su encíclica de 2020, Fraternidad y amistad social (Fratelli Tutti), el Papa Francisco compara el momento actual con el de hace 800 años, durante las cruzadas. El ejemplo para los cristianos de hoy es ser como San Francisco, que, con "*su apertura de corazón, no conocía límites y trascendía las diferencias de origen, nacionalidad, color o religión*" (Francisco 2020, sec. 3). Como San Francisco de Asís, el Papa Francisco intenta evitar las guerras culturales y vivir a la luz de la Buena Noticia. Este camino es la vía estrecha y el ojo de la aguja. Es el auténtico discipulado sin orgullo. Al abordar la cuestión de los transexuales, la cultura se polariza y es tóxica. Las víctimas de esta campaña de guerra cultural suelen experimentar disforia de género y los jóvenes crecen sin una identidad cultural o religiosa clara. El Papa Francisco ha hecho un llamamiento para volver a una *amistad social* común. Este enfoque enfurece por igual a los que buscan un respaldo a la liberación sexual y a los que buscan una declaración clara y decisiva contra las personas LGBT. El Papa Francisco, en cambio, intenta dirigirse directamente a las personas y caminar con ellas como un compañero de pecado. El resultado es que nadie queda completamente satisfecho. Esta insatisfacción construye un puente de confraternidad y mantiene abierta la comunicación entre liberales y conservadores. Este delicado equilibrio es la obra de la nueva evangelización.

¿Están los millennials en desacuerdo con la iglesia?

La iglesia se enfrenta a una crisis con su respuesta a la cuestión transgénero. El Public Religion Research Institute descubrió que el 70% de *"los millennials creen que los grupos religiosos están alienando a los adultos jóvenes al ser demasiado críticos con los temas de gays y lesbianas"* (Jones, Cox y Navarro-Rivera 2014). Según el Public Religion Research Institute, el 31% de los millennials afirman haber abandonado las confesiones principales debido a la intolerancia religiosa hacia las personas LGBT. En un estudio de 2007 del Grupo Barna, la palabra más común de los millennials para describir el cristianismo es *"antihomosexual"*. Cuando se les preguntó, el 91% de los no cristianos y el 80% de los jóvenes que asisten a la iglesia utilizaron este término al describir las principales cualidades cristianas. Las percepciones negativas más comunes incluyen que el cristianismo actual es crítico (87%), hipócrita (85%), anticuado (78%) y demasiado involucrado en la política (75%). En comparación, sólo el 55% afirma que es una fe que respetan (The Barna Group 2007). Estos resultados están muy lejos de lo que, según Tertuliano, atraía a la gente a la Iglesia en los primeros siglos: *"Mirad - dicen- cómo se aman" y "cómo están dispuestos a morir unos por otros"* (Tertuliano Apologético, cap. 39, sec. 7).

Alexander Griswold, en *The Federalist [El Federalista]*, escribió que la afirmación de la comunidad LGBT es la forma más rápida de *"reducir su iglesia en un solo paso"* (Griswold 2014). Griswold cita el rápido declive de la Iglesia Episcopal, la Iglesia Evangélica Luterana, la Iglesia Unida de Cristo y la Iglesia Presbiteriana de EE.UU. En particular, las iglesias que mejor mantienen a sus miembros son las Asambleas de Dios, la Iglesia Católica Romana, los mormones y los bautistas del sur. La autoproclamada activista transgénero Brynn Tannehill respondió que Griswold pasa por alto la tendencia general de *que "las confesiones conservadoras están disminuyendo más lentamente, mientras que las progresistas moderadas se reducen más rápidamente"*. Brynn Tannehill afirma que las confesiones conservadoras *"están haciendo que todo el cristianismo sea tóxico para los millennials moderados y progresistas"* (Tannehill 2019, 249).

También podría ser cierto lo contrario, y el liberalismo está destruyendo el cristianismo. El cristianismo occidental en su conjunto ya no aspira a producir santos magnánimos. Es menos probable que los altos estándares estén reduciendo el cristianismo. Más bien, el afeminamiento y la pusilanimidad están invadiendo el cristianismo liberal y descomponiendo lentamente a la Iglesia católica desde dentro. Cuando el cristianismo se convierte en un entretenimiento religioso, no puede competir con las formas seculares de entretenimiento en el mundo. El Venerable Fulton Sheen dijo notablemente que la religión que no exige nada *"se convierte en un lujo como una ópera, no en una responsabilidad como la vida"*.

La pretensión de que la iglesia debe ajustarse a los principios occidentales modernos para atraer a la gente es contraria al corazón de la auténtica evangelización. La iglesia no pretende ser popular; sin embargo, no debe ser impopular porque la cultura la considere sentenciosa, hipócrita, anticuada, política y antihomosexual. La doctora Anne Hendershott, directora del Centro Veritas para la Ética en la Vida Pública de la Universidad Franciscana, respondió al Estudio Pew 2015, que mostró la salida de los millennials de la religión: *"Mientras que la comunidad LGBT no quiere que se le recuerden los mandatos bíblicos o el pecado, parece -irónicamente- que las iglesias que se niegan a reconocer el pecado no se consideran dignas de asistir."* La Dra. Hendershott también señaló que *"Si no hay ningún credo o doctrina más allá de "todos somos buenos", no hay razón para asistir a la iglesia; cualquier actividad de grupo será suficiente"* (Hendershott 2015). Aunque la cultura es antitética a las expresiones auténticas de la religión, el único camino a seguir para la Iglesia católica es residir en la verdad. La impopularidad de la verdad no es nueva; San Juan escribió: *"Jesús dijo entonces a los Doce: "¿También vosotros queréis iros?". Simón Pedro le respondió: 'Maestro, ¿a quién vamos a ir? Tú tienes palabras de vida eterna. Hemos llegado a creer y estamos convencidos de que tú eres el Santo de Dios'"* (Juan 6: 67-69 NAB).

¿Una cosmología católica crea mayor felicidad?

¿El enfoque católico de la moral sexual crea un sentido más significativo de la vida, aumenta la felicidad y da lugar a la santidad? Lamentablemente, el análisis cuantitativo no responde rápidamente a la pregunta, ya que los laicos y muchos clérigos son infieles a la enseñanza de la Iglesia sobre la moral sexual. Además, el catolicismo estadounidense se encuentra en un estado de *nominalismo católico*, por el que identificarse como católico no predice ni la creencia ni la acción. Sin embargo, las enseñanzas de la Iglesia Católica adoptan una postura firme contra los métodos artificiales de control de la natalidad, la cohabitación prematrimonial/el sexo prematrimonial, que el matrimonio es exclusivamente entre un hombre y una mujer, y que el celibato está vinculado a la santidad.

A pesar de las enseñanzas morales de la Iglesia, los católicos aceptan el matrimonio homosexual en un porcentaje más alto que la población general de Estados Unidos, alrededor del 62 y el 58%, respectivamente (Piacenza y Jones 2017). Una encuesta de Univisión de 2014 encontró que el 79% de los católicos estadounidenses creen que el control de la natalidad es moralmente aceptable (Culp-Ressler 2015), y el 98% de las mujeres católicas estadounidenses lo usan (Guttmacher Institute 2008). El 61% de los católicos cree que las parejas que cohabitan antes del matrimonio deberían recibir la comunión, y el 62% cree que los católicos divorciados y vueltos a casar deberían poder recibir la comunión sin una anulación. Las creencias sobre la cohabitación y el divorcio son estadísticamente idénticas entre los católicos estadounidenses y el público en general (Lipka 2015). El lector puede estar más de acuerdo con la cultura que con la Iglesia en algunos de estos temas candentes, lo que no hace más que afirmar la cuestión.

Un estudio de todos los católicos autoidentificados no es preciso para predecir las prácticas de moralidad sexual. Por lo tanto, no se puede juzgar la felicidad general de los católicos autoidentificados cuando la adhesión a la enseñanza moral es la base de la felicidad. Nadie ha realizado estudios sobre la felicidad general de los católicos transgénero que se adhieren estrictamente a los principios de la fe, incluida la moral sexual.

La crisis de abusos sexuales de la Iglesia no aseguró a la sociedad que la enseñanza eclesiástica sobre la sexualidad humana sea sana y se base en el interés de los jóvenes. Por el contrario, la insensibilidad de ciertos eclesiásticos a la hora de manejar estos escándalos sólo condujo a un debilitamiento más severo de la autoridad moral de la iglesia y al abandono de los fieles de los principios morales católicos. Por lo tanto, es difícil comprender si los católicos transgénero son más felices que los no católicos transgénero, ya que la pertenencia formal rara vez se traduce en la práctica del código moral de la Iglesia.

Los mormones se adhieren a su código de moralidad con un mayor grado de fidelidad que los católicos. Entonces, ¿este código moral ayuda a los jóvenes mormones transexuales a adaptarse mejor a la sociedad? El resultado desde 2011 es la duplicación de los suicidios de jóvenes de entre quince y diecinueve años. El doctor Benjamin Knoll encontró una correlación del 95% entre las tasas de suicidio y la Iglesia mormona (Knoll 2016). La principal causa de muerte de los niños de Utah, de once a diecisiete años, es el suicidio, una tasa que ha aumentado un 141% desde que la Iglesia Mormona luchó contra la Proposición 8. En respuesta, en agosto de 2017, la Iglesia Mormona apoyó el *Festival LoveLoud*, un concierto para recaudar fondos para organizaciones benéficas que apoyan a los jóvenes LGBTQ (M. Jones 2017). En 2018, la Fundación de *la Iglesia de Jesucristo de los Santos de los Últimos Días* dio 25.000 dólares a *Affirmation*: *Mormones LGBT*, *Familias y Amigos* para una nueva iniciativa de prevención del suicidio (Walch 2018). La Iglesia mormona no cambió su teología, pero respondió a la crisis de forma concreta.

La respuesta de la Iglesia católica no requiere necesariamente un cambio de teología (como la respuesta de la Iglesia mormona), pero para predicar más eficazmente la Buena Nueva de Jesucristo, puede necesitar un encuadre diferente de las cuestiones morales contemporáneas que parezcan más solidarias. Al igual que la Iglesia mormona, la Iglesia católica puede querer dedicar energías a apoyar la salud mental de los jóvenes transexuales, no porque la justicia lo exija, sino por misericordia. El detransicionista Jamie Shupe señaló que existen muchos grupos de apoyo LGBT para la transición, algunos de los cuales se reúnen en iglesias, pero la detransición se realiza en solitario (Shupe 2019). Los ministerios que ofrecen apoyo pastoral a las personas que se destransicionan serían un nicho natural para la iglesia, sin preocuparse de que los fieles malinterpreten las enseñanzas morales de la iglesia.

Las personas que se dedican a la ideología de género criticarán cualquier cosa que haga la Iglesia católica, por lo que intentar

---

[1] La Iglesia de Jesucristo de los Santos de los Últimos Días

complacerlas es inútil. La activista transgénero Brynn Tannehill afirma que cuando los católicos LGBT escuchan la defensa de fieles católicos como el doctor Paul McHugh, lo que perciben es que *"los tratamientos que recomiendan son proporcionados por exactamente las mismas organizaciones ex-gay, con exactamente las mismas personas, utilizando exactamente la misma perspectiva religiosa, y usando exactamente los mismos métodos (y teorías) que se llevaron a cabo en los homosexuales durante décadas (con absolutamente ningún éxito)"* (Tannehill 2019, 257). Sexólogos como Ray Blanchard, Ph.D., y J. Michael Bailey, Ph.D., señalan rápidamente que la orientación sexual raramente cambia, pero la identidad sexual frecuentemente cambia a través de las etapas de la vida. Ayudar a las personas a aliviar su disforia de género no es nada parecido a la terapia de conversión (Blanchard 2019)(Bailey 2019).

¿Cómo las instituciones públicas estan abordando la cuestión de la transexualidad?

El commonweal también se enfrenta al reto de abordar la cuestión transgénero. Muchos políticos republicanos reúnen a su base y siguen siendo públicamente relevantes centrándose en las personas transgénero en las instalaciones públicas y los deportes. El miedo a las personas transgénero en los baños públicos tuvo un breve protagonismo en los medios de comunicación, seguido de la aprobación de leyes por parte de los estados liberales para que hubiera baños sin género. Los estados conservadores crearon leyes para prohibir el uso de los baños a las personas transgénero, pero esto no es una preocupación principal de la mayoría de las personas cisgénero.

La mayoría de las personas con disforia de género evitan las situaciones que incomodan a los demás. La disforia de género implica una cantidad desmesurada de ansiedad y miedo por no *"pasar"*. En consecuencia, evitan estas situaciones potencialmente embarazosas. El tipo de depredadores sexuales que utilizan el paraguas de la transexualidad para aprovecharse de las mujeres suelen ser forzados a salir de estos espacios por las mujeres y acusados de voyeurismo en su caso. Las personas que forman parte de una teoría de género y no se esfuerzan por hacer una transición social son más preocupantes, no porque sean depredadores, sino porque su presencia puede incomodar a las mujeres. Por ejemplo, las mujeres en estado de desnudez pueden sentirse naturalmente incómodas ante extraños con barba que también están en estado de desnudez.

Cuando las mujeres que han sido abusadas o violadas por hombres en el pasado plantearon estas preocupaciones, los nominalistas de género gritaron: *"Las mujeres trans son mujeres"*, poniendo fin a la conversación (Instituto de Política Familiar de Washington 2016). Cualquier conversación que las mujeres quieran mantener en relación con los espacios solo para mujeres se enmarca en un debate sobre la *"extinción del derecho a existir de una persona trans"* (Erickson-Schroth y Jacobs 2017). Irónicamente, la política de identidad ha cerrado el círculo contra las feministas que crearon la política de identidad.

El foco de atención se desplazó a las personas transgénero en los deportes de competición. Este ámbito sigue siendo irrelevante para la mayoría de las personas cisgénero, pero es mucho más interesante, ya que afecta incluso a las ligas deportivas de los institutos y a las becas deportivas de las universidades. Muchos médicos y legos creen que un hombre que se benefició de décadas de testosterona, huesos más densos, músculos más grandes, etcétera, no debería poder competir como mujer en competiciones atléticas (Lowry 2019) (Aschwanden 2019) (Heyer 2020) (Milanovich 2019). Sin embargo, un estudio de 2017 citado regularmente afirma que *"no hay ninguna investigación directa o consistente que sugiera que las personas transgénero femeninas (o masculinas) tengan una ventaja atlética en cualquier etapa de su transición"* (B. Jones et al., 2017). Esta respuesta se ve socavada cada temporada por los atletas MtF que dominan sus ligas deportivas.

En un pleito en Connecticut, tres mujeres cis demandaron al Departamento de Educación de Estados Unidos por permitir a los estudiantes MtF la posibilidad de competir en deportes femeninos. Como resultado de la política de no discriminación del estado, dos atletas transexuales, Terry Miller y Andraya Yearwood, ganaron quince de los títulos del campeonato estatal femenino. Además, estas dos personas arrebataron a las atletas de pista femeninas más de 85 oportunidades de participar en competiciones de mayor nivel entre 2017 y 2019 (Maxouris 2020). En abril de 2021, el juez del Tribunal de Distrito de Estados Unidos, Robert Chatigny, desestimó el caso por motivos de procedimiento, aunque la cuestión de fondo no desaparecerá por negarse a juzgar el caso.

El capítulo tres también revisa la relación de la Iglesia con la cultura. En esta sección se examina el documento de la *Congregación para la Educación Católica* de 2019 titulado *Varón y mujer los creó*, una carta no magisterial que aborda la teoría de género y las expresiones de género cruzado. Una vez más, la iglesia demuestra muchos signos de misericordia, donde el clero, los religiosos y los laicos navegan eficazmente por las guerras culturales y pastorean a las personas transgénero. La aproximación fiel a las personas transgénero consiste en rechazar la ideología de género nominalista y atender a las personas. Este capítulo también examina brevemente las ideas de las Escrituras y la relación entre la ciencia y la iglesia.

3.1 Cultura de Cancelación

El término cultura de cancelacion se convirtió en la llamada del niño que gritó lobo demasiadas veces. La cultura de la cancelación es un tema de cuña y la última herramienta desesperada de un político que no está dispuesto a gobernar el bienestar común con políticas constructivas. A pesar de estar sobreutilizado, el término sigue siendo válido. Uno puede ver por qué el término cultura de la cancelación es común cuando se revisa su historia. En el corazón de la cultura de la cancelación está la creencia de que los sistemas institucionales de justicia no funcionan para crear una justicia real para sus víctimas. Muchas situaciones están fuera del control del individuo, como la guerra, la pobreza, las prisiones y las burocracias gubernamentales. Resolver estos problemas con elecciones cada 2 o 4 años requiere un activismo intenso y prolongado contra los intereses del dinero. En respuesta, los implicados en la cultura de la anulación intentan derribar a aquellas personas y corporaciones que son lo suficientemente pequeñas o que dependen de la opinión pública.

Dentro de la cultura de la cancelación, el matiz y la escucha de ambas partes de un argumento se están convirtiendo en una habilidad perdida. La cultura de la cancelación, en el peor de los casos, demoniza a la otra parte para exagerar su punto de vista. Desde el punto de vista de la cultura de la anulación o de la wokidad, estar en desacuerdo con alguien se convierte en *"borrar"* a alguien y *"cometer violencia"* contra él. Un debate racional y civilizado degrada el hacerse la víctima y avergonzar a la otra parte para que se someta o guarde silencio. Esta técnica no se limita a los liberales o conservadores políticos, a los cristianos o a los ateos, o a cualquier otra dicotomía dentro de la sociedad compartida. Cada lado cree que el otro es más culpable de *cancelar,* pero es insidioso en cualquier manifestación que tome. La vasta influencia de la cultura anulista silencia a los expertos con opiniones contrarias a los *pro multis* (los muchos). En las secciones siguientes se relatan historias de personas anuladas por la cuestión transgénero, siendo los peores los profesionales de la medicina.

¿Afecta la cultura de la cancelación al discurso público?

El 19 de diciembre de 2019, la autora de la popular serie de Harry Potter, J.K. Rowling tuiteó: *"Vístete como quieras. Llámate como quieras. Acuéstate con cualquier adulto que te acepte. Vive tu mejor vida en paz y seguridad. ¿Pero obligar a las mujeres a dejar su trabajo por afirmar que el sexo es real?* #EstoyConMaya #EstoNoEsUnaBrujería" (Rowling 2019). J.K. Rowling escribió que no le parecía correcto despedir a las mujeres que afirmaban que el sexo es real. A través de la abstracción, esto se convierte en: *"J.K. Rowling está defendiendo la transfobia"*. A través del esencialismo, esto se convierte en: *"J.K. Rowling es transfóbica"*.

Las declaraciones abstractas esencialistas se convierten en emociones por parte de la gente común en las redes sociales con tuits como "*su decisión, de apoyar a la gente que me odia, y quiere hacerme daño. Me hace llorar... ¿Por qué? ¿Por qué?*" (Lilly 2019). Los medios de comunicación principales, como Vox, presentaron publicaciones como la de Lilly como prueba de un movimiento social. Los medios publicaron historias como: *"El último tuit de J.K. Rowling parece una mierda transfóbica. Sus fans están destrozados...: JKR acaba de arruinar Harry Potter, Feliz Navidad"* (Romano 2019). J.K. Rowling hace una declaración para *vivir su mejor vida pero no despedir a las mujeres por afirmar sus creencias de que el sexo es real.* Cancela la cultura informa que J.K. Rowling es una[2] transfóbica que destruye la infancia y la Navidad (e implícitamente), debe ser silenciada y detenida.

El actor Daniel Radcliffe publicó una respuesta a los comentarios de J.K Rowling en el sitio web del Proyecto Trevor. Daniel escribió: *"A todas las personas que ahora sienten que su experiencia de los libros ha sido empañada o disminuida, siento profundamente el dolor que estos comentarios les han causado. Espero de verdad que no perdáis del todo lo que era valioso para vosotros en estas historias"*. (Radcliffe 2020).

En los medios de comunicación, la cultura de la cancelación silencia las opiniones diversas sobre las cuestiones transgénero. Por ejemplo,

---

[2] Maya Forstater ganó su apelación el 10 de junio de 2021.

en mayo de 2014, el periodista Kevin Williamson publicó un artículo en la sección de cultura de la publicación conservadora *National Review* con el siguiente titular: *"Laverne Cox no es una mujer": Los hechos no están sujetos a nuestros sentimientos* (K. Williamson 2014). Este artículo respondía a la portada de la revista *Time* en la que Laverne Cox aparecía con una impresionante *belleza femenina*, muy parecida a la "bomba rubia" Christine Jorgensen que aparecía en el *New York Daily News* 62 años antes *(infra*-5.2). Un titular conservador sobre una cuestión social en una publicación conservadora no suele ser notable; sin embargo, el *Chicago Sun-Times* reprodujo la noticia de Williamson como artículo de opinión.

La mayoría de la prensa convencional condenó las opiniones del artículo y al Chicago Sun-Times por reimprimirlas. Change.org, un sitio web dedicado a las peticiones contra organizaciones y empresas que desearían ver canceladas, creó una petición titulada *Retract Your Disgusting and Transphobic Op-Ed on Laverne Cox.* El sitio afirmaba: *"Pónganse a mi lado para exigir que el Chicago Sun-Times retire y se disculpe por este repugnante ejemplo de transmisoginia en Estados Unidos"* (O'Keefe 2014). *El Chicago Sun-Times* publicó un artículo de opinión para mostrar los dos lados de un asunto. En cambio, se convierten en un periódico al que hay que enfrentarse por abstracción porque promueven la *"transmisoginia"*. El *Chicago Sun-Times* respondió retirando el artículo de opinión y pidió disculpas. La única opinión permitida en los periódicos de línea principal debe, sin ningún tipo de vacilación, apoyar la ideología de género de que las mujeres trans son mujeres de verdad.

¿Afecta la cultura de la cancelación a la investigación médica?

Peor que la cultura de la cancelación que afecta a la cultura pop y a las noticias es la cancelación de la ciencia y la investigación médica. Por ejemplo, El Dr. Debra Soh informó a la Unión de Oxford en 2021 que sus colegas investigadores deben evitar los temas que no son políticamente correctos para los activistas transgénero. Debra Soh afirma que *"la negación de la ciencia de la izquierda se estaba apoderando del campo"*, y abandonó el mundo académico al publicar su artículo de opinión sobre las tasas de desistimiento de la disforia de género en los jóvenes (Soh 2021).

El commonweal debería mantener separadas la ciencia y la política, pero esto no se practica en el clima político actual. Así, por ejemplo, el doctor Van Meter escribió como testigo experto en el caso *Estados Unidos de América contra el Estado de Carolina del Norte, et* al:

> Los clínicos y científicos de la corriente principal que consideran que la discordancia de género es un trastorno mental han sido excluidos deliberadamente en la composición de los comités directivos de las sociedades profesionales académicas y médicas, promulgando directrices inéditas. (Van Meter 2016)

Los ejemplos de las afirmaciones del Dr. Meter son demasiado numerosos para enumerarlos, pero esta sección revelará las historias de algunos de estos casos notables, incluidos los médicos Marcus Evans, Ray Blanchard, Kenneth Zucker y Lisa Littman.

En 2019, el doctor Marcus Evans, uno de los gobernadores de The Tavistock and Portman NHS Foundation Trust, dimitió. El Dr. Evans declaró su razón: "*En mis 40 años de experiencia en psiquiatría, he aprendido que desestimar las preocupaciones serias sobre un servicio o enfoque a menudo está impulsado por un deseo defensivo de evitar un examen doloroso de un 'sistema sobrevalorado'*" (Doward 2019). El Dr. Evans afirma que los activistas transgénero están acallando el debate y la discusión, mientras que cualquiera que cuestione cualquier aspecto de la ideología de género es calificado de "*transfóbico*" por la prensa. Otros 34 psiquiatras también dimitieron de Tavistock por su política de transición hormonal de los niños (Sky News 2019).

La retirada del estudio de la doctora Lisa Littman durante siete meses de PLoS One no es un hecho aislado. Si algo es molesto y se involucran suficientes activistas, las oficinas de relaciones públicas retiran a esa persona o idea de la vista del público. El doctor Jeffrey Flier, antiguo decano de la Facultad de Medicina de Harvard, escribió sobre la situación de la doctora Littman: "*Nunca he visto una reacción comparable de una revista a los pocos días de publicar un artículo que la revista ya había sometido a revisión por pares, aceptado y publicado. Uno solo puede suponer que la respuesta se debió en gran medida al intenso cabildeo que recibió la revista*" (Flier 2018).

El Dr. Ray Blanchard trabajó para el Instituto Clarke de Psiquiatría mientras enseñaba en la Universidad de Toronto. El Dr. Blanchard dirigió los Servicios de Sexología Clínica en el Programa de Derecho y

Salud Mental del Centro de Adicciones y Salud Mental de Toronto y trabajó en el DSM-4; sin embargo, cuando fue nombrado miembro del subgrupo de trabajo de la presidencia del DSM-5, los activistas transgénero se movilizaron para destituirlo.

El Grupo de Trabajo de la Asociación Americana de Psicología sobre Identidad de Género, Variación de Género y Condiciones Intersexuales, nombró al doctor Kenneth Zucker como miembro en 2007. El Dr. Zucker se convirtió en el presidente del subgrupo de la Asociación Americana de Psiquiatría *"Trastornos de identidad sexual y de género"* para el DSM-5. Además, el Dr. Zucker presidió el Centro de Adicción y Salud Mental de Toronto y utilizó estudios de investigación médica para determinar cómo tratar a los niños pequeños que sufren disforia de género. El enfoque del Dr. Zucker consistía en administrar a los niños prepúberes terapias para animarles a aceptar sus géneros asignados hasta que tuvieran una edad en la que pudieran decidir su propia identidad. Entonces, tras evaluar a los jóvenes durante varios años y concluir que eran plenamente conscientes de las particularidades de la cirugía de reasignación de género, el Dr. Blanchard podría prescribirles bloqueadores hormonales.

El Dr. Zucker intentó apoyar a los niños y ayudarles a afrontar su condición y esperó con cautela antes de tomar decisiones que alteraran la vida de un niño prepúber (el protocolo estándar holandés). Sin embargo, en respuesta al fracaso del Dr. Zucker en la transición del niño inmediatamente, la comunidad de activistas transgénero consideró sus intervenciones como sinónimo de terapia de conversión para homosexuales ((O'Leary 2018). Tras la presión y las falsas críticas sobre las prácticas del Dr. Zucker, la universidad lo despidió y la clínica cerró definitivamente en marzo de 2015. Al darse cuenta de que las acusaciones contra el Dr. Zucker eran falsas, los administradores se disculparon por su maltrato (Singal 2016).

En agosto de 2016, el doctor Paul McHugh y el doctor Lawrence Mayer, de la Universidad Johns Hopkins, publicaron una revisión bibliográfica de 143 páginas sobre lo que la ciencia moderna sabía acerca de las cuestiones transgénero y lo que aún se desconocía. El periodista Jonathan Last resumió la esencia del documento en una frase: *"La sexualidad humana y el género son increíblemente complicados, mucho de lo que se presenta como 'hecho' no tiene una base sólida en la investigación científica, y realmente deberíamos estudiar todo el tema con más rigor"* (Last 2017).

El Centro Médico Johns Hopkins, que acaba de empezar a tratar de nuevo a pacientes transgénero tras un paréntesis de treinta y ocho años, fue amenazado por la Campaña de Derechos Humanos (HRC) con una reacción violenta de la comunidad LGBT si no condenaba el informe elaborado por los doctores McHugh y Mayer. A pesar de haber recibido una puntuación perfecta en el Índice de Igualdad en la Asistencia Sanitaria en 2016, una clasificación otorgada por la HRC, la negativa de Johns Hopkins a denunciar el estudio de los doctores McHugh y Mayer se tradujo en una clasificación inferior en 2017.

La creciente tendencia de las comunidades activistas a silenciar la ciencia que no encaja en sus narrativas es una forma de cultura de la cancelación de la que todo el mundo debería desconfiar. En respuesta a este problema de la separación de la ciencia de la política, Jesse Singal escribió, *Por qué algunos de los peores ataques a la ciencia social han venido de los liberales*, afirmando:

> Deberíamos querer que los investigadores hurgaran en los bordes de las creencias "*respetables*" sobre el género y la raza y la religión y el sexo y la identidad y el trauma, y otras cuestiones que nos hacen retorcer. Para eso se inventó el método científico. Si los activistas -cualquier activista, independientemente de su orientación política o de lo correcto de su causa- pueden decidir por decreto lo que es y lo que no es una interpretación aceptable del mundo, entonces la ciencia no tiene sentido, y deberíamos desechar todo el maldito asunto. (Singal 2015)

Jesse Singal pinta un panorama sombrío de la relación entre ciencia y activismo. La capacidad de obtener financiación para una investigación importante y oportuna sobre temas controvertidos es sumamente difícil. Los doctores Littman, Blanchard, Zucker, etc. se enfrentaron a las consecuencias porque practicaban una investigación científica laica e imparcial, y los resultados iban en contra de la agenda de los activistas de género. Para comprender mejor el problema de la transexualidad y ofrecer mejores tratamientos, la investigación sobre estos temas críticos debe continuar sin que la ideología lo impida.

[Kenneth Zucker, Ph.D., 1950—]

3.2 Espacios de Mujeres

Intencionadamente a lo largo de este libro, se intenta no demonizar a quienes se adscriben a una ideología de género ni crear una imagen de las personas transexuales como criminales o enfermos mentales. Dentro de esta sección hay notables criminales que probablemente padecen una enfermedad mental. Notables activistas transgénero, especialmente los transmedicalistas, se han distanciado de muchas de estas personas y de su enfoque de ser transgénero. Los llamados *"gatekeepers"* como Blaire White, Debbie Hayward y Rose of Dawn aclaran que estos criminales no representan a las personas transgénero. Esta sección no pretende confundir a los criminales travestidos enfermos mentales con las personas que sufren auténticamente disforia de género. Sin embargo, es un tema importante ya que muchas jurisdicciones están recurriendo a las leyes de autoidentificación para determinar quién es transgénero. Estas leyes no ofrecen ningún tipo de control, lo que permite que cualquier persona que se declare transgénero tenga los mismos derechos y privilegios que los transexuales de toda la vida.

A lo largo de este libro hay ilustraciones de personas dentro de la conversación transgénero en un intento de humanizar la discusión. Dentro de la sección 3.2, no hay imágenes de personas reconocidas públicamente como delincuentes o enfermos mentales. Existe, por supuesto, una curiosidad morbosa por el aspecto de estas personas, y sería sensacional mostrar sus fracasos en la transición a mujer, pero hacerlo no respetaría ni la dignidad de la persona mostrada ni la de la comunidad transgénero. Estas personas se pueden buscar fácilmente en Internet para cualquiera que esté realmente interesado en saber más sobre ellas.

Esta sección contiene dos ilustraciones de personas transgénero, una de Rachel McKinnon, Ph.D., y Addison Vincent Rose. Aunque la imagen de Addison es sensacionalista, no se muestra para burlarse de ellas, sino para ilustrar el reto que supone la no conformidad de género en los espacios exclusivos para mujeres. Además, este libro se opone a las premisas filosóficas que sostienen Addison y la Dra. McKinnon.

Aun así, no hay ningún intento de demonizar el carácter o las apariencias de ninguno de ellos.

El debate sobre el baño

El proyecto de ley 2 de la Cámara de Carolina del Norte (H2), aprobado en marzo de 2016, fue una de las batallas transgénero más publicitadas que enfrentó aún más a liberales y conservadores. Este proyecto de ley obligaba a las personas en las instituciones públicas, incluidas las escuelas públicas, a utilizar los baños que coincidieran con el sexo que figuraba en sus certificados de nacimiento. Tres meses después, los *Departamentos de Justicia y Educación de EE.UU.* respondieron alegando una violación del Título IX, interpretado por la administración Obama. La consecuencia de una violación del Título IX es una demanda o la pérdida de la financiación federal ((Ehrenhalt 2018).

El debate legal sobre la ley de Carolina del Norte continuó hasta febrero de 2017, un mes después de que Donald Trump asumiera la presidencia de Estados Unidos. En ese momento, revocó la interpretación del Título IX de la administración Obama, que protegía a las personas transgénero en las instituciones gubernamentales. El *Departamento de Salud y Servicios Humanos de Carolina del Norte afirmó: "Cualquier persona que se haya sometido a un cambio de sexo puede cambiar su sexo en su certificado de nacimiento"* (Departamento de Salud y Servicios Humanos de Carolina del Norte 2016). Por tanto, la H2 no discrimina a los transexuales, sino a las personas transgénero que no cambian legalmente de sexo. Las personas no binarias que deciden no identificarse como hombre o mujer están restringidas a su sexo natal por defecto. Si la persona se presenta físicamente como una persona del sexo opuesto, la ley H2 le prohibiría entrar en espacios exclusivos para mujeres u hombres. Así, la ley equilibra la comodidad de ambas partes, la persona transgénero y los demás usuarios de los establecimientos públicos.

En mayo de 2018, la cuestión resurgió cuando un juez federal falló a favor de un estudiante transgénero de Virginia, con el alias de Gavin Grimm. La familia del estudiante demandó al consejo escolar por su *"insistencia en que utilizara los baños correspondientes a su sexo biológico"* (G.G. [Gavin Grimm] contra el Consejo Escolar del Condado de Gloucester 2018). En agosto de 2019, el Tribunal de Distrito de Estados Unidos para el Distrito Este de Virginia concedió la moción de Gavin para un juicio sumario, dictaminando que la escuela violó los derechos de Gavin bajo el Título IX y la Decimocuarta Enmienda.

La cultura de la cancelación contrasta con el compromiso y la comprensión. Como parte de la cultura de la cancelación, el alcalde de San Francisco prohibió cualquier viaje con fondos públicos a Carolina del Norte tras la aprobación de la Ley de la Cámara 2. IBM, Apple, Facebook, Google y Salesforce también se manifestaron en contra de la ley, mientras que PayPal fue más allá y detuvo una expansión de 3,6 millones de dólares en el estado. El doctor Ryan Anderson, en *Cómo Harry se convirtió en Sally*, respondió señalando que cuando PayPal abrió su sede internacional en Singapur, un país donde las personas que realizan *actos homosexuales privados y consentidos pueden enfrentarse a dos años de cárcel.* El Dr. Anderson señaló, que no parecían estar preocupados; o en 2012 cuando se abrió *"en los Emiratos Árabes Unidos, que al parecer encarcela a las personas que se identifican como gay o transgénero"* (Anderson 2018a, 15).

El 15 de junio de 2020, el Tribunal Supremo de los Estados Unidos dictaminó que las personas transgénero recibirán protección en virtud de la Ley de Derechos Civiles de 1964 en una decisión de seis a tres. El futuro presidente católico, Joe Biden, elogió la decisión del Tribunal Supremo. Publicó una declaración en la que afirmaba: *"Hoy, al afirmar que la discriminación por orientación sexual e identidad de género está prohibida por el Título VII de la Ley de Derechos Civiles, el Tribunal Supremo ha confirmado la idea simple pero profundamente estadounidense de que todo ser humano debe ser tratado con respeto y dignidad"* (Totenberg 2020).

La respuesta del abogado Jeff Shafer, en *First Things*, decía,

> La ideología transgénero enseña que el cuerpo no revela a la persona; la mente sí. Excepto que la mente es invisible y, por tanto, no revela nada. Al tiempo que pretende sustituir el sexo por la identidad de género, Gavin [la demandante] insiste en el acceso a las instalaciones masculinas que sólo existen porque el público reconoce el significado de los cuerpos que ella niega que tengan significado. Su novedosa teoría de la identidad y su reclamación de acceso a los baños se refutan mutuamente. (Shafer 2017)

Este debate está motivado políticamente por los conservadores que intentan reunir a sus bases en torno a los valores tradicionales y los liberales que impulsan la liberación sexual y una teoría de la igualdad. El argumento teológico y filosófico subyacente es sobre la epistemología y la ontología, es decir, lo que define el ser de uno, cómo se siente o lo que uno es. Una vez más, se trata de una cuestión fenoménica frente a la pneuménica. Los baños separados se deben a las diferencias fenoménicas entre hombres y mujeres, no a las diferencias pneuménicas. En otras palabras, los baños específicos para cada sexo son para los dos sexos, no para los dos géneros. Desde una perspectiva realista, una persona entra en un establecimiento público corporalmente y no neumáticamente.

Esta cuestión de los espacios sólo para mujeres preocupa especialmente a las feministas del Reino Unido. Aunque las feministas de izquierdas suelen unirse a la comunidad LGBT, muchas feministas rompieron con la izquierda por la cuestión transgénero. La activista de género Posie Parker afirma que las mujeres son especialmente vulnerables en los espacios exclusivos para mujeres, como los vestuarios y los baños. Los hombres pueden cambiarse de ropa o utilizar el baño con relativa facilidad y rapidez, mientras que las mujeres suelen necesitar un mayor grado de desnudez para utilizar el baño. Las mujeres necesitan más tiempo en los vestuarios debido a que su vestimenta es más complicada y a veces tienen dificultades para ocuparse de cuestiones femeninas que los hombres no tienen en cuenta.

La vulnerabilidad de las mujeres en estos espacios se une a la alta tasa de experiencias de abuso sexual de las mujeres. Cuando las jóvenes desarrollan los pechos, son cosificadas y sexualizadas por los hombres y necesitan protegerse de los depredadores masculinos. Posie Parker señala que no todos los hombres son depredadores, pero muchos de ellos buscan una oportunidad para aprovecharse de las mujeres. Las mujeres, sobre todo las que han sufrido abusos sexuales, deben tener acceso a espacios seguros y exclusivos para mujeres cuando se encuentren en situaciones vulnerables. Históricamente, el acceso de las mujeres a la vida pública y profesional debe mucho a la formación de espacios sólo para mujeres.

Posie Parker y la mayoría de las feministas críticas con el género no están en contra de un baño personal para las personas transgénero o para cualquiera que desee privacidad, pero esta propuesta se considera ahora transfóbica, ya que *separado pero igual nunca es igual* (Rosen n.d.).

Además, Posie Parker afirma que no se debe exigir a las mujeres victimizadas por los hombres que lo superen para que las personas MtF obtengan el privilegio de sentirse igualmente como mujeres reales (Parker 2019).

Personas como Addison Rose Vincent, que se identifica como no binaria pero se presenta como una persona maquillada, con ropa de mujer y con barba completa, suponen un reto. Aunque Addison puede sentirse más cómoda en un centro de mujeres, las demás mujeres experimentan un hombre. Addison también puede sentirse insegura en un centro de hombres, ya que la ropa y el maquillaje de mujer desafían las normas de género. La expresión personal de Addison crea una afrenta a las normas culturales de género de la sociedad occidental, un camino que es menos seguro para ellas y amenazante para las mujeres dentro de los espacios exclusivos para mujeres. Una expresión personal que hace que uno se sienta menos seguro y que las personas vulnerables se sientan incómodas es similar a la de un exhibicionista que se siente más cómodo desnudo en los espacios públicos o a la de una persona a la que le gusta vestirse con ropa militar cuando nunca ha servido en el ejército. Quien viola el contrato social viola la virtud de la afabilidad, que es un componente de la justicia. Los adultos que viven dentro del commonweal se dan cuenta de que sus comportamientos afectan a otras personas y, por tanto, modifican sus deseos por respeto al prójimo. Por el contrario, los niños o los adultos vanidosos hacen lo que les da la gana sin tener en cuenta cómo sus acciones afectan a los demás.

Para feministas como Posie, el hecho de que el individuo sea disfórico de género o un teórico del género no binario es irrelevante si las mujeres se sienten incómodas con los cuerpos masculinos en un espacio sólo para mujeres. El nivel de comodidad de las mujeres plantea la cuestión de que una persona *"pase"* por alguien del género asumido. La probabilidad de que una mujer se sienta insegura es improbable si no se puede saber si una persona es transgénero. Los MtF andrófilos no se sienten atraídos sexualmente por las mujeres y suelen ser los más pasables como mujeres naturales. El malestar se debe principalmente a los individuos autoginéfilos que, como describe Posie, parecen *"camioneros con vestido"* (Parker 2019). Las personas autoginéfilas son típicamente individuos de tipo heterosexual, que se sienten atraídos por las mujeres y son fetichistas de la feminidad. Shauna "Sean Patrick"

Smith, un individuo MtF, sin ningún intento de transición, fue detenido en un vestuario de Target por voyeurismo, tomando explícitamente fotos de una chica de 18 años cambiándose (Chokshi 2016).

El activista de género no binario Alok Vaid-Menon (1991—), influyente en los círculos de celebridades, afirma que la sociedad no tiene que preocuparse por las personas transgénero en los espacios exclusivos para mujeres porque las niñas son pervertidas. Lo dijo en Twitter,

> La narrativa es que los transexuales entrarán en los baños y abusarán de las niñas. La supuesta "pureza" de las víctimas se ha quedado estancada. Aquí no hay cuentos de hadas ni princesas. Las niñas son trans, maricas, pervertidas, tortuosas, amables, malas, hermosas, feas, tremendas y peculiares. (Vaid-Menon 2021)

Alok también calificó la película del Exorcista como una película de madurez para una *"niña pequeña [que] estaba explorando realmente su sexualidad"*. A pesar de sus comentarios pedófilos, los críticos de Alok están siendo bloqueados en las redes sociales, ya que no se puede criticar a una persona transgénero en Internet. Lauren Witzke, una política conservadora y republicana de Delaware, retuiteó la cita de Alok con la leyenda *"demoníaca"*, y Twitter suspendió inmediata y permanentemente su cuenta por incitación al odio (Masiello 2021).

Como otro ejemplo, una activista canadiense de MtF llamada Jessica Yaniv (1987—), que presentó la solicitud de cambio de sexo sin hacer la transición, entró en el baño femenino y tomó fotos de chicas adolescentes. Al parecer, Jessica también preguntó a las adolescentes si necesitaban ayuda para ponerse los tampones (B. White 2019b). Jessica intentó organizar un evento de "natación con todos los cuerpos" en topless para jóvenes a partir de doce años, y los padres lo tenían prohibido (Wood 2019). Jessica reservó citas en spas solo para mujeres para poder obligar a las esteticistas a depilar sus genitales masculinos. Si una esteticista se negaba, Jessica demandaba al spa y exigía al gobierno que lo cerrara por ser transfóbico. Jessica presentó quince demandas contra spas, ginecólogos y un concurso de belleza por no tratarla como una mujer natural (Naylor 2020).

El Tribunal de Derechos Humanos de Columbia Británica desestimó cada uno de sus casos (Larsen 2019). Jessica Yaniv y Shauna Smith representan las preocupaciones de la gente hacia las personas transgénero. Estas activistas sitúan a las personas con disforia de género en una perspectiva negativa. Los individuos transgénero son estadísticamente mucho más propensos a ser víctimas de la violencia que el perpetrador; por lo tanto, la sociedad necesita equilibrio y proporción para garantizar la comodidad y la seguridad de los individuos MtF y las mujeres cis. La sensatez y el compromiso son dos características que faltan en el diálogo típico. Independientemente de la posición del interlocutor, ambas partes necesitan protección contra la violencia sin sentido y la explotación de los inocentes.

[Addison Vincent Rose, 1987—]

El debate carcelario

El tema más reciente relacionado con la invasión masculina de los espacios de las mujeres es el encarcelamiento. Un individuo británico de MtF, Stephen Wood, alias Karen White, a pesar de haber sido condenado por violar a mujeres, fue recluido en un centro para mujeres ya que se identifica como tal. Stephen es conocido por llevar peluca, maquillaje y pechos falsos, mientras que nunca recibió hormonas del sexo opuesto o SRS. Encarcelado por violar a mujeres, siguió violando a dos mujeres mientras estaba en la cárcel. El juez Christopher Batty le dijo a Stephen Wood: *"Usted es un depredador y altamente manipulador y, en mi opinión, es un peligro... Usted representa un riesgo significativo de daño grave para los niños, para las mujeres y para el público en general"* (BBC News 2018). Actualmente, el Estado confina a Stephen en un centro masculino. La reclusa violada por Stephen busca ahora una revisión judicial de la colocación de individuos MtF en instalaciones femeninas.

El Tribunal Superior se pronunciará sobre esta revisión en 2021. La denuncia enumeraba varias estadísticas relativas a las cuestiones planteadas en la misma:

» La mayoría de las reclusas son víctimas de violencia doméstica (57%) y de abusos emocionales, físicos o sexuales durante la infancia (53%) (las cifras son probablemente mucho más altas de no ser por la falta de denuncias);

» En el año que terminó en marzo de 2017, las víctimas de los condenados por violación o agresión por penetración informaron que el 99% de los delincuentes eran hombres, y el 1% eran mujeres;

» De los 125 presos transgénero en prisión en 2017, 60 (48%) tenían condenas por delitos sexuales. De ellos, 27 (45%) habían sido condenados por violación (Peirce 2020).

Colocar a individuos de MtF, el 48% de los cuales están condenados por delitos sexuales en un entorno femenino, con mujeres que son en su inmensa mayoría víctimas de abusos sexuales, no es equilibrar adecuadamente las necesidades de las poblaciones vulnerables. Además, debido al reducido número de reclusas, el centro no divide a las reclusas en función de sus delitos como se hace con la población masculina. En consecuencia, una mujer que fue cómplice de un delito relacionado con las drogas puede ser compañera de celda de un violador en serie o de un delincuente violento.

En Estados Unidos, algunos estados colocan a los individuos MtF en instalaciones para mujeres y otros en instalaciones para hombres, sin que ninguna de las dos opciones sea segura. Por ejemplo, las compañeras de celda han denunciado que los individuos MtF abusan de ellas en las prisiones de Illinois, donde el estado aloja a los reclusos transgénero con mujeres (Masterson 2020).

Alejandro Gentile, que se hace llamar Barbie Kardashian, demostró un largo patrón de graves abusos contra las mujeres en Irlanda. Barbie había sufrido años de abusos cuando era niña. A su vez, Barbie pasó su adolescencia abusando de niñas y trabajadoras sociales mientras estaba en hogares de grupo. Los informes afirman que Barbie *"mostraba comportamientos violentos y sexuales extremos hacia el personal asistencial femenino durante sus primeros años de adolescencia, y mantenía una lista del personal asistencial al que pretendía hacer daño"* (Shaw 2020). Cuando era adolescente, Barbie empezó a identificarse como mujer. A los dieciocho años, el Estado condenó a Barbie por agredir a dos mujeres. A pesar de que un terapeuta llegó a la conclusión de que Barbie no era disfuncional en cuanto al género, el Estado la ingresó en una prisión de mujeres debido a la política irlandesa de autoidentificación. Además, las restricciones informativas de Irlanda impidieron a la prensa irlandesa mencionar que Barbie es transgénero y, en su lugar, tuvieron que referirse a ella como una adolescente.

Por otro lado, las personas MtF que se encuentran en la población penitenciaria masculina corren un alto riesgo de ser víctimas de violaciones. Por ejemplo, en Georgia, la reclusa MtF Ashley Diamond alega haber sido violada catorce veces por reclusos y funcionarios de prisiones masculinos (Kelleher 2020). Además, el estado de Michigan fue demandado en 2020 en un caso similar cuando el estado colocó a una reclusa MtF con un delincuente sexual masculino que la violó en las primeras 24 horas (N. Clark 2021).

Es necesario hacer un mayor uso de la prudencia a la hora de considerar las complejidades de las personas transgénero encarceladas. Por ejemplo, el Estado no debería tratar igual a un delincuente sexual autoginéfilo que a un andrófilo. Asimismo, los tribunales no deben tratar igual a los delincuentes no violentos parcial o totalmente transicionados que a los delincuentes violentos no transicionados.

Estas distinciones son evidentes a primera vista, pero son difíciles de codificar en la ley.

[Rachel McKinnon, Ph.D., 1982—]

El debate deportivo

Un número cada vez mayor de personas cree que las ligas deportivas no deberían dar cabida a las personas transgénero en los deportes de competición debido a las diferencias biológicas entre hombres y mujeres. Sin embargo, una encuesta de Gallup realizada en mayo de 2021 descubrió que sólo el 34% de los estadounidenses apoya la inclusión de personas transgénero en el deporte (McCarthy 2021).

Una de las razones por las que los deportes de competición son de un solo sexo son las desigualdades físicas entre hombres y mujeres. Por ejemplo, el efecto de la testosterona en el cuerpo masculino se traduce en músculos más fuertes, huesos más densos, un cráneo más grueso, un corazón más grande, más oxígeno en el torrente sanguíneo y una amígdala más grande, que aumenta la agresividad. Los hombres también tienen un lóbulo frontal diseñado para la impulsividad, y un cerebelo más fuerte que ayuda al equilibrio, más adrenalina. Además, cuanto más competitivo es el deporte, más sutiles son las diferencias entre las habilidades y capacidades de los jugadores. Las carreras, por ejemplo, se ganan por fracciones de segundo; por tanto, cualquiera de esas ventajas masculinas puede afectar significativamente a los resultados. Esta información es bien conocida por los atletas masculinos y femeninos y por el observador ordinario, lo que hace que las ligas deportivas creen competiciones masculinas y femeninas.

Aunque algunos pueden estar de acuerdo con estas observaciones, otros afirman que hay demasiadas variaciones dentro de los individuos como para hacer "*generalizaciones excesivas sobre el potencial de un grupo para la grandeza atlética, [lo que] puede llevar a una discriminación generalizada*" (Yerke y Fortier 2016, 151). El atleta FtM de Harvard, Schuyler Bailar, es un ejemplo de esta excepción, ya que se situó en el 13% de los mejores atletas universitarios en la prueba de braza (Mineo 2019). Schuyler es una excepción notable, pero si la ideología de que los atletas masculinos y femeninos son iguales en capacidad fuera procesable, se abolirían las ligas deportivas exclusivamente femeninas. Además, ninguna atleta femenina promueve el fin de los clubes femeninos. Estos ejemplos plantean la cuestión de si las ligas deportivas exclusivamente femeninas están separadas por diferencias de sexo o por diferencias de género. Las ligas no existen por las diferencias de género, sino por las diferencias morfológicas entre hombres y mujeres.

Aunque las atletas de MtF poseen ventajas naturales sobre la mayoría de las mujeres natales, también existen algunas desventajas no naturales. Las mujeres suelen producir más estrógeno que testosterona, pero siguen produciendo testosterona, que procede de sus ovarios. Los individuos MtF sin testículos ni ovarios no producen testosterona y, por lo tanto, están en desventaja en comparación con las mujeres cisgénero.

El Comité Olímpico Internacional estableció en 2016 tres normas para los individuos transgénero: (1) deben ser reconocidos legalmente como su género, (2) deben estar en terapia de reemplazo hormonal durante al menos un año (aunque la cirugía no es un requisito), y (3) para los deportes femeninos, los niveles de testosterona deben estar dentro del rango de las normas femeninas (Zeigler 2016). No obstante, los Juegos Olímpicos permiten que los atletas transgénero participen en las Olimpiadas desde 2004. Laurel Hubbard, levantadora de pesas en los juegos de Tokio 2021, es la primera persona transgénero que se clasifica. Aunque este argumento de que las mujeres transgénero no monopolizan los puestos en las Olimpiadas puede ser persuasivo, las mujeres transgénero dominan sistemáticamente los deportes femeninos fuera de las Olimpiadas en los últimos años. Con el tiempo, esta tendencia podría filtrarse también en los deportes olímpicos.

Atletas como Rachel McKinnon (también llamada Veronica Ivy), una ciclista de MtF, ganó la medalla de oro en el campeonato mundial femenino de 2018 en Los Ángeles y de nuevo en 2019 en Manchester. En respuesta a las críticas por el hecho de que un hombre natal haya ganado el campeonato mundial femenino durante dos años consecutivos, la doctora McKinnon tuiteó:

> Todavía no he conocido a un verdadero campeón que tenga problemas con las mujeres trans. Los verdaderos campeones quieren una competencia más fuerte. Si ganas porque el fanatismo hizo que tu competencia fuera prohibida... eres un perdedor, y además, ese debate se acabó. Has perdido (Dra. Verónica Ivy 2019).

Mary Gregory, una levantadora de pesas de MtF, ganó nueve de las nueve pruebas de la competición de la Federación de Halterofilia 100% en bruto de 2019, batiendo cuatro récords mundiales en el proceso. Cuando la liga descubrió que Mary había nacido hombre, le revocaron las medallas. Paul Bossi, el presidente de la federación, emitió un comunicado,

> Nuestras normas, y la base de la separación de géneros para la competición, se basan en la clasificación fisiológica y no en la identificación. Sobre la base de toda la información presentada al Consejo de Administración para este caso particular, la conclusión hecha, es que la clasificación fisiológica correcta es la de macho. (Bossi 2019)

La atleta de MtF Fallon Fox ganó cinco de las seis competiciones de artes marciales profesionales en las que compitió entre 2012 y 2014 en campeonatos de peso pluma (menos de 145 libras). El podcaster Joe Rogan respondió,

> En primer lugar, ella no es realmente un ella. Es una persona transgénero, postoperada. La operación no reduce su densidad ósea. No cambia. Miras las manos de un hombre, y miras las manos de una mujer, y están construidas de manera diferente. Son más gruesas; son más fuertes, tus muñecas son más gruesas, tus codos son más gruesos, tus articulaciones son más gruesas. Solo la función mecánica de golpear, un hombre puede hacerlo mucho más fuerte que una mujer, punto. (Rogan 2018)

La idea de que un atleta con pubertad masculina y 31 años de testosterona pueda competir limpiamente contra las mujeres es patentemente injusta. Una mujer puede derrotar a un hombre en las artes marciales mixtas desde que Ashlee Nicole Evans-Smith venció a Fallon Fox el 12 de octubre de 2013. Aun así, existe una aparente ventaja de ser biológicamente masculino cuando se compite en artes marciales. *El Salón Nacional de la Fama del Deporte Gay y Lésbico* incluyó a Fallon Fox en 2013. Los honores como la inclusión en el Salón de la Fama se conceden a personas que han hecho algo extremadamente notable. Honrar a Fallon Fox celebra que alguien con un cuerpo masculinizado gane a una mujer en las artes marciales mixtas. Un hombre biológico que vence a una mujer biológica en un deporte de combate no es algo particularmente notable.

Caster Semenya, una mujer cis con niveles de testosterona naturalmente altos, ha sido obligada por el Tribunal de Arbitraje Deportivo a tomar supresores hormonales para poder competir. La Asociación Internacional de Federaciones de Atletismo (IAAF) reafirma las conclusiones del tribunal. El tribunal decidió que las normas de la IAAF eran *"necesarias y razonables"*, alegando que la normativa *"no infringe los derechos de ninguna atleta"*, sino que preserva *"una competición justa y significativa dentro de la clasificación femenina"* (Gstalter 2019). Esta decisión pretende establecer unas pautas justas sobre quién puede competir en el deporte femenino. Por desgracia, el daño colateral es una mujer cis excluida de su propia liga. Además, estas sentencias enfurecen a las atletas naturales, ya que los protocolos obligan a las mujeres naturales a tomar bloqueadores hormonales para convertirse en *"mujeres de verdad."* Esta infracción de su feminidad natural da cabida a los hombres biológicos que quieren entrar en este entorno sólo para mujeres (Pape 2019).

Todas las ligas de atletismo femenino están abordando esta cuestión, y los resultados de estas sentencias son frecuentemente impugnados. Cada semana, durante la segunda mitad de 2019 y el comienzo de 2020 (hasta que los deportes se detuvieron debido a la pandemia), una nueva asociación se vio obligada a redefinir el término *"atleta femenina."*

[Ryan T. Anderson, Ph.D., 1982—]

3.3 Responder al Momento Transgénero

El libro más famoso de autoría católica sobre temas transgénero es *When Harry Became Sally: Responding to the Transgender Moment [el momento transgénero]* (2018), escrito por Ryan Anderson, Ph.D. Este libro arma a los católicos con estadísticas, historias y mucho miedo sobre cómo la guerra cultural cambiará nuestras vidas y amenazará la cultura occidental. Aunque la filosofía subyacente es coherente con una cosmología católica, el libro es (posiblemente) insuficiente desde el punto de vista pastoral.

Las reseñas que aparecen en la contraportada del libro incluyen comentarios como *"una tiranía de falsas presunciones sobre la naturaleza, impuesta por el gobierno, asedia a la familia estadounidense"* del Dr. McHugh. Mary Ann Glendon, profesora de Derecho de Harvard, advierte sobre los *"costes humanos y sus implicaciones políticas"*. Margaret Hagen, doctora, profesora de psicología y ciencias del cerebro en la Universidad de Boston, advierte: *"Todos los que se preocupan por el bienestar de los niños deberían leer Cuando Harry se convirtió en Sally"*. La doctora Maureen Condic, profesora de neurobiología y anatomía en la Universidad de Utah, también advierte de los *"costes humanos"* del momento transgénero (Anderson 2018a, portada).

Aunque el Dr. Anderson dedica varias páginas a individuos de la vida real que sufren disforia de género, su enfoque principal es la guerra cultural. La ideología de género es fácil de atacar, especialmente dentro de una multitud de personas con ideas similares; sin embargo, el libro no da ninguna visión pastoral para ayudar a aquellos que no son parte de la ideología y están sufriendo de disforia. Aunque el enfoque pastoral del Dr. Anderson es deficiente, su posición realista es encomiable. El Dr. Anderson entiende el sexo como algo fijo y binario.

¿Cuál es la oposición a Cuando Harry se convirtió en Sally?

A lo largo del siglo XX, se desarrollaron varias definiciones diferentes de género. La doctora Abigail Favale, en contraste con el Dr. Anderson, afirma que *"el género es un espectro; el género es fluido; el género es innato; el género está en el cerebro; el género es una construcción"* (Favale 2019, 2). De forma divergente, el Dr. Anderson aporta su punto de vista explicando que *"el género está conformado socialmente, pero no es una mera construcción social"*, en cambio, argumenta que *"se origina en la biología y es la forma en que damos expresión social a esa realidad"* (Anderson 2018a, 49). Escribe: *"El sexo es una realidad corporal y biológica"* y cita al filósofo de Princeton Robert George, Ph.D., *"Cambiar de sexo es una imposibilidad metafísica porque es una imposibilidad biológica"* (Anderson 2018a, 100).

La Dra. Favale afirma que la sociedad utiliza ahora la palabra sexo para referirse a un tipo de comportamiento, no solo a una propiedad de la persona. La doctora Favale revela su perspectiva materialista al afirmar: *"Un cirujano puede hacer una vagina de una herida porque la vagina ya no se ve como la puerta de un útero"* (Favale 2019, 3). Ella cree que estos cambios lingüísticos cambian la forma en que las personas se entienden a sí mismas, *"El concepto de género, entonces, ha servido en última instancia para abrir una brecha entre el cuerpo y la identidad"* (Favale, 2019, 2).

Kelly Novak, M.S., respondiendo al Dr. Anderson, afirma que sus afirmaciones son falsas y escribió *Let Harry Become Sally: Respondiendo al momento antitransgénero*. Kelly argumenta en contra de la ley natural señalando ejemplos de defectos en la naturaleza, como el ejemplo de la diabetes: *"Si Dios hizo a alguien diabético, ¿se le debe negar la insulina?"* (Novak 2018, 10) Aunque esto se produjo de forma natural, todavía reconocemos instintivamente que la persona debe recibir tratamiento. Kelly está haciendo implícitamente una pregunta pertinente al debate transgénero: ¿quién define un buen cuerpo? La ley natural afirma, que la naturaleza tiene inherentemente buenos fines, mientras que los críticos de la ley natural eliminan el principio de la bondad natural por completo.

Kelly dedica una parte importante de su libro a denunciar las fuentes científicas utilizadas por el Dr. Anderson. Su retórica es incendiaria y a veces polémica, utilizando el término *grupo de odio* veinticuatro veces a lo largo de *Deja que Harry se convierta en Sally*, como *"el grupo de odio American College of Pediatricians"* (Novak 2018, 25) y el *"grupo de odio Family Research Council"* (Novak 2018, 8). Kelly también califica los estudios del doctor Anderson como *"opiniones"* y *"propaganda"* (Novak 2018, 28). El escepticismo hacia la ciencia, la retórica defensiva y la política inclusiva son aspectos significativos del libro de Kelly, que indican una perspectiva posmoderna. Además, la filosofía posmoderna contribuye al movimiento transgénero al subjetivizar la verdad, demostrada cuando la identidad interna del individuo es más precisa que la realidad corporal externa.

Tanto el Dr. Anderson como Kelly parecen ser conscientes de los diferentes supuestos fundacionales de cada lado del debate transgénero y enfocan sus argumentos en consecuencia. El Dr. Anderson apela al concepto de bien natural para describir el cuerpo, afirmando que el enfoque de la ley natural es *"un principio básico de la reflexión ética sólida"* (Anderson 2018a, 158). Del mismo modo, su comprensión esencialista del sexo se basa en una fuente objetiva de significado. En referencia a un énfasis en el tiempo familiar y el equilibrio entre la vida laboral y la personal, el Dr. Anderson afirma: *"Se podría pensar que todos podríamos apoyar esos valores"* (Anderson 2018a, 147). Estos valores sobre la vida familiar suponen que su audiencia está de acuerdo con estos principios. Sin embargo, muchas feministas y organizaciones progresistas como Black Lives Matter abogan por algo diferente, afirmando: *"Desbaratamos la familia nuclear prescrita por Occidente"* (Black Lives Matter 2020), y Simone de Beauvoir, que afirma que *"la familia debe ser abolida"* (Anderson 2018, 152). Así, encontrar un terreno común se vuelve cada vez más complicado. El Dr. Anderson escribe para un público que cree en una fuente objetiva de moralidad, un universo teleológico, una persona *hilomórfica* y una epistemología realista, mientras que el público de Kelly no lo hace.

Aunque la mayoría de los lectores no estarán familiarizados con estos términos, como demuestra el capítulo anterior (*supra* capítulo dos), todos ellos son acordes con una visión teocéntrica del mundo. Por otro lado, *Deja que Harry se convierta en Sally* asume un enfoque posmoderno de la ciencia, un enfoque nominalista del sexo, un enfoque gnóstico de la ontología humana y un universo mecánico, lo que concuerda con una cosmovisión antropocéntrica. En consecuencia, cada autor apela a su público objetivo en lugar de encontrar un terreno común.

¿Por qué cuando Harry se convirtió en Sally fue cancelada de Amazon.com?

En febrero de 2021, Amazon.com, el mayor distribuidor de libros del mundo, sin previo aviso, decidió no vender *Cuando Harry se convirtió en Sally*. Después de que los miembros del Congreso preguntaran a Amazon sobre su razonamiento para silenciar este discurso en su plataforma, Amazon.com respondió que se debe a una nueva política por la que *"han decidido no vender libros que enmarcan la identidad LGBTQ+ como una enfermedad mental"* (Huseman 2021). El Dr. Anderson, en un Tweet, respondió,

> La disforia de género figura en el Manual diagnóstico y estadístico de los trastornos mentales de la APA, que vende Amazon. Así que el verdadero factor decisivo parece ser si respalda las hormonas y la cirugía como el tratamiento adecuado o el asesoramiento. (Anderson 2021)

Hay que tener en cuenta que *"Que Harry se convierta en Sally"* todavía está disponible en Amazon.com, lo que demuestra una vez más que sólo hay un punto de vista aceptable sobre este tema, no basado en la ciencia médica sino en una agenda social.

3.4 Signos de Misericordia

La creencia de que la iglesia sólo abraza una visión estrecha de lo que requieren los roles de sexo y género está muy lejos de la realidad. A lo largo de la historia de la Iglesia, las mujeres religiosas y las laicas católicas devotas se convirtieron en la columna vertebral del commonweal occidental y de la Iglesia, a pesar de ser, lo que Simone de Beauvoir llamó en 1949, *el segundo sexo.* Mujeres como la Santísima Madre, así como las Ss. Teresa de Ávila, Isabel de Hungría, Catalina de Siena, Clara de Asís, Helena, Leonor de Aquitania, Teresa Benedicta de la Cruz, Escolástica, Santa Brígida de Kildare, Hildegarda de Bingen, Flannery O'Connor, Dorothy Day, Elizabeth Anscombe y la Madre Teresa de Calcuta ejemplifican el ser mujeres cristianas, en contra de sus culturas. Esta lista no demuestra que no haya disparidades históricas entre hombres y mujeres a lo largo de la historia del mundo católico occidental. Por el contrario, estas mujeres son iconos de las muchas formas de ser católico más allá de los estereotipos de género. En las vidas de las santas, el lector encuentra el verdadero feminismo. Sus vidas sientan las bases de la santidad, no siempre a pesar de ser el segundo sexo, sino perseverando a través de ella hasta sus propios fines.

La iglesia acepta esta realidad y, en diversos grados, acoge esta diversidad. Por lo tanto, el puente entre los conceptos de sexo, género y no conformidad de género ya existe dentro de la iglesia. Adaptar esta flexibilidad a las personas transgénero es una tarea delicada asignada a las personas de la misericordia. Es esencial distinguir lo que es filosófica y biológicamente integral en la cuestión transgénero y lo que es culturalmente opcional. Las mujeres santas son ejemplos de personas que han hecho esto bien antes. Ahora las minorías de género también deben recorrer este camino de santidad, quizás como compañeros de este segundo sexo. Sus guías son a menudo mujeres de fortaleza y, de manera única, nuestra Santísima Madre.

El teólogo David Albert Jones, en un artículo publicado en *Blackfriars*, recuerda un relato sobre la apologista y filósofa católica Elizabeth Anscombe (1919-2001), que defendió notablemente las enseñanzas de la Iglesia sobre el matrimonio y la familia, pero que también es "*célebre por su desprecio a las normas convencionales de género en los modales y la vestimenta. Mantenía su nombre de soltera, fumaba puros, llevaba con frecuencia un monóculo y usaba habitualmente pantalones*" (D. A. Jones 2018, 763). El Dr. Jones también señaló una carta papal del siglo IX dirigida a los búlgaros que buscaban convertirse en cristianos pero no se ajustaban a las normas culturales del Sacro Imperio Romano. El Papa Nicolás I (820-867) escribió,

> Nosotros [no] deseamos saber lo que lleváis puesto, excepto a Cristo, pues por mucho que hayáis sido bautizados en Cristo, os habéis revestido de Cristo... los pantalones se mandan hacer, no para que los usen las mujeres, sino para que los usen los hombres... pero haced realmente lo que os plazca. Que tú o tus mujeres usen o no usen pantalones no impide tu salvación ni conduce a ningún aumento de tus virtudes.(Nicholas I 1925, LIX)

El llamamiento del Papa a *revestirse de Cristo* (Gálatas 3:27) adquiere una importancia mucho mayor que la ropa que uno lleva. Lo más importante es lo que ocurre en el corazón, más que lo externo. Dentro de la iglesia hay piedras vivas que, a través de sus ministerios eclesiásticos, ofrecen esperanza a los transexuales. Al igual que el Papa Nicolás, son recordatorios de que lo importante no es lo que uno se pone, sino que reside en el corazón. Las personas que se mencionan a continuación son signos de misericordia dentro de la Iglesia. Han tendido un puente entre la teología clásica y los transexuales, ignorando la guerra cultural y abrazando la caridad.

[Sor Mónica Astorga, O.C.D., 1967—]

Sor Mónica Astorga, O.C.D.

Desde 2006, la hermana Mónica de Neuquén ha estado sirviendo a las personas transgénero en su convento carmelita en Argentina. A lo largo de su ministerio, ha atendido a unas 90 personas transgénero. La mayoría de las personas transgénero con las que trabaja la hermana Mónica se dedican a la prostitución porque carecen de oportunidades y de apoyo familiar por ser transgénero. Al conocer a la primera mujer transgénero, la hermana Mónica recuerda su conversación con ella: *"La invité a buscar a otras que quisieran dejar la prostitución, y volvió cinco días después con cuatro más. Las invité a rezar y luego les pedí que me contaran sus sueños". Una mujer transexual, Katy, respondió: "Quiero una cama limpia donde pueda morir""* (San Martín 2017).

La hermana Mónica está en proceso de construir una casa de quince habitaciones para que estos jóvenes estén seguros. Ya se enfrenta a una fuerte oposición del vecindario por su trabajo con estos marginados. En su carta a la hermana Mónica, el Papa Francisco la animó: *"En tiempos de Jesús, los leprosos eran rechazados. Son los leprosos de hoy. No dejes el trabajo de frontera que se te encomendó"*. El trabajo de la hermana Mónica es fructífero, como ella misma explica: *"Siempre me han dicho que 'sin creer en Dios, no sobreviviríamos'. Cada noche, antes de salir a la calle, encendemos una vela y le pedimos a Dios que nos cuide"'* (San Martín 2017). La hermana Mónica no ha logrado encontrar empleo para sus niñas, por lo que quiere abrir una casa de reposo para contratar a muchas de ellas ya que sus habilidades naturales son la fuerza física y la sensibilidad emocional vitales para la enfermería.

---

[3] Aunque es indistinto en inglés, aquella vez Francisco utilizó el pronombre femenino al decir que las personas transgénero son los leprosos de hoy.

[Sor Pavithra, C.M.C]

Hermana Pavithra, C.M.C.

En diciembre de 2016, Vijayaraja Mallika, un activista transgénero del sur de la India, con la ayuda de la Congregación de la Madre del Carmelo, abrió una escuela para personas transgénero en Kerala. Vijayaraja Mallika había visitado 700 propiedades sin poder conseguir una ubicación para la escuela. Finalmente, seis hermanas del Consejo Provincial aprobaron el proyecto con la bendición del obispo local. En Kerala, el 20% del estado es católico, por lo que obtener la implicación de la iglesia fue de gran ayuda. Este proyecto puso en marcha la primera escuela para educar a personas transgénero en la India, donde el 58% de las personas transgénero abandonan la escuela antes de terminar el décimo grado. La profesión más común para un transexual es la prostitución. Solo el 11,6% de las personas transgénero mantiene un trabajo regular en la India, y el 89% denuncia malos tratos en el trabajo (Mathew 2017). Esta escuela es la primera vez que la Iglesia católica se involucra explícitamente en la educación de los transexuales en la India.

La escuela se enfrenta a muchos problemas, como el estigma social, la dificultad de conseguir que las trabajadoras del sexo abandonen su profesión para entrar en una escuela no acreditada y sin certeza de empleo posterior, y la falta de experiencia de Vijayaraja Mallika en la dirección de una escuela. Sin embargo, la Hermana Pavithra no quiere rendirse porque reconoce que *"una vez que están metidas en el trabajo sexual, es muy difícil volver a encarrilarlas"*. La hermana Pavithra defiende: *"No podemos culparlas porque la sociedad no las acepta. No les hemos dado ningún sistema de ingresos que no sea el trabajo sexual o la mendicidad"* (Mathew 2017).

Aunque la escuela de Vijayaraja Mallika tiene problemas, las hermanas comenzaron una nueva iniciativa para ayudar a los jóvenes trans enseñándoles en sus escuelas dirigidas por carmelitas. Hay 6.000 hermanas en esta comunidad, y dirigen muchas instituciones. Con los programas de sus escuelas, esperan *"fomentar la empatía hacia las personas trans en la comunidad católica y animar a los estudiantes trans de sus escuelas a acudir a ellas para recibir apoyo y asesoramiento"* (Mathew 2017).

[Vijayaraja Mallika, 1985—]

Sor Luisa Derouen, O.P.

La posibilidad de salir del armario para ministrar a las personas transgénero es diferente en los Estados Unidos. Durante más de 20 años, una hermana de 74 años ha estado ministrando, rezando y escuchando a las personas transgénero. En 2015, dio a conocer su historia usando el seudónimo de la hermana Mónica David. En 2019 se reveló como la hermana Luisa Derouem, O.P. Escribió sobre su experiencia de vivir con personas transgénero, transformando su vida. También recordó momentos en los que su amor por las personas no había sido suficiente para salvarlas. Recordó la historia de Carol,

> Carol quería creer que la elección de poner fin a su propia vida por amor a aquellos cuyas vidas estaba perturbando sería aceptable. Creía que era un bicho raro y malvado, y que la vida de su familia sería mejor sin ella. Aunque Carol fue una de las primeras personas transgénero en mi experiencia que se enfrentó a estas nociones distorsionadas, ciertamente no fue la última.
>
> Durante su retiro, Carol experimentó una profunda sensación de paz y el poder de la gracia de Dios en su vida. Pero poco después de su regreso a casa, volvió a caer en patrones de auto-odio. Siguió aislándose del contacto con cualquier persona que simpatizara con su transición. Aunque me he puesto en contacto con ella muchas veces, hace años que no sé nada de Carol. Temo que haya acabado con su vida...
>
> Cuando el amor y el respeto marcan el camino, la comprensión llega fácilmente. Nunca antes había ejercido mi ministerio entre aquellos que eran tan invisibles para la sociedad. Incluso ahora, experimento un dolor insoportable cuando me enfrento al miedo y la hostilidad hacia los miembros de la comunidad transgénero, personas a las que tanto quiero y respeto. Durante muchos años he vivido con la pesada carga de este conflicto... Para proteger a mi comunidad religiosa de la censura, tengo que mantener oculto mi ministerio con la comunidad transgénero. (David 2015, 32–33)

En su artículo de 2019 publicado en globalsistersreport.org, la hermana Luisa explica: *"He estado tratando de ayudar a las personas transgénero a permanecer cerca de Dios y a permanecer en la Iglesia católica. La mayoría de ellos se mantienen cerca de Dios, pero permanecer en la Iglesia católica es otra cosa"* (Derouen 2019). Afirma que el documento de la

La cultura y la Iglesia

Congregación para la Educación Católica *"Masculino y Femenino los creó"* no ayudó a crear diálogos significativos con las personas transgénero; en cambio, este es otro ejemplo de que la iglesia habla *de ellos* sin hablar *con ellos.*

[Sor. Luisa Derouen, O.P.]

Tia Michelle Pesando

La historia de Tia Pesando, aunque algo sensacionalista, presenta un caso interesante que podría haber terminado de varias maneras. Tia es, como afirman las noticias, transgénero, pero también es intersexual. Tia, convertida a la Iglesia católica, intentó hacerse religiosa a los 35 años en Londres, Ontario. Tia afirmó que tenía votos privados de castidad, pobreza y obediencia recibidos por su párroco. Tia escribió un libro mientras discernía su vocación, titulado, *Why God Doesn't Hate You [Por qué Dios no te odia]* (2014), un libro para los lectores LGBT que experimentan la alienación del cristianismo (Kellaway 2014). En los años siguientes a la historia de Tia, ella dejó de buscar el ingreso a la vida religiosa y persiste en una vocación célibe.

Padre George Almeida

En el año 2000, el padre George Almeida, que sirvió en la Marina durante la guerra de Corea, estaba a punto de jubilarse. Todas las mañanas, después de la misa diaria, dos ancianas, un joven y el padre Almeida se reunían para desayunar en un restaurante local. En la mesa, una de las ancianas empujaba al P. Almeida para que le explicara por qué se relacionaba con este transexual de edad avanzada, que no convencía. El padre Almeida explicó que este hombre había sido monaguillo suyo hace muchas décadas. Se casó y tuvo hijos. Hace unos años, salió del armario como transexual (autoginéfilo), pero siguió casado con su mujer. Eran personas pobres, y cuando un hombre pobre autoginéfilo de sesenta años se transiciona, los efectos no se corresponden con la belleza femenina occidental. Llevaba muchos años travestiéndose de forma intermitente. En ese momento, llevaba principalmente ropa femenina y le habían diagnosticado un cáncer. Sin saber a qué atenerse, encontró al padre Almeida y comenzó a regresar a la iglesia.

Las ancianas advirtieron al P. Almeida que la gente hablaba y le preguntaron por qué hablaba con ese hombre. El P. Almeida respondió a las mujeres: "*Realmente no me importa lo que la gente piense*", lo que puso fin a la conversación. Veinte años después, ha pasado a la gloria eterna; aun así, el P. Almeida ejemplifica la integridad de la Iglesia Católica con su valor. El P. Almeida podría haberla negado fácilmente en persona

[4] ¿Es posible ser transgénero si se es intersexual?

o, al menos, a sus espaldas. Sin embargo, el P. Almeida no hizo ninguna de las dos cosas, sabiendo que esta persona, por muy ridícula que pareciera ante los demás, es un ser humano con sentimientos y alma, y nadie que busque a Dios con el corazón abierto debe ser rechazado.

[P. George Almeida, 1931—2012]

El Santo Papa Juan Pablo, II

En el Madison Square Garden, el 3 de octubre de 1979, ante una multitud de 20.000 jóvenes que vitoreaban, el Papa Juan Pablo II proclamó: "*¡Juan Pablo II, os ama!*". El santo continuó lanzando un reto a los jóvenes: "*Cuando os preguntéis por el misterio de vosotros mismos, mirad a Cristo, que os da el sentido de la vida. Cuando te preguntes qué significa ser una persona madura, mira a Cristo, que es la plenitud de la humanidad*" (Juan Pablo II, 1979a, sec. 2). Este mensaje pastoral del Papa Juan Pablo II, un mes después de su serie de cuatro años, ahora llamada *Teología del cuerpo*, creó un nuevo capítulo en la forma en que la Iglesia hablaba de la unidad de la persona humana.

En su Teología del Cuerpo, Juan Pablo II explica esta realidad divina de la *communion personarum* utilizando análogamente la Escritura. Cuando se le pregunta a Jesús si el divorcio debe ser legal, se dirige *al principio* para obtener respuestas. Jesús no puede responder a la cuestión del divorcio sin considerar primero el significado del matrimonio, lo que lleva a plantear la cuestión de lo que significa ser hombre y mujer en comunión entre sí y con Dios. San Mateo recuerda la enseñanza de Jesús:

> Algunos fariseos se le acercaron y le pusieron a prueba, diciendo: "*¿Es lícito que un hombre se divorcie de su mujer por cualquier causa?*". Él respondió: "*¿No habéis leído que desde el principio el Creador 'los hizo varón y mujer' y dijo: 'Por eso el hombre dejará a su padre y a su madre y se unirá a su mujer, y los dos serán una sola carne'? Así que ya no son dos, sino una sola carne. Por tanto, lo que Dios ha unido, ningún ser humano debe separarlo*". Le dijeron: "*Entonces, ¿por qué ordenó Moisés que el hombre diera a la mujer un acta de divorcio y la despidiera?*" *Él les dijo:* "*Por la dureza de vuestros corazones, Moisés os permitió divorciaros de vuestras mujeres, pero desde el principio no fue así.*" (Mt. 19:3-8 NAB)

Jesús señaló el principio para iluminar a los fariseos. Sin embargo, se puede extraer algo más de esta analogía, que va más allá del divorcio y se refiere a la cuestión más amplia de la persona humana. ¿Qué dicen las primeras narraciones sobre los orígenes del hombre acerca de nuestra naturaleza específica?

Como imagen de Dios, la humanidad comienza primero en la Escritura: "Dios creó a la humanidad a su imagen; a imagen de Dios los creó; varón y mujer los creó" (Gn 1,27). El concepto de imago Dei iluminó a los santos Agustín y Tomás de Aquino. En la Suma Teológica Ia q. 93, a. 1, ad 2, Santo Tomás cita a San Agustín para responder si la imagen de Dios se encuentra en el hombre o sólo en Jesús. Santo Tomás explica:

> Puesto que la perfecta semejanza con Dios no puede ser sino en una naturaleza idéntica, la Imagen de Dios existe en su Hijo primogénito, como la imagen del rey está en su hijo, que es de la naturaleza exacta de él. Mientras que la semejanza de Dios existe en el hombre a través de una naturaleza ajena, como la imagen del rey está en una moneda de plata. (Agustín, *Augustinus Magister*, Ser. IX)

Toda la creación de Dios tiene un rastro de lo divino. ¿Las personas intersexuales y transgénero también expresan un rastro de lo divino? Todos los seres vivos son, en parte, miembros de la *imago Dei.* De manera particular, el rasgo distintivo que hace a la humanidad en la *imago Dei*, aunque sólo sea como un rey copiado en una moneda de plata, es la *ratio entis.* Santo Tomás cita a San Agustín de Gen. ad lit. vi. 12: *"La excelencia del hombre consiste en que Dios lo hizo a su imagen dándole un alma intelectual que lo eleva por encima de las bestias del campo"* (ST Ia q. 93, a.2). Para que quede claro lo que se entiende por alma intelectual, Santo Tomás quiere decir que *"así encontramos en el hombre una semejanza con Dios por medio de una imagen en su mente; pero en las demás partes de su ser por medio de una huella"* (ST Ia q. 93, a. 6).

En todos los demás aspectos, el hombre refleja a los animales, pero el hombre comparte la imagen divina dentro de la *proporción.* Cuanto más racional es uno, más refleja lo divino. La fortaleza elimina cualquier obstáculo que impida a la persona seguir la razón. Las personas transgénero se convierten en la *imago Dei* en la medida en que son racionales. El hombre no sólo está en la *imago Dei* a través de su mente, sino también en formas de rastro. Dado que Cristo tiene forma de hombre, la humanidad comparte un cuerpo con la segunda persona de la Trinidad. El hombre es la *imago Dei* porque la *imago Christi* es un hombre.

La *Teología del Cuerpo* va más allá de la idea de Santo Tomás de que el hombre es la *imago Dei.* En su lugar, Juan Pablo II se centra en la *communio personarum*, que *"el hombre llegó a ser imagen de Dios no sólo por su propia humanidad, sino también por la comunión de persona que el hombre y la mujer forman desde el principio"* (Juan Pablo II 2006, sec. 163). Mediante la recreación de la unidad original de los dos sexos, el hombre y la mujer *reproducen sus propios prototipos.* No en la soledad, sino en el momento de la comunión, el hombre se convierte en la *imago Dei.* Así, explica Juan Pablo II, la *imago Dei* se convierte en una teología de la masculinidad y la feminidad.

Para mucha gente, uno sólo es un aliado si agita la bandera y promueve determinadas agendas activistas. Según esta definición, el Papa Juan Pablo II no es un aliado. La bandera que sostiene el pontífice es la de Cristo; sin embargo, ésta es una esperanza mayor. Al promover la verdad y señalar un modo de vida que conduce a la integridad y la unidad, el Papa Juan Pablo II es un aliado de los transexuales. Aunque el desafío del Papa Juan Pablo II puede no ser lo que la gente quiere oír, son palabras pronunciadas en el amor de Dios y del prójimo. La persona transgénero siempre puede recordar el Madison Square Garden y estar segura de que *el santo Juan Pablo II también le quiere.*

Del encargo de Juan Pablo II a los jóvenes de convertirse en una nueva primavera en la iglesia y de establecer una nueva evangelización, nació *Life Teen.* Esta pastoral juvenil católica respondió llegando y transformando la cultura desde dentro. Christina Mead, miembro de *Life Teen*, hizo una declaración a los jóvenes transexuales recordándoles: *"Nuestro modelo es Jesucristo. Él dejó que cualquiera se sentara y compartiera una comida con Él. Salvó a los marginados de la vergüenza del aislamiento. Acogió a los que otros habían juzgado y etiquetado como pecadores. Y dijo la verdad con amor. Nosotros intentamos hacer esas cosas"* (Mead n.d.). Christina continúa con seis verdades que *Life Teen* quiere que todos los jóvenes comprendan. Estas verdades se hacen eco de la *Teología del Cuerpo* de San Juan Pablo II y se aplican a todos los cristianos, no sólo a los jóvenes transgénero.

1. Eres precioso y amado y digno de cosas buenas.
2. Todos estamos llamados a la santidad
3. Los avances médicos son para curar, no para hacer daño
4. Tu cuerpo no tiene que definir tu personalidad
5. El mayor bien de la vida no es la expresión sexual genital
6. La iglesia católica es un lugar al que podemos llamar hogar

La voz de Juan Pablo II y sus continuos ministerios dirigidos por la juventud de la Iglesia que él inspiró, encarnan la llamada de Cristo de predicar la verdad en el amor. En Cristo, la honestidad nunca es *brutal*, sino amorosa. Ni Cristo ni su Iglesia permiten que los que aman vivan en la ignorancia y el desorden, sino que iluminan un camino hacia la liberación.

[Papa Juan Pablo II, 1920—2005]

Papa Francisco

En 2016, el papa Francisco afirmó en su exhortación apostólica postsinodal La alegría del amor (*Amoris Laetitia*): "*Es necesario subrayar que 'el sexo biológico y el papel sociocultural del sexo (género) pueden distinguirse pero no separarse*'" (Francisco 2016). El Papa Francisco aporta ideas para ayudar a los jóvenes a no entrar en la guerra cultural. En un lado de la guerra cultural está la teoría de género nominalista, que afirma que no hay diferencia entre hombres y mujeres y que el género es una construcción social. En el otro extremo del espectro están los grupos eclesiásticos que acentúan las diferencias entre hombres y mujeres para entrar en la guerra cultural. Por ejemplo, crean actividades de caza cristianas masculinas para hombres reales y fiestas de punto cristianas femeninas para mujeres reales. Este método intenta ayudar a los niños a tener una comprensión clara de lo que significa ser un hombre o una mujer.

El Papa Francisco promovió una alternativa en su exhortación apostólica postsinodal La alegría del amor (*Amoris Laetitia*), donde reconoce que "*la historia está cargada de los excesos de las culturas patriarcales que consideraban a las mujeres inferiores*" (Francisco 2016, 54). Según el Catecismo, la Iglesia afirma tanto la igualdad como la separación de los sexos. El Catecismo afirma: "*Cada uno de los dos sexos es imagen del poder y de la ternura de Dios, con igual dignidad aunque de manera diferente*" (*CCC*, 2205). El Papa Francisco continúa su crítica a la guerra cultural y a las falsas dicotomías de masculinidad y feminidad en La alegría del amor (*Amoris Laetitia*),

> Un enfoque rígido se convierte en una sobreacentuación de lo masculino o lo femenino y no ayuda a los niños y jóvenes a apreciar la auténtica reciprocidad encarnada en las condiciones reales del matrimonio. Esa rigidez, a su vez, puede obstaculizar el desarrollo de las capacidades del individuo, hasta el punto de llevarle a pensar, por ejemplo, que no es realmente masculino cultivar el arte o la danza o poco femenino ejercer el liderazgo. Esto, gracias a Dios, ha cambiado, pero en algunos lugares, las nociones deficientes aún condicionan la legítima libertad y obstaculizan el auténtico desarrollo de la identidad y el potencial específico de los niños. (Francisco 2016, 286)

Si los estereotipos de género son demasiado rígidos en su definición de la masculinidad y la feminidad, la dicotomía podría confundir a los jóvenes que pueden no ajustarse a ellos de forma natural. La doctora Germaine Greer hizo afirmaciones similares sobre la "falsa feminidad" descrita en el apartado 2.4. Si un niño varón es sensible y cariñoso, no es violento y es un comunicador eficaz, será un padre y un marido cariñoso; por lo tanto, no se le debe avergonzar para que se convierta en alguien que no es. Las dicotomías estrictas pueden crear confusión porque si no es estereotípicamente masculino, puede creer que es homosexual o transgénero. En la exhortación apostólica La alegría del Evangelio (*Evangelii Gaudium*), el Papa Francisco critica el *machismo* y el comportamiento sexista como falsa masculinidad (Francisco 2013a, sec. 69). El Papa San Juan Pablo II planteó ideales de masculinidad y feminidad sin definir lo que significan. Los cristianos especulan sobre el significado de los términos masculinidad y feminidad. El Papa Francisco aún no ha definido estos términos, pero subraya lo que no son.

El pontífice ha hablado con claridad al calificar la teoría de género como una *colonización ideológica que destruye*. Aunque el Papa Francisco no aclara lo que quiere decir con estas afirmaciones, éstas encierran en sus palabras la idea de que la unidad de género y sexo es una realidad natural cohesionada biológica, social y religiosamente. El concepto de colonización ideológica se refiere a derrocar el orden natural con una ficción artificial ideada por académicos y activistas. La colonización es la explotación de un grupo social, cultural, lingüístico y religioso de personas. El Papa Francisco se basa en lo que el cardenal Joseph Ratzinger entiende de manera similar como la *colonización ideológica que destruye*. El cardenal Ratzinger predicó en su última homilía antes de convertirse en Papa: "*Estamos construyendo una dictadura del relativismo que no reconoce nada como definitivo y cuyo objetivo final consiste únicamente en el propio ego y los deseos*" (Ratzinger 2005).

El Papa Francisco enmarca el elemento transgénero de la teoría de género como un problema moral. Aun así, la teoría de género es solo una pequeña parte de una guerra global mucho mayor contra la familia, que no se basa en una pequeña minoría transgénero (Wooden 2016). El cardenal Robert Sarah, prefecto de la Congregación para el Culto Divino del Vaticano, repitió este sentimiento en un desayuno de oración en Washington. En 2016, el cardenal señaló: "*En ningún lugar es más claro que en la amenaza que las sociedades están visitando a la familia a través de una demoníaca 'ideología de género', un impulso mortal que se experimenta en un mundo cada vez más alejado de Dios a través del colonialismo ideológico"* (Sarah 2016).

En contraste con la guerra cultural ideológica, el Papa Francisco acoge a las personas transgénero en la familia de la Iglesia. Al ser entrevistado sobre las personas transgénero en octubre de 2016, el Papa Francisco recordó una historia sobre una mujer nacida en España que quería hacer la transición para convertirse en hombre. La madre de la mujer le pidió que esperara a morir antes de operarse. Tras la muerte de la madre, se sometió a la cirugía de reasignación de sexo y visitó al obispo. El Papa Francisco agradeció la disposición del obispo a reunirse con la persona a pesar de que podía despedirla fácilmente. El Papa Francisco recordó: *"El que era una ella, pero es un él"*, pidió ayuda a ese obispo español para visitar el Vaticano con su esposa (San Martín 2016). El tono apolítico del Papa Francisco y la reflexión respetuosa sobre el carácter pastoral de la petición marcaron una pauta para otros que se acercan a las personas transgénero en el contexto eclesiástico.

El Papa Francisco, en la misma entrevista, recordó a dos sacerdotes, uno mayor y otro más joven. El sacerdote de ochenta años se ofreció a escuchar la confesión de un transexual para que pudiera recibir la comunión. En cambio, el sacerdote joven gritó tanto al sacerdote mayor como a la persona transgénero: *"Irás al infierno"*. Al contar esta historia, el Papa es consciente de las tensiones que existen dentro de la Iglesia. La realidad es que no hay respuestas fáciles, pero sí parece más abierto al enfoque de acogida del sacerdote mayor.

En la entrevista, el Papa declaró su creencia: *"La vida es la vida. Hay que aceptar las cosas como vienen. El pecado es el pecado. Las tendencias, el desequilibrio hormonal, tienen y causan tantos problemas... hay que estar atentos. No decir que todo es igual, pero en cada caso, acoger, acompañar, estudiar, discernir e integrar. Esto es lo que haría Jesús hoy"* (San Martín 2016). Antes de pasar a la siguiente pregunta, el Papa Francisco añadió: *"Por favor, no digan que el Papa va a santificar a los trans [transexuales] porque lea los titulares de los periódicos. Quiero ser claro; esto es un problema de moral. Es un problema. Es un problema humano que hay que resolver como se pueda, siempre con la misericordia de Dios"* (San Martín 2016). El Papa Francisco afirma que la iglesia debe acoger, acompañar, estudiar, discernir e integrar a las personas transexuales como lo haría Jesús, al tiempo que advierte de un problema moral. El papa también acepta que los problemas hormonales son problemas concretos que necesitan atención médica, y esto no es antitético con el objetivo de la iglesia de incluir a todas las personas.

En la encíclica más reciente del Papa Francisco, Fraternidad y amistad social (*Fratelli Tutti*), el pontífice señaló: "*[Santo] Francisco no libró una guerra de palabras destinada a imponer doctrinas; simplemente difundió el amor de Dios. Comprendió que 'Dios es amor y los que permanecen en el amor permanecen en Dios'* (1 JN 4,16)" (Francisco 2020, sec. 4). El Papa Francisco advierte del deconstruccionismo.

> Si alguien les dice a los jóvenes que ignoren su historia, que rechacen las experiencias de sus mayores, que desprecien el pasado y que miren hacia un futuro que él mismo les depara, ¿no resulta entonces fácil arrastrarlos para que sólo hagan lo que él les dice? Necesita que los jóvenes sean superficiales, desarraigados y desconfiados para que sólo confíen en sus promesas y actúen según sus planes. (Francisco 2020, sec. 3)

Las personas que promueven estas ideologías necesitan que los jóvenes ignoren sus contextos culturales, espirituales e históricos. Estas ideologías borran el pasado e inventan una narrativa de nihilismo personal que es fácilmente explotable. El Papa Francisco desafía a los de buena voluntad a considerar la parábola del buen samaritano en lugar de la narrativa de la explotación. Explica,

> Ahora sólo hay dos tipos de personas: las que se preocupan por alguien que está sufriendo y las que pasan de largo; las que se inclinan para ayudar y las que miran hacia otro lado y se apresuran a marcharse. Aquí, todas nuestras distinciones, etiquetas y máscaras caen: es el momento de la verdad. ¿Nos inclinaremos para tocar y curar las heridas de los demás? ¿Nos agacharemos y ayudaremos a otro a levantarse? Este es el reto de hoy, y no debemos tener miedo de afrontarlo. En los momentos de crisis, las decisiones se vuelven urgentes. (Francisco 2020, sec. 70)

El reto que tienen los católicos es implicarse en la vida de los demás. Los católicos no necesitan todas las respuestas a todos los problemas del mundo y de la medicina; eso no es lo que pidió Cristo. En cambio, los miembros de la Iglesia pueden mostrar compasión y acompañar a los que sufren.

3.5 Masculino Y Femenino Los Creó

El documento *Masculino y Femenino Los Creó* promulgado por la Congregación para la Educación Católica (CCE) en 2019 no es una doctrina magisterial universalmente vinculante. Sin embargo, este documento reconoce ciertas herejías antiguas que resurgen en la teoría de género moderna, y en este sentido, los temas están relacionados con el magisterio. Al ser uno de los pocos documentos del Vaticano que abordan específicamente las cuestiones de la transexualidad, merece una seria consideración.

Masculino y Femenino los creó comienza destacando su orientación hacia el diálogo y, por lo tanto, no es doctrinal, sino el inicio de la conversación respecto a la "teoría de género en la educación [católica]." (Congregación para la Educación Católica 2019, portada). El documento expone tres puntos de acuerdo con la teoría de género, todos ellos referidos al feminismo y ninguno relacionado con la transexualidad. El documento también plantea cinco críticas a la teoría de género, todas ellas relacionadas con las ideologías transgénero. Las críticas son a las formas radicales de la teoría de género que intentan desnaturalizar el sexo, *"es decir, un alejamiento de la naturaleza y una opción absoluta por la decisión de los sentimientos del sujeto humano"* (Congregación para la Educación Católica 2019, sec. 19). La CCE también critica la teoría de género al afirmar que ignora la relación entre la sexualidad y la familia como una realidad natural. La CCE advierte,

> La visión tanto de la identidad sexual [sic] como de la familia se somete a la misma *"liquidez"* y *"fluidez"* que caracteriza otros aspectos de la cultura posmoderna, a menudo fundada en nada más que un concepto confuso de la libertad en el ámbito de los sentimientos y deseos, o de los deseos momentáneos provocados por los impulsos emocionales y la voluntad del individuo, en contraposición a todo lo que se basa en las verdades de la existencia. (Congregación para la Educación Católica 2019, sec. 19)

La CCE desafía a los defensores de la teoría de género, que afirman que cada persona debe determinar subjetivamente su propio sexo y género sin tener en cuenta la realidad concreta. Esta práctica *"en realidad niega la relevancia de cada uno [sexo]. Esto tiene especial importancia para la cuestión de la diferencia sexual"* (Congregación para la Educación Católica 2019, sec. 20). Si el sexo y el género son sólo adjetivos y adverbios elegidos individualmente, dejan de ser descriptores interesantes de cualquier realidad vital. La CCE cita al Papa Francisco para combatir el sexismo manteniendo la reciprocidad entre los sexos como algo intrínsecamente correcto y justo. El CCE escribe,

> En lugar de combatir las interpretaciones erróneas de las diferencias sexuales que disminuyen la importancia fundamental de esa diferencia para la dignidad humana, esa propuesta simplemente la eliminaría proponiendo procedimientos y prácticas que la hacen irrelevante para el desarrollo de la persona y sus relaciones humanas. Pero la utopía de lo *"neutro"* elimina tanto la dignidad humana en la distinción sexual como el carácter personal de la generación de una nueva vida. (Francisco 2017, 3)

En este documento, varios temas merecen atención: la unidad del cuerpo y del alma, el relativismo moral y sus fundamentos pastorales en la *Teología del Cuerpo* de Juan Pablo II.

¿Qué dice el CCE sobre el sistema cartesiano?

La CCE identifica las incoherencias teológicas entre la epistemología de la Iglesia y la teoría de género: *"Los presupuestos subyacentes de estas teorías se remontan a una antropología dualista, que separa el cuerpo (reducido al estatus de materia inerte) de la voluntad humana, que a su vez se convierte en un absoluto que puede manipular el cuerpo a su antojo"* (Congregación para la Educación Católica 2019, sec. 20). En el siglo XVII, René Descartes, a través de Platón, volvió a esta división entre la *res cogitans* (cosa pensante) y la *res extensa* (cosa extendida en el espacio). René Descartes enseñó que la primera pertenecía a una dimensión superior y privilegiada, mientras que la segunda es legítimamente objeto de manipulación y reorganización. Los transexuales cambian su cuerpo para adecuarlo a su identidad personal.

La afirmación modernista es que el yo interior la mente, la voluntad, el alma es el auténtico yo, y el cuerpo es una entidad menor y mutable que debe ajustarse a la *res cogitans*. El cristianismo rechaza el concepto de que el cuerpo es una máquina o un trozo de carne. En el cristianismo, la persona humana se integra de forma holística y con una causa final en la resurrección. La encarnación de Cristo señala la santidad del cuerpo. El cartesianismo es herético ya que es un producto del dualismo y del docetismo universal, por el que el ser humano se define principalmente como un ser inmaterial. Ser un alma sin cuerpo o un cuerpo sin alma podría ser uno de los objetivos conflictivos de los teóricos del género. Sin embargo, esto requiere una abnegación del realismo concreto de que los humanos tienen un alma inmortal y un cuerpo mortal.

¿Qué dice el CCE sobre el gnosticismo moderno?

El gnosticismo es una herejía del cristianismo primitivo que afirma que la materia es una forma inferior de ser caída. La materia atrapa al alma, por lo que el sexo de una persona no la define. El gnosticismo es un término amplio para varias herejías de la Iglesia que desafiaron la comprensión cristiana primitiva de la persona, unidas por una antropología común que divide lo físico de lo espiritual y lo corporal de lo mental. Para el gnóstico, sólo importa el sentido interno del ser: el cuerpo físico es inferior y no el individuo real. Los gnósticos creen que los humanos son *"personas no corporales que habitan cuerpos no personales"* (George 2016, 5). Más generalmente, el mundo material es malo, en contraste con el reino espiritual, que es bueno. El obispo Robert Barron, de la archidiócesis de Los Ángeles, relaciona esto con la cosmovisión transgénero porque *"el cuerpo se presenta como un antagonista que puede y debe ser manipulado por el auténtico yo"* (Barron 2015).

Robert P. George, D.Phil. (1955-), en *Liberalismo gnóstico* escribe que esto refleja el yo gnóstico, por el cual *"ninguna dimensión de nuestra identidad personal está verdaderamente determinada biológicamente"* (George 2016, 3). Aquí una persona ya no es un sentido interno del yo, entrelazado con un cuerpo externo; en cambio, uno es simplemente una identidad interna. Desde este punto de vista, la transición sería apropiada para ayudar a alinear el cuerpo físico con los propios sentimientos. Este enfoque modernista es radicalmente diferente de la perspectiva cristiana. En respuesta a quienes sostienen la creencia de que el cuerpo o el sexo de uno es indeterminado, *la Comisión Teológica Internacional* supervisada por el cardenal Joseph Ratzinger reiteró: *"La antropología bíblica presupone claramente la unidad del hombre, y entiende que la corporalidad es esencial para la identidad personal"* (Comisión Teológica Internacional 2002).

Los teólogos llaman a la unidad de cuerpo y alma hilomorfismo, y la concepción católica surgió de la incorporación de Santo Tomás de Aquino a Aristóteles. Desde este punto de vista, "el cuerpo vivo, [en lugar de] ser nuestro vehículo o instrumento externo, es parte de nuestra realidad personal" (George 2016, 2). En consecuencia, desde una perspectiva católica, uno no debe, y en última instancia no puede, cambiar su sexo para que se corresponda con su identidad de género. Una persona es hombre o mujer. El gnóstico enfatiza el yo interior como preciso frente al falso yo corporal externo. Un gnóstico podría creer que el yo interior puede ser femenino en comparación con el yo exterior masculino. Así, desde la comprensión gnóstica-transgénero de una persona, una transición es beneficiosa, mientras que una transición es perjudicial e imposible desde la perspectiva hilomórfica.

Cabe preguntarse si este gnosticismo, docetismo universal o cartesianismo sigue siendo relevante. En una charla TED de 2013 en Ohio, Decker Moss propuso que no se asigne el sexo a los niños al nacer y que se les permita elegir de forma independiente cuando la persona esté preparada para decidir. Decker Moss afirma: *"[El sexo] nos es asignado en el momento en que nacemos por un médico basándose únicamente en lo que tenemos entre las piernas, pero creo que esto debe cambiar"* (Moss 2013).

La libertad de autoexpresión y creatividad es un don de la ratio entis, algo singularmente bello, que solo Dios y el hombre poseen. El Papa Francisco escribió: *"Es fácil confundir hoy en día la auténtica libertad con la idea de que cada individuo puede actuar arbitrariamente, como si no hubiera verdades, valores y principios que sirvan de guía, y todo fuera posible y permisible"* (Francisco 2016, 34). Por el contrario, enseña la Iglesia, la naturaleza humana y la libertad no pueden estar enraizadas en la verdad, y la verdad científica no puede contradecir la verdad filosófica.

¿Qué dice el CCE sobre el relativismo?

La CCE también advierte: *"Esta combinación de fisicalismo y voluntarismo da lugar al relativismo, en el que todo lo que existe tiene el mismo valor y al mismo tiempo es indiferenciado, sin ningún orden o propósito real"* (Congregación para la Educación Católica 2019, sec. 20). Los fisicalistas afirman, la cosmología sin una causalidad minimiza toda la realidad a la materialidad. Al mismo tiempo reivindican la plasticidad absoluta de la materialidad. Lo que uno siente sobre su identidad sexual pasa a ser más importante para su identidad que la concreción de su sexo. El CCE advierte que el paso siguiente hacia el relativismo sexual es el reconocimiento público de las realidades personales. Escriben: "*una revolución jurídica, ya que tales creencias reclaman derechos específicos para el individuo y para toda la sociedad*" (Congregación para la Educación Católica 2019, apartado 20). En la sección veinte, la *Congregación para la Educación Católica* afirma el principio tomista de la unidad del cuerpo y el alma enseñado en el De *Anima* de Aristóteles.

¿Afirma este documento la *Teología del Cuerpo*?

En el corazón de la sección veintiuna se encuentra la *Teología del Cuerpo* de Juan Pablo II, que busca recuperar la unidad original a través del vínculo sacramental del matrimonio. La gracia de Dios crea esta unidad en los seres complementarios, como se expone en el Génesis: "*Dios creó al hombre a su imagen; a imagen de Dios los creó; varón y mujer los creó*" (Gn 1,27 NAB). La diferencia entre el hombre y la mujer, la masculinidad y la feminidad, es un don del creador cuando se utiliza eficazmente. Estas diferencias son la fuente de la discriminación, una corrupción del diseño de Dios. Sin embargo, usadas correctamente, son un regalo de amor que une al hombre y a la mujer con Dios como co-creadores de una nueva vida. Al castrar los sexos, la humanidad se ve disminuida en lugar de liberada.

El documento *masculino y femenino los creó* explica la *Teología del Cuerpo,* considerando el avance de la ideología de la liberación sexual en el siglo XXI. El documento afirma,

> Esta ideología inspira programas educativos y tendencias legislativas que promueven ideas de identidad personal e intimidad afectiva que rompen radicalmente con la diferencia biológica real entre hombres y mujeres. La identidad humana queda relegada a la elección del individuo, que además puede cambiar con el tiempo. (Congregación para la Educación Católica 2019, sec. 22)

Si bien estos conceptos heréticos pueden parecer lejanos a muchas personas, los teóricos populares del género ya los han incorporado a su agenda social.

¿Qué hay en el corazón de Masculino y Femenino los creó?

La sección veintitrés de *Masculino y Femenino los creó* responde directamente a las personas que intentan utilizar la teoría de género para crear una sociedad relativista. Sin embargo, esto no responde directamente a las personas transgénero que sufren un trastorno de identidad, sino a una guerra cultural contra la Iglesia y el realismo tomista.

La mayoría de las preocupaciones relacionadas con la teoría de género en *Masculino y Femenino los creó* son ideológicas. Esta sección considera a las personas transgénero más allá de la ideología y aborda a quienes sufren de *indeterminación sexual*, lo que puede incluir a quienes padecen disforia de género.

La parte más crucial del documento se encuentra en la sección de razonamiento, que es larga pero merece la pena citar:

» Desde el punto de vista de la genética, las células masculinas (que contienen cromosomas XY) se diferencian, desde el mismo momento de la concepción, de las femeninas (con sus cromosomas XX).

» Dicho esto, en los casos en los que el sexo de una persona no está claramente definido, son los profesionales médicos los que pueden realizar una intervención terapéutica. En esas situaciones, los padres no pueden tomar una decisión arbitraria sobre la cuestión, y mucho menos la sociedad.

» Por el contrario, la ciencia médica debe actuar con fines puramente terapéuticos e intervenir de la manera menos invasiva, sobre la base de parámetros objetivos y con miras a establecer la identidad constitutiva de la persona. (Congregación para la Educación Católica 2019, sec. 26)

Esta sección establece claramente que en los casos en los que *el sexo de una persona no está claramente definido, los profesionales médicos pueden realizar una intervención terapéutica... de la manera menos invasiva... con vistas a establecer la identidad constitutiva de la persona.* Este apartado reconoce que algunas personas nacen con ambigüedad sexual, y que un profesional médico debe determinar el sexo de la persona. Los médicos deben utilizar los tratamientos médicos adecuados, que son los menos invasivos, para que el cuerpo de la persona se alinee con su identidad sexual, ya sea masculina o femenina. Este proceso no es relativista ni político. Esta primera mitad de la sección veintiséis es aparente, mientras que la segunda mitad reconoce los matices y la complejidad.

» *El proceso de identificación de la identidad sexual* se ve dificultado por el contrato ficticio conocido como *"género neutro" o "tercer género"*, que tiene el efecto de oscurecer el hecho de que el sexo de una persona es un determinante estructural de la identidad masculina o femenina.

» Los esfuerzos por ir más allá de la diferencia sexual constitutiva entre hombres y mujeres, como las ideas de *"intersexualidad" o "transexualidad"*, conducen a una masculinidad o feminidad ambigua, aunque (de forma autocontradictoria), estos conceptos presuponen en realidad la propia diferencia sexual que proponen negar o sustituir.

» Esta oscilación entre lo masculino y lo femenino se convierte, a fin de cuentas, en una mera exhibición *"provocadora"* contra los llamados *"marcos tradicionales"* y que, de hecho, ignora el sufrimiento de quienes tienen que vivir en situaciones de indeterminación sexual.

» Teorías similares pretenden aniquilar el concepto de *'naturaleza'* (es decir, todo lo que nos ha sido dado como fundamento preexistente de nuestro ser y actuar en el mundo) y al mismo tiempo reafirmar implícitamente su existencia. (Congregación para la Educación Católica 2019, sec. 26)

En este caso, la CCE afirma que los *"determinantes estructurales"* determinan el sexo, y que las *"ideas"* como intersexualidad y transexualidad son esfuerzos por ir más allá de las diferencias constitutivas masculino-femenino-sexuales. La mayoría de las personas intersexuales no serían clasificadas como activistas, aunque algunas personas intersexuales se alinean con los activistas. Esta disforia de género de inicio temprano está posiblemente causada por diferentes síndromes de desarrollo o anomalías genéticas y no es algo elegido. Los teóricos del género personal rechazan las diferencias sexuales y pretenden deconstruir el sexo biológico por completo. Por tanto, existe una importante distinción entre las personas con disforia de género de inicio temprano y los promotores de la ideología de género. Además, ningún profesional médico llamaría a la intersexualidad una *"idea"*.

Esta sección también afirma que los determinantes estructurales forman el sexo de una persona, pero dado que la CCE plantea tanto a las personas intersexuales como a las transgénero en esta sección, ¿pretenden incluir a ambas? La ambigüedad física existe dentro de los determinantes estructurales de las personas intersexuales. Por lo tanto, según este documento, un profesional médico debe determinar el sexo. Supongamos que la comunidad médica determina que los trastornos del neurodesarrollo pueden causar estructuras sexuales-cerebrales discordantes en las personas con disforia de género. ¿Son las morfologías cerebrales ambiguas un determinante estructural suficiente para que un profesional médico pueda determinar el sexo de las personas y el tratamiento terapéutico adecuado para ellas, como se haría con otras formas de anomalías intersexuales? Los profesionales médicos suelen decidir el sexo de las personas intersexuales esperando y escuchando cómo se sienten e identifican más adelante.

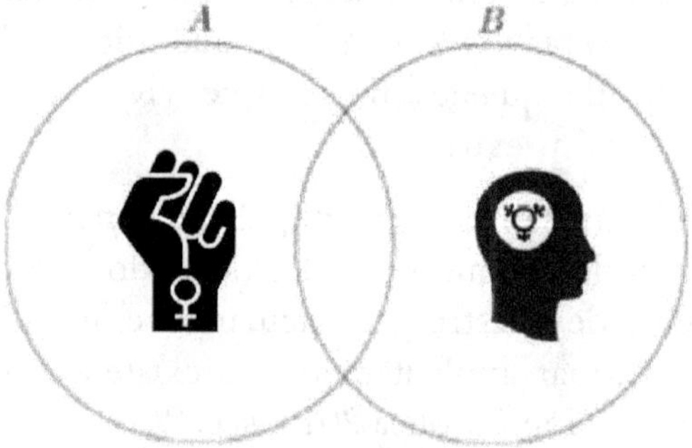

Figura 3.1 Diagrama de Venn
de personas transgénero/teóricos del género

Cuando la sección veintiséis vuelve a la posición de que las personas intersexuales y transexuales forman parte de una ideología, esto *"ignora el sufrimiento de quienes tienen que vivir situaciones de indeterminación sexual"*. Sin embargo, las únicas personas con indeterminación sexual son los intersexuales y los transexuales. Los autores afirman que la intersexualidad y la idea de la transexualidad son autocontradictorias e implícitamente afirmativas. El CCE intentaba demostrar que la teoría del género, que no cree en las diferencias entre hombres y mujeres, se contradice con las afirmaciones de las personas intersexuales y transgénero, que afirman que el sexo es real y que quieren pertenecer a un sexo determinado. El CCE reconoce que no se puede ser a la vez neutral en cuanto al género y estar determinado biológicamente como transgénero. Lamentablemente, al tratar de mostrar la incoherencia del pensamiento, sin darse cuenta, unen dos tribus enfrentadas: las personas con disforia de género y los activistas de género. Algunas personas con disforia de género son también teóricos nominalistas del género, pero no se trata de la mayoría de las personas con disforia de género.

La mayoría de las personas intersexuales y transexuales no reivindican la neutralidad de género ni oscilan entre los sexos. Por ejemplo, estos conceptos nunca se aplican a las personas intersexuales que han nacido con una condición médica física. Las personas transexuales también se dividen en dos clasificaciones, las que sufren disforia de género (truscum/transmedicalistas) y las que forman parte de un movimiento de teoría de género de liberación sexual (maximalistas). Utilizando un diagrama de Venn en la figura 3.1, A. son los teóricos del género; B. son los transexuales; el medio es tanto los transexuales como los teóricos del género.

El presidente del comité de educación de los obispos de EE.UU., el obispo Michael Barber, S.J., respondió al documento Masculino y Femenino lo creó Them en un comunicado de prensa. El obispo elogió,

> En un tema difícil y complejo, la claridad de la enseñanza de la Iglesia, enraizada en la igual dignidad del hombre y la mujer como creados por Dios, proporciona la luz de la verdad y la compasión que más se necesita en nuestro mundo actual. (Conferencia Episcopal de Estados Unidos 2019)

El Padre Dan Horan, O.F.M., respondió en el *registro nacional Catolico*

> Llámalo como quieras, pero estas afirmaciones parecen equivalentes a las de un padre, cónyuge o pareja que abusa física o emocionalmente y afirma que su violencia se basa en un lugar de *"amor duro"*. Al final, sigue siendo simplemente abuso, y la iglesia debe dejar de promover el *"hombre del saco de la ideología de género"*. (Horan 2020)

La respuesta dividida a este documento enfatiza aún más la división liberal/conservadora dentro de la sociedad y la iglesia. La única manera de avanzar pastoralmente es superar la guerra cultural y encontrar a

Cristo en las verdades médicas, filosóficas y teológicas, ya que toda verdad conduce a la Verdad.

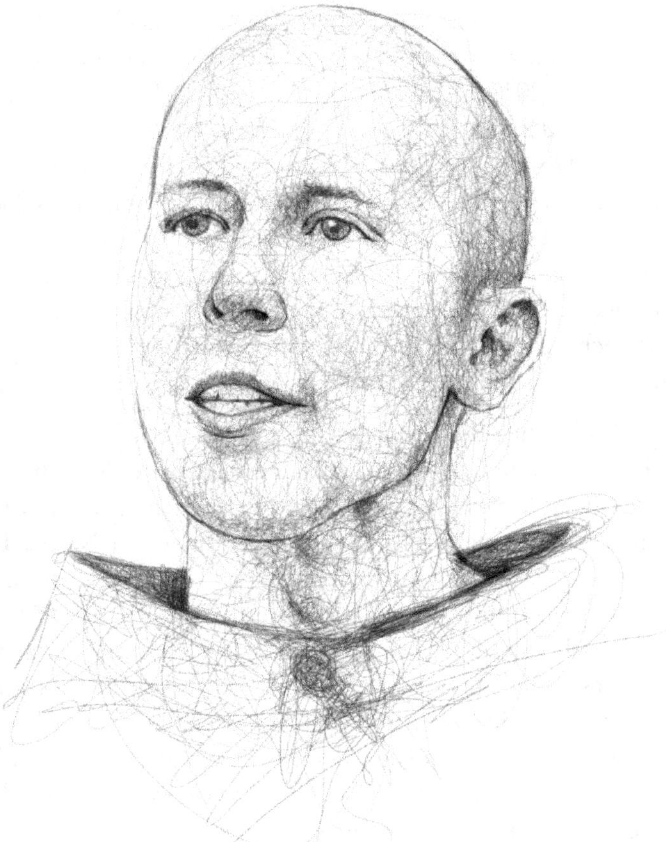

[P. Dan Horan, O.F.M., 1983—]

3.6 Relevancia Bíblica

La Escritura correctamente interpretada revela el Espíritu de Dios actuando en el mundo. El Papa Francisco anunció en su *motu proprio* de 2019, Él abrió (*Aperuit illis*), "*sin las Escrituras, los acontecimientos de la misión de Jesús y de su iglesia en este mundo permanecerían incomprensibles. De ahí que San Jerónimo pudiera afirmar con razón: "La ignorancia de las Escrituras es la ignorancia de Cristo*"" (Francisco 2019, sec. 1). El término transgénero no se encuentra dentro de las Escrituras, mientras que los textos abordan dos temas relacionados: el travestismo y los eunucos. Dentro de las prohibiciones del travestismo, las Escrituras rechazan los cultos paganos de orgía de su época y dirigen al creyente hacia la fidelidad humilde y sobria a la vida virtuosa.

Las prohibiciones del travestismo también abordan cuestiones de veracidad, por las que uno se presenta públicamente de forma precisa. En segundo lugar, la sección sobre los eunucos es más didáctica, ya que la enseñanza evoluciona a lo largo de la Antigua y la Nueva Ley. En tercer lugar, Cristo aborda el tema de los eunucos naturales, involuntarios y voluntarios y su papel dentro del Reino de Dios. En cuarto lugar, el vínculo entre los eunucos, los intersexuales y los transexuales es especialmente esclarecedor y puede ser un signo de la Divina Providencia de Dios. Por último, las enseñanzas del Papa San Juan Pablo II sobre la *imago Dei* y la desnudez original del hombre y la mujer ilustran la llamada a la deificación de la humanidad mediante la adopción en el Cuerpo de Cristo.

Antes de aplicar un enfoque exegético a la cuestión transgénero, el lector debe explorar primero las consideraciones éticas. Esta sección no considera si una persona transgénero puede casarse con una persona del mismo sexo asignado. Si se trata de una relación homosexual o no, se determina por una conclusión ontológica. Si la persona con disforia de género tiene un cerebro intersexual, entonces quizá la relación sea heterosexual. Si la disforia de género sólo crea el *deseo* de ser un miembro del sexo opuesto, se trata de una relación homosexual. Al considerar los argumentos andrófilos y autoginéfilos, ambos tienen orígenes dentro de la orientación sexual y la parafilia. Por lo tanto, ambos constituirían probablemente relaciones homosexuales. Si alguien con disforia de género tiene la capacidad de contraer matrimonio con alguien del sexo asignado opuesto es una cuestión canónica adicional que no se aborda en esta sección.

Esta sección considera estrictamente la vocación de un eunuco dentro de la Escritura. Un eunuco natural es una persona intersexual o con un defecto sexual. Esta categoría se aplica generalmente a las personas transexuales. Esta sección también considera el travestismo, ya que esto se aplica generalmente a la teoría de género o a aquellos con parafilia. Si una persona no es del todo un eunuco natural, Jesús llama a todos sus seguidores a ser eunucos por el bien del reino si pueden soportar esta vocación. Sea cual sea su forma, los eunucos tienen una vocación esencial en la Iglesia. A la luz de esta vocación, los transexuales, eunucos modernos, están llamados de manera particular a unirse al amor esponsal de Dios.

El cristianismo tiene una opción preferencial por la virginidad, pero no es absoluta. Juan Pablo II escribió que *"la decisión sobre la continencia o la vida de virginidad debe ser voluntaria, y que sólo esa continencia es mejor que el matrimonio"* (Juan Pablo II 2006, sec. 445). El P. Ashley escribe de forma similar: *"La ética cristiana de la sexualidad es creativa porque busca utilizar la inteligencia y la libertad humanas para permitir a los seres humanos utilizar bien su sexualidad, en lugar de someterse a los abusos generalizados construidos en nuestro mundo pecador y fomentados por él"* (Ashley 1985, 449). La sexualidad, ya sea expresada en el matrimonio o en el celibato, requiere que las personas actúen con creatividad. La creatividad es necesaria para mantener un matrimonio feliz. Aunque el celibato adopta muchas formas, los célibes más felices son los que tienen salidas creativas.[5]

¿Qué dice la Biblia sobre el travestismo?

El Pentateuco proclamó una prohibición contra lo que parece ser el travestismo miles de años antes de la invención de la ideología de género. El Libro del Deuteronomio afirma: *"La mujer no se vestirá con ropa de hombre, ni el hombre se pondrá ropa de mujer; porque cualquiera que haga tales cosas es una abominación para el Señor, tu Dios"* (Dt 22:5 NAB).

---

[5] Algunos musulmanes notables adoptan esta postura. Supra-2.5 Irán.

Aunque este *"no es un texto que haya sido interpretado literalmente por los rabinos"*, los orígenes y la interpretación original de este pasaje siguen siendo desconocidos (Gilchrist 2015). El rabino Shlomo *"Rashi"* Yizchaki (1040-1105) dio la interpretación más antigua de la que se tiene constancia y que todavía existe. Escribió: *"La prenda de un hombre no debe estar en una mujer para que pueda salir entre los hombres, porque esto es sólo para el adulterio"* y también, *"Un hombre no debe usar la prenda de una mujer: para que pueda ir y estar entre las mujeres"* (Rashi 1985).

El Shulhan Arukh, un código de leyes del siglo XVI que es un texto estándar para la mayoría de los judíos observantes, está de acuerdo con el rabino Rashi en que el propósito *es "evitar que los hombres y las mujeres se asocien con lo que normalmente sería un grupo de un solo sexo del otro género bajo falsos pretextos en circunstancias que podrían conducir al adulterio o para un comportamiento 'aborrecible'"* (Gilchrist 2015). Esta interpretación es particularmente relevante para las feministas de la Crítica de Género que afirman que los individuos autoginéfilos utilizan el disfraz de la vestimenta femenina para infiltrarse en los espacios exclusivos para mujeres con fines sexuales.

Santo Tomás de Aquino (al igual que Rashi) considera que la vestimenta cruzada es una cuestión de veracidad. Escribe: *"Esta vestimenta exterior es una indicación del estado del hombre; por lo tanto, el exceso, la deficiencia y la mezquindad en ella son preferibles a la virtud de la veracidad, que el Filósofo asigna a las acciones y a las palabras, que son indicaciones de algo relacionado con el estado del hombre"* (ST IIa IIae q. 169, a.1, ad. 3). Santo Tomás respondió explícitamente a una pregunta sobre la vestimenta durante las liturgias y sobre el hecho de vestirse por debajo de la propia condición para parecer humilde o por superstición. Santo Tomás se refiere directamente al Deuteronomio veintidós y afirma,

> Por lo tanto, es en sí mismo pecaminoso que una mujer se ponga ropa de hombre o viceversa; especialmente porque esto puede ser causa de placer sensual y está expresamente prohibido en la Ley (Deut. xxii) porque los gentiles solían practicar este cambio de atuendo con fines de superstición idolátrica. Sin embargo, esto puede hacerse a veces sin pecado debido a alguna necesidad, ya sea

[6] El uso de "SEÑOR" se refiere piadosamente al YHWH del Antiguo Testamento.

> para esconderse de los enemigos, o por falta de otras ropas, o por algún motivo similar. (ST IIa IIae q.169, a. 2, ad. 3)

La primera línea de Santo Tomás en este comentario está firmemente en contra del travestismo, aunque, a lo largo de su comentario, matiza el precepto, afirmando que no se puede permitir por superstición idolátrica, aunque hay excepciones. Las razones permitidas van desde un engaño aceptable hasta no tener acceso a un atuendo apropiado para el género, u otros motivos similares. La disforia de género no es una superstición idolátrica, como los que participan en el Festival de Cotyttia (Licht 1932, 500). Además, la disforia de género no es lo mismo que esconderse de los enemigos o la falta de opciones. Vestirse con un atuendo femenino puede ser una fuente de excitación sexual para algunos individuos autoginéfilos. Esta excitación, sin embargo, no está presente en absoluto para los individuos andrófilos que no experimentan ninguna excitación sexual con la ropa del sexo opuesto (Blanchard, Clemmensen, y Steiner 1987). En cambio, los individuos andrófilos pueden utilizar la vestimenta del sexo opuesto para una especie de ocultación del propio sexo natal o una forma de intentar presentar la verdad tal y como la experimentan.

La idea de que los hombres se colaban de forma convincente en zonas reservadas a las mujeres para mantener relaciones adúlteras puede ser posible pero poco probable a gran escala durante la antigüedad. El contexto del Deuteronomio 22 implica códigos de pureza que no pretenden separar a los hombres de las mujeres, sino a los judíos de los no judíos. Un argumento más convincente es que los líderes judíos estaban reaccionando a la cultura pagana que los rodeaba. En el festival en honor a Cotys, la diosa de la sensualidad, bailaban hombres y mujeres vestidos con ropa de mujer. Se pasó del ritual a las orgías, según Synesius (Synesius *Synesii Cyrenaei Calvitii encomium).*

Aún más relevante es Ctesias, que estaba relacionado con Anuar, el gobernador de Babilonia, que *"llevaba todo el vestido y los ornamentos de una mujer.... y que solía entrar en la habitación mientras él cenaba con ciento cincuenta mujeres que tocaban la lira y cantaban. Y tocaban y cantaban todo el tiempo que [Annarus] estaba comiendo"* (Athenaeus 1927, 530). Este relato de Ctesias en el siglo V a.C. ocurrió poco después de la compilación del Libro del Deuteronomio. Sin embargo, esto es común en Roma, Grecia o muchas otras civilizaciones antiguas de esa región. Los rituales religiosos y culturales del mundo antiguo incluían bailes con cabras

(Pan), orgías (Cotys), borracheras (Dionysio) y otros comportamientos jocosos. Los códigos éticos y de pureza del pueblo judío pretenden evitar que se integren en las culturas paganas. El Código Deuteronómico no se escribió porque los hombres y las mujeres judíos se travestían. Por el contrario, estos pasajes pretendían evitar que el pueblo judío se asemejara a los paganos, especialmente en sus rituales religiosos.

La respuesta de los Padres del Concilio de Nicea a los eunucos autodidactas es reaccionaria contra el paganismo de los emperadores romanos anticristianos. En un relato de Suetonio (70-120 d.C.), Nerón se enamoró de un muchacho que se parecía a su difunta esposa, por lo que mandó castrarlo para conservar su apariencia femenina. Nerón se casó con Esporo, vistiéndolo como la emperatriz. La cultura pagana y el abuso de los hombres poderosos contra las personas indefensas formaron la respuesta de los padres de la iglesia a los eunucos. En el año 342 d.C., casarse con eunucos quedó prohibido debido a la expansión del cristianismo por todo el imperio romano (Kuefler 2001, 101–102).

¿Cómo prohíbe la Antigua Ley a los eunucos?

Al abordar las terapias quirúrgicas para individuos transgénero, se puede interpretar el capítulo veintitrés del Deuteronomio, que restringe a los eunucos del culto en el templo. *"Nadie cuyos testículos hayan sido aplastados o cuyo pene haya sido cortado puede entrar en la asamblea del* SEÑOR*"* (Dt 23:2 NAB). Esta prohibición contra los mutilados, ya sea autoinfligida o infligida por otro, no es relevante en este pasaje. El siguiente versículo declara: *"No podrá entrar en la asamblea del* SEÑOR *ningún nacido de una unión ilícita, ni ningún descendiente de los mismos hasta la décima generación"* (Dt 23:3 NAB). El Señor se venga de nueve generaciones de inocentes por la culpa de sus antepasados. Sin embargo, tiene menos venganza contra sus antiguos opresores, Egipto: *"No aborrezcas al egipcio: fuiste un extranjero residente en su país. Los hijos nacidos de ellos podrán entrar en la asamblea del* SEÑOR *en la tercera generación"* (Dt 23:8-9 NAB). La posibilidad de adorar al SEÑOR parece extrañamente prohibida según los estándares modernos. Por lo tanto, se necesita más contexto para entender estos pasajes como liberadores.

Esta sección del Deuteronomio contiene lo que parecen ser extraños códigos de comportamiento,

> *"No sembrarás tu viña con dos tipos diferentes de semilla"* (Dt 22:9 NAB);
>
> *"No ararás con un buey y un asno enjaezados juntos"* (Dt 22:10 NAB);
>
> *"No te pondrás telas de lana y lino tejidas juntas"* (Dt 22:11 NAB); *y*
>
> *"Pondrás borlas en las cuatro esquinas del manto que te envuelve"* (Dt 22:12 NAB).

Todas estas extrañas leyes enumeradas en Deuteronomio 22 y 23 son parte de los códigos de pureza para mantener al pueblo elegido de Israel separado de sus vecinos paganos.

¿Cómo redime la tradición profética a los eunucos?

Estas leyes del código de pureza no poseen ningún valor moral intrínseco, y todo Israel no abrazó estas enseñanzas. El profeta Isaías predicó en contra del código de pureza:

> El extranjero unido al SEÑOR no debe decir: *"Seguramente* el SEÑOR *me excluirá de su pueblo"*; Ni el eunuco debe decir: "Mira, soy un árbol seco". Porque así dice el SEÑOR:
>
> A los eunucos que guardan mis sábados, que eligen lo que me agrada y que se aferran a mi pacto, les daré, en mi casa y dentro de mis muros, un monumento y un nombre. Mejor que hijos e hijas; un nombre eterno, que no será cortado, les daré.
>
> Y extranjeros que se unen al SEÑOR para servirle. Amar el nombre del SEÑOR, ser sus siervos, todos los que guardan el sábado sin profanarlo y se aferran a mi pacto. Los llevaré a mi santo monte y los alegraré en mi casa de oración; Sus holocaustos y sus sacrificios serán aceptables en mi altar. Porque mi casa será llamada casa de oración para todos los pueblos. (Is 56: 3-7 NAB)

Isaías predica que el SEÑOR aceptará a los extranjeros y a los eunucos y recibirá monumentos en su nombre. El mensaje de Isaías es la inclusión, *llamando a la casa del Señor casa de oración para todos los pueblos.* El mensaje de Isaías no es el lenguaje de código de pureza de los saduceos o fariseos, sino el mensaje radical de los profetas.

¿Cómo tratan los Evangelios y los Hechos a los eunucos?

Jesús lleva el mensaje de Isaías más allá y llama a todos sus discípulos a ser como eunucos si pueden aceptarlo. Jesús llama a ser eunuco el mejor camino,

> [Sus] discípulos le dijeron: *"Si ese es el caso de un hombre con su mujer, es mejor no casarse"*. Él respondió: *"No todos pueden aceptar [esta] palabra, sino sólo aquellos a quienes se les concede. Algunos son incapaces de casarse porque han nacido así; otros porque han sido hechos así por otros; otros porque han renunciado al matrimonio por el reino de los cielos. Quien pueda aceptar esto, que lo acepte"*. (Mt 19:10-12 NAB)

Jesús le da la vuelta a la sociedad, donde los marginados de la tradición judía, excluidos del culto del templo y de la asamblea de los fieles, se convierten en los elegidos. Ser un hombre influyente en el mundo antiguo era estar casado y tener muchos hijos. Las mujeres, los niños y los eunucos no gozaban de los mismos derechos que los hombres. Jesús pide a sus seguidores que renuncien a sus privilegios masculinos y se conviertan en uno de los miserables de la tierra. Les pide que se humillen, que no sean mejores que un eunuco, un esclavo.

Esta llamada del eunuco no es simplemente la llamada al celibato, sino la inclusión de los eunucos de nacimiento. El lenguaje judío del primer siglo tenía tres términos para designar a los eunucos naturales, *aylonith*, las personas con genitales poco desarrollados que nunca parecen más femeninos que masculinos. Los *andróginos*, son aquellos que parecían igualmente masculinos y femeninos con ambos conjuntos de órganos sexuales y los *tumtum*, aquellos cuyo sexo no está claro pero se hace evidente con el tiempo (J. Hare 2015). Los eunucos naturales serían reconocidos médicamente como individuos intersexuales. Por extensión, si la teoría de que las personas transexuales poseen cerebros intersexuales es correcta, este título por extensión podría incluir a las personas con disforia de género.

Jesús predica la naturaleza complementaria y permanente del *matrimonio*, pero traza un camino de santidad para los demás, para los que nacen parias, se convierten en parias o deciden convertirse en parias por el bien del reino. En Cristo, los impuros ya no existen, sólo los elegidos. El doctor J. David Hester señala,

> Jesús cura a los ciegos, a los paralíticos, a los endemoniados, a los febriles, a los leprosos, a los que tienen hemorragias, incluso a los muertos, y en todos los casos les devuelve la plena pertenencia a la sociedad. En el caso del eunuco, sin embargo, no hay ninguna implicación de *"enfermedad"* o *"deformidad"* social que necesite ser restaurada. Por el contrario, el eunuco se presenta como el modelo a seguir. (Hester 2005, 38)

[Eunuco etíope, siglo I]

El llamamiento de Jesús a la justicia social y al amor a todos los marginados es especialmente señalado como único dentro de la ética religiosa y atribuido principalmente al cristianismo. ¿Dónde encajan los transexuales en la narrativa bíblica del Evangelio? Justo en el centro. Jesús no llama al eunuco a ser como el hombre y la mujer del Génesis, sino a elegir el mejor camino para los que pueden soportar esta cruz. Jesús les llama a abrazar su discapacidad reproductiva como un signo del reino. No debían encajar en el sistema binario de la sociedad (aunque Jesús llama al matrimonio excelente y santo) y servidores no de los poderes terrenales sino del Señor. Además, llama a sus propios discípulos a convertirse en eunucos por el bien del reino.

Finalmente, en los Hechos de los Apóstoles, San Felipe, guiado por un ángel, se encuentra con un eunuco etíope en Gaza. El eunuco llegó a Jerusalén para adorar y estudiar al profeta Isaías cuando San Felipe se acercó a su carro. Según el Deuteronomio 23:2 y 8, al ser eunuco y extranjero, el culto en el Templo sería imposible. Afortunadamente, leyó a Isaías en lugar del Deuteronomio. San Felipe le explicó al eunuco lo que Isaías había predicho y le enseñó sobre Jesús. San Felipe bautizó entonces al eunuco en el río. Los apóstoles realizaron muchos milagros de curación a lo largo de los Hechos de los Apóstoles, pero Dios no hizo que los eunucos volvieran a estar físicamente sanos. El eunuco seguía siendo un eunuco, pero ahora era un cristiano.

La aplicación de las Escrituras a las personas transgénero es rica. Las personas transexuales no son abandonadas como monstruosas, sino que son llamadas a ser hijos de Dios en su *alteridad*. Jesús llama a hombres y mujeres a la santidad del matrimonio, pero crea un camino de santidad para las personas no casadas que pueden vivir como siervos indivisos de Dios. Jesús llama a su camino un camino mejor. Las personas que siguen a Jesús ocupan un camino mejor de celibato y todavía un camino de santidad del matrimonio. Jesús presenta a los eunucos nacidos así o hechos así por otros un reto difícil. Jesús dice a los demás que sean célibes, pero reconoce: *"No todos pueden aceptar [esta] palabra, sino sólo aquellos a quienes se les concede"* (Mt 19,10 NAB). ¿Qué pasa con los eunucos naturales y los que han sido hechos así por otros? ¿Qué pasa si no pueden aceptarlo? ¿Qué significa este pasaje para la persona intersexual? ¿El homosexual? ¿La persona transgénero? Jesús propone un reto para unos, pero un mandamiento para los otros.

Por el contrario, Santo Tomás de Aquino señala que los eunucos, espirituales o naturales, no están libres de la lujuria. En su comentario al Evangelio de San Mateo, Santo Tomás reflexiona: "*Asimismo, esto [la castración] no es útil cuando se hace, porque tales hombres, aunque no tengan el acto, no están libres de la concupiscencia. De ahí que la concupiscencia de un eunuco devore a una joven doncella* (Sir 20,2)" (Aquino, *Comentario al Evangelio de San Mateo,* 1568). Si la unidad original se recompone mediante el sacramento del matrimonio o el matrimonio espiritual con Cristo. La imagen de la unidad original para el eunuco natural viene a través de la imagen del Cuerpo de Cristo de San Pablo.

La teología del cuerpo de Cristo debe ser a la vez un consuelo y un desafío para quien no está en estado de vida matrimonial. Cristo mismo estableció excelentes caminos y vocaciones para estas personas que son transexuales, pero también hay desafíos. Otros pueden disfrutar de dos opciones, pero para el eunuco, se le ordena un camino mejor y más difícil. El eunuco no debe ser obligado a llevar esta cruz solo, sino que debe experimentar el apoyo y la formación de la Iglesia para guiarles en su camino de perfección. Siguen cayendo mientras la comunidad cristiana no sea capaz de apoyarlos. Los eunucos, por su naturaleza precisa en el primer siglo, no son personas solitarias, sino personas que forman parte de una comunidad y con roles claramente definidos. La Iglesia debe aceptar el reto de interpretar al Espíritu Santo para crear una clara vocación para estos eunucos de hoy en día.

3.7 Ciencia y Religión

Dentro de este libro, la sección más extensa está dedicada a la ciencia médica y no a las Escrituras. Este enfoque es intencionado, ya que, para los transexuales, las Escrituras y los Concilios de la Iglesia sólo están relacionados tangencialmente. Sacra Doctrina es necesaria e ilumina el enfoque pastoral que se debe adoptar al abordar la cuestión transgénero. Sin embargo, cualquier intento de aplicar la Sacra Doctrina sólo abordará la versión del hombre de paja de la cuestión sin la ciencia médica. Una aplicación de paja es ineficaz e insultante para las personas transgénero y pondría en duda la astucia de los dirigentes de la Iglesia.

Debido a casos notables como la condena de Galileo Galilei en 1633, la gente sigue siendo escéptica sobre la aceptación de la ciencia por parte de la Iglesia Católica. Esta presunción de que la Iglesia es contraria a la ciencia omite una gran cantidad de pruebas históricas que demuestran lo contrario. Muchos están familiarizados con que Gregor Mendel, el padre de la genética, era un fraile agustino, que Nicolás Copérnico, el padre de un sistema solar heliocéntrico, era un canónigo agustino, y quizás el padre Georges Lemaître, S.J., el padre de la teoría del Big Bang. Un capítulo escrito por el P. William Wallace, O.P., titulado Quantification in Sixteenth-Century Natural Philosophy (que se encuentra en un festschrift dedicado a Ralph McInerny), examina cómo la iglesia europea llevó a la sociedad al borde de la ciencia moderna (Wallace 1999, 11–24).

¿La iglesia escucha a los principales científicos?

En la época actual, la Iglesia también está a la vanguardia de la ciencia moderna. La Academia Pontificia de las Ciencias cuenta con cuarenta y cinco premios Nobel, como Ernest Rutherford, Niels Bohr, Max Planck, Erwin Schrödinger, Otto Hahn y Charles Hard Townes. Incluso Stephen Hawking asistía regularmente a las sesiones plenarias de la academia. Sus raíces se remontan a la Academia de los Linces en 1603 y se le devolvió su finalidad eclesiástica en 1847 como *Accademia*

Pontificia dei Nuovi Lincei por el Papa Pío IX, un año después de su papado de treinta años. En 1936, el Papa Pío XI dio a la Academia su nombre actual y su sede en los Jardines Vaticanos.

¿Están la ciencia y la religión enfrentadas?

El 8 de noviembre de 2012, Benedicto XVI dijo a los miembros de la Pontificia Academia de las Ciencias que el diálogo y la cooperación entre la fe y la ciencia eran urgentemente necesarios para construir una cultura que respete a las personas y al planeta. El pontífice proclamó: *"Sin que la fe y la ciencia se informen mutuamente, las grandes cuestiones de la humanidad salen del dominio de la razón y de la verdad, y se abandonan a lo irracional, al mito o a la indiferencia, con gran daño para la propia humanidad, para la paz mundial y para nuestro destino final"* (Benedicto XVI 2012). Continuó afirmando que mientras las personas se esfuerzan por

> Al desvelar los misterios del hombre y del universo, estoy convencido de la urgente necesidad de un diálogo y una cooperación continuos entre el mundo de la ciencia y el de la fe para construir una cultura de respeto al hombre, a la dignidad y a la libertad humanas, al futuro de nuestra familia humana y al desarrollo sostenible a largo plazo de nuestro planeta. (Benedicto XVI 2012)

Benedicto XVI capta el corazón de la respuesta católica hacia la ciencia moderna. La ciencia no debe tratar de convertirse en una religión, ni la religión debe tratar de ocupar el lugar de la ciencia. El cardenal Avery Dulles, en su relato de la conferencia de Juan Pablo II sobre ciencia y religión de 1988, escribió: *"La ciencia puede purificar la religión del error y la superstición, mientras que la religión purifica la ciencia de la idolatría y los falsos absolutos. Por lo tanto, cada disciplina debe mantener su integridad y, sin embargo, estar abierta a las ideas y descubrimientos de la otra"* (Dulles 2007, 19). Construimos una sociedad basada en el respeto a la dignidad humana y a la sostenibilidad del planeta a largo plazo mediante un diálogo continuo entre la ciencia y la fe.

¿Cómo responde la Iglesia a las situaciones en las que la verdad científica contradice la verdad de la fe? Según G.K. Chesterton, Siger de Brabante en el siglo XIII afirmaba,

> La Iglesia debe tener razón teológicamente, pero puede equivocarse científicamente. Hay dos verdades; la del mundo natural, que contradice al mundo sobrenatural. Mientras somos naturalistas, podemos suponer que el cristianismo es todo un sinsentido; pero luego, cuando recordamos que somos cristianos, debemos admitir que el cristianismo es verdadero, aunque no tenga sentido. (Chesterton 1933, 104)

Santo Tomás de Aquino se rebeló contra este concepto y, por el contrario, afirmó que sólo puede haber una verdad abordada por dos caminos. El Papa León XIII estuvo de acuerdo con el enfoque tomista al abordar esta cuestión en la encíclica de 1893 Sobre el estudio de las Sagradas Escrituras (*Providentissimus Deus*). León XIII argumentó que la ciencia y la teología son disciplinas separadas; por lo tanto, no se contradicen si los estudiosos mantienen sus respectivas áreas de especialización. La ciencia se pregunta clásicamente: ¿cómo se produce algo? La teología se pregunta naturalmente: ¿por qué ocurre algo? El científico no debe considerar que los escritores bíblicos explicaran el mundo visible, ya que esa no era su intención.

¿A través de qué lente debe la iglesia interpretar la ciencia?

¿Cómo llegó León XIII a esta postura radical en comparación con su sucesor Pío IX, que condenó todos los aspectos de la modernidad en el apéndice de 1864, Syllabus de los errores *(Syllabus Errorum*)? En 1879, el Papa presentó la encíclica Del Padre Eterno (*Aeterni Patris*) para reivindicar los valores de la escolástica y las obras de Santo Tomás de Aquino. El enfoque tomista abarcaba todo el conocimiento pagano, musulmán, judaico, científico, bíblico o filosófico. Del mismo modo, León XIII abrazó toda la verdad como señal para el mundo de que la Iglesia no es una institución arcaica supersticiosa, sino un faro de luz que brilla en la oscuridad. Así, en 1891, el papa abrió el Observatorio Vaticano para descubrir la verdad del cosmos.

En 1892, el Papa, junto con la Orden de los Dominicos, abrió *L'Ecole Biblique* en Jerusalén para estudiar críticamente la Biblia desde una perspectiva histórica y arqueológica. Con esta medida, la Iglesia adoptó definitivamente la postura de que quería descubrir la verdad de las Escrituras y defender la Palabra de Dios frente a quienes creían que las Escrituras eran una obra de ficción alejada de la historia y la realidad.

Así, Pío IX respondió al mundo moderno condenándolo, mientras que León XIII respondió a la modernidad abriendo las puertas de la Iglesia e invitando a todos a entrar con la fe de que todas las formas de verdad conducirán a la *Verdad.*

Juan Pablo II, en su discurso a la Academia Pontificia de las Ciencias el 22 de octubre de 1996, citó a su predecesor León XIII en su encíclica Sobre el estudio de la Sagrada Escritura (*Providentissimus Deus*), *"sabemos, en efecto, que la verdad no puede contradecir la verdad"* (Juan Pablo II 1996). La verdad del conocimiento científico y la verdad de la enseñanza religiosa son epistemológicamente coherentes. Sólo puede haber una verdad. León XIII citó a San Agustín: *"Y si en estos Libros encuentro algo que parece contrario a la verdad, no dudaré en concluir o que el texto es defectuoso, o que el traductor no ha expresado el sentido del pasaje, o que yo mismo no entiendo".* (Leo XIII 1893, sec. 21) (Augustine. *Ep. lxxxii.*, i. et crebrius alibi) Este principio fundamental es la clave para descifrar cómo la Iglesia abordará cada nueva revolución científica.

Muchos eclesiásticos se resistieron a las nuevas verdades científicas presentadas en los albores de las revoluciones heliocéntrica y darwiniana. Al principio, los descubrimientos podían desafiar la autoridad de la Iglesia y establecer una nueva cosmología y antropología. En la época actual, la Iglesia católica no sigue librando ninguna de esas dos batallas. Ya en 1950, en su encíclica Sobre el género humano (*Humani Generis*), Pío XII escribió que no existe ningún conflicto inherente entre el cristianismo y la evolución. El Magisterio *"no prohíbe que, conforme al estado actual de las ciencias humanas y de la teología sagrada, se realicen investigaciones y discusiones, por parte de hombres experimentados en ambos campos, respecto a la doctrina de la evolución, en cuanto indaga sobre el origen del cuerpo humano como procedente de la materia preexistente y viva"* (Pio XII 1950, sec. 36). La Iglesia, sabiamente, no canoniza ningún sistema científico. Independientemente de cómo haya ocurrido el proceso, al final, Dios creó al hombre. Pío XII afirma que *"la fe católica nos obliga a sostener que las almas son creadas inmediatamente por Dios"* (Pio XII 1950, sec. 36), pero que el modo en que se produce la creación es un misterio.

¿Por qué la iglesia necesita seguir escuchando a los científicos?

Con la apertura y la voluntad de abrazar la verdad expresada por León XIII, es vital honrar la integridad de los estudios científicos. Sin embargo, la ciencia no es dogmática ni infalible, por lo que es crucial no canonizar ninguna investigación científica ni una colección de estudios. Los estudios científicos son como los puntos de un juego de conectar los puntos para niños. Al principio de la investigación, los puntos sólo parecen ser un surtido aleatorio. Después, se pueden hacer varias conexiones diferentes entre ellos, lo que da lugar a diferentes imágenes.

Sin embargo, a medida que aumentan los estudios y los científicos rellenan los huecos con puntos adicionales, la imagen se vuelve más explícita. Al final, cuando hay suficientes puntos de datos, incluso un niño se da cuenta de la naturaleza de la imagen sin necesidad de hacer conjeturas. En el campo de la ciencia transgénero, no disponemos de suficientes puntos. Esta falta de puntos permite muchas interpretaciones sobre cómo unirlos en una imagen correctamente. Este artículo pretende presentar los puntos científicos y filosóficos de la forma más honesta y completa posible y, a continuación, ofrecer un par de formas razonables de conectarlos. A medida que los científicos coloquen más puntos, es probable que algunas teorías queden obsoletas. La iglesia podría esperar y no hacer ninguna declaración afirmativa sobre las cuestiones de la transexualidad hasta litigar científicamente el asunto. Pastoralmente, la iglesia no puede esperar décadas antes de atender a sus hijos e hijas que sufren disforia de género.

3.8 Revisión de Conceptos

En el tercer capítulo se abordó la guerra cultural y su batalla por los valores conservadores y liberales, a la vez que se habló de la tan debatida cultura de la cancelación, que frena la libertad de expresión cuando se aborda la cuestión transgénero. En esta sección también se planteó la preocupación por la naturaleza de las preguntas políticamente correctas y los resultados de los estudios científicos permitidos relacionados con las identidades transgénero. Por último, esta sección abordó las principales cuestiones sociales relacionadas con la transexualidad promovidas por los medios de comunicación, en particular las leyes sobre los baños y los debates deportivos.

El popular libro *Cómo Harry se convirtió en Sally* presenta cómo los círculos culturales católicos discuten frecuentemente la cuestión transgénero y cómo la cultura popular la silencia. Esta sección también revisa los pasajes relevantes de las Escrituras y cómo aplicar los principios tratados en el tema del travestismo y los eunucos a la cuestión transgénero.

También se utiliza la *Teología del Cuerpo* de Juan Pablo II para imaginar las posibles vocaciones de los transexuales como eunucos por el bien del reino. Por último, esta sección termina con el puente católico entre los valores conservadores y liberales, sin entrar en la propia guerra cultural. Un ejemplo vivo de un líder público que trata de trascender el tribalismo moderno es el Papa Francisco, quien señaló notablemente que el trabajo del cristiano es construir puentes, no muros:

> La paz construye puentes, mientras que el odio es el constructor de muros. Debes decidir en la vida: o hago puentes, o hago muros. Los muros dividen, y el odio crece; cuando hay división, el odio crece. Los puentes unen, y cuando hay un puente, el odio puede desaparecer porque puedo escuchar al otro y hablar con el otro. Cuando das la mano a un amigo, a una persona, haces un puente humano. Haces un puente. En cambio, cuando golpeas a alguien, cuando insultas a otra persona, construyes un muro. El odio siempre crece con los muros. A veces, puede ocurrir que quieras

> hacer un puente, y ofrezcas tu mano, pero la otra parte no la toma; estas son las humillaciones que debemos sufrir en la vida para hacer el bien. (Francisco 2018)

Capítulo 4
Anomalías Sexuales e Intersexualidad

Aunque los andróginos, a los que los hombres también llaman hermafroditas, son muy raros, es difícil encontrar períodos en los que no se den. En ellos, las marcas de ambos sexos aparecen juntas de tal manera que es incierto de cuál deben recibir propiamente su nombre. Sin embargo, nuestra manera establecida de hablar les ha dado el género del mejor sexo, llamándolos masculinos.

— San Agustín, *La Ciudad de Dios*

Las personas masculinas, femeninas e intersexuales son todas creadas a imagen de Dios, y todas están llamadas a conformarse a la imagen de Jesús.

— Megan DeFranza, Ph.D.,
Diferencia de sexo en la teología cristiana

Dos teorías subyacen al debate sobre la naturaleza de las personas transgénero: (1) el sexo es binario, y (2) el sexo es un espectro. El modelo del sexo binario sostiene que los diferentes sexos son complementarios y necesarios para la reproducción sexual. Este tema se trata ampliamente en el apartado 2.1. El punto de vista opuesto afirma que los individuos intersexuales son ejemplos de la amplia gama de sexo entre dos polos binarios. Entonces, ¿el sexo es binario o es un espectro?

El biólogo evolutivo Colin Wright, Ph.D., sostiene que cada seis mil lanzamientos de una moneda caen en el borde. Esta anomalía estadística es esperable, pero no se concluye la existencia de más de dos caras de una moneda (C. Wright 2020). La intersexualidad es una condición por la cual la moneda cae en el borde. La condición de intersexualidad no es una condición única, sino un término paraguas que describe varias condiciones que van desde las severas y evidentes hasta las menores e imperceptibles. Las personas intersexuales no son un hecho nuevo, y las sociedades han integrado efectivamente a las personas intersexuales en la cultura durante miles de años.

El sexo es la característica física y anatómica que define a un ser humano como hombre o mujer. La comunidad pediátrica asigna a un niño un sexo masculino o femenino utilizando criterios científicos establecidos. La bióloga Anne Fausto-Sterling, doctora de la Universidad de Brown, define al hombre y a la mujer típicos o biológicos de la siguiente manera:

> Definimos al varón típico como alguien con una composición cromosómica XY y testículos situados dentro de la bolsa escrotal. Los testículos producen esperma que, a través del conducto deferente, puede ser transportado a la uretra y eyaculado fuera del cuerpo. La longitud del pene al nacer oscila entre 2,5 y 4,5 cm; un pene idealizado tiene una uretra completamente cerrada, que se abre en la parte superior del glande. Durante el desarrollo fetal, los testículos producen el factor inhibidor mülleriano, la testosterona y la dihidrotestosterona, con lo que la actividad testicular juvenil asegura una pubertad masculinizante.
>
> La hembra típica tiene dos cromosomas X, ovarios funcionales que aseguran una pubertad feminizante, oviductos que conectan con un útero, cuello uterino y canal vaginal, labios vaginales internos y

externos, y un clítoris, cuyo tamaño al nacer oscila entre 0,20 y 0,85 cm. (Blackless, Charuvastra, et al. 2000, 152)

El desarrollo de un joven macho o hembra se origina en el genotipo XX o XY desde los primeros momentos de la concepción, por lo que suele ser fácil distinguir entre los dos sexos utilizando este criterio. El enfoque cromosómico surgió en 1923 con el descubrimiento del ADN. La determinación del sexo se desarrolló aún más en 1991 con el descubrimiento del gen *Sry*.

El sacerdote y biólogo P. Nicanor Austriaco, O.P., doctorado en microbiología por el *Instituto Tecnológico de Massachusetts*, escribió en Blackfriars: "*Un varón tiene un cromosoma Y con el gen Sry que desencadena el desarrollo de sus testículos, mientras que una hembra no tiene ninguno, lo que desencadena el desarrollo de sus ovarios. Estas gónadas dirigen entonces la diferenciación sexual y la maduración a través de la actividad de las hormonas específicas del sexo que producen*" (Austriaco 2013, 702). Por desgracia, algunas anomalías hacen que este proceso de selección sea mucho más complejo en aproximadamente el 1,7% de la población que es intersexual (Blackless et al., 2000). La intersexualidad, antes llamada hermafroditismo, no es lo mismo que la disforia de género o la transexualidad.

La mayoría de las personas intersexuales pueden vivir sin saberlo con condiciones de intersexualidad durante décadas hasta que finalmente se les diagnostica una condición de intersexualidad en la edad adulta. Algunas personas intersexuales tienen la distinción biológica de no tener claro un sexo u otro dentro de sus órganos sexuales secundarios. Sólo una minoría de los trastornos intersexuales producen genitales de ambos sexos o, más exactamente, genitales ambiguos. Una persona intersexual puede tener cromosomas XX o XY, pero puede tener XXY o XXX o un mosaico de células XX y XY dentro de una misma persona. Otras personas intersexuales tienen 46 cromosomas con genotipos XX o XY.Debido a la mutación del gen *Sry*, tanto la testosterona como el estrógeno se liberan en el feto

[1] *Hasta 1968 se pedía a las competidoras olímpicas que desfilasen desnudas ante un tribunal. Los pechos y la vagina eran todo lo que se necesitaba para certificar la propia feminidad. Pero muchas mujeres se quejaban de que este procedimiento era degradante. En parte por el aumento de estas quejas, el* COI *decidió utilizar la moderna prueba cromosómica "científica"*" (Fausto-Sterling 2000a, 3).

humano, y se desarrollan ambas características sexuales. En un caso, un individuo con cromosomas XY y un gen SRY normal dio a luz. (Dumic et al. 2008, 183).

La ex olímpica María José Martínez-Patiño (1961—), una de las mejores vallistas españolas, creía que era una mujer y, sin saberlo, tenía cromosomas masculinos, testículos y no tenía ovarios ni útero. En 1985, después de que los médicos realizaran una prueba rutinaria de cromatina y determinaran que la ex gimnasta era genéticamente masculina, no se le permitió participar en los Juegos Universitarios de Kobe, Japón. (Schaffer y Smith 2000, 138). Sin embargo, María presentaba todas las características físicas de una mujer, incluidos sus genitales externos, y los médicos la declararon niña al nacer. Todavía defendiendo su convicción de que es una mujer, María anunció: "*Sabía que era una mujer*" (Fausto-Sterling 2000a, 2).

Megan DeFranza, doctora (1975-), explica que "*el cromosoma Y no siempre determina la identidad masculina; la producción y la receptividad a los andrógenos son más influyentes*" (DeFranza 2019, 93). El Síndrome de Insensibilidad Androgénica Completa ocurre cuando la persona es genotípicamente XY pero fenotípicamente con ambos genitales. Todos los demás rasgos sexuales secundarios son femeninos, incluido el cerebro. Si una persona es genotípicamente masculina y fenotípicamente femenina, ¿qué diría más sobre el sexo de una persona? El documento *masculino y femenino los creó* intenta dar consejos,

> [E]n los casos en que el sexo de una persona no está claramente definido, los profesionales médicos pueden realizar una intervención terapéutica. En estas situaciones, los padres no pueden tomar una decisión arbitraria sobre la cuestión, y mucho menos la sociedad. Por el contrario, la ciencia médica debe actuar con fines puramente terapéuticos e intervenir de la manera menos invasiva, basándose en parámetros objetivos y con vistas a establecer la identidad constitutiva de la persona. (*Masculino y Femenino los creó*, sec. 26)

No hay que suponer que el genotipo es el factor más importante o el único relevante para determinar el sexo de una persona. El enfoque aristotélico y tomista considera que el fenotipo es mayor que el genotipo, ya que la acción sigue al *ser* y no al ADN. Por lo tanto, si un individuo puede quedarse embarazado dentro de su cuerpo, ese individuo es una mujer por definición. Los profesionales de la medicina siguen la postura aristotélica, y en los años 80 aprendieron que el sexo no es intercambiable y que la expresión de género tiene su origen en el cerebro, no en los genitales. En consecuencia, los médicos no pueden determinar el sexo de los bebés intersexuales hasta que se produzca una mayor maduración corporal y se desarrolle la expresión de género del niño.

En 2005, cincuenta profesionales médicos establecieron las *Directrices Clínicas y el Manual para Padres*, que aconsejaban el enfoque de esperar y ver para los niños intersexuales. La estrategia actual de las Guías Clínicas de 2005 y las enseñanzas de la Iglesia están alineadas. Ni la enseñanza médica ni la eclesiástica están en desacuerdo a este respecto. Por lo tanto, la CCE debe ser cautelosa para no sobredimensionar el lenguaje, que afirma *"las ideas de la intersexualidad"*, ya que se trata de una realidad biológica para millones de personas. Los teóricos nominalistas del género utilizan la intersexualidad como arma para subvertir el binario sexual, como observa correctamente la iglesia. La iglesia debe separar a quienes tienen condiciones de intersexualidad de quienes utilizan a las personas intersexuales como medio para conseguir un fin (véase *infra*-4.1).

Este libro plantea la intersexualidad por dos razones: en primer lugar, desmonta la visión simplista de que todo el mundo nace inequívocamente masculino o femenino. Los cromosomas XX o XY no determinan directamente la masculinidad y la feminidad. Los genotipos no determinan estrictamente el sexo, y los fenotipos son a veces inciertos. En segundo lugar, este libro sostiene que el sexo es binario, pero las condiciones intersexuales requieren sensibilidad y excepciones a las reglas binarias que rodean al sexo. Si la presunción de que XX y XY siempre determinan el sexo de una persona fuera correcta, significaría que alguien como María José Martínez-Patiño está actuando por enfermedad mental o por rebelión sexual social, lo que no parece ser la situación.

Las personas intersexuales que se identifican enteramente como un sexo pero que son genotípicamente del sexo opuesto conducen a una ontología ambigua. Entre las personas transexuales, la etiología de la intersexualidad puede ocurrir principalmente en el cerebro, una región que puede permanecer en gran medida oscura para los médicos. La hipótesis del cerebro intersexual, tal como la promueven muchos profesionales de la medicina, se analizará *infra* en los capítulos siete y ocho. Por último, el P. Austriaco explica su concepción de la formación biológica de la identidad de género,

> Simplemente tenemos que concluir que no podemos hacer un juicio preciso sobre el sexo/género de estos individuos. Algunos informes sugieren que la identidad de género central es consistente con el sexo asignado en la mayoría de los casos a través de una amplia gama de anormalidades hormonales, aparentemente sin importar si la asignación de sexo es como hombre o como mujer. (Austriaco 2013, 714–715)

La principal conclusión del P. Austriaco tras revisar los estudios sobre sexo y género es que la ciencia médica no tiene claro cómo influye la biología en la identidad de género.

[P. Nicanor Austriaco, O.P., 1968—]

4.1 La Intersexualidad Como Ideología

Desde la propagación de la *Humanae Vitae* (De la vida humana) en 1968, los papas han luchado activamente contra la ideología de la liberación sexual, declarando que el sexo y la procreación son inseparables. Desde la década de 1960, el movimiento de liberación sexual ha pasado de la autodeterminación reproductiva a separar el sexo biológico de los actos sexuales y el género. Entre las personalidades del debate se encuentran algunas personas intersexuales que defienden que su condición no es sólo médica, sino un reproche biológico a la ideología sexual binaria.

La fundadora de la Sociedad Intersexual de Norteamérica, Cheryl Chase, hace la audaz afirmación de que el *"binario masculino/femenino no es inmutable"*. A continuación, hace una afirmación aún más atrevida, según la cual *"proporciona una oportunidad para desplegar la 'naturaleza' de forma estratégica para desbaratar los sistemas heteronormativos de sexo, género y sexualidad"* (Chase 2006, 301). Cheryl no tiene ningún reparo en figurar entre *los Hermafroditas con Actitud*, el nombre de su capítulo en The Transgender Studies Reader, 2006. Algunos teóricos del género han añadido la intersexualidad al arco iris LGBTQI, como Amnistía Internacional (LGBTQI Glossary n.d.). Aunque algunas personas intersexuales podrían apreciar el apoyo, otras tantas se sienten incómodas al politizar su discapacidad. Si la biología se convierte en una herramienta de la ideología, los individuos de todos los lados de la conversación deben diferenciar entre la biología y la filosofía. La existencia de las personas intersexuales es un hecho biológico; la forma que tiene la naturaleza de *"perturbar los sistemas heteronormativos de sexo, género y sexualidad"* es una ideología filosófica (Chase 2006, 301).

La iglesia responde a esta ideología, afirmando que es *"una ideología que, de hecho, ignora el sufrimiento de aquellos que tienen que vivir situaciones de indeterminación sexual"* (Hombre y Mujer los creó, sec. 26), criticando a la comunidad activista por politizar un grupo de personas con una condición médica para su propia agenda política. Si las personas intersexuales crean un concepto de masculinidad y feminidad ambiguas, esto no es culpa de las personas que nacen con el síndrome de Klinefelter, la insensibilidad a los andrógenos o cualquier otro trastorno. Algunas personas intersexuales apoyan la teoría de género y la liberación sexual, pero no todas las personas intersexuales comparten estas posiciones.

No estamos teniendo un *momento intersexual* como el Dr. Anderson afirma que hay un *"momento transgénero"* (Anderson 2018a, portada). Si el sexo de una persona intersexual parece ambiguo, la persona, en realidad, sigue teniendo un sexo binario. Una persona intersexual nunca es capaz tanto de impregnar como de ser impregnada. Una persona intersexual no puede autofecundarse. La persona intersexual puede quedarse embarazada, lo que la convierte en una mujer, o impregnarse, lo que la convierte en un hombre. Debido a una condición genética, un individuo estéril no es miembro de un tercer sexo; son simplemente miembros estériles de uno de los dos sexos. Del mismo modo, si una persona tuvo el síndrome de la talidomida y nació con una morfología deformada, como una extremidad ausente o acortada, esa persona no se convierte en una nueva especie animal. Las personas con síndrome de Talidomida no son especies diferentes por tener una discapacidad congénita, así que ¿por qué alguien con una discapacidad congénita sexual se convertiría en miembro de un tercer sexo?

Cheryl Chase utiliza su plataforma para abogar por el derrocamiento de los valores heteronormativos. Sin embargo, según Emi Koyama, fundadora de la sección de Oregón de la Iniciativa Intersexual, *"la mayoría de las personas nacidas con condiciones intersexuales se ven a sí mismas como un hombre (o una mujer) con una condición de nacimiento como cualquier otra"* (Koyama 2006).

4.2 Sexo Biológico

Mutabilidad en Especies Inferiores

Como condición de la normatividad de la creación, el sexo suele considerarse inmutable e inmodificable. Cuando los jóvenes judeocristianos aprenden la historia del Arca de Noé, aprenden que todos los animales son machos o hembras y que Dios los selecciona, de dos en dos. El concepto de que el sexo no es necesariamente binario en otras especies puede sonar como una ideología de género que pretende erradicar el concepto de sexo; sin embargo, es biológicamente válido y no es raro en el reino animal. Como los humanos difieren significativamente de las especies inferiores, el hecho de que el sexo pueda cambiar en esas especies no es una prueba directa de que el género o el sexo puedan cambiar en los humanos. Sin embargo, estas especies inferiores comparten ancestros evolutivos comunes, y su biología puede descubrir la etiología humana de ciertas anomalías sexuales. No obstante, estas especies inferiores comparten ancestros evolutivos comunes, por lo que su biología puede ofrecer pistas sobre los orígenes de ciertas anomalías sexuales en los humanos.

El complejo reptiliano está en el cerebro profundo de los humanos; las funciones cerebrales primarias son las mismas que cuando los humanos eran evolutivamente reptiles. En términos tomistas, se trataría de la "*potencia sensitiva*", las facultades del alma que responden a un estímulo, digieren el alimento, muestran agresividad, defecan, se reproducen, etc. (ST Ia q. 78, a. 1). Dentro de estas funciones esenciales se encuentra también parte del "*bagaje evolutivo*" (Wischik 2020). Este arrastre reptiliano es eficaz para proporcionar el marco de las funciones sensibles esenciales, pero ¿qué ocurre si los elementos de agresión y apareamiento de los reptiles también continúan en el homo sapiens?

Los peces, anfibios y reptiles constituyen el 75,9% de las 66.178 especies de vertebrados del planeta (Unión Mundial para la Naturaleza 2014), y todos ellos carecen de cromosomas sexuales. Las condiciones ambientales determinan su sexo principalmente a través de la temperatura, que afecta a la distribución de enzimas y receptores hormonales en los embriones. Una vez que la naturaleza selecciona el sexo de los peces y reptiles, no suele cambiar dentro de la etapa de madurez de la especie (C. Wu 1995).

En algunas especies de anfibios, el sexo puede cambiar a lo largo de su vida. Esta realidad biológica es la base de la crisis de la serie Parque Jurásico, en la que el ADN de las ranas rellenaba los huecos del ADN de los dinosaurios que faltaba, lo que permitía a éstos cambiar de sexo y aparearse. Aunque la película y los libros son ficticios, la descripción de la mutabilidad sexual de los anfibios es correcta. La capacidad de los anfibios para cambiar de sexo se origina en el hipotálamo. El doctor Jiang-Ning Zhou y el doctor Frank Kruijver realizaron dos estudios cruciales sobre el hipotálamo y su correlación con el cerebro transgénero *(infra*-7.2 *y* 7.3).

En los invertebrados, el hipotálamo es una parte integral del cerebro para controlar el comportamiento sexual. En la Universidad de California, las doctoras Deborah Cummings y Pauline Yahr identificaron el lugar del cerebro del jerbo macho que controla su comportamiento copulatorio. Los investigadores de este estudio inyectaron testosterona a los jerbos hembra durante su desarrollo, lo que provocó que el hipotálamo del jerbo desarrollara un núcleo masculino. Como resultado, sus comportamientos son observablemente más parecidos a los de los jerbos machos (Cummings and Yahr 1984). Este estudio es muy citado como la primera prueba que sugiere que el cerebro afecta a las hormonas y las hormonas al cerebro.

Los investigadores también han descubierto cómo las influencias hormonales en el útero pueden afectar al comportamiento de los mamíferos adultos. Cuando los fetos de roedores se desarrollan uno al lado del otro en una camada, las hormonas esteroides de un feto parecen influir en las estructuras sexuales neutras y secundarias del feto adyacente. (Crews 1994). Un ratón hembra que se encuentra en el útero entre dos ratones machos desarrolla mayores concentraciones de testosterona y menores de estrógeno cuando se convierte en adulto. Como resultado, la hembra de ratón es menos buscada sexualmente por los machos y es más probable que muestre agresividad hacia otras hembras. Este estudio apunta a la posibilidad de que los receptores de andrógenos defectuosos puedan afectar al desarrollo sexual normal del cerebro del feto.

Insistir demasiado en la relación entre las especies inferiores y los humanos puede ser imprudente. Los humanos no son genéticamente como las ranas, los jerbos o los ratones. Sin embargo, es esencial tener en cuenta que la mayoría de las especies de vertebrados tienen diversos grados de mutabilidad sexual. La naturaleza es compleja y hay que estar abierto a la idea de que las variaciones naturales dentro del desarrollo sexual humano son inevitables, aunque rara vez sean ventajosas.

4.3 Síndrome de Klinefelter

Este trastorno genético es sistémico en individuos con 47 cromosomas en lugar de los 46 tradicionales. Este cromosoma adicional da lugar a combinaciones como 47, XXY y 47, XYY. Este defecto genético se produce una vez de cada 1.000 nacimientos (Cameron 1999, 93). Este trastorno en los hombres consiste en genitales masculinos externos, testículos pequeños, infertilidad, mayor altura, mala coordinación, inteligencia inferior a la media y crecimiento de los senos. No es infrecuente que los hombres con síndrome de Klinefelter lo desconozcan hasta que son evaluados por infertilidad. Una revisión bibliográfica de 1999 sobre las tasas de aborto electivo reveló que alrededor del 58% de los embarazos en Estados Unidos diagnosticados con el síndrome de Klinefelter fueron interrumpidos (Mansfield, Hopfer, y Marteau 1999, 808).

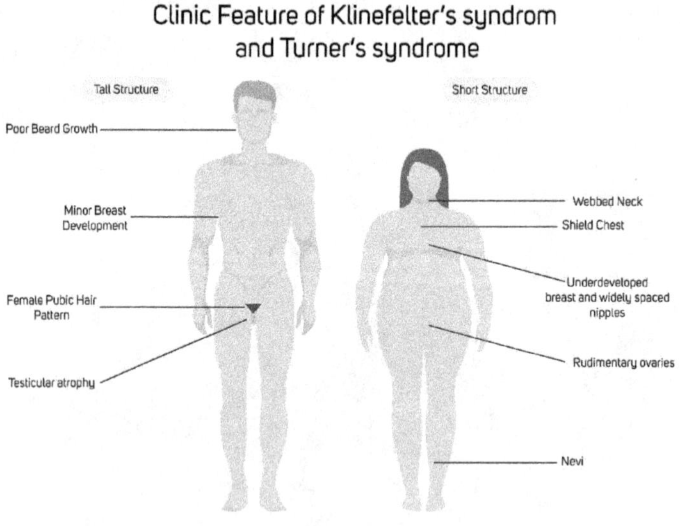

Figura 4.1 Síndromes de Klinefelter y Turner

4.4 Síndrome de Turner

El síndrome de Turner es un trastorno genético por el que el individuo nace con 45 cromosomas totales en lugar de los 46 típicos. El cariotipo del síndrome de Turner es XO o 45 X. En esta situación, falta todo o una sección del segundo cromosoma X o Y. Este trastorno se produce una vez cada 2.000-3.000 nacimientos de mujeres en los casos en los que faltan algunos de los cromosomas Y; *"no es suficiente para causar rasgos sexuales masculinos"* (Zinn 2016, 540). Los rasgos incluyen un cuello con bandas cortas, orejas de implantación baja, estatura más baja que la media, manos y pies hinchados al nacer e infertilidad. Estos individuos también tienen una tasa más frecuente de defectos cardíacos, diabetes e hipotiroidismo. Los médicos no han identificado la causa de este síndrome.

4.5 Síndrome de Insensibilidad a los Andrógenos: CAIS y PAIS

Este síndrome es menos común que los síndromes de Klinefelter y Turner, ya que sólo se presenta una vez por cada 13.000 nacimientos. Aunque este síndrome es raro, es significativo porque causa los ejemplos de intersexualidad más clásicos y reconocibles. El síndrome de insensibilidad a los andrógenos es un trastorno tanto completo (CAIS) como parcial (PAIS). Este trastorno en las mujeres afecta a uno de los cromosomas X, lo que hace que las mujeres sean portadoras. Los rasgos fenotípicos incluyen retrasos en la pubertad, una altura superior a la media y un vello corporal inferior a la media en las mujeres con este trastorno. Dado que estas características físicas son una forma idealizada de una mujer occidental, este síndrome no es fácilmente reconocible como una anomalía intersexual durante la pubertad.

Los hombres, durante la gestación, se vuelven incapaces de procesar las hormonas masculinas (andrógenos). Los genitales femeninos se forman en su totalidad con testículos parcial o totalmente no descendidos, una vagina corta y la ausencia de cuello uterino en el caso de un varón con CAIS. Aunque los genitales femeninos parecen normales para los profesionales médicos, el trastorno puede no revelarse hasta la pubertad. Debido a la ausencia de útero, la pubertad no conduce a la menstruación; sin embargo, se desarrollarán características femeninas secundarias. El cuerpo no puede absorber ninguna testosterona, y parte de la testosterona no absorbida se convierte en estrógeno.

Los individuos con PAIS tienen menos probabilidades de pasar por mujeres cis. Las personas con PAIS presentan síntomas que van desde unos genitales masculinos normales con infertilidad hasta unos genitales femeninos completamente exteriores pero sin vello púbico. Este rango de variación se califica médicamente en una escala del uno al siete, siendo el uno los rasgos más masculinos y el siete los más femeninos. En una revisión de la literatura de 2002, de 14 individuos con PAIS, el 77% estaban satisfechos con el sexo que los padres y los médicos les asignaron al nacer (Migeon et al. 2002, e31) . De nuevo, al igual que el CAIS, este síndrome sólo se manifiesta fenotípicamente en hombres con 46 cromosomas XY. .

[2] La conclusión es probablemente correcta aunque la fuente no es fiable. Doctores. Claude Migeon y John Money son los fundadores de la Clínica de Identidad de Género, que llevó a cabo procedimientos cuestionablemente poco éticos en los años 60 y 70.

4.6 Síndrome Adrenogenital

Esta enfermedad afecta a personas con cromosomas XX y un defecto de cortisol, por lo que no hay bucles de retroalimentación. El resultado es que la glándula suprarrenal sigue produciendo andrógenos. Este síndrome provoca la formación de genitales masculinos y un cerebro masculinizado. Si las hormonas femeninas se activan de forma natural o mediante suplementos hormonales, la persona comenzará a menstruar a través del pene (Wischik 2020).

4.7 Ovotestis

Esta enfermedad se denominaba antiguamente Hermafroditismo Verdadero, por lo que el niño nace con genitales externos tanto masculinos como femeninos. Internamente, el individuo suele tener un ovario y un testículo. Esta condición representa menos del 5% de los casos de intersexualidad y sólo se produce una vez de cada 83.000 nacimientos. La forma más común en que se produce este fenómeno es cuando dos espermatozoides fecundan un óvulo cuando dos óvulos fecundados se fusionan o con la mutación del gen Sry. Los embriones son gonadalmente idénticos, independientemente del sexo genético, hasta la sexta a la octava semana de gestación, cuando el gen Sry desencadena la hormona antimülleriana (AMH), que impide la formación de los órganos sexuales femeninos. Sin el gen Sry, los dos conjuntos de órganos sexuales se forman al mismo tiempo.

Son innumerables las posibles anomalías genéticas que provocan mutaciones físicas del aparato reproductor. Por lo tanto, es imposible e innecesario hablar de todas las mutaciones intersexuales para comprender que existen anomalías dentro del genotipo y el fenotipo humanos. Los médicos estiman que uno de cada 2.500-4.500 niños nace intersexual (Hughes 2006, 490). Sin embargo, la Dra. Anne Fausto-Sterling afirma que la tasa es mucho mayor, de uno de cada 60, utilizando una definición amplia de intersexualidad o trastornos del desarrollo sexual (DSD). Estas anomalías son deficiencias en el genoma humano, pero no cambian la ontología de la persona afectada por la deficiencia.

---

[3] Una proteína de unión al ADN también llamada proteína reguladora de genes/factor de transcripción que se encuentra en el cromosoma Y.

4.8 Medicalización de la Intersexualidad

Mientras la comunidad médica sigue adelante con un enfoque terapéutico único que incluye hormonas y cirugía, la comunidad intersexual está empezando a explorar alternativas más naturales. Con la invención de las pruebas prenatales, los padres han optado por abortar a más de la mitad de los niños intersexuales (Mansfield, Hopfer, y Marteau 1999, 808). Merece la pena explorar la historia de las personas intersexuales y el rechazo de algunas personas intersexuales a medicalizarlas o abortarlas.

La concepción original de la intersexualidad procede de la mitología griega, según la cual los dioses Hermes y Afrodita llamaron a su descendencia Hermafrodita. Platón interpretó este mito para crear su teoría de los tres sexos originales que se encuentra en el *Simposio* (189–193). Los primeros comentaristas judíos consideraban a Adán en la unidad original como un hermafrodita antes de la división en *is* (masculino) e *issa* (femenino) (Kvam, Schearing, y Ziegler 1999, 77–78). Durante la época medieval, el código legal judío llamado *Tosefta* consideraba a los hermafroditas legalmente masculinos en algunos casos y femeninos en otros. Por ejemplo, cuando menstruaban, debían separarse de la sociedad con otras mujeres, pero en otras ocasiones se les prohibía estar en espacios destinados sólo a mujeres (Fausto-Sterling 2000a, 33).

Cayo Plinio (23-79 d.C.) recordaba que el emperador Rómulo ahogaba a los hermafroditas como "*monstruos*", pero en el siglo I eran utilizados como prostitutas en el disfrute ritual y secular (Bostock and Riley 1857, 2:136). A lo largo de la historia y en la actualidad, la relación social con el individuo dependía de la capacidad de pasar por un género. La influencia económica y política y la familia también afectaron significativamente a las posibilidades de que una persona intersexual prosperara dentro de la sociedad. Para los cristianos católicos y ortodoxos a lo largo de la historia de la iglesia, la vida religiosa o el celibato siguieron siendo una vocación colectivamente aceptable utilizada para ocultar las anomalías sexuales.

El médico germano-suizo Theodore Klebs (1834-1913) se basaba principalmente en la existencia de testículos para determinar si una persona era hombre o mujer. Los médicos de la época afirmaban que *"por muy femenina que pareciera una paciente, no importaba que tuviera una vagina, unos pechos finos y redondos, una cara suave y un marido al que amara, si tenía testículos, se la etiquetaría como varón"* (Dreger 1999, 9). Después de dos guerras mundiales que dejaron a los hombres mutilados a mediados del siglo XX, la cirugía estética y la ciencia médica llegaron a un punto de inflexión, y se dispuso de tratamientos médicos para los niños nacidos con genitales ambiguos. Por desgracia, el proceso de realineación médica del sexo se convirtió en algo desastroso, ya que siempre era más fácil extirpar un pene que añadir uno, lo que significaba que todas las cirugías de intersexualidad producían resultados femeninos independientemente de cualquier otro factor. Este libro abordará esta cuestión con mayor profundidad en el *apartado 5.4*.

Finalmente, en 1997, el doctor Milton Diamond pidió una moratoria para todas las cirugías de intersexualidad hasta que se determinara el sexo del niño posteriormente, lo que fue codificado por la *Academia Americana de Pediatría* en 2000. La *Asociación Británica de Cirujanos Pediátricos* siguió su ejemplo en 2001. En 2020, la respuesta terapéutica a la condición de intersexualidad fue directa: la mejor opción es esperar hasta que el niño tenga la edad suficiente para mostrar su sexo y, en algunos casos, tenga la edad suficiente para consentir la cirugía. La estructura física del pene o de los testículos en un niño intersexual no es lo suficientemente determinante como para predecir con exactitud el sexo funcional del niño. Si los testículos no producen testosterona o si la persona tiene CAIS o PAIS, entonces la testosterona no masculinizará el cerebro u otros rasgos masculinos específicos del sexo. El cerebro masculinizado o feminizado es el último factor determinante para identificar el verdadero sexo de una persona.

Los defensores del género, como la Dra. Fausto-Sterling, piden el fin del sistema de dos sexos y abogan por cinco en su artículo de 1993, *Los cinco sexos*. La Dra. Fausto-Sterling admitió más tarde que su intención era ser provocativa, pero también escribió con *"la lengua bien puesta"* (Fausto-Sterling 2000b, 19). Sin embargo, la idea del sexo no binario se impuso independientemente de su intención. Este tipo de teoría de género es precisamente sobre la que advierte el documento *Masculino y Femenino los creó.* El documento de la Iglesia afirmaba: "*El proceso de identificación de la identidad sexual se ve dificultado por el contrato ficticio conocido como "género neutro" o "tercer género", que tiene el efecto de oscurecer el hecho de que el sexo de una persona es un determinante estructural de la identidad masculina o femenina*" (Congregación para la Educación Católica 2019, sec. 26). Por supuesto, la iglesia y la sociedad son sensibles a las luchas de las personas intersexuales. Sin embargo, ¿hay acomodaciones y sensibilidades intersexuales disponibles si un individuo tenía un cerebro intersexual, o las sensibilidades intersexuales solo están disponibles para las personas con genitales ambiguos?

Aunque la *Iglesia rechaza las ideologías del género neutro y del tercer género, es difícil que rechace la creencia de que se puede dejar a las personas al natural tal y como nacen.* Los problemas médicos que afectan a la salud de la persona deben ser atendidos, pero ¿debe la sociedad obligar a los niños a someterse a cirugías estéticas innecesarias para perpetuar una ideología binaria? Si una persona nace con un sexo binario distinguible, hay vocaciones para ella. Si una persona no nace con un sexo binario explícito, ¿tiene que ser adoptada en uno, o se puede permitir que una persona quede naturalmente ambigua? Si una persona intersexual como Tia Pesando (*supra*-3.4) quisiera ser monja, ¿cuál es la respuesta de la Iglesia? O si Tia quisiera ser monje, ¿podría hacerlo? El propio Jesús señaló que *algunos nacen eunucos... y otros se hacen eunucos por el Reino de los Cielos* (Mt 19: 12). Este libro tratará este tema con mayor profundidad en el capítulo once.

El Dr. DeFranza comenta: "*Esta breve historia muestra cómo el hermafrodita comenzó como una creación legendaria de los dioses, fue tolerado en los márgenes de las sociedades durante milenios, sólo para ser eliminado quirúrgicamente en los últimos cien años*" (DeFranza 2015, 57).

4.9 Revisión de Conceptos

El capítulo cuatro introduce la sección científica de este libro abordando las anomalías naturales del sexo. El análisis separa la ideología del sexo como espectro del realismo biológico del modelo de sexo binario. Esta sección presenta una visión médica de las formas de trastornos intersexuales, así como una revisión histórica de la interpretación que la sociedad hace de las personas intersexuales. La intersexualidad no es una condición única, sino un término paraguas para referirse a docenas de condiciones en una amplia gama de fenotipos. Para las personas intersexuales, el cerebro masculinizado y feminizado es principalmente el factor decisivo que determina el sexo real de la persona. En el caso de las personas transexuales, las gónadas pueden no ser ambiguas, pero ¿qué ocurre si el cerebro está opuestamente feminizado o masculinizado? ¿Y si la parte intersexual de la persona está en el cerebro y no en los apéndices visibles del cuerpo? En el séptimo capítulo, este libro analizará la posibilidad de un cerebro intersexual.

Por último, esta sección sugiere que una condición intersexual podría existir de forma natural, no como una ideología política que amenaza el sistema binario, sino como un eunuco natural. Este rechazo puede estar menos motivado por el rechazo al sistema binario y más motivado por el rechazo a la cirugía estética innecesaria, que tiende a idolatrar el cuerpo. El Dr. DeFranza aboga por que los cristianos reconozcan la presencia de la *imago Dei* en la carne de las personas intersexuales (DeFranza 2015, 288). Si se anima a las personas con morfologías intersexuales a dejar su cuerpo al natural, ¿podría argumentarse lo mismo si afirman tener un cerebro intersexual? ¿Es el enfoque medicalizado siempre el mejor para tratar la ambigüedad sexual? Irónicamente, algunos teóricos del género son los que se adhieren más rígidamente a los estereotipos de género, exigiendo la cirugía para ajustarse a alguna idea de lo que significa ser hombreo mujer.

Capítulo 5
La Ciencia Transgénero Antes de 1980

Es el hecho de que la falsedad nunca es tan falsa como cuando es muy cercana a la verdad.

— G.K. Chesterton, *Santo Tomás de Aquino*

Mi opinión personal es que la cirugía no es un tratamiento adecuado para un trastorno psiquiátrico, y tengo claro que estos pacientes tienen graves problemas psicológicos que no desaparecen tras la cirugía.

— Jon Meyer, M.D., *Reasignación de sexo: seguimiento*

La Ciencia Transgénero Antes de 1980

Estudiar la historia es el acto de reflexionar sobre el modo en que Dios habla a su pueblo en el mundo. La conciencia del desarrollo de los acontecimientos de la historia vincula a las generaciones y a la evolución del conocimiento humano, que carece de prudencia, *memoria* o recuerdo del pasado. Cuando una persona no vive una experiencia, debe practicar la docilidad o la capacidad de dejarse enseñar. Los que carecen de memoria y docilidad carecerán de buen consejo y comprensión en el presente y de previsión en el futuro. La astucia evita que se repitan los mismos errores del pasado, pero para ello es necesario estudiar la historia. Por ejemplo, abordar la medicalización de los transexuales sin tener en cuenta los siglos pasados es una imprudencia manifiesta. Una persona prudente considera todo lo disponible: la historia, la ciencia, la filosofía y las experiencias dentro de un rango de circunspección para proceder con cautela.

El movimiento transgénero, desde finales del siglo XIX hasta la década de 1980, atravesó un periodo de despliegue sin precedentes. El movimiento evolucionó desde el tabú y el fetichismo antes de los años 50 hasta la curiosidad pop en el periodo posterior a la Segunda Guerra Mundial. Los transexuales tratados médicamente ganaron aceptación social en los años 60 y principios de los 70, sólo para que la sociedad los demonizara y rechazara a finales de los 70. El escepticismo sobre la autenticidad de las cirugías de reasignación de sexo se debió a que se hizo demasiado hincapié en dos afirmaciones falsas: en primer lugar, la ciencia puede curar cualquier cosa y, en segundo lugar, el paciente es el cliente que paga y determina el tratamiento terapéutico. A finales de los años 70, algunos médicos llegaron a cuestionar ambos ideales modernistas.

A lo largo de este capítulo, hay que considerar si la ciencia y la filosofía confirman que el cuerpo es moldeable para adaptarse a la mente. Además, dado que la comunidad médica puede llevar a cabo un procedimiento, ¿cómo debería el marco ético determinar si se debe realizar un procedimiento? Basarse en la hipótesis de que *lo que puede ocurrir, ocurrirá*, es un enfoque poco saludable de la ciencia médica. En su lugar, este libro aboga por el uso de la virtud de la prudencia a la hora de aplicar los procedimientos médicos.

5.1 Ciencia Temprana de los Hermafroditas

En el Simposio, Platón utiliza el discurso de Aristófanes para proponer tres sexos: el masculino original *(arren)* nacido del sol, el femenino *(thèly)* de la tierra, y el tercero, que combina cualidades de los dos y se llama andrógino *(androgynos)*, nacido de la luna. El andrógino, el tercer sexo, combina rasgos masculinos y femeninos y no carece de un sexo (Simposio de Platón, 189-193). Los antiguos mitos griegos no deben ser despreciados como cuentos de hadas, ya que Aristóteles escribió: *"Incluso el amante del mito (philomythos) es en cierto sentido un amante de la sabiduría (philosophos), ya que el mito está compuesto de maravillas"* (Metafísica de Aristóteles, 982b18-19).

Aristóteles difiere de Platón, al enseñar la posibilidad de sólo dos sexos. Por lo tanto, escribió, las madres que proporcionaban material insuficiente o excesivo mientras el niño se desarrollaba en el vientre materno causaban anormalidades sexuales. En cuanto a la determinación sexual, Aristóteles seguía la teoría de Hipócrates sobre la formación del sexo en el útero, pero no la de un tercer sexo: *"El calor del varón durante el coito determinaba el sexo. Si el calor del macho podía superar la frialdad de la hembra, se formaría un hijo varón. Por el contrario, si la frialdad de la hembra era demasiado fuerte o el calor del macho demasiado débil, nacería una niña"* (Hake and O'Connor 2008, 25).

Aelius Galenus (129-210), médico griego del siglo II, continuó la teoría de Aristóteles sobre el calor del corazón. Aelius determinó los sexos con su teoría de que el lado derecho del útero contenía el calor masculino y el lado izquierdo del útero controlaba el frío femenino. La doctora Sharon Preves señala: *"Dependiendo del lugar de la rejilla en el que cayera un embrión, podía pasar de ser totalmente masculino, pasando por varios estados intermedios, a ser totalmente femenino"* (Preves 2003, 34). Así pues, Aelius es el primer ejemplo escrito de que el sexo se considera un espectro con polos masculinos y femeninos a ambos lados. Esta teoría no se basa en un mito, sino en una comprensión inexacta de la biología humana.

El cirujano francés del siglo XVI Ambroise Paré (1510-1590), que sirvió a los reyes Enrique II, Francisco II, Carlos IX y Enrique III, es considerado por los historiadores como el padre de la cirugía y la patología forense moderna (Forrai 2006, 447). Ambroise consideraba que la aparición de los caracteres sexuales secundarios (órganos intersexuales) en las niñas púberes se debía a que éstas saltaban y jugaban tanto que elevaban demasiado su temperatura corporal. El calor expulsaba sus órganos femeninos (Preves 2003, 34). Hasta que los científicos alemanes Schleiden, Virchow y Bütschli descubrieron los cromosomas en el siglo XIX, la teoría calórica del desarrollo sexual siguió siendo la principal teoría occidental para explicar la intersexualidad. Aunque la teoría puede sonar arcaica, la teoría calórica es precisa para especies inferiores como el caimán del Mississippi, según la cual la temperatura de los huevos incubados determina el sexo de las crías. Hay algunas pruebas que sugieren que los factores ambientales pueden afectar también a la determinación del sexo en los mamíferos (Chan y Wai-Sum 1981, 9).

5.2 Travestismo: 1877-1947

El siglo XX no trató favorablemente a los transexuales. En 1910, *Die Transvestiten*, publicado por el sexólogo Magnus Hirschfield, M.D., se basó en el clásico de 1886 del Dr. Richard von Krafft-Ebing, M.D., *Psychopathia Sexualis* (von Krafft-Ebing 1906; reprint). El Dr. Hirschfield, a diferencia del Dr. von Krafft-Ebing, diferencia el travestismo de la homosexualidad (Hirschfeld 2003). El término transexual puede tener su origen en los escritos del Dr. Hirschfield. Los sexólogos Vern Bullough, Ph.D., y Bonnie Bullough, Ph.D., afirman *que "Hirschfeld en 1910 llamó a uno de sus pacientes transexual psíquico"*, pero no dan ninguna referencia para esta afirmación (Bullough y Bullough 1993, 257). Los nazis destruyeron la mayor parte de la investigación del Dr. Hirschfeld en 1933, por lo que cualquier evidencia del trabajo del Dr. Hirshfield con transexuales de principios del siglo XX se ha perdido presumiblemente. Uno de los pocos relatos de transexuales de principios del siglo XX es el de Ralph Werther, que publicó bajo el alias de Earl Lind. En la *Autobiografía de un Andrógino* de 1918, Ralph describe un club de andróginos llamado Cercle Hermaphroditos. Se reúnen en el Paresis Hall, un burdel y bar gay de Nueva York que abrió sus puertas en la década de 1890 (Lind 1975).

En el primer cuarto del siglo XX, las revistas científicas no publicaban ampliamente casos de travestismo fuera de unos pocos tratados. Rara vez los médicos se encontraban con alguien que admitiera tal diagnóstico. Sin embargo, hacia 1930, la revista *Sexology* empezó a recibir cartas de individuos transexuales que solicitaban cirugías de reasignación de sexo.Dado que las cirugías de reasignación de sexo estaban más allá de la capacidad de la ciencia médica durante la década de 1930, los editores de la revista no ofrecían ningún consejo a quienes escribían estas cartas y, en algunos casos, desalentaban sus intentos de transición. (Meyerowitz 1998, 166).

---

[1] El Dr. Ira Pauly afirma que esta definición también se encuentra en la *metamorfosis sexualis paranoia* de von Krafft-Ebing de 1877, pero no he podido encontrar que este libro exista. (Pauly 1992).

La tecnología médica mejoró drásticamente tras las dos guerras mundiales, incluida la capacidad de realizar cirugía reconstructiva. Simultáneamente, en 1949, el doctor David Cauldwell, en *Psychopathia Transsexualis*, utilizó el término transexualismo para identificar a las personas que deseaban un cambio de sexo (Cauldwell 1949, 274). La posibilidad de intentar cirugías de reasignación de sexo, junto con el reconocimiento público del trastorno, aumentó el deseo de los cirujanos de intentar estas cirugías.

El destino quiso que el doctor Harry Benjamin se convirtiera en una piedra angular del movimiento transexual por una serie de coincidencias no relacionadas. El Dr. Benjamin, de origen alemán, escapó a Nueva York al comienzo de la Primera Guerra Mundial para ejercer la medicina y realizar investigaciones sobre las glándulas, un área de estudio aún no explorada por la ciencia moderna. Durante sus investigaciones con animales, el Dr. Benjamin castró e implantó glándulas del sexo opuesto para cambiar el sexo del mamífero hormonal y socialmente. El Dr. Benjamin utilizó las investigaciones realizadas por los químicos Casimir Funk, Ph.D., y Benjamin Harrow, Ph.D., para aislar los esteroides androgénicos de la orina humana y crear un suplemento hormonal capaz de revertir los efectos del envejecimiento. El Dr. Benjamin puso en práctica sus conocimientos sobre hormonas y glándulas durante la década siguiente para tratar la vejez o *gerontoterapia*, término que acuñó en 1943 (Schaefer y Wheeler 1995, 75).

---

[2] Una técnica ya descubierta 2000 años antes y registrada por Ovidio como *"cosas de una yegua en celo" (Taylor 1996, 213).*

5.3 La Era de Harry Benjamin 1948-1975

La vida del Dr. Benjamin cambió en 1948 cuando él y el Dr. Alfred Kinsey se alojaron en el mismo hotel de San Francisco. Mientras tomaba historiales sexuales para uno de sus estudios, el Dr. Kinsey encontró a un individuo que quería una reasignación de sexo. El Dr. Kinsey remitió a este joven al Dr. Benjamin, quien, como endocrinólogo, podría haber evaluado los niveles hormonales del individuo. El Dr. Benjamin aceptó reunirse con Van, un individuo MtF de veintitrés años que afirmaba experimentar la vida como una chica desde los dos años. Una vez en el instituto, las adaptaciones especiales para el travestismo cesaron, y Van dejó de asistir a la escuela. Van se quedó en casa haciendo "trabajos de mujer" y presentándose socialmente como una mujer. Van quería convertirse en mujer, esposa y madre y no recibía excitación sexual por llevar ropa de mujer. Sin embargo, el Dr. Benjamin trató de encontrar un cirujano estadounidense que realizara operaciones cosméticas para feminizar a Van. Al mismo tiempo, el fiscal general de Wisconsin interpretó que esta cirugía, según la ley estatal, era una especie de "*caos*", lo que hizo que las cirugías de reasignación de sexo fueran ilegales en Estados Unidos. Entre 1953 y 1958, Van, llamada Susan, viajó repetidamente a

---

[3] Mayhem se define como, "*Toda persona que ilegal y maliciosamente priva a un ser humano de un miembro de su cuerpo, o lo inhabilita, desfigura o inutiliza, o corta o inhabilita la lengua, o saca un ojo o raja la nariz, oído o labio, es culpable de caos*" (Garner 2019). Esto plantea la pregunta de qué se entiende por "*ilegal*". Por lo general, una persona que da su consentimiento para ser tocada no es tocada ilegalmente. Existe la cuestión de si el consentimiento de una persona transgénero podría considerarse válido o si no puede dar su consentimiento según la teoría de la capacidad disminuida debido a una enfermedad mental. En última instancia, esto depende de si una persona cree que se trata de una enfermedad mental que hace que las personas piensen irracionalmente sobre su propia imagen, o ¿se trata del cerebro femenino en un cuerpo masculino o viceversa?

Alemania para someterse a cirugías de reasignación, tras lo cual se trasladó discretamente a Canadá.

En 1949, el Dr. Benjamin volvió a pasar a la historia al tratar a un matrimonio que afirmaba ser de géneros opuestos a sus sexos asignados. Una clínica de California escribió al Dr. Benjamin: *"Los dos miembros de la pareja se convirtieron en travestis; la ex esposa se convirtió legalmente en un hombre y se anuló el matrimonio . Sin embargo, la pareja sigue viviendo junta con los papeles invertidos; la ex mujer asume el papel de marido y sostén de la familia, y el ex marido ahora se queda en casa y se ocupa de la casa"* (Ettner 1999, 15). El Dr. Benjamin ayudó a la pareja proporcionándole asesoramiento y tratamientos hormonales para controlar mejor la disforia. Elmer Belt, M.D., del centro médico de la UCLA, realizó discretamente la primera cirugía de reasignación de sexo estadounidense para el individuo MtF de este complicado matrimonio.

Al mismo tiempo, mientras se iniciaban estos procedimientos, personas como Billy Tipon, un famoso músico de jazz de mediados de siglo que había nacido mujer, desarrollaba una exitosa carrera como intérprete masculino. Una década después de la muerte de Billy Tipon, su familia reveló que había nacido como mujer natal (Kay 1998).[4] Willmer "Little Axe" Broadnax, un conocido cantante de gospel de los años 40 a los 60, vivió como hombre durante toda su vida, sólo para que después de su muerte se revelara que había nacido mujer (Gettell 2016). Muchas personas transgénero asumieron sigilosamente la identidad del sexo opuesto durante este periodo, sin revelar nunca esta verdad al público en general.

De los miles de pacientes atendidos por el Dr. Benjamin, George Jorgensen se convirtió en el más famoso. George se puso en contacto con el Dr. Benjamin cuando era un joven soldado de los Estados Unidos en 1952. Ese mismo año, George fue remitido al Dr. Christian Hamburger en Suecia para que le extirpara el pene y los testículos y le hiciera una vaginoplastia. Así, George se convirtió en Christine Jorgensen, un nombre elegido en agradecimiento a su cirujano. El

---

[4] El matrimonio fue anulado legalmente por una cuestión de derecho ya que ambos miembros del matrimonio convirtiéndose legalmente en hombres en una época anterior al matrimonio entre personas del mismo sexo.

titular del *New York Daily News* informó: *"Ex-Gi se convierte en una belleza rubia: Las operaciones transforman a los jóvenes del Bronx"* (Daily News 1952).

El Dr. Benjamin comenzó a dar conferencias sobre el *transexualismo y el travestismo como síndromes psicosomáticos y somatopsíquicos* en 1953, lo que disparó una llamarada para todos los que sufrían disforia de género. Además, en 1953, tras el regreso de Christine, abrió un afamado acto en un club nocturno, que mantuvo su nombre en la marquesina durante la siguiente década. Tras la exposición del estatus de celebridad de Christine Jorgensen, se abrió la caja de Pandora, y la demanda de cirugía fue alta para las personas con disforia de género que buscaban ayuda. En 1965, el Dr. Benjamin trató a 307 pacientes que se convertirían en los sujetos de su libro, *The Transsexual Phenomenon [El fenómeno transexual]* (Benjamin 1966). Finalmente, el Dr. Benjamin abrió las compuertas con su publicación nacional, y miles de pacientes inundaron su clínica. Sin embargo, tanto las leyes como la ciencia no estaban de su lado. Una carta de un paciente de MtF en 1969 indica que la cirugía no siempre tuvo éxito a pesar de los esfuerzos del cirujano. El paciente escribió:

> ¡Mis órganos sexuales masculinos han desaparecido! El Dr. _____ me realizó "a sangre fría" una de esas horribles mutilaciones. La entrada de mi supuesta vagina parece un anillo de escroto vacío. Tendré que vivir, si tengo el valor, con esta monstruosidad. (Ettner 1999, 37)

El 28 de junio de 1969, la marea cambió aún más para la comunidad LGBT con una redada en el Stonewall Inn del West Village de Nueva York. A diferencia de los innumerables incidentes anteriores de detención y acoso en instituciones LGBT, los clientes se defendieron esta vez, lo que llevó a tres días de disturbios. Además de otros similares en la Cafetería Compton de San Francisco y en Cooper's Donuts de Los Ángeles, este incidente despertó al gigante dormido de los maricas de todo el país. Entre los primeros en participar en este movimiento se encontraban hombres queer, jóvenes prostitutas, drag queens, travestis (término utilizado para designar a las personas transgénero) y muchos otros miembros de la comunidad LGB (Erickson-Schroth y Jacobs 2017, 136). Marsha P. Johnson y Sylvia Rivera, dos individuos de MtF, se han convertido en leyendas dentro de la comunidad queer por su activismo en Nueva York en esta época. Juntas fundaron el Street Transvestite Action Revolutionaries (STAR), un grupo dedicado a ayudar a jóvenes drag queens, jóvenes homosexuales y mujeres trans sin hogar (Vincent 2020). Un movimiento social estaba en auge.

[Virginia Prince, 1912—2009]

Otra paciente famosa del Dr. Benjamin fue Virginia Prince (1912-2009), una persona de MtF que afirmó de forma controvertida que las cirugías de reasignación de sexo no podían cambiar efectivamente el sexo de una persona. Virginia Prince afirma que la cirugía reconstructiva de los genitales era la opción equivocada para el 90% de los que la solicitaban. Virginia afirmó que *"la cirugía de reasignación de sexo es una enfermedad contagiosa"*, lo que atrajo el interés de los travestis, seducidos por la publicidad y la esperanza de que la cirugía mejorara sus vidas (Prince, 1978, 271). Virginia Prince originó el término *transexual* para diferenciar a los individuos de género cruzado, en contraste con los transexuales que se sometían a cirugías para cambiar de sexo (no de género). Ella creía que se trataba de una cuestión de género y no de sexo. Por lo tanto, tratar de cambiar el sexo de una persona era perder una distinción esencial entre los dos (Prince 1969, 53), aunque Virginia recibió hormonas y algunas cirugías feminizantes a lo largo de su vida.

Mientras que el Dr. Benjamin y Christine Jorgensen entendían que existía un fuerte vínculo entre el cuerpo y el género, Virginia Prince consideraba que el género era psicosocial y estaba desconectado del sexo. Virginia defendía la creencia de que el género de una persona puede cambiar simplemente cambiando su papel dentro de la sociedad. En opinión de Virginia, el género no existe en sí mismo, ni la identidad de género tiene relación alguna con el sexo de una persona. Por tanto, no es necesario un cambio de sexo, ya que el sexo de una persona no constituye el problema.

El Dr. Benjamin desarrolló la Escala Benjamin (Benjamin 1966), similar a la Escala Kinsey, para mostrar la gama de identidades transgénero en los varones natales. Esta escala sugiere una gama de identidades transexuales en lugar de las dos categorías claras: transexual o cisgénero. La escala va desde el uno, un varón sin tendencias transexuales, hasta el seis, un varón que se relaciona principalmente con el mundo como una mujer. Según la escala Benjamin, sólo los tipos cinco y seis se beneficiarían de alguna intervención médica. Aunque esta escala ya no se utiliza, pues ha sido sustituida por el DSM, la ciencia médica moderna de la década anterior valida la perspectiva de que ser transexual es un espectro. Por lo tanto, aunque se puede argumentar a favor de las intervenciones médicas para tratar la disforia de género, hay que reconocer que no todos los individuos con disforia de género experimentan la disforia en el mismo grado.

Group	Type	Name	Kinsey Scale	Conversion operation
1	I	Transvestite (Pseudo)	0-6	Not considered
1	II	Transvestite (Fetishistic)	0-2	Rejected
1	III	Transvestite (True)	0-2	Rejected, but the idea can be appealing
2	IV	Transexual (Nonsurgical)	1-4	Attractive but not requested or attraction not admitted
3	V	Transexual (Moderate intensity)	4-6	Requested, usually indicated
3	VI	Transexual (High intensity)	6	Urgently requested and usually attained

Figura 5.1 La escala Benjamin

A pesar de las deficiencias y los problemas legales, las pacientes de la década de 1960 viajaban por todo el mundo para someterse a una intervención quirúrgica, a menudo a la Clinique du Parc de Georges Burou, M.D. (1910-1987), en Casablanca, por desesperación (Batty 2004). El ginecólogo francés Dr. Burou pudo operar con discreción dentro de sus dependencias coloniales privadas, realizando hasta 3.000 cirugías en 1973 (Green 2008, 612). La Clinique du Parc se hizo tan famosa entre la comunidad transexual que *"ir a Casablanca"* se convirtió en un coloquialismo para someterse a una cirugía de reasignación de sexo (Goddard 2009, 982).

Hacia 1965, el centro médico Johns Hopkins se convirtió en el primer hospital norteamericano en ofrecer apoyo para las cirugías de reasignación de sexo y hacerlo sin la acusación legal de mayhem. En 1975, se abrieron otros veinte centros y unos 1.000 pacientes se sometieron a cirugías de reasignación de sexo (Meyerowitz 2002, 217–222). La generalización de esta práctica fue tanto una bendición como una maldición para la comunidad transexual. Anteriormente, los transexuales ocultaban su identidad de género y, fuera de los focos, nadie sospechaba que una persona fuera transexual. Su invisibilidad y su escaso número dentro de la sociedad se convirtieron en su protección. Sin embargo, con su propio centro médico, los transexuales se convirtieron en blanco de burlas. En la *revista of the American Medical Association, 1978, Melvin Belli, Esq. afirma: "La mayoría de las clínicas de género informan de que muchos solicitantes de cirugía son en realidad sociópatas que buscan notoriedad, homosexuales masoquistas o psicóticos al límite, y no verdaderos transexuales"* (Belli 1978, 2144).

En el caso de *Hartin contra el Director de la Oficina de Registros y Estadísticas,* los tribunales opinaron:

> La cirugía para el transexual es una forma experimental de psicoterapia mediante la cual se realiza una cirugía mutilante en una persona con la intención de tranquilizar su mente y que, sin embargo, no cambia las células corporales que rigen la sexualidad. En palabras de uno de los médicos miembros de la Junta, *"me parecería poco acertado que, de hecho, se fomentara el uso más amplio de este medio para resolver el estado mental infeliz de una persona"*. (Hartin v. Director of the Bureau of Records y Statistics 1973)

Aunque el tribunal no iba a criminalizar a los médicos por realizar estas cirugías, el tribunal dejó muy clara su opinión; el Estado no quería normalizar este comportamiento. El tribunal determinó fundamentalmente que se trataba de intentos de curar una enfermedad mental, y que el procedimiento no tuvo éxito.

La batalla sobre las cirugías transgénero se convirtió en una batalla filosófica sobre el juramento hipocrático y el significado de la cirugía terapéutica. Si una persona cree que la cirugía es reparadora, ¿eso hace que el tratamiento sea terapéutico, o existen normas objetivas? Si un paciente se somete a la cirugía y posteriormente se suicida, ¿es el médico responsable de realizar cirugías que no son efectivamente terapéuticas? Se puede argumentar que la extirpación de órganos sanos no debería considerarse terapéutica en ningún caso. Sin embargo, otros sostienen que la rinoplastia no tiene un valor terapéutico objetivo, sino sólo un valor personal subjetivo, y nadie amenaza con hacer ilegal la rinoplastia (Ettner 1999, 32).

Además de los problemas legales y las acusaciones de los profesionales médicos de que los procedimientos eran charlatanería, el reto más importante al que se enfrentaban los transexuales era la financiación de las operaciones. Las personas adineradas con suficiente dinero para pagar cualquier precio fueron de las primeras en recibir cirugías de reasignación de sexo. Sin embargo, este trastorno afectaba a personas de todas las clases económicas, por lo que Reed Erickson (1917—1992), un individuo FtM que heredó una fortuna y más tarde

---

[5] *"Lamentablemente, en el momento de su muerte, en 1992, a la edad de 74 años, se había convertido en adicto a las drogas ilegales y murió en México como fugitivo de las acusaciones de drogas de Estados Unidos"* (Devor n.d.).

se hizo extraordinariamente rico gracias a las inversiones inmobiliarias, fundó la Erickson Educational Foundation en 1964 para ayudar a financiar la investigación sobre la transexualidad y reducir los costes.

5.4 La Clínica de la Identidad de Género 1965-1978

El Dr. Edgerton se involucró en este campo cuando, como cirujano plástico jefe en el Johns Hopkins, una persona con una cirugía de reasignación parcial de sexo solicitó sus servicios. Por la naturaleza cosmética de su campo de práctica, los cirujanos plásticos concilian el cambio del cuerpo de una persona con la ayuda a la autoidentificación emocional. La Clínica de Identidad de Género, organizada discretamente en 1965, estaba compuesta por cirujanos, endocrinólogos, psicólogos, psiquiatras y un único experto legal. Este equipo incluía al Dr. Benjamin, investigador endocrinólogo, al Dr. John Money, investigador psiquiátrico, al Dr. Claude Migeon, endocrinólogo, y al Dr. Howard Jones, ginecólogo.

En 1969, en la reunión anual de la Asociación Americana de Cirujanos Plásticos, Milton Edgerton, M.D., Norman Knorr, M.D., y James Callison, M.D., anunciaron en una ponencia titulada *El tratamiento quirúrgico de los pacientes transexuales: Limitaciones e indicaciones*, que iban a abrir el primer centro de tratamiento de transexuales. Así, la Clínica de Identidad de Género del Johns Hopkins se convirtió en el primer centro a tiempo completo dedicado a tratar a personas transexuales. Además, la clínica desarrolló criterios para realizar cirugías de reasignación de sexo, lo que marcó el listón para otros centros (Edgerton, Knorr, y Callison 1970).

1. El paciente no debe tener ninguna ambivalencia sobre la cirugía. No puede ser parte de una crisis vital o de un homosexual deprimido.
2. El paciente debe estar mentalmente sano. La persona no puede sufrir otras formas de enfermedad mental.
3. El paciente debe ser mejor atendido por la cirugía que por la psicoterapia.
4. El paciente debe ser capaz de adaptarse al nuevo rol de género al volver a su vida normal.

Estos cuatro criterios constituían un marco básico de análisis, aunque no siempre se aplicaban con facilidad. El Dr. Edgerton descubrió que *"la enfermedad esquizofrénica se daba con más frecuencia en los transexuales que en la población general, y que esto sugería una asociación entre ambos trastornos"* (Edgerton, Knorr, y Callison 1970). Un estudio realizado 30 años después de su observación confirmó que la esquizofrenia era una enfermedad común entre los transexuales.

El Dr. Edgerton también ideó un sistema de atención pastoral, que llegó a ser ampliamente aceptado. Su instrucción a otros profesionales de la medicina era aceptar lo que el cliente expresaba. Él enseñaba,

> No es difícil para el cirujano establecer una buena relación con los pacientes transexuales, pero para ello debe tratar al paciente como un miembro del sexo psicológico elegido por el paciente. Considerar a un transexual masculino como un *"hombre"* es anular por completo la relación médico-paciente. (Edgerton, Knorr, y Callison 1970, 44)

Aunque existe la tentación de no conceder el sentido de la realidad objetiva, la única forma de ayudar al paciente a superar su disforia sería mostrando primero respeto por su experiencia y, al hacerlo, generando confianza. Por ejemplo, la Clínica de Identidad de Género sólo realizó operaciones de reasignación de sexo a menos del 10% de los pacientes que lo solicitaron (Belli 1978, 2146). Aun así, ayudaron a tratar al otro 90% de forma no quirúrgica desarrollando una relación de confianza y respeto.

---

[6] El Papa Francisco ha adoptado un enfoque similar al utilizar los pronombres personales de una persona transgénero. La concesión del pontífice sobre los pronombres no fue una sumisión de la realidad, sino que es una forma pastoral de construir una relación de confianza y respeto.

[John Money, Ph.D., 1921— 2006]

John Money Ph.D. (1921—2006), como miembro fundador de la Clínica de Identidad de Género del Centro Médico Johns Hopkins, se convirtió en uno de los principales expertos en cirugías de reasignación de sexo. El Dr. Money trató de eliminar las deformidades intersexuales realizando intervenciones médicas tempranas para dar al niño un sexo explícito. Normalmente, un médico puede extirpar más fácilmente un pene desfigurado que construir uno, por lo que los cirujanos reasignaron a muchos niños intersexuales y desfigurados como mujeres. El Dr. Money se basaba en la filosofía de que el género es una construcción social; por tanto, si un niño es criado como una niña y cree que es una niña, se convertirá en una mujer. En 1955, el Dr. Money introdujo los roles de género como un concepto separado de la biología (Money 1955, 253).

En la costa opuesta, el Dr. Richard Green y el Dr. Robert Stoller, del Departamento de Psicología de la UCLA, abrieron una Clínica de Investigación de la Identidad de Género de la competencia para ayudar a los niños con variantes de género a adoptar su sexo de nacimiento (Stoller 1968). El Dr. Larry Newman, profesor de psicología en la UCLA y estudiante en el momento de la fundación de la clínica, afirma: *"El objetivo en la UCLA nunca fue cambiar el comportamiento de un niño... sino encontrar una forma de darle la mejor oportunidad de ser feliz a largo plazo"* (Newman 1976, 685). Esta clínica funcionaba cuando los teóricos del género avanzaban la idea de que el género es una construcción social fluida y las personas pueden cambiar su género a través de la socialización. La teoría de la neutralidad de género ha sido desacreditada, lo que reafirma la sabiduría de su enfoque de no hacer transformaciones repentinas que alteren la vida de sus jóvenes pacientes. El Dr. Newman defiende la postura de la clínica señalando que *"la mayoría de los participantes en el estudio que de niños dijeron que querían ser niñas crecieron hasta identificarse como hombres homosexuales en los 15 años siguientes. Muchos de esos participantes se sintieron cómodos con su sexo biológico sin necesidad de terapia"* (Newman 1976, 686).

En 1969, los doctores Money y Richard Green se unieron para publicar *Transsexualism and Sex Reassignment* (*Transexualismo y reasignación de sexo*), a lo que otros miembros de la comunidad médica respondieron con disgusto. Uno de esos psiquiatras escribió:

> Aparte de la violación del principio primario de no hacer daño al paciente, y aparte de la petulante complacencia de esta pandilla deshumanizadora cuyas conciencias no requieren más soplo que hacer lo que el paciente quiere, creo que hay razones para desconfiar tanto de sus descripciones como de la existencia misma de esta *"enfermedad"* llamada "transexualismo." (Ettner 1999, 42)

El psicoanalista Charles Socarides, publicó una carta de un paciente totalmente miserable,

> Hace poco leí un artículo presentado para su publicación en el que se describía la desdichada y desesperada existencia de una de estas *"mujeres"*. Por supuesto, una vez realizada la mutilación, una evaluación sobria de los resultados podría conducir lógicamente al suicidio. ¿Cómo podría una paciente así hacer una declaración honesta? Con respecto a este último punto, esta *"enfermedad"* parece haber surgido en cumplimiento de los *"avances"* en la carnicería quirúrgica. ¿Quién había oído hablar de ella antes de que estos genios de la cirugía dieran a conocer su experiencia? Habrán notado en el libro que los pacientes siguen intentando operarse más y más. Sospecho que todo es un asunto iatrogénico que permite al paciente convertirse en el colaborador de una representación disfrazada, horrible y regresiva de un acto sexual sádico. (Ettner 1999, 42)

En una respuesta más amplia a los doctores Money y Green, el Dr. Socarides publicó Un estudio *psicoanalítico de los deseos de transformación sexual [transexualismo]: The Plaster-of-Paris Man* (1970), en el que afirmaba que el transexual era un pervertido sexual que escapa a la homosexualidad y *"se aferra a la idea de cambiar de sexo mediante el mecanismo psicótico de la negación"* (Socarides 1970, 341) y *"tales operaciones están condenadas al fracaso final porque no cambian el conflicto básico subyacente"* (Socarides 1969, 156).

El Dr. Edgerton, uno de los fundadores de la Clínica de Identidad de Género, defendió su clínica y el trabajo de los doctores Money y Green. Afirmó: *"En este momento, estoy bastante convencido de que si yo fuera un paciente de este tipo, la cirugía me ofrecería la única esperanza realista existente para ser feliz. Está lejos de ser una solución ideal. Sigo preguntando a estos pacientes si se han replanteado la operación. No lo hacen. Al contrario, siguen estando muy agradecidos por la ayuda"* (Ettner 1999, 42). A pesar de las afirmaciones del Dr. Edgerton, una vez que el Dr. Paul McHugh se convirtió en el psiquiatra jefe del Johns Hopkins en 1975, la práctica de las cirugías de reasignación de sexo fue objeto de escrutinio.

En 1976, el Dr. Charles Ihlenfeld, colega del Dr. Benjamin y defensor de las cirugías de reasignación de sexo, se preocupó por su enfoque después de administrar hormonas de sexo cruzado a 500 pacientes durante seis años. Concluyó,

> Hay demasiada infelicidad entre las personas que se operan. Demasiados terminan como suicidas. El 80% de los que quieren cambiar de sexo no deberían hacerlo. Sea lo que sea que la cirugía haya hecho, no ha satisfecho un anhelo básico de algo que es difícil de definir. Esto va de la mano con la idea de que estamos intentando tratar superficialmente algo que es mucho más profundo. (Ihlenfeld 2004, 151)

En 2011, el Dr. Ihlenfeld reafirmó su postura en una entrevista con Walt Heyer, un antiguo individuo MtF que se destransicionó. Afirmó que *"la cirugía de reasignación de género no es la respuesta para aliviar los factores psicológicos que impulsan a muchos con la compulsión de cambiar de género"* (Heyer 2018, 147)

5.5 El Fin de la Clínica de Identidad de Género 1979

El año 1979 fue fundamental para las personas que se identifican como transexuales. El Dr. Benjamin creó la Asociación Internacional de Disforia de Género Harry Benjamin (HBIGDA). Esta asociación publicó el primer conjunto de Normas de Atención a los Transexuales, un doble protocolo diseñado para los profesionales médicos a la hora de tratar a los pacientes no conformes con el género, al tiempo que los protegía de las reclamaciones por mala praxis. Ya no es necesario que un paciente sea atendido en una clínica de género para tener unas normas básicas de atención.

En 1979, dos mil personas solicitaron la transición quirúrgica en la Clínica de Género Johns Hopkins, y sólo se permitió a 24, lo que demuestra la extrema precaución que tomaban los médicos de la Clínica de Género (Erickson-Schroth y Jacobs 2017, 13). A pesar de que la clínica aprobó pocas cirugías de reasignación de sexo, el doctor Jon Meyer, director de la unidad de consulta de conductas sexuales, afirmó que la cirugía servía *"como medida paliativa [pero] no cura lo que es esencialmente un trastorno psiquiátrico"* (Gender Identity Clinic 1979, 2). Además, *"la intervención quirúrgica no ha hecho nada objetivo más allá de lo que el tiempo y la psicoterapia pueden hacer"* y *"no hay diferencias en la adaptación a largo plazo entre los transexuales que se someten al bisturí y los que no"* (Meyer y Reter 1979, 1010).[7]

En una carta al editor del New York Times de 1979, el Dr. Meyer puso el último clavo en el ataúd de la Clínica de Identidad de Género del Johns Hopkins. El Dr. Meyer declaró: *"Mi opinión personal es que la cirugía no es un tratamiento adecuado para un trastorno psiquiátrico, y tengo claro que estos pacientes tienen graves problemas psicológicos que no desaparecen tras la cirugía"* (Meyer y Reter 1979, 1012).

---

[7] Desde 2007, la HBIGDA ha pasado a llamarse Asociación Profesional Mundial para la Salud Transgénero.

La investigación realizada por el Dr. Meyer fue todo lo que necesitó el Dr. McHugh, cirujano jefe del Johns Hopkins, para cerrar la Clínica de Identidad de Género. El Dr. McHugh, a través de sus observaciones, ya sospechaba que los tratamientos no tenían éxito. Él experimentó,

> Que los pacientes, varios años después de la operación, estaban contentos con lo que habían hecho y que sólo unos pocos se arrepentían. Pero en todos los demás aspectos, su estado psicológico había cambiado poco. Tenían muchos de los mismos problemas con las relaciones, el trabajo y las emociones que antes. La esperanza de que ahora saldrían de sus dificultades emocionales para florecer psicológicamente no se había cumplido. Los psiquiatras, pensé, haríamos mejor en concentrarnos en tratar de arreglar sus mentes y no sus genitales. (McHugh 2004)

El Dr. McHugh observó que las cirugías de MtF no curaban los problemas psicológicos subyacentes, que llevaron a la cirugía en primer lugar. Durante sus entrevistas con transexuales, descubrió que hablaban mucho de experiencias sexuales y mostraban poco interés en hablar de bebés, niños u otros temas relevantes para las mujeres reales. Entre los individuos MtF entrevistados, la mayoría se identificaba como mujer y se sentía atraída por las mujeres. Si un varón nacido en la naturaleza piensa como un hombre y se relaciona sexualmente con el mundo como un hombre, ¿cómo justifica la comunidad médica que esa persona sea realmente una mujer? Se trata de individuos que desean ser mujeres, no de individuos que son mujeres. Los doctores McHugh y Meyer dividieron el transexualismo en dos categorías, de tipo homosexual y de tipo heterosexual. El Dr. McHugh afirmó: *"Un grupo consistía en hombres homosexuales conflictivos y con sentimientos de culpa que veían en el cambio de sexo una forma de resolver sus conflictos sobre la homosexualidad permitiéndoles comportarse sexualmente como mujeres con los hombres."*

[8] Refiriéndose al *DSM-5*.

[Paul McHugh, M.D. 1931—]

El otro grupo incluía,

> En su mayoría, se trata de hombres mayores, heterosexuales (y algunos bisexuales), que encontraban una intensa excitación sexual en travestirse de mujer. A medida que envejecían, estaban deseosos de añadir más verosimilitud a sus disfraces y buscaban o les habían sugerido una transformación quirúrgica que incluyera implantes mamarios, amputación del pene y reconstrucción pélvica para parecerse a una mujer. (McHugh 2004, 3)

El Instituto Clark de Toronto y el trabajo del doctor Ray Blanchard confirmaron estas conclusiones. Llevando estas observaciones a su conclusión lógica, resultan sorprendentes y controvertidas. Si las identidades transgénero son mecanismos de adaptación para algunos homosexuales o una respuesta quirúrgica a un fetiche, la cirugía de reasignación y los tratamientos hormonales no serían adecuados.

Al principio del artículo del Dr. McHugh Sexo quirúrgico: *Por qué dejamos de hacer operaciones de cambio de sexo en First Things,* recita la Oración de la Serenidad: *"Dios, dame la serenidad para aceptar las cosas que no puedo cambiar, el valor para cambiar las cosas que puedo, y la sabiduría para conocer la diferencia"* (McHugh 2004, 3). El Dr. McHugh afirma que el sexo no es algo que se pueda cambiar, sino nuestra forma de pensar. Por un lado, los profesionales de la medicina afirman que los tratamientos psicológicos son la respuesta adecuada. Por otro, los activistas transgénero argumentan que *"la mente -el sentido del yo- se [considera] menos maleable que el cuerpo"* (Meyerowitz 2002, 99). La transfeminista Rachel Anne Williams afirma: *"Su cuerpo es falso. El cuerpo es el problema. El cuerpo es lo que causa el dolor y la angustia"* y no sus identidades de género (R. A. Williams 2019, 168). La afirmación de Rachel Anne Williams plantea la pregunta, ¿cómo puede un cuerpo sano causar dolor? ¿Cómo puede un cuerpo sano ser un problema? ¿Cómo es que un cuerpo sano es falso? El cuerpo sigue su forma.

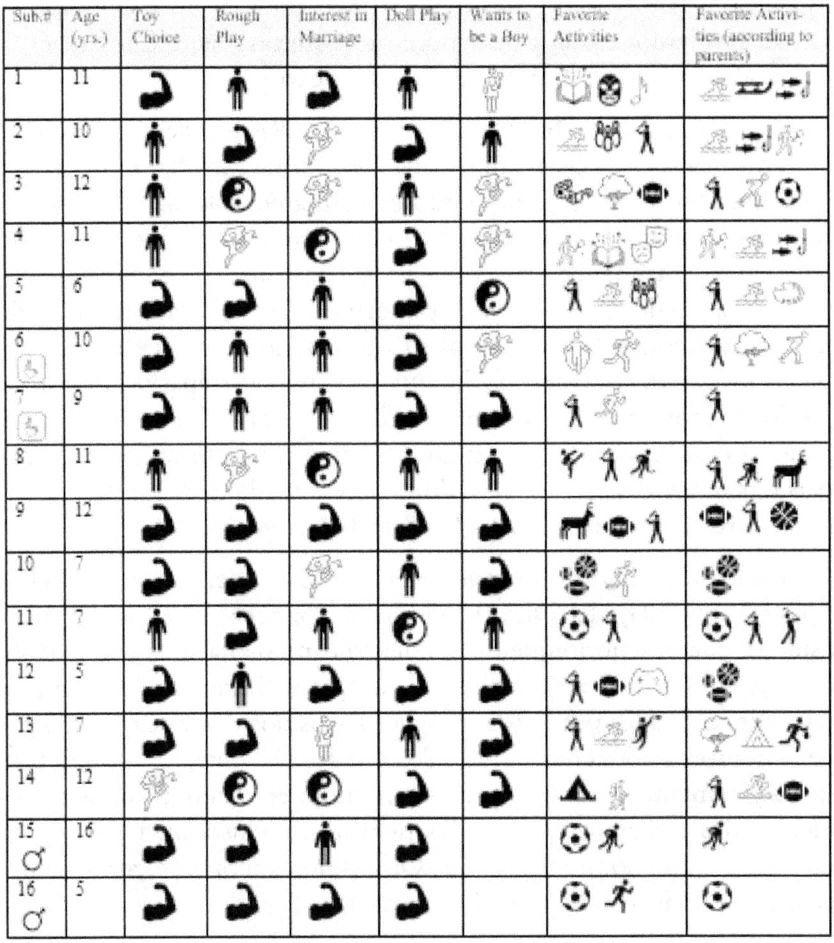
Sub.#
Age (yrs.)
Toy Choice
Rough Play
Interest in Marriage
Doll Play
Wants to be a Boy
Favorite Activities
Favorite Activities (according to parents)
1 11
2 10
3 12
4 11
5 6
6 10
7 9
8 11
9 12
10 7
11 7
12 5
13 7
14 12
15 16
16 5

Figure 5.2 Reiner/Gearhart's follow-up results from questionnaires of Dr. Money's patients 2004

Key: The answers were on a scale of 1-5. 1 being the most typically female response and 5 being the most typically male response. 1 | 2 | 3 | 4 | 5 — individual in a wheelchair, ♂ individual raised male.

El Dr. McHugh, con la ayuda del psiquiatra residente de Johns Hopkins, William Reiner, M.D., reevaluó el trabajo de su predecesor. El Dr. Money, convencido por su ideología de que el género es una construcción social, haría la transición de los niños nacidos intersexuales para convertirlos en mujeres. Afirmaba con seguridad que el niño se desarrollaría psicológicamente como una mujer si la transición se producía en los tres primeros años de vida. Dado que estas deformidades se darían principalmente en varones (XY), el Dr. Money extirparía los testículos y el pene deformados de forma temprana. Como resultado, el niño no tendría testosterona natural al crecer, lo que podría confundir hormonalmente su sexo.

A petición del Dr. McHugh, el Dr. Reiner llevó a cabo el seguimiento de dieciséis niños nacidos con extrofia cloacal, una condición en la que el pene nunca se forma completamente pero los testículos están intactos. El ámbito médico no considera que esta condición sea intersexual, ya que la persona es completamente masculina desde el punto de vista hormonal, y sólo la estructura del pene está deformada. En esta situación, el niño en el vientre materno recibe niveles de testosterona durante las primeras etapas del desarrollo y sólo se convierte en deficiente de testosterona después de la cirugía para extirpar los testículos.[9] El Dr. Money y otros creían que los niños nacen sin género y que la cultura, combinada con las hormonas posteriores al nacimiento, crea la identidad de género.

En el New England Journal of Medicine de enero de 2004 (Reiner y Gearhart 2004). El Dr. Reiner dio a conocer el resultado de su estudio, que descubrió que de los dieciséis niños nacidos con extrofia cloacal, sólo dos de ellos tenían padres que rechazaron el tratamiento para convertir a los pequeños en niñas. Estos dos niños se convirtieron en hombres jóvenes. De los catorce niños modificados quirúrgicamente para que parecieran mujeres, ocho rechazaron las identidades femeninas que se les dieron, e incluso sin testosterona, crecieron como hombres jóvenes. Otro niño experimentó ambigüedad sexual, pero cinco crecieron como mujeres.

Además, "*sólo un sujeto declaró que nunca había deseado ser un chico, y sólo un sujeto -que posteriormente adoptó una identidad masculina- declaró un interés muy fuerte por el matrimonio, siendo el interés por el matrimonio más típico de las respuestas femeninas en la infancia*" (Reiner y Gearhart 2004). El Dr. McHugh señaló: "*Las dieciséis personas tenían intereses típicos de los varones, como la caza, el hockey sobre hielo, el karate y el trineo*" (McHugh 2004). Véase la figura 5.2 para más ejemplos.

---

[9] El pene, aunque se utiliza comúnmente como estructura física determinante para identificar a un varón físico, no tiene ningún efecto de masculinización en el cerebro ni en ninguna de las demás características del cuerpo masculino, ya que el pene no es gonadal. El pene es una consecuencia y no la causa de la masculinización.

El caso más infame del Dr. Money fue el de David Reimer, alias John/Joan. En 1966, *"corrigió"* una circuncisión chapucera extirpando el pene y convirtiendo al joven en una niña. Los doctores Money y Anke Ehrhardt publicaron este caso en un conocido libro de 1972, *Man and Woman, Boy and Girl [Hombre y mujer, niño y niña]*, en el que afirmaban que esta cirugía había tenido éxito. Durante décadas, los teóricos del género han citado este libro como prueba de que el sexo es sólo morfología -algo alterable médicamente- y el género es una construcción social. Como señala el reseñador del libro en el New York Times, *"este conjunto de trabajos, básicos para la ciencia social moderna, ha dado crédito a la idea de que los seres humanos son casi infinitamente maleables"* (Collier 1973). Este argumento apoyaba el falso concepto de que los hombres y las mujeres son iguales al nacer más allá de una diferencia cultural.

Milton Diamond Ph.D. (1934—), poco convencido de las conclusiones del doctor Money, siguió con "John/Joan", que en la vida real es *"Barbara/David"*. En los primeros años, recordaron los gemelos, *"Barbara" y Brian, Money supuestamente hizo que los niños participaran en "juegos de ensayo sexual."* Durante la terapia, *"Brenda adoptó una posición a cuatro patas en el sofá de su despacho e hizo que Brian se pusiera detrás de ella de rodillas y colocara su entrepierna contra sus nalgas"* (Burkeman y Younge 2004). El Dr. Diamond descubrió que Brenda se dio cuenta de que era un chico entre los nueve y los once años y, a los doce, rechazó sus hormonas femeninas e intentó suicidarse. A los catorce años, el padre de Bárbara finalmente le dijo por qué se sentía como un chico y, posteriormente, empezó a tomar testosterona y a hacer la transición a la vida de un varón. Entre los quince y los dieciséis años, empezó a recibir una reconstrucción fálica y, a los veinticinco, se casó con una mujer y adoptó a sus hijos (Diamond and Sigmundson 1997, 299–300).

Tras la publicación del informe del Dr. Diamond, *"John"* se reveló más tarde como David Reimer para persuadir públicamente a la clase médica de que dejara de realizar este tipo de tratamiento en niños pequeños. En 2002, el hermano gemelo de David, Brian, se suicidó con una sobredosis de antidepresivos. En parte, la familia culpó al Dr. Money del suicidio de Brian por sus actividades de juego de roles sexuales con su hermano cuando era niño. Tras un periodo de importante depresión, David se suicidó con una escopeta el 5 de mayo de 2004, a los 38 años.

Aunque el Dr. Money siguió siendo profesor de psicología pediátrica y médica en la Universidad Johns Hopkins desde 1951 hasta su muerte en 2006, recibió alrededor de sesenta y cinco distinciones. Contribuyó a unas 2.000 publicaciones (Ehrhardt 2007). Sin embargo, las prácticas y teorías del Dr. Money son ahora sospechosas. Sus opiniones sobre la maleabilidad del género han sido desacreditadas. Sus juegos sexuales con niños pequeños quizá serían delictivos según los estándares legales actuales, y su rapidez para modificar partes del cuerpo en la Clínica de Identidad de Género fue desacreditada. Como resultado, la clínica cerró (Silberner 2006). Dra. Janice Raymond, en su nueva introducción de 1994 a *The Transsexual Empire [El imperio transexual]*, sospecha que una de las principales razones no públicas por las que la Clínica de Identidad de Género cerró fue porque el Dr. Money *"se adentró en los ámbitos de la pornografía infantil y el incesto... Se dice que los colegas de Money estaban incómodos con sus declaraciones públicas y sus escritos sobre el incesto, y cada vez más, con su alianza con él"* (Raymond 1994, Intro).

Hay que reconocer lo difícil que es para las personas de un sexo natal ser colocadas en el grupo de género incorrecto. Cuando una persona se equivoca de género socialmente, los efectos son devastadores, desde el malestar social hasta el suicidio consumado. En estos casos, los chicos volvieron a su sexo cromosómico; sin embargo, cabe imaginar lo elevados que serían los niveles de ansiedad para alguien que sufra una afección hormonal o neurológica, que le haga sentir que está en el cuerpo equivocado. Si están mentalmente en la misma condición que David Reimer, las consecuencias serán fatales.

En segundo lugar, se puede observar cómo los expertos médicos suelen tener un exceso de confianza en sus opiniones sobre la ideología de género-sexo. Durante una década o más, todos los expertos en la materia y la prensa siguieron incorrectamente ciertos supuestos no probados en detrimento de sus pacientes. La cámara de eco del mundo académico sigue haciendo resonar sus alabanzas mucho después de que estas ideologías hayan sido desacreditadas por sus trágicos resultados. Incluso cuando la histeria masiva de la transición adolescente se derrumbe, probablemente no habrá consecuencias negativas para los practicantes de la ideología. Médicos como la doctora Johanna Olson-Kenedy, que realiza dobles mastectomías a niñas de doce años, o el doctor Norman Spack, que inició la moda de los bloqueadores de la pubertad en Estados Unidos para jóvenes prepúberes, son populares y seguirán siéndolo a pesar de la carnicería.

[Janice Raymond, Ph.D., 1943—]

5.6 El Imperio Transexual

El año 1979 trajo un desafío adicional a la comunidad transexual, que llegó con el libro de la Dra. Raymond, *The Transsexual Empire [el imperio transexual]*. La ex alumna de Salve Regina y antigua Hermana de la Misericordia, Janice Raymond, escribió: "*La cirugía transexual es una invención de los hombres, desarrollada inicialmente para los hombres*" (Raymond 1994, xiv). La Dra. Raymond es una feminista de la segunda ola, un movimiento inspirado en la *Mística Femenina* de Betty Friedan, que aboga por la abolición de los roles de género en el trabajo y el hogar. Las personas que se adhieren a la ideología feminista de la segunda ola tienen dos preocupaciones contrapuestas con respecto a las reivindicaciones de la transexualidad. En primer lugar, la transexualidad reafirma los rígidos roles binarios de género estereotipados, lo que contradice su ideología de neutralidad de género. La lógica dicta que, si no existen diferencias entre hombres y mujeres, no se puede ser transexual. En segundo lugar, los individuos MtF en espacios sólo para mujeres. Aunque la presencia de todas las personas asignadas como hombres al nacer dentro de los espacios sólo para mujeres es un problema, los individuos autoginéfilos son la principal preocupación, ya que tienen cuerpos y comportamientos de hombres biológicos y se sienten atraídos sexualmente por las mujeres y las fetichizan.

La Dra. Raymond no es la única que critica a las personas MtF que entran en el movimiento feminista como mujeres. Beth Elliot, una cantante folk trans y activista que formó parte del comité organizador de la Conferencia Feminista de Lesbianas de la Costa Oeste de 1973, tenía prevista una actuación. La oradora principal, Robin Morgan, se negó a participar en el evento si la cantante folk transgénero participaba, alegando que Beth era "*una oportunista, una infiltrada y una destructora, con la mentalidad de un violador*", Robin señaló además: "*Tiene un pene! Eso lo convierte en un hombre*". (Morgan 1973). Las lesbianas son especialmente sensibles a la presencia de individuos autoginéfilos (MtF) en su espacio. Aunque dicen ser lesbianas, las personas autoginéfilas no se parecen ni actúan como mujeres. Este posicionamiento les da derecho a espacios sólo para mujeres, diseñados para mantener fuera precisamente a estos individuos fetichistas.

La Dra. Raymond afirma que las mujeres tienen una salida saludable para rechazar los rígidos estereotipos de género llamada feminismo. La sociedad occidental atrapa a los hombres en un sistema en el que sólo pueden aceptar su papel en el patriarcado o rechazar la masculinidad, pero lo hacen solos. Las feministas señalan que los hombres inventaron la feminidad clásica. Los pechos grandes, el pelo largo, los cuerpos con curvas, las voces suaves y otros estereotipos formaron parte de la *"construcción de la feminidad hecha por el hombre"* (Raymond 1994, xv). Naturalmente, los hombres quieren poseer esos cuerpos que de todos modos fueron creados artificialmente. La Dra. Raymond citó a Simone de Beauvoir: *"si [la mujer] no existiera, los hombres la habrían inventado". La inventaron. Pero ella existe también al margen de su invención"*. En palabras de la Dra. Raymond, afirma: *"Los hombres, por supuesto, inventaron lo femenino y, en este sentido, podría decirse que todas las mujeres que se ajustan a esta invención son transexuales, modeladas según la imagen del hombre"*. (Raymond 1994, 106) El Dr. McHugh también señaló: *"Los sujetos postquirúrgicos me parecieron caricaturas de mujeres. Llevaban tacones altos, abundante maquillaje y ropa extravagante"* (McHugh 2004).

Dentro de la definición de hombre o mujer hay una amplia gama de acciones. Al rechazar su feminidad como hombre, refuerza los rígidos estereotipos de lo que significa ser un hombre. Si un hombre es sensible, suave, cariñoso y emocional, no debería convertirse en una mujer trans, sino en un hombre sensible, suave, cariñoso y emocional. El llamamiento feminista para que los hombres dejen de ser patriarcales se produce cuando los hombres dejan de ajustarse a las normas masculinas construidas y se convierten en su auténtico yo social. Del mismo modo, las mujeres se liberan cuando dejan de juzgar su feminidad según el ideal victoriano de feminidad, dominado por los hombres, y permiten que brille su feminidad natural. La Dra. Raymond afirma que un transexual es un

> *"Mujer fantástica"*, la encarnación de la fantasía masculina de sentirse una mujer atrapada en el cuerpo de un hombre, la fantasía hecha carne por otra fantasía médica masculina de transformar quirúrgicamente un cuerpo masculino en uno femenino. Estas fantasías se basan en la imaginación masculina, no en ninguna realidad femenina. (Raymond 1994, xx)

La Dra. Raymond critica que, al definir el transexualismo como una condición médica, los individuos no desafían sus expectativas personales y sociales de ser hombre o mujer. La Dra. Raymond señala que la aceptación acrítica de la narrativa transexual por parte del liberalismo es un vicio *"que se disfraza de simpatía por todos los grupos oprimidos"* (Raymond 1994, 110). Los hombres de la sociedad no pagan el precio de seguir este educado engaño colectivo, sino las mujeres. Las feministas afirman que todos los espacios públicos están dominados por los hombres, por lo que el raro espacio privado sólo para mujeres no es un privilegio sino un lugar de retiro final. La Dra. Raymond afirma que la sociedad está obligando a las mujeres a acomodar a los individuos MtF es parte del *"viejo tema de las mujeres que nutren a los hombres, les proporcionan un refugio seguro y finalmente les dan nuestras mejores energías"* (Raymond 1994, 110)..

Los transexuales confunden la identidad con el deseo. El doctor Thomas Szasz hace afirmaciones similares a las de la doctora Raymond. El Dr. Szasz propone que si los pobres desean ser ricos, ¿es eso *"transeconómico"*, o una persona mayor que desea ser joven, un *"transcronológico"*, o una persona negra que quisiera ser blanca un *"transracial"*? (Szasz 1979, 3) El Dr. Szasz se pregunta, ¿no es la insatisfacción diferente a una enfermedad? Querer ser algo o alguien más no es una enfermedad en ningún otro caso. La respuesta adecuada a una persona con deseos inalcanzables es la terapia o cambiar las expectativas. Si una persona negra desea ser blanca, no es la blancura lo que desea sino las ventajas sociales de ser blanco. Uno puede blanquearse la piel, usar lentes de contacto, teñirse el pelo o cambiar los sistemas de injusticia. El enfoque feminista no consiste en colonizar y asimilar a las poblaciones minoritarias a la normatividad del poder, sino en dar espacio a la diversidad.

Parte de esta insatisfacción afecta a todos, no sólo a los transexuales. El enfoque de marketing consumista del sistema

---

[10] En cambio, en la actualidad, dentro de ciertos círculos liberales, existe una ventaja cuando se afirma ser miembro de una clase de personas oprimidas. Rachel Anne Dolezal (1977—) se convirtió en la jefa de la Asociación Nacional para el Progreso de las Personas de Color (NAACP) de Spokane, Washington, afirmando ser afroamericana. Rachel nació de padres blancos

capitalista pretende que la gente se sienta insatisfecha. Por ejemplo, los comentarios formales de la Sociedad Americana de Cirujanos Plásticos y Reconstructivos presentados ante la FDA en 1982 afirmaban que los pechos pequeños no son sólo una deformidad, sino *"una enfermedad que en la mayoría de los pacientes provoca sentimientos de inadecuación"* (F. Barringer 1992, c12). En respuesta a su campaña de marketing, millones de mujeres se apresuraron a adquirir implantes de silicona para mejorar su autoestima o satisfacer a los hombres. Pensar que la insatisfacción de cualquier persona puede superarse mediante la cirugía plástica es como creer que los dermatólogos pueden resolver el racismo (J. Shapiro 1991, 262).

A partir de la Dra. Raymond y sus homólogas, surgieron las Feministas Radicales Trans Exclusivas (Terf) o Feministas Críticas de Género. Terfs, un término acuñado en 2008, continúa la protesta de las feministas de la segunda ola que afirman que los hombres autoginéfilos secuestran el movimiento feminista. Aunque Terfs es una encarnación del siglo XXI, las feministas de la segunda ola nunca dejaron de manifestar su oposición a los hombres natales en los espacios exclusivos para mujeres. El Reino Unido es especialmente famoso por sus Terfs, a los que a veces se refiere como *la Isla del Terf.* Los argumentos actuales sobre los Terf no han evolucionado más allá de lo que el Dra. Raymond afirmó inicialmente en 1979 o la Dra. Germaine Greer en The Female Eunuch [El eunuco femenino] en 1993. Los activistas transgénero suelen utilizar el término Terf en sentido peyorativo para criticar a cualquier mujer que no apoye los derechos de las personas MtF como mujeres. Como afirma la doctora Jamie Raines (1994—), una YouTuber progresista FtM, *"no eres feminista a menos que apoyes a todas las mujeres y las mujeres trans son mujeres"* (Raines 2020).

La iglesia puede pasar a un segundo plano en algunas batallas filosóficas sobre la ideología de género, ya que las Terf están polémicamente en primera línea. Sin embargo, la iglesia puede ayudar especialmente con el apoyo pastoral, un elemento que no está presente en el feminismo radical. Por ejemplo, las Terf afirman que la sociedad obliga constantemente a las mujeres a mimar las inseguridades de los hombres y, en este sentido, se niegan a dejarse manipular emocionalmente en los espacios exclusivos para mujeres. Aunque la postura que adoptan las Terfs es válida, no consideran que muchas personas con disforia de género están profundamente dolidas y necesitan apoyo, aunque no sea en forma de aquiescencia.

[11] Las discusiones que mantienen las feministas críticas con el género suelen estar en Reddit y Tumbler, con alguna presencia en Twitter, si su *transfobia* no hace que las baneen.

5.7 Revisión de Conceptos

El capítulo cinco abarca la historia de los primeros 100 años del movimiento transgénero moderno, incluida la evolución médica de la terminología y los tratamientos. Esta sección presentó a los teóricos clave en el campo de la sexualidad y a aquellos que fueron decisivos para cambiar la forma de pensar sobre los transexuales, incluyendo a su pionero, el Dr. Benjamin, la bomba rubia Christine Jorgensen, el infame Dr. Money, y los que provocaron su desaparición, los Drs. Meyer y McHugh. Los primeros cien años también trajeron el auge y la caída de la primera clínica de género norteamericana, que a pesar de sus defectos, enseñó que el sexo y el género no son tan mutables como los médicos pensaban en los años 60 y 70.

El año 1979 trajo consigo tres cambios significativos: la fundación de la Asociación Internacional de Disforia de Género Harry Benjamin (HBIGDA); el cierre de la Clínica de Identidad de Género; y la publicación de *El Imperio Transexual*, que dio inicio a un movimiento feminista que ahora se llama Feministas Radicales Trans Exclusivas (Terfs), que se oponen política y filosóficamente a las transexuales autoproclamadas.

Capítulo 6
La Tipología de Blanchard: Etiología Psicológica 1980-1995

Si una persona más me dice que todo género es rendimiento, creo que voy a estrangularla.

— Julia Serano, Doctora, Gender Outlaws*: La nueva generación*

No me siento como un hombre atrapado en un cuerpo de mujer. Sólo me siento atrapado.

— Anónimo, *El Imperio Transexual*

Ray Blanchard se doctoró en psicología por la Universidad de Illinois en 1973. Investigó las terapias de reducción del impulso sexual para delincuentes sexuales en el Instituto Correccional de Ontario hasta 1980, cuando se incorporó al Instituto Clarke de Psiquiatría de Toronto. Su propia investigación, combinada con su revisión médica de los archivos de la Clínica de Identidad de Género, le llevó a desarrollar lo que comúnmente se llama la *Tipología de Blanchard.* Desde entonces, el Dr. Blanchard formó parte del Subcomité de Trastornos de Identidad de Género del *DSM-4* de la Asociación Americana de Psiquiatría, y posteriormente fue nombrado miembro del comité del *DSM-5*.

Cabe destacar que, en su momento, el Dr. Blanchard no dudó de la afirmación de nadie de ser auténticamente transgénero, una postura que no coincide con la de muchos miembros de la comunidad psiquiátrica que creen que algunas personas transgénero son falsas o pseudotranssexuales (Prince 1978, 263). Cuando se afirma que el Dr. Blanchard considera falsas a las personas transgénero, los activistas transgénero suelen referirse a que no apoya la ideología de la ontología de género. La tipología de Blanchard sitúa la disforia de género en la orientación sexual y la parafilia más que en el *hecho* de ser del sexo opuesto. Esta distinción podría significar que un hombre con disforia de género es una falsa mujer, pero no un falso transexual. Como clínico, el Dr. Blanchard no malgasta su energía luchando contra la guerra cultural o enemistándose con los transexuales. En cambio, utiliza su tipología como herramienta para tratar mejor la causa de la disforia de sus pacientes. [1]

El Dr. Blanchard rechazó la noción de que la identidad de género se basa en la experiencia subjetiva del propio sexo y, en cambio, se basa en un enfoque realista basado en observaciones objetivas (C Williams 2012). El Dr. Blanchard identificó cuatro clases de personas transexuales: homosexuales, heterosexuales, bisexuales y asexuales/análogas (Blanchard 1985). A pesar de utilizar una tipología para identificar el transexualismo, el Dr. Blanchard abogó por la cirugía de reasignación de sexo para los pacientes dentro de cada una de las tipologías cuando fuera psicológicamente ventajoso; Por lo tanto, estas

---

[1] Ahora se llama Centro de Adicciones y Salud Mental (sede de College Street).

categorías no pretenden invalidar la gravedad de la disforia de género (Blanchard 2000).

El Dr. Blanchard utilizó los términos autoginéfilo y andrófilo para describir las causas de la disforia. En el caso de la autoginefilia, el Dr. Blanchard afirmaba que la etiología era *"una especie de error de localización de los objetivos heterosexuales en el entorno"* (Blanchard 1991, 246). En la androfilia, la causa de la disforia está en la fantasía homosexual de ser abrazado sexualmente por un hombre heterosexual masculino. Sólo presentándose como mujeres estereotipadas logran esta fantasía de ser recibidas como mujeres naturales. Aunque los teóricos nominalistas del género consideran que la expresión sexual, la orientación sexual y la identidad sexual son totalmente independientes, estas correlaciones son innegables. En consecuencia, la tipología del Dr. Blanchard considera el vínculo entre la identidad sexual y la orientación sexual. [2]

En su libro de 1990, *Clinical Management of Gender Identity Disorders in Children and Adults*, el Dr. Blanchard introdujo las tipologías presentando dos precursores del transexualismo: las reinas del drag y el travestismo. Los activistas transexuales contemporáneos se centran en los conceptos del Dr. Blanchard, ya que algunas de sus terminologías se consideran ahora políticamente incorrectas. Los activistas transgénero empezaron a oponerse con fuerza a la terminología utilizada por el Dr. Blanchard a partir de finales de los años noventa. En particular, los grupos rechazaron su clasificación de transexuales de tipo *"heterosexual"* y *"homosexual"*, ya que esta categorización implica que el sexo natal de la persona es el adecuado. Además, la asociación de los transexuales de tipo heterosexual con los travestis suscitó una fuerte oposición.

---

[2] Como ejemplo de una teoría anticuada, Blanchard consideraba que los drag queens *"tienen claramente una perturbación de la identidad de género de algún tipo"* (Blanchard, Clinical Management 1990). Esto puede haber sido cierto en la década de 1980, cuando Blanchard escribió su texto; sin embargo, en los últimos 10 a 20 años, los drag queens han sido principalmente un medio de entretenimiento pagado y de recaudación de fondos dentro de la comunidad LBGT y no hay ninguna conexión entre el disfraz y la excitación sexual o la identidad sexual personal. Ocasionalmente, un hombre homosexual intentó ser drag antes de salir del armario como transexual MtF, pero esto es un paso a corto plazo y no representa la mayoría de las experiencias drag donde no se considera la transición (O'Brien 2018).

En 2003, el doctor J. Michael Bailey publicó *The Man Who Would Be Queen: The Science of Gender-Bending and Transsexualism [El hombre que quiso ser reina: la ciencia del cambio de sexo y el transexualismo]* (2003). El Dr. Bailey, colega del Dr. Blanchard, utilizó sus tipologías y las teorías del prominente psicólogo y sexólogo de la Universidad de Toronto Kenneth Zucker, Doctor en Filosofía, que trabajó con niños cuyos padres identificaron comportamientos significativos de género atípico. Natalie Wynn afirma que el Dr. Bailey escribió el libro utilizando ejemplos de su propia experiencia como hombre blanco cis *excitado* por su percepción de la perversión sexual de las prostitutas transexuales que encuentra (Wynn 2018).

Bajo presión externa, la Universidad de Northwestern lanzó una investigación formal contra el Dr. Bailey, director del departamento de psicología. Aun así, la universidad acabó retirando la demanda por falta de base ética o académica para la misma. La doctora Alice Dreger plasmó este episodio en su libro *Galileo's Middle Finger,*

> Las acusaciones contra Bailey eran una farsa. Los enemigos acérrimos del Dr. Bailey habían utilizado todos los trucos inteligentes del libro situando los acontecimientos de forma engañosa, ignorando las pruebas contrarias, trabajando la retórica y utilizando el anonimato cuando era conveniente para hacer parecer que prácticamente todas las mujeres trans representadas en el libro de Bailey se habían sentido abusadas por él y habían presentado una acusación. (Dreger 2015, 100)

El libro del Dr. Bailey mantuvo viva la conversación sobre la teoría de la tipología de Blanchard, aunque la renovada atención elevó su teoría a un mayor grado de crítica. Algunas de las críticas a las teorías del Dr. Blanchard son predominantemente quejas contra su falta de corrección política del siglo XXI. Otras críticas tenían que ver con la política de identidad, según la cual un hombre cis categorizaría a las personas transgénero en función de sus deseos sexuales, y otras tenían críticas científicas válidas sobre la ciencia que sustenta las teorías.

Las críticas sociales modernas rara vez tienen en cuenta los fundamentos etiológicos propuestos por el Dr. Blanchard para las distintas formas de transexualismo. Los activistas transexuales suelen adherirse al argumento cogito ergo sum, que afirma que el único requisito para que una persona sea hombre o mujer es que se crea a sí misma como tal. El doctor Frank Leavitt y el doctor Jack Berger escribieron: "*Los transexuales, como grupo, se oponen con vehemencia a la etiqueta de transexual homosexual y a su carga peyorativa. Por lo general, están muy comprometidos con un estilo de vida heterosexual y les repugna la idea de mantener relaciones homosexuales con hombres. La atención de los hombres suele servir para validar su condición femenina*" (Leavitt 1990, 500).

Aunque los trabajos del Dr. Blanchard de los años 80 y 90 pueden parecer insensibles según los estándares actuales, es necesario no perder de vista esta teoría, independientemente de los términos utilizados. También es importante recordar que el Dr. Blanchard escribió estos estudios hace más de 30 años, y los estándares de corrección política cambiaron. Sin embargo, esto no hace que la teoría en la que se basa el estudio sea inválida. Si los activistas expulsaran todos los textos históricos que contienen algún elemento de incorrección política, la biblioteca estaría casi vacía (Ely, Meyerson, y Davidson 2006).

El Dr. Blanchard utilizó las definiciones médicamente aceptadas de su época. Por ejemplo, el Dr. Blanchard utilizó las siguientes definiciones: la disforia de género se refiere al descontento entre el propio sexo biológico y el deseo de poseer el cuerpo del sexo opuesto. Una persona con disforia de género también desea ser considerada por los demás como un miembro del sexo opuesto. El Dr. Blanchard define el transexualismo como una disforia de género extrema que persiste sin fluctuaciones durante un periodo de años (Blanchard 1990, 56).

La idea de que la transexualidad se desarrolla como resultado de una disforia de género extrema es actualmente opuesta. La Asociación Americana de Psiquiatría (APA) afirma que una persona puede ser transexual sin disforia de género (American Psychiatric Association 2013). Además, algunos científicos sociales afirman que "*aunque los diagnósticos médicos y psiquiátricos asociados a ser transexual son factores importantes para el tratamiento, ser transexual no es patológico y, por lo tanto, el tratamiento no puede centrarse en el diagnóstico y la erradicación de la patología*" (Cashman y Walters 2016, 19). No obstante, someterse a una cirugía que altera la vida y revertir las hormonas para el resto de la vida, aceptando un mayor riesgo de mortalidad temprana, no es algo que merezca la pena embarcarse si el tratamiento no soluciona una tremenda carga psicológica.

Parece improbable que alguien pase por los retos legales y culturales de cambiar de sexo, todo ello sin una angustia real. Si la transición se elige de forma casual, la APA afirma que la transición es una preferencia personal. Por lo tanto, los seguros o la sanidad pública no pagarían estos tratamientos, ya que no son el resultado de un trastorno médico. Los seguros no cubren las cirugías estéticas opcionales. Quienes afirman experimentar una disforia de género de inicio temprano no están en desacuerdo con las conclusiones del Dr. Blanchard. Los nominalistas de género afirman que todas las personas son no binarias y se oponen con vehemencia a la teoría del Dr. Blanchard sobre las explicaciones psicológicas de estos deseos.

El Dr. Blanchard clasifica las etiologías transexuales en transexuales autoginéfilos (heterosexuales) y andrófilos (homosexuales). Autoginéfilo significa etimológicamente "*amor a sí mismo como mujer*" y andrófilo "*amante del hombre*". Esta división pretende descubrir la etiología de la disforia. El Dr. Blanchard afirma que los individuos MtF atraídos por las mujeres tienen causas diferentes para su disforia que los individuos MtF atraídos por los hombres o los individuos FtM atraídos por las mujeres. Este concepto es políticamente incorrecto y contradice la narrativa de que el sexo y el género y la orientación sexual son categorías totalmente distintas que no comparten ningún solapamiento esencial.

La Tipología de Blanchard: Etiología Psicológica 1980-1995

Tipología de Blanchard, 1990	Significado	Características
Autoginéfilo (heterosexual)	Un hombre biológico que se siente como una mujer y se siente atraído por las mujeres	Actuación típica de un hombre normativo no muestra señales tempranas a los demás, sale/se casa con mujeres y tiene hijos. Transición hacia los 40 años.
Bisexual	Un hombre biológico que se siente como una mujer y se siente atraído por los hombres en la medida en que le hacen sentir más como una mujer	El acto típico de un hombre normativo no muestra señales tempranas a los demás, sale/se casa con mujeres y tiene hijos. La transición se produce en promedio alrededor de los 40 años.
Analógico (asexual)	Un hombre biológico que se siente como una mujer y se siente atraído principalmente por lo femenino de sí mismo y no por los demás.	Actúa como un hombre normal, no muestra señales tempranas a los demás, puede ser virgen o no estar interesado en parejas sexuales. La transición se produce en promedio alrededor de los 40 años.
Andrófilo (homosexual)	Un hombre o una mujer biológica que se siente como el otro sexo y se siente atraído por miembros del mismo sexo biológico	Actúa de forma típica de las normas del otro sexo (llamado sissie o tomboy), se relaciona sexualmente con personas del otro sexo, es consciente de la disforia antes que el autoginéfilo

Figura 6.1 Tipología de Blanchard 1990 (Blanchard 1990)

6.1 Autoginéfilo Transexualismo Heterosexual

A través de sus observaciones y de la lectura de expedientes de casos, el Dr. Blanchard descubrió que las experiencias de los individuos MtF atraídos por las mujeres (*ginefílicos*) contrastaban con las de los transexuales andrófilos. El Dr. Blanchard describe la autoginefilia: "*En la autoginefilia anatómica, el individuo se orienta hacia los rasgos característicos del físico femenino (por ejemplo, los pechos), pero intenta, de alguna manera, localizar estos rasgos en su propio cuerpo*" (Blanchard 1991, 247). En la época en que el Dr. Blanchard publicó su estudio, los sujetos autoginéfilos eran todos hombres natales. Estos individuos solían estar bien adaptados a sus grupos de pares masculinos mientras crecían, disfrutaban naturalmente de las actividades normales para los chicos jóvenes y no mostraban signos manifiestos de afeminamiento. En la edad adulta temprana, tienden a trabajar en ocupaciones dominadas por los hombres, y la mayoría de estos hombres se casaron al menos una vez y tuvieron hijos. Muchos de estos individuos, cuando buscan tratamiento, todavía están casados y les gustaría seguir casados con sus esposas.

Cuando no están feminizando deliberadamente su atuendo, se presentan como hombres heterosexuales típicos. La autoginefilia es similar al travestismo en sus fases más tempranas. El ochenta por ciento de los individuos MtF autoginéfilos afirmaron experimentar excitación sexual cuando se travisten por primera vez (Blanchard, Clemmensen y Steiner 1987). Los individuos MtF autoginéfilos a menudo experimentan un conflicto sobre esta identidad por miedo a cómo pueden reaccionar sus familias, hijos, amigos y colegas profesionales. Dado que estos individuos pasan de forma convincente como hombres heterosexuales de toda la vida, sus allegados se escandalizan cuando se identifican como mujeres. El Dr. Blanchard

---

[3] Muchos miembros de la categoría de autoginéfilos prefieren el término *ginéfilo* en lugar de la tipología de Blanchard de autoginéfilo o transexual heterosexual. Ginéfilo significa que se siente atraído por las mujeres, lo que no dice nada sobre el género del sujeto.

afirma que la edad media de los individuos autoginéfilos de MtF que acuden al Instituto Clarke de Psiquiatría es de 39 años, lo que supone, de media, 13 años más que los transexuales andrófilos (homosexuales) que acuden por primera vez a la clínica.

Un individuo autoginéfilo MtF puede hacer una transición física a diversos grados de feminidad. Los individuos autoginéfilos rara vez reciben todas las cirugías y procedimientos feminizantes disponibles. Algunos hombres se presentan como mujeres en distintos momentos de su vida. En cambio, otros buscan un aumento de pecho o una cirugía transexual completa, y otros viven su vida como hombres sin revelar sus secretos. Los individuos autoginéfilos de MtF son más propensos a *"vacilar en su decisión de vivir como mujeres"* que los transexuales andrófilos, según un estudio de Götz Kockott, M.D., y E.M. Fahrner, Ph.D. (Kockott y Fahrner 1987, 512).

El Dr. Blanchard afirma que muchos individuos autoginéfilos de MtF esperan establecerse después de la cirugía y llevar una vida normal de mujer heterosexual. Muchos individuos incluso esperan encontrar un hombre heterosexual para encarnar plenamente el estado femenino; sin embargo, la cirugía de reasignación de sexo no cambia la orientación sexual. Siguen sintiéndose atraídos por las mujeres como antes. Los individuos autoginéfilos MtF desean la fantasía de ser femeninos más que la realidad de ser mujer. Después de las cirugías, esta atracción sexual por las mujeres puede llevar a la vergüenza de que debe entablar relaciones *"lésbicas"* si quiere mantener una relación sexual significativa (Blanchard 1990, 59).

Hasta hace poco, la incidencia de la autoginefilia FtM era prácticamente inexistente. En el momento en que el Dr. Blanchard escribió en 1990, las dos mujeres que se identificaron como individuos FtM autoginéfilos (lo que significa que se sienten atraídos por los hombres) se involucraron con hombres homosexuales excesivamente femeninos que asumieron un papel femenino en la relación. En la actualidad, más individuos FtM podrían calificarse como autoginéfilos. Sin embargo, desde que la tipología de Blanchard ha caído en desgracia, las estadísticas de atención sanitaria sobre individuos transexuales rara vez registran la orientación sexual como un factor relevante. En consecuencia, la tasa exacta de autoginefilia FtM es indeterminada. El Dr. Blanchard llama a esta nueva manifestación autohomoerótica a la disforia de género, en la que las mujeres escapan de ser mujeres para intimar con hombres homosexuales. La autohomoerótica es más común entre los adolescentes y los individuos que se encuentran en los primeros años de la edad adulta. Según los doctores Bailey y Blanchard, una persona joven

> Adquiere la ilusión de que es del otro sexo porque sufre graves deficiencias de pensamiento. Hay pocos datos sistemáticos sobre este tipo de disforia de género, aunque las menciones clínicas de mujeres heterosexuales con fuertes rasgos masculinos, que dicen sentirse como si fueran hombres homosexuales, y que se sienten fuertemente atraídas por hombres afeminados se remontan a más de 100 años. (Bailey y Blanchard 2017)

Mientras que a los individuos autoginéfilos les atrae la idea de tener un cuerpo de mujer, a los individuos autohomoeróticos les atrae la idea de tener *intimidad* con hombres homosexuales. Así, la intimidad con los demás es una característica secundaria para los individuos autoginéfilos, mientras que es primaria para los autohomoeróticos.

Para disgusto de algunos, el Dr. Blanchard vincula audazmente las etiologías de la autoginéfilia y el travestismo. El Dr. Blanchard sugiere que son grados del mismo espectro de comportamiento travesti. Escribió,

> Las diversas similitudes entre el travestismo y el transexualismo heterosexual (autoginéfilo) sugieren que estas condiciones pueden ser el mismo trastorno. Esta noción se ve reforzada por muchos casos de transexualismo heterosexual (autoginéfilo), que parecen haberse desarrollado a partir del travestismo. (Blanchard 1990, 59)

Aunque es posible que exista un vínculo entre el travestismo y la autoginefilia, esto no significa que la autoginefilia sea un "*falso transgenerismo*". Virginia Prince sugirió que los individuos autoginéfilos no son transexuales, mientras que los que tienen androfilia son "*transexualidad real*". El único argumento del Dr. Blanchard para hacer las distinciones es ayudar a identificar la raíz etiológica de las identidades transgénero, que puede no ser una causa singular. Señala que el travestismo no parece hacer progresar los sentimientos que se tienen sobre el atuendo femenino y, en cambio, los sentimientos permanecen constantes a lo largo de la vida. Por el contrario, para un individuo autoginéfilo de MtF, la atracción comienza igual que la del travesti, pero lleva a la persona a querer abrazar completamente una identidad femenina como propia (Blanchard 1990, 59).

Una historia clásica de autoginefilia está representada en *El imperio transexual* de la Dra. Raymond en *El restaurante de las mujeres* de T.C. Boyle, impreso en *Penthouse* (1977). Esta historia se hace eco de las preocupaciones del rabino Rashi del siglo XI, que advertía de los hombres que se vestían de mujer para invadir los espacios exclusivos para mujeres. La Dra. Raymond presenta la historia:

El Restaurante de las Mujeres (1977)

La historia comienza ambientando el restaurante Grace & Rubie's y sus alrededores, y está escrita desde el punto de vista del narrador voyeurista. *"Es un restaurante para mujeres. Los hombres no están permitidos. Lo que ocurre allí, precisamente, no lo sabe ningún hombre. Yo soy un hombre. Ardo en deseos de averiguarlo"*. El narrador procede entonces a caricaturizar a Grace y Rubie como marimacho y mujer, así como a relatar sus varios intentos de entrar. Después de dos intentos infructuosos, va a unos grandes almacenes, compra un traje de pantalón de poliéster rosa, un sujetador, medias y cosméticos con los que se maquilla para pasar por mujer. Consigue entrar y es capaz de experimentar lo que se ha estado perdiendo (Raymond 1979, 111).

Aquí estaba yo, emboscado en la misma nave, el mismísimo omphalos de la feminidad furtiva, un premiado patrón del restaurante de mujeres, un miembro, al tanto de sus más íntimos secretos. Allí estaban -mujeres- masticando, bebiendo, digiriendo, charlando, riendo, cruzando y descruzando las piernas. Sin zapatos, con los pies en alto. Fumando cigarrillos, enseñando los cubiertos, bailando al ritmo de la música. Mujeres entre mujeres. Me bañé en su suave cháchara, en el canto de los pájaros, en las risas que caían como espirales de pelo. Encendí un cigarrillo y sonreí. Se acabaron los pensamientos de héroe de cuento de hadas para rescatar a Rubie, oh no, esto era el paraíso.25 Después de haber bebido seis tequilas amaneceres y una jarra de vino para la cena, el intruso/narrador masculino considera necesario hacer sus necesidades, pero se olvida de sentarse cuando orina en la sala de descanso, momento en el que es descubierto por Grace. El relato termina con su saboreo del triunfo de la infiltración temporal y un plan de invasión permanente. He penetrado en el restaurante de las mujeres, sí, pero en realidad ha sido poco más que una violación. No estoy satisfecho. La obsesión crece en mí, preñada, hinchada, insaciable con el primer sabor de la satisfacción. Antes de que termine, beberé hasta la saciedad. Tengo planes. La próxima vez que atraviese esas puertas con cortinas de Grace & Rubie's no habrá disimulo. Hay cirujanos que pueden asegurarlo. (Boyle 1977, 112)

6.2 Autoginéfilo Transexualidad Bisexual

El Dr. Blanchard también se refiere a los individuos bisexuales MtF. Este grupo es el que tiene más en común con la autoginefilia, al crecer sin rasgos afeminados y encajar en los típicos roles masculinos. Sin embargo, el Dr. Blanchard afirma que este tipo de orientación bisexual *"no tiene por qué reflejar una atracción erótica por igual hacia el físico masculino y el femenino, y quizás se caracterizaría mejor como pseudobisexualidad"* (Blanchard 1990, 67). Una persona MtF andrófila se siente atraída por los cuerpos y los genitales de los hombres, de la misma manera que los hombres heterosexuales se sienten atraídos por los cuerpos de las mujeres. Para un individuo MtF bisexual, la excitación sexual proviene principalmente de la realización de la fantasía de travestismo. La persona MtF experimenta una mayor excitación al ser encontrada como una mujer real que una atracción física real hacia el propio hombre. Estos individuos quieren cumplir la fantasía de poseer lo femenino pero, en última instancia, no pueden disfrutar de la experiencia ya que su atracción sexual emocional y psicológica no está dirigida hacia otros hombres. En última instancia, son hombres heterosexuales que participan en una fantasía sexual.

6.3 Autoginéfilo Transexualismo Analloerótico

Otra forma de MtF autoginésica es la analloerótica, derivada de la etimología griega an, *"carente"*, y *aloerótica*, *"sentimiento o actividad sexual que encuentra su objeto en otra persona"*. Algunas personas describen las fijaciones analloeróticas como transexualismo asexual, lo que no es el caso en la mayoría de las situaciones. Los individuos analloeróticos no suelen estar interesados en tener relaciones sexuales con otra persona, sino que *"se sienten atraídos no por la mujer que está fuera de ellos, sino por la mujer que está dentro de ellos"* (Hirschfeld 1948, 167). El Instituto Clarke de Psiquiatría describió que alrededor del 7 al 8% de los individuos MtF podrían ser analloeróticos (Blanchard 1990, 63). Estos individuos, al igual que otros autoginéfilos, expresaban un comportamiento típico de chicos y no mostraban signos de afeminamiento. En cambio, expresan un alto grado de excitación sexual proveniente de la vestimenta femenina. La edad media de visita a la clínica en busca de ayuda coincide con la de otros grupos de MtF autoginéfilos, unos quince años mayor que la de los transexuales andrófilos.

[Andrófilo]

6.4 Transexualismo Andrófilo

El último grupo es el de los transexuales andrófilos, también llamados transexuales de tipo homosexual. Esta categoría contiene dos grupos, los individuos andrófilos MtF y los individuos andrófilos FtM. El Dr. Blanchard afirma que la etiología del transexualismo androfílico debe ser diferente a la de los transexuales autoginéfilos. El transexualismo androfílico tiene una etiología enraizada en una forma extrema de homosexualidad. El Dr. Blanchard especula que la transexualidad de tipo homosexual MtF y FtM es una expresión intensa de la homosexualidad. Consideró el siguiente continuo: heterosexual→bisexual→homosexual→ homosexual disfórico de género → homosexual transexual (Blanchard, Clemmensen, y Steiner 1987). En lugar de pensar en la sexualidad en la escala de Kinsey entre completamente heterosexual y completamente homosexual, se puede pensar en la escala entre heterosexual y transexual. Steven Greenberg, de *The Advocate [El Defensor]*, describió la escena andrófila de los bares gays en la década de 1990 como,

> La transgresión de los límites [que] en realidad resulta ser la conformidad con los roles sexuales una vez más, con muchos hombres que acuden a las hormonas y a la cirugía para atraer a otros hombres como mujeres artificiales y ultrafemeninas... [que] intentan convertirse en la imagen de la mujer perfecta, es decir, el modelo de Cindy Crawford, y que las inquietantes nociones "*prefeministas*" de la feminidad impregnan la comunidad transgénero" (Greenberg 1993, 51).

El Dr. Blanchard llegó a la conclusión de que, desde los primeros recuerdos, los niños andrófilos se sienten atraídos exclusivamente por los varones. Sus fantasías románticas se dirigen a los varones y sus experiencias sexuales son predominantemente con varones. No

[4] Según la hipótesis del Dr. Blanchard de 1990, habría pocas diferencias cerebrales entre los transexuales homosexuales y los homosexuales de género cis. Esta hipótesis aún no ha sido probada directamente (Guillamon, Junque y Gómez-Gil 2016, 1634).

obstante, algunos pueden experimentar con el comportamiento heterosexual por razones sociales. Estos individuos están previsiblemente inadaptados a ser niños pequeños, prefiriendo la compañía de niñas, los juegos de niñas y las actividades de niñas según su cultura. A medida que crecen, suelen sufrir acoso por *actuar como niñas* y mostrar rasgos afeminados. Muestran interés por la ropa, el estilo y los accesorios de las mujeres. Pueden empezar a mostrar gestos y patrones de habla afeminados. Los LadyBoys de Tailandia entran en esta categoría.

El Dr. Blanchard descubrió que la transexualidad androfílica rara vez desaparece en algún momento de la vida. En cambio, la transexualidad autonefílica suele permanecer en el armario durante largos periodos de su vida.[5]. Sólo el 10% de los transexuales andrófilos experimentan algún tipo de excitación sexual al travestirse. El ochenta por ciento de los individuos autoginéfilos de MtF autodeclararon haber experimentado excitación sexual usando ropa de mujer al menos algunas veces (Blanchard, Clemmensen, y Steiner 1987). Durante la década de 1980, la edad promedio de un transexual andrófilo que buscaba ayuda en el Instituto Clarke de Psiquiatría era de 24 años. Al mismo tiempo, la edad media de un MtF autoginéfilo que buscaba ayuda era de 39 años.

Los individuos FtM superan en número a los individuos andrófilos MtF, según un estudio realizado por el Dr. Blanchard en 1987 (Blanchard, Clemmensen, and Steiner 1987). Lamentablemente, no se puede determinar la tasa de transexuales de tipo homosexual frente a la de tipo heterosexual en la actualidad, ya que los centros médicos no realizan un seguimiento de esta métrica como estadística relevante. En los casos de transexuales FtM, se presentan como marimachos a una edad temprana, se involucran principalmente en juegos de niños y tienen compañeros jóvenes. Al igual que los chicos afeminados que no llegan a convertirse en transexuales, la mayoría de las tomboys tampoco

---

[5] El Dr. Richard Green, de la UCLA, descubrió que de los chicos jóvenes identificados por la familia o los médicos como andrófilos, *"la mayoría de los chicos afeminados terminan, de hecho, en la edad adulta como homosexuales, pero están plenamente satisfechos con su sexo masculino y tienen pocos comportamientos transgénero, si es que tienen alguno"* (Green 1987). Los niños afeminados rara vez se convierten en transexuales de forma natural y hay que tener cuidado de no asumir preventivamente que un niño es transexual por su afeminamiento.

lo hacen. Rara vez las tomboys se convierten en transexuales, y la mayoría no son homosexuales.

En cambio, los chicos femeninos tienen menos probabilidades de convertirse en hombres heterosexuales, aunque no se dispone de estadísticas exactas. Los jóvenes marimachos no suelen enfrentarse al mismo estigma social que los mariquitas y se gradúan en la escuela secundaria en mayor proporción que los individuos andrófilos MtF. Los individuos FtM buscan tratamiento a la misma edad que los individuos andrófilos MtF. Las personas andrófilas no informan de ninguna experiencia de excitación cuando se visten con ropa de hombre.

Ya sea MtF o FtM, los tipos andrófilos comparten características, patrones y plazos de desarrollo notablemente similares. Ya sean heterosexuales, bisexuales o analloeróticos, los tipos autoginéfilos comparten causas de excitación similares, rasgos sociales de desarrollo similares mientras crecen, edades similares para buscar tratamiento y motivaciones similares para buscarlo. Los enfoques posmodernos prefieren cada distinción en una escala de variación en lugar de diferencias claras en blanco y negro. Aun así, las observaciones del Dr. Blanchard apuntan a dos principios de causalidad distintos.

---

[6] Terminología utilizada por Blanchard en sus estudios, (Blanchard, Clinical Management 1990).

6.5 Críticas y Defensas de la Tipología de Blanchard

Este libro podría dedicar un capítulo entero a los críticos de Blanchard, pero este no es el propósito del libro y por ello se reduce a una sección del capítulo seis. El Dr. Blanchard ha sido llamado el *"mimado de la derecha"* por la activista transgénero Brynn Tannehill (Tannehill 2019, 139). El Dr. Blanchard mantiene la comprensión realista biológica de la sexualidad típica, afirmando que *"la sexualidad normal es cualquier cosa relacionada con la reproducción... la homosexualidad no sería normal sino benigna"* (Blanchard 2013). Las opiniones del Dr. Blanchard no son políticamente correctas, sino biológicamente evidentes. Afirma con sus propias palabras: *"No soy uno de esos tipos que se desviven por ser políticamente incorrectos. Pero no creo que debamos promulgar falsedades en aras de las agendas políticas, aunque sean agendas políticas que valgan la pena"* (Blanchard 2013).

La doctora Julia Serano ha sido considerada una filósofa que ha *"desacreditado"* definitivamente la ciencia de la autoginefilia (R. A. Williams 2019, 144). Los argumentos de desacreditación de la Dra. Serano se dividen en tres campos (Serano 2010b, 180).

Acusaciones:

1. Esta tipología se basa principalmente en muestras clínicas de un estudio de casos y no en investigaciones científicas con controles.

2. Si la transexualidad se entiende como un fetiche o una extensión de la orientación sexual, entonces las cirugías de reasignación de sexo y los medicamentos podrían no estar cubiertos por el seguro médico.

3. Esto ofende a la comunidad de activistas que siguen el enfoque ontológico de la identificación de género. La teoría del Dr. Blanchard considera la disforia de género a través de la lente del deseo. Por lo tanto, el Dr. Blanchard no valida la afirmación de que una mujer transexual es una mujer.

Respuestas:

1. Un estudio exploratorio descriptivo es un método aceptable para llevar a cabo una investigación psicológica.

2. Los seguros nunca deben determinar los resultados de la ciencia.

3. Charles Moser, un crítico del Dr. Blanchard, afirma que *"aunque la autoginefilia existe, la teoría es defectuosa... muchos MTF admiten fácilmente que este constructo describe su interés y motivación sexual. No obstante, no está claro hasta qué punto [la teoría de Blanchard] predice el comportamiento, la historia y la motivación de las MTF en general"* (Moser 2010). Esta crítica capta la esencia de la posmodernidad. Por lo que los individuos autonefílicos reales de MtF afirman que su teoría describe con precisión sus vidas. Sin embargo, el argumento podría no describir a personas hipotéticas, por lo que la ciencia no es válida. Un argumento válido sería si tasas estadísticamente significativas de individuos autoginéfilos MtF encontraran que la teoría categoriza falsamente su experiencia. Nadie está haciendo esta afirmación.

Un estudio realizado por el Dr. Bailey y Kiira Triea en 2007 afirmaba que los profesionales modernos deberían aceptar la teoría de Blanchard porque tiene más potencial explicativo que lo que ellos llaman la *"narrativa de la esencia femenina"*. La idea que proponen algunos transexuales es que son más bien *"mujeres atrapadas en cuerpos de hombres"*. Los psicólogos utilizaron inicialmente el concepto de *Anima muliebris in corpore virili inclusa* para describir a los hombres homosexuales (Ulrichs 1868). El Dr. Blanchard explicó que *"los transexuales se apoderaron de esta frase como el único lenguaje disponible para explicarse a sí mismos su situación y para comunicar sus sentimientos a los demás"*, pero son conscientes de que el concepto no era una comprensión literal (Blanchard 2000, 4). En la actualidad, no está claro si la comunidad de activistas se toma la frase literalmente o no.

La identificación transexual puede ser menos consistente hoy en día que en los años 80 y principios de los 90. En el siglo XX, un transexual encontraba más dificultades que en el siglo XXI. Los pacientes con trastorno de identidad de género habrían estado desesperados y sin ninguna otra opción si hubieran acudido al Instituto de Psicología Clarke en los años ochenta. Los casos que el Dr.

Blanchard utilizó para crear su teoría tenían que ver con estos casos extremos.

Hoy en día, es más difícil localizar los rasgos unificadores entre las personas transgénero, ya que hay más personas que se identifican como tales. Cuando los autores del proyecto de ley de la Asamblea de California (AB2218) afirman que el 27% de los jóvenes de entre doce y diecisiete años son disconformes con el género y tal vez transgénero, habrá menos rasgos comunes entre los millones de personas de esta categoría (CA 2020). La agrupación actual de las personas transgénero incluye a los adultos con disforia de género (el conjunto de muestras del Dr. Blanchard) y a los activistas y adolescentes con disforia de género en sentido general. Con esta definición máxima de lo que significa ser transgénero, grandes grupos de jóvenes serán excepciones a la teoría del Dr. Blanchard, que no incluía estas categorías del siglo XXI.

La doctora Anne Lawrence, autoproclamada autonefílica, es autora de un libro que defiende al Dr. Blanchard de acusaciones como las del Dr. Moser. El libro de la Dra. Lawrence, *Men Trapped in Men's Bodies: Narratives of Autogynephilic Transsexualism* (2012), revela 249 casos recogidos entre 2009 y 2011, afirmando las conclusiones del Dr. Blanchard. Aunque la terminología de la autoginefilia puede ser impopular dentro de la comunidad transexual, los conceptos siguen siendo relevantes. Incapaz de rechazar la teoría de la autoginefilia, la comunidad de activistas trans la ha rebautizado como *"fantasía de género cruzada"* en lugar de la causa de la disforia. (Cross Dreamers 2018).

[Anne Lawrence, M.D., 1950—]

6.6 Revisión de Conceptos

La tipología del Dr. Blanchard fue una de las ideas más significativas de los últimos 100 años de la ciencia transgénero. La teoría del Dr. Blanchard no se basaba en ideales ni en una fenomenología, sino en el realismo tomista. Su enfoque observacional recuerda al De *Generatione Animalium* de Aristóteles, por el que entendía a sus sujetos en sus términos y con una cuidadosa observación para crear generalizaciones y suposiciones precisas. Sus teorías no sólo se refieren a cómo existía el individuo transexual en la actualidad, sino a dónde se originaba la causalidad. ¿Cuál es el principio del que deriva el carácter del agente? La acción de travestirse surge en la naturaleza del ser de una persona, que él identificó como travestismo y homosexualidad. A pesar de las limitaciones de cualquier sistema de clasificación, agrupar a los individuos es médicamente útil. En lugar de utilizar el enfoque ontológico, el Dr. Blanchard identifica las fuentes de la disforia y, a continuación, aplica estrategias terapéuticas para gestionar la disforia. Cuando las causas del deseo son distintas, el alivio para satisfacer los deseos no será el mismo.

CAPÍTULO 7
LA CIENCIA DEL CEREBRO TRANSGÉNERO 1995-ACTUALIDAD

Pienso en lo bonito que sería abrirme la cremallera desde la frente hasta el ombligo e irme de vacaciones. Pero no hay escapatoria; tendría que empacar yo misma.

— Leslie Feinberg, *Diario de un transexual*

Personalmente, me atrae la hipótesis del cableado cerebral, no porque crea que se ha demostrado científicamente sin lugar a dudas, sino porque es la que mejor explica por qué los pensamientos que he tenido de ser mujer siempre me han parecido vagos y siempre presentes.

— Julia Serano, Ph.D., *Whipping Girl*

La Ciencia del Cerebro Transgénero 1995-Actualidad

En la serie de blogs de Harvard, *Dear Mr. President*, Katherine Wu, estudiante de posgrado del Departamento de Biología y Ciencias Biomédicas, publicó el artículo Between the *(Gender) Lines: the Science of Transgender Identity* [*Líneas (de género): la ciencia de la identidad transgénero*] el 25 de octubre de 2016. Katherine presenta varios estudios científicos relacionados con las probables causas de las identidades transgénero. El tema general de los estudios presentados por Katherine es que la identificación transgénero es natural y está determinada genéticamente. Esta sección se centrará en las pruebas científicas que la científica y activista de Harvard considera más afirmativas.

A diferencia de Katherine, las feministas críticas con el género (de la segunda ola) rechazan la hipótesis de que las mujeres y los hombres poseen cerebros sexualmente dimórficos, lo que hace imposible el desarrollo de un cerebro transgénero. Como el doctor Paul McHugh, algunos laicos de la iglesia se hicieron eco de este enfoque feminista de segunda ola para rechazar la ideología transgénero. Cuando se lucha contra una cultura relativista, el argumento de que el género no existe es más convincente que el de que el sexo es la base del género y ambos son inmutables.

El Dr. McHugh hace una afirmación similar contra la ideología *"born this way" (nacido de esta manera)*, afirmando que si todo el mundo es bisexual y la orientación sexual es fluida, entonces la homosexualidad es puramente una elección. Por tanto, nadie nace así. Aunque estos argumentos son lógicamente coherentes, este capítulo sostiene que el relativismo no puede luchar honestamente contra el relativismo. Sólo la luz puede disipar la oscuridad, y sólo el realismo puede disipar el relativismo. Este capítulo examina ambas ideologías y reafirma el realismo biológico, reconociendo las diferencias fundamentales entre machos y hembras en los primates, incluido el *homo sapiens.*

La ciencia médica también indica que los cerebros de los transexuales son más parecidos a los de su sexo asignado al nacer. Además, según algunas investigaciones, los individuos transgénero poseen algunas estructuras cerebrales similares a las de las personas del sexo opuesto. Si existen estas diferencias morfológicas, su presencia aún no determina si el individuo es psíquicamente como una mujer (ontológicamente) o si sólo dan lugar al deseo de ser del sexo opuesto (concupiscencia). Esta sección es vital para ayudar a determinar cualquier base biológica natural para las afirmaciones de que una persona con disforia de género tiene un cerebro intersexual.

7.1 Cerebro Masculino y Femenino

Evolución del Género

John Searle, D.Phil. (1932-), escribió: *"Los fenómenos mentales, todos los fenómenos mentales, ya sean conscientes o inconscientes, visuales o auditivos, los dolores, las cosquillas, los picores, los pensamientos, de hecho, toda nuestra vida mental, están causados por procesos que tienen lugar en el cerebro"* (Searle 1984, 18). No se puede exagerar la importancia del cerebro en relación con la identidad sexual. Los médicos legos suelen pensar en el pene y los pechos como los órganos sexuales esenciales, pero en realidad el órgano sexual más grande es el cerebro de una persona.

En un experimento mental, Rachel Anne Williams crea un escenario hipotético en el que neurocientíficos malvados roban el cerebro de Janice y lo conectan a máquinas para sobrevivir (R. A. Williams 2019, 189). Rachel afirma que Janice dejaría de tener sexo físico sin un cuerpo, excepto el propio cerebro, un órgano sexuado. Este sexado del cerebro es un concepto fundacional para los truscum o transmedicalistas. El argumento sería convincente si los médicos descubrieran dentro del cráneo de una persona transgénero un cerebro del sexo opuesto. Por desgracia, las personas transexuales conservan el cuerpo de su sexo natal, lo que incluye, en su gran mayoría, la morfología de su cerebro. Este capítulo examinará las sutiles diferencias que existen en los cerebros de las personas con disforia de género. Las feministas de la segunda ola sostienen que los cerebros masculino y femenino son casi idénticos, pero ¿cómo se explica que las personas transexuales sean así? Si los cerebros no tienen género, ¿es la disforia de género un engaño o parte de una ideología transgénero?

La doctora Helena Cronin, filósofa darwiniana del *Centro de Filosofía de las Ciencias Naturales y Sociales* de Londres, señala que las diferencias entre niños y niñas no pueden deberse a sutiles influencias patriarcales modernas en la historia evolutiva. En un debate, afirmó: *"Ahora, 800 millones de años después, en nuestra especie como en todas las demás, estas diferencias impregnan lo que constituye ser hombre o mujer, desde el cerebro hasta el cuerpo y el comportamiento"* (Cronin 2005). Esta comprensión evolutiva de la naturaleza humana y de la formación de los sexos también se relaciona con el realismo tomista y el vínculo entre la biología y el comportamiento. Santo Tomás defiende que *"Gratia non tollit naturam, sed perficit"*, la gracia no destruye la naturaleza sino que la perfecciona (*ST Ia* q.1, a. 8, ad 2).

Los católicos no rechazan la evolución y no necesitan abrazar el diseño inteligente, que el Papa Francisco y el Papa Benedicto XVI rechazan. Por ejemplo, el Papa Francisco responde a las preguntas sobre el diseño inteligente, afirmando: *"Cuando leemos sobre la Creación en el Génesis, corremos el riesgo de imaginar que Dios era un mago, con una varita mágica capaz de hacer todo. Pero no es así... Él creó a los seres humanos y los dejó desarrollarse según las leyes internas que le dio a cada uno para que alcanzaran su plenitud"* (Francisco 2017). Además, el padre Benedict Ashley, O.P. también comenta la relación entre la evolución y el desarrollo de la familia y el género:

> Los humanoides que probablemente evolucionaron tenían al principio un cerebro un poco más grande que el de otros primates, pero suficientemente mejor integrado para que tuvieran los inicios del verdadero lenguaje. Esta nueva capacidad, incluso en forma rudimentaria, mejoró enormemente la capacidad de los humanos para sobrevivir. Estos humanos ahora podían actuar socialmente en la caza, el reparto de alimentos, la defensa y la invención. La selección natural favoreció así la rápida expansión del cerebro humano, especialmente del cerebro. Los humanos pudieron entonces refinar sus usos de la inteligencia y el habla para depender menos de la fuerza y el instinto, y más de su capacidad de vivir socialmente a través de una cultura inventada, transmitida y progresiva. La familia humana, con su vínculo primario entre padres e hijos (único en lo que respecta al papel del padre) y el vínculo de pareja entre hombre y mujer, se desarrolló y se convirtió en la base de agrupaciones sociales más amplias. Por lo tanto, nuestras notables capacidades humanas para pensar, crear y comunicarnos surgen del elaborado desarrollo de nuestro sistema nervioso central, que nos permite integrar la información recibida del entorno y vivir socialmente en una cultura compartida con otros. (Ashley 1985, 23)

Para disgusto de la feminista británica Gina Rippon, Doctora en Filosofía., que defiende que todas las diferencias entre chicos y chicas jóvenes son comportamientos aprendidos, la Dra. Cronin afirma que la cultura, el entorno y los sutiles mensajes en rosa y azul juegan sólo un papel menor en la formación del cerebro de los jóvenes. ¿Tiene razón La Dra. Cronin al afirmar que la biología evolutiva es la base del género, o tiene razón la Dra. Rippon al afirmar que el género es una construcción social? La respuesta a esta pregunta tiene profundos efectos en la comprensión de las personas transgénero. Este libro afirma que, aunque la cultura da forma al género, es importante no dar demasiada importancia a la cultura en detrimento de la biología evolutiva profunda. La Dra. Cronin afirma que la gente debería confiar en que la naturaleza desempeña un papel importante en el género, teniendo en cuenta que el cerebro de todos los demás primates es sexualmente dimórfico. ¿En qué se basa la Dra. Rippon para concluir que los humanos son diferentes?

Teoría de la organización del cerebro

La teoría de la organización del cerebro (BOT) es la teoría más plausible para la diferenciación de género impulsada biológicamente en el cerebro. Esta teoría establece que las mismas hormonas que desencadenan la formación del cerebro femenino y masculino durante el embarazo determinan las neurovías utilizadas en la edad adulta. Los endocrinólogos argumentan que la exposición a estas hormonas durante la formación fetal influye en cómo uno piensa sobre su género (Erickson-Schroth 2014, 99). Por ejemplo, BOT explica la forma en que las personas se comportan y actúan. BOT también controla la forma en que las personas experimentan su sexualidad (por ejemplo, sentirse atraídas por el sexo opuesto). Argumenta que los cerebros humanos se sexan naturalmente en una etapa muy temprana de la formación fetal. Esta teoría no está exenta de controversia. La doctora Rebecca Jordan-Young., señala:

> El alcance y la naturaleza de las diferencias físicas en los cerebros de las mujeres y los hombres son muy controvertidos, ya que algunos científicos afirman que no hay diferencias claras, otros afirman que hay algunas diferencias medias sutiles, y otros afirman que las diferencias son dramáticas. (Jordan-Young 2010, 49)

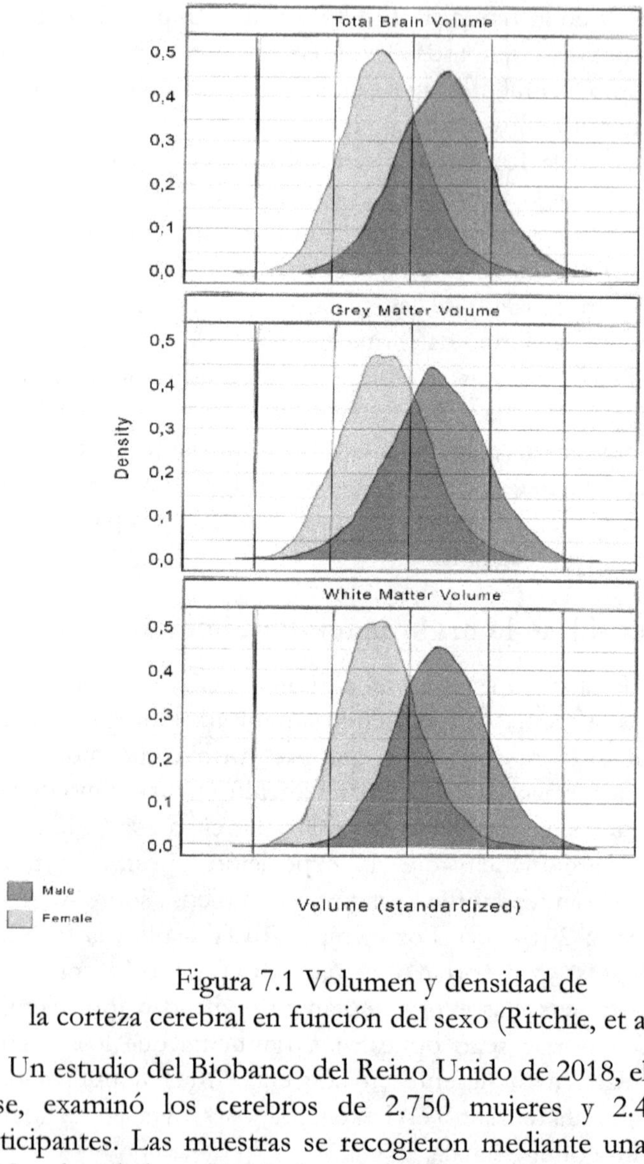

Figura 7.1 Volumen y densidad de la corteza cerebral en función del sexo (Ritchie, et al. 2018)

Un estudio del Biobanco del Reino Unido de 2018, el mayor de su clase, examinó los cerebros de 2.750 mujeres y 2.466 hombres participantes. Las muestras se recogieron mediante una máquina de IRM y la edad media de los participantes era de 61,7 años. Los investigadores concluyeron: "*Informamos sobre el patrón de las diferencias de sexo en el volumen cerebral, el área de superficie, el grosor cortical, la microestructura de la materia blanca y la conectividad funcional entre hombres y mujeres adultos en el rango entre la edad media y la edad avanzada*" (Ritchie et al. 2018, 2962).

En la figura 7.1, las estructuras de los cerebros masculinos y femeninos se superponen principalmente. Los cerebros masculinos están más a la derecha que los femeninos, naturalmente, porque los cerebros masculinos son un 8% más grandes que los femeninos. Se puede argumentar que esto se debe al mayor tamaño medio de la cabeza masculina. Sin embargo, el cerebro masculino también tiene una mayor densidad, que es una característica aparte del tamaño. Independientemente de la razón, el cerebro masculino es más grande, por lo que si el volumen se corresponde con la función, los hombres tendrían una función mayor.

No se deduce que los hombres sean un 8% más inteligentes que las mujeres. En los gráficos anteriores, las muestras masculinas muestran un arco más amplio, lo que significa una variación más significativa dentro de la categoría de cerebros masculinos. Por el contrario, los cerebros femeninos son más homogéneos en tamaño y densidad. En cuanto al tamaño y la densidad, ninguna ciencia médica ha demostrado que las personas transgénero desarrollen estas características del sexo opuesto. Aunque el tamaño y la densidad del cerebro son las diferencias más notables entre hombres y mujeres, no hay pruebas que sugieran que existan diferencias psíquicas debido a estos dos factores fácilmente medibles.

---

[1] Los cachalotes desarrollan cerebros seis veces más grandes que los humanos, pero el tamaño del cerebro no garantiza que posean seis veces más funcionalidad que los humanos. Aunque el mayor tamaño del cerebro contribuye a veces a indicar que se trata de una especie más inteligente, existen innumerables ejemplos de especies con cerebros más pequeños que muestran una inteligencia superior a la de especies con cerebros más grandes. Por ejemplo, los cuervos son muy inteligentes y tienen un pensamiento crítico multinivel, pero su cerebro es una fracción minúscula del tamaño del cerebro de una vaca, una especie que no muestra un pensamiento multinivel.

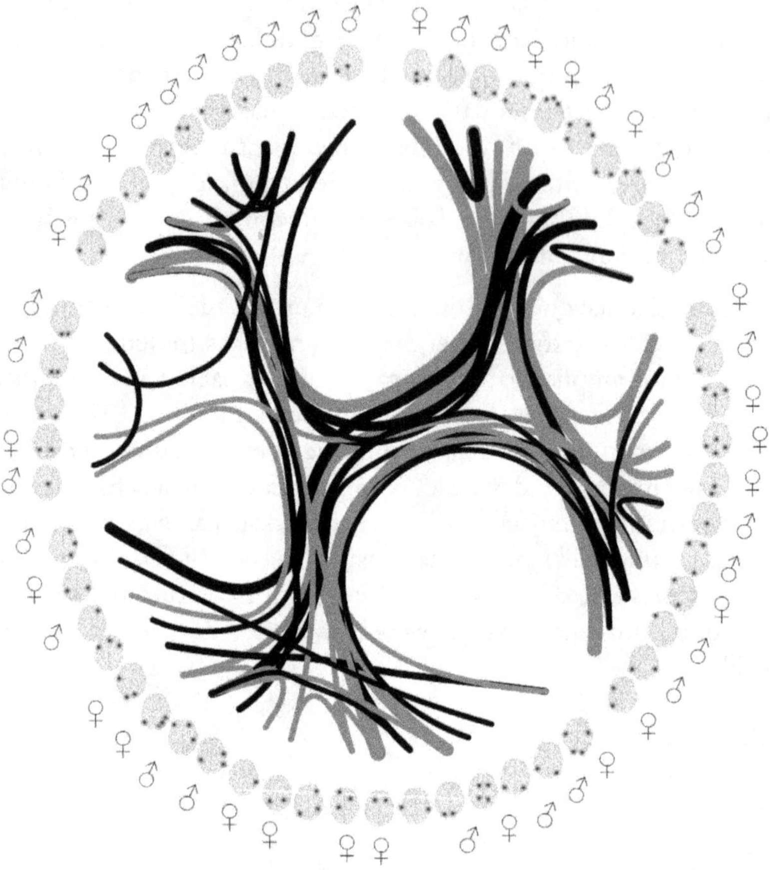

Figura 7.2 Mapas espaciales de conexiones individuales (Ritchie, et al. 2018)

En la figura 7.2, los investigadores evaluaron el estado de reposo mediante una resonancia magnética de la conectividad nerviosa y el grado ponderado de los nodos. Este diagrama muestra los mapas espaciales de las conexiones individuales. Los símbolos de hombre y mujer diferencian los dos sexos. Los colores más oscuros y el grosor de las líneas representan los efectos del sexo en la fuerza de las conexiones. Cinco nodos distintos muestran los diferentes grupos de neuronas. En esta figura se puede detectar una gran superposición entre los sexos; sin embargo, las diferencias de peso y volumen y las funciones también diferencian los sexos.

Matriz Cerebral

Cuando se examina la biología del cerebro masculino frente al femenino, es vital darse cuenta de que lo que se estudia son promedios. Al observar más de 2.000 cerebros masculinos y femeninos, se desarrollan patrones específicos, pero esto no nos dice nada sobre una persona concreta. Por ejemplo, durante la sexta semana del desarrollo humano, la presencia o ausencia de los genes *Sry* y *Sox9* pone en marcha una bifurcación del desarrollo sexual. Estos genes ponen en marcha una serie de reacciones en cadena que actúan como *"una cadena descendente de dominós moleculares, que se manifiesta como cambios físicos externos en el organismo"* (Austriaco 2013, 713). Estas cadenas descendentes de dominós moleculares forman los órganos sexuales, las gónadas y el cerebro del niño en desarrollo. Las trayectorias exactas son como un efecto mariposa. Nada es aleatorio; todo ocurre debido a factores predeterminados relacionados con su entorno, pero para calcular cómo se desarrolla haría falta un superordenador.

En un estudio finlandés de 2012, la doctora Annamarja Lamminmäki estudió a cuarenta y ocho bebés (veintidós niños y veintiséis niñas) mediante el análisis de los niveles de testosterona en la orina de siete niños de edad postnatal hasta los seis meses. La Dra. Lamminmäki descubrió que los niveles de testosterona predecían el comportamiento típico del sexo en los primeros seis meses de vida. La Dra. Lamminmäki examinó a niños de 14 meses mediante el Inventario de Actividades Preescolares (PSAI) y la observación de la elección de juguetes en la sala de juegos. Cuanto mayor era la exposición a la testosterona en las primeras etapas de la vida, más actividades estereotipadas *"de chicos"* realizaban. Los niveles bajos de testosterona dieron lugar a actividades estereotipadas de *"niña"* (Lamminmäki et al., 2012).

Algunas mujeres pueden reflejar patrones más comunes en los *cerebros masculinos*, y los hombres pueden reflejar patrones más comunes en los *cerebros femeninos*. Este hallazgo no significa que la persona sea homosexual o transgénero. El Dr. Simon Baron-Cohen, autor de *Essential Differences* (2003), descubrió que estas reglas generales sobre los cerebros masculino y femenino se aplican en la mayoría de los casos. Según los escáneres PET y MRI, una de cada siete (14%) mujeres y uno de cada cinco (20%) hombres poseen lo que es observablemente un cerebro de sexo más opuesto (Gurian y Stevens 2005, 287). Lo que constituye un cerebro masculino o femenino es una combinación de cientos, si no miles, de características, algunas más significativas que otras. Utilizando promedios estadísticos, los científicos pueden determinar que los hombres y las mujeres tienen ciertos rasgos diferenciadores. El cerebro de cada individuo comprende un mosaico de rasgos más masculinos o femeninos (Joel, Berman, et al. 2015, 15468).Lo que comprende un cerebro masculino o femenino es una combinación de cientos, si no miles de distinciones.

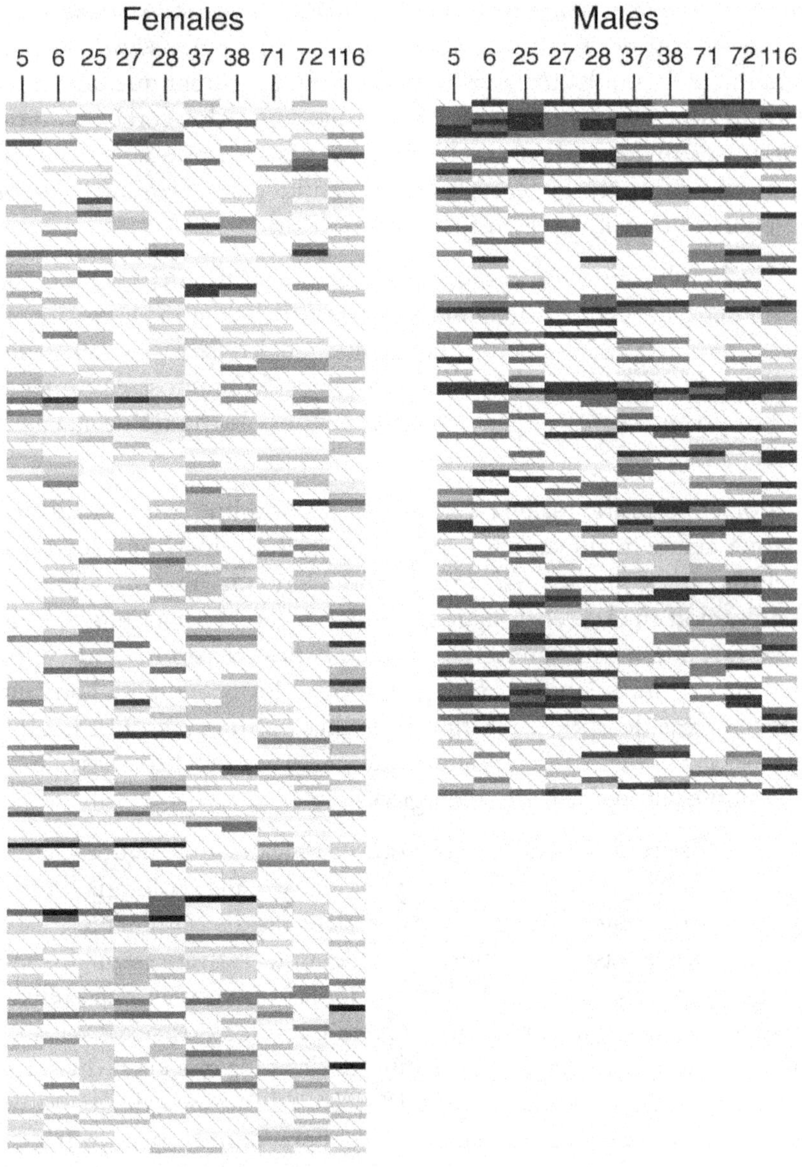

Figura 7.3 Matriz de sexo del cerebro (Joel, Berman et al. 2015)

Estos rasgos son principalmente el resultado de un cerebro bañado en testosterona o estrógeno durante los primeros meses del desarrollo humano. Sin embargo, esta práctica no crea un cerebro totalmente masculino o femenino. Como explica la doctora Julia Serano, *"las hormonas no actúan simplemente como interruptores unilaterales de encendido y apagado que controlan el desarrollo femenino/femenino o masculino/masculino"* (Serano 2007, 48). El Dr. Serano tiene razón al afirmar que un cerebro sexuado no es blanco o negro. En cambio, todos los cerebros son un mosaico de millones de piezas blancas, negras y grises que se unen para crear un icono de género. En este sentido, los términos cerebro masculino y femenino están fuera de contexto.

Un hombre tiene un cerebro masculino el 100% del tiempo, y una mujer tiene un cerebro femenino el 100% del tiempo. Este lenguaje puede recordar la discusión que mantienen los teóricos del género sobre que los individuos MtF tienen penes femeninos. Argumentan que, como *las mujeres transgénero son mujeres*, todas las partes de su cuerpo son femeninas.

Por el contrario, si una persona es un hombre, la totalidad de la persona requiere un cerebro masculino porque los hombres tienen cerebros masculinos. Así, un varón con un mayor índice de feminización en el cerebro sigue teniendo un cerebro masculino porque es un varón. En este sentido, las características de tipo A y de tipo B pueden ser más útiles, ya que todos los cerebros contienen características de tipo A y de tipo B de diversas maneras. Por lo tanto, sugerir rasgos dentro del cerebro que crean un cerebro masculino o femenino es un parcialismo biológico.

En la *matriz del sexo* del cerebro que se muestra en la figura 7.3, cada línea horizontal representa una persona y cada columna vertical representa un rasgo. Dentro de estos siete rasgos dominantes, existe una matriz de rasgos de tipo A y de tipo B (representados con recuadros negros y grises) dentro de las categorías masculina y femenina. Existe una correlación directa entre los dos sexos y los dos tipos de cerebro. El cerebro femenino es de color gris claro (más Tipo A), y el masculino es negro (más Tipo B). El mosaico de géneros da paso a la comprensión del sexo y el género como un espectro. Sin embargo, si un científico creara las matrices cerebrales de cada ser

---

[2] Representación continua en color del grado de feminidad (gris claro) -masculinidad (negro) de las siete variables que muestran las mayores diferencias de sexo/género en la muestra del Estudio de Desarrollo Adolescente en Contexto de Maryland (MADICS). Cada línea horizontal representa un participante y cada columna representa una sola variable. (Creado a partir de Joel et al., 2015).

humano, probablemente se seguirían viendo los mismos patrones, personas que caen dentro de estas dos categorías: mayoritariamente negro en un lado, principalmente gris claro en el otro.

Aunque existe diversidad dentro de los individuos, hay una brecha cuántica entre las dos categorías; por lo tanto, no se trata de un espectro que se mezcle a la perfección. Por lo tanto, las identidades humanas tienen una amplia gama de expresiones que tienen etiologías neurológicas y hormonales, pero una amplia gama no hace que el género sea un espectro. Como ejemplo para demostrar este punto al lector, si el género fuera un espectro, habría una tasa mucho más alta de mujeres asesinas en serie, tiradores en masa y criminales violentos. Las tasas de crímenes violentos son binarias como resultado de que el género es binario. ¿Sugieren estos estudios que, dado que estas expresiones son naturales, es necesario el uso antinatural de cirugías, bloqueadores hormonales y suplementos hormonales?

Científicos como la Dra. Baron-Cohen y La Dra. Cronin señalan que las diferencias entre machos y hembras de la especie humana son menores en comparación con otras especies (Cronin, Rippon, y Baron-Cohen 2016). Las diferencias entre los cerebros masculinos y femeninos existen como un hecho de la ciencia biológica. Además, estas diferencias físicas en el cerebro conforman las formas en que los hombres y las mujeres se relacionan con el mundo. Las formas sutiles en que hombres y mujeres actúan de manera diferente afectan a la forma en que la sociedad ve los géneros, los éxitos y los fracasos, de los cuales se producen muchos en cada lado. Los hombres ocupan la mayoría de los consejos de administración de las empresas y la mayoría de las celdas de las cárceles; las mujeres ganan menos dinero a lo largo de su vida y viven más tiempo. Estas dicotomías, por término medio, están impulsadas tanto social como naturalmente.

Efectos Medioambientales

Los defensores de la plasticidad cerebral, como la doctora Daphna Joel, de la Universidad de Tel Aviv, suelen señalar cómo el entorno cambia el cerebro de una persona a diario e incluso cada hora. Por ejemplo, el estrés puede cambiar las estructuras del cerebro humano si persiste incluso durante quince minutos (Joel 2012). Cuando los humanos nacen, ya han experimentado un enorme desarrollo e inmutabilidad dentro del cerebro, habiéndose bañado en testosterona o estrógeno durante unos seis meses. Los siguientes meses hasta los dos años postnatales son otra época tremenda de desarrollo y cristalización del cerebro. Este desarrollo nunca se detiene del todo, sino que se ralentiza. Las vías cerebrales se vuelven cada vez más inmutables con el tiempo hasta los veinte años, cuando las hormonas han formado completamente el cerebro y posteriormente invierten el orden, perdiendo 100.000 células cerebrales cada día.[3]

Aunque el cerebro se vuelve inmutable en muchas funciones, sigue respondiendo a los estímulos a través de los sentidos y se adapta. Leer o hacer arte cambia el cerebro a lo largo de la vida del ser humano y frena el deterioro neuronal. La comida, las relaciones, la música, el estrés, la felicidad, la oración, la práctica de una vida virtuosa (o no) pasan a formar parte de las funciones del cerebro. La creación de hábitos cambia el cerebro, por eso romper los hábitos requiere tiempo y práctica y no sólo el intelecto. El doctor Paul McHugh también afirma,

> Incluso si existieran pruebas de que los estudios cerebrales muestran diferencias, que no es el caso, no nos diría si las diferencias cerebrales son la causa de la identidad transgénero o un resultado de la identificación y actuación de sus propios estereotipos sobre el sexo opuesto, a través de lo que se conoce como neuroplasticidad. (McHugh 2014a, 9)

Un varón puede tener afinidad hacia cosas culturalmente y estereotipadamente asociadas a las chicas. Aun así, un varón no es una niña, independientemente de sus deseos o su comportamiento, como afirma el Dr. McHugh, *"no importa cuántos de los estereotipos sobre las niñas [adopte] y no importa cuán profundamente [crea] que la afinidad con esos estereotipos sobre las mujeres lo transforma en una mujer"* (McHugh 2014a, 7). El deseo no cambia la realidad material. Este tipo de realismo tomista ha sido reemplazado dentro de la academia principal con el spinozismo, *sentio ergo sum—siento*, por lo tanto, soy, según el cual, si uno desea ser

[3] Cada día, no sólo el cerebro, sino también el corazón, los riñones y el hígado se reducen hasta que llega un momento en que el cuerpo se debilita cada vez más y uno de los órganos esenciales deja de funcionar. Al final, la vida llega a su fin (Vanier 1997, 141-142).

una mujer, es una mujer. Sin embargo, si uno desea ser rico y británico, el deseo por sí solo no crea ninguna de estas realidades.

Curiosamente, el Dr. McHugh no reconoce la teoría de un cerebro sexualmente dimórfico, o al menos no en el grado en que determina un comportamiento inmutable. Reconoce entonces que las acciones y elecciones del individuo pueden causar el dimorfismo. La teoría del Dr. McHugh sobre el cerebro de género neutro puede ser útil en su intento de desacreditar la teoría de un cerebro transgénero. Sin embargo, descarta 800 millones de años de evolución y la sabiduría práctica de los padres que reconocen la diferencia entre niños y niñas. Cuando el Dr. McHugh afirma que ningún estudio científico demuestra la existencia de cerebros masculinos y femeninos, ignora decenas de estudios, algunos de los cuales se encuentran en este capítulo. Es esencial ser sincero con las pruebas en lugar de ganar una batalla legal utilizando falsas conclusiones científicas.

Diferencias en las Estructuras Cerebrales

A continuación se enumeran doce de las muchas diferencias encontradas entre los cerebros masculinos y femeninos típicos. Como ya se ha dicho, el cerebro individual masculino o femenino es un mosaico con millones de combinaciones. Sin embargo, unas pocas categorías generalizadas son las más significativas en su funcionalidad y producen actividades humanas reconocibles asociadas a las diferencias de sexo. Cada persona tiene mosaicos mentales diferentes, por lo que los seres humanos son individuos únicos, pero el sexo sigue siendo didáctico. Aun así, los hombres y las mujeres individuales pueden ser muy diferentes, en parte por este mosaico y en parte por el entorno.

Dopamina

Los hombres producen más dopamina en su cuerpo que las mujeres, lo que les permite reaccionar más rápidamente. Los niveles más altos de dopamina y el mayor flujo sanguíneo en el cerebelo son ventajosos, pero requiere el movimiento físico del cuerpo humano para funcionar eficazmente (Smith y Wilhelm 2002, 14).

Materia Gris/Blanca

Los cerebros masculinos conservan hasta siete veces más actividad de materia gris, y los femeninos poseen diez veces más actividad de materia blanca. La materia gris representa los centros de procesamiento de la información en el cerebro, y la materia blanca representa la red de -o las conexiones entre- estos centros de procesamiento. La materia gris existe en nódulos concentrados, y la materia blanca está distribuida de forma más uniforme por toda la subcortical (Haier et al. 2005, 322).

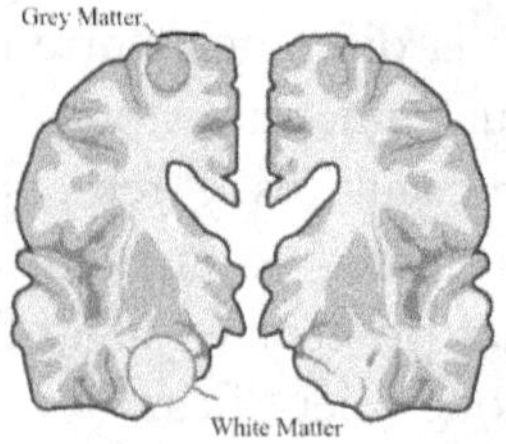

Cuerpo Calloso

Las mujeres desarrollan un cuerpo calloso, los haces nerviosos que conectan los dos hemisferios del cerebro, hasta un 25% más grande que el cuerpo calloso de los hombres (Carter 1998, 40). La conexión más sólida entre los dos hemisferios permite a las mujeres realizar múltiples tareas a la vez. Por ejemplo, el uso de los centros de ambos hemisferios del cerebro ayuda a las mujeres a avanzar en sus habilidades verbales.

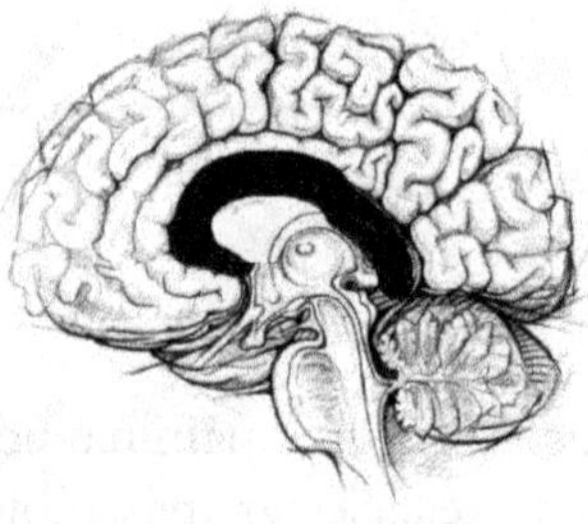

Lóbulos Temporales

Las hembras crean más conectores neuronales vitales en sus lóbulos temporales, lo que les permite escuchar mejor y distinguir las palabras con la audición periférica. Estos conectores neuronales también ayudan a la memoria de la percepción sensorial (Blum 1998,

289). Por lo tanto, el lóbulo temporal masculino será más activo sólo durante las experiencias sensoriales-táctiles.

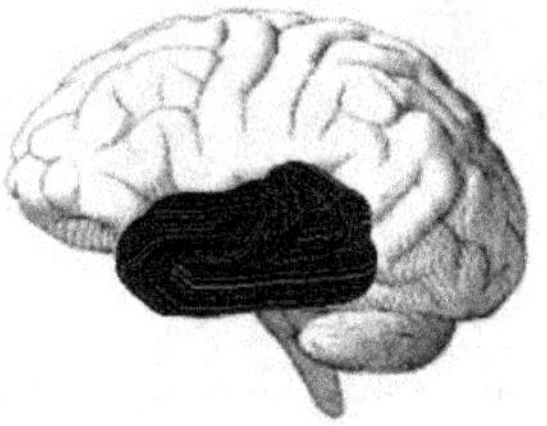

Hipocampo

El hipocampo masculino y el femenino también funcionan de forma diferente. El hipocampo es responsable del almacenamiento de la memoria. Los hombres tardan más en memorizar objetos y, en particular, listas escritas, pero tienen más éxito en memorizar más elementos y listas más complejas (Baron-Cohen 2003, 178).

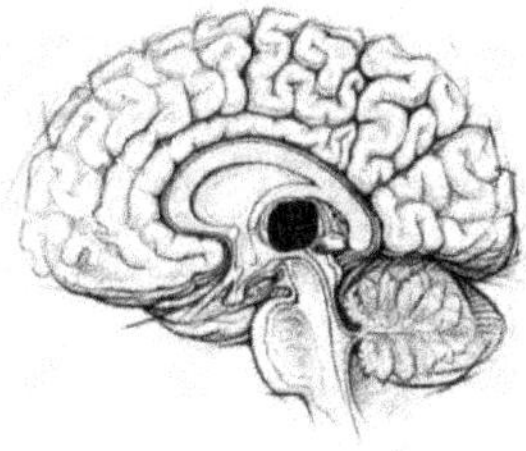

Lóbulos Frontales

Las mujeres desarrollan lóbulos frontales más activos, lo que les permite ser menos impulsivas que los hombres a la hora de tomar decisiones ejecutivas. La impulsividad es vital en la batalla y el deporte, pero no es lo mejor en el mundo académico. Los lóbulos frontales también se desarrollan antes en las mujeres que en los hombres (Caviness 1996, 732). El doctor Richard Haier, profesor de psicología en el Departamento de Pediatría, descubrió,

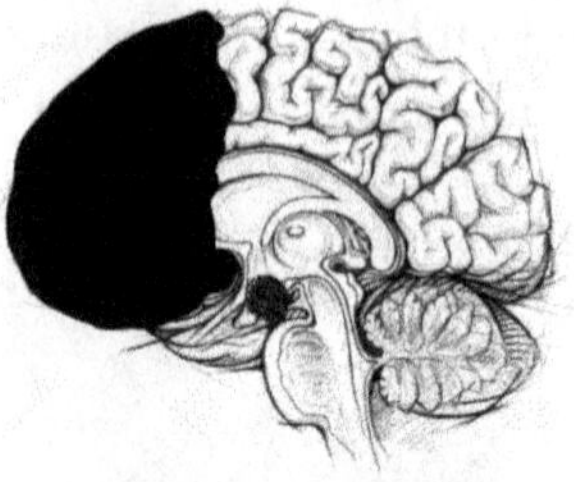

> La evolución humana ha creado dos tipos diferentes de cerebros diseñados para un comportamiento igualmente inteligente. El 84% de las regiones de materia gris y el 86% de las regiones de materia blanca relacionadas con el rendimiento intelectual de las mujeres se encuentran en los lóbulos frontales del cerebro, en comparación con el 45% y el cero de los hombres, respectivamente. La materia gris que impulsa el rendimiento intelectual masculino se distribuye por más partes del cerebro, mientras que el rendimiento intelectual femenino se concentra en el lóbulo frontal. (Haier et al. 2005, 320)

Los científicos no entienden que estas diferencias signifiquen resultados mejores o peores *per se*. En cambio, en la mayoría de los casos, las diferencias funcionales están interconectadas con otras funciones, que incluso los mejores científicos sólo pueden comprender parcialmente.

Cerebelo

Los varones desarrollan cerebelos más prominentes y activos, útiles para la actividad física, el equilibrio y la coordinación ojo-mano. Los varones también desarrollan un mayor flujo de sangre en el cerebelo, la parte del cerebro que reacciona a los estímulos.

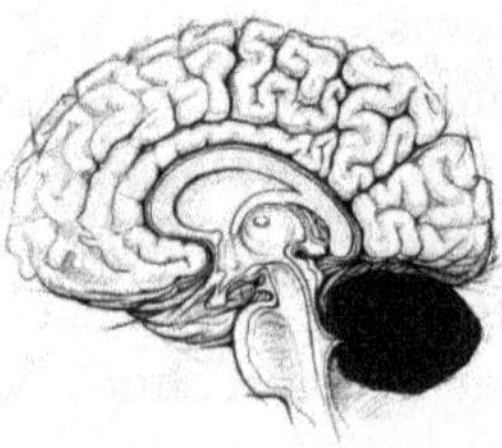

Amigdala

Los hombres poseen un 10% más de amígdalas, la parte del cerebro responsable de la agresividad; sin embargo, cuando se trata de objetos y personas maliciosas conocidas, el cerebro femenino mostró *"una respuesta sostenida de la amígdala"* (Andreano, Dickerson, y Feldman-Barrett 2014, 1389). Así pues, las diferencias en las estructuras y la funcionalidad entre los cerebros masculino y femenino son evidentes, aunque los efectos en las interacciones humanas cotidianas pueden variar.

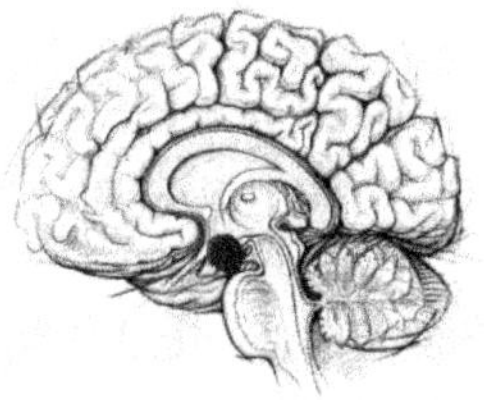

Broca y Wernicke

Las mujeres poseen un desarrollo más importante de sus áreas de Broca y Wernicke en los lóbulos frontal y temporal. Estas regiones son los principales centros del lenguaje del cerebro. Así, el cerebro femenino tiene más vías y centros neuronales para el lenguaje que el masculino, lo que da a las mujeres una ventaja para verbalizar emociones y experiencias (Moir and Jessel 1989, 195).

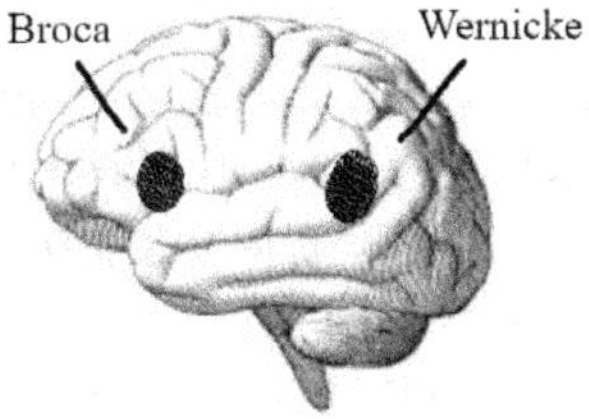

Hormonas

Las mujeres crean más estrógeno y oxitocina, mientras que los hombres crean más testosterona y vasopresina. El estrógeno y la oxitocina son hormonas críticas en el cerebro para la evaluación cognitiva en las regiones de Broca y Wernicke y ayudan a la comunicación verbal. La testosterona y la vasopresina son vitales para crear agresividad y estimar objetos espaciales. Las hormonas femeninas del cerebro de la hembra le ayudan a comunicarse, mientras que las masculinas de los machos les ayudan a aprender mediante la competencia jerárquica y el juego agresivo (Rhoads 2004, 264).

Flujo Sanguíneo

Los cerebros masculinos compartimentan mejor la actividad para ahorrar energía mental; así, los cerebros masculinos utilizan un 15% menos de flujo sanguíneo que los femeninos (Marano 2003, 41). Una ventaja de esta compartimentación es que los varones pueden concentrarse mejor en una sola tarea durante períodos prolongados. Los cerebros femeninos pueden concentrarse mejor en muchas actividades simultáneamente, pero no con la misma profundidad en un solo acto. Si los machos experimentan demasiados estímulos simultáneamente, la respuesta es una inflamación de la amígdala, que conduce a la frustración y la agresión (Gurian y Stevens 2005, 50). Además, la frustración prolongada provocará una liberación de cortisol, que aumenta la adrenalina en los machos.

Estado de Reposo

Cuando los varones entran en estado de reposo, la actividad del cerebro se aleja de los centros de funcionamiento esenciales. Cuando una hembra entra en estado de reposo, fluye menos sangre al cerebro, pero muchas partes de éste siguen funcionando a niveles bajos. Como resultado, los hombres pueden estar sentados en un barco pescando o esperando en un puesto de observación de caza durante periodos prolongados con poca actividad cerebral. Si una mujer intentara las mismas acciones, su cerebro seguiría funcionando a un nivel superior y estaría pensando en muchas cosas que podría estar haciendo. Las mujeres no disfrutarían de las actividades ociosas como los hombres; al contrario, las mujeres pueden aprender y escuchar incluso cuando se aburren, aunque el aburrimiento absoluto es mucho más doloroso, ya que sus cerebros no mantienen realmente un estado de reposo.

7.2 Hipotálamos Masculino y Femenino: BSTc

El Dr. Jiang-Ning Zhou, de la Universidad de Ámsterdam, realizó dos notables estudios sobre el hipotálamo en cadáveres transgénero, publicados en 1995 y con el Dr. Frank Kruijver en 2000. El Dr. Zhou y sus colegas eran conscientes de que el volumen de la subdivisión central del núcleo del lecho de la estría terminal (BSTc) es más prominente en los hombres que en las mujeres. El BSTc es también una zona del cerebro esencial para el comportamiento sexual. En respuesta a las afirmaciones de los individuos transgénero de que sentían que tenían un cerebro masculino o femenino, estos investigadores pusieron a prueba esta teoría. ¿Poseería un individuo MtF un BSTc masculino o un BSTc femenino?

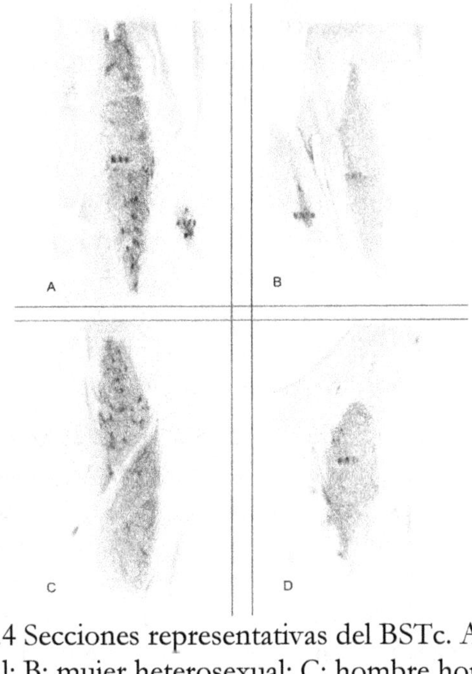

Figura 7.4 Secciones representativas del BSTc. A: hombre heterosexual; B: mujer heterosexual; C: hombre homosexual; D: Transexual MtF (Zhou, et al. 1995)

Para su publicación de 1995 en la revista Nature (Zhou et al. 1995), el Dr. Zhou estudió 6 cerebros de transexuales MtF durante 11 años e igual número de hombres y mujeres heterosexuales y los cerebros de hombres homosexuales. El Dr. Zhou descubrió que seis sitios BSTc en los cerebros de los individuos MtF eran más similares en tamaño a los de las mujeres heterosexuales que a los de los hombres homosexuales o heterosexuales. El estudio descubrió que *"el volumen del BSTc de los hombres heterosexuales era un 44% mayor que el de las mujeres heterosexuales. El volumen del BSTc de los hombres heterosexuales y homosexuales no difería de forma estadísticamente significativa... Aunque el volumen medio del BSTc en los transexuales era incluso menor que el del grupo femenino, la diferencia no alcanzaba significación estadística"* (Zhou et al. 1995, 69).

Para comprender mejor esta información, la representación artística de la figura 7.4 aclara la diferencia entre el BSTc de los hombres y el de las mujeres. La similitud entre los BSTc de las mujeres y los individuos MtF será más evidente después de ver la figura 7.4. Es evidente que los cuadrantes A (hombre heterosexual) y C (hombre homosexual) son los más parecidos en cuanto a estructura y tamaño del BSTc, mientras que B (mujer heterosexual) y D (individuo MtF) son los más parecidos. La diferencia de tamaños del BSTc entre los hombres homosexuales y heterosexuales es insignificante, dado que el tamaño de la muestra de los dos grupos combinados era de sólo doce individuos. La diferencia entre los hombres MtF y los heterosexuales y homosexuales probablemente no desaparecería con un estudio más amplio, dado que la diferencia de tamaño es del 44%, lo que está más allá del margen de error del investigador en la desviación estándar. La figura 7.4 muestra un BSTc de cada categoría de individuos, por lo que es esencial examinar todos los datos recogidos.

En la figura 7.5, la primera es la de los hombres heterosexuales (M), la siguiente la de los hombres homosexuales (HM), seguida de la de las mujeres heterosexuales (F), y la última categoría de la derecha es la de los individuos MtF (MtF). Como queda claro al mostrar los puntos de datos de este estudio, las dos primeras categorías de hombres heterosexuales y homosexuales son casi idénticas en el volumen medio de BSTc. También está claro que los individuos MtF muestran el menor volumen de BSTc y son los más cercanos a la clase de mujeres heterosexuales. Si no quedó claro al principio de esta sección, comparar los volúmenes de BSTc no es como comparar el tamaño de los zapatos de los hombres, las mujeres y los individuos MtF y encontrar una correlación. Conectar los tamaños de los órganos dentro de doce individuos no es una prueba de ningún esencialismo basado en el sexo. Sin embargo, la sección BSTc del hipotálamo es un centro principal responsable del funcionamiento sexual dentro del cuerpo.

Por si las limitaciones del estudio no fueran ya evidentes, el uso de seis cerebros de MtF no es un tamaño de muestra grande. Cuanto mayor fuera el tamaño de la muestra, más concluyentes serían los resultados. Sin embargo, este estudio disecciona el hipotálamo, lo deshidrata y lo embalsama en parafina, lo que dificulta la obtención de una muestra de mayor tamaño. Este proceso requeriría primero que el sujeto falleciera. Otro reto que plantea el estudio es que todos los hombres homosexuales, dos heterosexuales y un individuo MtF murieron por complicaciones del SIDA. Dado que todas las categorías de hombres y MtF incluían a individuos con SIDA y no parecían situarse fuera de su categoría de BSTc masculina, no parece ser un factor significativo.

Otra complicación es que los individuos MtF no estaban exentos de modificaciones hormonales y quirúrgicas en sus cuerpos. Se trataba de mujeres transexuales que hicieron una transición total o parcial al otro sexo mediante hormonas y cirugías. Cinco de los seis individuos MtF fueron orquiectomizados, lo que significa que los médicos les extirparon quirúrgicamente los testículos. La orquiectomía puede parecer un talón de Aquiles de lo que, por lo demás, parece un estudio de caso convincente. El Dr. Zhou lo consideró y observó que el único individuo MtF que no fue orquiectomizado estaba estadísticamente en el medio de los otros individuos MtF que fueron orquiectomizados. Además, los investigadores localizaron dos cerebros de hombres cis heterosexuales que fueron orquiectomizados debido a una cirugía de cáncer uno y tres meses antes de su muerte, y mostraron volúmenes típicos masculinos de BSTc. Los efectos de la orquiectomización a largo plazo no se muestran en el grupo de control de este estudio.

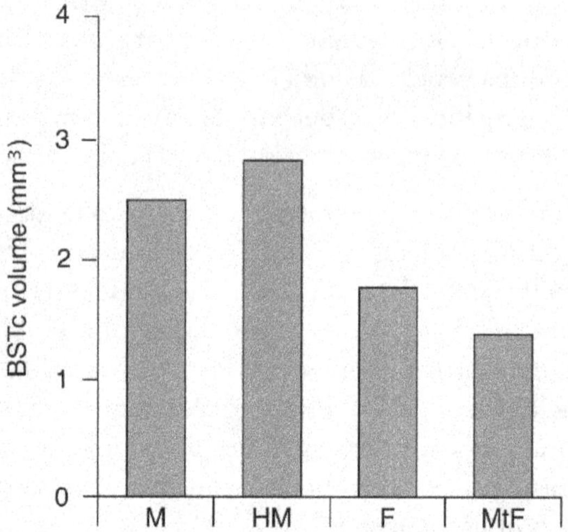

Figura 7.5 Gráfico de los volúmenes de BSTc en el hipotálamo; M: hombres heterosexuales; HM: hombres homosexuales; F: mujeres heterosexuales; tF: transexuales MtF (Zhou, et al. 1995)

Además de la orquiectomía, todos los individuos MtF fueron tratados con estrógenos. Estas manipulaciones hormonales podrían ser otro talón de Aquiles en este caso de estudio. Aún así, de nuevo el Dr. Zhou consideró esto y observó el cerebro de un hombre cis que desarrolló un tumor suprarrenal feminizante, que indujo altos niveles de estrógeno en la sangre, que sin embargo conservó una BSTc muy grande. Además, uno de los individuos MtF del estudio dejó de tomar estrógenos 15 meses antes de morir y otro tres meses antes de morir. Por lo tanto, el Dr. Zhou sugiere menos razones para creer que había una correlación entre el estrógeno y el volumen del BSTc.

En un artículo que argumenta en contra de la conclusión del Dr. Zhou, la doctora Hilleke Hulshoff, en la edición de 2006 del *European Journal of Endocrinology*, publicó "*Changing your sex changes your brain: influences of testosterone and estrogen on adult human brain structure" Cambiar de sexo cambia tu cerebro: influencias de la testosterona y el estrógeno en la estructura del cerebro humano adulto*" (Hulshoff 2006, 108). Los resultados del Dr. Hulshoff mostraron que el tratamiento con antiandrógenos y estrógenos disminuyó los volúmenes cerebrales de ocho sujetos de sexo masculino hacia proporciones femeninas. En comparación, el tratamiento con andrógenos en seis sujetos de sexo femenino a masculino aumentó los volúmenes del cerebro y del hipotálamo hacia proporciones masculinas. La edad media de las personas transexuales durante este experimento era de 35 años. Las pruebas de resonancia magnética se realizaron en tres periodos diferentes: antes de cualquier tratamiento hormonal, durante los tratamientos hormonales y, de nuevo, antes de la cirugía. Los efectos de las hormonas tomadas cuando las personas aún tienen 20 años pueden tener un efecto diferente en el cerebro que en las personas más mayores. Además, es posible que la interrupción del tratamiento hormonal durante unos meses no cambie los efectos de la exposición prolongada a las hormonas, sobre todo si se toman cuando el cerebro aún se está formando. Por sí solo, el estudio del Dr. Zou de 1995 es esencial, pero dista mucho de ser concluyente.

7.3 Neuronas que Expresan Somatostatina

En el 2000, los doctores Frank Kruijver y Zhou y otros investigadores de la Universidad de Ámsterdam publicaron un segundo estudio en *The Journal of Clinical Endocrinology & Metabolism* (Kruijer et al. 2000), que confirmaba los resultados anteriores. Este estudio incluía ahora cuarenta y dos cerebros, de los cuales veintiséis eran del estudio de 1995. En lugar de limitarse a observar el volumen del BSTc, la investigación también evaluó el número de neuronas que expresan somatostatina (SOM) encontradas en el BSTc. Este estudio incluyó a un individuo FtM, que fue la adición más significativa al estudio. El estudio encontró,

> El número de neuronas SOM en el BSTc de los hombres heterosexuales era un 71% mayor que el de las mujeres heterosexuales, mientras que el número de neuronas en los hombres heterosexuales y homosexuales era similar. El número de neuronas del BSTc era un 81% mayor en los hombres homosexuales que en las mujeres heterosexuales. El número de neuronas en el BSTc de los transexuales de hombre a mujer era similar al de las mujeres. Además, el número de neuronas del [FtM] estaba claramente en el rango masculino. El número de neuronas en los transexuales [MtF] era un 40% inferior al encontrado en los varones heterosexuales de referencia. (Kruijer et al., 2036)

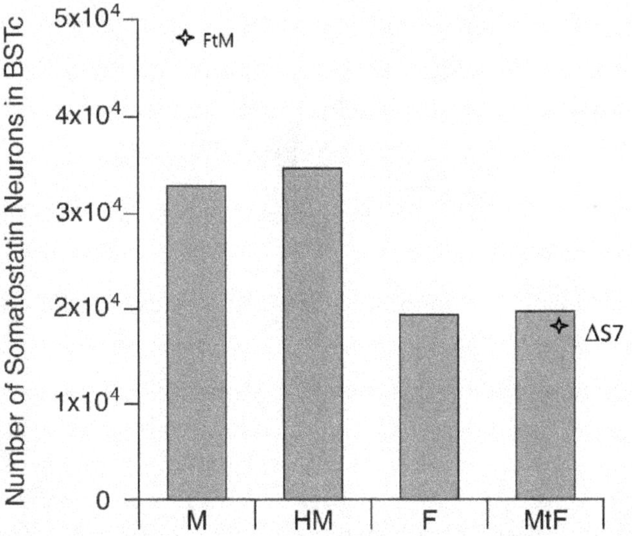

Figura 7.6 Neuronas SOM en M: hombres heterosexuales; HM: hombres homosexuales; F: mujeres heterosexuales; MtF: transexuales MtF (Kruijer, et al. 2000, 2036)

Los resultados de este estudio reafirman los del estudio de 1995, como se aprecia en la figura 7.6 del estudio de 2000. En particular, el individuo FtM situado en el gráfico como "FtM" encima de la columna de la izquierda de la figura 7.6 no sólo está en el rango masculino de SOM, sino también en un rango superior a la media de los hombres. También es notable el cerebro ΔS7, que se encuentra a la derecha del gráfico. Este individuo tenía 84 años y estaba *"fuertemente identificado con el travestismo"*, pero nunca fue orquiectomizado, reasignado sexualmente o tratado con CPA (un bloqueador de la testosterona) o tratamientos con estrógenos para adultos. A pesar de no haber sido modificado física o químicamente en ningún momento por poseer sentimientos de tener una identidad transgénero, el individuo ΔS7 poseía niveles de SOM y BSTc consistentes con los individuos MtF y las mujeres heterosexuales.

Las deficiencias de este estudio incluyen que seis de los siete individuos MtF eran los mismos sujetos del estudio anterior. La mejor manera de asegurar la exactitud de este estudio sería replicarlo con un número más significativo. Por desgracia, el número de cerebros de MtF disponibles donados antes del año 2000 limitó la investigación del Dr. Kruijver. A pesar de la deficiencia del pequeño tamaño de la muestra, se encuentra un alto índice de éxito en la consistencia de los hallazgos. Sólo se disponía de un cerebro FtM, pero los niveles de SOM de este cerebro entraban perfectamente dentro de las expectativas previstas. Además, ΔS7 afirmó, sin alteraciones físicas ni hormonas, que los niveles de BSTc y SOM para los individuos MtF coinciden con los de las mujeres estudiadas.

El Dr. Hulshoff respondió a este trabajo en su estudio de 2006 de la Universidad de Utrecht,

> [En los estudios realizados por el Dr. Zhou (1995) y el Dr. Kruijver (2000)] Todos estos transexuales habían recibido un tratamiento hormonal cruzado antes de que se estudiaran sus cerebros. Por lo tanto, el tamaño alterado del núcleo del lecho de la estría terminal podría haberse debido a la exposición a las hormonas cruzadas en la vida adulta. Alternativamente, los diferentes tamaños del núcleo del lecho de la estría terminal en los transexuales podrían haber estado presentes antes del tratamiento con hormonas cruzadas, reflejando diferencias (potencialmente determinadas por las hormonas) en el desarrollo del cerebro (pre y perinatal), o posiblemente diferencias genéticas, entre transexuales y no transexuales. El objetivo de nuestro estudio era examinar la influencia de la exposición a niveles elevados de hormonas transexuales en las estructuras cerebrales en la edad adulta. (Hulshoff 2006, 108)

La crítica del Dr. Hulshoff a los estudios de los doctores Zhou y Kruijver reitera las mismas cuestiones que los investigadores ya han planteado. El grupo de sujetos no era ideal ni en tamaño ni en alcance, pero, dadas sus limitaciones, los investigadores actuaron con la debida diligencia para mitigar sus factores limitantes incluyendo controles adicionales. Dado que nadie examinó a los seis individuos MtF antes de sus alteraciones quirúrgicas y hormonales, es imposible determinar si su BSTc o SOM eran típicos de su identidad de género. El estudio del Dr. Kruijver sigue siendo significativo ya que ΔS7 nunca fue tratado física u hormonalmente, y sin embargo su volumen de SOM y BSTc seguía siendo consistente con los controles femeninos cis. Además, la persona FtM no había recibido ningún tratamiento hormonal antes de sus pruebas y, sin embargo, mostró volúmenes de SOM y BSTc sinónimos de los hombres cis. La respuesta del Dr. Hulshoff podría explicar los seis sujetos originales de MtF, pero no los añadidos en el estudio de 2000 por el Dr. Kruijver.

7.4 Curación Con Pimozida

En 1996, el doctor Basant Puri y el doctor Iqbal Singh publicaron un estudio titulado *"El tratamiento exitoso de un paciente disfórico de género con pimozida"*. Este estudio encontró el éxito en el tratamiento de un individuo androfílico con disfunción de género. Además, los investigadores utilizaron una dosis diaria de 2 mg para que cesaran los sentimientos de disforia de género. La pimozida es un fármaco antipsicótico que suele utilizarse para tratar a las personas con el síndrome de Tourette. Sin embargo, cuando los médicos redujeron la dosis del paciente a 1 mg después de un año, la disforia de género volvió rápidamente. La pimozida actúa bloqueando la recaptación de la dopamina en los receptores neuronales, permitiendo que circule por las sinapsis (Puri y Singh 1996).

Los investigadores afirmaron que el joven de veintitrés años cumplía los criterios del estudio[5] para un delirio monosintomático. Sin embargo, la conclusión del médico es cuestionable, ya que el paciente también era esquizofrénico y violento. Por lo tanto, el paciente puede ser diagnosticado con más exactitud por tener condiciones comórbidas. El estudio afirmaba que, tras cuatro años tomando 2 mg de pimozida, el paciente estaba libre de disforia de género, pero es esencial saber si el tratamiento tuvo efectos a largo plazo. Desde la publicación del estudio, ningún investigador ha realizado seguimientos posteriores para saber si la disforia de género ha cesado por completo. Los investigadores también han reconocido un único caso de exorcismo que ha curado el transexualismo (Barlow, Abel, y Blanchard 1977). Aun así, las afirmaciones aisladas de curaciones a corto plazo no son pruebas concluyentes de un tratamiento adecuado.

---

[4] Aunque no su homosexualidad

[5] *"Una enfermedad caracterizada por un único delirio que se mantiene durante un periodo de tiempo considerable"* (Munro 1980, 34).

[6] Nótese que se trata de Edward Blanchard y no de Ray Blanchard.

El estudio de la Pimozida se cita como prueba en contra del tratamiento quirúrgico y hormonal de las personas con disforia de género. Al mismo tiempo, la comunidad transgénero rechaza este estudio, ya que sólo abogan por procedimientos para que sus cuerpos se ajusten a sus mentes. La mayoría de las personas transgénero se oponen rotundamente a que los médicos prescriban medicamentos antipsicóticos a los pacientes con disforia de género para curar la disforia (Z. Jones 2016). Sin embargo, es esencial no dejar que la política prohíba la ciencia, que puede curar un trastorno. El tratamiento alternativo es la cirugía reconstructiva mayor y un régimen de bloqueadores hormonales y suplementos para el resto de la vida de la persona. Quienes se oponen a una medicación para aliviar la disforia de género no recomiendan un enfoque natural y menos invasivo desde el punto de vista médico, sino un proceso mucho más invasivo y menos natural.

El Wellbutrin está diseñado para ayudar con el trastorno bipolar, la ansiedad y la depresión. El efecto secundario es que también ayuda a la persona a dejar de fumar. A muchas personas se les prescribe este medicamento antipsicótico para dejar de fumar, pero eso no significa que este paciente sea psicótico. Del mismo modo, las personas transgénero no deberían rechazar un medicamento por sus otras aplicaciones.

Este estudio puede ser una clave fundamental para entender la disforia de género, o podría ser un estudio defectuoso de una circunstancia casual. Dado que en este estudio sólo participó un sujeto que no estaba exento de complicaciones, sería necesario repetirlo con un grupo de sujetos más amplio. Lamentablemente, el estudio nunca se ha repetido en veinticinco años, aunque ha sido ampliamente citado (Z. Jones 2016).

7.5 Gemelos Idénticos

El doctor Milton Diamond, reconocido por desenmascarar al doctor John Money en el tristemente célebre caso John/Joan, realizó el estudio de gemelos en 2013. Su investigación fue dirigida a través de la Universidad de Hawaii-Manoa y publicada en *The International Journal of Transgenderism* y destaca por considerar la transexualidad *"una forma de intersexualidad cerebral"* (Diamond 2013, 34). Este artículo de la revista no está al mismo nivel que la investigación de los doctores Zhou y Kruijver a través de la Universidad de Ámsterdam y la revista revisada por pares, *The Journal of Clinical Endocrinology & Metabolism.* Aun así, este estudio es notable ya que la comunidad LGB reverencia al Dr. Diamond por sus estudios sobre gemelos idénticos. Su estudio más importante demostró una mayor prevalencia de la homosexualidad en parejas de gemelos idénticos cuando uno de ellos se autoidentificaba como homosexual. Los dos gemelos que se identificaban como homosexuales tenían una tasa más alta de lo que se esperaba basándose en la prevalencia de la homosexualidad en la población general. Los resultados de este estudio indican un vínculo epigenético con la homosexualidad.

En el estudio sobre la transexualidad, el Dr. Diamond extendió su red, captando grandes cantidades de datos sobre gemelos monocigóticos (idénticos) y dicigóticos (fraternos). Utilizó fuentes como la Biblioteca del Congreso Medline y YouTube y fuentes de Internet para recopilar datos sobre gemelos, de los cuales al menos uno de los dos se identificó como transgénero. El Dr. Diamond también puso anuncios y utilizó la ayuda de colegas para recoger encuestas de gemelos[7]. Examinando los datos recogidos de otros, pudo obtener información sobre veintisiete pares de gemelos masculinos y dieciséis femeninos. Gracias a sus encuestas, pudo recoger otras sesenta y nueve parejas de gemelos. De los gemelos idénticos que respondieron, trece de los treinta y nueve (33,3%) conjuntos de gemelos natales masculinos

[7] Escrito incorrectamente como "25" en la página 27.

eran concordantes para la identidad transexual. Ocho de treinta y cinco (22,8%) conjuntos de gemelos femeninos natales eran concordantes para la identidad transexual. De los gemelos fraternos, uno de cada veintiún varones natales era concordante para la identidad transexual. Por el contrario, ninguna de las quince mujeres natales tenía un gemelo fraterno concordante para la identidad transexual. En total, 110 conjuntos de gemelos, veintidós pares (20%), tenían ambos identificados como transexuales.

El resto del artículo del Dr. Diamond se refiere al cuestionario sobre cómo se criaron las personas transgénero, la apertura del hogar a la expresión de identidades de género variadas y la atracción hacia el mismo sexo. Lamentablemente, de los 110 sujetos del estudio de los gemelos, menos de veinte respondieron a cada pregunta. El pequeño tamaño de la muestra y la naturaleza de las preguntas anecdóticas hacen que esta sección se prolongue durante ocho páginas y no sea la más didáctica. Entre los catorce varones natales que respondieron, el 71,4% sólo mantenía relaciones sexuales con mujeres (autoginéfilos). Cinco de las catorce (35,7%) mujeres natales respondieron afirmativamente que creían que sus padres deseaban que nacieran varones; sin embargo, el 79,6% de las encuestadas respondieron que creían que sus padres no tenían ninguna preferencia si nacían varones o mujeres. Por lo tanto, no parece haber una correlación significativa entre la aceptación por parte de los padres del travestismo, los estilos de vida LGBT o el hecho de avergonzar a los niños sobre su sexo de nacimiento, independientemente de los factores sociales que existían en los hogares de estas 110 parejas de gemelos. En cambio, un conjunto de gemelos se separó al nacer, otro a los cuatro años y un tercero a los 14 años. Cada uno de estos tres conjuntos de gemelos realizó la transición sin que el otro gemelo lo supiera hasta años después.

Los resultados de este estudio sugieren la posibilidad de un elemento genético en la identificación transgénero. Supongamos que las identidades transexuales se dan en una tasa de alrededor del 0,6% de la población, según un estudio de 2016 del Instituto Williams (Flores et al. 2016). En este caso, un 20% de gemelos que comparten una identidad transexual es un hecho estadísticamente significativo. Es posible cuestionar la metodología de recogida de datos, ya que no existe ningún método actual para recoger una muestra cruzada precisa de la población gemela/transgénero. No obstante, siempre que el Dr.

Diamond haya realizado su investigación de buena fe, existe una probabilidad razonable de obtener observaciones relativamente precisas con al menos 110 sujetos. El Dr. Diamond afirma que esto puede apuntar a una *"condición de neurodesarrollo del cerebro"*, que vincula los sentimientos de identidad transgénero con estructuras dimórficas.

La intersexualidad es una condición similar del neurodesarrollo que sugiere que las personas transexuales podrían desarrollar un cerebro intersexual. La teoría de un cerebro intersexual y una causa del neurodesarrollo sigue siendo una explicación probable en la actualidad. Supongamos que existen causas morfológicas u hormonales para la disforia. En ese caso, los investigadores no pueden determinar si estas anomalías provocan el *deseo* de ser del sexo opuesto o de *serlo* psíquicamente. Se necesita un análisis psicológico para considerar si las personas con disforia de género tienen la psique de su sexo asumido o simplemente desean serlo.

El estudio del Dr. Diamond también apunta a un enfoque epigenético. Si este hecho fuera totalmente genético y se basara en un solo gen, los gemelos idénticos reflejarían una similitud del 100% en las identidades transgénero entre los hermanos. Si, por el contrario, la causa fuera epigenética, entonces la presencia del gen debe estar presente, pero también tendrían que estarlo otros factores más allá de la pura genética.

7.6 Materia Gris

En 2009, la doctora Eileen Luders y el Laboratorio de Neuroimagen de la UCLA publicaron un estudio en Neuroimaging titulado "Regional gray matter variation in male-to-female transsexualism" (Luders et al. 2009). La materia gris y la materia blanca del cerebro son dos de los elementos diferenciadores entre hombres y mujeres. No hay indicios de que la parte del cerebro asociada a la identidad sexual se encuentre en la materia gris o en la materia blanca, al contrario que los estudios realizados sobre el hipotálamo, que los investigadores médicos creen que es una de las causas de la propia sexualidad. Este estudio no deja de ser significativo, ya que la tecnología cerebral dio un gran paso adelante entre 1995 y 2009. En este estudio, los investigadores utilizaron una máquina de resonancia magnética en lugar de muestras postmortem. Las muestras que utilizaron los doctores Zhou y Kruijver eran de hombres naturistas que fueron orquiectomizados y tomaron estrógenos durante décadas hasta la muerte o que dejaron el tratamiento un poco antes de morir.[8] Aunque los doctores Zhou y Kruijver tuvieron en cuenta esta circunstancia y encontraron muestras de control que confirmaban que ésta no era la causa de los bajos volúmenes de BSTc y SOM en los individuos MtF, estas deficiencias seguían siendo factores que debían superarse.

[8] Doctores. Zhou y Kruijver encontraron dos hombres heterosexuales que fueron orquiectomizados al final de sus vidas debido a un cáncer, y sus volúmenes de BSTc eran los típicos de otros hombres, por lo que ésta no parece ser la causa. Por el contrario, ser orquiectomizado en los últimos años de la vida y no décadas antes de la muerte, puede significar simplemente que se necesita un período de tiempo más largo antes de que la orquiectomización afecte al volumen de BSTc en el hipotálamo o que la combinación de estrógenos y orquiectomización tenga un efecto compuesto. El estudio de 2000 confirma de nuevo los hallazgos del estudio de 1995 con la muestra ΔS7, un individuo nunca orquiectomizado ni con estrógenos; sin embargo, se trata de un tamaño de muestra de uno. No es un hallazgo insignificante, pero un tamaño de muestra de uno no puede ser concluyente.

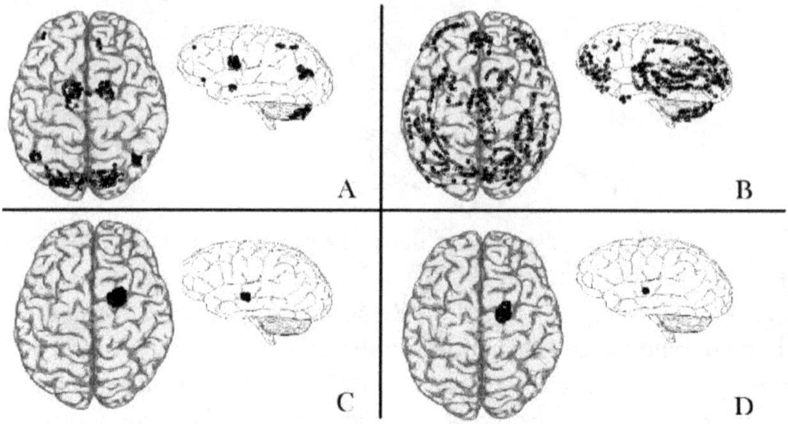

Figura 7.7 Niveles de neuronas SOM en la materia gris (Luders, et al. 2009, 907)

La Dra. Luders estudió a veinticuatro transexuales MtF no tratados física o químicamente por cuestiones de transexualidad. Los sujetos seguían vivos y, por tanto, no murieron por complicaciones. La edad media de los sujetos era de 46,73 años. El estudio también incluyó sesenta controles compuestos por treinta hombres y treinta mujeres cis.

En esta prueba, la Dra. Luders dividió el cerebro en veintidós regiones y creó gráficos de caja específicos para evaluar la cantidad de materia gris dentro de esta región. En todas las regiones, excepto en dos, las mujeres cis contienen los niveles más altos de materia gris. En comparación, en dos regiones, los individuos MtF poseían los niveles más altos de materia gris, y los hombres cis no contenían ninguna región en la que poseyeran el nivel más alto de materia gris. En las veinte regiones en las que las mujeres cis tenían los niveles más altos de materia gris, los individuos MtF conservaban la menor cantidad de materia gris. Aun así, se encontraban dentro de un rango razonable que coincidía con el de los hombres cis.

La figura 7.7 muestra representaciones artísticas de las imágenes del escáner cerebral. Los cuadrantes A y B muestran que las mujeres desarrollan más materia gris que los individuos MtF y los hombres cis. En C, el lector puede observar la región del putamen del cerebro donde los transexuales MtF desarrollan más materia gris que los hombres cis. En D, la región oscura muestra la misma región del putamen iluminada, lo que significa que los individuos MtF tienen un mayor volumen de materia gris que los hombres cis. El estudio aclara que en el cuadrante D, los individuos MtF tienen una materia gris más prominente que las mujeres también.

En los estudios sobre el BSTc y el SOM, los investigadores encontraron una correlación directa entre el BSTc/SOM y el funcionamiento sexual. La materia gris es material neurológico, y la región del Putamen del cerebro influye en los trastornos neurológicos degenerativos y en las funciones motoras. Sin embargo, los estudios no muestran una conexión entre esta región y la expresión sexual o la personalidad. Esta conexión desconocida hace que se planteen más preguntas sobre la función de la región del Putamen.

Los resultados del estudio mostraron que la materia gris regional en los cerebros de los individuos MtF se asemeja más a la de los hombres cis que a la de las mujeres. Los individuos MtF mostraron un mayor volumen de materia gris en la región del putamen derecho que los hombres y mujeres cis. Si este estudio es correcto a primera vista, esto significaría que los individuos MtF no desarrollan cerebros de mujer, sino que algunas regiones de sus cerebros no son típicas de los cerebros de las personas cis. El estudio también hace la afirmación,

> Es necesario investigar más a fondo si las características distintivas observadas en los cerebros de los transexuales influyen en su identidad de género o posiblemente son la consecuencia de ser transexual. Alternativamente, otras variables pueden estar afectando de forma independiente tanto a la expresión de la identidad transexual como a la neuroanatomía en los transexuales, lo que llevó a la asociación observada entre ambas. (Luders et al. 2009, 907)

Volviendo al post de Katherine Wu[9] en Harvard, Dear Mr. President, ella expone este caso como prueba de la existencia de un cerebro transgénero. Ella concluye: *"Varios estudios confirmaron los hallazgos anteriores, mostrando una vez más que las personas transgénero parecen nacer con cerebros más similares al género con el que se identifican, en lugar del que*

---

[9] Desde 2018 obtuvo un doctorado y es reportera científica en Boston para NOVA Next y productora senior de Story Collider.

se les asignó" (K. Wu 2016). [10] Por desgracia, la sección de discusión de este estudio no confirma la afirmación de Katherine. En cambio, este estudio sugiere una de las tres opciones viables:

1. La sección putamen del cerebro "*hace que*" los individuos MtF nazcan biológicamente transgénero.
2. Si los hombres creen firme y sinceramente que son mujeres, puede cambiar los volúmenes de materia gris en la sección del putamen del cerebro.
3. Es muy posible que haya un factor diferente y desconocido que afecte tanto a la región del putamen del cerebro como a la identidad sexual.

El estudio de Guillamon de 2016 (Guillamon, Junque, y Gómez-Gil. 2016) confirma que la tercera opción es la conclusión más probable. La evidencia de este estudio encuentra que los individuos MtF y FtM desarrollan subgrupos cerebrales que muestran rasgos estándar no totalmente masculinos o femeninos pero con rasgos similares entre sí.

---

[10] En la frase "*Varios estudios*" hay enlaces a las investigaciones de los doctores Luders y Rametti que se abordan.

7.7 Microestructuras de la Materia Blanca

En la Revista de Investigación Psiquiátrica de 2011, Giuseppina Rametti, M.D., y sus colegas de las Universidades de Madrid y Barcelona informaron que descubrieron que los individuos FtM exhibían microestructuras de materia blanca más parecidas a los patrones encontrados en los hombres cis (Rametti et al. 2011, 203). Este estudio incluyó dieciocho individuos FtM, veinticuatro hombres cis y diecinueve mujeres cis. Todos los individuos FtM mostraban una no conformidad de género de inicio temprano (antes de la pubertad) y se sentían atraídos eróticamente por las mujeres, identificados como transexuales de tipo homosexual (Blanchard, Clemmensen, y Steiner 1987, 139), y evaluados por un psiquiatra utilizando la versión española 5.0.0 de la Entrevista Neuropsiquiátrica Internacional. Los médicos no trataron hormonalmente a estos pacientes antes de las pruebas. Los investigadores utilizaron resonancias magnéticas para examinar la anisotropía fraccional (AF), un método para determinar los tractos de fibras del cerebro mediante el seguimiento del movimiento de las moléculas de agua. Los tractos de microfibras de los hombres y las mujeres siguen patrones diferentes, y los hombres tienen naturalmente valores de AF más altos.

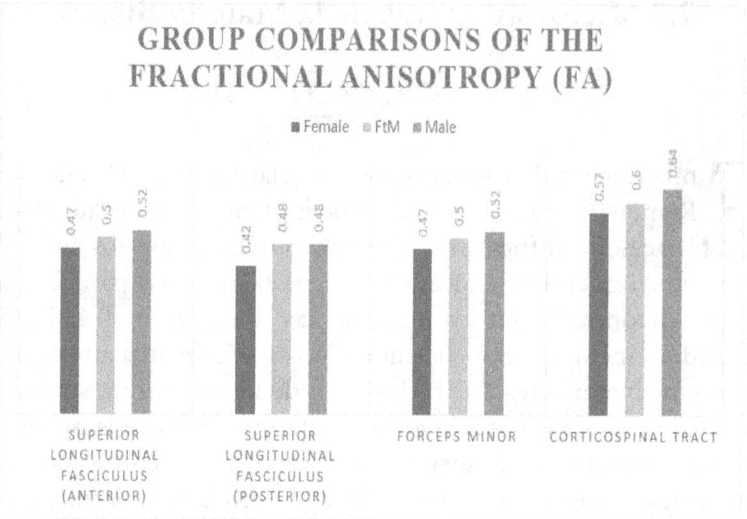

Figura 7.8 Comparaciones de grupos de la anisotropía fraccional (AF) en los cuatro fascículos presentan diferencias de sexo.

Al observar la figura 7.8 de este estudio, se pueden ver las cuatro secciones del cerebro seleccionadas. Los individuos FtM expresan valores de FA ligeramente más consistentes con los hombres cis en el fascículo longitudinal superior y el fórceps menor. Aun así, con la desviación estándar (STD), sus valores de FA se sitúan justo en el medio entre los hombres cis y las mujeres cis. En el tracto corticoespinal, el valor de la FA de los individuos FtM se acerca más al de las mujeres cis. Aún así, podría estar de nuevo directamente entre los valores de FA de los hombres cis y las mujeres cis con la desviación estándar. El sitio del fascículo longitudinal superior es el más interesante, ya que los individuos FtM compartieron los mismos valores de FA que los hombres cis, 0,48, y las mujeres cis en 0,42, aunque con la ETS, esto puede no ser concluyente. No se puede descartar que los individuos FtM mostraran los mismos valores de FA que los hombres cis en el fascículo longitudinal superior. De todo el cerebro, el fascículo longitudinal superior es la única localización en la que esto fue idéntico. Al considerar todas las regiones del cerebro, sólo esta sección mostró similitudes para dieciocho individuos FtM. Este estudio no es una evidencia concluyente sin replicar este estudio con muestras más grandes. La sección de resultados del artículo es ligeramente chocante en sus afirmaciones exageradas, inconsistentes con los hechos presentados por su investigación. Ella opina,

> En conclusión, nuestros resultados muestran que el patrón de microestructura de la materia blanca en los transexuales de MtF no tratados está más cerca del patrón de los sujetos que comparten su identidad de género (varones) que de los que comparten su sexo biológico (mujeres). Nuestros resultados proporcionan evidencia de diferencias estructurales en el cerebro del transexual de MtF no tratado. (Rametti et al. 2011, 203)

A partir de esta conclusión, sólo se puede suponer que la Dra. Rametti no incluyó información adicional que le ayudara a llegar a esta conclusión. En este estudio, los datos que proporcionó muestran las cuatro regiones sobre las que informó. Hubo un patrón similar entre los individuos FtM y los cerebros masculinos cis en el fascículo longitudinal superior. Los individuos FtM mostraron valores de FA altos para las mujeres cis en las otras tres regiones pero bajos para los hombres cis. Esta conclusión no confirma la afirmación de que *"el patrón de microestructura de la materia blanca en los transexuales FtM no tratados se acerca más al patrón de los sujetos que comparten su identidad de género"*. La conclusión más honesta es que parece haber una relación entre los valores de FA de los individuos FtM y los hombres cis en el fascículo longitudinal superior. Aun así, se necesitaría un estudio con un grupo de sujetos más amplio para confirmarlo. Una muestra de dieciocho personas no es lo suficientemente grande como para llegar a esta conclusión de forma definitiva.

7.8 Cerebro Intersexual

En un estudio cerebral realizado en 2016 por el doctor Antonio Guillamon y sus colegas, descubrieron que los individuos de tipo homosexual no desarrollan cerebros típicos masculinos o femeninos, sino que "cada uno tiene su propio fenotipo cerebral" (Guillamon, Junque y Gómez-Gil 2016, 1627). Este estudio concluye que los transexuales homosexuales de inicio temprano, individuos que se sienten atraídos por personas de su mismo sexo natal, desarrollan una condición intersexual restringida al cerebro. Este hallazgo confirma la conclusión del Dr. Diamond de que puede producirse una intersexualidad cerebral. Indirectamente, el estudio del Dr. Guillamon también confirma las conclusiones del Dr. Blanchard de que hay diferentes causas de autoginefilia y androfilia. Además, el Dr. Guillamon reafirma los hallazgos sugeridos por los estudios cerebrales de 1995 y 2000, entre los que se encuentran los doctores Kruijver, Zhou, Pool, Hofman, Gooren y Swaab, según los cuales las personas transexuales poseen algunas estructuras cerebrales similares a las del sexo opuesto, pero no son una copia de un cerebro del sexo opuesto. El Dr. Guillamon escribió: "Es simplista decir que una persona transexual de mujer a hombre es una mujer atrapada en un cuerpo masculino. No es porque tengan un cerebro masculino sino un cerebro transexual" (Russo 2016).

Aunque cada persona es una matriz de tipos cerebrales masculinos y femeninos, los individuos MtF y FtM mantenían rasgos medios estándar separados de los rasgos medios comunes de los hombres o mujeres cis. Por ejemplo, en promedio, los individuos MtF están compuestos por estructuras masculinas, incluyendo un volumen intracraneal, materia gris, materia blanca y líquido cefalorraquídeo similares, pero un volumen y grosor cortical, a diferencia de los hombres o mujeres cis. Los individuos MtF, por término medio, poseen haces de fibras de materia blanca femeninos y masculinos en el

---

[11] Ver las tipologías de Blanchard, *supra* capítulo 6.

hemisferio derecho. El Dr. Guillamon descubrió que la *pars triangularis* (parte de la región de Broca, utilizada para el procesamiento semántico) en los MtF homosexuales es más gruesa que en los controles masculinos heterosexuales. En cambio, en los homosexuales es más fina que en los varones heterosexuales.

Los transexuales de tipo homosexual expresan una pars triangularis feminizada, mientras que los homosexuales cisgénero expresan una pars triangularis demasculinizada. El Dr. Guillamon sugiere que si los individuos FtM desarrollan "rasgos morfológicos femeninos, desfeminizados y masculinizados",[12] los individuos MtF desarrollan "rasgos masculinos, femeninos y desmasculinizados". Estos resultados demuestran que estas anomalías son probablemente trastornos del neurodesarrollo, como sugirió el Dr. Diamond (Guillamon, Junque, y Gómez-Gil 2016, 1627).

La investigación concluyó que los cerebros MtF autoginéfilos estaban ligeramente feminizados pero no como el de las mujeres cis. Además, los investigadores no pudieron diferenciar entre un individuo MtF autoginéfilo y un varón heterosexual en la pars triangularis. En contraste con los hombres y mujeres andrófilos, que expresaron estructuras cerebrales diferentes. Estos resultados apoyan la teoría que afirma que la causa de las identidades transgénero tiene su origen en un ancestro común con el travestismo y no está relacionada etiológicamente con las identidades transgénero de tipo homosexual.

---

[12] Los términos masculinización y feminización se refieren a cualquier cambio que haga que un individuo se parezca más a los hombres o mujeres típicos. Mientras que los términos desmasculinización y desfeminización denotan cualquier cambio que hace que un individuo se parezca menos a un típico hombre o una mujer.

7.9 Revisión de Conceptos

El capítulo siete es uno de los más importantes del libro, ya que hace una revisión de los estudios utilizados para hacer las afirmaciones más significativas sobre la ciencia transgénero. Katherine Wu hizo una afirmación atrevida e inamovible en una revista online de Harvard en la que afirmaba que la ciencia era clara. Afirmó que *"las personas transgénero parecen nacer con cerebros más parecidos al género con el que se identifican, en lugar del que les fue asignado"* (K. Wu 2016). Los investigadores médicos no encontraron ninguna prueba que validara la antigua concepción, *Anima muliebris in corpore virili inclusa.*[13] De hecho, la ciencia tiene claro que esto no es cierto. Los investigadores encontraron pruebas considerables que demuestran que los individuos MtF y FtM poseen estructuras más parecidas a su sexo natal; sin embargo, los médicos descubrieron ejemplos notables de estructuras más acordes con sus identidades de género. El Dr. Guillamon y sus colegas descubrieron que los individuos MtF de tipo homosexual y los FtM tienen características estándar entre los patrones de la matriz cerebral.

Las pruebas de estos estudios apuntan a una etiología del neurodesarrollo. Las conclusiones incluyen una creación epigenética en la que es necesario un gen particular o una combinación de genes y otros probables factores hormonales y ambientales. Estos factores introducidos en el útero y en los pocos meses siguientes al nacimiento interactúan con las hormonas del niño para crear un fenotipo cerebral transgénero. En los sujetos transexuales, las anomalías en el hipotálamo son significativas, ya que esta localización probablemente determina la identidad sexual. También se asocia con el complejo reptiliano del que hablamos en la sección 4.2. El capítulo ocho continuará esta comprensión biológica de una posible etiología del neurodesarrollo.

---

[13] Una psique femenina confinada en un cuerpo masculino (Ulrichs 1868, 140).

Capítulo 8
Etiología del Neurodesarrollo

Tanto el trastorno de identidad de género como la esquizofrenia son trastornos del desarrollo neurológico y pueden compartir mecanismos causales y factores de riesgo comunes.

— Dr. Ravi Rajkumar, M.D,
Trastorno de identidad de género y esquizofrenia

El cerebro es un órgano que puede fallar como cualquier otro.
— Daniel Amen, M.D., *La mente de los chicos*

El capítulo ocho sintetiza los estudios médicos en torno a la identificación transgénero, conectando los distintos elementos de las observaciones encontradas en los capítulos seis y siete. Por ejemplo, supongamos que una persona sólo tiene en cuenta uno o varios estudios cerebrales. En ese caso, la única determinación es que algunas personas transexuales desarrollan algunas estructuras cerebrales diferentes a las de las personas de su sexo natal. Estos estudios proporcionan datos interesantes, pero no crean una causalidad.

Este libro intenta situar con precisión los puntos de datos de la investigación médica para que una adecuada circunspección pueda *conectar los puntos*. Una comprensión adecuada de las pruebas crea una imagen realista de la ciencia del cerebro transgénero. Esta sección pretende presentar hechos sobre el cuerpo y establecer conexiones que aborden con precisión los retos de las personas transgénero.

En este capítulo se afirma que existe una causa clara de neurodesarrollo para la disforia de género. Los trastornos del neurodesarrollo rara vez son singulares y se presentan junto con numerosos indicadores como la zurdera, la dislexia, el autismo o enfermedades más insidiosas como la esquizofrenia. Estas cualidades del desarrollo son el resultado de las vías neurológicas formadas en el cerebro antes o durante la infancia. Una morfología inusual en el hipotálamo provocada por las hormonas natales podría causar sentimientos de disforia de género. Esta explicación no es del todo sencilla, ya que algunos trastornos del neurodesarrollo pueden causar disforia de género como efecto secundario y no directamente. Por ejemplo, las personas con autismo (TEA) o con un trastorno obsesivo-compulsivo (TOC) pueden ser más susceptibles a las sugerencias en Internet de que cambiar de género será un camino hacia la felicidad y la plenitud. Además, problemas como el Trastorno de Identidad Corporal (TIC) y el Trastorno Dismórfico Corporal (TDC) pueden ser en parte neurodesarrollo y en parte sociales. Los trastornos alimentarios o la automutilación, por ejemplo, podrían ser TDC, pero a menudo desisten de forma natural en la edad adulta. Si un trastorno es del neurodesarrollo, no está claro que sea permanente o que no sea un efecto secundario que los médicos podrían tratar abordando la causa directa.

8.1. Etiología Psicológica Común

La década de los 70 estuvo llena de teorías sobre las causas psicológicas de la identificación transexual. Los seguidores del doctor Sigmund Freud sospechaban que se producían alteraciones psicológicas en la psique de las personas transexuales. Leonard Lothstein, Doctor, propuso que se trataba de una *"patología en la relación madre-hijo y de relaciones objetales defectuosas"* (Lothstein 1979, 214), una idea que se repitió en los estudios observacionales de (Gilpin, Raza, y Gilpin, 1979); (Moberly 1986); (Ovesey y Person 1976); y (Macvicar 1978). El doctor Charles Socarides lleva la psicología un paso más allá en su artículo, Transexualismo y psicosis, donde afirma que *"debajo del deseo de 'cambiar de sexo' puede haber una psicopatología grave, si no abrumadora, incluso de naturaleza psicótica. Los deseos transexuales pueden surgir de un conflicto edípico, de una fijación preedípica o de procesos esquizofrénicos"* (Socarides 1978, 379).

Otra de las principales teorías de la década de 1980 fue el concepto de que el transexualismo era una forma de trastorno límite de la personalidad. El Dr. James Kavanaugh llegó a la conclusión de que una posibilidad para la etiología del transexualismo era el intento de *"descartar los rasgos agresivos malos y sustituirlos por una nueva perfección idealizada"* (Kavanaugh y Volkan 1979, 366). El Dr. James Murray afirma que los trastornos transexuales son *"un subgrupo de los trastornos límite"* (Murray 1985, 454).

En las décadas de 1990 y 2000 se intentó exonerar a las personas transexuales (que ya no se denominan médicamente transexuales en el DSM-5) de las acusaciones de ser enfermos mentales. En un estudio realizado por el doctor Collier Cole, en el que se analizaron 435 *individuos con disforia de género utilizando datos del MMPI, se informó de que "el transexualismo suele ser un diagnóstico aislado y no forma parte de ningún trastorno psicopatológico general"* (Cole et al. 1997, 15). En un estudio holandés, los investigadores compararon a pacientes psiquiátricos externos adolescentes con transexuales adolescentes. Concluyeron que *"el argumento de que la psicopatología general es una condición necesaria para el desarrollo del transexualismo parece indefendible"* (Cohen et al. 1997, 16).

La doctora Kristina Olson afirmó que existían *"pruebas novedosas de bajas tasas de psicopatología internalizadora en los niños transexuales con transición social que reciben apoyo en su identidad de género"* (Olson et al., 2015, 7). El estudio de la Dra. Olson examinó a setenta y tres niños transgénero prepúberes (de tres a doce años). Determinó que existen niveles de psicopatología internalizadora estadísticamente significativos dentro de este grupo. Sin embargo, en el título de su estudio y en su conclusión, afirma que los jóvenes transgénero no experimentan psicopatología si son *"apoyados"*, pero su estudio no examina a los jóvenes apoyados frente a los no apoyados.

La década de 2000 no confirmó los informes de 1997 de Cole et al. y Cohen et al. En 2009, el doctor Stephen Levine y Anna Solomon descubrieron que *"el 90% de estos pacientes diversos tenían al menos otra forma significativa de psicopatología"*. Los investigadores también advirtieron: *"Los especialistas en identidad de género, a diferencia de los medios de comunicación, deben preocuparse por la mayoría de los pacientes, no sólo por los que aparentemente funcionan bien en la transición"* (Levine and Solomon 2009). Un estudio de 2014 mostró que el 62,7% de las personas con disforia de género sufren otra comorbilidad del Eje I (Azadeh Meybodi 2014, 2).

Una revisión de la literatura de 2016 en la *International Review of Psychiatry*, realizada por la doctora Cecilia Dhejne y sus colegas, informó de una fuerte correlación entre los individuos con disforia de género y otras enfermedades mentales (Dhejne, Van Vlerken, et al. 2016, 44). La doctora Melanie Bechard y sus colegas encontraron los mismos resultados en 2017 al revisar los expedientes de los adolescentes (Bechard et al., 2017, 678). El proyecto de ley de asistencia sanitaria para transexuales de California (AB 2218) en agosto de 2020 declaró en el registro público: *"Los adultos transexuales son significativamente más propensos a informar de que tienen una discapacidad debido a una condición física, mental o emocional, el 60%"* (CA 2020).

Dos estudios publicados en 2014 descubrieron que afecciones como el TDAH, el autismo, los trastornos afectivos y de ansiedad, la depresión y la esquizofrenia se dan en tasas significativamente más altas entre las personas transgénero. El estudio del doctor Ravi Rajkumar concluyó que *"tanto el trastorno de identidad de género como la esquizofrenia son trastornos del neurodesarrollo y que pueden compartir mecanismos causales y factores de riesgo comunes"* (Rajkumar 2014). El Dr. Rajkumar consideró que entre una y ocho de cada 1.000 personas tienen esquizofrenia y que uno de cada 10.000 varones y una de cada 25.000 mujeres sufren disforia de género. Utilizó las tasas de transexualidad de un estudio irlandés, que es más bajo que los estudios estadounidenses. Utilizando el estudio del Instituto Williams, hay 1,4 millones de estadounidenses que se identifican de alguna manera como transgénero, lo que significaría que cuatro individuos por cada 1.000 se autoidentifican como transgénero, una tasa mucho más alta que la que utiliza el Dr. Rajkumar. Utilizando la cifra liberal del Instituto Williams con la tasa conservadora de una persona con esquizofrenia por cada 1.000 personas, no debería haber más de una persona por cada 250.000 con identidades transgénero y esquizofrenia. Las clínicas internacionales que analizan la comorbilidad encuentran tasas combinadas de esquizofrenia e identidades transgénero de entre el 3 y el 40%, cuando debería ser de alrededor del 0,0004% utilizando la variable de probabilidad independiente.

Si no hay causalidad, es indudable que existe una correlación entre la esquizofrenia y las identidades transgénero. Dado que entre el 3 y el 40% no es un indicio de que la mayoría de las personas con disforia de género tengan esquizofrenia (o viceversa), no se puede concluir que ninguna de las dos enfermedades sea necesariamente causa de la otra. Sin embargo, el modelo multifactorial de causalidad podría incluir la psicosis como factor contribuyente. La explicación más plausible es que, al igual que la esquizofrenia, la disforia de género es un fenómeno del neurodesarrollo. Durante las primeras etapas del desarrollo del cerebro, los factores que hicieron que el cerebro se formara de manera atípica, dando lugar a la esquizofrenia, también hicieron que el cerebro se formara de manera atípica en lo que respecta a la identidad sexual.

En 2014, el doctor en psicología John Strang y sus colegas publicaron un informe en el que se afirmaba que las identidades transgénero persisten en tasas mucho más elevadas en personas que también padecen Trastornos del Espectro Autista (TEA) y Trastorno por Déficit de Atención e Hiperactividad (TDAH). Tanto el TEA como el TDAH son trastornos del neurodesarrollo. El estudio descubrió que *"los participantes con TEA eran 7,59 veces más propensos a*

---

[1] Aunque al principio me mostré escéptico ante el informe del Dr. Rajkumar de la India, la investigación parece exhaustiva.

expresar la varianza de género; los participantes con TDAH eran 6,64 veces más propensos a expresar la varianza de género" (Strang et al., 2014, 1528). Los doctores Varun Warrier y Simon Baron-Cohen, informaron recientemente utilizando una muestra de 641.860 individuos para determinar que menos del 2% de la población general es autista mientras que *"entre el 4,8% y el 26% de los individuos que se presentan en las clínicas de DG [disforia de género] tienen un diagnóstico de autismo basado en varios criterios diferentes"* (Warrier et al. 2020). Este estudio examinó los trastornos médicos del neurodesarrollo que causan epilepsia, pero no pudo encontrar una correlación entre la epilepsia y la disforia de género. El estudio del Dr. Strang confirma una posible causa común para la disforia de género y algunos trastornos del neurodesarrollo, incluyendo la esquizofrenia, el TEA y el TDAH.

Un estudio italiano de 2013 titulado Características *sociodemográficas y clínicas del trastorno de identidad de género* informó de que, de 140 personas transgénero, el 1,4% también sufría actualmente algún trastorno psicótico (Fisher et al., 2013). En cambio, un informe inglés de 2012 del Departamento de Salud concluyó que el 0,4% de la población general sufre un trastorno psicótico activo (Kirkbride et al., 2012, 175). La tasa de trastornos psicóticos es mayor en las comunidades de personas con disforia de género que en la población general, pero la mayoría de las personas con disforia de género no son psicóticas por otra parte. La comparación de un estudio italiano con uno británico sugiere una tendencia, pero no una prueba absoluta, ya que los factores culturales o sociológicos podrían explicar algunas variaciones. También puede haber algunas diferencias en la forma de diagnosticar y notificar los trastornos médicos.

El Departamento de Salud y Servicios Humanos de los Estados Unidos descubrió que, entre 2009 y 2013, 63.000 niños al año fueron víctimas de abusos sexuales (Departamento de Salud y Servicios Humanos de los Estados Unidos, 2013). Las consecuencias de la violación de niños son significativas, y conducen a múltiples capas de enfermedades mentales, a menudo sobre la sexualidad y la identidad. Es habitual que intenten ser sexualmente poco atractivas para sus depredadores incluso después de que el abuso haya cesado. El aumento de peso y la falta de higiene son mecanismos de defensa para mantener alejados a los posibles depredadores. El asco por el propio cuerpo y el intento de desvincularse de él es un mecanismo de defensa.

La activista de la deshabituación Erin Brewer sufrió un grave trauma sexual cuando era joven y desarrolló disforia de género. Hizo la transición a un hombre, pero a los 20 años se dio cuenta de que su trauma sexual era la causa de su disforia. Con la terapia, Erin superó su disforia y ahora intenta educar al público sobre su identidad equivocada. Creó un libro infantil, *"Siempre Erin"*, para enseñar a niños y adultos que el hecho de que uno sienta disforia no significa que esté en el cuerpo equivocado. Erin afirma que nadie nace en el cuerpo equivocado (Brewer 2021). El abuso sexual y la psicosis general hacen que algunos individuos se identifiquen como transgénero. Sin embargo, dado que la mayoría de las personas transgénero no son víctimas de violaciones ni se les diagnostica psicosis, ésta no puede ser una explicación singular. Del mismo modo, la causa de la disforia de género no es singular. La disforia de género es un gran paraguas que se utiliza para explicar muchas formas de descontento corporal.

8.2 Diferenciación Cefálica Inducida por Hormonas

Otra teoría muy popular en la década de 1990 fue la sospecha de que la identidad transgénero está relacionada con la diferenciación cefálica inducida por las hormonas en alguna etapa crítica de la gestación (Dorner et al. 1991). Una consecuencia de esta diferenciación hormonal serían algunas características fenotípicas diferentes que comparten más comúnmente las personas transgénero. Por ejemplo, un estudio de 1992 mostró que los individuos MtF tienen tres veces más probabilidades de ser zurdos que los individuos cisgénero (Watson y Coren 1992). Un estudio de 1996 mostró que los individuos FtM eran más altos que las mujeres cis (Ettner, Schaht et al. 1996). En los individuos FtM, un *"ligamento inframamario orientado transversalmente que se extiende desde el esternón hasta el margen lateral del músculo pectoral mayor está invariablemente presente en los transexuales femeninos"* (van Straalen, Hage, y Bloemena 1995, 240). Seis estudios independientes han demostrado una *"mayor tasa de ovarios poliquísticos en esta población"* (Ettner 1999, 54).

Todos estos estudios comparten un tema común: la variación hormonal en el útero parece afectar a algunas personas transexuales con un conjunto de otras características fenotípicas, además de los sentimientos de disforia de género. Así pues, una etiología hormonal prenatal y postnatal temprana parece ser una de las mejores direcciones para comprender los posibles orígenes biológicos de la disforia de género.

La doctora Tonya G. White presentó en el Segundo Congreso Internacional sobre Cuestiones de Sexo y Género sus hallazgos sobre una posible etiología de la disforia de género,

> La proliferación neuronal dentro del tubo neural experimenta una migración caudal que termina entre las semanas 18 y 24. Más de la mitad de las neuronas y células gliales generadas sufren un proceso de poda activa, una muerte celular programada conocida como apoptosis. Los genes se activan para podar células cerebrales específicas y, una vez podadas, no pueden regenerarse. En la activación de estos genes "*suicidas*" celulares intervienen factores genéticos, hormonales e inmunológicos, aunque también puede intervenir el azar.
>
> Se ha demostrado que el hemisferio derecho se desarrolla aproximadamente diez días antes que el izquierdo. En la mayoría de los individuos, se produce una poda activa en el hemisferio derecho, de manera que cuando el hemisferio izquierdo se desarrolla, reclama la dominancia. Si no se produce esta poda activa en el derecho, y si esto afecta al estropicio motor del cerebro, el hemisferio derecho puede alcanzar la dominancia, lo que da lugar a un individuo zurdo. Si este proceso afecta al centro del lenguaje, el resultado puede ser la dislexia. Dado que la testosterona interviene en la supervivencia de las células, puede afectar a la poda y, por lo tanto, explicar el aumento de las tasas de dislexia en los varones. Si este mismo proceso afecta a la zona del cerebro en la que se encuentra el sentido de la identidad de género (véase el Dr. Zhou, 1995), podría dar lugar a una identidad de género discordante. De alguna manera, que no se comprende bien, dentro de los componentes estructurales del cerebro, dentro de estas conexiones de neuronas y sinapsis, se encuentra el sentido central de la identidad de género. Como en cualquier proceso de desarrollo, el camino que se toma puede ser muy diferente al esperado. También las neuronas pueden tomar el "*camino menos transitado*". (T. White 1997)

Durante el desarrollo fetal, las vías neuronales configuran el funcionamiento del cerebro, desde la lateralidad hasta la dislexia o los problemas de identidad de género. Estas vías tienen cierta plasticidad, pero una vez que el cerebro se cristaliza durante las etapas iniciales del proceso de desarrollo, resulta difícil cambiar esas vías.

La Dra. Baron-Cohen descubrió que los cerebros están sexuados desde el primer día de vida, lo que demuestra las dificultades que se tienen para cambiar de sexo y género, aunque se intente hacerlo en las primeras etapas de la vida del niño (Gurian y Stevens 2005, 287). ¿Podrían estas neuronas que viajan anormalmente ser la causa de las formas inusuales dentro del hipotálamo? ¿Podrían estas neuronas crear también la anomalía de que los hombres utilicen la materia blanca y las mujeres la materia gris? Este estudio se suma a las crecientes pruebas de que la disforia de género es epigenética y un trastorno del neurodesarrollo.

8.3 Receptor de Andrógenos en Individuos MtF

En 2009, la Dra. Lauren Hare publicó un estudio australiano en la Revista de Psiquiatría Biológica titulado *" El polimorfismo de longitud de repetición del receptor de andrógenos se asocia con el transexualismo de hombre a mujer"* (Hare et al. 2009). Si hay una mutación significativa del gen del receptor de andrógenos, un individuo XY podría nacer con genitales de apariencia femenina. En casos menos extremos, una cadena polimórfica larga indicaría que no se recibe testosterona. Por lo tanto, el individuo masculino era efectivamente deficiente en testosterona (aunque se producía suficiente testosterona), un hecho que podría prohibir la masculinización natural del cerebro masculino durante el desarrollo.

La Dra. Hare repitió un estudio de la doctora Susanne Henningsson, de 2005 (Henningsson et al. 2005), que afirmaba haber encontrado un vínculo entre un polimorfismo dinucleótido CA en el gen del receptor de estrógeno β (ERβ) (Henningsson et al. 2005). La Dra. Hare estudió a 112 individuos MtF y a 258 hombres cis, lo que supone un tamaño de muestra mucho mayor que el del estudio del Dr. Henningssson, que sólo contaba con veintinueve individuos MtF. Los investigadores evaluaron a todos los sujetos en busca de polimorfismo de longitud de repetición en el receptor de andrógenos (AR), el receptor de estrógenos beta (ERβ) y el CYP19 (aromatasa), que convierte los andrógenos en estrógenos. Aunque el Dr. Hare utilizó la misma metodología en el estudio de 2009, el gen β (ERβ) no cambió ninguna cadena polimórfica positiva, como se encontró en el estudio de 2005.

Los investigadores del estudio de 2009 reconocieron una asociación significativa entre los polimorfismos extendidos del gen del

---

[2] Esto significa que el estudio de 2005 tenía uno de estos tres posibles problemas: 1. el estudio era defectuoso; 2. los transexuales suecos tienen un ADN diferente al de los transexuales australianos; o 3. Con un tamaño de muestra mucho mayor las anomalías desaparecieron.

receptor de andrógenos (AR) y los individuos con MtF. Los patrones de ADN CAG más largos que se repiten en el gen del receptor de andrógenos condujeron a una menor unión de la proteína del receptor de andrógenos. Los defectos de los receptores de andrógenos afectan a la capacidad del organismo para metabolizar la testosterona. Las cadenas más largas sugieren que los andrógenos no están siendo procesados y convertidos en testosterona. No hubo correlación entre los individuos con MtF y los genes del receptor de estrógeno beta (ERβ) y CYP19. La falta de testosterona que inunda el cerebro durante el embarazo puede conducir a un cerebro más feminizado para el niño. Los investigadores concluyen:

> Es posible que una disminución de los niveles de testosterona en el cerebro durante el desarrollo pueda dar lugar a una masculinización incompleta del cerebro en los transexuales de hombre a mujer, dando lugar a un cerebro más feminizado y a una identidad de género femenina. (Hare et al. 2009, 95)

Aunque el estudio de la Dra. Henningsson de 2005 fue rechazado en su afirmación de que el gen ERβ tenía algún efecto sobre la receptividad a la testosterona del individuo MtF, el estudio del Dr. Hare encontró pruebas significativas que vinculaban el polimorfismo del gen AR con los individuos MtF. Este caso es notable ya que contenía un gran tamaño de muestra de 370 individuos, y encontró un vínculo directo entre los individuos MtF y el gen AR.

8.4 Polimorfismo del Gen ERβ en Individuos con FtM

El estudio de la Dra. Henningsson no informó de la relación entre el gen ERβ y la disforia de género en individuos MtF. Sin embargo, la Dra. Rosa Fernández encontró pruebas convincentes que vinculaban el polimorfismo del gen ERβ en individuos FtM. Su estudio en 2014 publicó la continuación del trabajo de la Dra. Hare, titulado *"El polimorfismo (CA)n del gen ERβ se asocia con el transexualismo FtM"* (Fernández 2014) y publicado en el *Journal of Sexual Medicine*. Este estudio pretendía investigar la posible influencia de los genes relacionados con las hormonas sexuales: AR (receptor de andrógenos), ERβ (receptor de estrógenos β), CYP19 (aromatasa) en la etiología de los individuos FtM. Este estudio utilizó 273 individuos FtM y 371 mujeres cis, lo que lo convierte en uno de los estudios más extensos hasta la fecha. Este estudio es un reflejo del estudio del Dr. Hare, excepto que estudia a individuos FtM en lugar de MtF.

Este estudio demostró que los individuos FtM diferían significativamente de las mujeres cis en cuanto a la mediana del polimorfismo de longitud de repetición ERβ, pero no en cuanto a la longitud de AR y CYP19. La consecuencia de las cadenas polimórficas largas es que no se produce estrógeno y hay una menor feminización del cerebro. La figura 8.1 demuestra lo que ocurriría si los receptores de señal del ERβ no fueran sensibles a recibir el estrógeno producido en el sistema. Esta figura también podría explicar los hallazgos del Dr. Hare sobre el gen AR en individuos MtF al intercambiar ERβ con AR, estrógeno con testosterona, y feminización con masculinización.

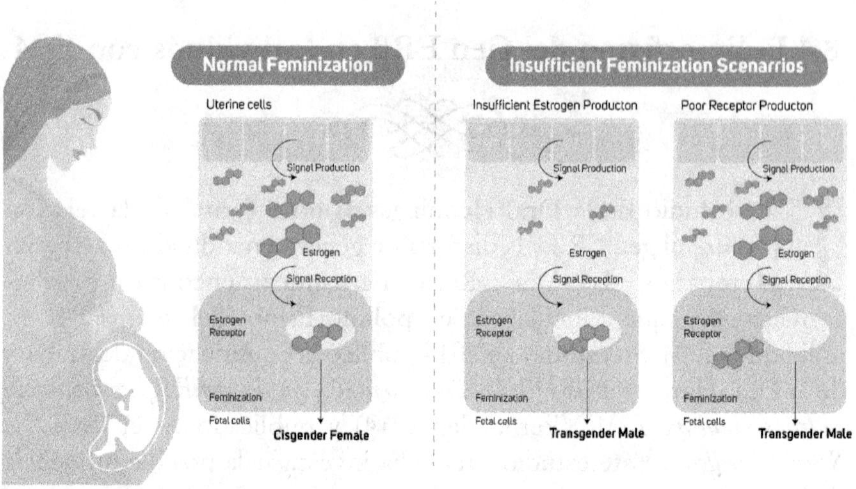

Figura 8.1 Polimorfismo del gen ERβ explicado

8.5 Trastorno de la Identidad Corporal/ Trastorno Dismórfico Corporal

La investigadora médica Antonia Ostgathe y sus colegas de la Universidad de Hamburgo llevaron a cabo en 2014 un estudio piloto en el que compararon a individuos con Trastorno de la Identidad Corporal (TIC), un trastorno del neurodesarrollo (biológico-genético), con individuos con disforia de género (Ostgathe, Schnell y Kasten 2014) (Sedda y Bottini 2014). El TIC describe un fenómeno en el que las personas físicamente sanas sienten un deseo constante de alteración de su cuerpo. El ejemplo más común es el fuerte deseo de amputar un miembro sano (First 2005, 1).

La Fundación del Trastorno Dismórfico Corporal (TDC) describe el TIC como,

> La preocupación se centra [sic] no en un sentimiento de defectuosidad, sino en la expectativa de los afectados de que estarían mucho más cómodos si se amputaran uno o más miembros o dígitos. No creen (como en el TDC) que sus miembros sean defectuosos o feos, ni desean modificarlos cosméticamente. El TIC es más parecido a un Trastorno de Identidad de Género. El TIC no forma parte del TDC.(Fundación Del Trastorno Dismórfico Corporal n.d.)

En cambio, el TDC se define como,

> Preocupación incapacitante por los defectos percibidos en la apariencia. Puede afectar tanto a hombres como a mujeres y hace que quienes la padecen estén excesivamente acomplejados. Tienden a revisar su aspecto repetidamente y tratan de camuflar o alterar los defectos que ven, sometiéndose a menudo a tratamientos cosméticos innecesarios. Los espectadores suelen quedarse perplejos porque no ven nada fuera de lo normal, pero el TDC provoca una angustia devastadora e interfiere sustancialmente en la capacidad de funcionar socialmente. (Fundación Del Trastorno Dismórfico Corporal n.d.)

La diferenciación entre el TIC y el TDC se basa principalmente en una cuestión: ¿hay odio y obsesión por un miembro o rasgo externo? Si hay indiferencia hacia la imagen corporal, es TIC, y si hay odio hacia la imagen corporal, es TDC. La TDC Foundation considera que la disforia de género es más parecida al TIC, aunque el estudio de Antonia Ostgathe sugiere lo contrario.

A pesar de la prohibición ética, legal, estética y cultural de extirpar miembros sanos, determinados individuos se empeñan en eliminar ese miembro, ya sea mediante cirugía o automutilación, hasta el punto de realizar hazañas, que pueden llegar a ser mortales. Este trastorno no es lo mismo que la disforia de género. Un individuo MtF puede sentir asco por su pene, pero no suele automutilarse para eliminar sus órganos sexuales secundarios. A una persona con disforia de género le gustaría ser percibida socialmente, estéticamente y de otro modo como un miembro sano del sexo opuesto. En el estudio de Antonia se planteó la hipótesis de que la etiología de ambos trastornos podría ser similar, pero no se trata de asimilar los trastornos en uno solo.

El estudio encuestó a veinticuatro individuos TIC y diecinueve transexuales. Ambos grupos no pudieron explicar racionalmente su deseo, pero la mayoría (75 y 73,7% respectivamente) lo atribuyeron a razones biológico-genéticas. *"En cuanto a la cuestión de la imagen corporal y la percepción del cuerpo, se pudo comprobar la hipótesis de que tanto los enfermos de TIC como los transexuales tienen una fuerte sensación de que su cuerpo biológico no coincide con su imagen corporal mental"* (Ostgathe, Schnell, and Kasten 2014, 140).[3] La edad media para darse cuenta por primera vez de que el individuo era TIC fue de 10,7 años y el transexual, de 13 años.[4] Cuando estos grupos empezaron a experimentar con estas ideas, los individuos TIC empezaron a fingir discapacidades alrededor de los 14,82 años, mientras que los transexuales empezaron a travestirse a los 13,46 años. Por último, hubo diferencias triviales en la intensidad de la tensión psicológica y las restricciones en la calidad de vida.

---

[3] TIC: M=9,08, STD=± 3,23; Disforia de género: M= 9,05, STD=± 2,72; Valor U= 216,5; Significación (prueba U): p=.757

[4] TIC: M=8,42, STD=± 3,02; Disforia de género: M= 9,63, STD=± 2,34; Valor U= 155,5; Significación (prueba U): p=.066

Los dos grupos se diferencian en que los individuos TIC no tienen sentimientos negativos hacia la parte del cuerpo que les gustaría que les fuera extirpada. Por ejemplo, no tienen sentimientos negativos hacia el brazo, que creen que debería faltar (Blanke et al., 2008). Por el contrario, a los transexuales les disgusta mucho e incluso odian sus órganos sexuales secundarios (Beier, Bosinski, y Loewit 2005). Si se confirma, esta constatación sugiere que los individuos con disforia de género se parecen menos a las personas con TIC y más a los individuos con TDC, ya que las impresiones sobre ese órgano son severas y no indiferentes.

Aunque tiene un tamaño de muestra pequeño, el estudio piloto de Antonia apunta a la posibilidad de una causa común del neurodesarrollo para el TIC, el TDC y la disforia de género. Si hay una causa común, ¿podría haber también una solución terapéutica estándar? Salvo raras excepciones, el TIC y el TDC no se curan con cirugía plástica para hacer que el cuerpo coincida con su identidad, pero sí con terapia para alinear la mente con el cuerpo. En el caso de las personas transgénero, la solución de la comunidad médica en la mayoría de los casos son los bloqueadores hormonales, los suplementos y la cirugía. Por desgracia, los resultados de la eficacia de las cirugías para transexuales son inconsistentes. No se han realizado estudios para comparar el TDC y la disforia de género, aunque este estudio sugiere que sería un esfuerzo fructífero.

8.6 Revisión de Conceptos

Múltiples estudios en los capítulos siete y ocho han establecido una correlación entre el neurodesarrollo, los trastornos mentales y la disforia de género. Estas comorbilidades sugieren fuertemente que hay una etiología común del neurodesarrollo (Dhejne, Van Vlerken, et al. 2016), (Rajkumar 2014), (Strang et al. 2014), y (Fisher et al. 2013). El Dr. Diamond también afirma haber encontrado un vínculo epigenético en sus estudios sobre gemelos, lo que afirma una base biológica para el trastorno y apoya la afirmación de que existe un vínculo genético combinado con hormonas, neurotransmisores y factores ambientales.

En el capítulo ocho se evaluaron los estudios que plantean la hipótesis de cómo podría producirse un trastorno del neurodesarrollo como éste. Por ejemplo, si un varón tuviera un gen AR polimórfico, no sería receptivo a la testosterona dentro de las regiones del cerebro, que sería necesaria para masculinizar esas estructuras cerebrales (Hare et al. 2009, 95). Del mismo modo, si una mujer tuviera un gen ERβ polimórfico, no sería receptiva a los estrógenos dentro de las regiones de su cerebro, lo que sería necesario para feminizar esas estructuras cerebrales (Fernández 2014, 721). La consecuencia de una masculinización o feminización inadecuada daría lugar a las diferentes estructuras cerebrales encontradas en el capítulo siete, incluyendo el volumen y el tamaño del BSTc y del SOM (Zhou et al. 1995) (Kruijer et al. 2000), las regiones de materia gris (Luders et al. 2009), las microestructuras de la materia blanca (Rametti et al. 2011), y las docenas de otras regiones de disimilitudes encontradas en el estudio del Dr. Guillamon de 2016 (Guillamon, Junque and Gómez-Gil 2016).

Por último, este capítulo enlaza con varios tratamientos posibles comparando la disforia de género con trastornos de identidad del neurodesarrollo similares, en particular el TID y el TDC. Los tratamientos utilizados para estos trastornos incluyen el uso de neurotransmisores y la terapia de afirmación corporal. Por desgracia, los investigadores no publican investigaciones de seguimiento sobre su eficacia en el tratamiento de la disforia de género, aparte de un único caso en el que se utilizó con éxito el neurotransmisor Pimozide. Aunque un único caso no determina una cura, sugiere que los tratamientos para la disforia de género y el TDC/TIC pueden tener una eficacia similar y deben ser explorados médicamente.

La deficiencia es que ningún estudio demuestra que alguna de las diferencias biológicas examinadas tenga poder predictivo. Los doctores McHugh y Mayer afirman que *"los estudios actuales sobre las asociaciones entre la estructura cerebral y la identidad transgénero son pequeños, metodológicamente limitados, no concluyentes y, en ocasiones, contradictorios"* (McHugh y Mayer, 2016, 104). Sin embargo, los doctores McHugh y Mayer tienen razón en que estos estudios son imperfectos y no concluyentes en ocasiones. No obstante, no se puede negar que la evidencia médica del medio siglo anterior empieza a apuntar en una dirección que da a los médicos algunos parámetros para entender la raíz de las identidades.

CAPÍTULO 9
JUVENTUD DISFÓRICA

Se cuenta la historia de un viejo sacerdote que, al preguntarle si había aprendido algo sobre los seres humanos en los muchos años que llevaba escuchando confesiones, primero dijo: "No", pero luego: "Sí. No hay adultos".

— Philippa Foot, Doctora en Filosofía, *Bondad natural*

No vemos ninguna referencia a los niños transgénero antes de mediados de los años noventa.

— Tey Meadow, Doctor en Filosofía, *Niño*

En el Times de Londres, el obispo anglicano N.T. Wright escribió una perspectiva cristiana sobre la transición sexual de los adolescentes: "*Esto implica negar la bondad, o incluso la realidad última, del mundo natural. La naturaleza, sin embargo, tiende a devolver el golpe, siendo las víctimas probables, en este caso, los jóvenes vulnerables e impresionables que, como adultos confundidos, pagarán el precio de las fantasías de moda de sus mayores*" (N.T. Wright 2017). Desgraciadamente, las sociedades occidentales modernas no tienen un buen historial en cuanto a la comprensión de la naturaleza de los niños y la respuesta adecuada con respuestas racionales. En cambio, los llamados expertos han instituido sus teorías en los niños con efectos desastrosos.

¿Puede la gente diseñar la naturaleza?

Después de la Segunda Guerra Mundial, Estados Unidos era optimista en cuanto a la capacidad de los expertos para diseñar el mundo moderno en todos los sentidos. Sin embargo, su entusiasmo por hacer un mundo mejor era también ingenuo y arrogante. La nueva visión utópica compartida se basaba en la ideología más que en el realismo. El doctor Jean Vanier describió este periodo en El cuerpo roto,

> Estaba el mundo de los años cincuenta y sesenta. La terrible guerra con la Alemania nazi había terminado. La gente estaba cansada y quería construir la paz; los países dominados durante mucho tiempo por el colonialismo estaban siendo liberados; la expansión económica parecía prometer la posibilidad de una buena vida para todos. Había grandes esperanzas de que la pobreza y el hambre fueran desterradas de la tierra y de que cada persona humana se viera libre de la miseria y fuera libre de crear su propio destino. (Vanier 1988, 4).

Los humanos modernos creían que eran *libres de crear sus propios destinos*. Los llamados expertos creían que las ciudades se beneficiarían más derribando los antiguos barrios orgánicos y sustituyéndolos por modernos rascacielos y autopistas para hacer a la gente más feliz. La arquitectura y la decoración de las escuelas, las iglesias y las instituciones públicas fueron en su día pilares de la creatividad y la destreza humanas, pero fueron despojadas de su belleza para centrarse en lo útil, lo práctico y la *idea* de comunidad. Los expertos que creían entender la mente de las personas crearon artificialmente una sociedad utilitaria, pero esta sociedad no creó la felicidad como ellos suponían.

La abuela sentada en el umbral de la puerta podría haber predicho este desastre, pero en un golpe fáustico, fue desechada a una torre que sólo pretende almacenar a los ancianos. Los niños podrían haber mostrado a la sociedad cómo prosperar, pero en lugar de ello, se les sacó de las escuelas de su barrio y se les colocó en grandes instituciones encajonadas con planes de estudio regulados desde una oficina central. La *idea* de los niños sustituyó a los niños *reales*. Hombres condescendientes en las oficinas de la esquina diseñaron, sin saberlo, las instituciones de la depresión humana, el aislamiento y la compartimentación. Karl Marx dice que el capitalismo nos ha fallado, pero las ideologías antinaturales y antirrealistas no son el capitalismo. Aún así, los hombres modernos autoproclamados racionales e ilustrados dictan cómo deben funcionar las sociedades sin experimentar conscientemente lo que es ser un hombre, una mujer, un anciano o un niño. La creencia de que el hombre puede crearse a sí mismo y de que el cuerpo no es más que materia prima que hay que moldear conduce inevitablemente a las cirugías estéticas y a las hormonas para reinventar la propia identidad. La mayoría de los adultos son lo suficientemente prudentes como para no emprender actividades que alteren su vida sin tener en cuenta las consecuencias, pero los adolescentes suelen ser incapaces de demostrar esta disciplina todavía. Este capítulo examina tanto a los jóvenes disfóricos de género como a los que lo son en un sentido general pero no son específicamente disfóricos de género.

9.1 Teoría de Género para los Jóvenes

En los últimos 50 años, la medicina occidental cometió errores importantes en su intento de construir niños en seres no naturales bajo el falso supuesto de la plasticidad del cerebro. Siguieron la ideología en lugar del realismo. Un sinsentido poco común, lleno de fantasías de falsas esperanzas y sueños inalcanzables. Todas estas distopías se derrumbarán y la sociedad, con un poco de suerte, aprenderá una importante lección, como aprendió una generación con los fracasos del doctor John Money y su concepto de mutabilidad sexual.

Desgraciadamente, el fracaso del Dr. Money no fue lo suficientemente impactante para la doctora Gina Rippon, feminista de la segunda ola de la Universidad de Aston. Una emisión de la BBC anunció a la Dra. Rippon como *"una de las principales expertas en imágenes cerebrales y neurociencia del Reino Unido"*. La Dra. Rippon afirma que *"no existe un tipo de cerebro masculino o femenino, sino que el cerebro es un órgano plástico, formado y moldeado [sic] por las experiencias, en el que la infancia es clave"* (BCC Media Centre 2017). La Dra. Rippon es conocida por su ideología de género neutro en su libro The Gendered Brain [El cerebro en función del género] (2019).[1] La autora feminista Rachel Cooke, en respuesta, proclamó: *"La brillante desacreditación de la noción de un 'cerebro femenino' por parte de un neurocientífico podría hacer más por la igualdad de género que cualquier número de manifiestos feministas"* (Cooke 2019). Sin embargo, la agenda ideológica detrás del enfoque de la Dra. Rippon es cuestionablemente anticientífica y más una práctica de selección de evidencia para probar un punto en lugar de permitir que la evidencia dicte los hallazgos. Este enfoque de selección de pruebas es similar a las afirmaciones del Dr. McHugh, quien afirmó que los humanos no son sexualmente dimórficos en un intento de demostrar que no es

---

[1] La Dra. Rippon también ha dado discursos activistas feministas titulados Cómo el *Neurononsentido mantiene a las mujeres en su lugar* que se centró en cómo la Neurociencia es una filosofía crea brechas de género y oprime a las mujeres, el argumento feminista contra el esencialismo sexual (The Royal Institution 2016).

posible que exista un cerebro transgénero; véase el *supra* 7.1 (McHugh 2014a, 9). Nadie dentro del campo de la primatología duda de que los primates posean cerebros sexualmente dimórficos. (Lindenfors, Nunn y Barton 2007) (Smaers et al. 2012, 205) (Montgomery y Mundy 2013, 906). Afirmar que los humanos no son sexualmente dimórficos es negar que los humanos sean como otros primates.

La Dra. Rippon se unió a Javid Abdelmoneim, M.D., y a la BBC en el documental No More Boys and Girls: ¿Pueden nuestros hijos ser libres de género? El dúo intentó durante un año enseñar y criar a los niños en un entorno sin género. El Dr. Abdelmoneim afirmó: *"Se trata de dar a los niños un desarrollo pleno para que puedan lograr absolutamente todo lo que quieran"* (BCC Media Centre 2017).

En cambio, el filósofo social Michael Gurian defiende que el sistema educativo está fallando a los niños por la falsa idea de que niños y niñas piensan igual y aprenden de la misma manera. Cuando se observa la diferencia entre chicos y chicas, los factores sociales no reducen la notabilidad de estas diferencias. Los chicos obtienen la mayoría de los suspensos y las faltas hasta en un 70% de los casos; los chicos representan el 80% de los problemas disciplinarios. El 70% de los niños con problemas de aprendizaje son varones, el 80% de los niños que toman Ritalin son varones. Los hombres jóvenes van entre un año y un año y medio por detrás de la mayoría de las chicas en habilidades de lectura y escritura, el 80% de los que abandonan la escuela secundaria son hombres jóvenes, y los hombres representan sólo el 44% de la población universitaria (Gurian and Stevens 2005, 22). Existe una epidemia de disparidad en el aprendizaje dentro de las escuelas, pero la desigualdad no es el sexismo contra las chicas lo que causa esta brecha.

Michael Gurian descubrió que los cerebros de niños y niñas funcionan de forma diferente. Muchos niños se quedan atrás en las escuelas porque el método educativo se adapta a la forma de aprender de las mujeres. Los cerebros femeninos aprenden sentados en silencio y escuchando. Los cerebros masculinos requieren movimiento y actividad corporal, algo que no se practica a menudo fuera de la gimnasia y el recreo. La educación primaria se centra en sentarse en silencio, escuchar y trabajar solo con la cabeza, habilidades que se adaptan mejor a las mujeres. En lugar de construir socialmente las llamadas aulas sin género, la ciencia moderna del cerebro sugiere que sería mejor separar a los alumnos pasivos de los activos para que todos puedan acceder a un método de aprendizaje complementario a su naturaleza. Utilizando los puntos fuertes de cada sexo y siguiendo la guía de la naturaleza, los niños se vuelven más sanos, más felices y más productivos. Utilizar la ideología no realista para encajar a los niños en movimientos sociales de género neutro perjudica a los niños.

La propuesta de aula sin género es una feminización más de un modelo ya femenino de enseñanza en la escuela primaria. El aspecto neutro del aula se centra en potenciar a las mujeres y hacer que los chicos sean más sensibles. Durante décadas, los profesores intentaron que los jóvenes varones se sentaran en silencio y hicieran su trabajo, pero ésta no es una habilidad masculina natural. Este experimento social ayudará a las chicas, que ya superan con creces a sus homólogos masculinos, pero ¿cómo mejorará esto los resultados de los chicos? Hay que animar a los chicos a ser sensibles y a cuidar de sus hijos, y hay que enseñar a las chicas a ser líderes y, como defiende Sheryl Sandberg, a *Lean In*, pero esto no pasa por no tener género. La justicia viene de reconocer las fortalezas y debilidades de cada sexo y de cada individuo y complementa su carácter con los retos apropiados para ayudar a un niño a florecer.

Activistas transfeministas como Rachel Anne Williams abogan por sustituir la agresividad masculina por la suavidad femenina como estilo de liderazgo predominante. Ella escribe,

> En mi utopía de género, todas las características *"blandas"* asociadas a la feminidad en términos de estilo de comunicación las tendrían todos. Es decir, la distribución ideal de rasgos agresivos y dóciles eliminaría la agresividad por completo y la sustituiría por la suavidad estereotipada de las mujeres. (R. A. Williams 2019, 75)

Aunque Rachel presenta su ideología utópica de una sociedad mejor, las utopías no son para este mundo. Según los tomistas, el florecimiento humano debe partir de la naturaleza humana y no de la naturaleza de los ángeles o los robots.

Hasbro experimenta la presión de crear juguetes de género neutro, creando una *"casa de juegos de género neutro"*. A pesar de sus esfuerzos, las niñas utilizaron la casita para sus muñecas y para jugar a las casitas, mientras que los niños la utilizaron para catapultar los carros de la compra desde el techo. Finalmente, según la doctora Christina Hoff

Sommers, un directivo de Hasbro llegó a una conclusión sorprendente: "*los niños y las niñas son diferentes*" (Sommers 2013). La Dra. Sommers también informó de que otra empresa de juguetes intentó un anuncio con niños jugando con una Barbie Dream House y niñas jugando con pistolas y figuras de acción sangrientas. Estos son los sueños utópicos de los nominalistas de género que intentan diseñar a los niños socialmente, pero esto nunca se hará realidad ya que 800 millones de años de evolución están trabajando en su contra.

El Papa Francisco, en una Audiencia General de 2015, declaró,

> Me pregunto si la llamada teoría de género no es, al mismo tiempo, una expresión de frustración y resignación, que busca anular la diferencia sexual porque ya no sabe cómo enfrentarla... la eliminación de la diferencia crea un problema, no una solución. (Francis 2015b)

La capacidad de los adultos de repetir ideales distópicos defectuosos en cada generación debe formar parte de la condición humana. No importa lo terrible que acabe el experimento social anterior, alguien reformulará rápidamente la ideología como la siguiente gran idea 30 años después. Los niños no eligen estos experimentos más que los niños víctimas del Dr. Money, a quienes se les extirparon los genitales por la falsa creencia de que el género es una construcción social y el sexo es mutable durante los primeros años de vida.

En el Reino Unido, un grupo de madres transgénero llamado *Mermaids* va a las aulas de niños pequeños para exponerles la idea de que se encuentran en un espectro de género. Los niños deciden si son niños, niñas o no binarios. Las Sirenas presentan la tabla con el lema "*La identidad de género está en un espectro. Todos tenemos nuestra propia identidad*" (Owens 2019). Presentar este material a los niños de primaria está destinado a confundir ¿qué niño de cuatro años se identifica con G.I. Joe o con Barbie? Cuando los adultos afirman que el 27% de los jóvenes de doce a diecisiete años son, en algún grado, transgénero (CA 2020), y los médicos están dispuestos a comenzar la medicalización de los jóvenes no conformes con el género a la edad de doce años, la sociedad se está deslizando hacia otra distopía de sexo/género. Activistas transgénero como Zinnia Jones abogan además por que todos los niños sean sometidos a bloqueadores hormonales hasta que consientan la pubertad masculina o femenina. La ideología está sustituyendo al realismo. Zinnia tuiteó,

> Si los niños no pueden consentir los bloqueadores de la pubertad que ponen en pausa cualquier cambio permanente incluso con la evaluación profesional pertinente, ¿cómo pueden consentir los cambios permanentes e irreversibles que conlleva su propia pubertad sin evaluación profesional alguna? (Z. Jones 2020)

Si los adultos están confundidos en cuanto al género, los adolescentes también lo están. El Dr. Vanier fue testigo del trabajo con los jóvenes: *"En algunos jóvenes, la conciencia del desorden en el mundo se ve acentuada por la conciencia de su propia confusión y oscuridad interior. Se sienten perdidos, frágiles y confusos y sufren una falta de identidad personal... Algunos de ellos también sienten que su propia sexualidad es caótica"* (Vanier 1997, 97–98). A medida que este capítulo avanza en la cuestión de los niños transexuales, la historia reciente de los abusos de la medicina moderna contra los niños, basada en una ciencia inexacta sobre la plasticidad del cerebro y en una mala filosofía sobre la naturaleza del sexo y del género, debería seguir siendo un marco vital dentro de estas cuestiones.

Las tasas de cirugías estéticas realizadas en niños manifiestan el caos descrito por el Dr. Vanier. Las cirugías estéticas en jóvenes de 13 a 19 años comprenden el 4% de todas las cirugías estéticas, incluyendo 228.797 cirugías en datos de 2017 (American Society of Plastic Surgeons 2018). Del total de cirugías estéticas realizadas en 2017, los cirujanos realizaron el 92% de estas cirugías en mujeres. [2] Las adolescentes se ven muy afectadas por los estándares de belleza imposibles que presentan no sólo los medios de comunicación principales, sino también el uso de las redes sociales en sus teléfonos. Además, la disforia suele provocar obsesiones con la perfección. ¿Podría ser parte de esta confusión de género en la juventud un tipo de dismorfia de género?

---

[2] No se dispone de datos que muestren el desglose por sexo de grupos de edad específicos.

[Jean Vanier, Ph.D., 1928—2019]

9.2 Disforia de Género en los Jóvenes

En Comprensión de las identidades de género, James Beilby, Ph.D., y Paul Eddy, Ph.D., afirman:

> En muchos sectores de nuestra cultura, el debate no es si los padres deben apoyar la transición de un niño con disforia de género, sino más bien cómo, es decir, cómo debe ser la naturaleza y el momento de ese apoyo. (Beilby and Eddy 2019, 34)

Los profesionales médicos también informan de que las derivaciones de jóvenes con disforia de género se han multiplicado por diez en los últimos seis años (D. A. Jones 2019, 4). En 2007, los jóvenes acudían a la única clínica de género juvenil del país, mientras que en 2021, los padres pueden elegir entre más de cincuenta (Stahl 2021). Basándose en lo que creen que es la experiencia de ser del sexo opuesto, los niños con disforia de género creen que son del sexo opuesto. Las directrices de la WPATH exigen que los jóvenes menores de 18 años reciban el consentimiento de sus padres y una terapia antes de recibir hormonas para el sexo opuesto. Los sentimientos de disforia también deben persistir durante al menos seis meses. Por desgracia, los médicos no siempre siguen estos requisitos fundamentales. La doctora Laura Edwards-Leeper, psicóloga clínica del *Hospital Infantil de Boston*, ha ayudado a cientos de jóvenes a cambiar de sexo.

En una entrevista de 60 minutos con Lesley Stahl, la Dra. Edwards-Leeper planteó su preocupación por los jóvenes en transición. Lesley preguntó: "*¿Tiene usted conversaciones con sus colegas sobre todo este tema de la aceptación de lo que dicen los jóvenes con demasiada facilidad?*" A lo que la Dra. Edwards-Leeper respondió

> Sí. Todo el mundo tiene mucho miedo de hablar porque tememos no ser vistos como afirmación o apoyo a estos jóvenes o hacer algo que dañe a la comunidad trans. Pero incluso algunos de los proveedores son trans y comparten estas preocupaciones. (Stahl 2021)

La YouTuber Blaire White también cuenta una conversación que tuvo con uno de sus cirujanos, que tenía cientos de pacientes. Afirmó que hace unos años casi todos los pacientes sufrían disforia de género. En la actualidad, la mayoría de las mujeres jóvenes que acuden se consideran no binarias y no sufren disforia de género. Debido a su intento de rechazo, se está ganando la etiqueta de transfóbico. La precaución del médico no es un intento de ser antitransgénero. Sin embargo, reconoce que la mayoría de los arrepentimientos por la transición provienen de jóvenes no binarios que no aceptaron la permanencia y el alcance de esta transición. Cuando la insatisfacción aparece, los jóvenes no son conscientes de que estos procedimientos no son totalmente reversibles. Este médico se planteó dejar el campo de la transición de género, ya que su trabajo hace cada vez más daño que bien (B. White 2021b).

El actor Mario López en junio de 2019, en la entrevista de *The Candice Owen Show*, hizo la declaración de que pensaba que los padres que etiquetan a su hijo de tres años como transgénero definitivamente es peligroso. López dijo,

> Yo diría que si vienes de un lugar de amor, realmente no puedes equivocarte. Pero al mismo tiempo, si tienes tres años, dices que te sientes de cierta manera, o crees que eres un niño o una niña, sea cual sea el caso, simplemente creo que es peligroso como padre tomar esa determinación entonces, *"Vale, vas a ser un niño o una niña"*... Simplemente pienso en las repercusiones más adelante. (Lopez 2019)

La reacción de los medios de comunicación aclaró qué narrativas eran políticamente aceptables, y López había cruzado una línea al afirmar que era peligroso aceptar la fantasía de un niño de tres años como realidad.

La Alianza de Gays y Lesbianas contra la Difamación (GLAAD) respondió a López, que había apoyado eventos de GLAAD en el pasado afirmando: *"Los expertos médicos y psicológicos, y los padres de niños que son transgénero, han desacreditado durante mucho tiempo las ideas que @MarioLopezExtra compartió. La verdadera acción peligrosa es cuando alguien con una plataforma pública utiliza la mala ciencia para hablar en contra de un grupo vulnerable de niños (GLAAD 2019)."* Curiosamente, ¿qué afirmaciones hizo Mario, que GLAAD cree que los expertos médicos y psicológicos desacreditaron durante mucho tiempo?

Esta nueva postura de la epistemología del *cogito ergo sum* se está aplicando con un alcance aún mayor, puesto que la teoría ya no exigía que el enunciado del *cogito* procediera de la mente de un ser humano racional que hubiera alcanzado la edad de la razón (véase Supra, capítulo 2.7). En su lugar, cualquier declaración del *cogito* de cualquier persona, independientemente de su capacidad mental, debe ser automáticamente creída. El doctor Paul McHugh no está de acuerdo con la valoración de GLAAD y afirma que *"la mayoría de los chicos y chicas jóvenes que acuden en busca de una reasignación de sexo son totalmente diferentes a [Caitlyn] Jenner. No tienen ningún interés erótico que impulse su búsqueda. Más bien, vienen con problemas psicosociales -conflictos sobre las perspectivas, las expectativas y los roles que sienten que están vinculados a su sexo- y suponen que la reasignación de sexo los aliviará o resolverá"* (McHugh 2015).

En un estudio realizado en 2016 por Mark Yarhouse, un padre cristiano de un joven transgénero reflexionó,

> No sabía que era transgénero, pero hacia los tres años supe que era diferente. Ser transgénero no estaba en mi radar, pero ser gay sí. Había algunas cosas que [la hija transgénero] hacía que me parecían gays, pero otras eran exactamente lo contrario. Era un poco confuso. (Yarhouse et al., 2016, 202)

Para los padres en este clima político, ¿cómo decidir por un niño el mejor enfoque si observan confusión de género o si el niño afirma ser una persona del sexo opuesto? Una distinción sería la edad del menor, ya que los niños de dieciséis años son diferentes a los de tres. Además, si los signos de disforia de género fueran constantes desde la primera infancia, los médicos deberían considerar esta situación de forma diferente que si el joven experimenta una disforia de género de inicio tardío. Por supuesto, la edad del menor no sería una distinción suficiente para la Dra. Olson-Kennedy de la UCLA o los críticos de Mario López, pero sería la sabiduría práctica (*phronesis*) que se debería utilizar.

Antes del siglo XXI, la mayoría de los casos de transexualidad eran perceptibles en varones con disforia de género a partir de los dos o cuatro años de edad (Shrier 2021). Tradicionalmente, los jóvenes con disforia de género de inicio temprano reconciliaban sus identidades de género al principio de la edad adulta, y la mayoría de ellos se convertían en homosexuales. Estos individuos en la edad adulta representan el 0,01% de la población o uno de cada 10.000. La segunda población de transexuales es la disforia de género de inicio tardío, que se da principalmente en las adolescentes (70%). Antes de 2007, no existía ninguna literatura científica sobre el tema, y las tasas de transición eran extremadamente raras (Shrier 2021).

En 2016, las FtM comprendían sólo el 46% de todas las cirugías de reasignación de sexo en los Estados Unidos, y en 2017, las mastectomías dobles comprendían el 70% (American Society of Plastic Surgeons. 2017b). Actualmente, este grupo es el más numeroso de las personas transgénero. Al igual que con la anorexia, la bulimia y el cutting, las adolescentes son las que más sufren el contagio social. La condición debe afectar razonablemente a una de cada 10.000 personas; en algunas escuelas femeninas pequeñas, hasta el 30% de la clase de séptimo grado se identifica como transgénero (Shrier 2021).

En una escuela de Brighton de 1600 estudiantes, 40 niños de entre once y dieciséis años dijeron no identificarse con su sexo natal, mientras que 36 más dijeron ser de *género fluido* (Reynolds 2018). Además, las adolescentes de la Generación Z se alejan notablemente de la interacción social en persona de las generaciones anteriores: ir al centro comercial, jugar al rock-n-bowling, participar en clubes sociales y competir en atletismo en grupo está disminuyendo. En su lugar, las adolescentes juzgan su valía en función del número de likes que reciben en las redes sociales. Al mismo tiempo, su disposición reflexiva les hace obsesionarse con lo que los demás piensan de ellas.

Los jóvenes con Trastorno del Espectro Autista son más susceptibles de entrar en esta madriguera y convencerse de que la transición es la solución a su crisis de identidad ((Strang et al. 2014, 1528). Las tasas de autismo de los jóvenes con disforia de género llegan al 26% (Warrier 2020). Las actividades en línea consumen el tiempo que no se dedica a las interacciones en persona con los compañeros. Las historias de transición de los jóvenes FtM en YouTube y los grupos de apoyo trans en Reddit ofrecen una solución atractiva a sus sentimientos de no encajar. Una historia tras otra de individuos que afirman que se sentían miserables y que odiaban sus cuerpos hasta que hicieron la transición, ofrece esperanza a las chicas que en general se sentían disfóricas en la vida.

Diferenciar entre la disforia de género de inicio temprano y la de inicio tardío es esencial a la hora de abordar la cuestión transgénero, ya que su etiología es totalmente diferente. Si la causa del deseo es alguna forma de intersexualidad del neurodesarrollo o, por el contrario, sentimientos mal dirigidos de inadecuación social, la respuesta no puede ser la misma. Es significativo que, al dirigirse a ambos grupos para que sean amables y comprensivos, ambos grupos están sufriendo legítimamente, pero de formas diferentes. El último grupo no pretende ser disfórico, sino que es disfórico; sin embargo, la disforia pasará de forma natural en la edad adulta sin intervenciones médicas.

¿Cuáles son las consecuencias de la falta de apoyo a los jóvenes?

Aunque los jóvenes pueden encontrar dos formas de disforia de género en la adolescencia, un joven transgénero sin apoyo puede experimentar algunos efectos superpuestos. Los jóvenes transgénero sufren muchos de los mismos trastornos que los adultos transgénero. Los jóvenes transgénero tienen una actividad de mayor riesgo, como el consumo de tabaco y el abuso de sustancias. También son susceptibles de contraer infecciones de transmisión sexual, incluido el VIH (Joint Commission 2011). Los jóvenes transgénero sufren tasas similares de psicopatología interiorizada, incluyendo depresión, ansiedad, estrés y suicidio (Transgender Law Center 2015). Un informe del Centro de Control de Enfermedades (CDC) de 2014 encontró resultados similares. El informe afirmaba que los jóvenes con identidades de género inseguras se enfrentan a tasas significativamente más altas de victimización, asistencia escolar insuficiente, aumento del consumo de sustancias, así como un aumento de las tendencias suicidas y la depresión (Centro para el Control y la Prevención de Enfermedades 2014). Las consecuencias de estos factores de estrés conducen a un aumento de los niveles de prostitución y, como resultado, a altas tasas de VIH/SIDA (Chapin Hall 2018).

Una madre cristiana, en un estudio sobre los padres de niños transgénero, respondió *"Ojalá no tengan que sufrir más niños. Los niños no deberían tener que sufrir o perder a sus familias o incluso sentir que han perdido el apoyo y el amor de su familia solo por su sexualidad"* (Yarhouse et al., 2016, 199). Los datos sobre los jóvenes transgénero sin apoyo validan la preocupación de esta madre. Dos estudios descubrieron que la participación en la prostitución a lo largo de la vida de las personas adultas MtF oscila entre el 37,8% (Forbes, Clark y Diep 2016) y el 67% (Wilson et al., 2009). Un meta-análisis de 2008 de veinticinco estudios encontró que el 27,3% de los individuos de MtF que ejercen la prostitución también eran VIH positivos (Operario, Soma y Underhill 2008). Wilson también descubrió que el 35% de los jóvenes de MtF se dedicaban a la prostitución o al *sexo de supervivencia* en los tres meses anteriores a ser entrevistados (Wilson et al., 2009). Los jóvenes sin hogar con adicciones a sustancias son más propensos a recurrir a la prostitución y al sexo de riesgo para sobrevivir. ¿Por qué los jóvenes se quedan sin hogar? ¿Por qué recurren al sexo de supervivencia? ¿Por qué tienen un comportamiento más arriesgado? La respuesta obvia es que el sistema de apoyo de la familia se está desmoronando y el joven está decidiendo afrontar la disforia a su manera.

[Rachel Anne Williams]

¿Dónde encontrarán los jóvenes su apoyo?

El Papa Francisco, en su encíclica de 2020, Fraternidad y Amistad Social (*Fratelli Tutti*), abordó el tema de la explotación sexual de los jóvenes y la trata de personas, afirmando,

> Es tal la magnitud de estas situaciones y su coste en vidas inocentes, que debemos evitar toda tentación de caer en un nominalismo declaracionista que tranquilice nuestras conciencias. Tenemos que conseguir que nuestras instituciones sean realmente eficaces en la lucha contra todas estas lacras. (Francisco 2020)

La sociedad no encuentra formas de apoyar activamente a los jóvenes LGBT. Un ejemplo es la explotación de los jóvenes en riesgo por parte de la industria de la pornografía. Los sitios de pornografía informan de que la pornografía transgénero es una de las categorías más vistas. El sitio web de pornografía *RedTube* informó que los hombres son 455% más propensos a buscar porno transgénero que categorías de sexo con mujeres biológicas (Redtube 2016). Los hombres interesados en mujeres con pene es una parafilia reconocida como ginandromofilia. Un individuo de MtF escribió,

> Cuando los hombres heterosexuales consumen demasiado porno cis, se aburren y pueden sentirse atraídos por la novedad y el estigma del porno trans. Por eso muchos hombres heterosexuales pueden enrollarse con mujeres trans pero no las llevan a la cena de Acción de Gracias. (R. A. Williams 2019, 23)

Más explícitamente, Rachel Anne Williams escribió: *"Los hombres heterosexuales nos follarán, pero no nos amarán"* (R. A. Williams 2019, 22). El fetichismo dirigido a las personas transexuales tiende a ser mayor que el fetichismo dentro de la comunidad transexual. Cuando los jóvenes transexuales entran en el mundo del sexo de los adultos, entran como un objeto de deseo hipersexualizado, que es rápidamente desechado o destruido después de ser utilizado. No se puede dejar a los jóvenes transgénero sin el apoyo de la familia y la iglesia para que descubran cómo convertirse en un joven adulto mientras se les deja en manos de extraños y depredadores sin amor.

Un estudio realizado en la ciudad de Nueva York descubrió que el 50% de las afroamericanas y latinas MtF eran seropositivas (Erickson-Schroth y Jacobs 2017, 51). En otro artículo, Wilson afirma que muchas de las trabajadoras sexuales de MtF más jóvenes entran en el campo a través de sus relaciones con trabajadoras sexuales de MtF mayores (Wilson et al., 2012). Estas relaciones dan lugar a la detención del 67% de las personas de MtF de minorías étnicas y a una tasa de encarcelamiento del 37% (Garofalo et al., 2006). Wilson descubrió que el 52% de los individuos de MtF reportan una participación de por vida en el sistema correccional (Wilson et al., 2009). Además, los jóvenes de minorías étnicas de MtF informaron de una tasa del 18% de personas sin hogar, y el 46% afirmó tener dificultades para encontrar un espacio seguro para dormir (Garofalo et al., 2006). Los jóvenes transgénero se enfrentan a obstáculos difíciles: la falta de apoyo de los adultos que no buscan el interés superior del niño. En riesgo, los jóvenes suelen ser objeto de explotación o víctimas de negligencia. Kate Bornstein, en *Gender Outlaw*, explica la complejidad de la comunidad transgénero:

> **Los transexuales postoperados** (los que se han operado de los genitales y viven plenamente en el papel de otro género) miran con desprecio: **Los transexuales preoperados** (aquellos que viven a tiempo completo o parcial en otro género, pero que aún no se han operado de los genitales) que, a su vez, miran con desprecio: **Los transexuales** (personas que viven en otra identidad de género, pero que tienen poca o ninguna intención de operarse los genitales) que no soportan: She-Males (una amiga she-male se describió a sí misma como "*tetas, pelo grande, mucho maquillaje y una polla*") que desprecian a los: **Drag Queens** (hombres homosexuales que en ocasiones se visten con diversas parodias de mujeres) que se ríen de los: **Travestis Out** (normalmente hombres heterosexuales que se visten como creen que se visten las mujeres, y que lo hacen abiertamente) que se compadecen de los: *Los casos de armario* (travestis que ocultan su travestismo) que se burlan de los **transexuales postoperados**. (Bornstein 1995, 67-68)

La comunidad transgénero sólo se ha dividido más desde 1995, cuando Kate Bornstein explicó la compleja realidad de la comunidad transgénero. La YouTuber transgénero Blaire White describió una situación en la década de 2010 cuando descubrió su disforia de género cuando era una adolescente tardía. Blaire acudió a un grupo de apoyo a transexuales para buscar consejo de personas transgénero mayores con experiencia en disforia de género. En lugar de ello, Blaire se encontró con una mesa redonda de activistas no binarios que afirmaban que ella era parte del problema por intentar ajustarse al modelo binario de género y que ya era una mujer al afirmar que era una mujer (B. White 20201b). Entre los activistas de género con una agenda, la desconfianza entre los miembros de la misma comunidad y los depredadores dentro de estos círculos sociales, los jóvenes transgénero no tienen un espacio seguro para discernir sus sentimientos y recibir un consejo psicológico fundamentado basado en la filosofía realista y la investigación médica.

Los jóvenes acuden entonces a extraños en busca de amor y atención, pero sólo son explotados aún más. Rachel Anne Williams presenta otro escenario en *Transgressive*:

> Un hombre heterosexual cis está excitado y ve porno trans. Se pone tan cachondo que quiere encontrar una chica trans para cumplir su fantasía. Entra en Craigslist y encuentra a alguien. Se acuesta con ella, se corre, y entonces tiene un repentino sentimiento de asco, su sentido de ser un hombre heterosexual ahora amenazado porque posiblemente se excitó con que ella tuviera una polla o se sintió asqueado por la idea de que "acaba de follarse a un tío". Se enfurece y se pone a la defensiva, entra en "pánico" y luego agrede y/o asesina a la mujer trans por tener la audacia de ser ella misma. No estoy inventando este escenario en absoluto. Está tomado de la vida real, a menudo con mujeres trans de color, trabajadoras del sexo, marginadas... (R. A. Williams 2019, 23-24)

¿Apoya la Iglesia a los jóvenes transexuales? Sí, la Iglesia no puede dejar a los jóvenes transexuales o LGBT en manos de la sociedad secular para que descubran su vocación en el mundo. Si los jóvenes LGBT no se dan cuenta de su lugar dentro de la cosmología católica, se les dejará que se encuentren dentro del consumismo nihilista, que se come a sí mismo.

La iglesia está llamada a cambiar los corazones de los que persiguen a los marginados. En particular, la iglesia también debe considerar su parte en la creación de un ambiente hostil para los jóvenes LGBT. La iglesia nunca predica que los católicos deban cometer actos de violencia contra los transexuales. Sin embargo, ¿el tono de su predicación hace que a veces *"otras"* personas sean más fáciles o incluso justificadas cuando se comete violencia contra ellas? El arzobispo Robert Carlson escribió,

> Lo que el Catecismo dice sobre nuestro trato a los que experimentan atracción por el mismo sexo se aplica con igual fuerza a nuestro trato a los que no se sienten cómodos con su sexo biológico, y a los que se identifican como transexuales. La Iglesia rechaza la discriminación injusta y todo signo de discriminación injusta contra ellos.[3] (Carlson 2020, 11)

¿Es suficiente la no discriminación, o pueden los católicos hacer más para proteger a sus hermanos y hermanas más vulnerables? El Arzobispo Carlson enseña más sobre este asunto en el tema de la caridad *infra* en la sección 11.1.

---

[3] *CCC*, 2358

9.3 Disforia de Género de Inicio Temprano

El DSM-5 tiene criterios específicos para los niños con disforia de género. Si los niños muestran al menos seis de los siguientes criterios, pueden recibir el diagnóstico de disforia de género:

1. Un intenso deseo de ser el género opuesto o la persistencia de que es el género opuesto (o un género diferente al que nació).
2. Los niños que nacieron como varones tienen una prevalencia hacia el travestismo o el uso de ropa aparentemente más femenina. Las niñas que nacieron como mujeres prefieren vestirse con lo que se consideraría ropa de hombre y se oponen poderosamente a vestirse con ropa femenina normal.
3. Cuando se trata de juegos creativos o de inventar juegos, el niño tiene el deseo de estar en el papel del otro género.
4. El niño prefiere jugar con los juguetes o ser incluido en las actividades que normalmente se consideran apropiadas para el sexo opuesto.
5. Elige jugar con niños del sexo opuesto.
6. Los niños se negarán a jugar con los juguetes que se consideran habituales para los chicos. Las niñas rechazarán los juegos y juguetes que generalmente están destinados a las mujeres.
7. El niño tendrá una intensa consternación con las partes sexuales de su cuerpo.
8. Quiere que las características del sexo primario/secundario sean iguales a las del género experimentado.
9. El niño tiene ansiedad y estrés extremos, así como problemas de funcionamiento en los círculos sociales, la escuela y otras situaciones.

Estos criterios se aplicarían a los niños con disforia de género, a muchos marimachos, mariquitas, jóvenes no conformes con el género y a muchos jóvenes homosexuales. Sin embargo, estos criterios también son muy diferentes de las experiencias de los jóvenes autoginéfilos que, cuando se les deja solos, tienen una infancia típica de otros niños de su sexo natal. Por lo tanto, este diagnóstico del DSM sólo se aplica a los jóvenes andrófilos.

La disforia de género de inicio temprano es consistente con el transexual de tipo homosexual del Dr. Blanchard. Se identifican más con el sexo opuesto desde una edad temprana. Cuando los niños de cinco años empiezan a llevar ropa del sexo opuesto o a decir a sus padres que son del otro sexo, estos ejemplos suelen ser muy publicitados. Es probable que los niños pequeños que expresan disforia de género no hayan aprendido este comportamiento, sino que proviene de algo innato. Si un niño hace estas afirmaciones o elige ropa del sexo opuesto durante una breve fase sin que se le anime a ello, no es desconcertante, ya que los niños pasan por fases. Sin embargo, cuando los niños persisten en hacer estas afirmaciones durante años, es posible que no estén siguiendo su imaginación sino que estén respondiendo a los sentimientos más profundos de la disforia.

El arzobispo Carlson de San Luis escribió en Compasión y desafío,

> Hago un llamamiento especial a los padres y amigos: cuando un ser querido esté descontento con su sexo biológico, ¡escucha! Mantengan los canales de comunicación abiertos. Podemos simpatizar con sus sentimientos sin capitular ante sus deseos. Es importante no dejar que se sientan solos. (Carlson 2020, 11)

Los factores biológicos y psicológicos pueden contribuir a los sentimientos de disforia de género, ansiedad, [4] depresión y baja autoestima. Por lo tanto, un enfoque suave puede ser útil para un joven. Algunos expertos afirman que hasta el 94% de los *"niños transgénero"* dejan de identificarse como tales al llegar a los veinte años (Brooks 2018). Debra Soh, en una revisión bibliográfica de once estudios, encontró una tasa de desistimiento del 90% en la pubertad (Soh 2020, 93). En un conjunto de muestras recogidas de varios estudios, los resultados mostraron que de 246 niños con disforia de género, 207

[4] Bakwin 1968; Davenport 1986; Drummond et al. 2008; Green 1987; Factores Asociados a la Desistencia y Persistencia de la Disforia de Género Infantil 99 Kosky 1987; Lebovitz 1972; Money y Ruso 1979; Wallien y CohenKettenis 2008; Zucker y Bradley 1995; Zuger 1984/

(84%) remitieron después de la pubertad (Steensma, McGuire, et al. 2013, 582). El doctor Thomas Steensma también realizó estudios de seguimiento de 127 adolescentes menores de 12 años. Solo cuarenta y siete informaron de que seguían siendo transgénero a los 15 años, lo que supondría un 63% de desistimiento. Cabe destacar que veinticuatro adolescentes no respondieron, lo que supuso una elevada pérdida de seguimiento, lo que sugiere que podrían haber desistido, pero no se puede afirmar de forma concluyente (Steensma, McGuire, et al. 2013, 583). Los críticos del estudio del Dr. Steensma afirman que las tasas de desistimiento son inferiores al 63% (Cantor 2017) (Tannehill 2016).

Los investigadores deberían definir los términos de los seguimientos a largo plazo para incluir la edad adulta temprana. Los estudios sobre transexualidad a largo plazo que no incluyen la edad adulta temprana son intrínsecamente defectuosos. La pubertad no termina de feminizar y masculinizar el cerebro para la mayoría de los adolescentes en el estadio 4 de Tanner. Un estudio de seguimiento realizado hasta que los jóvenes alcancen los 25 años sería más preciso como predictor de la felicidad a largo plazo que terminar el estudio a los 15 años. Es probable que la tasa de desistimiento aumente cuando los adolescentes alcancen la plena madurez. Lamentablemente, los investigadores no realizaron ni publicaron estudios de seguimiento de estas edades más avanzadas.

En respuesta al informe del Dr. Steensma, la doctora Julia Temple-Newhook escribió una reseña crítica en la que afirmaba que su estudio era defectuoso. En primer lugar, la Dra. Temple-Newhook sugiere que los investigadores pueden clasificar erróneamente a los niños prepúberes en los estudios. Contar a los jóvenes no conformes con el género como jóvenes transgénero crea resultados inexactos (Temple Newhook et al. 2018, 3). En segundo lugar, la Dra. Temple-Newhook también afirmó que la encuesta era teóricamente defectuosa porque sus principios asumen que el sexo es binario y la identidad sexual debe ser estable (Temple Newhook et al. 2018, 5). Por último, la Dra. Temple-Newhook opinó que este estudio no respeta la autonomía de los niños y perjudica a las personas transgénero (Temple Newhook et al. 2018, 7-8).

El Dr. Steensma y Peggy Cohen-Kettenis, Ph.D., defendieron su informe de 2013, alegando, entre otras defensas, que el estudio solo presentaba dos conjuntos diferentes de estudios con dos tasas diferentes de desistimiento (63% y 84,7% a los 15 años). Afirmaron que este informe no intentaba dar una respuesta definitiva a la cuestión del desistimiento (Steensma y Cohen-Kettenis 2018, 225). Sin embargo, estas tasas son bajas ya que el estudio no continuó hasta la edad adulta. Las altas tasas de desistimiento proporcionan razones para no tratar a los menores con hormonas o cirugías inmediatamente. Dado que los estudios del Dr. Steensma son tan ampliamente aceptados, se utilizan para justificar el poner a los jóvenes en bloqueadores hormonales. Él respondió

> El aumento explosivo de las solicitudes de atención a personas transgénero requiere simplemente una nueva investigación. Alrededor de 2010, por ejemplo, se atendían entre 150 y 200 personas transgénero al año en el UMC de Ámsterdam. Ahora hay 775, con una lista de espera de dos años además. La investigación de ese pequeño grupo de personas de antes de 2013 puede no aplicarse al gran grupo que hay ahora. Y aquí también se necesita la ayuda de otros países. *"Nosotros realizamos investigaciones estructurales en los Países Bajos. Pero el resto del mundo adopta a ciegas nuestra investigación"*. (Tetelepta 2021)

Un estudio holandés dirigido por la doctora Annelou de Vries añade una advertencia a los índices de desistimiento. Cuando se administró a setenta jóvenes con disforia de género de inicio temprano, de entre doce y dieciséis años, el bloqueador hormonal análogos de la hormona liberadora de gonadotropina (GnRHa), los problemas conductuales y emocionales y los síntomas depresivos disminuyeron, mientras que el funcionamiento general mejoró significativamente durante la supresión de la pubertad (de Vries et al., 2011). El estudio descubrió que los niveles de ansiedad, la disforia de género y la satisfacción corporal no cambiaron mientras se tomaban bloqueadores de la pubertad. La Dra. de Vries advirtió en la revista Pediatrics que el sistema holandés requiere que los jóvenes comiencen las evaluaciones a una edad muy temprana y, mediante seguimientos frecuentes, mostraron una mejora del funcionamiento psicológico. No se dispone de datos sobre los jóvenes que no participaron en el seguimiento temprano. la La Dra. de Vries señaló,

> Esto plantea la cuestión de si los resultados positivos de las intervenciones médicas tempranas también se aplican a los adolescentes que más recientemente se presentan en un número abrumador para la atención transgénero, incluidos los que llegan a una edad más avanzada, posiblemente sin una historia infantil de IG [incongruencia de género]. (de Vries 2020)

Los sujetos del estudio tampoco formaron parte de un seguimiento a largo plazo para determinar los efectos duraderos de los bloqueadores de la pubertad. Sin embargo, cabe destacar que ninguno de los setenta sujetos dejó de tomar los bloqueadores de la pubertad, y todos empezaron un tratamiento hormonal entre sexos, el primer paso de la reasignación de género real.

La BBC informó de un estudio de Tavistock de 2015 en el que se constató que "después de un año de tomar bloqueadores de la pubertad, se encontró un aumento significativo en los que respondieron a la declaración 'Intento deliberadamente hacerme daño o matarme'" (Cohen y Barnes 2019). El enfoque medicalizado es controvertido ya que este método no parece resolver los problemas subyacentes. Sin embargo, una vez que los jóvenes comienzan la transición, continúan, ya sea porque están contentos con los cambios o porque esperan que el tratamiento futuro pueda aliviar mejor la disforia. Es razonable preguntarse si los profesionales de la medicina animan alguna vez a los jóvenes a dejar de hacerlo si los tratamientos no ayudan o si el consejo es siempre ir más allá.

Las combinaciones de estudios sugieren que (1) los médicos están diagnosticando erróneamente a muchos niños con disforia de género que no lo son, lo que contribuye a la alta tasa de desistimiento, (2) si un niño no recibe bloqueadores de la pubertad, posee una probabilidad mucho mayor de desistir de la disforia de género. Esto se debe a que los bloqueadores hormonales están aliviando algunas barreras de los jóvenes verdaderamente disfóricos en cuanto al género o están deteniendo la masculinización y feminización del cerebro adolescente, lo que hace que la disforia de género temporal persista permanentemente. El doctor Gary E. Butler,[5] médico de pediatría y medicina del adolescente y endocrinología del University College Hospital de Londres, escribió: "El bloqueo temprano de la pubertad puede fijar la disforia y no permitir el desarrollo de una expresión de género fluida y no binaria" [o expresión cisgénero] (G. Butler 2017, 181). De estas dos opciones, ambas son posibles dependiendo de la etapa de desarrollo del individuo. La segunda opción es menos popular, pero es coherente con la biología del desarrollo humano.

Los bebés usan el 60% de su energía en la construcción de sus cerebros, que cuadriplicaron su tamaño cuando llegan a los seis años, momento en el que el cerebro está formado en un 90% como el de un adulto maduro. El cerebro pasa por su siguiente etapa de desarrollo en la pubertad, cuando la apoptosis continúa podando áreas no utilizadas, moldeando la materia gris y blanca y cristalizando sus cambios. Los efectos de las hormonas sexuales que inundan el cerebro durante la pubertad y las influencias ambientales durante la pubertad podrían desempeñar un papel importante en la desaparición de la disforia de género. La materia gris y blanca se encuentran entre los factores diferenciadores sustanciales entre los cerebros masculinos y femeninos. Pasan por una transformación considerable durante la pubertad. En este contexto, los médicos serían prematuros para predecir cómo se desarrollará por completo el cerebro de un niño cuando la pubertad todavía está haciendo cambios.

En 2009, el doctor Norman Spack fue coautor de las nuevas directrices de la Sociedad de Endocrinología, en las que se recomendaba el uso de análogos de la GnRH (bloqueadores hormonales) en niños prepúberes en el estadio 2 de Tanner y el uso de hormonas que cambian el sexo de por vida (Ruttimann 2013). El estadio 2 de Tanner incluye las edades de ocho a quince años en las mujeres y de diez a quince años en los hombres, un período de enorme

---

[5] En 2020 se le concedió el premio al médico clínico más destacado de la Sociedad Europea de Endocrinología Pediátrica como resultado de su experiencia clínica y sus importantes avances nacionales e internacionales en la práctica clínica de la endocrinología pediátrica. Se trata del máximo galardón para un médico clínico en este campo (G. Butler n.d.).

influencia hormonal en el cuerpo. [6] El propósito de bloquear las hormonas en la etapa 2 es evitar que el cuerpo se masculinice y se feminice, pero el cerebro es parte del cuerpo. Si el cuerpo no es sexualmente maduro y está en proceso de desarrollo, detener el desarrollo significa que el joven no recibirá una avalancha de testosterona o estrógeno al cerebro.

El Dr. Spack, al intervenir en la reunión anual de la Sociedad de Endocrinología, dijo que no se está tratando a los niños transgénero lo suficientemente pronto. En el Hospital Infantil de Boston, donde ejerce el Dr. Spack, aboga por empezar a utilizar los bloqueadores de la pubertad antes de los dieciséis años, según las directrices de la Sociedad. "La mejor edad para los chicos, dice, es entre los 12 y 14 años, mientras están en el estadio 2 de Tanner y tienen un volumen testicular de 4 a 6 cc; las chicas deben acudir más jóvenes, a los 10-12 años, con un desarrollo mamario en estadio 2 de Tanner" (Ruttimann 2013). Sin embargo, surge una contradicción cuando un chico que supuestamente lucha por tener un cerebro masculinizado toma GnRH para detener la producción de testosterona en un período crucial de sexado del cuerpo. La suposición es que ninguna cantidad de testosterona o estrógeno durante el desarrollo sexual cambiará las estructuras sexuales del cerebro. Sería útil proporcionar pruebas médicas si esta es la afirmación, ya que muchas personas con disforia de género de inicio temprano desisten cuando los bloqueadores hormonales y las hormonas de sexo cruzado no participan en los tratamientos.

A modo de ejemplo, cuando se completa la pubertad, todos los dominós han caído y han revelado a la persona como un adulto cristalizado. Por el contrario, los bloqueadores hormonales en los adolescentes son como si detuvieran la *caída de la cadena de dominós moleculares*, como describió el P. Nicanor Austriaco, O.P., en la sección 7.1. Cuando los médicos detienen artificialmente la reacción en cadena, la sustancia se vuelve inerte, y el adulto completo que espera emerger permanece congelado. Así, detener la pubertad es como sacar a la oruga del capullo. Las virtudes que se cultivan durante las épocas de anticipación del Adviento y la Cuaresma serían útiles para las personas que no se sienten satisfechas durante la transición. La espera y la

---

[6] Véase la figura 2.2

anticipación son habilidades perdidas en una época de gratificación instantánea.

El estudio del doctor Antonio Guillamón en 2016 sugiere una razón por la que el cerebro de una persona puede desarrollarse sexualmente de forma continua durante la pubertad:

> En estos casos, las hormonas en la pubertad podrían actuar de dos maneras. Una sería directamente sobre el cerebro, afectando al desarrollo cortical, y la otra sería la de guiar el desarrollo de los caracteres sexuales secundarios que, a su vez, serían percibidos como congruentes debido a los cambios cerebrales que se producen a esta edad. (Guillamon, Junque, and Gómez-Gil 2016, 1637)

La adolescencia forma muchas partes del cuerpo, pero el cerebro humano no está completamente maduro hasta mediados o finales de los veinte años. Activistas transexuales como Brynn Tannehill afirman: *"Los médicos recetan medicamentos que bloquean el inicio de la pubertad para dar tiempo al cerebro del niño a madurar y ver cómo se solidifica su identidad de género"* (Tannehill 2019, 89). Sin embargo, bloquear la testosterona y el estrógeno para que se formen las identidades sexuales de los jóvenes impide que el cerebro madure. El cerebro no madura con el tiempo sino a través de las hormonas que interactúan con las estructuras del cerebro. Los centros emocionales del cerebro son algunas de las últimas áreas en cristalizar. Con la tecnología actual, los médicos no pueden determinar con ningún grado de certeza si un niño persiste con disforia de género hasta que termina la pubertad. Para la mayoría de las personas, la identidad de género cristalizó mucho antes de este momento; sin embargo, se desconoce cómo afecta esto a las personas con disforia de género de inicio temprano. ¿Podrían los años adicionales de testosterona o estrógeno producir un efecto? La comunidad médica desconoce la respuesta, pero las altas tasas de desistimiento sugieren una conexión. El cerebro seguirá formándose durante toda la vida de una persona, pero los cambios inmediatos y el desarrollo concluirán a los 30 años en todas las partes del cerebro.

[Brynn Tanehill]

Tres enfoques de crianza

Al abordar a los niños con disforia de género de inicio temprano, los doctores Beilby y Eddy proponen tres posibles respuestas (Beilby y Eddy 2019, 36–38):

1. Reajuste de género
2. Afirmación de género
3. Espera vigilante

Reajuste de Género

El enfoque más controvertido es el de la reajuste de género, por el que los padres animan al niño a participar en actividades y comportamientos conformes al género. Este enfoque puede ser desde suave y comprensivo hasta abusivo. Las historias de un padre obrero que pilla a su hijo probándose los zapatos de su madre y recibe una paliza para enderezarlo o alguna variación de esta narración son lo que la gente suele pensar cuando oye esta teoría. El doctor Harry Benjamin describió los tratamientos de reajuste de género en su libro de 1966 *The Transsexual Phenomenon [El fenómeno transexual]*,

> El paciente travestido recibe un medicamento emético. En cuanto aparecen las náuseas, tiene que ver diapositivas de sí mismo vestido de mujer, preparadas de antemano. Al mismo tiempo, tiene que escuchar grabaciones que describen en detalle el modo y la técnica de "*vestirse*". Esta forma de tratamiento continúa hasta que se producen vómitos o una enfermedad aguda impide su continuación. (Benjamin 1966, 52)

Este caso extremo de terapia de reajuste de género es horripilante, sin embargo, este meme no es la única forma de llevar a cabo este enfoque.

En una entrevista de David Ruben al podcaster y autor conservador Ben Shapiro, Esq, Ben revela que su hijo de dos años y medio estaba usando los zapatos brillantes de su hermana. Ben le dijo que no podía ponérselos porque son "*zapatos de niña*". En su lugar, Ben compró unas botas de vaquero para su hijo, que le encantan y que ahora no se quita. Ben explicó: "*Cuando tenga dos años y medio, seré yo quien le inculque el sistema que le llevará a ser más feliz*" (B. Shapiro 2018).

Este enfoque no es una cuestión de asustar a los sentimientos de género cruzado de un niño, sino como un defensor de este método proclama, para *"acelerar el desvanecimiento de la identidad de género cruzado que típicamente ocurrirá en cualquier caso"* (Meyer-Bahlburg 2002, 361). Para esta teoría, los enfoques modernos de la terapia conductual incluyen las terapias psicodinámicas y el entrenamiento de los padres (Bonfatto y Crasnow 2018, 29). Los objetivos de estos tratamientos son:

1. Reducción del ostracismo social
2. Tratamiento de la psicopatología subyacente
3. Tratamiento de la angustia subyacente
4. Prevención del transexualismo en la edad adulta (Zucker 2007, 699)

Los padres que son sensibles a los sentimientos de sus hijos pueden tener miedo de este modelo por temor a que el niño o los demás los perciban como transfóbicos. Sin embargo, la elevada tasa del 84% de niños que desisten de la disforia de género (a los quince años) y que son diagnosticados por primera vez de forma temprana debería ser razón suficiente para retrasar la realización de cambios hormonales y quirúrgicos en el niño (Steensma, McGuire, et al. 2013, 582). Como compromiso, los padres suelen creer que los tratamientos hormonales no crean efectos a largo plazo, ya que pueden interrumpirse, a diferencia de la cirugía. Uno de los bloqueadores hormonales más comunes es el Lupron, un fármaco creado para castrar químicamente a los delincuentes sexuales (Shrier 2021). La FDA desaprueba el Lupron para detener la pubertad sana, por lo que se desconocen los efectos a largo plazo.

La *Sociedad Endocrina* es citada a menudo por afirmar que los bloqueadores de la pubertad son *"totalmente reversibles"*, pero los efectos secundarios no han sido mencionados en el mismo informe. Estos incluyen la futura infertilidad, el debilitamiento de los huesos, la hipertensión, los efectos desconocidos en el desarrollo del cerebro y los efectos desconocidos de un retraso prolongado de la pubertad en los adolescentes (Hembree et al., 2017, 3874). Sin estudios sobre los efectos de los bloqueadores de la pubertad en el cerebro o sus efectos a largo plazo, los médicos no pueden afirmar con seguridad que estos tratamientos son *"totalmente reversibles." Los especialistas en ética del Centro Nacional Católico de Bioética* concluyeron,

> El uso de hormonas que bloquean la pubertad en niños con disforia de género es especialmente peligroso, ya que esta intervención altera radicalmente la secuencia normal de desarrollo físico y psicológico que se produce durante la adolescencia. No se puede simplemente "revertir" lo que se ha hecho si el individuo cambia de opinión. (Los eticistas del Centro Nacional Católico de Bioética 2016, 600)

El bloqueo hormonal puede producir un efecto más permanente de lo que muchos padres creen. Por ejemplo, supongamos que una mujer tiene disforia de género durante la pubertad. Posiblemente, el último flujo masivo de estrógenos en el cerebro durante estos años de formación es necesario para completar la feminización del cerebro. Si se bloquea el estrógeno, esto puede hacer que la disforia de género sea permanente.

El cuerpo, incluido el cerebro, no se forma hasta los veinticinco años o poco después. Además de interrumpir la pubertad, el tratamiento hormonal puede esterilizar a la persona. Cuando los médicos prescriben bloqueadores hormonales y píldoras de sustitución a los adolescentes después de una sola visita, los menores toman una decisión vital importante. Según los investigadores, *"ellos o sus padres están consintiendo la infertilidad de por vida"* (Russo 2016, 35). Por esta razón, el arzobispo Carlson afirma: *"Sobre el tema del bloqueo puberal: no soy un experto en medicina, y no puedo abarcar todos los escenarios médicos y pastorales concebibles. Pero el enfoque básico de la tradición católica es y debe ser una presunción contra esta intervención"* (Carlson 2020, 11).

En un estudio de seguimiento de la década de 1990, los investigadores concluyeron: *"los sujetos que completaron los tratamientos [de realineación de género] mejoraron aproximadamente el doble que los que no completaron el tratamiento" y "se descubrió que el tratamiento centrado en el comportamiento de género mejoraba significativamente la identidad de género"* (Rekers, Kilgus, y Rosen 1990, 137 &130). El enfoque de realineación de género fue la principal técnica para tratar la disforia de género durante todo el siglo XX, y este enfoque no eliminó las identidades transgénero. Tratar de interrumpir con demasiada fuerza el comportamiento natural de un niño también sería problemático, ya que el género sólo se vuelve menos mutable. En el momento en que se inicia el tratamiento, el proceso puede ser demasiado tardío para lograr un cambio sustancial en la mente del niño. En la pubertad, más del 95%

del cerebro se cristaliza. ¿En qué medida contribuye el 5% final a la identidad de género? Los efectos de este 5% son completamente desconocidos y no se han investigado.

Según se desprende de los fracasos del Dr. Money, cambiar la identidad de género en el cerebro sería demasiado tarde para cuando el niño nazca. Algunos transfeministas como Rachel Anne Williams afirman que los primeros 10 a 20 años de vida no determinarán si permanecerán en su género asignado. Rachel Anne Williams cree que la mente humana no está destinada a funcionar según un género concreto, y que la voluntad humana puede cambiar la mente. Sin embargo, ¿por qué no se convertiría en cisgénero si la identidad de género fuera una cuestión de libre albedrío? La única respuesta razonable que queda es que Rachel es transgénero debido a una elección ideológica. Escribe: *"La biología no es el destino, y la experiencia no es el destino. Nada es destino. Todos contenemos en nuestro interior la capacidad de cambiar enormemente"* (R. A. Williams 2019, 102). Las mejores investigaciones médicas realizadas hasta la fecha estarían en desacuerdo con el enfoque nominalista. Los cerebros masculinos y femeninos son dimórficos, como el resto de los primates. Aunque estas diferencias pueden ser menores en comparación con otras especies, sus efectos son lo suficientemente significativos como para causar una angustia psíquica importante para aquellos cuya desalineación está presente.

En el siglo anterior, la homosexualidad era ilegal y la terapia de conversión era habitual para las personas homosexuales. A pesar de ello, las terapias de conversión no curaron a un número significativo de personas homosexuales de sus tendencias. Debra Soh afirma que *"la terapia de conversión no es ética porque no funciona"* (Soh 2021). Los ecos de las terapias de conversión resuenan en los oídos de los activistas hoy en día al considerar la realineación de género. Una diferencia entre la disforia de género y la homosexualidad es que la homosexualidad nunca desiste, mientras que el 80% de los jóvenes con disforia de género desiste de forma natural. A pesar de la diferencia, veinte estados de Estados Unidos prohibieron la terapia de conversión, que puede incluir tratamientos de transexualidad que no afirman el género asumido por los pacientes. En Canadá existen leyes más extremas. En consecuencia, no se produce ningún daño al utilizar las terapias de reajuste de género si se ayuda al 80% de los futuros desistentes a aliviar su disforia más fácil y rápidamente. Para el 20% de los niños con disforia de género persistente, sería necesario abstenerse de las terapias de realineación de género, ya que este método no funcionará. Intentar forzar demasiado su posición rompe la relación entre el niño y sus padres, la escuela, el terapeuta, etc.

Un estudio de 2015 mostró que los jóvenes LGBT que crecieron en un contexto religioso tenían mayores tasas de suicidio que otros adultos jóvenes LGBT (Gibbs y Goldbach 2015, 472). La realineación forzosa del género, especialmente con el respaldo religioso, solo exacerba los problemas en lugar de aliviarlos. La iglesia no quiere empeorar una situación difícil forzando prácticas que no aprecian plenamente las complejidades de la disforia de género.

Afirmación de Género

El enfoque de afirmación de género creado por Colt Keo-Meier, Ph.D., y Diane Ehrensaft, Ph.D., es el más políticamente correcto actualmente. El Modelo de Afirmación de Género contiene contribuciones de veinte autores y fue publicado por la Asociación Americana de Psicología (APA). Las doctoras Keo-Meier y Ehrensaft escriben en la introducción: *"Cada día aprendemos más y vemos cuánto más tenemos que aprender sobre cómo ayudar a nuestros hijos a descubrir y fortificar su verdadero yo de género"* (Keo-Meier y Ehrensaft 2018, 5). Este enfoque intenta afirmar el sentido de identidad de género del niño cambiando la ropa, el peinado, el nombre, los pronombres y las formas de dirigirse al niño. Además, la Dra. Keo-Meier escribe en correspondencia con Brynn Tannehill: *"El modelo afirmativo de género apoya la exploración y el desarrollo de la identidad sin un objetivo a priori de ninguna identidad o expresión de género en particular"*, y continúa: *"[Los profesionales] no empujan a los niños en ninguna dirección, sino que escuchan a los niños"* (Tannehill 2019, 92).

Antes del tratamiento médico, el niño no sufre ningún cambio permanente. Si el niño varón quiere llevar un vestido o participar en actividades estereotipadas femeninas o ser llamado niña, los adultos le apoyarán en esa actividad. Este enfoque puede ser tan suave como permitir que un niño pequeño juegue con una muñeca de juguete o experimente con ropa femenina. Sin embargo, este enfoque también puede ser tan agresivo como el de la madre del documental *Transhood*, que anuncia que a su hijo Phoenix, de cuatro años, le gustaría que le llamaran niña y que utilizaran los pronombres she/her (Liese 2020).

Poco después, Phoenix afirmó que es un niño pequeño y que no era transgénero.

Destacadas universidades están enseñando a los futuros profesores a introducir los conceptos de ser transgénero a los niños pequeños. *Por ejemplo, el Educator's Playbook publicado por la Escuela de Postgrado de Educación de la Universidad de Pensilvania afirma: "Preguntar a los estudiantes de todas las edades qué nombre y pronombres les gustaría que usaran es un gran primer paso"* (Cross s.f.). Los informes sobre la afirmación de género que los padres, los médicos y los profesores imponen a los niños son demasiado numerosos para citarlos en este pasaje. Presionar la afirmación de género en niños pequeños sin expresiones persistentes o consistentes de disforia de género forma parte de la agenda de los activistas de la teoría de género nominalista y no es una respuesta compasiva a los jóvenes disfóricos.

La doctora Johanna Olson-Kennedy, directora médica del Centro para la Salud y el Desarrollo Transjuvenil de la UCLA, afirma que los jóvenes *"pueden beneficiarse realmente de no pasar por una pubertad equivocada" y que "es mucho más fácil si podemos detener su pubertad en una fase temprana del proceso... y luego hacerles pasar por la pubertad correcta"* (Olson-Kennedy 2014). Sin embargo, el objetivo de detener la pubertad lo antes posible para evitar el dolor de la pubertad equivocada puede llevar a un diagnóstico precipitado y a un tratamiento inexacto. Como se muestra en infra-10.4, la Dra. Olson-Kennedy no sólo promueve los bloqueadores hormonales para los jóvenes y alienta las mastectomías dobles para los niños FtM de tan sólo 12 años. La Dra. Olson-Kennedy, al casarse con Aydin, un individuo FtM que hizo la transición después de 30 años de vivir como mujer (Brown 2015), se jacta de tener un conocimiento íntimo sobre este tema. Aun así, su experiencia puede influir en su perspectiva sobre la disforia de género de inicio temprano.

Uno de los factores sociales que presionan a los padres hacia este modelo es el miedo al suicidio de los adolescentes. El tema del suicidio es tanto un área de preocupación como una herramienta de culpabilidad utilizada por los adolescentes para forzar su tratamiento deseado. La Dra. Lisa Littman, *(infra-9.4)* descubrió que los sitios web utilizados por los jóvenes trans enseñaban técnicas para asegurar que los padres aceptaran permitirles la transición por miedo a autolesionarse (Littman 2018).

La Academia Americana de Pediatría adopta plenamente el enfoque de afirmación de género a la vez que proporciona protocolos para ayudar a un niño a realizar la transición (American Academy of Pediatrics Committee on Adolescence 2013). La Dra. Ehrensaft, apoyando la decisión de la Academia Americana de Pediatría, escribe: *"En este país, hemos crecido en una cultura en la que durante mucho tiempo -y [esta creencia] todavía existe- la gente sentía que había que curar a alguien que no se ajustaba a las expectativas de género."* La doctora continúa: *"Cuando los niños son apoyados -y eso significa aceptados- lo harán de maravilla"* (Jordan 2018). Algunos defensores de esta teoría afirman que no se producirá ningún tratamiento preventivo para los niños que solo están pasando por una fase, ya que los protocolos requieren que la disforia sea *"insistente, persistente y consistente"* (Hidalgo et al., 2013, 286).

Durante la formación, la Dra. Ehrensaft no pretende ir despacio con estos procedimientos, anunciando que *"los preadolescentes y los jóvenes que se someten a estos tratamientos no tienen la madurez suficiente para comprender toda la magnitud de la esterilización irreversible"* (Ehrensaft 2021). Sin embargo, esto no significa que la Dra. Ehrensaft esté en contra de la transición. Por el contrario, en la misma formación explicó a los médicos y a los padres que no se debe sobrecargar al niño con "TMI" -demasiada información-. La Dra. Ehrensaft llega a recomendar lo que considera bloqueadores hormonales esterilizantes irreversibles a los niños que se encuentran en el estadio 2 de Tanner (de ocho a nueve años de edad) (Ehrensaft 2021).

El estudio de la Dra. Littman sobre las experiencias de los padres de jóvenes con disforia de género descubrió que los médicos no determinaban si la disforia era *insistente, persistente y consistente.* En su lugar, sacaban sus conclusiones sin hablar con los padres ni hacer un examen físico o psicológico. Los médicos ofrecen bloqueadores hormonales y hormonas al 23,8% de los jóvenes después de la primera visita (Littman 2018, 25).

Un joven de transición llamado Garrett, en una entrevista de 60 Minutes con Lesley Stahl, declaró: *"No recibí suficiente apoyo para la transición"* (Stahl 2021). Después de dos visitas a un especialista en género, recibió estrógenos y, en tres meses, se sometió a una orquiectomía. A continuación, Garrett se sometió a un aumento de pecho. Garrett afirmó. *"Y alrededor de una semana después, quería, como, realmente suicidarme. Tenía un plan e iba a hacerlo, pero no dejaba de pensar en mi familia para detenerme. Sentía que no iba a volver a sentirme normal, como los demás chicos"*. (Stahl 2021)

> Hay muchas historias de padres en línea:
>
> La pediatra/"*especialista en género*" no devolvió las llamadas ni los correos electrónicos del médico de atención primaria que le pidió que hablara con ella sobre el historial médico de mi hijo antes de que lo viera y tratara. Hizo caso omiso de toda la información histórica proporcionada por la familia y el médico de atención primaria. [Ella] no verificó ninguna información proporcionada por mi hijo en su primera visita, incluso después de que se le proporcionaran otras múltiples fuentes históricas que diferían significativamente de su historia". (Littman 2018, 26)

La falta de la debida diligencia médica en el tratamiento de los jóvenes es alarmante. En un intento de *"creer a la víctima"* en todos los casos, este eslogan social se convirtió en prueba suficiente para una transformación significativa y que cambia la vida de los niños sin ninguna prueba médicamente verificada de que tienen un trastorno. El enfoque de afirmación de género es celebrado por las personas cultural y políticamente no conformes con el género. Como afirma un defensor, este enfoque hace que la experiencia pase de la patología al orgullo (Silverberg 2013, 1).

La espera vigilante

La respuesta más prudente para ayudar a los niños a afrontar la disforia de género se denomina espera vigilante o protocolo holandés, el *"estándar actual de atención en todo el mundo"* (Laidlaw, Cretella, y Donovan 2019, 75). La espera vigilante es una mezcla de realineación de género y afirmación de género. En este estilo terapéutico, los padres permanecen neutrales con respecto a su identidad de género, sin desalentar o abogar activamente por la reasignación de sexo. En su lugar, el objetivo es apoyar a las personas implicadas en la situación de la forma más saludable posible, teniendo en cuenta los sentimientos de todos y una comunicación abierta. Sin embargo, según los defensores del subgrupo de afirmación de género, este enfoque es peligroso ya que la inacción de los padres solo *"prolongará la experiencia de disforia del niño"* (Murchison 2016).

Las *actuales Normas de Atención* redactadas por la *Asociación Profesional Mundial para la Salud Transgénero* (WPATH), utilizando un estudio realizado por el doctor Thomas Steensma y la doctora Peggy Cohen-Kettenis, afirman que *"Un cambio de vuelta al rol de género original puede ser muy angustioso e incluso provocar el aplazamiento de esta segunda transición social por parte del niño"* (Steensma, Cohen-Kettenis y de Vries 2011) (Asociación Profesional Mundial para la Salud Transgénero 2012). Además, el Dr. Steensman descubrió que *"las transiciones sociales en la infancia eran importantes predictores de la persistencia, especialmente entre los niños natales"* (Steensma, McGuire, et al. 2013, 582). Por lo tanto, las transiciones sociales tempranas deben evitarse utilizando las directrices del WPATH para prevenir los factores de estrés adicionales de los jóvenes que mantienen las identidades transgénero basadas en la vergüenza y el miedo.

El doctor Kenneth Zucker, de la Clínica de Identidad de Género para Niños, Jóvenes y Familias de Toronto, era partidario de un enfoque combinado que incluía terapias de realineación de género y espera vigilante para los pacientes más jóvenes. El Dr. Zucker afirma que el aprendizaje de técnicas para hacer frente a la disforia sería lo mejor para el niño pequeño durante unos años, mientras el niño todavía se está desarrollando. Desgraciadamente, en 2015 el Dr. Zucker fue despedido y la clínica cerró tras la presión de los activistas transgénero que solo creen en el modelo de afirmación de género, independientemente de la edad del niño. El Dr. Zucker creía que las cirugías y las hormonas ayudaban a algunos individuos a sobrellevar la disforia de género. Aun así, como director de un programa para niños y jóvenes, abogaba por un periodo de espera mucho más largo antes de precipitarse a tomar decisiones permanentes para toda la vida en el caso de niños demasiado jóvenes para comprender las implicaciones de los tratamientos (Singal 2016).

Un cristiano transgénero aconsejó en un análisis fenomenológico interpretativo realizado por Mark Yarhouse, Ph.D., y Dara Houp, Psy.D., *"ser más cariñoso. Sigue el ejemplo de un niño"*. Al mismo tiempo, otro participante recomendó: *"No condenes ni juzgues a un niño en su inocencia porque te asusta o no lo entiendes. En su lugar, busca ayuda de otras personas, no tengas miedo de admitir que no sabes"* (Yarhouse y Houp 2016, 59). El enfoque de la espera vigilante contiene la humildad de no reclamar experiencia cuando los expertos no están seguros de los orígenes y los mejores tratamientos para esta condición. Este enfoque permite que la naturaleza del niño se desarrolle de forma natural sin apresurarse a solidificar lo que aún es indeterminado.

En el momento presente, los adultos examinan las actividades de los niños a través de la lente hipersensible de la identidad (Hayward 2021). Haga lo que haga el niño, los adultos intentan interpretar el comportamiento en términos de ser. A veces, un niño pequeño lleva una corona de princesa; otras veces, a una niña le gustan las botas de vaquero. Los niños que juegan con el género son niños humanos normales, juguetones e imaginativos. Los adultos de las sociedades occidentales están obsesionados con las políticas de identidad, pero esto no está relacionado con la personalidad de los niños. En el Protocolo holandés no se trata tanto de que los niños descubran su identidad como de que los adultos se quiten de en medio y permitan que el niño se desarrolle de forma natural.

[Dra. Lisa Littman]

9.4 Disforia de Género de Inicio Tardío

La disforia de género de inicio tardío es una novedad que prácticamente no se conocía hace dos décadas. El doctor Marcus Evans, ex director de Tavistock, señala que cuando los adolescentes se autodiagnostican con una única causa psicológica y una única solución, los médicos tienen motivos para preocuparse (Evans 2020). Los problemas psicológicos rara vez se atribuyen a una sola causa y siempre tienen profundidades variables de curación. La forma adecuada de entender la disforia es considerar la dinámica familiar, la salud mental, las comorbilidades, los grupos sociales y otras vías. Los médicos descubrieron que muchos jóvenes que acudían a Tavistock experimentaban situaciones complejas, como una vida familiar rota, autismo, trastornos alimentarios y otros problemas.

Expertos médicos como los doctores Blanchard, Bailey y Soh predicen que este repentino estallido de adolescentes con disforia de género que nunca expresaron signos de disforia de género en su desarrollo temprano puede estar infectado por un contagio social. Los elementos de este contagio incluyen:

1. Sentimientos de disforia derivados de la pubertad en una cultura sexualizada.
2. El deseo de recibir atención cuando pueden haberse sentido no vistos ni escuchados
3. Padres sobreprotectores que quieren evitar que su hijo experimente dolor, incluso el dolor natural que proviene de la angustia de la pubertad
4. Los teóricos nominalistas del género están reescribiendo la narrativa de las personas intersexuales y transgénero para eliminar cualquier realismo biológico o moral sexual. Utilizan la culpa cultural de que la sociedad es homofóbica para justificar su relativismo de género.

Una vez que las adolescentes empiezan a desarrollar los pechos, se convierten en objetos sexuales para sus compañeros y los hombres adultos. La sociedad centrada en la pornografía y las historias de tráfico sexual de menores, mezclada con los estándares de belleza imposibles creados con los filtros de las redes sociales, crea disforia. Ninguna mujer, especialmente una adolescente, quiere menstruar. La pubertad es vergonzosa y difícil para una adolescente que, además, está desarrollando los pechos y haciendo la transición a la feminidad socialmente. El deseo de cambiar esta realidad por la de un chico o una persona sin género parece, en apariencia, liberador, sobre todo si una joven se cuestiona también sus atracciones hacia el mismo sexo.

La sociedad estadounidense también está lidiando con la sobrepaternidad y la infrapaternidad. Cada vez más, los padres permiten que la tecnología entretenga a sus hijos desde una edad temprana. No es infrecuente que los niños vean vídeos en sus teléfonos en los restaurantes mientras sus padres están también con sus teléfonos. Los niños son invisibles para sus padres mientras estén callados y no creen problemas. Salir del armario como transgénero desplaza inmediatamente la atención hacia ellos. A menudo, esta identificación es un grito de atención de los padres.

Al mismo tiempo, los padres están sobrecriando. Si un niño está momentáneamente descontento, muchos padres recurren a entregarle un teléfono o darle lo que le gusta. Como resultado, los niños no aprenden las habilidades de la satisfacción diferida. Además, los padres sobreprotegen a sus hijos. Los niños sanos necesitan independencia para explorar al aire libre con sus amigos, caerse y rasparse una rodilla, romperse los huesos, tener el corazón roto, pasar vergüenza en la escuela, y la lista continúa. Hacerse daño forma parte de la vida. Un adolescente que pasa todas las horas fuera de la escuela jugando tranquilamente en el ordenador puede parecer seguro, pero el joven no está experimentando un desarrollo saludable. El uso de bloqueadores hormonales para ahorrarle al niño el dolor de la pubertad es una extensión de esta tendencia de los padres a mantener a sus hijos a salvo a toda costa. Los niños saben que diciendo *"no me siento seguro"* conseguirán lo que quieran, pero normalmente quieren decir *"no me siento cómodo"*. La pubertad es incómoda.

Los teóricos del género aprovechan este momento de aceptación de los homosexuales para afianzar su ideología. A medida que las leyes crean protecciones para las personas homosexuales, estas mismas leyes incluyen indirectamente a las personas transgénero (en el sentido más amplio del término) bajo el mismo paraguas. Si dos adultos homosexuales deciden casarse de acuerdo con la ley, el peligro para el bien común es mínimo. Incluso si los jóvenes salen del armario como lesbianas, gays o bisexuales, la verdad de su orientación acabará por asentarse. Muchos jóvenes que *salen* del armario se dan cuenta de que sus fantasías son una fase, mientras que otros persisten. No hay nada permanente en las fantasías sexuales. Sin embargo, las atracciones humanas, los deseos y las múltiples capas de la sexualidad son más complicadas dentro del matrimonio cristiano heterosexual de lo que algunos católicos están dispuestos a admitir. Este libro no profundizará en este tema.

En contraste con la *sexualidad*, cuando un adolescente sale del armario como transgénero (identidad) y desea ser puesto en bloqueadores hormonales y recibir hormonas de sexo cruzado, se ponen en marcha cambios permanentes. Aunque la disforia de género puede ser una fase, los efectos pueden no ser tan transitorios. Las consecuencias en el tejido social son que, sea lo que sea lo que uno diga ser por su autoidentificación, lo es, y la sociedad debe reconocerlo como tal. Cuestionar esta narrativa es borrar la existencia de esa persona y ser considerado un delito de odio en algunas jurisdicciones.

La disforia de género de inicio rápido (ROGD) es el desarrollo más reciente del fenómeno transgénero. La Dra. Littman, de la Universidad de Brown, publicó por primera vez esta teoría en un informe titulado "*Disforia de género de inicio rápido en adolescentes y adultos jóvenes:* Un estudio de los informes de los padres" (Littman 2018). La disforia de género se define como "la incomodidad persistente de un individuo con su sexo biológico o género asignado" (Zucker, Lawrence, y Kreukels 2016, 218). El estudio de la Dra. Littman crea un nuevo término, ROGD, una forma específica de disforia de género. La Dra. Littman sugiere que los niños adolescentes, en particular las mujeres, "*que de repente comienzan a manifestar síntomas de disforia de género y auto-identifican como transgénero simultáneamente con otros niños en su grupo de pares.*" Este diagnóstico propone un aspecto sociológico, además de psicológico y biológico, de la disforia.

Este estudio encuentra resultados sorprendentes sobre adolescentes que normalmente no habían manifestado ningún signo de disforia de género de inicio temprano. Hasta la década de 1990, el tema de los jóvenes transgénero era relativamente raro. Antes de este periodo no se habían registrado casos de disforia de género en adolescentes de inicio tardío. A finales de la década de 2010, los adolescentes que nunca habían mostrado disforia de género están, a los 15 años, *saliendo del armario* como transgénero. La mayoría de los adolescentes que informan de esta disforia de género de inicio tardío son mujeres que habían comenzado la pubertad varios años antes sin ningún indicio de esta disforia hasta que, de repente, a mitad de la pubertad, apareció la disforia.

El proyecto de ley sobre la atención sanitaria a los transexuales (AB 2218) afirma que el 27%, es decir, 796.000, de los jóvenes de entre doce y diecisiete años de edad en California son vistos como no conformes con su género por sus compañeros en la escuela (CA 2020). Entonces, ¿por qué esta estadística es un elemento de un proyecto de ley de asistencia sanitaria para personas transgénero, a menos que los legisladores relacionen el 27% de los jóvenes de California con la asistencia sanitaria para personas transgénero?

Las derivaciones de trece a dieciséis años comprenden el 77,6% de todas las derivaciones de jóvenes transgénero. Por tanto, se produce un descenso del 81% de las derivaciones entre los dieciséis y los diecisiete años. La tendencia de los adolescentes a *"salir del armario"* como transgénero puede preocupar a los padres, pero una preocupación más importante debería ser que la sociedad se apresure a realizar transiciones permanentes cuando las estadísticas muestran un descenso natural del 81% cuando los jóvenes salen de la adolescencia (véase la figura 9.1).

La investigación y los resultados de la Dra. Littman provocaron a la comunidad de activistas transgénero porque sus conclusiones sugieren una causa social para las identidades transgénero. La Universidad de Brown es una institución de la liga de la hiedra famosa por ser socialmente muy progresista en lo que respecta a la sexualidad y la expresión de género. La protesta contra el estudio de la Dra. Littman hizo que la Universidad de Brown retirara el anuncio y el enlace al estudio en su sitio web. Las protestas también condujeron a una segunda revisión de la metodología del estudio por parte de *PLoS One* y a la retirada del artículo de su sitio web durante siete meses mientras se revisaba. Finalmente, *PLoS One* volvió a publicar el estudio bajo el título *"Informes de los padres sobre adolescentes y adultos jóvenes que se perciben como signos de un rápido inicio de disforia de género"*. La reedición era el mismo estudio pero con un nuevo nombre y distinciones y discusiones más estrechas, pero sin cambios en su evaluación.

La Dra. Littman estudió a adolescentes y jóvenes adultos (AYA) que se identificaban como disfóricos de género ante sus familias. La Dra. Littman encuestó a 256 padres sobre el comportamiento de sus hijos. De los padres encuestados, sus hijos eran predominantemente mujeres natales (82,8%) con una edad media de 16,4 años. En la figura 9.2 se encuentran estadísticas adicionales.

El proceso de *salida del armario* de los jóvenes no alivia el estrés, sino que parece iniciar un declive. Algunos sugieren que la falta de apoyo de las familias y las comunidades provoca el declive físico de los jóvenes después de salir del armario; sin embargo, los padres encuestados respondieron en un 85,9% a favor del matrimonio entre personas del mismo sexo. Además, el 88,2% creía *"que los transexuales merecen los mismos derechos y protecciones que los demás"*. Asimismo, el 7,8% afirmó que *"no sabe"*, y sólo el 3,1% de los padres respondió que no creía en la igualdad de derechos y protecciones para las personas transgénero. Las críticas de la comunidad de activistas transgénero habían afirmado que las fuentes de la Dra. Littman para conseguir a los padres para las encuestas eran conservadoras y transfóbicas. Sin embargo, a menos que la mayoría de los 255 padres estuvieran mintiendo, las fuentes no pueden contribuir a un sesgo conservador abrumador, ya que la perspectiva de los padres sobre las cuestiones sociales era generalmente liberal, según las encuestas.

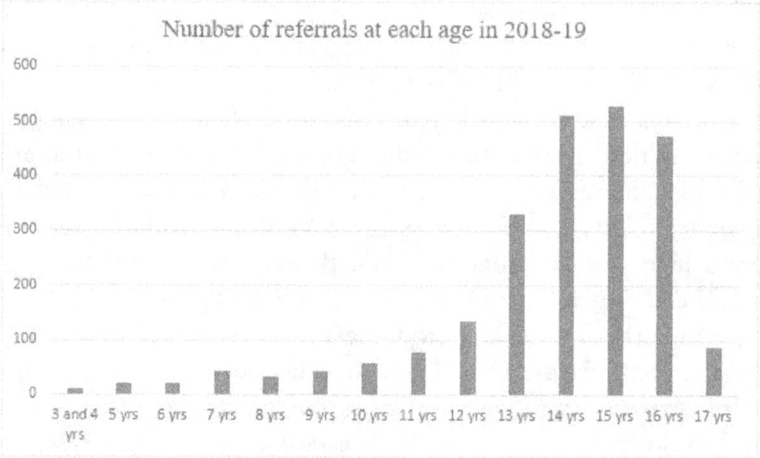

Figura 9.1 Número de derivaciones 2018-2019 (Gilligan 2019)

La Dra. Littman describe un proceso de salida del armario que, según sugiere, podría estar más relacionado con una tendencia de liberación sexual o de identidad que con una motivación biológica. Antes de 2012, no se realizaban estudios de investigación sobre mujeres adolescentes con disforia de género. La disforia de género en la adolescencia tardía era típicamente el resultado de una disforia de género de inicio temprano que se presentaba para su atención durante la adolescencia. Los factores sociales relacionados con la autoidentificación pueden influir en el individuo transgénero. Los jóvenes pueden encontrar información en Internet o a través de amigos que podrían no diagnosticar correctamente la causa de su angustia.[7]

La defensora de los transexuales, Blaire White, afirma que cientos, si no miles, de personas que han abandonado la transición se han puesto en contacto con ella y han afirmado que se han metido en una madriguera en línea *"y se han adentrado demasiado en las comunidades trans (en línea)"* (B. White 2021a). Si alguien ya no está contento consigo mismo (un problema típico de los adolescentes), encontrarse con comunidades online en las que la gente se reinventa puede resultar atractivo para algunas personas.

Con su rápida aparición, este nuevo suceso preocupó a los padres que, aunque apoyaban el matrimonio entre personas del mismo sexo y los derechos de los transexuales, estaban preocupados porque sus hijos, que nunca habían mostrado ningún indicio de disforia de género, de repente salían del armario como transexuales. La *salida del armario* preocupó aún más a los padres cuando algunos efectos secundarios incluyeron la separación de sus familias y amigos no transgénero. Se produjo un descenso en las actividades y los estudios. Al mismo tiempo, en las redes sociales se hablaba de forma despectiva de cualquier persona que no fuera transgénero y se utilizaba un lenguaje que no parecía ser el suyo.

---

[7] 4thwavenow.com, transgendertrend.com, youthtranscriticalprofessionals.com, y técnicas de muestreo de bola de nieve

41% Declaró primero su orientación no heterosexual

62,5% Diagnosticados con al menos un trastorno de salud mental o discapacidad del neurodesarrollo antes de *"salir del armario"*

36,8% El del grupo de amigos mayoritario se identificó como trans

47,2% Un deterioro de la salud mental desde la *"salida del armario"*

86,7% Los padres informaron de un aumento sustancial en el uso de las redes sociales/Internet y/o empezaron a frecuentar grupos de amigos en los que uno o varios jóvenes se identifican como trans

Figura 9.2 Resultados de la Dra. Littman en el estudio de 2018 sobre los jóvenes trans (Littman 2018)

La Dra. Littman encontró en los sitios web sobre transexualidad muchas ayudas para enseñar a los jóvenes lo que deben decir para que se les receten suplementos hormonales y obtengan las cirugías que desean. Los padres descubrieron que sus hijos repetían guiones a los profesionales médicos. Los padres sospechaban que estos guiones no reflejaban la experiencia de sus hijos, sino que los jóvenes los utilizaban para asegurarse de que se les diagnosticara la disforia de género y se les recetaran suplementos hormonales. La recomendación de una página web a los jóvenes de sugerir que si no hacían la transición, la indecisión de los padres les llevaría al suicidio. Esta baza suele asustar a la mayoría de los padres para que consientan el tratamiento, ya que prefieren un hijo transgénero a uno muerto. El Dr. Soh señala.

> Así es como los padres sin saberlo, que sólo quieren hacer la vida más fácil a su hijo o hija, se han convertido en los principales objetivos de una campaña que ha convertido la ciencia y la medicina en armas y ha tomado a los niños vulnerables como prisioneros. Una forma relacionada de chantaje emocional consiste en referirse constantemente a las estadísticas de suicidio. (Soh 2020, 232)

Los recursos online sobre transexualidad son tan variados como el resto de Internet. Un recurso en línea se titula *¿Soy transgénero?* (AmITransgender.net), y al hacer clic en el enlace, lo único que aparece escrito en la página es *"Sí"*. Al cabo de un momento, aparecen en la página cinco enlaces a sitios web. Ninguno de estos enlaces apunta a recursos médicos, sino sólo a blogs que se centran en una teoría de género personal, según la cual cualquiera podría afirmar que es transgénero y debe inventarse a sí mismo. Como afirma un enlace de la página, *"un ser humano no posee ninguna identidad o valor inherente y debe crear estas cosas por sí mismo"* (r/asktransgender 2015). Otro enlace señalaba *"8 signos y síntomas de disforia de género indirecta"*, que afirma:

1. Dificultad continua para pasar el día
2. Una sensación de desajuste, desconexión o alejamiento de sus propias emociones
3. Una sensación de estar pasando por los movimientos de la vida cotidiana, como si siempre estuvieras leyendo un guión
4. Una aparente falta de sentido en tu vida y la ausencia de un significado real o propósito final
5. Saber que de alguna manera eres diferente a los demás y desear ser normal como ellos
6. Una notable escalada en la gravedad (de las emociones) de estos síntomas durante la pubertad
7. Intentar solucionar esto por tu cuenta a través de diversos mecanismos de afrontamiento
8. Resolución sustancial de estos síntomas de forma muy evidente al realizar la transición, especialmente al iniciar la THS (Z. Jones 2013)

Aparte del último síntoma, lo que describe Zinnia Jones es la pubertad. Si algún adolescente confundido lee esta lista, podría llegar a la conclusión de que es transgénero y que la transición puede ser la solución. Sin embargo, Zinnia también afirma: *"La transición no resolverá todos tus problemas, sólo puede tratar o mejorar la disforia de género, así como la depresión, la ansiedad, la disociación, el estrés, la mala imagen corporal, los trastornos alimentarios, la disfunción sexual, las dificultades sociales, el abuso de sustancias, las autolesiones y el suicidio asociados"* (Z. Jones 2021). La esperanza que los activistas transgénero prometen a los jóvenes con la transición es peligrosa, deshonesta y contraria a la ciencia médica. Zinna, con 23.700 seguidores en Twitter, es un modelo trans para muchas jóvenes que la idolatran.

Las adolescentes se ven muy afectadas por los estándares de belleza imposibles que presentan no sólo los medios de comunicación tradicionales, sino el uso de las redes sociales en sus teléfonos. Según un estudio,

> La dismorfia de Snapchat es ahora una condición que afecta a los jóvenes. Varios cirujanos plásticos han compartido sus experiencias en las que se han encontrado con solicitudes que suenan similares a lo que sería una foto "filtrada" de Snapchat, e incluso un cirujano plástico tuvo un paciente que realmente produjo una imagen "filtrada". Hay varias banderas rojas a las que hay que prestar atención en tales pacientes, y el manejo adecuado en esos casos debe incluir el asesoramiento y no la cirugía plástica. (Ramphul y Mejias 2018)

El estrés de una expectativa irreal de cómo uno se ve, lleva a resultados autodestructivos, particularmente para las chicas jóvenes. La dismorfia de Snapchat se aplica principalmente a los jóvenes, pero puede afectar a los adultos en menor medida. Este fenómeno también es un factor importante dentro de la comunidad transgénero. Dentro de los grupos transgénero en línea, los individuos MtF a menudo publican imágenes de sí mismos utilizando filtros no sólo para cambiar su género sino para hacerse 30 años más jóvenes. El texto asociado a estas publicaciones sugiere que ese será su nuevo yo una vez que se hayan completado las hormonas y las cirugías. Estas personas tienen expectativas poco realistas.

La Dra. Renee Engeln, autora de *Beauty Sick: How the Cultural Obsession with Appearance Hurts Girls and Women [Enfermo de belleza: cómo la obsesión cultural por la apariencia lastima a niñas y mujeres]*, escribe sobre los efectos adversos de los filtros en Instagram y Snapchat, afirmando: *"Hay un problema con la pérdida de perspectiva de cómo te ves realmente, y no es algo de lo que hablamos mucho"* (Brucculieri 2018). Supongamos que la gente publica suficientes fotos de sí misma usando estos filtros artificiales y recibe suficiente atención positiva gracias a ellos. En ese caso, se puede entender fácilmente por qué experimentan dismorfia cuando se ven en el espejo. Estos sentimientos de inadecuación son dismorfias provocadas por un falso sentido de la apariencia. La dependencia de la cirugía estética para hacer que el cuerpo coincida con el sentido interno de uno es a menudo imposible y poco saludable. En los casos de dismorfia de Snapchat, la comunidad médica reconoce estos deseos como banderas rojas, pero ¿es esto categóricamente diferente de los jóvenes adolescentes que experimentan disforia de género? ¿Podrían los deseos transgénero ser una dismorfia corporal?

La Dra. Littman recuerda el relato de un padre que declaró: "*Una niña de 14 años y tres de sus amigas natales tomaban clases en grupo con un entrenador muy popular. El entrenador salió del armario como transgénero y, en el plazo de un año, las cuatro estudiantes anunciaron que también eran transgénero*" (Littman 2018, 16). Que las cuatro chicas de entre 14 y 15 años estuvieran biológicamente predispuestas como transgénero y que por casualidad estuvieran en el mismo equipo de tenis que un entrenador que también era transgénero es difícil de creer.

Algunos críticos de la Dra. Littman afirman que el hecho de que los jóvenes se congreguen con otras personas como ellos es algo típico y esperado (R. Watson 2019). Sin embargo, supongamos que un padre nunca experimenta ninguna señal de que su hija fuera transgénero y, de repente, todo su grupo de compañeros sale como transgénero. El Dr. Soh informó: "*Para alrededor del 40% de estos adolescentes, más de la mitad de sus grupos de amigos también habían salido del armario como transgénero. Esto es más de setenta veces la prevalencia de adultos transgénero en la población general*" (Soh 2020, 108). La sospecha prevé una posible causa sociológica más que biológica.

Que los jóvenes imiten a su grupo de iguales no es algo impensable, ya que cada generación de jóvenes se involucra en una moda identitaria que acaba rechazando. El movimiento *gótico* de finales de los años 90 y 2000 fue una de esas modas identitarias pasajeras. Después de los *góticos* vino el *emo* y ahora los transexuales, los no binarios, los que no se ajustan al género, etc. Además, la adolescencia es una época de descontento, un elemento necesario para la madurez psicológica. Si los niños no se descontentasen con las figuras de acción y las muñecas, nunca se plantearían las preguntas vitales más importantes que les llevan a una existencia más profunda. Así, las crisis existenciales son una parte necesaria y vital de la vida.

Grace Lidinsky Smith, una joven de 20 años, se vio envuelta en historias de transición en Internet. Afirmó al hablar con Lesley Stahl: "*Cuando les vi tan felices y entusiasmados con este maravilloso proceso de transformación para convertirse en su verdadero yo, me pregunté: ¿he considerado que ésta podría ser también mi situación? Pensaba que me haría libre*" (Stahl 2021). A Grace le recetaron testosterona firmando un formulario de consentimiento y le dieron muy poca orientación. A los cuatro meses le practicaron una doble mastectomía, y al año de iniciarse el proceso, ya se había desprendido. Grace afirma ahora que los médicos no siguieron las directrices del WPATH. También afirma que no recibió una terapia adecuada antes de comenzar su transición, ni experimentó más de seis meses de disforia de género.

En el caso británico *Keira Bell vs. Tavistock and Portman NHS* Trust (2020), Keira Bell demandó al Sistema Nacional de Salud a los veintitrés años de edad, alegando que los médicos le hicieron la transición al sexo masculino sin seguir las directrices de precaución adecuadas. A los 16 años, Keira, marimacho por naturaleza, se dejó seducir por los foros de Internet sobre la transición. Después de tres citas de una hora, los médicos le pusieron bloqueadores hormonales. Keira afirma ahora que *"deberían haberme cuestionado las propuestas o las afirmaciones que me hacía"*, dijo. *"Y creo que eso también habría supuesto una gran diferencia. Si me hubieran cuestionado las cosas que estaba diciendo"* (Holt 2020). En consecuencia, el Tribunal Superior dictaminó que era improbable que los menores de 16 años dieran su consentimiento informado para recibir fármacos bloqueadores de la pubertad. El Tribunal Superior también determinó que el uso de bloqueadores hormonales no producía "ninguna mejora general en el estado de ánimo o el bienestar psicológico utilizando medidas psicológicas estandarizadas" (Quincy Bell y Mrs. A contra The Tavistock and Portman NHS Foundation Trust 2020, 73).

Aunque nunca recibió hormonas del sexo opuesto, una joven detransición FtMtF, Charlie Evans, comenzó su transición al sexo masculino a los quince años. Ahora dirige *The Detransition Advocacy Network* en el Reino Unido. Charlie afirma que existen cinco puntos en común entre los miembros de su red. En primer lugar, son mayoritariamente mujeres; en segundo lugar, la mayoría eran lesbianas o bisexuales; en tercer lugar, muchos eran autistas; en cuarto lugar, la mayoría tenían menos de veinticinco años; por último, la comorbilidad con los trastornos alimentarios, la ansiedad y la depresión eran comunes. En una entrevista de la BBC, afirmó que a las jóvenes lesbianas se les diagnostica erróneamente disforia de género y se las somete a un tratamiento médico cuando son homosexuales. Cuando se le preguntó qué ayudaría a esos jóvenes, respondió que *necesitaban períodos de terapia más largos y ayuda con otros problemas de salud mental* (BBC Newsnight 2019).

Durante la misma emisión, el psicoterapeuta James Caspian, después de trabajar con personas transgénero durante una década, encontró tendencias similares con los detransicionistas. En primer lugar, encontró que la popularidad de los activistas transgénero en las redes sociales consumía al adolescente que se cuestionaba. En segundo lugar, encontró que las jóvenes querían escapar de las presiones y expectativas de ser mujer o incluso tratar de deshacer el trauma del abuso sexual pasado experimentado como mujer. (BBC Newsnight 2019).

Después de un tiempo, resulta más fácil reconocer la diferencia entre la disforia de género de inicio y los adolescentes disfóricos que se enfrentan a problemas de orientación sexual. En el caso de la homosexualidad, la familia suele reconocer que su hijo es homosexual antes de *salir del armario*. Sin embargo, en la encuesta de la Dra. Littman, sólo el 2,4% de los padres pensaba que sus hijos estaban en lo cierto al afirmar que eran transexuales. La desconexión entre las experiencias de los padres y el enfoque de la comunidad médica es significativa, teniendo en cuenta que muchos profesionales sanitarios no escuchan la opinión de los padres y prescriben bloqueadores hormonales y suplementos hormonales tras la primera visita, sin ninguna evaluación psicológica o médica (Littman 2018, 18).

Algunos médicos afirman públicamente que *"los bloqueadores de la pubertad ganan tiempo hasta que el adolescente es lo suficientemente maduro desde el punto de vista cognitivo para decidir si acepta la pubertad que corresponde a su sexo natal o si procede a una terapia hormonal para el cruce de sexos que hará que sus identidades estén más en consonancia con sus cuerpos"* (Cashman y Walters 2016, 21) (Edwards- Leeper y Spack, 2012) (Reardon 2016). Por el contrario, el Dr. Soh cuestiona que *"cuando la mayoría de los expertos tienen demasiado miedo de criticar públicamente las terapias afirmativas de género, los padres no pueden confiar en que su hijo está recibiendo un diagnóstico adecuado"* (Soh 2020, 95).

¿Está relacionada la disforia de género al trastorno dismórfico corporal?

Entre el 1,7% y el 2,9% de la población estadounidense está diagnosticada de TDC (Phillips n.d.). La anorexia se lleva la vida del 20% de las personas que sufren esta forma de TDC (Grant y Phillips 2004, 123) (Mirasol n.d). Por muy difícil que sea la condición de la anorexia, nada de la fantasía cambia la realidad biológica de la persona que está peligrosamente baja de peso. Para la comunidad médica tratar a las personas anoréxicas como si tuvieran sobrepeso sería una mala praxis ya que el cuerpo debe ser tratado en la realidad y no como el paciente se percibe a sí mismo. Sin embargo, hay que tratar el estado mental de la persona anoréxica, ya que la disforia que experimenta la persona es real pero diferente de una condición que afecta al cuerpo. Del mismo modo, las personas que sufren disforia de género siguen siendo hombres o mujeres.

Las modificaciones cosméticas no pueden cambiar esta realidad física y, al igual que en el caso de la anorexia, hay que abordar el estado mental. Según las estadísticas del Sistema Nacional de Salud de Inglaterra, los trastornos alimentarios, como el TDC, son más frecuentes en el grupo de edad de quince a diecinueve años, y disminuyen cada año posterior (C. Stewart 2020) (véase la figura 9.3). Los trastornos alimentarios cesan con el tiempo, ya sea con la ayuda de profesionales médicos o con el autocuidado y la madurez. En Estados Unidos, un millón de hombres y ocho millones de mujeres padecen trastornos alimentarios (Philadelphia Fight Community Health Centers 2019). Las adolescentes son muy susceptibles a los trastornos de la imagen corporal, ya que el 50% de las jóvenes estadounidenses afirman que utilizan medios poco saludables para controlar su peso (Philadelphia Fight Community Health Centers 2019). Sin embargo, cuando la sociedad se dirige a los jóvenes transgénero, asume que la identidad del joven es más precisa que la realidad física.

Un indicio de que la ROGD puede estar asociada al TDC o a trastornos sociales similares es el ritmo al que las mujeres adultas heterosexuales no están realizando la transición. Muchas mujeres de mediana edad respondieron que se sentían disfóricas cuando eran jóvenes, pero que superaron estos sentimientos y que ahora les preocupa que los jóvenes tomen decisiones vitales permanentes durante la pubertad (Hayward 2021). La disforia de género de inicio temprano, típicamente, si no exclusivamente, es androfílica (tipo homosexual). Un grupo estadísticamente significativo de individuos MtF autoginéfilos realiza la transición más tarde en la vida. ¿Dónde están los individuos FtM de tipo heterosexual que hacen la transición más tarde en la vida? No existen. Estas tendencias sugieren que muchas chicas homosexuales/bisexuales optan por dejar de ser mujeres para convertirse en *hombres* heterosexuales. Estas estadísticas no son una indicación de una disforia de género impulsada por el neurodesarrollo, sino más bien un movimiento social.

La forma de tratar a las personas con dismorfia corporal es mediante terapia cognitivo-conductual y antidepresivos, pero nunca con cirugía. Los terapeutas también utilizan la exposición y la prevención de la respuesta, la terapia de aceptación y compromiso y la terapia cognitiva, así como la terapia conductual dialéctica combinada con medicamentos. Los medicamentos son inhibidores selectivos de la recaptación de serotonina, que potencian la actividad natural de la serotonina y tratan los trastornos depresivos mayores y los estados de ansiedad. Estos descubrimientos sugieren que el hallazgo de Basant Puri, M.D., e Iqbal Singh, M.D., en 1996, sobre la Pimozida puede ser correcto, ya que tanto la Serotonina como la Dopamina son neurotransmisores, y medicamentos similares podrían tratar tanto la disforia de género como el TDC. Además, tanto la serotonina como la dopamina son neurotransmisores importantes para tratar la depresión y la ansiedad; ambas están relacionadas con los sentimientos de disforia.

El enfoque terapéutico para tratar la dismorfia corporal incluye la terapia cognitivo-conductual basada en la atención plena, que *"enseña a las personas a identificar, comprender y cambiar los patrones de pensamiento y los comportamientos negativos. A los pacientes se les enseñan habilidades de resolución de problemas durante las clases de terapia y luego se les instruye para que las practiquen en su propio tiempo para crear hábitos positivos"* (Intrusive Thoughts n.d.). Las comunidades médicas contemporáneas tratan los problemas de la transexualidad recetando hormonas de por vida y realizando grandes cirugías. Aunque puedan reducir la disforia, estos tratamientos aumentan significativamente la tasa de tumores, enfermedades

[8] Algunos ejemplos de estos medicamentos son Lexapro, Prozac, Paxil y Zoloft.

cardíacas y otras enfermedades potencialmente mortales (Dhejne, Lichtenstein, et al. 2011, 5). Por ejemplo, la terapia con estrógenos incluye un riesgo 20 veces mayor de enfermedad tromboembólica, hiperprolactinemia y desarrollo de cálculos biliares (van Kesteren, Asscheman, Megans y Gooren, 1997). El plan de tratamiento medicalizado es lo que solicita principalmente la comunidad transgénero. Aun así, surgen serias preocupaciones médicas, al considerar si el plan de tratamiento medicalizado es la mejor opción o si los tratamientos alternativos pueden ser más saludables y eficaces.

Body dysmorphia treatments appear preferable to transgender surgeries since body dysmorphic individuals will no longer need medicamentos. Por el contrario, las personas transgénero tienen que tomar hormonas durante el resto de su vida, y estas hormonas pueden crear efectos secundarios potencialmente mortales. Por desgracia, no se han publicado estudios sobre el tratamiento de la dismorfia de género con tratamientos para la dismorfia corporal. Aun así, la terapia que trata la imagen corporal puede ofrecer cierto alivio, sobre todo si la persona es joven y reacciona ante su cuerpo como lo hacen muchos jóvenes con trastornos alimentarios. Este tratamiento podría beneficiar a los jóvenes demasiado jóvenes para la transición, pero que podrían beneficiarse de algún alivio psicológico.

¿Las hormonas pueden hacer que la disforia sea permanente?

La Dra. Hilleke Hulshoff plantea una preocupación médica sobre la modificación de las hormonas para cambiar las estructuras cerebrales, especialmente en los jóvenes cuyos cerebros aún se están formando (Hulshoff 2006). La creencia de que dar a los adolescentes bloqueadores hormonales y hormonas del sexo opuesto está bien porque no son un cambio permanente es incorrecta. Una YouTuber de treinta y un años, en transición de MtF durante cinco meses con hormonas femeninas, señaló sus propios cambios (Wynn 2018). Afirmó que su impulso sexual se detuvo y cambió a un impulso sexual femenino, que era notablemente diferente. También reconoció un mayor deseo de intimidad en lugar de la eyaculación y la atracción por los hombres, que antes no era frecuente.

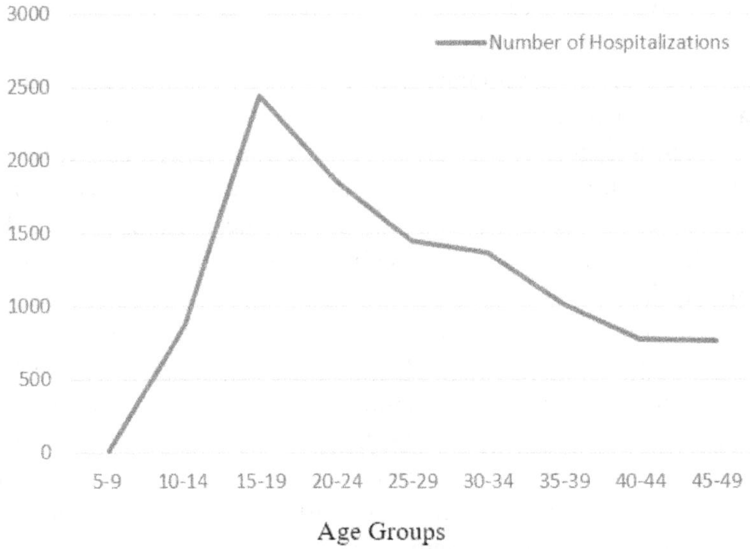

Figura 9.3 Ingresos hospitalarios con diagnóstico de anorexia nerviosa en Inglaterra en 2019/20, por edad.

Si el Dr. Hulshoff afirma correctamente que los cambios químicos en el cuerpo pueden provocar un cambio en las estructuras cerebrales, tomar hormonas del sexo opuesto puede provocar una mayor sensación de disforia que la experimentada anteriormente. La etiología sociológica puede crear una causalidad biológica para los sentimientos de disforia de género. Los jóvenes necesitan tiempo para descubrir quiénes son como adultos. Añadir hormonas a un adolescente ya confundido es una decisión ética cuestionable en la comunidad médica. La Dra. Littman no hace afirmaciones que vayan más allá del alcance de su estudio, pero su consecuencia sugiere preocupaciones prácticas para cualquier padre de un joven trans que se autoidentifique.

Disforia general en los Jóvenes Adolescentes

La Dra. Littman confirma lo que a muchos padres y adultos les preocupa con esta nueva escalada de jóvenes transgénero que salen del armario. En 2018, la Campaña de Derechos Humanos publicó la *"mayor encuesta de su tipo"* de jóvenes LGBT hasta la fecha, con 12.005

participantes (Campaña De derechos Humanos 2018).[9] Al observar los resultados limitados que la Campaña de Derechos Humanos publicó, confirmaron involuntariamente la teoría de la Dra. Littman sobre la ROGD. En primer lugar, este estudio muestra que los jóvenes LGBTQ están increíblemente estresados. Desafortunadamente, no se realizó ningún grupo de control para determinar cuánto más estrés experimentan los jóvenes LGBTQ que los jóvenes heterosexuales. El profesor de psicología, Robert Leahy, Dra., informó, "El chico promedio de la escuela secundaria de hoy tiene el mismo nivel de ansiedad que el paciente psiquiátrico promedio a principios de 1950" (Leahy 2008). Los altos niveles de estrés son endémicos entre los jóvenes típicos y, comprensiblemente, son aún mayores entre los jóvenes disfóricos. La disforia es un estado de malestar o insatisfacción generalizada con la vida, por lo que los jóvenes ya son disfóricos sin necesidad de tener problemas de identidad de género. Una activista transfeminista escribió en sus memorias,

> La disforia está por todas partes en la sociedad estadounidense. Por ejemplo, la cultura tóxica de la belleza en la que se ven obligadas a participar las mujeres de todo el mundo. Parte de esta cultura implica que los medios de comunicación promuevan imágenes de modelos hermosas y muy photoshopeadas que representan ideales inalcanzables, a menudo blanqueados con la suposición de que la piel más clara = mejor; cintura pequeña y tetas grandes = mejor; pelo largo y fino (también conocido como pelo blanco) = mejor, y así sucesivamente. (R. A. Williams 2019, 60)

Los jóvenes también se encuentran con expectativas poco realistas de tener cuerpos como los de los superhéroes de Marvel. Rachel Anne Williams observó que si un joven cuida demasiado su aspecto, sus compañeros le llaman gay, mientras que si es demasiado vago, también es indeseable. Ella llama a la disforia un *"síntoma de la sociedad moderna"* (R. A. Williams 2019, 62). Un estudio realizado en 2021 descubrió que, a partir de 28.000 encuestas, el 60% de los millennials que ganan más

---

[9] La Campaña de Derechos Humanos y la Universidad de Connecticut, que realizó el estudio, se niegan a publicar los datos o una versión científica del mismo. La UCONN remite todas las consultas a la HRC, que sólo está dispuesta a publicar hojas informativas de propaganda escogidas a dedo. A pesar de su falta de honestidad académica y transparencia, sus estadísticas revelan una profunda infelicidad.

de 100.000 dólares al año afirman estar viviendo "de cheque en cheque" (PYMNTS 2021). Sin embargo, la riqueza y la comodidad no han disminuido la ansiedad y el estrés de las generaciones más jóvenes. El estrés y el victimismo son universales, independientemente de la realidad objetiva.

Cuanto más inusual es la disforia autoevaluada, más estrés experimenta el joven. Los jóvenes no conformistas y no binarios son los que experimentan mayores niveles de estrés, según el estudio de la Campaña de Derechos Humanos (véase la figura 9.4). La idea de que un niño está muy estresado cuando no tiene sentido de su propia identidad parece obvia. La correlación más interesante es la que existe entre las jóvenes cis y las jóvenes MtF, en la que las jóvenes MtF tenían un nivel de estrés del 85% en comparación con las chicas cis, que era del 86%. ¿Cómo puede una joven MtF tener estadísticamente el mismo nivel de estrés que una chica no transgénero?

La correlación muestra que los chicos cis (79%) y los jóvenes MtF (85%) están más vinculados que las chicas cis (86%) y los jóvenes FtM (90%). La idea de que un chico en edad escolar que se viste de chica (85%) sufra menos estrés que una chica que se viste de chico (90%) no parece tener sentido práctico. Culturalmente, la presión social es mucho más fácil para que una mujer aparezca más masculina que para que un hombre sea más femenino. Un estudio demostró que *"los niños asignados como varones al nacer, en comparación con los niños asignados como mujeres al nacer, fueron más victimizados en la escuela por su comportamiento de no conformidad de género"* (Cashman y Walters 2016, 12).

Puede que el término marimacho no sea halagador, pero no tiene el grado de connotación negativa que tiene el término mariquita. Estos hallazgos apuntan a la probable posibilidad de que los jóvenes MtF funcionen mentalmente más como los chicos y los jóvenes FtM funcionen más como las chicas. El hecho de que los jóvenes sientan que están en el cuerpo equivocado no se confirma de forma objetiva utilizando métricas biológicas o psicológicas. Las personas pueden creer que están en el cuerpo equivocado, pero ni sus cuerpos ni sus mentes trabajan para confirmar estos sentimientos. Estos resultados afirman la evaluación del *DSM-5* de que la disforia de género no consiste en hombres y mujeres en cuerpos equivocados, sino en el *deseo* de ser del sexo opuesto.

En un estudio sobre jóvenes transgénero de FtM, la doctora Johanna Olson-Kennedy descubrió una considerable angustia por la existencia de pechos. La disforia más común era la afirmación: *"Me preocupa que la gente me mire el pecho (57%), evito ir a la playa o nadar en lugares públicos por mi pecho" (41%), y "evito usar los vestuarios por mi pecho"* (53%) (Olson-Kennedy 2018, 433).

En un estudio separado reportado en Phenomenology & Practice, Marianne Clark encontró que las mujeres experimentan altos niveles de ansiedad en los vestuarios. Como declaró una mujer cis adulta llamada Jennifer, *"nunca me siento muy cómoda en el vestuario, compartiendo tanto de mí misma con extraños"* (M. Clark 2011, 62). En general, las mujeres experimentan estrés sobre sus pechos, especialmente en situaciones vulnerables como llevar un traje de baño o desvestirse en un vestuario. Cuando las mujeres están experimentando la pubertad, y entre otras mujeres púberes en un espacio social como un vestuario escolar, esta ansiedad se acentúa. El dato sorprendente del estudio de la Dra. Olson-Kennedy es que sólo el 53% de las jóvenes púberes afirman que evitan los vestuarios por su pecho. Por lo tanto, los médicos que ofrecen a las púberes que se sienten incómodas con sus pechos en desarrollo la oportunidad de quitárselos son precarios. La ansiedad corporal durante la pubertad es quizá una de las experiencias humanas más naturales y compartidas. Eliminar los efectos de la pubertad para evitar la ansiedad y el estrés es un nuevo nivel de antirrealismo.

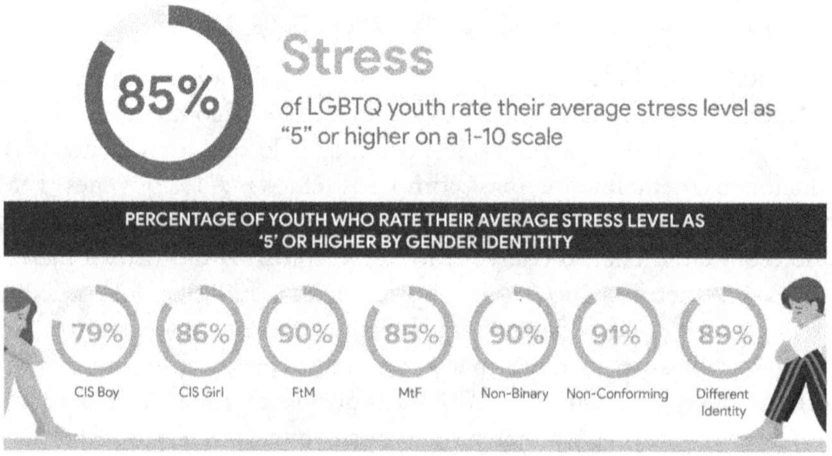

Figura 9.4 Datos del estudio de la Campaña de Derechos Humanos de 2018

9.6 Revisión de Conceptos

En el capítulo nueve se abordaron tres cuestiones críticas de la teoría de los niños transgénero, el intento perpetuo de los profesionales de la psiquiatría de recrear la sociedad forzando a los niños a adoptar ideologías en lugar de utilizar el realismo observable. En primer lugar, en lugar de considerar que los niños son naturales, creativos, juguetones *y* resultado de 800 millones de años de evolución, los adultos consideran que los niños son racionales y que sus cerebros son muy plásticos, lo cual no es cierto.

El intento moderno de una sociedad sin género, empezando por las escuelas sin género, ignora las diferencias naturales entre niños y niñas y cómo cada uno experimenta una forma distinta de aprender y acercarse al mundo. A continuación, la sociedad secular se precipita hacia el extremo opuesto: los niños nacen en los cuerpos equivocados. Ambos extremos se alejan del enfoque natural. La evidencia médica demuestra, y la iglesia enseña, que pueden existir dos verdades simultáneamente:

1. Existen pequeñas/moderadas pero reales diferencias biológicas entre hombres y mujeres; y
2. Existe una enorme diversidad dentro de lo que significa ser una persona de uno u otro sexo.

En lugar de que la sociedad aproveche estas dos encarnaciones de la persona humana, los teóricos intentan negar la existencia del sexo o, en el otro extremo, forzar el sexo en un estrecho estereotipo al que pocas personas se ajustan. El resultado es una confusión masiva tanto para los padres como para los jóvenes.

Los teóricos del género combinaron a los jóvenes con disforia de género de inicio temprano y a los jóvenes no conformes con el género para crear una clase de niños transgénero. Afortunadamente, no todos los jóvenes no conformes con el género sufren un trastorno del neurodesarrollo que requiere una solución medicalizada durante su adolescencia. Los profesionales de la medicina que siguen las ideologías de género neutro se adaptan rápidamente a la realidad de la mente del niño. Estos profesionales médicos rechazan el concepto de que el género está arraigado en el sexo y la biología natural de cada uno. El enfoque más prudente para abordar la disforia de género es la técnica de la espera vigilante, aunque los grupos activistas convencieron a la comunidad médica para que adoptara el enfoque de la afirmación del género.

La disforia de género de aparición tardía, a diferencia de cualquier otra forma de disforia de género en adultos o niños, parece estar afectada por una etiología social independiente. Los adolescentes con auténtica disforia de género persistente deben existir, ya que los adultos con disforia de género fueron alguna vez adolescentes. Sin embargo, declararse transgénero sin ningún indicador previo en la adolescencia tardía es un hecho nuevo. Este repentino aumento de jóvenes que declaran tener disforia de género cuando no había indicios previos es alarmante para los padres. Los teóricos del género exigen que los padres y las instituciones afirmen la identidad sexual del niño sin cuestionar la veracidad de las afirmaciones. La sociedad debería rechazar esta inquietante tendencia. Cuando el Papa Francisco habla de la teoría de género, se refiere a este tipo de ideología, que lucha contra la normatividad de la creación y es inconsistente con la evidencia médica.

Capítulo 10
La Respuesta

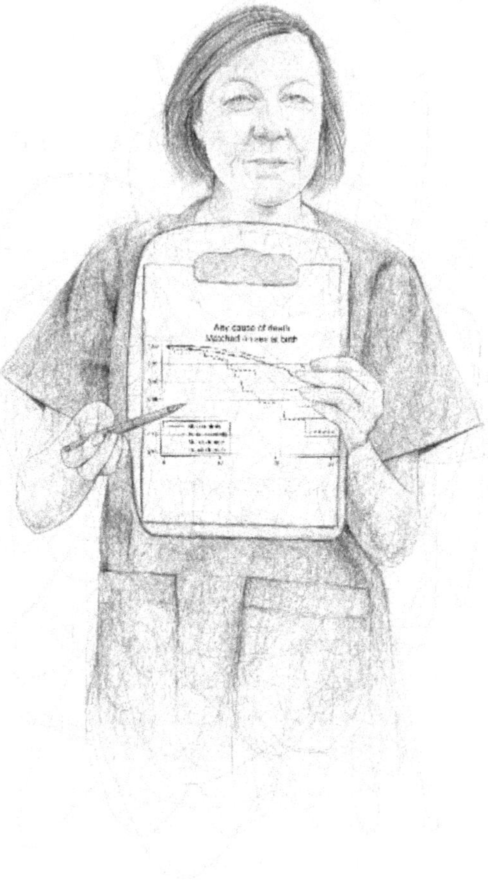

Mientras que Dios siempre perdona, y el hombre a veces perdona, la naturaleza nunca perdona: cuando uno frustra la naturaleza, la naturaleza reprende, toma represalias, contraataca.

— Anónima, *Sanación y plenitud psíquica*

La psicoterapia no relacionada con la religión o la metafísica tiende a producir una *"tranquilidad de clase media ansiosamente fomentada, envenenada por su trivialidad"*.

—Erich Przywara, *El secreto de Kierkegaard*

Los adolescentes que ven YouTubers transgénero pueden tener una fantasía de lo que es ser transgénero, mientras que la experiencia vivida es a menudo menos que deseable. Una de las mayores esperanzas de las personas es ser amadas y aceptadas. Un asesor científico de Match.com descubrió que el 80% de los individuos LGBTQ de los 1000 encuestados buscaban una relación que implicara compromiso (Bonos 2016), y el 48% de los solteros LGBTQ más jóvenes dijeron que querían tener hijos (Ennis 2016). Si las personas transgénero reciben suplementos hormonales y cirugías, sus otros deseos de tener sus propios hijos pueden resultar imposibles. Se trata de decisiones difíciles de tomar para cualquier persona, especialmente para los adolescentes que pueden no considerar los efectos a largo plazo de sus decisiones. La prudencia es consecuencia de la experiencia y el aprendizaje: dos cosas de las que carecen los adolescentes debido a su edad.

Una encuesta de 2016 descubrió que el 44% de las personas LGB no considerarían salir con una persona transgénero (Ennis 2016). Otro estudio descubrió que solo el 12% de los heterosexuales afirmaba estar abierto a salir con una persona transgénero, mientras que el 65% afirmaba que nunca lo consideraría (adamandeve.com 2016). Los más propensos a aceptar a una persona transgénero pertenecen a las comunidades kink y BDSM (Tannehill 2019, 46).

Brynn Tannehill, una autoproclamada "*activista trans líder*", escribió en su libro *Todo lo que siempre quiso saber sobre las personas trans**. (Todo lo que siempre quisiste saber sobre los transexuales) sobre su propia experiencia en las citas. Ella compartió: "*Desde la perspectiva de una persona transgénero, sin embargo, puede ser desconcertante y deshumanizante ser tratado más como un raro Pokémon que necesita ser atrapado para completar la colección de alguien*" (Tannehill 2019, 57). Avery Edison señaló de forma similar que, al ser una persona transgénero en Tinder, se sentía como "*solo un elemento para marcar en la lista de deseos sexuales de alguien*" (Edison 2014). Una persona autonefílica de cuarenta y tres años expresó en una entrevista su frustración,

> *A este paso, no tengo muchas esperanzas de encontrar mi amor. He probado todos los sitios de citas sin mucho éxito. De hecho, en este momento siento que es muy probable que viva los días que me quedan sola a pesar de ser "increíble" como me describen mis amigos. Lo que siento es una soledad increíble.* (Tannehill 2019, 58)

Las dimensiones sociales de ser transgénero son un reto en las mejores circunstancias. Sin embargo, aunque la sociedad aceptara mejor las variaciones de género, la atracción física y sexual se origina a un nivel tan subconsciente. Por lo tanto, el instinto animal de atracción no se verá afectado significativamente por la corrección política.

Meredith Talusan escribió en un artículo, *¿Por qué mis amigos famosos no conformes con el género no pueden tener sexo?*

> Los rasgos de Alok y Jacob no han sido suavizados por las hormonas, y tienen un vello corporal visible que los marca como trans de forma más evidente, por lo que lo tienen mucho más difícil. Las mujeres no binarias como ellas son demasiado masc para los heterosexuales, demasiado femme para los gays y demasiado out para casi todos los demás. (Talusan 2017)

La atracción sexual de la gente confundía realmente a Meredith, Alok y Jacob.[1] Los hombres heterosexuales no se interesaban por los hombres sin afeitar, totalmente biológicos. Un varón natal puede tener una identidad femenina (género), pero la otra persona se encuentra con un cuerpo masculino en el fenómeno (sexo) aunque esté alterado quirúrgicamente. La capacidad de las personas transgénero para prosperar se ve obstaculizada por la naturaleza de la atracción física y la complejidad de las relaciones.

Si una persona se acerca a las cuestiones más críticas de la vida sobre su identidad transgénero, puede dejarse llevar fácilmente por la cultura pop y las fantasías ideológicas. La Iglesia necesita un método realista tomista para abordar esta grave cuestión que no incluya etiquetar a todas las personas transgénero como delirantes o parte de una ideología nominalista. En el otro extremo, si la iglesia da una bendición sin reservas alentando a los individuos a proceder de la manera que deseen, la iglesia allanará el camino hacia la autodestrucción. Este capítulo propone una heurística para d*etenerse, escuchar* y *decidir* cómo apoyar pastoralmente a los hermanos y hermanas transgénero, al tiempo que se utilizan las mejores pruebas médicas disponibles.

---

[1] Se ha escrito más sobre Alok Vaid-Menon, *supra sección 3.2.*

10.1 Heurística Propuesta

Br. Jacques Maritain, P.F.J., reflexionó sobre las personas durante la década de 1960 en una época posterior al Concilio Vaticano II y en medio de la agitación política y cultural cuando escribió en El *campesino del Garona:*

> Sé muy bien que hay demasiadas personas que viven en la desesperación, que hay demasiados con ansiedades reprimidas, que lejos de ser una vida de amor delicioso y de dulzura mutua, el matrimonio significa con demasiada frecuencia soledad mutua y aprensiones diarias. Que demasiadas situaciones exigen no sólo compasión, sino una nueva actitud por parte de quienes tienen que juzgarlas. Creo que la Iglesia, que por fin somete estos problemas en su conjunto a un estudio profundo, nunca estará demasiado atenta a iluminar al ser humano sobre ellos, ni será demasiado misericordiosa con él en su angustia. (Maritain 1968, 55)

En sus reflexiones sobre los tiempos modernos, el Br. Maritain lamenta la falta de rigor, de desafío y de seriedad de la Iglesia al tratar cuestiones morales complejas. El rechazo del ayuno, la penitencia y el demonio no se refiere únicamente a estos elementos de la fe; son indicativos de un rechazo más significativo de la severa transformación espiritual que el Evangelio desafía a los cristianos a aceptar. La iglesia debe ser abundantemente misericordiosa y al mismo tiempo respetar a las personas transgénero lo suficiente como para hablar con franqueza sobre su condición. La iglesia debe estar dispuesta a desafiar a las personas sobre sus deseos en una cultura que predica la *normatividad del deseo*.

No todo el mundo en la Iglesia moderna estará contento con esta respuesta de base tomista a la cuestión transgénero. En el *National Catholic Reporter*, el P. Dan Horan, O.F.M., rechazó el estricto enfoque neotomista sobre los transexuales. Escribió: *"Una cosa es admirar una idea centenaria por sí misma, y otra cosa es desplegar esa idea como medio para deshumanizar y descartar a poblaciones enteras de personas"* (Horan 2020). En contraste con la percepción del P. Horan, el neotomismo no es una metodología que descarte a poblaciones enteras. Por el contrario, es una metodología que toma la condición humana lo suficientemente en serio como para dar a las personas transgénero una respuesta pastoral reflexiva de 500 páginas.

El neotomismo no adopta el enfoque moral barato, afirmando que todos los seres humanos son pecadores y necesitan la salvación, por lo que ¿quién es alguien para juzgar? Las personas con autoridad deben escuchar los buenos consejos y emitir los juicios adecuados. Estos juicios deben derivarse de la mejor ciencia y filosofía disponibles. El sufrimiento, la desesperación y la soledad que experimentan las personas en el mundo moderno son profundos. Los religiosos no deben trivializar el sufrimiento que experimentan las personas con disforia de género si quieren acogerlas en el cuerpo de la Iglesia. El Br. Maritain pide a la iglesia que se tome en serio el permanecer fiel al poder iluminador del Evangelio, al tiempo que le recuerda que debe seguir siendo igualmente misericordiosa. Al considerar las deficiencias de la actual medicalización de las personas con identidades transgénero, la iglesia puede tomar medidas para aliviar este sufrimiento.

Este libro propone el uso de un modelo pastoral heurístico. La palabra heurística viene del griego, que significa *"que sirve para averiguar o descubrir"*. Los modelos heurísticos tienen tres conjuntos de bloques de construcción: *búsqueda, detención* y *decisión* (Gigerenzer 1999, 129). La heurística sigue la virtud de la Prudencia, que tiene tres pasos: recibir un buen consejo (*consultandum*), juzgar (*judicium*) y mandar (*electio*). El Papa Francisco, en su exhortación apostólica La alegría del amor (*Amoris Laetitia*), propone una heurística similar: *encontrarse* con amor y ternura, *acompañar* en la verdad, la paciencia y la misericordia, y *proclamar* las exigencias del Reino de Dios. (Francisco 2016, sec. 60). Los tres pasos son *encontrar, acompañar* y *anunciar*.

La búsqueda establece el alcance del descubrimiento. En la búsqueda, el pastor encuentra a los perdidos y los encuentra en su camino de vuelta al Padre. El siguiente paso es la parada, que determina cuándo se ha reunido suficiente información. Se recoge información de la fuente de la creación, pero también del acompañamiento de los que están en camino. La vida encarnada de Cristo empuja a los creyentes a salir de sus ideologías y de sus *sillones de marfil* (Amós 6:4) para caminar con la gente. Como predicó notablemente el papa Francisco, *"os pido: sed pastores, con el "olor de las ovejas"* (Francisco 2013b). Por último, la decisión o el anuncio determinan cómo llegar a un resultado. El anuncio es un desafío a vivir en la verdad del Evangelio. El anuncio consuela a los afligidos y aflige a los cómodos. Una estructura heurística crea un marco para abordar una cuestión.

Una heurística de disponibilidad es una suposición basada en unos pocos ejemplos que vienen fácilmente a la mente. Unas pocas experiencias de primera mano, en Internet o en películas de ficción, pueden confirmar fácilmente la creencia de que los transexuales son hombres mayores enfermos mentales vestidos. La imagen representativa permanece cuando no representa el todo. Si se utiliza una *heurística de base*, se considera la probabilidad de crear suposiciones. La heurística de base tiene en cuenta lo que es cierto para la mayoría de los transexuales. Conocer la verdad sobre la biología, la psicología, la sociología y las teorías generales sobre las personas transgénero ayudará a la iglesia a utilizar mejor una heurística de tasa base, basada en el realismo, en lugar de una heurística representativa o de disponibilidad, que se basa en las emociones, los estereotipos y una epistemología no cognitiva.

Los cristianos que intentan ayudar a una persona con disforia de género deben incorporar la heurística, así como un enfoque personal. Aunque la heurística es racional, cuando se asiste a una persona que lucha contra un trastorno, hay que dirigirse a ella individualmente y no como una estadística. Aun así, dentro de un entorno pastoral, el enfoque curativo no se reinventa en cada situación. Por ejemplo, cada consejero de Alcohólicos Anónimos no reinventa el proceso para superar el alcoholismo. Para las personas que sufren de adicción, un Programa de Doce Pasos (una heurística) es útil. Algunos de los pasos requieren una reflexión, como la reparación de daños, mientras que otros se convierten en parte del *hábito* de la vida diaria.

Al considerar el proceso para responder a los niños que experimentan disforia de género, se necesita una heurística particular. Esta heurística está dirigida a las personas con autoridad y no a los extraños que opinan sobre los hijos de otras personas. Los cristianos no están en posición de juzgar la disforia que experimentan personas sobre las que no tienen autoridad. Si este joven es una sobrina, un sobrino, un amigo de la familia o tiene una relación similar, lo mejor es escuchar, ofrecer un buen consejo *si te lo piden*, rezar por ellos y mostrarles tu amor. Los padres, los padrinos, los profesores, los jueces y los funcionarios públicos deberían utilizar esta heurística cuando traten a niños con disforia de género. La heurística es la siguiente:

1. **Disforia de género de inicio temprano (Nacimiento- pubertad)**

   a. **Buen consejo** —el enfoque basado en la evidencia sugiere que entre el 63 y el 84% de estos niños desistirán al llegar a la edad adulta, por lo que lo más apropiado es esperar y ver.

   b. **Juicio**—Sólo bajo escasas circunstancias médicas se deben administrar bloqueadores hormonales u hormonas de sexo cruzado a cualquier persona cuyo cerebro no haya terminado de desarrollarse hasta el estadio 5 de Tanner.

   c. **Ordenar**—El consejo del Arzobispo Robert Carlson es *"Escuchar! Mantener los canales de comunicación abiertos. Podemos simpatizar con sus sentimientos sin capitular a sus deseos. Es importante no dejar que se sientan solos"*. (Carlson 2020, 11)

2. **Disforia de género de inicio tardío (pubertad-primera edad adulta)**

   a. **Buen Consejo**—Posiblemente un diagnóstico latente de disforia de género de inicio temprano, aunque el estudio de La Dra. Littman sugiere que la ROGD es una posible causa de disforia.

   b. **Juicio**—los padres deben informarse sobre esta condición, obtener una comprensión de la experiencia de las personas transgénero, demostrar un juicio sagaz y confiar en sus instintos. Considerar si se trata de un diagnóstico latente de disforia de género de inicio temprano o ROGD. Además, siga los consejos del apartado 1.b anterior.

   c. **Ordenar**—del arzobispo Robert Carlson es el mismo para la disforia de género de inicio tardío: *"¡Escucha! Mantener los canales de comunicación abiertos. Podemos simpatizar con sus sentimientos sin capitular a sus deseos. Es importante no dejar que se sientan solos"*. (Carlson 2020, 11)

A continuación se propone un enfoque heurístico para las personas transgénero adultas utilizando los principios que se encuentran en Masculino y Femenino Él los creó.

A. **Buen Consejo**—Los profesionales médicos deben hacer las determinaciones médicas adecuadas

> Cuando el sexo de una persona no está claramente definido, los profesionales médicos pueden realizar una intervención terapéutica. En tales situaciones, los padres no pueden tomar una decisión arbitraria sobre la cuestión, y mucho menos la sociedad. *(Masculino y Femenino los creó, sec. 26)*

B. **Juicio:**—el tratamiento debe tener como objetivo restaurar el orden natural

> El hombre y la mujer son creados, es decir, queridos por Dios: por una parte, en perfecta igualdad como personas humanas; por otra, en sus respectivos seres como hombre y mujer. El hombre y la mujer son con una misma dignidad *"a imagen de Dios"*. (CCC, 369)

C. **Juicio**—el tratamiento debe ser lo menos invasivo posible

> En cambio, *la ciencia médica* debe actuar con fines puramente terapéuticos e intervenir de la manera menos invasiva, sobre la base de parámetros objetivos y con miras a establecer la identidad constitutiva de la persona. (*Masculino y Femenino Él los creó, sec. 26)*

D. **Comando**—Debe haber paciencia y aceptación de uno mismo, especialmente cuando se nace *"imperfecto"*. La penúltima felicidad es consecuencia de la suerte moral y de las virtudes morales. De las dos, sólo el hombre controla sus virtudes.

> La naturaleza no se equivoca y no hace nada ociosamente (Aristóteles *Generación de animales*, 5,8,788b20)

E. **Comando**—Debido a la naturaleza caída del mundo, la redención del cuerpo no ocurrirá hasta la resurrección. Por lo tanto, el hombre depende de la gracia y la salvación de Dios para su felicidad final.

> *La redención* significa, de hecho, una *"nueva creación"*, por así decirlo, significa *asumir todo lo creado* para expresar en la creación la plenitud de justicia, equidad y santidad que Dios ha previsto para ella y para expresar esa plenitud sobre todo

> en el hombre, creado varón y mujer "*a imagen de Dios*". (Juan Pablo II 2006, sec. 99.7)

Los pasos dos y tres son juicios basados en la sabiduría del paso uno. Para repetir un concepto planteado en el primer capítulo, hacer juicios sobre los demás no es el lugar de los iguales dentro de la sociedad. En su explicación de la justicia conmutativa, Santo Tomás señala que las personas sólo emiten juicios cuando tienen la autoridad adecuada para ejecutarlos (*ST* IIa-IIae q.60, a. 2). Que un vecino ejecute un juicio sobre su igual es una usurpación y un juicio perverso e injusto (*ST* IIa-IIae q.60, a. 6). Como enseñó Jesús: "*No juzguéis para que no seáis juzgados*" (Mt 7, 1). En yuxtaposición, los padres, los maestros, los pastores, los jueces y los líderes de la comunidad deben hacer juicios apropiados basados en su responsabilidad como personas con la autoridad apropiada. Las personas también tienen autoridad sobre sí mismas, por lo que los transexuales podrían aplicarse voluntariamente esta heurística.

Supongamos que un médico o un profesional de la medicina no se propone utilizar los medios menos invasivos y restablecer el orden natural. En consecuencia, puede que no sea el profesional médico adecuado desde una perspectiva filosófica. Un médico debe emitir juicios basados en la ciencia médica investigada profesionalmente. Lo ideal sería que un médico fuera una persona de fe que abrazara los valores que hay detrás de toda la heurística.

El resto de este libro se centrará en estos cinco objetivos. Los tres primeros objetivos se determinan médicamente, con una deferencia sustancial hacia la comunidad médica para tratar una condición médica. Esta sección no se ocupa de la teoría de género ni de una batalla ideológica entre la Iglesia y los liberadores sexuales. Los teóricos del género ya ocupan la mayor parte del diálogo público, lo que permite poco terreno común para un debate fructífero. Los teóricos nominalistas del género se abordan a fondo en los capítulos dos y tres.

Hay que considerar los tres primeros pasos filosóficos para abordar la cuestión transgénero: ¿Quién es el hombre? El Papa León XIII acepta los conocimientos de las ciencias modernas con la seguridad de que *la verdad no puede contradecirse* (León XIII 1893, 23). En la encíclica Del Padre Eterno (*Aeterni Patris*), León XIII afirma que la lente adecuada para entender el mundo moderno no es René Descartes,

Immanuel Kant y David Hume, sino Santo Tomás de Aquino. León XIII ordenó el realismo tomista, la teleología, la teología y la filosofía como la lente a través de la cual los católicos interpretan la cultura secular. La Iglesia confía en la comunidad médica, pero también desafía al mundo científico a sentirse cómodo con el lenguaje y los conceptos tomistas. Este libro dedica los capítulos diez y once a crear un enfoque educado de la cuestión transgénero utilizando la antropología cristiana tomista.

10.2 Paso 1: Profesionales Médicos

Buen Consejo—Los profesionales médicos deben hacer las determinaciones médicas adecuadas

> Cuando el sexo de una persona no está claramente definido, los profesionales médicos pueden realizar una intervención terapéutica. En tales situaciones, los padres no pueden tomar una decisión arbitraria sobre la cuestión, y mucho menos la sociedad. *(Masculino y Femenino los creó, sec. 26)*

El arzobispo Robert Carlson, en junio de 2020, hizo la siguiente petición: "Pido a los hospitales, médicos y consejeros católicos que utilicen su experiencia, fidelidad y creatividad para descubrir y seguir caminos que puedan ayudar, caminos que estén de acuerdo con una genuina comprensión católica de la persona" (Carlson 2020, 11). El problema de la transexualidad no es principalmente una cuestión teológica, sino más bien una cuestión médica que necesita orientación moral y teológica. Plantear la cuestión de un problema moral puede ser recibido involuntariamente de manera equivocada. W.E.B. Du Bois preguntó: *"¿Qué se siente al ser un problema?"*. (Du Bois 1969) El lector no debe convertir a los que sufren un problema en el problema mismo. Dentro de la filosofía y la teología tomistas, surgen tentaciones de ver a los transexuales *como* un problema moral en lugar de personas que se *enfrentan* a un problema médico. Es importante destacar que las personas con disforia de género y las no conformes con el género son los pacientes, no la enfermedad o el trastorno.

Las personas transgénero suelen ser sus propios críticos más feroces, por lo que un enfoque tierno puede ser el más adecuado. La doctora Sandra Bartky escribe: *"Los oprimidos psicológicamente se convierten en sus propios opresores; llegan a ejercer un duro dominio sobre su propia autoestima"* (Bartky 1990, 22). La sensación de que uno es responsable de su propio quebranto sólo se agrava cuando se le describe no sólo como psicológicamente dañado, sino también como moralmente dañado. Aunque la iglesia nunca busca crear un daño moral estigmatizando a una persona con cualquier condición médica, la iglesia también cree que predicar una falsa esperanza por el hecho de ser agradable viola la llamada a seguir a Jesús. Él es *"el camino, la verdad y la vida"* (Jn 14:6). Los que buscan la verdad deben escuchar a la comunidad médica y responder correctamente utilizando un sólido razonamiento filosófico y teológico.

¿Se entiende la etiología de la disforia de género?

Al considerar las afirmaciones de que la morfología en el cerebro causa las identidades transgénero, la preponderancia de las pruebas sólo conduce a una mayor incertidumbre. La doctora Aruna Saraswat, del Centro Médico Tufts, concluye en su investigación sobre la causa de las identidades transgénero que el mecanismo exacto que hace que las personas sean transgénero se desconoce en este momento. Sin embargo, la Dra. Saraswat afirma que *"existe un fuerte apoyo en la literatura para una base biológica de la identidad de género"* (Saraswat, Weinand y Safer 2015, 199). Por lo tanto, las pruebas médicas sugieren que algo es diferente dentro del cerebro de algunas personas transgénero; más allá de esto, solo se puede especular.

¿Pueden los hombres nacer con cerebros femeninos? ¿O nacer una mujer con un cerebro masculino? ¿O la disforia de género y las identidades transgénero son una cuestión de deseo más que de ontología? Tras una revisión bibliográfica, el doctor Paul McHugh y el doctor Lawrence Mayer llegaron a la conclusión de que estas respuestas son desconocidas. Afirmaron: *"La sexualidad humana y el género son increíblemente complicados, mucho de lo que se presenta como 'hecho' no tiene una base sólida en la investigación científica, y realmente deberíamos estudiar todo el tema con más rigor"* (Last 2017).

El desarrollo humano no es una simple práctica impecable que crea resultados consistentes en una generación de la siguiente. Los genes humanos determinan en gran medida las propiedades accidentales de una persona, afectando quizás a la identidad de género. Un uso prudente de la circunspección reduce el alcance de lo que es biológicamente posible. La gama de resultados basados en los genes humanos es limitada. Una madre embarazada que consume drogas ilícitas puede matar al niño que lleva dentro o hacer que nazca con muchos problemas de desarrollo, pero las sustancias químicas de su organismo nunca podrán formar un niño con tres cabezas, diez brazos, alas y hojas. El espacio para la variación genética es posible, pero no la variación ilimitada.

Los genes instruyen la formación del niño, el volumen de hormonas que interactúan con el cuerpo y el cerebro. Estas hormonas desarrollan diferentes vías que determinarán los rasgos del niño, como un dominó genético. La alimentación y las hormonas introducidas en el niño a través del cordón umbilical también determinarán el desarrollo del cuerpo. Por ejemplo, supongamos que una madre está sometida a un gran estrés durante determinados periodos del desarrollo. En ese caso, el cortisol procedente del estrés puede afectar más significativamente al niño durante algunos periodos del embarazo que durante otros. ¿Podrían ciertas combinaciones de genes y factores ambientales en el útero crear un cerebro intersexual? ¿Esta hipótesis entra en el ámbito de lo posible, o es sólo ciencia-ficción? Las pruebas médicas que se exponen en los capítulos siete y ocho sugieren que un cerebro parcialmente intersexual entra en el ámbito de las posibilidades.

[P. Benedict Ashley, O.P., 1915— 2013]

La combinación del genotipo, las hormonas, la química de la madre y el entorno en el vientre materno afectarán al desarrollo de los niños antes de que nazcan. Lo explica el padre Benedict Ashley, O.P:

> A medida que el cuerpo crece a partir de una sola célula mediante unas cuarenta y cinco series de divisiones celulares, se produce una diferenciación en diversos tipos de células para formar hueso, músculo, nervios, piel y sangre, cada uno en su cantidad, forma y posición adecuadas. Cada grupo de células recién diferenciadas influye en variaciones de tipos aún más nuevos. Mientras esto ocurre, las funciones vitales básicas de todo el organismo deben mantenerse. El negocio de la vida no puede esperar hasta que la estructura final esté completa. (Ashley 1985, 28)

Esta evolución de la forma humana es extremadamente complicada, ya que cada parte del cuerpo está interconectada a nivel molecular. Por ello, durante el desarrollo humano se producen con frecuencia variaciones y mutaciones. En aproximadamente cada 50.000 a un millón de duplicaciones, *"un gen se ve afectado por una afluencia de radiación de alta energía u otro accidente que se produce durante la duplicación o el ensamblaje en el cromosoma"* (Stebbins 1966, 30).

A pesar de las múltiples causas posibles de las anomalías cerebrales, nunca se diagnostica a una persona con disforia de género basándose en pruebas genéticas, hormonales o cerebrales, sino en los sentimientos y deseos del paciente. Rachel Anne Williams admitió en sus propias reflexiones: *"No sé lo que soy. Y no importa. Pero lo que sí sé son mis deseos"* (R. A. Williams 2019, 193). Rachel pasó a enumerar diez deseos relacionados con ser percibida como mujer. El DSM-5 identifica la disforia de género como un tipo de deseo psicológico.

Si una persona tiene un trastorno físico, el médico realiza pruebas en el cuerpo. Si una persona tiene un desequilibrio psicológico, el médico considera los sentimientos, pensamientos, motivaciones y temores de la persona. Tras la evaluación, el médico puede recetar medicamentos y ofrecer terapia. El médico intenta realinear la psique. La disforia de género es la única condición en la que la profesión médica sigue los sentimientos y deseos del paciente y luego actúa como si el problema estuviera en el cuerpo y no en la psique. En el caso de la disforia de género, el médico no trata la disforia, sino que crea un desequilibrio hormonal y elimina tejido sano. La cirugía de reasignación de sexo es claramente diferente al resto de la medicina y la psicología modernas. Violan sus principios en esta única situación, con pruebas no concluyentes para validar este enfoque.

¿Los tratamientos actuales para la disforia de género alivian la disforia?

Un diagnóstico médico de disforia de género e identificación transgénero a nivel clínico se basa enteramente en que el paciente describa sus sentimientos sobre la disforia. Anna Hutchinson, doctora en psicología, de los Servicios de Desarrollo de la Identidad y el Género (GIDS) del Reino Unido, determinó que algo iba mal después de cinco años. Afirmó que los pacientes estaban increíblemente seguros y claros de lo que querían, pero determinó que *"lo que necesitan no es lo que quieren"* (BBC Newsnight 2019). La doctora Hutchinson afirma que lo que muchos detransicionistas necesitaban era una terapia prolongada y no una cirugía de reasignación de sexo. No existe ningún atajo para curar la infelicidad. La disforia de género rara vez existe sin comorbilidad, que necesita ser abordada primero, o al menos sincronizada con los tratamientos de identidad de género.

No hay medicamentos ni cirugías que puedan deshacer la disforia de género o los sentimientos de identificación transgénero. Sin embargo, el doctor Mohammad Hassan Murad, de la Clínica Mayo, informó: *"Pruebas de muy baja calidad sugieren que la reasignación de sexo que incluye intervenciones hormonales en individuos con TIG probablemente mejora la disforia de género, el funcionamiento psicológico y las comorbilidades, la función sexual y la calidad de vida en general."* (Murad et al. 2010). [2]

El Directorio de Hayes otorgó su puntuación más baja, indicando mejoras estadísticamente insignificantes para las personas transgénero que utilizan tratamientos hormonales y quirúrgicos. La investigación científica es *"demasiado escasa, y los estudios [que existen son] demasiado limitados para sugerir conclusiones"* (Hayes 2014, 4). Para abogar por el uso de suplementos hormonales cruzados, primero habría que mostrar pruebas de que ofrecen una solución desde el punto de vista médico. Por el contrario, el Directorio de Hayes concluyó que los estudios *"eran inconsistentes con respecto a una relación entre la terapia hormonal y la salud*

---

[2] La Clasificación Hayes es un punto de referencia de la industria para evaluar la solidez de la evidencia para el uso de diversas prácticas y tecnologías médicas.

psicológica general, el abuso de sustancias, los intentos de suicidio y la función y satisfacción sexual", concluyendo que *"las diferencias entre los participantes del estudio tratados y no tratados eran muy pequeñas o de magnitud desconocida"* (Hayes 2014, 3).

En un informe sueco de 2019, Richard Bränström, Doctor en Filosofía, y John Pachankis, Doctor en Filosofía, afirmaron que *"los años transcurridos desde el inicio del tratamiento hormonal no estaban significativamente relacionados con la probabilidad de tratamiento de la salud mental"* (Bränström y Pachankis 2020, 727). Sin embargo, este estudio no encontró mejoras estadísticas para los pacientes incongruentes con el género que recibían tratamientos hormonales para los resultados de salud mental.

El informe sueco afirma que, en comparación con la población general, *"las personas con un diagnóstico de incongruencia de género tenían unas seis veces más probabilidades de haber acudido a una consulta de atención sanitaria por trastornos del estado de ánimo y ansiedad, más de tres veces más probabilidades de haber recibido recetas de antidepresivos y ansiolíticos, y más de seis veces más probabilidades de haber sido hospitalizadas tras un intento de suicidio"* (Bränström y Pachankis 2020, 727).

El estudio de Bränström y Pachankis afirmaba de forma controvertida que los resultados de salud mental aumentaban en los pacientes transexuales tras las cirugías de reasignación de sexo. El estudio presentó esta información en la figura 10.1. Este gráfico muestra resultados prometedores del enfoque medicalizado para abordar la disforia de género. Los trastornos del estado de ánimo y la ansiedad disminuyen, y la tasa de suicidio desaparece. Ayudar a las personas a implementar realidades psicológicas en falsos facsímiles físicos es, como afirma la doctora Michelle Cretella, *"no sólo emocionalmente angustioso, sino también mortal"* (Cretella 2016, 51). Una persona muerta no puede responder a las encuestas. Cuando el médico, que es una persona tan significativa en la vida de las personas transgénero, intente hacer un seguimiento, ¿será improbable su silencio a menos que el paciente haya experimentado insatisfacción o fatalidad? Por desgracia, esta información puede ser demasiado prometedora para ser cierta, ya que el estudio no tiene en cuenta la pérdida de seguimiento de los pacientes que fallecieron. Además, al contar los intentos de suicidio fallidos que acaban en hospitalización sin contar los intentos de suicidio completados que acaban en muerte, se pierde un dato esencial.

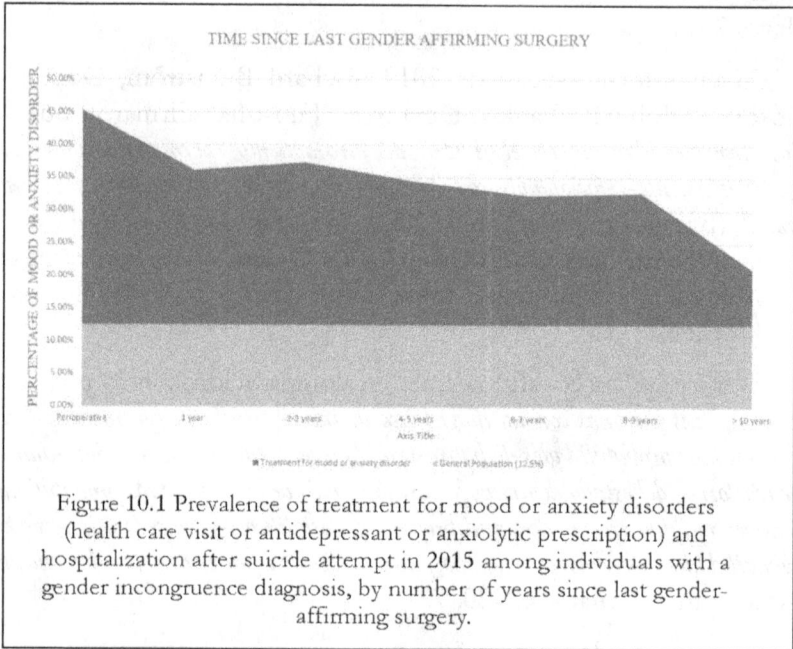

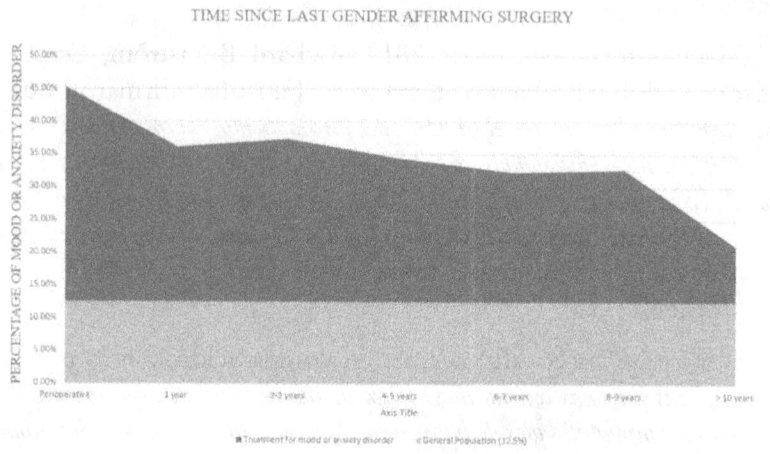

Figure 10.1 Prevalence of treatment for mood or anxiety disorders (health care visit or antidepressant or anxiolytic prescription) and hospitalization after suicide attempt in 2015 among individuals with a gender incongruence diagnosis, by number of years since last gender-affirming surgery.

Este estudio tiene en cuenta a los pacientes suecos que recibieron atención médica entre 2005 y 2015, pero solo incluyó a los pacientes vivos a 31 de diciembre de 2014, lo que excluiría del estudio a cualquier persona que hubiera fallecido por cualquier motivo. Los estudios suecos son notables ya que suelen tener una baja pérdida de seguimiento, ya que los investigadores utilizan los datos estadísticos del Registro Nacional de Pacientes y del Registro de Medicamentos Prescritos. Incluso con acceso a la base de datos nacional, la aplicación correcta de los datos es esencial. La Dra. Cecelia Dhejne encontró una tasa de mortalidad del 2,7% por intentos de suicidio consumados (Dhejne, Lichtenstein, et al. 2011, 5). Después de un intento de suicidio, la *tasa de hospitalización* a largo plazo cero no es tan exitosa si la tasa de *mortalidad* por suicidio es 19 veces mayor que la media nacional. Este estudio no examina las estancias de hospitalización a corto plazo ni los intentos de suicidio, que no conducen a la hospitalización. El momento de crear la línea de base para la hospitalización por depresión, ansiedad y suicidio es, sobre todo, el momento justo antes de que el paciente sea operado. Antes de la cirugía es un período de estrés elevado y no una línea de base estable.

Colegas en el campo de la psiquiatría revisaron la metodología del estudio de Bränström y Pachankis, lo que dio lugar a una inversión de la conclusión del estudio sobre los resultados positivos de las cirugías de reasignación de sexo (Van Mol et al. 2020). El editor jefe de la revista American Journal of Psychiatry respondió al artículo después de recibir las revisiones de los pares, *"los resultados no demostraron ninguna ventaja de la cirugía en relación con las visitas o prescripciones de atención médica posteriores relacionadas con el estado de ánimo o los trastornos de ansiedad o las hospitalizaciones después de intentos de suicidio en esa comparación"* (Kalin 2020, 734). Por lo tanto, la conclusión final es que no se han encontrado suficientes pruebas que sugieran un aumento de los resultados de salud debido a las hormonas cruzadas o a las cirugías de reasignación de sexo. A pesar de esta inversión, los activistas de género hacen referencia con frecuencia al estudio de Bränström como prueba de que la cirugía de reasignación de sexo mejora los resultados de salud mental de las personas transexuales.

A pesar de las deficiencias de las cirugías de reasignación de sexo, casi todas las asociaciones profesionales médicas y psiquiátricas importantes apoyan oficialmente el acceso a las cirugías de reasignación de sexo (Lambda Legal 2018). *La Resolución de la Asociación Médica Americana* afirma: *"Los expertos en salud en disforia de identidad de género, incluido el WPATH, han rechazado el mito de que tales tratamientos son "cosméticos" o "experimentales" y han reconocido que estos tratamientos pueden proporcionar un tratamiento seguro y eficaz para una condición de salud grave"* (Cámara de Delegados de la Asociación Médica Americana 2016). Paradójicamente, la comunidad médica apoya las cirugías de reasignación en la mayoría de las situaciones, mientras que la investigación médica solo señala resultados pobres o datos no concluyentes. Nadie ha desarrollado un tratamiento perfecto para este trastorno, y sin embargo la Asociación Médica Americana corona los tratamientos quirúrgicos y hormonales.

Afortunadamente, los niños a los que se les permite atravesar la pubertad sin bloqueadores de la pubertad ni hormonas cruzadas dejan de identificarse con el sexo opuesto entre el 70 y el 98% de las veces en el caso de los varones y entre el 50 y el 88% en el de las mujeres (DSM-5, 455). ¿Qué ha cambiado en el alto porcentaje de niños cuya disforia de género desaparece? ¿Ha cambiado el niño socialmente, psicológicamente o anatómicamente? La respuesta a todos estos cambios es sí. Puede haber una única causa para la disforia de género en la infancia, o puede ser una combinación de muchas causas que trabajan juntas para crear la disforia.

Por desgracia, la comunidad médica no tiene una solución clara para la minoría restante que persiste en la disforia de género. En su lugar, los médicos han recurrido a proporcionar bloqueadores hormonales, hormonas y cirugías cosméticas para enmascarar la disforia. El doctor Paul McHugh afirma que las cirugías de reasignación de sexo *"no abordan los problemas de fondo que causan la angustia clínica y hacen más difícil que la mente acepte la realidad"* (McHugh 2014a, 19). No es necesario plantear la cuestión ética de si se *debe* participar en las cirugías de reasignación de sexo como tratamiento para la disforia de género si no se puede comprobar primero que son médicamente eficaces.

¿Cuál es el problema con las altas pérdidas durante el seguimiento?

En 2014, un estudio sueco encontró que el 2,2% de los individuos que recibieron las cirugías de reasignación de sexo presentaron solicitudes de reversión entre 1960 y 2010, que consistió en quince de 681 pacientes (Dhejne, Öberg et al. 2014, 1540). En una revisión de setenta estudios de seguimiento realizados entre 1965 y 1995, Abraham. Kuiper y Peggy Cohen-Kettenis de la Universidad de Medicina de Ámsterdam, afirmaron que más del 75% dijo sentirse más feliz, liberado y más a gusto en su cuerpo. Sólo el 2% de los pacientes de MtF expresaron arrepentimiento o intentaron suicidarse antes de la operación y el 0,5% después (Kuiper y Cohen-Kettenis 1995). En otro estudio, el 6% de los pacientes postoperatorios informaron que se arrepentían de su cirugía (van de Grift et al. 2018, 138).

A pesar de estas tasas de satisfacción reportadas, hay más de 19.000 miembros de grupos de apoyo a la desinternación (Stahl 2021). Por lo tanto, la satisfacción no es fácil de determinar. Según la Dra. Cohen-Kettenis, *"en nuestra opinión, una evaluación de la SRS [cirugía de reasignación de sexo] solo puede realizarse basándose en datos subjetivos porque la SRS pretende resolver un problema que no puede determinarse objetivamente"* (Kuiper y Cohen-Kettenis 1988, 441).

Los profesionales médicos tienen dificultades para determinar si el seguimiento de un paciente es preciso cuando se les pregunta por el arrepentimiento. Según la teoría de la disonancia cognitiva, un individuo experimentará pensamientos (cogniciones) psicológicamente inconsistentes (disonantes) cuando reflexione sobre decisiones anteriores (Sigall 2017). Dentro de una mente sana, la disonancia cognitiva hace que una persona luche contra dos miedos extremos, primero, *"soy una persona que toma buenas decisiones"* y segundo, *"no soy inteligente y tomo decisiones malas y precipitadas."* Para compensar este miedo, la gente intenta convencerse a sí misma y a los demás de que ha tomado la decisión correcta. Por ejemplo, cuando la gente compra un coche e intenta convencer a todo el mundo de que también debería comprar un coche nuevo. Así, cuando un médico pregunta a los pacientes si experimentan arrepentimiento, la respuesta puede ser una sobrecompensación de la disonancia cognitiva. Por ejemplo, en el caso de John/Joan (*supra-5.5*), la familia informó de resultados positivos durante doce años hasta que David intentó suicidarse, y la familia le permitió volver a ser un niño.

Un estudio realizado en 2014 en el Reino Unido reveló que el 83% de las personas que se sometieron a cirugía plástica afirmaron que no repetirían su decisión si tuvieran la oportunidad. La doctora Ally Taft, socia de Medical Accident Group, reflexionó sobre su experiencia trabajando con pacientes,

> Entendemos que algunas personas sienten que la cirugía estética podría cambiar su vida y darles la confianza que tal vez les falta, pero esperamos que los resultados de este estudio muestren que el hecho de que no estés contento con tu cuerpo ahora no significa que necesariamente estarás contento con él una vez que pagues mucho dinero para cambiarlo. (Grupo de Accidentes Médicos 2014)

Los estudios determinan que el arrepentimiento de las cirugías de reasignación de sexo es inferior al uno por ciento es inconsistente con los datos de otros procedimientos similares, lo que cuestiona la validez de los estudios cuando también hay una alta pérdida de seguimiento.

Un estudio alemán de estadísticas europeas en 2018 encontró resultados positivos. El 73,9% de las personas transexuales encuestadas en el postoperatorio afirmaron tener una mayor satisfacción en la vida (Hess et al. 2018, 2). El estudio llegó a 610 individuos MtF que habían recibido cirugías de reasignación de sexo entre 1995 y 2015 del Hospital Universitario de Essen. De las 610 personas que habían recibido las cirugías, solo 156 respondieron, y posteriormente, solo el 75% de esos individuos informaron de su satisfacción, es decir, 117 personas. Seiscientas diez personas recibieron cirugías de reasignación de sexo, y sólo 117 personas respondieron positivamente sobre estos resultados: el 21%. Se trata de una elevada pérdida de seguimiento, que sesga los resultados para favorecer la opinión de las personas más entusiastas con sus resultados. En lugar de una tasa de satisfacción del 75% afirmada por la NBC (Guillen 2018), uno podría argumentar fácilmente una tasa de insatisfacción del 79% como el detransicionista de MtFtM Walt Heyer, que incluyó esta conclusión en su libro de 2018 *Trans Life Survivors[Supervivientes de la vida trans]* (Heyer 2018, 142). La verdad está entre estos dos extremos. Walt Heyer afirma que la baja participación en el estudio universitario, que realizó la cirugía, indica más insatisfacción que satisfacción.

Algunas de las personas encuestadas solo se habían sometido a las cirugías tres años antes, lo que no es un indicador preciso de la satisfacción a largo plazo, ya que se produce un periodo de luna de miel inmediatamente después de las cirugías de reasignación de sexo (Cuypere et al. 2006, 126). La deserción y las altas tasas de insatisfacción también sugieren que *"las creencias de los pacientes antes del tratamiento sobre una vida ideal después del tratamiento a veces no se cumplen"* (McHugh y Mayer 2016, 108).

En la entrevista de 60 Minutos con Lesley Stahl, Daisy Chadra, una joven adulta en proceso de transición, declaró: *"Después de cada paso que das, cada hito, te sientes como un millón de dólares. Cuando me operé de arriba, estaba eufórica. Cuando me cambié el nombre, estaba eufórica. Pero cuando todo lo que me había propuesto estaba hecho, todavía me sentía incompleta"* (Stahl 2021). Los sentimientos de insatisfacción de Daisy no son únicos entre los jóvenes transexuales. La búsqueda de la plenitud en lo externo y el consiguiente remordimiento del comprador forman parte de la condición humana.

El *Servicio de Inteligencia de Investigación Agresiva* de la Universidad de Birmingham informó sobre los resultados a largo plazo de las cirugías de reasignación de sexo de los Servicios Nacionales de Salud del Reino Unido. Revisando más de 100 estudios de seguimiento de transexuales postoperados, los investigadores concluyeron

> Que ninguno de los estudios aporta pruebas concluyentes de que la reasignación de sexo sea beneficiosa para los pacientes. El estudio concluyó que la mayoría de las investigaciones estaban mal diseñadas, lo que inclinaba los resultados a favor del cambio físico de sexo. No se evaluó si otros tratamientos, como el asesoramiento a largo plazo, podrían ayudar a los transexuales o si su confusión de género podría disminuir con el tiempo. (Batty 2004)

Los investigadores reconocieron que los estudios que duraron varios años debían informar de resultados no concluyentes *"porque los investigadores perdieron la pista de al menos la mitad de los participantes"*. Si los sujetos no participaban o terminaban de participar en el estudio, el investigador no los incluía. Esta decisión sesga los resultados del estudio.

Chris Hyde, Dr., director del Centro de Inteligencia de Investigación Agresiva, respondió a los problemas de pérdida de seguimiento. Escribió. *"Aunque no cabe duda de que se tiene mucho cuidado para garantizar que los pacientes adecuados se sometan a la reasignación de género, sigue habiendo un gran número de personas que se someten a la cirugía pero siguen traumatizadas, a menudo hasta el punto de suicidarse"* (Batty 2004). Entre la pérdida de seguimiento y la disonancia cognitiva, la calificación de la satisfacción a largo plazo y los índices de resultados de salud son, en el mejor de los casos, una encuesta subjetiva de participantes dispuestos y, en el peor de los casos, tremendamente inexactos.

¿Cuáles son los resultados de salud de las personas que recibieron SRS?

Un estudio estadounidense de 2015 descubrió que el 92% de las personas transgénero declararon haber intentado suicidarse antes de los veinticinco años (James et al., 2016). Una encuesta separada de estudiantes en edad escolar mostró intentos de suicidio en el 6,4% de los heterosexuales y en el 29,4% de los gays, lesbianas y bisexuales (Centro de Control de Enfermedades 2016, Tabla 27). Los defensores de las cirugías transgénero afirman que esto se debe al estrés social de ser transgénero en una sociedad que acepta a los transgéneros. Estas tensiones sociales pueden contribuir a algunos casos, pero las culturas excesivamente liberales y sexualmente inclusivas como Suecia encontraron resultados similares. Con una tasa de intentos de suicidio del 92%, definir cualquier tratamiento como exitoso es un reto.

Los homosexuales, por ejemplo, también son sexualmente atípicos, pero sus tasas de suicidio eran una fracción mínima en comparación con las personas con identidades transgénero. Las tasas de suicidio de las personas transgénero son similares a las de las personas con trastornos de identidad disociativa: alrededor del 70% (American Psychiatric Association 2018). El tratamiento para el trastorno de identidad disociativo, según la Asociación Americana de Psiquiatría, implica la psicoterapia. "*La terapia puede ayudar a las personas a ganar control sobre el proceso disociativo y los síntomas. El objetivo de la terapia es ayudar a integrar los diferentes elementos de la identidad... la medicación puede ayudar a tratar las condiciones o síntomas relacionados, como el uso de antidepresivos para tratar los síntomas de la depresión*" (Asociación Americana de Psiquiatría 2018).

En 2016, el gobierno de Obama consideró si los Servicios de Medicare y Medicaid cubrirían las cirugías de reasignación de sexo. Como presidente progresista en el último mandato de sus ocho años de presidencia, tenía mucha discreción para ordenar la cobertura de reasignación de sexo; sin embargo, su administración denegó la iniciativa basándose en una investigación exhaustiva de los estudios disponibles en ese momento. El memorando recomendaba

> Basándonos en una revisión exhaustiva de la evidencia clínica disponible en este momento, no hay suficiente evidencia para determinar si la cirugía de reasignación de género mejora los resultados de salud de los beneficiarios de Medicare con disforia de género. Los resultados de los estudios eran contradictorios (incoherentes); en los estudios mejor diseñados, algunos informaban de los beneficios, mientras que otros informaban de los daños. La calidad y la solidez de las pruebas fueron bajas debido a los diseños de los estudios, en su mayoría observacionales y sin grupos de comparación, a los posibles factores de confusión y al pequeño tamaño de las muestras. Muchos de los estudios que informaron de resultados positivos eran estudios de tipo exploratorio (series de casos y casos y controles) sin seguimiento confirmatorio. (Jensen, Chin, et al. 2016a)

La decisión final de la administración de Obama en agosto de 2016 fue la negativa de Medicare y Medicaid a cubrir la cirugía de reasignación de sexo en base a los malos resultados reportados por los estudios médicos. El estudio sueco de 2011 influyó en gran medida en esta decisión al mostrar una tasa de suicidio 19,1 veces superior a la del público en general y sin pruebas claras que demuestren que los tratamientos no son parte de la causa de los suicidios.

> El estudio identificó un aumento de la mortalidad y la hospitalización psiquiátrica en comparación con los controles emparejados. La mortalidad se debió principalmente a suicidios consumados (19,1 veces mayor que en los suecos de control), pero la muerte por neoplasias y enfermedades cardiovasculares también aumentó entre 2 y 2,5 veces. Observamos que la mortalidad de esta población de pacientes no se manifestó hasta después de 10 años. El riesgo de hospitalización psiquiátrica fue 2,8 veces mayor que en los controles, incluso después de ajustar por enfermedad psiquiátrica previa (18%). El riesgo de intento de suicidio fue mayor en los pacientes de sexo masculino independientemente del sexo del control. Además, no podemos excluir las intervenciones terapéuticas como causa del exceso de morbilidad y mortalidad observado. (Jensen, Chin, et al. 2016a, 245-2460)

En un estudio de seguimiento realizado en 2011 en Suecia, los investigadores encontraron tasas de morbilidad elevadas para los transexuales postoperados que el grupo de control de personas de la misma edad. Este estudio no compara las tasas de morbilidad de las personas transexuales que reciben cirugías de reasignación de sexo con las personas transexuales que no recibieron cirugías de reasignación de sexo. Por lo tanto, no se puede afirmar que las cirugías de reasignación de sexo hayan provocado un aumento de la morbilidad. Este estudio es especialmente destacable debido al elevado número de muertes por suicidio y de hospitalizaciones psiquiátricas por cuestiones no relacionadas con el trastorno de identidad de género en comparación con la población general (Dhejne, Lichtenstein, et al., 2011, 5). Estos resultados sugieren que, si existen mejoras dentro de la vida de las personas transgénero con transición médica, los resultados fueron aún pobres y no pueden considerarse un tratamiento efectivo. Sin estos tratamientos, los resultados no pueden ser significativamente peores que estos resultados ya terribles.

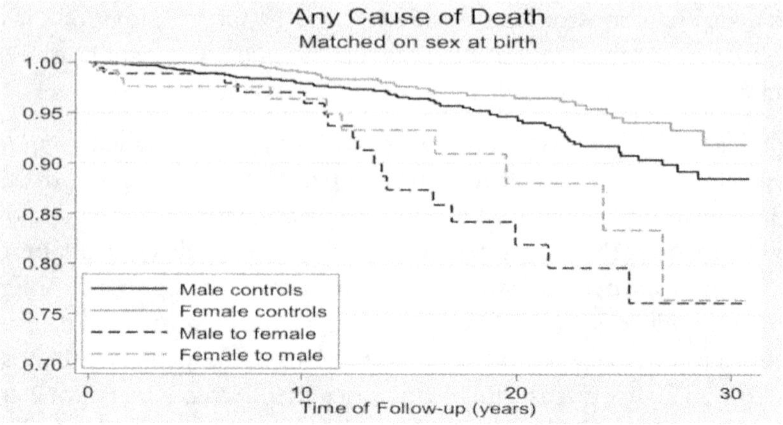

Figura 10.2 Seguimiento a largo plazo de personas transexuales sometidas a cirugía de reasignación de sexo: estudio de cohorte en Suecia (Dhejne, Lichtenstein, et al. 2011, 5)

Este estudio muestra resultados significativamente peores que cualquier otro estudio. Una de las razones de estos resultados adversos es que este estudio no tiene ningún elemento subjetivo, lo que elimina la disonancia cognitiva. Este estudio no tiene pérdidas de seguimiento porque no hace un seguimiento de los participantes voluntarios; en su lugar, los investigadores utilizan las bases de datos nacionales para observar las pruebas objetivas de las tasas de suicidio, las hospitalizaciones y las tasas de neoplasias, así como otros resultados sanitarios. Este conjunto de sujetos comprende algo más que la baja tasa de los que respondieron o las personas un año después de la transición. Este estudio incluye a todas las personas mayores de 30 años. Este estudio muestra que cuantas más personas se incluyan en el estudio, cuanto más tiempo dure el estudio, peores serán los resultados para las personas transgénero con reemplazo hormonal y cirugías de reasignación de sexo.

Este informe es muy citado porque el suicidio en pacientes postoperatorios es 19 veces mayor que en general. En la figura 10.2, las líneas discontinuas son individuos transexuales postoperados. Las líneas continuas son un grupo de control de personas emparejadas por edad y sexo. Aunque ambos grupos comienzan simultáneamente en el gráfico, la agrupación de transexuales muestra inmediatamente una rápida pérdida de vida. En 30 años, el 25% de las personas que recibieron la cirugía de reasignación de sexo habían muerto, mientras que más del 90% de las personas del mismo sexo y edad que no habían recibido cirugías de reasignación de sexo estaban vivas.

En la figura 10.3, la categorización de los tipos de muerte es reveladora. Además de las tasas de suicidio y hospitalización, el número de muertes por tumores (neoplasia) es también cuatro veces superior al del grupo de control. Los transexuales que participan en el bloqueo hormonal y el reemplazo hormonal tienen una mayor probabilidad de desarrollar el crecimiento del tumor debido a la toma de estrógeno (Knight y McDonald 2013, 18). Los tratamientos con estrógenos también conducen a coágulos de sangre potencialmente mortales que se inician en la pierna y se desplazan a los pulmones (embolia pulmonar). Tanto los estrógenos como la testosterona pueden afectar gravemente a los niveles de colesterol y triglicéridos. Los resultados de salud aparentemente no relacionados son peores para las personas transgénero. Por ejemplo, la tasa de diabetes en personas transgénero es del 25,9%, mientras que las personas LGB tienen una tasa de diabetes del 13,7%. Además, el 40% de las personas transgénero son diagnosticadas como obesas, mientras que el 24,6% de las personas cisgénero son obesas (Erickson-Schroth y Jacobs 2017, 52).

	Outcome incident rate per 1000 person-years 1973-2003	Controls
Any death	7.3	2.5
Death by suicide	2.7	.1
Death by cardiovascular disease	2.4	1.1
Death by neoplasm (cancer)	2.2	1.0
Any psychiatric hospitalization*	19.0	4.2
Substance misuse	5.9	1.8
Suicide attempt	7.9	1.0
*Hospitalization for gender identity disorder not included		

Figura 10.3 Tasas de morbilidad (Dhejne, Lichtenstein, et al. 2011, 5)

Los resultados de estos estudios revelan una idea importante. Si los tratamientos médicos tratan correctamente la disforia de género, las cirugías de reasignación de sexo y las hormonas provocan una reducción significativa de la duración de la vida. Además, los tratamientos hormonales no son seguros. Una persona puede identificarse como hombre, pero si una persona es hormonalmente una mujer y utiliza bloqueadores hormonales y suplementos de andrógenos, esto causará estragos en su cuerpo, que no fue diseñado para manejar la testosterona a los niveles naturales para los hombres. Según el Dr. Cretella, *"estos medicamentos detienen el crecimiento óseo, disminuyen la acumulación ósea, impiden la organización y maduración del cerebro adolescente dependiente de los esteroides sexuales e inhiben la fertilidad"* (Cretella 2016, 53). Los otros efectos secundarios de la terapia con testosterona *"incluyen el desarrollo de policitemia, dislipidemia, aumento del riesgo cardiovascular e hiperplasia endometrial"* (Seal 2017, 212). Además de los peligros físicos del tratamiento hormonal, otro hallazgo del informe Dhejne de 2011 fue que la inestabilidad mental de los pacientes no disminuyó con las cirugías de reasignación de sexo. La hospitalización por problemas de salud mental fue 4,5 veces mayor que la de la población general entre diez y quince años después de la cirugía. Además, los intentos de suicidio fueron 7,9 veces mayores, el abuso de sustancias es 3,3 veces mayor y la participación en delitos fue dos veces mayor que la de las personas que no recibieron cirugías de reasignación de sexo. El 41% de las personas transgénero declaran haber intentado suicidarse, en comparación con el 1,6% de la población general, y las tasas se elevan al 55% en el caso de las personas que perdieron un trabajo por prejuicios (Grant et al., 2011).

Las presiones sociales sobre las personas transgénero también son mucho más altas que las de la población general, ya que el 51% afirma haber sido acosado/abusado en la escuela, y el 64% es víctima de agresiones sexuales (Tanis 2016). Las personas transgénero de color reportan una tasa de intento de suicidio del 56% (Haas, Rodgers y Herman 2014). Además, el 57% de los familiares de las personas transgénero se niegan a hablar con ellas, y el 69% experimenta la falta de hogar (Haas, Rodgers y Herman 2014). Un estudio realizado en Toronto demostró que el 57% de los jóvenes transgénero de entre dieciséis y veinticuatro años intentaría suicidarse si se encontrara en un hogar de *"poco a nada de apoyo"*. Los jóvenes transgénero de una familia *"muy comprensiva"* solo intentaron suicidarse en un 4% (Travers, Bauer y Pyne 2012).

Estas altas tasas de desesperación, violencia e impotencia, que conducen a los intentos de suicidio, son impactantes, y es necesaria una respuesta adecuada. Por muy deficiente que sea la opción terapéutica medicalizada, la iglesia debe apoyar a las personas transexuales. Una familia que les apoye es uno de los factores más críticos para el bienestar de una persona transgénero; por lo tanto, la iglesia debe mostrar su apoyo a las familias de las personas transgénero y animarlas a mantener las líneas de comunicación abiertas. La compasión es necesaria, y las personas transgénero deben saber que son amadas, y que este trastorno no es culpa suya.

Qué dicen los expertos en realismo de género?

Los activistas de género más extremos fomentarán la transición sin tener en cuenta los resultados adversos para la salud o la edad del paciente. Entonces, ¿qué recomiendan los moderados o los activistas conservadores? Cuando se consideran los consejos de expertos como Kenneth Zucker, Ray Blanchard, J. Michael Bailey, Anne Lawrence, Debra Zoh y Abigail Shrier (entre otros), sus opiniones son relativamente coherentes. Afirman que algunas personas con disforia de género de inicio temprano se benefician enormemente de un enfoque médico para ayudar a la transición social a su identidad de género. Estos profesionales son plenamente conscientes de los riesgos de la transición, pero su experiencia con la disforia de género les ha convencido de que éste es el mejor enfoque para algunas personas.

El profesor de Teología Moral del Seminario Regional de San Vicente de Paúl, en Denver (Colorado), E. Christian Brugger, D.Phil., afirma igualmente que las cirugías de reasignación de sexo de los transexuales deben permitirse en una capacidad mínima. Sostiene que los profesionales médicos deben estar razonablemente convencidos de que un paciente específico *"nunca podría encontrar la paz psicológica aparte de la cirugía, es decir, tendría que ser un último recurso"* (Brugger 2016, 15). Todos los expertos mencionados anteriormente están de acuerdo en que la sociedad debe dar cabida a los adultos que sufren disforia de género de por vida. Los mismos expertos también están de acuerdo en que algunos jóvenes pueden tener disforia de género persistente de por vida, mientras que la mayoría de los jóvenes adolescentes están experimentando un contagio social. Este consejo de los profesionales de la medicina que defienden los principios del realismo de género debería tener una gran influencia en esta heurística.

¿Tiene la comunidad médica alguna otra opción?

Harry Benjamin, Médico, en *El Fenómeno Transexual,* dedujo de sus 20 años de experiencia: *"La psicoterapia con el objetivo de curar el transexualismo para que el paciente se acepte como hombre, hay que repetirlo aquí, es una empresa inútil con los métodos actualmente disponibles. La mente del transexual no puede ser cambiada en su orientación de género"* (Benjamin 1966, 54). La conclusión del Dr. Benjamin ha sido la teoría dominante durante el medio siglo anterior, aunque la profesión médica ha avanzado sustancialmente en el mismo tiempo. El Dr. Benjamin concluyó,

> *Siendo evidente, por tanto, que la mente del transexual no puede ajustarse al cuerpo, es lógico y justificable intentar lo contrario, ajustar el cuerpo a la mente. Si se rechaza tal pensamiento, estaríamos ante un nihilismo terapéutico al que nunca podría suscribir por las experiencias que he tenido con pacientes que sin duda han sido salvados o al menos claramente ayudados por sus conversiones. (Benjamin 1966, 54)*

Las conclusiones del Dr. Benjamin no son especialmente optimistas y sin duda pueden mejorarse con un enfoque más holístico.

Al abordar el primer paso de esta heurística, se da una deferencia sustancial a la comunidad médica y su capacidad para ofrecer tratamientos eficaces. Los doctores en medicina Anna Terruwe, M.D., y Conrad Baars, M.D., en su libro *Psychic Wholeness and Healing*, afirman lo siguiente con respecto a las personas de fe que intentan realizar tratamientos psicológicos,

> [N]adie debe proceder por su cuenta ni en la cuestión del diagnóstico de la propia enfermedad ni en la aplicación de nuestras directrices terapéuticas. De mayor peligro aún, especialmente en los círculos de la Renovación Carismática y de los pentecostales, es la práctica popular de la *"curación interior"* por parte de personas mínimamente cualificadas. Puede que posean la fe y la buena voluntad necesarias hacia sus hermanos y hermanas neuróticos en Cristo, pero demasiados están igualmente afectados sin darse cuenta o carecen de los conocimientos profesionales necesarios para ayudar eficazmente a los pacientes neuróticos gravemente afligidos, a menos que se produzca una curación instantánea en raras ocasiones. (Terruwe y Baars 1981, 111)

Los doctores Terruwe y Baars, científicos católicos holandeses de gran prestigio, advirtieron a los párrocos y a los cristianos bien intencionados que los laicos médicos no deben ser quienes diagnostiquen u ofrezcan tratamientos terapéuticos sin la supervisión de un profesional médico. Los profesionales de la psiquiatría no siempre tratan correctamente las múltiples capas del desarrollo psicosexual. 16.000 jóvenes han sido sometidos a terapias de conversión basadas en la religión antes de los dieciocho años, y 698.000 personas participaron en terapias de conversión por ser LGBT (Mallory, Brown y Conron 2019). El Instituto Williams descubrió que las personas LGBT que se sometieron a asesoramiento religioso tenían más probabilidades de suicidarse que las que no recibieron ninguna terapia (Meyer, Teylan y Schwartz 2014).

Cuando se ponen en marcha las prohibiciones de la terapia de conversión, como se encuentra en una minoría de estados, los clérigos que el estado no ha autorizado como profesionales de la salud mental y están exentos de estas prohibiciones. Los doctores Terruwe y Baars no podrían enfatizar lo suficiente que las personas religiosas deben usar el autocontrol y no sobrepasar su experiencia e involucrarse en prácticas que dañen a la persona que ya está luchando. El documento *Masculino y Femenino los creó* se hace eco de este consejo al afirmar que los profesionales de la medicina pueden realizar una *intervención terapéutica.* La Sagrada Escritura también afirma esta postura en el Libro del Eclesiástico.

> *Dios hace a los médicos e ilumina la mente del médico:*
>
> *Hazte amigo del médico, pues es esencial para ti; Dios también lo ha establecido en su profesión. De Dios, el médico tiene sabiduría, y del rey recibe el sustento. El conocimiento hace que el médico se distinga y le da acceso a los que tienen autoridad.* (Sir 38 1-3 NAB)
>
> *Dios hace que los farmacéuticos y las hierbas hagan medicamentos:*
>
> *Dios hace que la tierra produzca hierbas curativas que el prudente no debe descuidar; dota a la gente de conocimiento para que se gloríe en sus poderosas obras, mediante las cuales el médico alivia el dolor y el farmacéutico prepara sus medicamentos. Así, la obra de Dios continúa sin cesar en su eficacia sobre la superficie de la tierra.* (Sir 38: 4, 6-8 NAB)
>
> *Ben Sirach aconseja a su hijo si está enfermo*

> *Hijo mío, cuando estés enfermo, no te demores, sino reza a Dios, pues es él quien cura. Huye de la maldad y purifica tus manos; limpia tu corazón de todo pecado. Ofrece tu oblación y memorial de olor dulce, una ofrenda generosa según tus posibilidades. Luego, dale su lugar al médico para que no se vaya; tú también lo necesitas, pues hay momentos en que la curación está en sus manos. También él reza a Dios para que su diagnóstico sea correcto y su tratamiento produzca la curación.* (Sir 38: 9-15 NAB)

El consejo de Yeshua ben Sirach de hace 2200 años es similar al consejo religioso que se da hoy en día. Primero, reza, confiesa tus pecados, acude al sacrificio y, por último, confía en un médico, especialmente en uno que rece a Dios para obtener un diagnóstico y un tratamiento adecuados.

Los doctores Terruwe y Baars abogan por recurrir a *"un psiquiatra cristiano, preferiblemente, pero no necesariamente, que esté acostumbrado a rezar con sus pacientes".*[3] También aconsejan recurrir a *"[uno que] cuente con la plena aprobación de su director espiritual, [ya que] puede despejar cualquier duda que, de otro modo, habría impedido, si no imposibilitado, el proceso de curación"* (Terruwe y Baars 1981, 112–113). Si los profesionales médicos están de acuerdo en que las cirugías de reasignación de sexo son el mejor enfoque para un individuo, esta decisión no está exenta de condiciones.

La activista británica transgénero MtF (transmedicalista) India Willoughby sufrió disforia de género durante toda su vida, y declaró algo parecido al Dr. Brugger. Afirma: *"Yo tampoco quiero que la gente haga la transición. Es un último recurso. Es una vida muy dura. Quien quiera hacer la transición pensando que va a ser un camino de rosas se equivoca"* (Willoughby 2019).

Dr. Brugger va más allá: *"Tendrían que ser sinceros en cuanto a que lo que se está llevando a cabo no es un cambio de sexo o un cambio de género, sino un procedimiento quirúrgico gravemente desfigurador destinado a realizar cualquier estabilidad psíquica posible en esta vida"* (Brugger 2016, 15). El planteamiento del Dr. Brugger podría ser una respuesta más reflexionada a la que aludió el Papa Francisco cuando en una entrevista improvisada dijo: *"Las tendencias, el desequilibrio hormonal, tienen y causan tantos problemas... hay que estar atentos. No decir que es todo lo mismo, pero en cada caso, acoger, acompañar, estudiar, discernir e integrar. Esto es lo que haría Jesús hoy"* (San Martín 2016).

---

[3] Para los católicos, se trata del Santo Sacrificio de la Misa.

[India Willoughby, 1965—]

10.3 Paso 2: Restablecer el Orden Natural

Juicio—el tratamiento debe tener como objetivo restaurar el orden natural

> El hombre y la mujer son creados, es decir, queridos por Dios: por una parte, en perfecta igualdad como personas humanas; por otra, en sus respectivos seres como hombre y mujer. El hombre y la mujer son con una misma dignidad *"a imagen de Dios"*. *(CCC,* 369)

Aunque esta heurística ha mostrado una deferencia sustancial hacia la comunidad médica, no deja de preocupar el hecho de que los médicos puedan violar la postura moral de la Iglesia y comprometerse con la ideología de género. Supongamos que un médico no participa en la afirmación de género. Su negativa puede considerarse una terapia de conversión, que es ilegal y se considera un delito de odio en veinte estados. La negativa de los médicos a secundar la transición del paciente sin reservas puede llevar a los clínicos a perder su licencia para ejercer la medicina. Es mucho lo que está en juego para los profesionales de la medicina. En *Matters of Life and Death [Asuntos de Vida y Muerte]*, el pediatra John Wyatt, M.D., utilizó la imagen de la restauración de la naturaleza para parecerse más a un restaurador de arte que a un anuncio de Lego; *la única limitación es su propia imaginación.* Los médicos deberían ser como restauradores, devolviendo una obra de arte a su gloria original. Por desgracia, los médicos de hoy en día se están pareciendo más a los anuncios de Lego que a los restauradores de arte.

En las primeras *normas de atención* establecidas por Harry Benjamin, una persona que se preparaba para la transición debía vivir como miembro del sexo opuesto durante un año antes de las intervenciones hormonales o quirúrgicas. Durante el periodo de prueba, el paciente debía demostrar que, si se permitía la transición, esta le haría *"normal"*, es decir, encajaría mejor en el sistema binario (Erickson-Schroth y Jacobs 2017, 27).

Desde la publicación de las Normas de Atención de WPATH de 2012, se ha eliminado el requisito de que los tratamientos sitúen mejor a una persona en un género determinado. Aunque la Iglesia prefiere seguir los consejos de la ciencia médica, no puede hacerlo cuando la medicina se ramifica en la ideología en lugar del realismo natural. En primer lugar, hay que considerar la cuestión metafísica de cómo afectan estos procedimientos médicos a la totalidad del individuo. En segundo lugar, ¿cómo restauran estas intervenciones médicas la creación original con su belleza única e irrepetible?

¿Pueden los órganos sanos ser médicamente mutilados en aras de la totalidad?

El Papa Pío XII, en su discurso a los delegados asistentes al *V Congreso Internacional de Psicoterapia y Psicología Clínica* en 1953, advirtió,

> *Con menos razón aún, ¿puede la psicoterapia aconsejar a un paciente que cometa un pecado material con el argumento de que no tendrá culpa subjetiva? Tal consejo también sería erróneo si esta acción se considerara necesaria para el alivio psíquico del paciente y, por tanto, parte del tratamiento. Nunca se puede aconsejar una acción consciente que sería una deformación y no una imagen de la perfección divina"* (Pio XII 1953b, sec. 39).

El comentario del Papa se refiere a la asociación psicológica. La deformación de la imagen de la perfección divina no es una deformación física sino moral. Sin embargo, el consejo sería válido para cualquier deformación alejada de la totalidad de la perfección divina. Por lo tanto, los médicos deben rechazar cualquier deformación, aunque no está claro qué transformaciones físicas pueden permitirse para el "alivio psíquico". No se puede olvidar cuando Pío XII también afirmó que la moralidad de la cirugía estética *"depende de las circunstancias específicas de cada caso"* (Pentin 2010).

Medio año más tarde, Pío XII se dirigió al Congreso de la Sociedad Internacional de Urología, creando un triple criterio de totalidad para justificar un procedimiento que resulte en una mutilación anatómica o funcional:

1. La retención o la función de un órgano concreto dentro del conjunto del organismo está causando daños graves o constituye una amenaza para la totalidad de la persona;

2. El daño o la amenaza no pueden evitarse, o incluso disminuirse notablemente, salvo mediante la mutilación en cuestión y cuya eficacia está bien asegurada; y
3. Se debe esperar razonablemente que el efecto positivo compense el efecto negativo. (Pío XII 1953a)

En la revista Health Care Ethics USA de 2016, Becket Gremmels, Ph.D., evaluó las cuestiones relativas a la transexualidad utilizando los criterios de Pío XII. El Dr. Gremmel recuerda un caso presentado por Pío XII, en el que un hombre necesitaba que le extirparan los testículos para frenar el cáncer de próstata, que se acelera en presencia de testosterona. Aunque los testículos de este hombre no estaban enfermos ni eran patológicos, su presencia aceleraba la patología en otra parte del cuerpo. Por ello, Pío XII afirmó que era aceptable extirpar los testículos del hombre, esterilizándolo en consecuencia. Sin embargo, en el caso del cáncer de próstata, no es lo mismo extirpar los testículos sanos para alargar la vida que para mejorar el estado mental (Gremmels 2016, 7).

Pío XII enseñó *"para asegurar su existencia, o para evitarla, y, naturalmente, para reparar daños graves y duraderos que no podrían evitarse o repararse de otro modo"* (Pío XII 1952). La extirpación de los órganos sexuales para aliviar un estado mental esterilizará a los individuos, impidiéndoles tener una familia natural. Esta acción pregunta si la cirugía mejora la condición de vida de la persona y mantiene la salud para la totalidad del cuerpo.

Supongamos que los médicos realizan procedimientos médicos para aliviar la psique de una persona con disforia de género. Para las personas que sufren una disforia de género de inicio temprano en la edad adulta, la transición social puede ser la única forma de aliviar la disforia. Además, para la transición social, algunos procedimientos médicos pueden ser útiles para que los demás perciban a esa persona como miembro de ese género. No obstante, el Dr. Brugger afirma que los profesionales médicos católicos están obligados a "hacer lo posible para garantizar que *su participación no contribuya a actitudes culturalmente erróneas sobre estas importantes áreas"* (Brugger 2016, 16). Por lo tanto, los profesionales médicos católicos pueden participar en los tratamientos de disforia de género establecidos por la comunidad médica, pero no pueden aparecer para promover lo que el Papa Francisco llama *"teoría de género."*

¿Qué significa la totalidad de una persona sexuada?

La Iglesia mantiene una complementariedad de los sexos con expresión masculina y femenina, masculina y femenina. Aunque algunos cristianos acentúan estas diferencias para crear una caricatura de la imagen del hombre o la mujer, la Iglesia católica no adopta este enfoque radical. El Papa Francisco en La alegría del amor (*Amoris Laetitia*) sec.286 advierte contra la falsa dicotomía de la amplia variación de los sexos y cómo puede confundir aún más a los jóvenes ya que la mayoría de las personas no se ajustan totalmente a estos estereotipos. Como se afirma en numerosas ocasiones a lo largo de este libro, *"cada uno de los dos sexos es imagen del poder y de la ternura de Dios, con igual dignidad aunque de manera diferente" (CCC,* 2205*)*.

La ciencia médica del siglo pasado sugiere varias formas en que las personas experimentan la orientación sexual, el género y lo que significa ser hombre o mujer. Estas expresiones pueden tener fundamentos hormonales y neurológicos, pero la fluidez del género abre la posibilidad de diferentes formas de vivir cada vocación. Por ejemplo, Elle Palmer, una persona FtMtF, empezó a hacer la transición a hombre a mediados de la adolescencia para volver a ser mujer a los diecinueve años. El consejo que ofrece ahora es: *"Me diría a mí misma que no tengo que ser de una determinada manera para ser una mujer. Puedes vestirte como quieras, puedes maquillarte o no tienes que hacerlo. No tienes que cambiarte a ti misma"* (B. White 2020).

Elle aprendió que no todas las cualidades accidentales de su género son propiedades esenciales de ser hombre o mujer. Aristóteles enseñó este mismo enfoque basado en la teoría del esencialismo de tipo. Por ejemplo, un coche de bomberos puede no ser esencialmente rojo, pero debe cumplir funciones específicas en su diseño, o el objeto deja de ser un coche de bomberos. Si en su diseño, el objeto no tiene mangueras, escaleras, ruedas, locomoción, velocidad, etc., la sustancia carece de causalidad eficiente. El término *"en su diseño"* es vital para la definición del *esencialismo de tipo* porque un camión de bomberos roto sigue siendo un camión de bomberos.

De forma análoga, ¿cómo se determina si una persona transgénero es un hombre o una mujer? En primer lugar, hay que observar el presente material o la causa eficiente (las piezas del camión de bomberos) y su finalidad o causa final (un vehículo utilizado para apagar incendios). A continuación, si nos fijamos en la morfología del cuerpo de una persona y examinamos sus partes, podemos determinar la densidad ósea, la masa muscular, las estructuras óseas, el tamaño de los órganos, los órganos presentes o ausentes, las hormonas y las estructuras cerebrales. A partir de esta determinación, nos preguntamos cuál es la causa final de que estas partes funcionen juntas. En la mayoría de las personas cisgénero, estas partes trabajan al unísono hacia la finalidad de la reproducción y la vida familiar.

Para las personas intersexuales, se produce un conflicto dentro del cuerpo entre los componentes físicos. Por ejemplo, si las estructuras masculinas del cuerpo no absorben la testosterona, el cuerpo y el cerebro se desmasculinizan. La intersexualidad es una ambigüedad física, por lo que se aborda la cuestión de la *quididad* con precaución. Si los cerebros intersexuales son posibles, la totalidad del sexo de la persona es menos evidente a simple vista. Si una persona es un varón *"roto"*, la persona sigue siendo un varón, como un camión de bomberos con un eje roto. En el caso de una persona intersexual o transgénero, la pregunta podría no ser respondida por la comunidad médica.

¿Por qué las teorías específicas de género son tan escépticas respecto al realismo biológico?

Charlotte Witt, Ph.D., no acepta este tipo de *esencialismo de tipo*. Para las mujeres liberadas, este concepto de esencialismo de tipo es amenazante y limitante. Si se dice que la mujer es un tipo de clasificación, la categoría debe poseer un tipo de naturaleza particular. Los practicantes del esencialismo están a un paso de decir a las mujeres cómo deben vivir su naturaleza. Sin embargo, como realista aristotélica, afirma que no se puede negar que las mujeres se encuentran con el mundo de forma diferente a los hombres. Afirma que cuando se pregunta a la gente común si cree que sería la misma persona si fuera del sexo opuesto, todos dicen que *"no"* ((Witt 2011, XI). Así, la experiencia que los no filósofos/no feministas expresan públicamente es que el género importa. La Dra. Witt explora el significado detrás de la idea de que el género importa. ¿Qué es lo que importa? ¿Los cromosomas, los órganos sexuales, las hormonas, cómo se ve uno a sí mismo o los roles sociales?

Este tema también sigue siendo relevante para las personas no conformes con el género. La no conformidad de género puede ser un término utilizado por los teóricos del género para luchar contra el patriarcado. El término no conforme con el género puede utilizarse para abordar con veracidad la gama de expresiones de la masculinidad y la feminidad dentro de una cultura. Estos dos polos, totalmente masculino y totalmente femenino, pueden ser las fuentes de la expresión humana, pero las personas individuales nunca son totalmente ejemplos de ninguno de ellos. Los hombres y las mujeres forman parte de un espectro, una idea que debería aceptarse, ya que un mundo de hombres Marlboro y muñecas Barbie no son las imágenes ideales de la complementariedad humana.

Las feministas de la segunda ola se centran en los hombres y las mujeres, englobando los mismos elementos masculinos y femeninos, y afirmando que no hay diferencias entre ambos. Grupos como *Mermaids* primero enseñan a los niños una definición estereotipada de ser hombre o mujer. En segundo lugar, sugieren que algunos niños nacen en el sexo equivocado basándose en sus rígidos estereotipos de género de G.I. Joe y Barbie. En tercer lugar, si los niños no son del sexo opuesto, deben ser no binarios. El hecho de avergonzar a los varones femeninos o a las mujeres masculinas confunde a los jóvenes y puede empujar a algunos a buscar la cirugía de reasignación de sexo.

Laura Erickson-Schroth, M.D., y Laura Jacobs, LCSW-R en *"Estás en el baño equivocado"* compararon las imágenes de Barbie y Ken también en la comunidad transgénero. Los iconos transgénero más visibles son Caitlyn Jenner, Janet Mock y Chaz Bono. Ellos *"parecen emular las expresiones clásicas de género, vistiendo ropa de diseño y yendo de una mansión a un hotel de élite a programas de televisión o a apariciones en premios en limusinas"* (Erickson-Schroth y Jacobs 2017, 11). Los medios de comunicación dan a las personas ajenas a la comunidad transgénero la impresión de que las personas transgénero son, en general, privilegiadas y ansían llamar la atención. Según las feministas de la cuarta ola, la persona transgénero media se sitúa en los mismos rangos de masculinidad y feminidad que todos los demás. No existe ningún vínculo entre la identidad de género y la expresión de género. No hay una sola manera de ser un hombre o una mujer transgénero, como tampoco la hay de ser un hombre o una mujer cisgénero. Esta amplia gama de identidades también puede apuntar al concepto de que el género no existe y la conversación sobre la transexualidad se vuelve irrelevante. Según esta ideología, cada persona es su propio género.

Las feministas de la segunda ola son menos peligrosas para los niños que las de la cuarta ola, pero aun así, lo mejor sería seguir la normatividad del realismo biológico. Permitir un estado natural de inconformismo no es peligroso si se actúa de acuerdo con una auténtica autoexpresión. El significado de ser hombre o mujer puede ser amplio. El P. Ashley admitió que *"incluso la masculinidad y la feminidad resultan ser en gran medida culturales más que genéticas"* (Ashley 1985, 20).

Muchos transactivistas de MtF afirmaron lo que el Papa Francisco quiere decir con la confusión de género basada en falsas dicotomías. Kate Bornstein, una persona de MtF, confesó en *Gender Outlaw [Fuera de la ley de género]*.

> No tengo ni idea de como se siente *"una mujer"*. Nunca me sentí como una niña o una mujer; más bien, fue mi convicción inquebrantable de que no era un niño o un hombre. Fue la ausencia de un sentimiento, más que su presencia, lo que me convenció de cambiar de género. (Bornstein 1995, 24).

En *Transgressive [Transgresor]*, Rachel Anne Williams admite: *"Mi cuerpo no puede reducirse a una sola categoría... Confunde a quienes no pueden ver el cuerpo como lo que es: un campo de potencial"* (R. A. Williams 2019, 121). Dr. Laura Erickson-Schroth, y Laura Jacobs, escribieron que algunas personas "llegan a su identidad trans a partir de una exploración continua del género y que su comprensión de sí mismos ha sido influenciada por la cultura y las normas de género" (Erickson-Schroth y Jacobs 2019, 30).

La amplia gama de expresiones personales como individuos pueden estar conformándose a las normas de género socialmente construidas, o pueden resistirse a ellas políticamente o simplemente por sus propias preferencias personales. Estos individuos no estarían en contra del principio de que el género es individual y de lo que quieran que sea su expresión. Sin embargo, el género no representa nada objetivo o universal bajo la nueva comprensión posmoderna del término género, y por lo tanto, no significa nada. Si el género es un término sin sentido, la respuesta de la iglesia puede ser el rechazo total del término. La iglesia puede utilizar sexo en lugar de género, ya que el sexo es el resultado de la genética, las hormonas, la morfología y otros criterios médicos objetivos. Además, el sexo se relaciona con la reproducción, la complementariedad del hombre y la mujer, y los temas relacionados con la moral sexual. Los baños de hombres y mujeres son simplemente baños de hombres y mujeres. Si eso resulta demasiado controvertido, pueden simplificar más los rótulos, *"innie" y "outie"*.

Usar el Sentido común

La unificación clásica del sexo y el género es bastante diferente de la perspectiva posmodernista. El enfoque clásico del sexo está fuertemente entrelazado con la causalidad y la teleología, que utiliza las filosofías de Aristóteles y Santo Tomás de Aquino. Las identidades transgénero son una ruptura de lo que Santo Tomás definiría como sentido común. Santo Tomás escribe: *"Sensus enim communis es quaedam potentia, ad quam terminantur immuntationes omnium sensuum"* (*Comentario* de Aquino al *De Anima II. de Aristóteles*, lect.13). Utilizando la traducción de Bossuet, *"Esta facultad del alma que organiza las impresiones de los sentidos de manera que se forme un objeto unificado a partir de todo lo recibido por los sentidos se llama sentido común"* (Bossuet 1900, I no. 4, 46). El sentido común para Santo Tomás significa la culminación de la impresión combinada de todos los sentidos.

Aplicando la prueba del sentido común a la cuestión de la transexualidad, hay que fijarse en las características físicas y sociales de la persona para determinar la quididad. Las características sociales pueden apoyar la identificación transgénero; sin embargo, esta afirmación de ser del género opuesto no podría ser una identidad de género personalizada basada en los deseos. La identidad sexual debe incluir principalmente el aspecto físico y, en segundo lugar, la expresión de género. Utilizando un viejo tópico, si parece un pato, *nada como un pato y grazna como un pato, probablemente sea un pato.*

¿La causalidad crea diferencias entre los teóricos de género y los aristotélicos?

Cada sexo es también una propiedad del ser humano. Un predicado se aplica a todas las instancias del término sujeto, un ejemplo es la raza de una persona. Independientemente de la ocupación, la ubicación o la cultura de una persona, su raza es consistente. Por el contrario, el término sujeto se predica en todos los casos del predicado. Por ejemplo, para ser una persona de una determinada raza se requiere un ADN único transmitido por los padres biológicos que son miembros de esa raza. En consecuencia, el sexo también es una propiedad, ya que un ser humano se predica de uno que tiene un sexo biológico, y el sexo se predica de un ser material. El sexo sólo se produce cuando existe algo con lo que se puede unificar el sexo.

Las propiedades del sexo están contenidas en sus principios aristotélicos de causalidad. La causalidad se refiere a la relación entre la fuente de la acción, el efecto y su consecuencia. En su obra *Física*, Aristóteles definió cuatro causas: formal, material, eficiente y final, cada una de las cuales responde al *"por qué"* en un modo de existencia diferente (Aristóteles Física, 194b 20-35).

1. La causa eficiente (motivo): los padres que proporcionaron la materia y la forma para la descendencia. Aristóteles escribe que una causa eficiente o agente es la *"fuente primaria del cambio o de la llegada a la vida"*.
2. La causa material: la alimentación de la madre en el vientre materno y el alimento mientras el niño se desarrolla. Aristóteles define la causa material como *"aquello a partir de lo cual una cosa llega a ser y persiste."*
3. La causa formal (Logos): el proceso por el que un cigoto se convierte en un ser humano adulto completo. Aristóteles escribe que una causa formal es *"la forma o arquetipo, es decir, el enunciado de la esencia."*
4. La causa final: el fin al que conduce el proceso. En términos naturales, muy parecido al Logos. Aristóteles define la causa final *"en el sentido de fin o aquello por lo que se hace una cosa"*. Para el Aquinate, esto conduce a la *imago Dei*, la participación en la vida divina.

La más importante de las cuatro causas para los teóricos del género, que suelen ser materialistas, es la causa eficiente. Para los tomistas, la causa final es la más importante ya que este modo incluye la beatitud y la gracia. El fin teleológico del hombre es la respuesta a la *quididad*. El hombre nace para la bienaventuranza. La beatitud no es una de las muchas opciones humanas que la humanidad puede elegir, sino la *razón de ser*. Este lenguaje permite debatir las cuestiones de género, ya que todos los seres materiales son una combinación de forma y materia. Los teóricos del género suelen ser dualistas que utilizan un modelo según el cual la forma es separable de la materia, de modo que una persona con un cuerpo masculino (materia) podría tener un espíritu femenino (forma). El modelo aristotélico no permite este dualismo, ya que la materia no puede existir sin la forma, y la forma no puede existir sin la materia.

La materia siempre sigue a la forma. El lector no debe pensar en la forma como un molde de gelatina, que da forma a una sustancia amorfa. La forma sería más bien el sinónimo de un plano de una casa (inmaterial), uno de los famosos ejemplos de los neoaristotélicos (Aristóteles *Metafísica*, vii 17, 1041b28-30). Las tejas, las tablas, las ventanas, las puertas, etc., tienen formas y sustancias *eo ipso* (en sí mismas). Sin embargo, se convierten en objetos mayores que la suma de sus partes cuando se construyen de una manera determinada: se convierten en una casa. La forma o el plano, llevado de la potencialidad a la actualidad, es la creación de la casa. Para entender cómo algo se diferencia como una casa, una iglesia, un edificio de oficinas o un montón de materiales en The Home Depot, hay que entender la causalidad, ya que materialmente (eficientemente), todos son lo mismo.

¿Es alguien un hombre o una mujer? La diferenciación del sexo también depende de la forma y la materia. Si una persona tiene una forma femenina, le sigue una materia particular, es decir, un útero, pechos, abundancia de estrógenos, estructuras femeninas en el cerebro, etc. Si todos estos elementos no están presentes, alguna combinación debe estarlo; de lo contrario, no se puede ser mujer por ninguna definición. A nivel micro, tanto los hombres como las mujeres tienen una causa eficiente idéntica: las células. La causa final es necesaria para unir las células de forma que se cree el hombre o la mujer. A un nivel aún más micro, todos los seres materialmente son electrones, protones y neutrones. Lo que determina que un t-rex sea una montaña o un tren es su forma. Sin la causa formal, no se podría diferenciar entre el R.M.S. Titanic, el iceberg, el Océano Atlántico Norte o los pasajeros.

Aristóteles, en su explicación de la causa final, ofrece el siguiente relato:

> Anaxágoras afirma que la posesión de manos convierte al ser humano en el más inteligente de los animales. Sin embargo, seguramente el punto de vista razonable es que es el animal más inteligente el que tiene manos. Las manos son un instrumento, y la Naturaleza, al igual que el ser humano sensible, siempre asigna un órgano al animal que puede utilizarlo. (Aristóteles *Partes de los animales*, 4, 687a10)

Un hombre tiene una cierta fisicalidad porque puede usar mejor esa forma, mientras que una mujer tiene una fisicalidad diferente porque puede usar mejor esa forma. La sustancia sigue la forma. Lo que debería estar determinado por lo que es la sustancia y en lo que se convierte se identifica como su *Logo*. Michael Nolan, Ph.D., usa el ejemplo de los hongos finos y cómo se evalúan en función de su sabor y cualidades, y no a su vez en función de la pila de estiércol en la que crecieron (M. Nolan 1995, 243). Dentro de la biología del individuo se encuentra el *Logo*. Una niña pequeña se convertirá en mujer y nunca en hombre, caballo o cualquier otro ser. Como una persona nunca se vuelve más joven con la edad, el camino de la vida de una persona se expresa causalmente a través del *Logo*. Este debate sobre la importancia del Logos no es nuevo. A modo de ejemplo, el debate sobre el aborto a menudo gira en torno a este tema de los logotipos. Los activistas pro-aborto solo consideran el material (las células) y la causa eficiente (la madre). Al mismo tiempo, los defensores de la vida aceptan la importancia de las causas materiales y eficientes y se centran en las causas formales (personalidad) y finales (santificación).

¿Es útil el tomismo en esta situación?

Aunque Aristóteles ayuda a comprender la cuestión de la transexualidad, la antropología cristiana de Santo Tomás añade niveles adicionales de claridad al tema. [4] El P. Dan Horan, O.F.M., critica a los neotomistas modernos afirmando que *"los teólogos de hoy deberían tener la libertad de seguir una versión contemporánea de la metodología de Aquino, tomando los mejores recursos de la tradición teológica recibida, pero también los conocimientos informados de los expertos en diversos campos del conocimiento humano"* (Horan 2020). El P. Horan afirma que utilizar la Suma Teológica como el enfoque correcto y único de la teoría del género es problemático si no se utiliza la metodología tomista y no las conclusiones tomistas. Este ataque al neotomismo es un argumento de paja que se utiliza con

[4] . En The *Vanity of Dogmatizing*, 1661 Joseph Glanvill escribió que "Tomás no es más que Aristóteles santificado", una colección de "Verbosidades estériles, [sic] insatisfactorias" (Glanvill 1661, 151). A esto, G.K. Chesterton replicó: "Santo Tomás no reconcilió a Cristo con Aristóteles; reconcilió a Aristóteles con Cristo" (Chesterton 1933, 14).

frecuencia para despreciar el neotomismo y a veces la neoescolástica por completo a cambio de una forma no cognitiva de epistemología.

El neohomismo es un proceso académica y pastoralmente riguroso para conducir a la gente a la verdad cuando es difícil. Al igual que una madre que aprende a cocinar verduras sanas de forma excelente para sus hijos quisquillosos, los neotomistas preparan platos de varias capas, no porque el matiz sea fácil, sino porque los resultados alimentan el cuerpo. El neotomista se centra en la normatividad de la creación. La causa final de la persona humana puede suponer un obstáculo para la mentalidad moderna de *"haz lo que quieras"*, pero seguir el diseño del creador llevará a la persona transgénero a una mayor liberación.

John Finley, Ph.D,. (1976), un neotomista contemporáneo, intenta en su artículo *The Metaphysics of Gender: A Thomistic Approach[La metafísica del género: Un enfoque tomista,]*, reclamar los conceptos de sexo y género, que pasaron a ser propiedad intelectual de los teóricos del género. En los temas de género y sexo, los teóricos del género buscan deconstruir el sexo y avanzar en la liberación sexual. Utilizando a Aristóteles y Santo Tomás, Dr. Finley une el concepto de género al de sexo y ancla ambos a la biología. Esta unidad se inscribe en el *uniesencialismo (véase supra*-2.4).

Como afirmó la Dra. Witt, las feministas no cognitivistas prefieren la teoría de la esencia de Locke, que descarta todas estas categorizaciones como arbitrarias. El Dr. Finley mantiene la comprensión biológica normativa del sexo y el género, afirmando:

> *Aquí utilizo el término "género" para referirme a las estructuras y capacidades naturales y sexuales en virtud de las cuales los seres humanos han sido denominados tradicionalmente como hombres o mujeres. Aunque el campo de los estudios de género ha invocado a menudo la distinción "sexo/género", no pretendo que mi uso del término "género" coincida con la noción de esta distinción de que el género es una identidad personal subjetiva o culturalmente constituida, distinta de una estructura biológica.* (Finley 2015, 586)

El Dr. Finley continúa con la ontología aristotélica del *hilomorfismo*: [5] la fuerza que une la forma y la materia. Santo Tomás utiliza una

[5] Todo objeto físico es materia y forma o, si es un hombre, *"un compuesto de alma y cuerpo"* (Contra Gent., II. 55, *ad Omnis enim.*). Esta doctrina se ha denominado

terminología diferente para estas dos naturalezas: cuerpo *(corpore)* y alma *(anima)*. Utilizando la metafísica, el Dr. Finley determina que el principio de la persona humana compuesta se origina principalmente en el alma. En El esplendor de la verdad *(Veritatis splendor)*, Juan Pablo II afirma la enseñanza del Concilio de Viena al afirmar que *"el alma racional es esencialmente la forma del cuerpo"* continuando, *"el alma espiritual e inmortal es el principio de unidad del ser humano, por lo que existe como un todo-corpore et anima unus [cuerpo y alma]-como persona"* (Juan Pablo II 1993, sec. 48).

Se entiende mejor el sexo como esencia o como accidente?

Elliott Louis Bedford, Ph.D., y Jason T. Eberl, Ph.D., argumentan que afirmar que la cirugía de reasignación de sexo cura a los individuos con disforia de género niega al menos uno de los siguientes principios del *hilomorfismo* tomista:

1. El alma es simple y no se compone de partes (por ejemplo, la parte que informa al cerebro es femenina mientras que la que informa a los genitales es masculina), y
2. un órgano de un ser humano vivo es típicamente desarrollado (incluso aquellos atípicamente desarrollados) y funcional no está debidamente informado por un alma humana. (Bedford y Eberl 2016, 26-27)

Los doctores Bedford y Eberl concluyen que las cirugías de reasignación de sexo provocan una *"desintegración ontológica"*. El sexo para Santo Tomás es tanto un accidente como una propiedad. El sexo se clasifica como un *accidente inseparable*. Los accidentes separables e inseparables sólo pueden ser principios de un individuo y no de la especie, mientras que los accidentes propios se aplican a los principios de la especie (Field 1984, 208). Un accidente separable podría ser el peso de una persona, que puede subir o bajar sin cambiar la ontología del agente.

"hilomorfismo", de las palabras griegas para materia (*hulê*) y forma (*eidos o morphê*). *La forma unifica el sustrato, transformando la mera potencialidad en actualidad.* Sin la forma no puede existir la sustancia.

Un accidente inseparable no es esencial para su ontología, pero el ser no puede existir sin él. Evidentemente, el sexo masculino o femenino no es esencial para la ontología de la persona humana, ya que todos los seres humanos no pueden poseer ambos sexos. Los seres humanos no son dos sustancias separadas. Por lo tanto, la persona universal no posee un sexo singular, sino que los individuos están accidentalmente adscritos a uno u otro sexo.[6] El Dr. Finley argumenta que *"el relato de Tomás sostiene que el género es un accidente inseparable que sigue a la materia, aunque sólo está presente cuando hay una "forma especial" -una forma animal-... Tomás da dos razones para asignar el origen del género a la materia y no a la forma. Una razón se basa en la diferencia en la actividad de los dos géneros; la otra razón se basa en su esencia compartida, o especie"* (Finley 2015, 226).

El Dr. Finley procede a mostrar cómo la creación del sexo fluye de un accidente inseparable del alma, argumentando: *"La presencia de un órgano indica una configuración particular de la materia en aras de uno de los poderes del alma, que a su vez fluye de la esencia del alma"*. Continuando, *"El alma misma organiza las estructuras materiales como órganos para que puedan servir adecuadamente como medios a través de los cuales las diversas potencias del alma puedan operar efectivamente"* (Finley 2015, 596 –597).

La belleza es la verdad de la naturaleza, ¿O debería alterarse la naturaleza?

Santo Tomás considera que *Integritas, Consonantia y Claritas* son los atributos esenciales de los santos doctores (*ST* Ia q. 39, a. 8). Esta comparación entre Jesús-el Hijo, y ejemplificada en estos tres atributos, es la belleza. El hombre debe asemejarse al Hijo mediante la imago Dei, imitando las virtudes de Cristo. *Integritas* es la plenitud o la perfección, que es ser lo que uno necesita para ser más plenamente uno mismo. Estar deteriorado es *"por el mismo hecho feo"*. El P. Travis Stephens afirma que las cirugías de reasignación de sexo, como un intento de unir el sexo y la identidad de género, son *"no sólo inmorales porque vuelven al*

---

[6] Tanto Aristóteles como Aquino concluyen erróneamente que el sexo es un accidente de la materia, ya que no es simplemente la deficiencia de la materia lo que produce la hembra, sino la forma prevista para cada sexo. La antigua concepción de que la paternidad proporcionaba la forma mientras que la maternidad la materia es biológicamente incorrecta. La combinación del semen y el óvulo a través de la complementariedad, proporcionan igualmente la forma y la materialidad de la descendencia.

paciente estéril, sino también porque rechazan la personalidad dada por Dios que se manifiesta a través de la propia sexualidad" (Stephens 2016, 2). El padre Stephen afirma que la medicalización de las personas transgénero es un rechazo de la *imago Dei.*

Consonantia es proporcionalidad o armonía, que debe corresponder a un ideal metafísico. Por último, se debe expresar la claritas, el brillo o la claridad: "*de ahí que se llame bellas a las cosas que tienen un color brillante*".*Claritas* irradia inteligibilidad desde su ser interior e imprime esta presencia en la mente de quien la percibe.

En el *Simposio,* Platón llama a la belleza del cuerpo la sombra de la belleza del espíritu (*Simposio* de Platón, 209). El P. Ashley está de acuerdo con esta imagen, señalando: "*Esta expresividad se ve más claramente cuando la belleza física no se limita a la apariencia estática, sino que proviene del dinamismo de la figura... [E]l cuerpo es la expresión, la voz, la gloria del espíritu*" (Ashley 1985, 333).

Por ejemplo, la belleza de una persona humana se da cuando su cuerpo es una expresión de la creatividad y las pasiones de su vida interior. Una persona es la más bella bailando, pintando, cantando, rezando, cocinando o cualquier otra acción en la que la persona esté siendo plenamente humana en la práctica. Una mujer sentada en un cubículo haciendo su trabajo sólo como medio para obtener un sueldo no exudará tanta belleza como la misma mujer que está rezando, riendo o siendo creativa. Otro ejemplo es la Santa Madre Teresa de Calcuta, que no era objetivamente una mujer físicamente bella. Sin embargo, gracias a su radiante belleza interior puesta en acción, se convirtió en una mujer hermosa.

Santo Tomás relaciona la belleza con Jesús dentro del modelo trinitario, ya que la belleza se expresa correctamente de forma material. El cuerpo se viste en parte para protegerse de los elementos; sin embargo, en un nivel primordial que se encuentra en Génesis 3:21 , la cobertura del hombre y la mujer era la modestia (ST IIa-IIae q.169, a. 1). Un cuerpo revela a otro el ser, y "esta intimidad no puede ser algo meramente casual, sino que tiene un profundo significado" (Ashley 1985, 333). [7]

---

[7] El Señor hizo túnicas de pieles para el hombre y su mujer y los vistió.

Para los transexuales, las *integritas* son de especial dificultad, ya que la identidad es la ruptura y el trastorno en el corazón de la propia identidad. Aunque esto pueda parecer polémico, al reconocer la disforia como un tipo de trastorno, la afirmación no hace más que constatar lo evidente. La ansiedad tiene su origen en la falta de *integritas.*

Las personas transexuales carecen de *claritas*, ya que deben enmascarar sus realidades biológicas para reflejar una identidad neumática (de género) diferente. Los transexuales intentan operarse y hormonarse para ganar c*laritas*, por lo que son como el agua quieta, que aparece brillante, clara y honesta desde la superficie hasta los objetos de abajo. Por desgracia, el enfoque medicalizado de la transexualidad es como un prisma que pretende distorsionar y crear una ilusión óptica de la realidad pretendida. Los prismas pueden crear hermosos arco iris, pero no muestran la verdad al otro lado de la pieza de cristal.

10.4 Paso 3: Tratamiento Menos Invasivo

Juicio — el tratamiento debe ser lo menos invasivo posible

> En cambio, la ciencia médica debe actuar con fines puramente terapéuticos e intervenir de la manera menos invasiva, sobre la base de parámetros objetivos y con miras a establecer la identidad constitutiva de la persona. *(Masculino y Femenino los creó, sec. 26)*

El documento *Masculino y Femenino los creó* pedía a los médicos que intentaran curar la disforia de género por los medios menos invasivos. Este enfoque conecta con el segundo paso, para devolver al individuo a la plenitud de la forma más natural. El medio menos invasivo suele ser el más natural. Este paso debería ser evidente, pero el actual enfoque medicalizado del cuerpo humano como un objeto moldeable de potencial ilimitado contradice a la propia naturaleza como buena, bella y digna de confianza. Por ello, el arzobispo Carlson pidió a los médicos que encontraran vías de curación fieles y creativas para las personas transgénero (Carlson 2020, 11). El tratamiento psicológico, los antidepresivos o los tratamientos con hormonas sexuales natales serían preferibles a las grandes cirugías y a una vida de bloqueadores y suplementos hormonales.

¿Hasta qué punto es saludable el alivio psíquico?

Los líderes de la Iglesia no pueden determinar el alcance del tratamiento de la disforia de género basándose en su falta de experiencia en el campo de la medicina. En cambio, la Iglesia establece unos principios éticos que guían los procesos de curación y crean unos parámetros que no se pueden traspasar. Una creencia común entre los fieles católicos es que la cirugía de reasignación de sexo nunca puede ser una opción. El Magisterio no ha abordado esta cuestión de forma definitiva. Además, la cirugía plástica utilizada *para el alivio psíquico* ha sido alabada por Pío XII mientras advierte de los peligros de la vanidad (Pentin 2010). La iglesia tampoco tiene una enseñanza magisterial sobre las 313.000 mujeres estadounidenses que recibieron mejoras en los senos en 2018. Sería difícil declarar definitivamente que el alivio psíquico para las personas transgénero debe ser condenado cuando los aumentos de pecho no lo han sido.

El Catecismo condena las *amputaciones, mutilaciones y esterilizaciones* de órganos sanos por razones no terapéuticas en la sección 2297. El *Enchiridion Symbolorum*, citado en el CCC, 2297, da una idea más clara de la integridad corporal: *"Salvo cuando se realizan por razones médicas estrictamente terapéuticas, las amputaciones, mutilaciones y esterilizaciones directamente intencionadas realizadas en personas inocentes son contrarias a la ley moral"* (Denzinger y Schönmetzer 1965, sec. 3722). Este texto se encuentra en una sección titulada *"Respeto a la integridad corporal"*, pero los otros temas de la sección 2297 son el secuestro, el terrorismo y la tortura. La cirugía de reasignación de sexo no es temáticamente como las otras intenciones de realizar *amputaciones, mutilaciones y esterilizaciones.* Por lo tanto, algunos pueden argumentar que esta sección del Catecismo no debería aplicarse a las personas transgénero. Aun así, este pasaje es perspicaz, ya que desaconseja las cirugías salvo por *razones médicas terapéuticas.*

Carol Bayley, Ph.D.,vicepresidenta de Educación en Ética y Justicia de Dignity Health, [8]escribió en *Health Care Ethics USA: "En el caso de la cirugía de fondo que va a esterilizar a la persona, creo que podemos utilizar la regla del doble efecto de forma similar... La esterilización, pues, es un efecto secundario de la corrección de lo que equivale a un defecto de nacimiento. Es una consecuencia no intencionada pero prevista"*. (Bayley 2016, 4). Si se puede determinar que una persona tiene un cerebro intersexual, ¿hasta qué punto la cirugía de reasignación de sexo corrige lo que el Dr. Byley llama un *"defecto de nacimiento"?*

Steven Jensen, Ph.D, escribe: *"El propio Aquino es inequívoco: una acción toma su orden y especie moral de lo que se pretende"*. También advierte sobre el uso de intenciones *"construidas en las nubes"* en lugar de *"herramientas o materiales, las causas reales en el mundo que nos rodea"* (S. Jensen 2010, 4 y 6). Las intenciones deben basarse en la realidad de lo que es físicamente posible, una idea basada en el realismo tomista. Afirmar el doble efecto es demasiado fácil cuando se trata de cualquier situación bioética sin considerar seriamente la acción en sí.

---

[8] Compuesto por 859 hospitales, clínicas y centros asistenciales católicos del suroeste de Estados Unidos.

En su sección sobre el respeto a la vida del cuerpo, el Catecismo aborda un principio detrás de la modificación del cuerpo a través de la cirugía al afirmar: "*Si la moral exige el respeto a la vida del cuerpo, no lo convierte en un valor absoluto". Rechaza una noción neopagana que tiende a promover el culto al cuerpo, a sacrificar todo por él, a idolatrar la perfección física*" (CCC, 2289). La idolatría del cuerpo puede ser un punto relevante de investigación para cualquier persona afectada filosóficamente por la cultura materialista. El alto nivel de desórdenes alimenticios y problemas de imagen corporal a los que se enfrentan las adolescentes es el resultado de la idolatría del cuerpo por parte de la cultura. La sociedad no debe culpar a las jóvenes de estos sentimientos de inadecuación, sino a las instituciones de la cultura, que presenta una imagen irreal de la belleza femenina.

Para la típica persona transgénero que sufre disforia de género, la idolatría de la belleza no es el foco central. Los investigadores han descubierto que las personas con disforia de género sienten una fuerte aversión por su cuerpo. Las personas con sentimientos transgénero no aspiran a la perfección, sino a "pasar" por personas de su sexo percibido y recibir cierto alivio psíquico. Algunas personas transgénero pueden buscar cirugías adicionales por el miedo a no pasar o por las mismas obsesiones generales sobre las apariencias. Todas las personas comparten estas inseguridades, pero esto no sería un atributo exclusivo de los transexuales. Una preocupación puede ser que las personas transgénero pongan demasiado énfasis en el cuerpo por encima de la virtud o la amistad, lo que podría identificarse como idolatría del cuerpo.

¿Existen diferentes tratamientos posibles según el tipo de disforia de género?

La razón exacta por la que las personas transexuales solicitan la cirugía de reasignación de sexo es para aliviar su angustia mental causada por la desalineación de sus sentimientos de autoidentificación y apariencia externa. La cirugía no está pensada por razones de erotismo o vanidad, sino para experimentar la normalidad y la paz. La razón terapéutica es el alivio psicológico más que el físico, ya que la ciencia médica moderna no puede cambiar el sexo de una persona. Ninguna cirugía puede cambiar los cromosomas de una persona, la producción de hormonas, las estructuras óseas y la capacidad de reproducirse como una persona del sexo opuesto. El realismo concreto de las *razones* depende de la determinación del profesional médico. ¿Tienen estas cirugías una razón psicológica terapéutica, o son sólo falsas esperanzas construidas en las nubes?

En el caso de los individuos autoginéfilos, la persona suele sentirse atraída por las mujeres y ha sido convincentemente un hombre masculino durante toda su vida, lo que hace que la transición física sea un reto físico, psicológico, cultural y religioso. La etiología de la autoginefilia puede tener sus raíces en el travestismo, por lo que puede existir cierto erotismo al presentarse como mujer. El objetivo de alivio disfórico para algunos individuos autoginéfilos puede ser el uso de ropa interior femenina, manteniendo intactas las estructuras sociales del individuo. El uso de ropa interior femenina es un compromiso, pero como la transición de sexo no es médicamente posible, todas las opciones disponibles son compromisos. La opción menos invasiva física y socialmente es la mejor.

La ropa no es el problema para los transexuales de tipo homosexual (andrófilos), por lo que es poco probable que llevar ropa interior del sexo opuesto alivie la disforia. Para estos individuos, lo menos probable es que la disforia de los adultos desaparezca por sí sola. Estos individuos son naturalmente no conformes con el género antes de convertirse en personas transexuales. No todas las personas no conformes con el género realizan una transición médica de su sexo. Supongamos que una mujer de nacimiento puede sentirse satisfecha siendo una mujer más estereotípicamente masculina. Un hombre de nacimiento puede contentarse con mostrar rasgos más femeninos sin someterse a procedimientos hormonales o quirúrgicos. Esta opción es la menos invasiva.

¿Es necesaria la cirugía?

Desconocidos para el público, Billy Tipon y Willmer "Little Axe" Broadnax de *supra*-5.3 vivieron toda su vida como hombres sin tratamientos hormonales ni quirúrgicos. La YouTuber transgénero Blaire White experimenta disforia por ser percibida como hombre en público. Por ello, se ha sometido a una transición hormonal y se ha feminizado quirúrgicamente la cara y el pecho para ser más femenina. Blaire no ha optado por la orquiectomía ya que su pene no es público y, por tanto, no forma parte de su disforia (B. White 2019a). El hecho de que un enfoque medicalizado esté disponible no requiere una prisa para tratar a todos los individuos con disforia de género quirúrgicamente.

En contraste con Blaire, la transfeminista Rachel Anne Williams ha actuado quirúrgicamente sin discernir la causa de su disforia. Rachel afirma: *"Soy una transexual. Una mujer trans. Una persona trans. Una mujer trans no binaria. Lo que sea. Ni siquiera sé lo que soy"* (R. A. Williams 2019, 34). Rachel aboga por alejarse de un sistema binario rígido. Ahora se considera agnóstica respecto al género. Rachel adopta un modelo de laissez-faire para explorar el género al tiempo que reconoce: *"Mi cuerpo está ahora inextricablemente ligado al complejo farmacéutico-médico-industrial"* (R. A. Williams 2019, 121). Aquellos dentro del movimiento transgénero que consideran que las identidades transgénero son sanas y naturales necesitan considerar su afirmación de que necesitan la cirugía para ser naturalmente ellos mismos.

La mayoría de las veces, los jóvenes con disforia de género de inicio temprano desisten por sí solos. Por lo tanto, el enfoque de esperar y ver es el más eficaz y menos invasivo. En el caso de la disforia de género de inicio tardío, es probable que muchos jóvenes sigan una tendencia, y el enfoque de esperar y ver es el mejor. En ambas situaciones con los jóvenes, los médicos deben evitar recetar bloqueadores hormonales, ya que pueden impedir que el joven cerebro se masculinice o se feminice mientras se está formando. Sin embargo, si la disforia continúa, las opciones de transición seguirán estando disponibles a los veinte o treinta años. La ansiedad por esos pocos años de disforia, aunque significativa, puede no ser tan traumática como los efectos permanentes de la transición seguida de la detransición.

La mejor opción es no precipitarse en la transición, con los conocimientos actuales sobre el desarrollo del cerebro humano y la alta tasa de desistimiento. Aunque una persona puede someterse a la electrólisis más adelante, no se puede recuperar la pubertad. Socialmente, la transición es difícil. Cuando uno sale del armario como transgénero, hay desfiles del Orgullo en los que participar. Las sociedades dan a los transeúntes un trato especial en la escuela, y hay varios grupos de apoyo disponibles en persona y en línea. Las grandes empresas y los medios de comunicación llaman valientes a las personas transgénero por serlo. Cuando una persona se destransiciona, puede experimentar la vergüenza entre la familia y los amigos por haberse equivocado. Si la persona tiene una comunidad en línea, ésta no apoya su nueva identidad como persona cis. Las personas transgénero perciben a los detransicionistas como una amenaza para la narrativa transgénero, y los activistas intentan silenciar sus voces.

[Blaire White, 1993—]

La iglesia puede querer establecer un plan pastoral para los adultos en proceso de detransición. Sin embargo, dado que muchos de los que se desvinculan sienten vergüenza y temen que sus acciones perjudiquen a otras personas transgénero, el enfoque no debería incluir la politización de su desvinculación. Además, muchos de estos jóvenes han estado alejados de la iglesia durante su trayectoria transgénero, por lo que atraerlos de nuevo también será un reto.

¿Están los médicos utilizando los tratamientos menos invasivos actualmente?

Johanna Olson-Kennedy M.D., directora médica del Centro para la Salud y el Desarrollo Transyouth de la UCLA, ha realizado un estudio sobre 94 jóvenes FtM con un rango de edad de entre trece y veinticuatro años. La mitad de estos jóvenes eran menores de dieciocho años. El estudio siguió los resultados de este grupo de jóvenes que se sometieron a una doble mastectomía. La Dra. Olson-Kennedy concluye que los resultados muestran un alto nivel de éxito en el alivio de los jóvenes transgénero. El 94% de los jóvenes informó de que la mastectomía fue extremadamente importante, y 67 de los 68 sujetos no informaron de ningún arrepentimiento. En su informe, la Dra. Olson-Kennedy declaró: *"El arrepentimiento autoinformado fue casi 0"* (Olson-Kennedy et al. 2018, 431).

Por desgracia, al igual que muchos de estos estudios sobre la satisfacción de los pacientes, estos resultados son poco precisos. Los estudios de seguimiento finalizaron entre uno y cinco años después de la intervención. Teniendo en cuenta que dos de los sujetos sólo tenían trece años en el momento de la cirugía, un estudio de seguimiento de uno a cinco años puede no reflejar con precisión los resultados a largo plazo de estas cirugías. De las 94 jóvenes que se sometieron a mastectomías, dos jóvenes posquirúrgicas rechazaron la encuesta, y los médicos no pudieron contactar con veinticuatro (26%). Las elevadas pérdidas en el seguimiento desvían significativamente los resultados de una tasa de satisfacción del 100%. Los resultados son que el 71% no informó de ningún arrepentimiento durante el periodo de uno a cinco años, un resultado que dista mucho de la tasa de satisfacción cercana al 100% comunicada por la Dra. Olson-Kennedy. Una tasa de insatisfacción del 29% puede ser una afirmación demasiado atrevida. Aun así, al igual que con otras cirugías de transexualidad, si los pacientes estuvieran encantados con los resultados, sería poco probable que ignoraran o se negaran a responder a los investigadores responsables de la cirugía.

Otra preocupación sobre este estudio no son sólo los resultados, sino la ética de la metodología. El 49% de los sujetos de este estudio eran menores de dieciocho años, y el 25% eran menores de quince años. ¿Es ético realizar dobles mastectomías en niños sanos? Además, cincuenta y dos jóvenes no fueron elegibles para participar en este estudio porque no desarrollaron suficiente tejido torácico *"como resultado de ser prepúberes o de haber tomado medicamentos que bloquean la pubertad al principio del desarrollo"* (Olson-Kennedy et al. 2018, 434).

La Dra. Olson-Kennedy ha afirmado, si más adelante en la vida estos jóvenes deciden que les gustaría tener pechos, su consejo es: *"Si quieres pechos en un momento posterior de tu vida, puedes ir y conseguirlos"* (Robins 2018). Este enfoque de mutilar los cuerpos de los niños para averiguar si el cambio será útil parece poco ético. La creencia de la Dra. Olson-Kennedy de que si los jóvenes cambian de opinión, pueden simplemente volver a añadirlos es una tendencia preocupante que se aleja de la santidad y la totalidad del cuerpo humano de los jóvenes. En Oregón, las chicas de 15 años pueden someterse a una doble mastectomía sin el consentimiento de sus padres a través del Seguro de Salud de Oregón, una política elogiada por *Basic Rights Oregon* y *TransActive Gender Center* (Basic Rights Oregon 2016).

Si sentirse transgénero es natural ¿es necesario un enfoque médico?

No todas las personas tienen la suerte moral de cumplir las expectativas de la sociedad de forma natural. Según numerosos estudios de seguimiento, la transición médica no es una opción física o mentalmente saludable para muchos transexuales. Al describir una utopía transgénero, Rachel Anne Williams afirma: *"En un mundo perfecto, ser trans sería como tener pecas, una cosa más que nos hace individuos únicos"* (R. A. Williams 2019, 109). La diferencia entre las pecas y la identidad transgénero es que uno puede quedarse solo de forma natural cuando tiene pecas. Por desgracia, muchas personas transgénero solicitan cirugías, productos farmacéuticos y más de 100.000 dólares en tratamientos médicos para sentirse como ellos mismos. En una verdadera utopía transgénero, la gente podría regocijarse en su masculinidad y feminidad naturales (como canta el señor Fred Rogers) *tal y como es*. Si ser transgénero significara ser disconforme con el género, se podría comparar la condición con las pecas. Si una persona puede encontrar la felicidad sin el enfoque medicalizado, es lo menos invasivo físicamente, lo más natural y lo más saludable. El método para encontrar la felicidad cuando se está en una situación difícil se abordará en los pasos cuatro y cinco.

Convenios

El tratamiento menos invasivo no es sólo biológico sino social. ¿Qué procesos de curación son los menos perjudiciales socialmente? En particular, hay que tener en cuenta cómo estas transformaciones médicas afectarán a las relaciones de alianza. Si un hombre es autonefílico y ha contraído el sacramento del matrimonio con una mujer, su primera responsabilidad es con su esposa antes que con sus deseos personales. Si este hombre también ha engendrado hijos, les debe a sus hijos una obligación más allá de sus propias fantasías. Sólo el 7% de los matrimonios sobreviven cuando uno de los cónyuges reasigna su género sexualmente (Tannehill 2019, 51). Si un hombre católico debe elegir entre la fidelidad a su familia o sus propios deseos e inclinaciones, tiene el voto de alianza de elegir a su familia como su principal compromiso. San Pablo escribió: "*Maridos, amad a vuestras mujeres, como Cristo amó a la Iglesia y se entregó a sí mismo por ella*" (Ep 5:25 NAB). Un padre tiene la responsabilidad de ser un padre o una madre para sus hijos. Son los principales ejemplos de ser hombre o mujer en la vida de un niño. Un deseo innato de expresar el género opuesto no elimina estas responsabilidades del pacto.[9] Un padre puede ser sincero con sus hijos sobre sus propias luchas personales a la edad apropiada, sin dejar a la familia para perseguir sus propios intereses.

Supongamos que una persona es andrófila, ya sea MtF o FtM, y está casada sacramentalmente. El *Derecho Canónico* reconoce la posibilidad de la "*incapacidad de asumir las obligaciones esenciales del matrimonio*" (*Derecho Canónico*, sec. 1095, 3) si las tendencias

[9] El problema psicológico debe ser tan grave que haga humanamente imposible, no sólo difícil, asumir las obligaciones esenciales del matrimonio. Esta imposibilidad puede estar causada por una enfermedad mental, un trastorno psicológico, una adicción grave o una fuerte inclinación homosexual.

homosexuales hacen imposible el cumplimiento de los deberes esenciales del matrimonio. Especialmente si el individuo ha engendrado hijos, es importante hacer todos los esfuerzos posibles para cumplir las obligaciones de la alianza sacramental antes de apresurarse a poner fin al matrimonio. La presencia de una identidad transgénero no es una licencia para ignorar la alianza matrimonial y el cuidado de la propia familia.

La unidad original se establece de nuevo a través del acto de alianza co-creativa de la reproducción, donde los dos se convierten en una sola carne. La *imago Dei* de la que participa la humanidad no es simplemente cristológica, sino trinitaria. Del mismo modo, el P. Donald Keefe, S.J. sugiere que la Trinidad se imagina en la creación de forma más clara en el matrimonio pactado: marido, mujer y su voto mutuo (Keefe 1999, 108). Este momento de comunión es un reto para las personas transexuales, ya que la unidad de los dos sexos se hace imposible después de desfigurar los órganos sexuales durante las cirugías de reasignación de sexo. Además, la esterilización añade una ruptura más de la unión entre los cónyuges.

El abandono de las esposas por parte de los individuos MtF se ha extendido tanto que se ha creado un término propio: viudas trans. El sitio web *TransWidowsVoices.com* empezó a documentar las historias de las esposas de individuos autonefílicos cuyos maridos las abandonaron. Mientras tanto, la sociedad celebra su valentía por salir del armario sin tener en cuenta a las familias que han dejado atrás.

10.5 Revisión de Conceptos

El capítulo diez tiende un puente entre la comprensión médica de la disforia de género y una respuesta pastoral. Los médicos no pueden localizar una etiología biológica o una combinación específica de genes. Sin embargo, es posible que exista una conexión entre la disforia de género y los trastornos del neurodesarrollo en el caso de las personas con disforia de género de inicio temprano. Sin una certeza absoluta sobre la biología de este fenómeno, estas personas existen, y su sufrimiento parece ser importante, dada la tasa de suicidios y de mortalidad. Este fenómeno también se da a nivel mundial y es frecuente en las comunidades conservadoras y religiosas en la misma proporción que en las liberales y *"liberadas sexualmente"*.

El tratamiento médico actual para las personas con este trastorno es insuficiente, y las cirugías plásticas más convincentes sólo enmascararán mejor los verdaderos problemas que hay detrás de este trastorno. Luchar contra la propia naturaleza biológica nunca tiene éxito, ya que el equilibrio del cuerpo es necesario para un funcionamiento saludable. Los bloqueadores hormonales y las hormonas del sexo opuesto conducen a muchos nuevos trastornos de salud, como las enfermedades cardíacas y los cánceres. En cambio, ningún tratamiento médico puede cambiar efectivamente el sexo de una persona; algunos tratamientos médicos ayudan a enmascarar la disforia de género. El enmascaramiento es un compromiso de por vida para luchar contra el propio cuerpo natural. Aunque la disforia de género puede tener una causa biológica, la consecuencia es principalmente un modo de pensar y sentir más que de ser. Aprender a afrontar estos pensamientos y sentimientos de forma espiritual y terapéutica es mejor que el enfoque artificial.

Capítulo 11
Virtudes y Gracia

Todo lo ideal tiene una base natural, y todo lo natural un desarrollo ideal.

— George Santayana, Ph.D., *La vida de la razón*

No basta con desear un buen fin, sino que perseguimos intencionadamente el fin, incluso cuando el fin nos atrae hacia sí mismo.

— P. Romanus Cessario, O.P., *Introducción a la teología moral*

11.1 Paso 4: Virtudes

Mando— Debe haber paciencia y aceptación de uno mismo, especialmente cuando se nace *"imperfecto"*. La penúltima felicidad es una consecuencia de la suerte moral y de las virtudes morales. De las dos, sólo el hombre controla sus virtudes.

> La naturaleza no se equivoca y no hace nada ociosamente (Aristóteles *Generación de animales*, 5,8,788b20)

Santo Tomás define la virtud como *"una buena cualidad de la mente, por la que se vive rectamente, de la que nadie puede hacer mal uso, que Dios obra en nosotros sin nosotros"* (*ST* Ia-IIae, q. 55, a. 4). Según Santo Tomás, las virtudes infusas forman parte de la nueva vida en Cristo, por lo que los efectos del pecado permanecen, pero las virtudes, que Dios da gratuitamente, superan la concupiscencia del pecado. La causa eficiente de la virtud infusa es Dios, mientras que la práctica del hombre del hábito desarrolla la virtud adquirida. Hay cuatro virtudes cardinales dentro de la familia de las virtudes clásicas: la prudencia, la justicia, la fortaleza y la templanza. Todas las virtudes cardinales son virtudes morales, salvo la prudencia, que es una virtud intelectual. *"Las virtudes intelectuales"*, según el padre Cessario, no tienen *"ninguna capacidad de formar un buen carácter moral general, aunque hacen a una persona inteligente y, quizás, incluso sabia"* (Cessario 2002, 70). Santo Tomás afirma que las virtudes morales pueden existir sin las virtudes intelectuales de la ciencia, la sabiduría y el arte, pero no la prudencia (*ST* Ia-IIae q. 58, a. 4).

Aunque Aristóteles y sus contemporáneos establecieron las virtudes cardinales, Santo Tomás añadió las tres virtudes teologales: fe, esperanza y amor. Las virtudes teologales son una dimensión particularmente cristiana de esta heurística. El lector podría adaptar este proceso para su uso secular excluyendo la fe, la esperanza y el amor; sin embargo, sin las virtudes teologales, las virtudes morales están incompletas. Por ejemplo, ser fiel en el matrimonio es una virtud, mientras que ser fiel en el matrimonio por amor al cónyuge es aún mejor. Otro ejemplo: la religión es la virtud de dar a Dios lo que le corresponde, mientras que dar a Dios lo que le corresponde con fe, esperanza y amor es la gloria de la virtud.

La comprensión cristiana de la virtud tiene sus raíces en la persona. San Agustín escribió en su reflexión sobre el Salmo 83: *"Cristo es el que en esta vida nos da las virtudes; y, en lugar de todas las virtudes necesarias en este valle de lágrimas, nos dará una sola virtud, él mismo"* (Agustín, *Enarrationes in Psalmos*, Ps. 83, 11). Jesús es la encarnación de la virtud, que nos da gratuitamente. En consecuencia, las virtudes nunca son una lista de lo que se debe y no se debe hacer. La virtud es libertad y no represión. En cambio, las virtudes son el ordenamiento correcto de las inclinaciones y los apetitos, de modo que la mente del cristiano se une a la mente de Cristo. El P. Cessario resume: *"en razón de su conformidad con Cristo, el creyente cristiano goza del poder de lograr una vida emocional rectificada"*[1] (Cessario 2002, 189). Una vida emocional rectificada es una herejía para los humianos[2] no cognitivistas que creen que el conocimiento se origina en sus sentimientos: *sentio ergo sum* (*véase supra*-2.7).

El concepto clásico de felicidad o florecimiento humano en griego es *eudaimonia* y, en latín, *beatitudo*. Para Aristóteles, la eudemonia está relacionada con el bien humano *"conforme a la excelencia"*, también llamado virtud (Aristóteles NE 1098a 16-17). Sin embargo, la *eudemonia* también está relacionada con los bienes externos, como nacer ciudadano o no, perder a los amigos o a la familia, perder la propiedad en la vejez. Estas otras circunstancias se consideran suerte moral. Así, uno puede elegir una vida virtuosa para prosperar, pero no controla la suerte moral.

---

[1] *ST* Ia-IIae q. 60, a. 1

[2] Seguidores de David Hume

[P. Romanus Cessario, O.P., 1944—]

La virtud en una comprensión tomista es fundamentalmente diferente de la ética aristotélica, ya que la virtud cristiana se basa en una relación con Cristo. La hermana Mary Angelica Neenan, O.P., escribió: *"La verdadera libertad es la capacidad de elegir lo que es verdaderamente bueno. Si Dios nos ayuda a hacerlo, entonces nos está ayudando a ser más libres, no a obstruir nuestra libertad"* (Neenan 2017, 34–35). La virtud no es principalmente un acto externo sino interno. Santo Tomás escribió que la caridad es una especie de amistad con Dios (ST Ia-IIae q. 65, a. 5). El padre Livio Melina (1952-) escribió: *"El corazón de las virtudes es el amor"* (Melina 2001, 54). Para el cristiano con disforia de género, la *Sacra Doctrina* y la llamada a una vida virtuosa no es una fría invitación a seguir una serie de mandatos; en cambio, la vida es una invitación a entrar en una relación. Jesús enseñó a sus discípulos: *"Sois mis amigos si hacéis lo que os mando... Os he llamado amigos"* (Jn 15,14-15).

Desde una perspectiva aristotélica, Alasdair MacIntyre, Ph.D., se plantea las preguntas (1) ¿Quién soy? (2) ¿Qué comportamiento me llevará a ser lo que debo ser? (3) ¿Qué tipo de comunidad puede ayudarme a alcanzar este objetivo? El P. Livio Melina, utilizando el tomismo, afirma que este esquema debe actualizarse y reformularse para responder sólo a dos preguntas: *"(1) ¿Quién quiero ser realmente? Y, si la respuesta adecuada en última instancia se me da en el encuentro con Cristo, en la iglesia, entonces se deduce: (2) ¿Cómo debo vivir para realizar la comunión en el amor?"*. (Melina 2001, 24). Estas son las preguntas relevantes para la comunidad transgénero cristiana. La cuestión no es cómo se siente uno o cómo interpreta actualmente su propia identidad. La pregunta es: *¿quién quieres ser realmente?* La respuesta nunca es un hombre o una mujer. La pregunta es mucho más profunda que el propio sexo. La respuesta es: quiero ser amado. Quiero ser aceptado. Quiero estar en comunión. Quiero que me comprendan. Quiero paz. La siguiente pregunta es si Dios también quiere esto para mí, y cuál es la mejor manera de conseguirlo.

El doctor Viktor Frankl (1905-1997), superviviente del Holocausto y psicólogo, propuso en *"El hombre en busca de sentido"* que la vida es algo más que la búsqueda de la felicidad y que, por el contrario, las personas desean un sentido. Asimismo, la logoterapia enfoca a la persona dentro de un vacío existencial para buscar el sentido de la vida. El Dr. Frankl propone que uno encuentra el sentido de la vida de la siguiente manera:

1. Uno puede encontrar experiencias de alegría dentro de su situación actual;
2. Uno debe intentar marcar una diferencia positiva en el mundo; y
3. Por último, hay que tener la actitud adecuada, ser optimista para cambiar las cosas que se pueden cambiar y aceptar las que no se pueden cambiar.

El Dr. Frankl observó que el hecho de que alguien conservara su identidad dentro de un campo de concentración se correspondía con su capacidad para encontrar el sentido de la vida. Roy Baumeister Ph.D. y Kathleen Vohs Ph.D., en un artículo *Recent Empirical Findings on Meaning and How it Differs from Happiness*, escribieron que la "teoría del Dr. Frankl *ampliaba con creces la visión psicoanalítica de la naturaleza humana*". La perspectiva del Dr. Frankl era antimaterialista y consideraba la comprensión aristotélica de la causalidad. Escribió: "*En lugar de ser meros paquetes de células nerviosas que sostienen la vida siguiendo impulsos animales, los humanos buscan comprender su lugar en el universo y el significado más amplio y profundo de sus actividades*" (Baumeister y Vohs 2013, 87). La psicología saludable comienza con una comprensión de la teleología. Así, para los individuos que experimentan disforia, el primer objetivo en la búsqueda de la satisfacción en la vida es encontrar el significado en lugar de perseguir la felicidad o la comodidad. Según el estudio de los doctores Baumeister y Vohs, los sujetos informaron de una vida fácil, salud, riqueza y ser atendidos, estableciendo la felicidad en el momento presente. En cambio, el sentido se relacionaba con la visión de la vida a largo plazo y, en consecuencia, con el resultado de servir y sacrificarse por el bien de los demás.

Los estudios sobre la maternidad descubrieron resultados similares, afirmando que los padres experimentan más ansiedad, depresión e insatisfacción matrimonial que los cónyuges sin hijos (Kahneman et al., 2004). Sin embargo, otro estudio descubrió que los padres con hijos adultos independientes experimentan una mayor satisfacción vital y menos signos de depresión (Becker, Kirchmaier y Trautmann, 2019). Los estudios repetidos muestran que tener hijos reduce la felicidad inmediata pero aumenta el sentido de la vida. Tener sentido en la vida es una motivación mayor para los individuos que la felicidad. Los doctores MacIntyre y Frankl reconocen de manera similar que una cosmología consistente crea sentido a partir del sufrimiento y ayuda a las personas a encontrar la paz dentro de su estado de vida.

Aunque tener una cosmología clara generalmente alivia el estrés, los estudios han encontrado que el asesoramiento basado en la fe para los cristianos LGBT sólo ha aumentado la tasa de suicidios (Meyer, Teylan y Schwartz 2014) (Gibbs y Goldbach 2015). En teoría, formar parte de una cosmología cristiana debería reducir la disforia y el sufrimiento, pero esta no es la experiencia de muchas personas. La incongruencia entre la teoría y la práctica plantea si las comunidades cristianas y los consejeros basados en la fe aplican correctamente los principios cristianos cuando se dirigen a los jóvenes LGBT. ¿Están estos expertos aplicando una ideología de género semicristiana en lugar de un realismo tomista? En este capítulo se propone que la manera de aportar curación sin aumentar el estrés y la depresión es cultivar una vida de virtud. Las ocho secciones siguientes profundizarán en el cultivo de cada virtud mientras se experimentan sentimientos de disforia de género.

I. La fé

Suma Teológica IIa-IIae q. 1-16

Por lo tanto, ya que hemos sido justificados por la fe, tenemos paz con Dios por medio de nuestro Señor Jesucristo

— Romanos 5:1

Santo Tomás llama a la fe la Primera Verdad. La fe abre la mente a otros conocimientos, ya que la virtud está arraigada en lo que el Pseudo-Dionisio llama la verdad simple y eterna (Pseudo-Dionisio *Divino Nom., vii*). Para entender cómo aparece la *verdad simple y eterna,* se puede acudir al comentario de San Agustín sobre la creación en De *Genesi ad litteram,* [3] donde considera el conocimiento matutino y vespertino que poseen los ángeles. Santo Tomás ofrece un comentario sobre este pasaje en la pregunta 58 de la *prima pars,*

> Respondo que La expresión *"conocimiento matutino" y "vespertino"* fue ideada por Agustín; quien interpreta los seis días en los que Dios hizo todas las cosas, no como días ordinarios medidos por el circuito solar, ya que el sol sólo fue hecho en el cuarto día... su conocimiento del ser primordial de las cosas se llama conocimiento matutino, y esto es según las cosas tal como existen en el Verbo. Pero su conocimiento del ser mismo de la cosa creada, tal como se encuentra en su propia naturaleza, se denomina conocimiento vespertino; porque el principio de las cosas fluye del Verbo. (*ST* Ia q. 58, a. 6)

[3] Libro IV, cap. 22, 31.

Esta visión del conocimiento primordial que procede del Verbo en la mañana tiene fuertes ecos de lo que se definiría en el siglo XIX como la Inmaculada Concepción. Un ser que es *"cuando todo aparece en la 'imagen perfecta' - forma un rasgo básico del dinamismo de la vida cristiana"* (Cessario 2002). El conocimiento vespertino es de la realidad creada tal y como existe en su propia naturaleza, es decir, tal y como es realmente en el mundo material. Para Jesús y la Virgen María, esta es la misma realidad, pero para el resto de la humanidad, la imagen perfecta de la mañana se corrompe por el pecado original cuando se encarna en la tarde. Las personas transgénero conocen especialmente esta naturaleza caída, ya que la disforia está en el corazón de la caída.

Un estudio de Pew de 2013 descubrió que el 17% de las personas transgénero consideran la religión, incluido el cristianismo, una parte "muy seria" de sus vidas (Bautista, Mountain, y Mackenzie-Reynolds 2014, 63). Un estudio de 2017 *mostró que "la afiliación religiosa es un predictor significativo de la felicidad de los individuos LGBT"* (Barringer y Gay 2017, 75). La llamada a formar parte de la iglesia se ve obstaculizada pero no eliminada por ser transgénero, ya que ser transgénero y tener fe no son mutuamente excluyentes.

Que alguien se identifique como transgénero afecta a la vida de fe de esa persona, de sus amigos y de su familia. Un padre de un joven transgénero señaló en un estudio: *"En cuanto a mi vida, soy una persona muy diferente [desde que su hijo hizo la transición]. Soy más tolerante, más cariñosa y no juzgo tanto. El amor que Cristo ha puesto en mi corazón por la comunidad LGBT es enorme. También tengo una ira justa hacia la iglesia"* (Yarhouse et al., 2016, 198). Hay dos posibles explicaciones para la nueva apertura de esta madre. Primero, como Simón de Cirene, ¿es posible que uno descubra a Cristo bajo la carga de ayudar a otro a llevar la cruz? En segundo lugar, ¿algunos de los que encuentran a Cristo también se enfadan con el sistema que lo crucificó? Sí, pero Cristo no creó conciencia sobre la política del Imperio Romano o las triviales luchas internas judías. En cambio, Jesús crea un camino a través de la Vía Dolorosa, atravesando el corazón del poder político y religioso, liberando a los suyos a través de la fe. En el otro lado, quizás la madre no se encuentra con Cristo, sino que avanza hacia el relativismo. La mentalidad del *"todo vale"* puede ser otra forma de afrontar los juicios morales, afirmando que si tú no juzgas mis fallos, yo no juzgaré los tuyos. En otras palabras, *yo estoy bien y tú estás bien.*

Además de determinar si uno se encuentra con Cristo o se acerca al relativismo, el lector debe considerar también la diferencia entre la fe auténtica y la afición a la idea de Dios. Según Santo Tomás, la fe se alcanza de dos maneras: primero, los apóstoles, profetas o predicadores proponen la creencia. El segundo paso es el ascenso del creyente, que proviene de *"Dios que mueve al hombre interiormente por la gracia"* (*ST* IIa-IIae q.6, a. 1). El conocimiento no es suficiente, ya sea intelectual, adquirido a través de la predicación, o presenciando un milagro, ya que algunos verán o escucharán y creerán, mientras que otros no lo harán. La fe comienza con la gracia de Dios y se perfecciona con la gracia de Dios. Santo Tomás también enseñó: "Y así, el movimiento de la razón no es suficiente para dirigirnos a nuestro fin último y sobrenatural sin el impulso y el movimiento del Espíritu Santo desde lo alto" (*ST* Ia-IIae q. 68, a. 2). Por tanto, la fe constituye la perfección del intelecto humano.

Obispo de Riez y abad de San Lérins, San Faustus (405-495) comparó la fe con una alianza nupcial: *"¿Qué boda puede ser ésta sino el alegre matrimonio de la salvación del Hombre, un matrimonio celebrado por la confesión de la Trinidad y por la fe en la resurrección?"* (Faustus *Sermo 5*, De Epiphania 2). Esta imagen nupcial se une a la concupiscencia de la santidad, que atrae a todos los creyentes hacia Dios. El P. Cessario llama a este deseo *pondus amoris—"el peso del amor divino que permite a los santos penetrar en los misterios ocultos de la verdad divina"* (Cessario 2002, 23). El amor esponsal con Dios es esencial para todos los cristianos y es una de las principales imágenes de Cristo con la iglesia. Particularmente, Cristo llama a los eunucos de Mateo 19 a una unión más profunda de amor esponsal, ya que renuncian al matrimonio natural. Sin embargo, algunos que son eunucos naturales o que han sido hechos así por otros, pueden no querer esta vocación esponsal y preferir el matrimonio natural sacramental de marido y mujer. Incluso para aquellos *"que no pueden aceptarlo"*, permanece la invitación a seguirlo de un modo particular y con una vocación única.

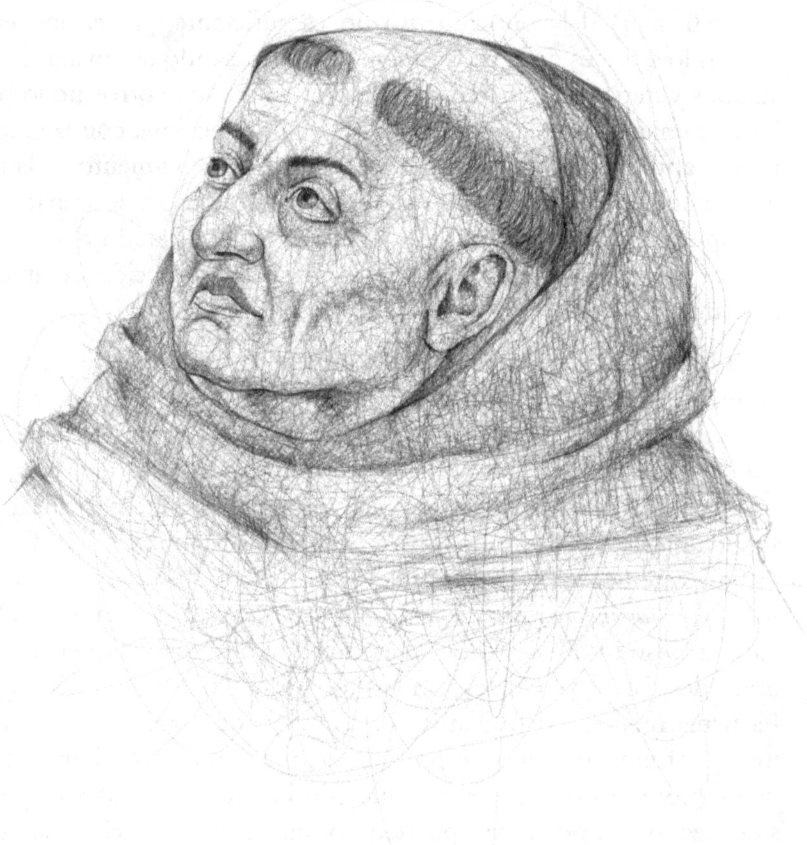

[Santo Tomás de Aquino, O.P., 1225—1274]

Las vocaciones son impuestas a cada individuo por el creador y no siempre son coherentes con los sentimientos y deseos de cada uno. La pregunta no es *"¿qué quiero?"* sino *"¿en quién me llama Dios a convertirme?"*. Su biología limita a las mujeres a ser maridos, sacerdotes y obispos. Su biología limita a los hombres a ser esposas, madres y religiosas. Su biología limita a las personas con graves discapacidades a entrar en el sacerdocio y la vida religiosa. Su biología limita a un pavo real hembra a tener una hermosa gama de colores en sus plumas de la cola. Una araña viuda negra macho tiene limitada su vida después de encontrar una esposa. Sólo unas pocas hormigas hembras serán reinas en una colonia de hormigas, y los zánganos son expulsados del nido después de aparearse. Uno puede quejarse de que la vida no es justa por sus limitaciones, pero Dios crea a cada uno según la normatividad de la creación. Dentro de cada estado de vida, Dios llama a cada uno a la santidad y al amor esponsal. Génesis 2:18 afirma que *"no es bueno que el hombre esté solo"*, y para un cristiano, el hombre nunca está solo si accede a la llamada del amor esponsal. Este amor no es una segunda opción, sino *el camino mejor que penetra en los misterios ocultos de la verdad divina.*

Entrar en este amor conyugal no es consentir una sensación emocional que pasa. El amor conyugal es un amor sacrificado. El dominico del siglo XVII Juan de Santo Tomás compara esta bienaventuranza del duelo con el amor esponsal. Escribe,

> Para tener una perfecta unión con Dios y experimentar su inmensa bondad se requiere despojarse de las cosas de la criatura y poseer un conocimiento de su pobreza, humillación y amargura; tales consideraciones, además, nos llevan a aferrarnos más a Dios, a quien llegamos a conocer mejor a medida que nos alejamos de las criaturas. (St. Thomas 1885, a 4, n. 57)

La *kenosis* de los vicios y del falso orgullo al aferrarse al novio es otra descripción del amor conyugal. La fe no normaliza la discapacidad ni resuelve los problemas de salud, pero tener fe resuelve el problema de la identidad. Para un cristiano llamado al amor conyugal con Jesús, la pregunta de quién es uno puede responderse con seguridad — amado.

II. Esperanza

Suma Teológica IIa-IIae q.17-22

Y la esperanza no defrauda porque el amor de Dios ha sido derramado en nuestros corazones a través del Espíritu Santo que se nos ha dado.
— Romanos 5:5

El Catecismo define la esperanza como *"la espera confiada de la bendición divina y de la visión beatífica de Dios; es también el temor de ofender el amor de Dios y de incurrir en un castigo"* (*CCC*, 2090). Según el Catecismo, que refleja la *Suma Teológica*, la esperanza busca adquirir la amistad con Dios y se preocupa de dañar la relación. Santo Tomás escribe: *"El amor de Dios derrama y crea la bondad en las cosas"* (*ST* Ia q. 20, a. 2). Este *exitus-reditus* está en el centro de la razón de la esperanza del hombre. Dios crea a la humanidad para sí misma, y su destino último es el retorno a la fuente. El Dr. Josef Pieper es autor de un libro titulado *La esperanza*, en el que enseña: *"La esperanza, como el amor, es una de las disposiciones más sencillas y primordiales de la persona viva. En la esperanza, el hombre llega 'con el corazón inquieto', con confianza y paciente expectación hacia el arduo 'todavía no' de la realización, ya sea natural o sobrenatural"* (Pieper 1986, 27). Esta paciente expectativa descrita por el Dr. Pieper mira hacia el futuro; la esperanza es la consecución de algo aún no adquirido.

En un artículo sobre Karol Wojtyla y la cirugía de reasignación de sexo en *The National Catholic Bioethics Quarterly*, Jacob Harrison, Ph.D., escribió: *"La plena realización de la persona humana como cuerpo y alma se cumplirá en la resurrección, avanzando aún más la idea antropológica de la unidad cuerpo-alma"* (Harrison 2017, 297). Así, para una persona con identidad transgénero, como para todos los demás seres humanos, la satisfacción corporal no es para este mundo. En cambio, Dios prepara la plenitud para los salvados en la resurrección corporal en el escatón.

Es lícito que una persona espere en Dios como causa final. Santo Tomás afirma que se puede "esperar lícitamente en un hombre o en una criatura como agente secundario e instrumental a través del cual uno es ayudado a obtener cualquier bien que esté ordenado a la felicidad" (*ST* IIa-IIae q.17, a. 4). Ahora bien, en el vicio contrario a la esperanza, la desesperación proviene de los apetitos desmesurados. Santo Tomás escribió: "todo movimiento apetitivo que se conforma con un intelecto verdadero, es bueno en sí mismo, mientras que todo movimiento apetitivo que se conforma con un intelecto falso es malo en sí mismo y pecaminoso" (*ST* IIa-IIae q. 20, a. 1). La esperanza basada en los apetitos tiene su origen en el falso intelecto y en el conocimiento, que conduce al desorden y al dolor. El pensamiento de uno importa, ya que un consejo imprudente crea un abismo imposible cuando se trata de alcanzar el fin propio. Cuando una persona tiene una identidad transgénero o experimenta disforia de género, tener la esperanza adecuada en las causas finales y eficientes es necesario para alcanzar la felicidad en esta vida y en la siguiente.

Los individuos que sufren de disforia de género están sufriendo de concupiscencia en lugar de regocijarse en la virtud de la esperanza. Los apetitos emocionales asociados a la concupiscencia son el amor, el deseo, la alegría, el odio, la aversión y la tristeza. Los primeros son simples bienes mientras que los segundos son simples males. Aunque el término utilizado en el *DSM-5* era *deseo*, el alcance de la disforia va mucho más allá de las simples emociones de deseo y es más bien una fuerte emoción de deseo. Santo Tomás afirma: *"Ninguna virtud se llama deseo porque el deseo no implica ningún aferramiento presente o contacto espiritual con Dios mismo" (Aquinas Quaestio disputata de spe,* a.1, ad 6). Estas fuertes emociones de disgusto por el propio sexo podrían llamarse mejor irascibilidad. Las emociones de irascibilidad son una esperanza emocional que, si se consigue, conduce a la alegría y, si no, se convierte en desesperación. Las emociones asociadas al mal futuro son el coraje, el miedo y la ira cuando el peligro está presente. La ideología transgénero tiene que ver con el deseo, pero aún más con la emoción de la esperanza. Una persona transexual puede tener la ferviente esperanza de que el cambio de sexo le dará a la persona alegría, paz y amor.

Por desgracia, si este proceso no conduce a la alegría, la falsa esperanza puede llevar a la desesperación, lo que puede explicar los altos índices de depresión, ansiedad y suicidio. La capacidad de cambiar de sexo no es biológicamente posible; por lo tanto, como esfuerzo humano, si el deseo depende de este resultado imposible, la desesperación es inevitable. Por otro lado, los resultados son posibles si la persona desea aparecer socialmente como una persona del otro sexo. Christian Brugger, Ph.D, afirma que *"aconsejar, realizar o aceptar para uno mismo cualquier cirugía creyendo o afirmando que lo que está ocurriendo es que una persona está cambiando ('reasignando') su sexo biológico sería siempre contrario a la verdad y, por tanto, siempre inadmisible"* (Brugger 2016, 15). Por lo tanto, pastoralmente uno debe ser realista sobre las limitaciones de la ciencia médica y sólo expresar la verdad, incluso cuando sea impopular, ya que alentar a una persona con disforia de género a tener falsas esperanzas será una preparación para la inevitable desesperación.

La breve declaración del Centro Nacional Católico de Bioética sobre la transexualidad es paralela a los sentimientos del Dr. Bruggers, afirmando:

> Las intervenciones hormonales, para bloquear las hormonas específicas del sexo del cuerpo o proporcionar las hormonas específicas del sexo opuesto, tampoco alteran nada de la identidad sexual innata de la persona... Las llamadas cirugías de reasignación de sexo de cualquier tipo, diseñadas para dar al cuerpo una apariencia con más cualidades culturalmente esperadas del sexo opuesto, tampoco pueden modificar la verdadera identidad sexual de la persona, que fue creada, hombre o mujer. La intención directa de transformar el propio sexo corporal dado en uno *"nuevo"* (aunque éste se perciba como el *"real"* y *"verdadero"*) significa la intención de alterar lo que es inalterable, de establecer una identidad falsa en lugar de la verdadera, y así negar y contradecir la propia y auténtica existencia humana como unidad cuerpo-alma masculina o femenina. Tal acción no puede estar en consonancia con el bien de la persona en su totalidad. (The Ethicists of The National Catholic Bioethics Center 2016, 600-601)

Esta declaración reafirma los principios católicos de teleología, realismo tomista y verdad. La cirugía estética y la apariencia de un género u otro no pueden cambiar el sexo de una persona. La apariencia puede reflejar mejor cómo uno se siente o se identifica, pero las apariencias no pueden cambiar la esencia de una persona.

La Iglesia no es budista en su rechazo de todo deseo o de la emoción de la esperanza. Desde una perspectiva cristiana, uno necesita deseos y esperanzas en el orden adecuado y dirigidos a los fines adecuados. El P. Cessario afirma: *"Las virtudes de la esperanza conforman la respuesta emocional adecuada que una persona debe demostrar cuando se enfrenta a algún bien futuro, difícil, pero alcanzable"* (Cessario 2002, 36). Por lo tanto, la esperanza posee perfección moral, ya que la esperanza apunta a una actividad virtuosa. La virtud de la esperanza sitúa la razón en la emoción para establecer el orden adecuado.

Como virtud, la esperanza está unida a la beatitud, una intimidad personal con Dios. La esperanza teologal no es por las cosas mundanas, sino por la unión eterna con la bienaventuranza de Dios. El P. Cessario describe la virtud como *"la esperanza busca a Dios para el esperanzado, es decir, el abrazo amoroso de la bondad de Dios para mí"* (Cessario 2002, 38). Cuando la esperanza del hombre es la bienaventuranza perfecta, todos los demás deseos se ordenan. Con razón se desea la bienaventuranza de Dios, ya que Dios es la causa formal del hombre y su fin teleológico. Puesto que Jesús es la encarnación y no sólo el espíritu, la esperanza de los bienes temporales que conducen a la bienaventuranza es virtuosa. Los deseos próximos que conducen a la bienaventuranza no son una contradicción siempre que los deseos estén en el orden adecuado.

Las emociones de la disforia de género se relacionan con la forma emocional de la esperanza más que con la virtud teológica. Uno puede esperar teológicamente que el Señor cambie su sexo; sin embargo, esto pide un milagro. Que Dios cambie el sexo de una persona violaría el principio tomista de que la gracia no destruye la naturaleza sino que la perfecciona. La Iglesia no conoce ningún caso en el que Dios haya cambiado el sexo de una persona por alguna razón. Dios podría haber salvado a Santa Juana de Arco con un milagro de este tipo, pero no lo concedió. [4] Los deseos transgénero están relacionados con una

---

[4] El Papa San Juan Pablo II considera que "la sensualidad y la emotividad amueblan, por así decirlo, la 'materia prima del amor'" (Wojtyla, 1981, 159). En la *Teología del cuerpo*, utiliza 340 veces el término concupiscencia, pero ésta se manifiesta en tres formas diferentes, la concupiscencia de la *carne, la de los ojos* y la del *orgullo de la vida* (Juan Pablo II, 2006, sec. 26.1).

concupiscencia emocional más que con el vicio que se tiene en contraste con la virtud teológica de la esperanza. Sin embargo, estos movimientos están intrínsecamente relacionados (*ST* Ia-IIae q.30).

La emoción de la esperanza puede ser satisfecha por la magnanimidad, ya que el cumplimiento del deseo puede lograrse a través de los esfuerzos humanos. Una persona magnánima puede alcanzar sus deseos y obtener la alegría. La magnanimidad se ilumina con mayor profundidad en su virtud cardinal propia, la fortaleza. Si el esfuerzo humano no puede lograr los deseos de la persona y sólo por la voluntad de Dios y lograr este deseo, la esperanza es teológica. Santo Tomás escribió: *"Cuando se trata, pues, de esperar algo como posible para nosotros precisamente por la ayuda de Dios, tal esperanza, por su misma dependencia de Dios, llega hasta Dios mismo"* (*ST* IIa-IIae q.17, a. 1). La función de una virtud teologal comparada con la concupiscencia es que la primera une al creyente con Dios.

La virtud teologal de la esperanza es una virtud esencial para una persona transgénero. Santo Tomás escribe que, debido a la falta de justicia original, toda persona humana experimenta movimientos apetitivos que la inclinan hacia un comportamiento desordenado (*ST* III q.69, a. 3). El Catecismo enseña: *"Quedan en los bautizados algunas consecuencias temporales del pecado, como el sufrimiento, la enfermedad, la muerte y las debilidades inherentes a la vida, como la debilidad de carácter, etc., así como una inclinación al pecado que la Tradición, llama concupiscencia"* (*CCC*, 1264). La solución para todos los cristianos que sufren de deseos es la beatitud. Como iglesia, uno no tiene que llevar su cruz solo, pues como afirma San Pablo, *"Llevad los unos las cargas de los otros, y así cumpliréis la ley de Cristo"* (Gal 6,20).

Si no se consigue la paz mediante la virtud de la esperanza, la práctica de la esperanza no es en vano. Creer que por tener esperanza, todo en esta vida será fácil es una actitud equivocada. San Agustín escribió: *"Hay dos cosas que matan el alma, la desesperación y la falsa esperanza"* (Agustín, *Sermo 87*, chap. 8). Søren Kierkegaard dedicó el libro *La enfermedad hasta la muerte*, de 1849, al concepto de que el único sufrimiento que importa es la desesperación espiritual, que mata el alma. La desesperación absoluta no surge de la decepción por la pérdida material, sino por creer que la gracia de Dios no es suficiente para salvar al pecador. Esta falta de esperanza rechaza la alianza que Jesús crea en su carne y constituye así una postura pecaminosa de desesperación.

El pecado real que crea un infierno viviente o puede condenar a uno al infierno eterno es la desesperación. Los sentimientos arraigados en la disforia de género pueden llevar a uno a la desesperación. Sin embargo, independientemente de la situación de la persona en la vida, la virtud de la esperanza permanece. La voz del diablo, a través del vicio de la presunción, le dice a la persona, (1) no necesitas la gracia de Dios, o por el contrario, (2) Dios no proveerá *tu* salvación, y *tu* dolor es eterno. Ambas creencias extremas son mentiras que efectivamente excluyen a las personas de abrazar el auténtico don de la esperanza.

III. La Caridad

Suma Teológica IIa-IIae q. 23-46

Así pues, quedan la fe, la esperanza y el amor, estos tres; pero el mayor de ellos es el amor.

— 1 Corintios 13:13

La caridad es la *reina de todas las virtudes* ya que perfecciona y ordena adecuadamente las potencias del apetito humano. La virtud orienta la voluntad humana a amar lo que es digno de ser amado. Lo único digno de ser amado es Aquel que es eterno—sólo Dios. Por eso, el corazón de todas las virtudes es la *caritas*. Santo Tomás escribió: "*La caridad entra en la definición de todas las virtudes, no porque sea esencialmente idéntica a ellas, sino porque de alguna manera todas dependen de la caridad*" (ST IIa-IIae q.23, a. 4, ad. 1).

San Agustín en De doctrina christiana escribió: "*Hay cuatro clases de cosas que el hombre debe amar, una está por encima de él, a saber, Dios; otra es él mismo; la tercera está cerca de él, a saber, el prójimo; y la cuarta está debajo de él, a saber, su propio cuerpo*" (Agustín *De doctrina christiana*, I, 23). Santo Tomás repite esta jerarquía agustiniana del amor en la Suma *Teológica* IIa-IIae q. 26, a. 1-13. Se ha escrito muchísimo sobre todos estos amores, pero esta sección se limitará a cómo pueden formar parte del proceso de curación de las personas con disforia de género.

La Clínica Mayo afirma que el amor es un medio para afrontar la disforia de género. La clínica subraya la importancia de la caridad hacia Dios, hacia uno mismo y hacia el prójimo como vía de curación. Además, promueven el mantenimiento de la salud mental, la búsqueda de grupos de apoyo, la priorización del autocuidado, la meditación o la oración y la participación/el voluntariado (The Mayo Clinic n.d.). Para las personas con disforia de género de inicio temprano, seguir estas pautas probablemente no curará la disforia, pero puede proporcionar cierto alivio psíquico. Este consejo es beneficioso para los jóvenes con disforia de género de inicio tardío, ya que cualquier actividad requiere que se alejen de las redes sociales. Centrarse en la socialización en persona y el servicio a la comunidad es útil para los jóvenes con disforia.

Amor de Dios

P. Melina especula sobre la razón por la que todas las virtudes dependen de la caridad: *"Sin la caridad, las demás virtudes siguen siendo verdaderas, pero incompletas"*, y continúa: *"La caridad, entendida tomísticamente como amistad con Cristo, es 'la forma de las virtudes'"* (Melina 2001, 55, 58). No importa lo que se haga, lo que se hace sin caridad nunca puede ser completo. Para una persona transexual que busca la curación, independientemente de los enfoques médicos que se adopten o no, la curación comienza con la caritas cristológica como la entrada en la *communio* de la beatitud.

Santo Tomás escribe: *"La caritas no es cualquier tipo de amor a Dios, sino el amor a Dios por el que se le ama como objeto de beatitud en el que nos inclinamos por la fe y la esperanza"* (*ST* Ia-IIae q. 65, a. 1). Este *beatitudinis objectum* (objeto de beatitud) es el objeto propio y formal del amor. El amor a Dios es el único amor puro porque se ama la mayor bondad personificada. Este amor a Dios no es (*adoratio*) la adoración, sino el amor de benevolencia (*amor benevolentiae*), también llamado amistad. Jesús explica este misterio: "*Ya no os llamo siervos, porque el siervo no sabe lo que hace el amo, sino que os he llamado amigos*" (Jn 15,15). Santo Tomás afirma además que Dios *"al compartir la felicidad con nosotros"* es en lo que se basa la *"amistad"* beatífica (ST IIa-IIae q. 23, a.1). Dios es el principal amigo del hombre y la razón de los demás amores. El P. Cessario llama a Dios el *"Primer Amigo de cada miembro en la communicatio de la caridad"* (Cessario 2002, 76).

[Thomas Cardinal Cajetan, O.P., 1469—1534]

El cardenal Tomás Cayetano, O.P. (149-1534), en su examen de conciencia escribe: *"el mal es una especie de cosa que hace imposible que los pecadores se amen a sí mismos"* (Cajetan *Commentary on Summa Theologiae*, q.25, a.1). Si uno sufre de cualquier tipo de odio a sí mismo, el primer paso para sanar es limpiar la conciencia. Para un hombre o una mujer católicos, esto se consigue mediante el sacramento de la reconciliación y la oración. Para las personas con disforia de género, el primer paso es recuperar la *imago Dei* y restablecer la amistad con Dios. Tener disforia de género no significa que los transexuales sean enemigos únicos de Dios. Por el contrario, para una persona con disforia de género, al igual que para todos los cristianos que buscan la curación, el primer paso comienza con la amistad con Dios; sin esto, no es posible ningún otro amor o virtud.

Amor a sí mismo

Santo Tomás desafía a los cristianos a amarse correctamente a sí mismos según el Evangelio. Escribe: *"así, el amor a nosotros mismos es el modelo y la raíz de la amistad; pues nuestra amistad hacia los demás consiste precisamente en que nuestra actitud hacia ellos es la misma que hacia nosotros mismos" (ST* IIa-IIae q. 25, a. 4). El amor a uno mismo es la raíz y el modelo de cómo una persona puede amar a otra. Esta llamada a amarse a sí mismo plantea un reto si la persona no se ama a sí misma. Aristóteles escribió: *"Los sentimientos amistosos hacia los demás fluyen de los propios sentimientos de una persona hacia sí misma"* (Aristóteles NE, ix, 4). El P. Cessario escribe: *"Cuando nos amamos a nosotros mismos en la caridad, nos amamos como amigos de Dios, porque la caridad nos cuenta entre sus verdaderos amigos"* (Cessario 2002, 78).

El arzobispo Carlson de San Luis advierte en su carta pastoral de 2020: "La ideología de género nos pide que confundamos compasión y compromiso. Dice, en efecto: 'Si fueras compasivo me dejarías salirme con la mía'" (Carlson 2020, 8). Según el arzobispo, la libertad no proviene de hacer lo que uno siente, sino de una vida disciplinada y centrada. Por ejemplo, un músico que ha recibido formación y práctica es más libre para crear música que alguien que nunca ha recibido clases. Amarse a sí mismo es disciplinarse y crear límites.

Las personas también tienen que ser flexibles e indulgentes consigo mismas. Al igual que el Papa Francisco, el arzobispo Carlson afirma que el hecho de tener un sexo predeterminado no significa que los rígidos estereotipos culturales de género limiten a un niño. Por el contrario, el arzobispo Carlson advierte: "La forma en que vivimos nuestra identidad masculina y femenina es ciertamente diversa, y tiene que haber espacio para ello. Hay una gran variedad de personalidades, y no siempre se ajustan a los estereotipos de género" (Carlson 2020, 4). Amarse a sí mismo le da a uno la confianza del inconformismo dentro de la cultura. Los más grandes santos amaron a Dios, a sí mismos y al prójimo lo suficiente como para conformar sus vidas a Cristo y no a los estereotipos de cómo se debe vivir. Amarse a sí mismo es verse con los ojos de Dios.

Amor al prójimo

El icono transgénero Laverne Cox declaró en *Creating Change*, la Conferencia Nacional sobre la Igualdad LGBT, organizada por la National Gay and Lesbian Task Force: *"Amar a las personas trans es un acto verdaderamente revolucionario"* (Ford 2014). El amor auténtico es la clave para apoyar a las personas trans, un concepto en el que coinciden progresistas y conservadores. Jesús afirma que *"los que dicen "amo a Dios", y odian a su hermano, son unos mentirosos; porque los que no aman a un hermano al que han visto, no pueden amar a Dios al que no han visto"* (1 Jn 4: 20 NAB).

El amor al prójimo no es por su propio bien, sino por la relación de la persona con Dios. El P. Cessario escribe: *"La caridad se dirige al prójimo, tanto a los ángeles como a los hombres, que participan o están llamados a participar en la comunión del amor de Dios (communicatio beatitudinis)"* (Cessario 2002, 77). Este amor sale de uno mismo hacia el otro de dos maneras distintas, ya sea como amor de amigo de Dios o como amor al objeto de Dios como cosa. Si las personas son amigas de Dios, buscan entrar en esta *communio.* La *communio* es la familia de Dios.

También es importante el amor a los objetos de Dios, que incluye el resto del mundo creado. El amor al medio ambiente, a los animales o a cualquier cosa natural es claramente un objeto de Dios que los cristianos respetan y aman por amor a quien los posee. El P. Cessario, en la descripción de las cosas de Dios, incluye al pecador. Afirma: *"Esta última categoría incluye al pecador que de facto no es amigo de Dios. El infierno representa el estado de una persona permanentemente excluida de la incorporación a la amistad divina, reducida por así decirlo a una 'cosa'"* (Cajetan *Commentary on Summa Theologiae*, q. 25, a. 1).

[Laverne Cox, 1972—]

Aunque el cristiano no pueda amar a los condenados en el infierno, está llamado a amar al pecador, ya que, hasta el juicio final, todavía puede llegar a ser amigo de Dios. Así, la caridad exige que el cristiano ame al pecador, promoviendo la bondad y procurando que el pecador vuelva a participar en el misterio del amor de Cristo. Nada ni nadie puede escapar al amor de Dios, y el Dios del cristiano fiel se reconoce a través de esta virtud de la caridad. El P. Cessario añade a esta idea: "*El odio, por ejemplo, se opone al acto mismo del amor; la acedia y los celos frenan la alegría de amar; la discordia y el cisma frustran la paz que produce la caridad; y, finalmente, la ofensa y el escándalo impiden el bien que la corrección fraterna pretende promover*" (Cessario 2002, 92).

En *Los hermanos Karamazov* (1880), el padre Zosima, un famoso monje ruso, habla con Madame Khokhlakov sobre cómo convencerse de Dios, superar su crisis de fe y encontrar el sentido de la vida. Ella esperaba que el monje le dijera que tenía que rezar más horas o aceptar una penitencia más dura. En cambio, el padre Zosima le aconsejó,

> Por la experiencia del amor activo. Esfuérzate por amar al prójimo de forma activa e infatigable. En la medida en que avances en el amor, crecerás más seguro de la realidad de Dios y de la inmortalidad de tu alma. Si alcanzas el perfecto olvido de ti mismo en el amor al prójimo, entonces creerás sin ninguna duda, y ninguna duda podrá entrar en tu alma. Esto ha sido probado. Esto es seguro. (Dostoevsky 2018, 64)

Una persona virtuosa vive para la caridad. En este don de amor, se experimenta a Cristo habitando en el interior. Se abre a una "*acogida radical del otro*" (Melina 2001, 55). La caridad no existe en una realidad abstracta, sino que es el realismo de la práctica concreta, que lleva a la verdadera amistad, modelada en la *communio* trinitaria. Aunque el amor al prójimo no sea una cura para la disforia de género, centrarse en los demás mediante el amor y el servicio como medio para amar y servir a Dios significa dedicar menos tiempo y energía a centrarse en la propia disforia.

Los cristianos no se encuentran a sí mismos mirándose en el espejo o mirándose el ombligo, sino que se encuentran a sí mismos cuando son un regalo exterior para los demás. San Basilio el Grande, en sus reflexiones sobre la vida monástica, afirmaba: "*Si vives solo, a quién le lavarás los pies... uno que está solo siempre dejará de actuar en una de las muchas dimensiones de la caridad*" (Basil, *The Long Rules*, Q. 7). Así pues, la fe de la

Iglesia primitiva era *praxis* y *theoria*—hechos de caridad, así como culto y oración.

El amor al prójimo no es celoso. La verdadera amistad se regocija en la beatitud de otra persona con Dios. El místico dominicano P. John Tauler, O.P. (1300-1361), escribió en un sermón,

> Si amo a Dios, amo el éxtasis de San Pablo más en él que en mí. Y aun así, por una caridad, ese éxtasis también me pertenece. La caridad no sufre de tristeza porque no es la primera en experimentar algo bueno. Más bien reconoce sólo la exultación que proviene de saber sencillamente que uno está ante Dios y que sólo por su don gracioso que dura para siempre, no sólo soy una persona gloriosa, sino también única, singular y privilegiada. (Tauler 1910, 438)

La visión de este místico sobre la relación entre *beatitudo* y *communio* es vital para quienes padecen disforia de género. Se cae fácilmente en la envidia, especialmente en el siglo XXI, debido a los medios sociales. Con instantáneas de la vida de las personas expuestas con filtros para eliminar las imperfecciones físicas. Los recortes creativos muestran una percepción de que cada momento de la vida de una persona es interesante, perfecto e inspirador, lo que hace que muchas personas experimenten el vacío, codiciando la vida de los que están en línea.

El padre Tauler predicaba en el siglo XIV que los cristianos no debían envidiar la gracia sobrenatural que recibió San Pablo. San Pablo recibió la gracia no por sí mismo, sino como un don para evangelizar al mundo gentil. La caridad permite al cristiano ser agradecido y no envidiar los dones recibidos por San Pablo. También predicó que cada amigo de Dios es *glorioso, único, singular y privilegiado.* Algunas personas con disforia de género pueden encontrar algo de paz en la diversidad de la familia cristiana. Mientras que algunas personas tienen dones de masculinidad o feminidad, otras han sido bendecidas con una belleza física natural, y la mayoría de las personas se sienten inseguras sobre su apariencia. Además, algunas personas son brillantes, mientras que otras no lo son. Envidiar lo que otros tienen es natural, pero a través de la virtud de la caridad, los celos pueden ser superados, y se puede encontrar la alegría de ver el amor de Dios realizado en los demás.

Amor por el cuerpo

San Agustín predicaba el amor al propio cuerpo. Este amor es el último de los amores, pero es uno de los más importantes para las personas con disforia de género. El P. Cessario, reflexionando sobre la jerarquía, escribió: "*El cristiano debe amar al prójimo más que a su propio cuerpo, aunque se le exija sacrificar su vida natural sólo en beneficio de la salvación eterna de otro*" (Cessario 2002, 86). Así, el verdadero amor a uno mismo conduce al amor al propio cuerpo, tanto como don de Dios como morada de Dios.

El arzobispo Carlson ofrece apoyo pastoral a quienes se enfrentan a problemas de identidad de género. Escribió,

> Si te sientes incómodo con tu sexo biológico, o si consideras que tienes una identidad de género contraria a tu sexo biológico, esto es lo primero que quiero que sepas: Dios te ama. Te ama justo donde estás. Tiene un plan para ti. (Carlson 2020, 3)

Comprender el propio cuerpo teleológicamente ayuda a dar sentido a la propia existencia. La teleología no es una celebración de la existencia, sino un viaje hacia su creador. Jesús mismo manifiesta esta verdad en su cuerpo; él revela el plan de Dios para nuestros cuerpos. El arzobispo relaciona el don de nuestros cuerpos con la Eucaristía al escribir: "*La complementariedad de los cuerpos del hombre y de la mujer está hecha para servir a ese don, y nos permite dar vida. Cuando integramos esa verdad en nuestras vidas, nos convertimos en símbolos vivos de la Eucaristía*" (Carlson 2020, 4).

Para la persona con disforia de género, este amor es quizás el más difícil. En un estudio realizado en 2005, los investigadores médicos descubrieron mediante encuestas que los transexuales sienten un fuerte odio al ver sus órganos sexuales secundarios (Beier, Bosinski, y Loewit 2005). Este odio hacia el cuerpo es contrario a ese amor desinteresado que brota de Dios. Si uno está llamado a mostrar caridad incluso con el pecador que odia a Dios, ¿cuánto más debería una persona amar el cuerpo del amigo de Dios?

Si este amor al cuerpo no es fácil, *La historia de un alma* de Santa Teresa de Lisieux puede iluminar cómo funciona la caridad cristiana en la *práctica:*

> Hay en la Comunidad una hermana que tiene la facultad de desagradarme en todo, en sus formas, en sus palabras, en su carácter, todo me parece muy desagradable. Y sin embargo, es una santa religiosa que debe ser muy agradable a Dios. No queriendo ceder a la antipatía natural que experimentaba, me dije que la caridad no debe consistir en los sentimientos, sino en las obras; entonces me propuse hacer por esta Hermana lo que haría por la persona que más amaba. Cada vez que me encontraba con ella, rezaba a Dios por ella, ofreciéndole todas sus virtudes y méritos. Sentí que esto agradaba a Jesús, pues no hay artista que no ame recibir alabanzas por sus obras, y Jesús, el Artista de las almas, se alegra cuando no nos detenemos en lo exterior, sino que, penetrando en el santuario interior donde él elige habitar, admiramos su belleza. No me contenté simplemente con rezar mucho por la Hermana que me dio tantos disgustos, sino que me preocupé de prestarle todos los servicios posibles, y cuando tuve la tentación de contestarle de manera desagradable, me contenté con darle mi más amable sonrisa, y con cambiar el tema de la conversación, pues la Imitación dice: "*Es mejor dejar a cada uno en su posición que entrar en discusiones.*"
>
> Con frecuencia, cuando no estaba en el recreo y tenía ocasión de trabajar con esta Hermana, solía huir como un desertor cada vez que mis luchas se volvían demasiado violentas. Como ella ignoraba absolutamente mis sentimientos hacia ella, nunca sospechó los motivos de mi conducta, y seguía convencida de que su carácter me era muy agradable. Un día, en el recreo, me preguntó casi con estas palabras "*¿Quiere decirme, Sor Teresa del Niño Jesús, qué le atrae tanto de mí; cada vez que me mira, la veo sonreír?*" Ah! Lo que me atraía era Jesús escondido en el fondo de su alma; Jesús, que hace dulce lo más amargo. Le contesté que sonreía porque me alegraba de verla (se entiende que no añadí que era desde el punto de vista espiritual). (Thérèse *The Story of a Soul,* 222–223)

La entrada del diario de Santa Teresa ofrece una visión útil sobre cómo acercarse a los amigos de Dios que son *muy desagradables*. Supongamos que un cristiano con disforia de género pudiera imitar las prácticas de Santa Teresa al tratar con sus propios sentimientos de desagrado hacia su propio cuerpo. Por si acaso, uno puede encontrar un camino para mostrar caridad hacia uno mismo. Sonreírse a sí mismo. Rezar por uno mismo cuando se experimenta la disforia, recordando que este cuerpo ha sido creado especialmente por Dios y es un regalo único que se hace a la persona amada. La disforia puede incomodar a una persona, pero a un cristiano no puede disgustarle algo hasta el punto de odiarlo. en un estudio psicológico realizado por el doctor Klaus Beier, un alto indice de personas transexuales sentian intensas emociones de odio al considerar sus organos sexuales secundarios (Beier, Bosinski, and Loewit 2005)

"*La caridad*", según el padre Cessario, "*rompe todas las barreras, de nacionalidad, de raza, de clase, de cultura, pero también trasciende la barrera más profunda, ontológica, entre los órdenes de la creación*" (Cessario 2002, 82). La caridad es el perdón del propio quebranto y acepta el quebranto de los demás. La soledad puede aparecer como una forma de sufrimiento, una insatisfacción interior, una inquietud del corazón. Sin embargo, la soledad forma parte del ser humano. El amor no es una solución rápida, sino que la caridad es la vulnerabilidad mutua y la apertura a recibir amor en el propio estado de ruptura. De la autoconciencia de la propia ruptura surge la oportunidad de una profunda empatía y caridad.

Jean Vanier, Ph.D. en *Becoming Human[Convertirse en humano]*, examina este concepto de estar en el propio cuerpo. Afirma que uno se convierte en humano al iniciar un viaje de valor para perdonar y ser perdonado, en el que la persona no vive el engaño de las falsas heridas, sino en libertad. En una reflexión sobre el sueño de Ezequiel, donde el pueblo decía: "*Nuestros huesos están secos, no tenemos esperanza. Todo ha terminado para nosotros*". El profeta Ezequiel respondió: "*Oh, pueblo mío, ahora voy a abrir vuestras tumbas. Os sacaré de vuestras tumbas... Pondré mi Espíritu en vosotros y viviréis*" (Ez 37, 11-14).

IV. Prudencia

Suma Teológica IIa-IIae q.47-56

El hombre prudente prevé el mal, y se esconde; pero los simples pasan, y son castigados.

— Proverbios 22: 3

El Catecismo describe la prudencia como la virtud *"que dispone a la razón práctica a discernir nuestro verdadero bien en cada circunstancia y a elegir los medios adecuados para alcanzarlo" (CCC*, 1806). La prudencia es la madre de todas las virtudes, ya que pone a todas las demás en su debido orden. Todas las demás virtudes dependen de la prudencia para alcanzar sus fines adecuados. La prudencia se basa en el término griego *phronēsis* o sabiduría práctica. En el *Fedro*, Platón comparó la *phronoia*, o sabiduría, con la imagen de un auriga que dirige la naturaleza salvaje de los caballos (Plato *Phaedrus*, 254e). Los apetitos tiran del individuo en varias direcciones, pero, para que el auriga llegue a su destino, hay que guiar a los caballos para que trabajen juntos y sigan el camino marcado por la prudencia. Del mismo modo, la concupiscencia puede llevar a una persona a buscar la felicidad bajo una identidad de género diferente. Mientras que el aferrarse a la identidad puede sentirse como un carro de tres caballos que empuja a la persona en diferentes direcciones, la prudencia mantiene al individuo con disforia de género equilibrado y centrado en el fin último, que es la beatitudo.

La prudencia no es un fin, sino el medio por el que todas las virtudes alcanzan sus fines propios. Aristóteles llamó a la prudencia *"la recta razón aplicada a la acción"* (Aristóteles, NE. vi, 5), una línea de la que se hace eco Santo Tomás. El dilema transgénero es tanto una cuestión de fines correctos, a saber, la justicia, como de acciones correctas para lograr un fin, a saber, la prudencia. San Agustín enseñó que la prudencia era *"un amor que discierne"* (Augustine *De moribus*, I, 15, 25). Esta cita de San Agustín se aplica acertadamente en esta situación, ya que actuar con prudencia es la forma más amorosa de alcanzar un fin.

San Isidoro de Sevilla afirma que *prudens* deriva su nombre de *porro videns, "mirar hacia delante"* (Isidore *Etym.*, prudens). Cuando una persona con disforia de género, especialmente un joven con disforia de género, contempla su camino hacia adelante, la previsión es una de las virtudes más importantes que se pueden poner en práctica. La previsión incluye considerar el efecto sobre la salud a largo plazo del enfoque medicalizado de la disforia de género. La previsión también tiene en cuenta la esterilidad creada por la transformación médica. Estas consideraciones sobre la salud y las relaciones cuestionan por sí solas la posibilidad de una felicidad previsible en las décadas futuras de la vida de una persona. Por lo tanto, las consecuencias físicas, sociales y espirituales duraderas de un enfoque medicalizado de la autorrealización deben decidirse lentamente, con discernimiento y con buen consejo.

La prudencia se compone de ocho partes integrantes, que son los elementos que componen la virtud. Al igual que una casa se compone de paredes, suelo y techo, la prudencia se compone de *memoria, intelligentia* (comprender), *docilitas (*docilidad o capacidad de enseñanza), *sollertia (*sagacidad o astucia), *ratio (*razón), *providentia* (foresight*)*, *circumspectione (*circumspeccióne*) y cautione* (precaución). La memoria es una parte de la prudencia que se centra en las experiencias resultantes de *muchos recuerdos* (ST IIa-IIae 49, a. 1). Los recuerdos ayudan a una persona a entender lo que es cierto en la mayoría de los casos, basándose en su propia experiencia.

La comprensión denota igualmente la *"estimación correcta sobre algún principio final, que se toma como evidente"* (ST IIa-IIae 49, a. 2). La prudencia utiliza las experiencias del pasado y la comprensión en el presente para informar a la persona sobre cómo alcanzar su fin último. La comprensión se ve afectada por las creencias de la persona sobre la teoría de género o el significado de masculino y femenino. En el caso de una persona que se enfrenta a la disforia de género, la memoria y la comprensión pueden hacer que la persona se considere apta para someterse a cirugías transexuales basándose en sus experiencias subjetivas. Muchas personas transexuales recuerdan sus primeras sensaciones de disforia de género y una fuerte intuición de que uno es del sexo equivocado. Uno puede entenderse a sí mismo como hombre o como mujer. En el clima político actual, estos dos componentes son suficientes para recomendar las cirugías de reasignación de sexo. Sin embargo, esta recomendación sería prematura si se tienen en cuenta otras seis partes integrantes de la prudencia.

La docilidad y la astucia son también partes esenciales de la prudencia, ya que aceptan la sabiduría de fuera de sí mismos. La docilidad es la capacidad de dejarse enseñar por otros, ya que es imposible considerar de primera mano todos los asuntos particulares de forma infinita. Santo Tomás recomienda escuchar los consejos de *"los ancianos que han adquirido una comprensión sana de los fines en los asuntos prácticos"* (ST IIa-IIae 49, a. 3). Parte de la docilidad es escuchar el consejo de los antiguos y del Magisterio de la Iglesia, que tiene una sabiduría práctica sobre la persona y la psicología humana que va más allá de la época moderna.

Junto con la docilidad está la astucia o sagacidad, que es la estimación u opinión correcta de los consejos que uno ha recibido. Una persona sagaz no cree todo lo que se le dice, sino que tiene la disposición de adquirir la estimación correcta. La prudencia es una virtud intelectual, por la que uno se pregunta si eso tiene sentido. Por ejemplo, varias adolescentes se identifican como FtM en una misma clase. Una persona medianamente perspicaz considera que se trata de una tendencia social de estas varias chicas en un breve período, o se trata de una condición médica que ha desafiado las estadísticas? En el estudio de la doctora Lisa Littman, los padres de los adolescentes que se identificaron como transgénero ejercieron la astucia al dudar de la condición de sus hijos. La astucia por sí sola no hace que una persona sea prudente, pero es parte integrante de la prudencia.

La razón, la previsión, la circunspección y la cautela son partes integrantes de la prudencia aplicadas adecuadamente a la cuestión transgénero. La razón tiene en cuenta la memoria, el entendimiento, la docilidad y la astucia y les aplica la razón. La razón no sólo considera una cosa sino todas las cosas que pueden dar lugar a la previsión. La previsión es una parte particular de la prudencia, ya que ella está dentro de la definición de la prudencia. La previsión considera cómo se puede alcanzar el fin y evitar los peligros del camino.

[Prudencia]

La circunspección también es necesaria desde el punto de vista epistemológico, ya que identifica correctamente lo que es posible. Si una persona creyera seriamente que es un poni, ¿está dentro del ámbito de posibilidades que uno consideraría? La circunspección traza las líneas en torno a lo que vale la pena considerar. Santo Tomás señala: "*Aunque el número de circunstancias posibles sea infinito, el número de circunstancias reales no lo es*" (ST IIa-IIae q. 49, a. 7, ad. 1). La prudencia pide a una persona que considere a un hombre en el cuerpo de una mujer o viceversa, ¿qué existe dentro del reino de las posibilidades? Algunas líneas no pueden ser cruzadas dentro del argumento cogito ergo sum de la esencia del ser para todos, excepto para los postmodernos más extremos. Por último, la cautela es parte integrante de la prudencia, que tiene como objetivo evitar o minimizar el daño causado por las propias acciones. La prudencia necesita de la cautela para captar el bien y evitar el mal.

Las partes potenciales de la prudencia también son vitales, ya que son virtudes que dan a la prudencia su potencia. La prudencia, una virtud intelectual, desempeña un papel fundamental en las etapas cognitivas del acto humano. La prudencia tiene tres pasos: la deliberación *(consultandum)*, el juicio *(judicium)* y el mandato *(electio)*. Cada uno de estos pasos requiere un esfuerzo adicional a medida que avanzan y, por lo tanto, requiere virtudes secundarias de la prudencia. Las virtudes particulares del *hábito* necesarias para llevar a cabo estas etapas son la *euboulia* (disposición para recibir buenos consejos), *la synesis* (judicium) y la *gnome* (perspicacia).

La deliberación requiere que la *euboulia* integre la docilidad con la astucia y que considere todas las opciones disponibles. La *euboulia* es la virtud de recibir un buen consejo. El P. Cessario señaló: "*El Aquinate sostiene que el caminante que vive según el don del consejo imita especialmente a los santos del cielo que permanecen en un estado de simple giro hacia Dios - simplex conversion ad Deum*" (ST IIa-IIae q. 52, a. 3, ad. 3) (Cessario 2002, 125). Mientras que Aristóteles considera la prudencia como una *capacidad intelectual para tomar un buen consejo* (Aristóteles NE, VI. 5), Santo Tomás considera la prudencia como la aplicación del *razonamiento correcto a la acción* (ST IIa-IIae q. 47, a. 2) y caracteriza la *euboulia*, la capacidad de tomar un buen consejo como una parte potencial de la prudencia. El buen consejo es, por tanto, el don asociado a la prudencia.

Al considerar el juicio adecuado, la aplicación de la prudencia requiere *synesis*, "*juzgar bien según el derecho común*" y gnome, que "*denota cierta agudeza en el juicio*" (ST IIa-IIae, q. 51, a. 3-4). *Synesis* es útil en el conocimiento común, como cuando un médico da a luz a un bebé sano. *Gnome* es una virtud especial que es necesaria para tener una virtud superior de juicio discriminatorio. *Gnome* permite aplicar principios superiores, como la moderación de la equidad y la interpretación de las normas, para obtener resultados más justos cuando se enfrentan a situaciones únicas. *Gnome* es necesario en los casos que no obedecen a las normas generales. El *gnome* juzga según unos principios superiores, que pueden asemejarse a la providencia divina. Santo Tomás afirma que un acto moral no sólo debe seguir las reglas comunes, sino la providencia divina, utilizando la virtud de *gnome*,

> A veces, sin embargo, hay que hacer algo fuera de las reglas comunes de comportamiento... debemos juzgar [algunos] casos a la luz de algún principio superior más allá de las reglas comunes de comportamiento utilizadas en los juicios de la virtud de la síntesis. A esos principios superiores corresponde una virtud superior del juicio llamada gnome, que implica un cierto discernimiento global al juzgar. (ST IIa-IIae, q. 51, a. 4; *Traducción de S. Jensen*)

Santo Tomás utiliza las discapacidades congénitas como analogía, ya que los nacimientos típicos serían *síntesis*, y las discapacidades congénitas son como el *gnome*, que ocurre pero no se prevé. Una persona no espera utilizar la virtud especial de gnome, como tampoco espera una madre, al concebir un hijo, que nazca con una discapacidad congénita. Santo Tomás escribe,

> Así, los nacimientos monstruosos de los animales están al lado del orden de la fuerza seminal activa, y sin embargo están bajo el orden de un principio superior, a saber, de un cuerpo celestial, o más alto aún, de la Divina Providencia. Por lo tanto, considerando la fuerza seminal activa, no se podría pronunciar un juicio seguro sobre tales monstruosidades, y sin embargo esto es posible si consideramos la Divina Providencia. (ST IIa-IIae, q. 51, a. 4)

Aunque esta analogía solo pretende ser un ejemplo de una providencia divina inesperada, la analogía ilumina inesperadamente el tema transgénero. Suponga que un niño como el hijo de Ben Shapiro decide usar zapatos brillantes como se indica *supra* en 9.3. La virtud de la *synesis* se puede aplicar al juicio prudencial, y uno puede decidir corregir al niño para ayudarlo a adaptarse a la cultura estadounidense, donde los niños no usan zapatos brillantes. En la situación en la que un joven con disforia de género que ha experimentado disforia de género de inicio temprano de manera persistente y constante hasta los 20 años está buscando ayuda, la virtud especial del *gnome* podría aplicarse. *Gnome* es sinónimo de discapacidad congénita, un evento que ocurre de forma natural pero no típica. Esta excepción moral no significa que uno deba apresurarse a adoptar un enfoque médico. Hay que considerar lo que se presentó en el capítulo diez; sin embargo, este es un caso único y un tipo especial de prudencia: se requiere hipermetropía, que no sería necesaria en la mayoría de las circunstancias. No se pueden tratar todos los casos en los que una persona experimenta disforia de género por igual. ¿Qué acercamiento prudente a esta persona lo encaminaría hacia Dios y *beatitudo*? San Agustín instruye, *"la prudencia es amor eligiendo sabiamente entre lo útil y lo dañino"* (Agustín *De moribus*, I, 15). Lo que es más útil a través de los juicios de *synesis* y *gnome*.

Por último, el lector debe considerar crucialmente la imprudencia y la falsa prudencia en relación con la cuestión de la transexualidad. La precipitación o el apresuramiento indebido obstruye la capacidad de recibir un buen consejo *(euboulia)* y es un signo de imprudencia. La precipitación también lleva a la persona a convertirse en una persona desconsiderada que no tiene en cuenta los consejos de los sabios con precisión o por magisterio. Actuando rápidamente y solo, uno puede ser engañado por su propia astucia y autoengaño. El P. Cessario, a propósito de Nietzsche, reflexiona: "*[L]a inclinación de la época moderna [es] que las personas se vuelvan falsas ante sí mismas, que sirvan de verdugos de sí mismas. Los que son incapaces de amarse a sí mismos como es debido son los más tentados a ser víctimas de una falsa prudencia. Dado que los huérfanos espirituales carecen de la convicción sobre su autoestima, experimentan dificultades para ser honestos sobre cómo persiguen incluso sus objetivos que merecen la pena*" (Cessario 2002, 121).

Los modernos se enfrentan al problema no de que sean tontos, sino más bien demasiado astutos, pero sin la prudencia y el buen consejo para una adecuada deliberación moral. La falsa prudencia existe de dos maneras: primero por la razón equivocada, seguida por la acción equivocada. Si la premisa es falsa, el vicio puede parecer válido en apariencia pero incorrecto en realidad. Esta es la prudencia de la carne, que busca un fin mundano en lugar de un fin espiritual. Ser solícito en los asuntos temporales más allá de lo necesario puede hacer que uno caiga en la prudencia de la carne. Una persona que cree que ser del sexo opuesto será la causa de su felicidad final no es prudente, sino que está bajo la farsa de la prudencia de la carne. Una persona también puede seguir la farsa de la prudencia utilizando medios ficticios o falsos para un fin propio o impropio. Si una persona utiliza la astucia o el fraude para conseguir su fin, es por el pecado de astucia *(astutiae)*.

Nacimientos Monstruosos

Llamar a las personas transexuales un nacimiento monstruoso sería inexacto, ya que cada persona posee la imago Dei, y ningún hombre es un monstruo. Sin embargo, muchas personas transexuales se sienten como si fueran monstruos. Rachel Anne Williams describe sus sentimientos: *"Mi género es monstruoso. No puede reconciliarse con la vieja narrativa transexual de una mujer atrapada en un cuerpo de hombre. Soy un monstruo atrapado en un cuerpo no monstruoso... Me pincho con agujas llenas de hormonas bioidénticas para salir de la celda que es mi cuerpo. Experimento con mi propio cuerpo no porque esté en el 'cuerpo equivocado', sino porque pretendo ver hasta dónde puede cambiar mi cuerpo"* (R. A. Williams 2019, 121). La explicación que da Rachel Anne Williams es precisamente el miedo que tienen los católicos al movimiento transgénero; se trata potencialmente de un experimento de género enmarcado con demasiada frecuencia como una cuestión de derechos civiles. Los católicos creen que la causa de la anormalidad de nacimiento no es el pecado o el mal en un sentido moral, sino que, como explica Santo Tomás, *se puede entender el asunto a la luz de la providencia divina.* El monstruo creado por la ideología de género es una creación de Frankenstein que aborrece el orden natural y no puede ser aceptado por los cristianos que creen en la creación ordenada del mundo.

V. Justicia

Suma Teológica II-II 57-122

Pero luchad primero por el Reino de Dios y su justicia.
— San Mateo 6: 33

A diferencia de algunas concepciones modernas de la justicia social, la interpretación católica de la justicia es una *"virtud moral que consiste en la voluntad constante y firme de dar lo que corresponde a Dios y al prójimo"* (CCC, 1807). La justicia se compone de dos partes integrantes: hacer el bien y evitar el mal (ST IIa-IIae q. 79, a. 1). Todo lo que hay que hacer para ser justo es no omitir hacer el bien y evitar las transgresiones contra los rectos. Nueve partes potenciales de la justicia fortalecen a uno para hacer el bien y declinar del mal mejor.

Las partes de apoyo de la justicia son la religión, la piedad, la observancia, la gratitud, la venganza, la veracidad *(veritas)*, la amabilidad, la liberalidad y la *epiqueya* (equidad). La religión, la piedad y la observancia tienen como objetivo dar lo que se debe a las personas particulares, mientras que la veracidad, la gratitud y la venganza son virtudes que apoyan la participación de la vida comunitaria. La gratitud reconoce la beneficencia, mientras que la venganza controla las formas de retribución permitidas por el daño causado a uno mismo o a otros dentro de la comunidad. La liberalidad es la generosidad y la apertura, mientras que la amabilidad aporta alegría y armonía en la vida comunitaria.

La religión como virtud es un concepto extraño, incluso para la mayoría de los cristianos practicantes. La cultura occidental moderna considera que la religión es la institucionalización de una fe. Por el contrario, Santo Tomás define la religión como rendir a Dios el honor absoluto que le corresponde e *"implica una relación con Dios"* (ST IIa-IIae q. 81, a. 1). La virtud de la religión es un *hábito* de la voluntad *"que forma a la persona para rendir cuidadosa y permanentemente a Dios el honor supremo que le corresponde"* (Cessario 2002, 149). La justicia que el hombre debe a Dios es su actus essendi, el acto de su propia existencia.

El cristiano no puede pagar esta deuda mediante la observancia religiosa. Santo Tomás explica: *"Puesto que él posee una gloria perfecta a la que las criaturas no pueden añadir nada, no damos honor y reverencia a Dios por su propia causa, sino por la nuestra, porque cuando lo hacemos, nuestra mente se somete a él y en esto consiste nuestra perfección"* (ST IIa-IIae q. 81, a. 7). La vivencia de una vida de virtudes debidamente ordenadas es la libertad. Su Movedor mueve perfectamente a todas las demás criaturas. El actuar ordenado de los seres humanos requiere un acto de la voluntad, otorgado libremente a todos los hombres por el primer movedor, que es Dios.

Para las personas con disforia de género, la atención puede centrarse en la supervivencia más que en la perfección humana; sin embargo, Jesús y la Iglesia desafían a los fieles a buscar la perfección, no por las propias obras, sino dejando que las virtudes de Cristo actúen en ellos. ¿Por qué seguir el orden natural y dar a cada uno lo suyo? Porque la justicia conduce a la libertad y a la felicidad. Cuanto más se rebela la justicia, mayor es el desorden y la enfermedad.

Es fácil encontrar ejemplos de personas religiosas centradas en las ceremonias y los títulos y no en dar a Dios lo que le corresponde, pero ésta es una forma menor de la virtud de la religión. La verdadera religión tiene como objetivo dar gracias a Dios por las bondades que ha proporcionado a la humanidad. En su comentario a la *Suma Teológica*, el cardenal Cayetano respondió que se puede llamar religioso a quien se ocupa de ceremonias, sacrificios y cosas por el estilo. Sin embargo, los santos son aquellos que dedican todo su ser a Dios (Cajetan *Commentary on Summa Theologiae*, q. 81, a. 7). Quien se propone dar a Dios lo que le corresponde, da la devoción y la oración internamente y la adoración, el sacrificio, las oblaciones y los diezmos externamente.

La Lumen Gentium (Luz de los Pueblos) desafía a todo cristiano a consagrar algo a Dios por medio de un voto (LG 6). Todo sacrificio y voto religioso adecuado, ofrecido con amor y prudencia, sirve para la perfección y la felicidad del dador. Para cada creyente, incluidas las personas transexuales, la cuestión es qué puede ofrecer a Dios en sacrificio. Dentro de la jerarquía de los dones, las pertenencias externas son las menos significativas, seguidas por los dones del propio cuerpo y, sobre todo, el don de la propia voluntad o *actus essendi*. Cada desafío en la vida es una oportunidad para ofrecerse más a Dios y así llegar a ser genuinamente libre. San Agustín escribió que *"lo que se da a Dios se añade al dador"* (Epistola de Agustín, 127).

El cardenal Cayetano describe la virtud de la piedad como un don que *"ilumina al creyente justo para abrazar a toda persona, y de hecho a todo, como hijo o posesión del Padre celestial - "ut filios et res Patris"* ((Cajetan *Commentary on Summa Theologiae*, q. 101). La piedad, según la concepción católica, es la gracia desligada de la moral, pero una virtud infusa permite a la persona acercarse a las personas y a los objetos en el orden adecuado. La piedad se compara con la bienaventuranza: *"Bienaventurados los mansos, porque heredarán la tierra"* (Mt. 5: 5). Esta mansedumbre no es debilidad, sino fuerza interior y autocontrol. La virtud de la piedad es una virtud esencial para las personas con disforia de género.

Experimentar el propio cuerpo como *ut filios Patris*, el hijo (o hija) del Padre, sitúa la perspectiva de la persona no en su propia subjetividad, sino en la realidad divina. Esta virtud requiere sencillez de corazón, pero el fruto de la virtud es la iluminación para presenciar el mundo creado a través de los ojos de Dios. Si una persona pudiera mirarse en el espejo y ver lo que Dios ve cuando mira a su hijo amado, *"odiar"* lo que le devuelve el espejo sería imposible. La persona en el espejo es la *imago Dei*.

En la filosofía cultural moderna, el ideal más elevado es la autoexpresión. Para un cristiano, el ideal más elevado es mostrar una gratitud adecuada hacia Dios, ya que él es *"el principio de todos nuestros bienes"* (ST IIa-IIae q. 106, a. 1). Si uno considera que su cuerpo es un regalo de Dios, tal vez pueda utilizarlo como quiera. Un regalo no viene con condiciones. Sin embargo, si el cuerpo y la vida de uno son como el talento que se encuentra en la Parábola de los Talentos de Jesús (Mt. 25: 14 -30), cuando el amo regrese, viendo lo que se hizo con las monedas prestadas, dentro del *exitus-reditus*, la persona debe regresar de manera diferente a como se fue al devolver el alma a Dios. La deuda de gratitud es una deuda moral exigida por la virtud, y no responder de forma adecuada es ingratitud e injusticia. La pregunta para cada persona, incluidos los transexuales, es: ¿cuál es la gratitud adecuada por los dones que se le han dado? Dios da a cada persona cuerpos y almas específicos, pero rara vez una persona está satisfecha. Si la gente fuera generalmente agradecida con sus dones, la cirugía estética no sería una industria multimillonaria. Esta ingratitud de la sociedad no es exclusiva de los transexuales, sino que está en consonancia con la modernidad.

La veracidad es un tema clave dentro de la cuestión transgénero. Santo Tomás escribe que existe una deuda moral en la medida en que, *"por equidad, un hombre debe a otro una manifestación de la verdad"*. El santo afirma, además, que *"sería imposible que los hombres vivieran juntos, si no se creyeran unos a otros, como declarando la verdad unos a otros"* (ST IIa-IIae q. 109, a. 3; ad. 1). En este sentido, el transeúnte intenta mostrar a sus hermanos la verdad de su esencia. Por el contrario, se puede considerar que la identidad transgénero es una mentira y un engaño para sus hermanos. Esta virtud depende de la verdad de la ciencia transgénero y de nuestra antropología filosófica.

Epieikeia es otro importante concepto tomista que se encuentra bajo la virtud de la Justicia y es similar a la *gnome*. Esta virtud, que se encuentra en la *Ética Nicomaquea* 5.10 de Aristóteles, permite rectificar las injusticias aplicando la ley por igual en todos los casos. En *The Thomist*, la doctora Ana Marta González amplió la necesidad de la *epieikeia* para garantizar que la justicia aplicada imprudentemente no se convierta en injusticia. Explica que *"la gnome, que es la virtud que perfecciona el juicio previo al precepto de la prudencia en aquellos asuntos que no están cubiertos por la regla general, es también una virtud necesaria para ejercer la epieikeia"* (González 1999, 236). Santo Tomás llama a la *epieikeia* una virtud a pesar de que otros la califican de vicio ilícito (*ST* IIa-IIae q. 120, a. 1). La batalla sobre la igualdad frente a la equidad continúa hoy en día.

Es necesario saber cuándo hay que seguir la ley y cuándo hay que abandonar la ley de la justicia legal por una aplicación más prudente de la justicia. La iglesia también puede considerar la *epieikeia* además de la *gnome* al intentar ayudar a las personas transgénero. La iglesia puede tratar de establecer una heurística de juicio o *"un procedimiento sencillo que ayude a encontrar respuestas adecuadas, aunque a menudo imperfectas, a preguntas difíciles"* (Kahneman 2011, 98). Las personas transgénero se encuentran en un estado caído similar al de todos los cristianos. En ciertas situaciones médicas, psicológicas y sociales, el sufrimiento de las personas transexuales es más complejo, y la respuesta pastoral debe reflejar la complejidad con una *epieikeia y gnome* cuidadosa. Juan Pablo

II, en el centenario de la encíclica Del Padre Eterno *(Aeterni Patris)* de León XIII, predicó sobre el valor del realismo tomista en las situaciones pastorales, *"no estamos tratando aquí con el hombre en 'abstracto', sino con el hombre real, 'concreto', 'histórico'. Se trata de cada individuo, ya que cada uno está incluido en el misterio de la Redención, y a través de este misterio, Cristo se ha unido a cada uno para siempre"* (Juan Pablo II 1991, chap. 6, no, 53). Utilizar la plenitud de las virtudes ayuda a apoyar a las personas con disforia de género.

VI. Fortaleza

Suma Teológica IIa-IIae q. 123-140

Se viste de fortaleza y fortifica sus brazos con fuerza.
— Proverbios 31: 17

"La fortaleza es la virtud moral que asegura la firmeza en las dificultades y la constancia en la búsqueda del bien. Fortalece la decisión de resistir la tentación y de superar los obstáculos en la vida moral" (*CCC*, 1808). Para las personas con disforia de género, será necesario crear un *hábito* de fortaleza para situar las emociones en su debido orden. Las virtudes ponen la razón en la emoción. Es necesario superar los obstáculos emocionales, pero a diferencia de los estoicos, los cristianos lo hacen a través de la gracia y la actividad de las virtudes utilizando las pasiones para participar en la curación psíquica de forma adecuada.

En la sección dos, La *esperanza*: se plantearon las cuestiones de la concupiscencia y la irascibilidad para contrastar la virtud teológica de la esperanza con los sentimientos de la esperanza y el deseo. La sección dos destacó que la virtud de la esperanza sólo se cumple con la *beatitudo* y la *communio*. En cambio, la magnanimidad y las partes integrantes de la fortaleza cumplen la emoción de la esperanza. Sin embargo, Santo Tomás, en su reflexión sobre los apetitos, no descarta este tipo de esperanza como emociones sin sentido. Por el contrario, el santo escribe que *"la potencia irascible o la concupiscible pueden ser la sede de la virtud humana, pues en la medida en que cada una participa de la razón, es principio de un acto humano"* (ST Ia-IIae q. 56, a. 4).

Si la razón informa a los apetitos, las emociones se convierten en el auténtico punto de partida hacia algo moral. La razón, informada por la fe, ilumina la mente hacia la rectitud mediante la virtud intelectual infusa de la prudencia. El P. Cessario escribe: *"Las emociones indómitas constituyen la amenaza más grave para mantener una prudencia vigilante"* (Cessario 2002, 162). Los deseos decididos que se experimentan en la disforia de género forman parte de las *emociones ingobernables*, cuya solución tomista es iluminar los sentimientos con la razón y la verdad.

La fortaleza fortalece al cristiano para colocar las emociones en su orden correcto, pero conocer el orden correcto también es una virtud. El realismo de Santo Tomás contrasta con el platonismo, el cartesianismo y el estoicismo, ya que no cree que la acción siga automáticamente al conocimiento. En consonancia con la comprensión del fantasma dentro de la máquina de la persona humana, los cartesianos creen que el cuerpo simplemente actúa como el intelecto desea. Santo Tomás incluye las emociones en su realismo antropológico. Santo Tomás interpreta que las pasiones *animae* son moralmente neutras en sí mismas. La acción que sigue a la emoción puede ser juzgada en virtud de la prudencia. En la época cartesiana moderna no existe ningún código moral consensuado por el que una persona pueda juzgar la eficacia de la emoción. El problema del relativismo y del no-cognitivismo, tal y como se trató en el capítulo tres, se convierte en un dilema bajo la virtud de la fortaleza, ya que no está claro hacia qué fin debe apuntar la valentía. El cardenal Cayetano escribió que la fortaleza permanece ordenada a humanizar los apetitos de los sentidos hacia la conformidad de los apetitos con el bien racional (Cajetan *Commentary on Summa Theologiae*, q. 123, a. 1,2). La fortaleza es una virtud moral que lleva al agente hacia una finalidad, pero sin un objetivo final, es una pasión sin causa.

La fortaleza se compone de cuatro partes potenciales para la virtud. Las partes son la magnanimidad, la magnificencia, la paciencia y la perseverancia. Las dos primeras virtudes son virtudes de empresa ya que envían al cristiano hacia el exterior. La magnanimidad es la búsqueda de acciones honorables. Santo Tomás describe la magnificencia como algo que *"denota la realización de algo grande"* (*ST* IIa-IIae q. 134, a. 2). Estas virtudes ayudan al cristiano a vencer el pecado de la pusilanimidad o pequeñez de espíritu, que convence a las personas de que el mal existe en todas partes y que intentar superar los obstáculos de la vida es demasiado difícil, por lo que no se debe intentar. Este vicio hace que la persona desconfíe de todos los bienes y la lleva a la ansiedad.

Otro vicio que afecta a las personas en la cultura occidental es la *molicie* o afeminamiento, por el que *"el hombre se acostumbra a disfrutar de los placeres"* y *"le resulta difícil soportar la falta de ellos"* (ST IIa-IIae q. 138, a. 1, ad. 1). Por último, subyace la creencia de que si algo es incómodo o complejo, debe estar mal. El miedo a las situaciones incómodas es una perversión extrema del hedonismo egoísta. El hombre moderno se sienta en el sofá a navegar por las redes sociales en su dispositivo móvil mientras juega a los videojuegos y fuma marihuana para evitar el dolor. El hombre consume alimentos instantáneos procesados que nunca se pudren y bebe interminables tazas grandes de jarabe de maíz de alta fructosa. El hombre recibe cheques del gobierno y tiene todas las necesidades materiales cubiertas, pero no tiene ningún deseo de vivir.

Por el contrario, la fortaleza crea un *deseo insaciable* de las obras de justicia (ST IIa-IIae q. 139, a. 2). La pereza es un vicio capital que incita al agente a abandonar la fortaleza. Lidiar con la confusión de género o tener una crisis existencial profunda es un reto. Sin embargo, se puede superar mediante el ejercicio de la fortaleza, que dirige los apetitos a la razón correcta. La gente busca respuestas fáciles a cuestiones complejas, pero las grandes cuestiones de la vida requieren fortaleza. Para las personas con disforia de género, las virtudes no eliminarán la condición médica, pero tener el hábito de la magnanimidad o la grandeza de espíritu lleva a la persona más allá de las limitaciones de la identidad de género.

Las dos últimas virtudes potenciales ayudan al cristiano a soportar su vocación. La paciencia evita que el cristiano sucumba a la aflicción, y la perseverancia le ayuda a persistir durante largos períodos de dificultad. La lucha contra la pereza también anima a las personas a buscar soluciones fáciles y rápidas a problemas complejos. En lugar de abordar los desafíos existenciales subyacentes que requieren paciencia y perseverancia, el hombre busca una respuesta inmediata. Por ejemplo, ante un embarazo no deseado, la respuesta rápida de la cultura es el aborto. Sin embargo, la adopción puede ser una opción que salve la vida del niño y sea más saludable para la madre con más paciencia.

En el caso de la disforia de género, algunas personas que han sufrido el trastorno más tarde en su vida han mostrado paciencia y perseverancia durante décadas. Sin embargo, en el caso de la ROGD del capítulo nueve, los jóvenes que afirman abruptamente que padecen disforia de género buscan procedimientos permanentes y que alteren su vida sin ejercer las virtudes de la paciencia y la perseverancia para ver si estos sentimientos persisten. La opción sabia según la prudencia sería practicar la virtud de la paciencia. La virtud de la paciencia sirve principalmente para superar la emoción de la pena ante el sufrimiento. La paciencia es una virtud que evita que las personas se maten de tristeza y desesperación. La paciencia se convierte en una virtud especial a la luz de los altos índices de autolesión y suicidio entre las personas transexuales.

Los activistas transexuales pueden señalar el proceso de *"salida del armario"* como magnánimo, ya que la valentía hace lo difícil. Sin embargo, hay que tener cuidado con la falsa valentía, que es un vicio con piel de cordero. Estos vicios son la presunción, la ambición y la vanagloria. El P. Cessario describe la falsa valentía como: *"Cuando alguien ignora el peligro que se corre, es demasiado optimista sobre la naturaleza del peligro, confía demasiado en sus capacidades, se deja llevar por emociones impropias de la ira o la depresión, o está demasiado motivado por la búsqueda de recompensas"* (Cessario 2002, 168). Estas personas realizan actos de valentía que no son fortuitos. Dejarse llevar por las emociones no es motivo suficiente para ser valiente. En cambio, la fortaleza es la valentía en colaboración con la caridad y la prudencia. No siempre es necesario calcular cognitivamente cada situación. En cambio, *"a veces la recta ratio agibilium—la verdad sobre lo que hay que hacer aquí y ahora—fluye directamente de las pasiones sensoriales bien ordenadas y plenamente desarrolladas"* (Cessario 2002, 164). Una persona virtuosa, con un *habitus* virtuoso, hará naturalmente lo que es moral.

El Espíritu Santo proporciona la virtud necesaria. Como escribió Santo Tomás, *"realiza [los actos virtuales de justicia] con un anhelo insaciable que representa un 'hambre y sed de justicia'"* (ST IIa-IIae q. 139, a. 2). El Espíritu Santo suministra la virtud de la fortaleza para que el *instinto* o la gracia *"dirija a los creyentes hacia el curso correcto de acción para la construcción de la Iglesia"* (Cessario 2002, 174). Las virtudes deben dirigir a las personas hacia la santidad y no hacia su propio relativismo. Haz lo que el Señor manda, y Él te proporcionará la gracia y la virtud.

VII. La Templanza

Suma Teológica IIa-IIae q. 141-169

No sigas tus deseos, sino refrena tus apetitos.

— Sirácides 18: 30

Santo Tomás dirige la virtud de la templanza hacia dos temas: la comida y el sexo. Estas dos áreas no son de interés directo para las personas con disforia de género; sin embargo, la metodología y la gracia para superar estos deseos naturales pueden ser útiles para las personas que experimentan sentimientos innatos de identidades sexuales cruzadas. La templanza es una virtud que sirve para moderar el apetito concupiscible. El Catecismo define la templanza como *"una virtud moral que modera la atracción de los placeres y proporciona equilibrio en el uso de los bienes creados... La persona templada dirige los apetitos sensibles hacia lo que es bueno y mantiene una sana discreción"* (*CCC*, 1809).

Los apetitos son necesidades e inclinaciones biológicas. Santo Tomás explica que los apetitos deben poder ser satisfechos, afirmando: *"Por naturaleza, cada cosa se inclina por lo que le conviene. Y así, el ser humano anhela naturalmente un disfrute que le corresponda"* (ST IIa-IIae q. 141, a. 1, ad 1). La templanza, unida a la prudencia, advertiría a la persona con disforia de género que el deseo no puede cumplirse, ya que cambiar de sexo no es médicamente posible. Si un apetito desea un objeto que es perjudicial para el deseante, existe un desorden moral. El apetito desordenado puede expresarse de dos maneras: (1) los apetitos pueden actuar en contra del orden razonable de la virtud, deseando demasiado o demasiado poco bien natural. Y (2) querer algo frustra el diseño del Creador para el bienestar humano(Congregación para la Doctrina de la Fe 1986, 7). Cuando la persona con disforia de género tiene un apetito de ser del sexo opuesto, este deseo se expresa en la última descripción -frustrando el diseño del Creador para la totalidad humana ya que el apetito es imposible de alcanzar.

"La virtud de la templanza se ocupa primero de las emociones de deseo y placer sobre los bienes del sentido, y luego también de las emociones de pena que surgen de su ausencia" (ST IIa-IIae q. 141, a. 3). Para las personas con disforia de género, estos sentidos no son la comida, el sexo o el placer físico, sino los sentidos internos, concretamente la imaginación. Por lo tanto, las partes subjetivas de la abstinencia, la sobriedad, la castidad y la abstinencia sexual no son necesarias para frenar estos deseos. Sin embargo, son virtudes beneficiosas para practicar como cristiano por otras razones.

Son relevantes las partes potenciales de la continencia, la clemencia y la modestia con la expresión de la humildad. *"La humildad corona la vida del amor cristiano, así como proporciona los primeros pasos para iniciar la vida de la caridad"* (Cessario 2002, 195). La persona humilde confía en el Señor. La virtud de la humildad permite una apertura a la gracia de Dios. La bienaventuranza de San Juan Bautista es: *"Es necesario que yo disminuya para que Él crezca"* (Jn 3,30). La humildad, que forma parte de la templanza, busca moderar los apetitos poniendo la propia voluntad en segundo plano frente a la de Dios. El comentario del cardenal Cayetano sobre la humildad, extraído de la *Suma Teológica,* enseña a la persona humilde a considerarse *ut indignus*, como indigno. Sin embargo, la persona humilde también es permanentemente consciente de que todo lo que recibe viene de Dios (Cajetan *Commentary on Summa Theologiae*, q. 161).

Para una persona que sufre de disforia de género, el individuo no es per se deficiente en humildad, templanza o cualquier otra virtud. La intención al introducir estas virtudes no es etiquetar a un grupo de personas como moralmente deficientes, especialmente si las personas con disforia de género sufren un trastorno médico fuera de su control. Sin embargo, mediante la *beatitudo, communio,* y la vida virtuosa, la felicidad y la curación son posibles.

Si el deseo es emocional y se basa en el impulso, el deseo se basa en el apetito concupiscible. San Agustín, por analogía, explica la concupiscencia en sus escritos sobre el discurso del *Pan de Vida* de San Juan. Escribe: *"Basta con mostrar una rama frondosa a una oveja para que se sienta atraída por ella. Si le muestras nueces a un niño, se siente atraído por ellas.*

Corre hacia ellas porque se siente atraído, atraído por el amor, atraído sin ninguna compulsión física, atraído por una cadena unida a su corazón" (Agustín, *Tractate* 26). La atracción emocional no lleva ninguna virtud o vicio dentro de los sentimientos; por lo tanto, las emociones son una simple concupiscencia.

El cuarto paso de esta heurística se centra en las virtudes aplicadas que una persona puede practicar para aliviar la disforia. Por ejemplo, un tema persistente de concupiscencia o un *"fuerte deseo"* es evidente en el diagnóstico de disforia de género en el *DSM-5*:

1. Un fuerte deseo de deshacerse de sus características sexuales primarias y/o secundarias
2. Un fuerte deseo por las características sexuales primarias y/o secundarias del otro sexo
3. Un fuerte deseo de ser del otro género
4. Un fuerte deseo de ser tratado como el otro género
5. Una fuerte convicción de que uno tiene los sentimientos y reacciones típicos del otro género

El concepto de deseo no siempre es conciliable con la virtud. Santiago escribió: *"Toda persona es tentada cuando es atraída y seducida por su propio deseo. Entonces el deseo concibe y da a luz el pecado, y cuando el pecado llega a la madurez da a luz la muerte"* (Jm 1:15 NAB). El Catecismo también advierte que *"Etimológicamente, 'concupiscencia' puede referirse a cualquier forma intensa de deseo humano. La teología cristiana le ha dado un significado particular: el movimiento del apetito sensible contrario a la operación de la razón humana"* (*CCC*, 2515). El mítico Cupido comparte etimología con la concupiscencia. Si Cupido golpea a un hombre con su flecha, éste se vuelve apasionadamente lujurioso. *Las pasiones* vuelven al hombre pasivo, y las emociones se apoderan de su intelecto y voluntad. El apóstol San Pablo identifica la concupiscencia con la rebelión de la "carne" contra el "espíritu" (Gal 5: 16, 17, 24; Ef 2: 3). La respuesta de un teólogo moral para una persona cuyo sufrimiento se origina en un fuerte deseo sería contrarrestar la concupiscencia con la virtud de la templanza.

La concupiscencia tiene dos tipos: emocional y pecaminosa. Cuando se trata de la concupiscencia de etiología médica, no se pueden reducir estos sentimientos al pecado de lujuria, ya que estos deseos son involuntarios. Este trastorno puede ser una *rebelión de la carne* como describe San Pablo, pero esta rebelión sería el estado caído del hombre y no un pecado voluntario particular. El trastorno obsesivo-compulsivo, el autismo y el trastorno dismórfico corporal/trastorno de integridad de la identidad corporal son *rebeliones de la carne* ya que el cuerpo está en desacuerdo con el alma en forma de deseo. En algunos casos, se trata de trastornos del neurodesarrollo con etiologías físicas y hormonales. Estas condiciones requieren respuestas terapéuticas tanto espirituales como médicas. El Dr. Paul McHugh, comentó,

> Los transexuales sufren un trastorno de "*suposición*" como los de otros trastornos conocidos por los psiquiatras. Otro tipo de suposiciones desordenadas son las que tienen quienes sufren de anorexia y bulimia nerviosa, donde la suposición que se aleja de la realidad física es la creencia de los peligrosamente delgados de que tienen sobrepeso. (McHugh 2014b)

La concupiscencia que carece de voluntariedad tendría que ser la concupiscencia emocional y no la lujuria. El P. Cessario advirtió: "*[L]as consideraciones merecen obviamente una atención cuidadosa, especialmente cuando se trata de evaluar las acciones particulares de aquellas personas que se juzgan en algún estado de angustia psicológica, también debe recordarse que los trastornos emocionales de este tipo no constituyen un estado deseable para los seres humanos*" (Cessario 2001, 112–113). Algunos de estos trastornos pueden superarse totalmente con terapias, como los Trastornos Dismórficos Corporales. En cambio, otros, como el autismo, sólo pueden tratarse parcialmente utilizando inhibidores selectivos de la recaptación de serotonina (ISRS) para minimizar los efectos.

Una respuesta pastoral adecuada a alguien con disforia de género es reconocer que, aunque el individuo sufre de concupiscencia o irascibilidad, no hay culpabilidad. Santo Tomás utiliza la palabra *malum* (mal) para significar "*la ausencia indeseable o el defecto de un bien que es debido*", y luego distingue la diferencia entre *malum poenae* (mal sufrido) y *malum culpae* (mala culpa) (ST Ia q. 14, a. 10). Para las personas que sufren disforia de género, se trata de *malum poenae*. El arzobispo Carlson plantea la imagen de Jesús acercándose a quienes experimentan el malum poenae o participan en el *malum culpae*. Jesús se acerca no sólo a los que eligen pecar, sino al leproso, a una persona con parálisis, a una mujer con fiebre, a una mujer con hemorragia, a dos ciegos y a muchos otros con condiciones que no eligieron (Mateo 8-9). El arzobispo reconoce que la disforia de género es "*una condición que la gente experimenta, que no es lo mismo que un pecado, y una condición que la mayoría de la gente experimenta como no elegida libremente"* (Carlson 2020, 3).

El propio Jesús hace esta distinción en el Evangelio de San Juan con el ciego de nacimiento. Sus discípulos le preguntaron: *"Rabí, ¿quién pecó, éste o sus padres, para que naciera ciego?"*. Jesús respondió: *"Ni él ni sus padres pecaron; es para que las obras de Dios se hagan visibles por medio de él"* (Jn 9,2-3 NAB). Los discípulos le preguntaban a Jesús si este hombre era culpable del *malum culpae* o de sus padres, pero Jesús no responde ni lo uno ni lo otro: el hombre sufre de malum poenae. El mal es un parásito del bien natural. Santo Tomás enseñó que el defecto de un bien existe como parte de la transformación del hombre nacido ciego al hombre recreado entero. Dios se sirve de todas las cosas para manifestar su gloria. La persona con *malum poenae*, el hombre nacido ciego, recibe una vocación divina. Hasta el momento en que Jesús se le apareció, no podría haber comprendido la realidad de su discapacidad. Brian Brock, Ph.D. en su interpretación de *La Ciudad de Dios XXII.19*, interpreta a San Agustín para sugerir que *"algunas personas discapacitadas, como los mártires, aunque se curen funcionalmente, conservarán las marcas de sus gloriosos papeles como testigos divinos en la Resurrección"* (Jerarquías de Agustín 2012, 74) (Brock 2012, 97).

Como se ha comentado en el capítulo tercero, esta concupiscencia es involuntaria. Esta forma de concupiscencia no es el pecado de lujuria, como San Agustín discute en *Las Confesiones*. En cambio, es la comprensión tomista de la concupiscencia como un robusto deseo innato. El Catecismo afirma que la concupiscencia es un *"movimiento del apetito sensible contrario a la operación de la razón humana"* (*CCC*, 2515). Aunque sea *contrario a la operación de la razón humana*, el deseo en sí no es malo. El P. Cessario describe,

> La concupiscencia significa querer un bien para uno mismo, el deseo de lo que es bueno para el sujeto, un querer que no es necesariamente desordenado, pues está implantado en nosotros por el autor de la naturaleza y continúa bajo el reinado de la gracia. Al amar así, buscamos para nosotros un auténtico bien. (Cessario 2002, 42)

El P. Cessario se refiere al apetito de la concupiscencia más que a un deseo desordenado concupiscible específico en este pasaje.

Según el enfoque tomista, una persona sana tiene los apetitos subordinados a la razón, a diferencia de la perspectiva de David Hume, donde la razón es esclava de las emociones. Se trata de un tipo de empatía armada en la que la emoción somete a la razón a sí misma. Los doctores Terruwe y Baars escriben que "la naturaleza de la vida emocional es estar sujeta a la razón y, por lo tanto, debe desistir naturalmente de su operación cuando la razón ha juzgado que el objeto concreto de su inclinación no es un bien universal" (Terruwe y Baars 1981, 26) -tomando la idea de ST Ia-IIae q. 74, a. 3,.ad. 1. *"El apetito está sujeto a la razón"*.[5] La solución a este dilema, según los doctores Terruwe y Baars, no puede ser la represión de las emociones. Afirman: *"Médicamente hablando, es un hecho probado que las emociones reprimidas no pueden ser controladas por la razón y la voluntad"* (Terruwe y Baars 1981, 39). La represión sólo conduce a una neurosis más profunda. Toda emoción y toda emoción reprimida tiene *"un componente psíquico que va acompañado necesariamente de un componente somático"* (Terruwe y Baars 1981, 18), o como Santo Tomás llama *transmutatio corporalis* (ST Ia-IIae q. 22, a.3).

En Amor y responsabilidad, el cardenal Karol Wojtyla promueve a veces el punto de vista tomista de que la concupiscencia no es ser pecador en sí mismo. Afirmó que la concupiscencia sólo es pecaminosa cuando el deseo se convierte en el *"autocompromiso consciente y deliberado de la voluntad a los impulsos del cuerpo, que entran en conflicto con la verdad objetiva"*. El verdadero desafío es el *"subjetivismo emocional"* (Wojtyla 1981, 163–164). ¿El objeto del deseo se basa en una realidad ontológica o en los sentimientos personales?

El enfoque tomista consiste en permitir que las emociones se purifiquen a la luz de la razón. Además, la represión de una emoción inicia una cadena de represiones posteriores. Los médicos afirman que *"cada represión posterior requiere menos esfuerzo, como ocurre en la adquisición de cualquier hábito"* (Terruwe y Baars 1981, 52). La forma de romper el ciclo de represión y neurosis es crear una madurez emocional. Una persona necesita la seguridad de permitir que sus emociones sean juzgadas por la razón. A medida que las personas se desprenden de las neurosis, experimentan la libertad de desprenderse de otras neurosis. El P. Cessario escribe sobre la madurez emocional que *"sólo la persona amada*

[5] *Appetitus sensitives natus est obedire rationi*

puede aceptar la disciplina como medio para acercarse a la fuente del amor" (Cessario 2002, 58). San Bernardo de Claraval presenta un equilibrio razonable: *"El temor al juicio de Dios, separado de la esperanza, nos arroja al pozo de la desesperación, mientras que la esperanza indiscreta, no mezclada con un temor razonable, engendra una seguridad hiriente"* (Bernard, *Sermo in Cantica*, 6).

Los teóricos del género también abogan por la liberación de la sexualidad de la represión, por lo que muchos se apresuran a abrazar las identidades transgénero y un enfoque medicalizado de la transformación. Por desgracia, los siglos XX y XXI no han demostrado que esta liberación sexual elimine con éxito las neurosis sexuales. Durante un periodo de secularidad, ética situacional y relativismo moral, la persona común nunca ha sido tan libre sexualmente como en la sociedad moderna. A pesar de ello, las neurosis son tan frecuentes como antes, con estrés y ansiedad por el propio cuerpo. Los doctores Terruwe y Baars proponen que la clave es la *madurez emocional*. Escriben que la curación comienza con dos pasos: *"en primer lugar, la emoción reprimida debe ser llevada a la conciencia, y en segundo lugar, se debe enseñar al paciente a manejar las emociones de manera racional"* (Terruwe y Baars 1981, 90). El psiquiatra Dr. Claude Wischik también hizo esta afirmación en 2020, afirmando que la madurez sexual es necesaria para las interacciones sexuales saludables, y la represión nunca lo logrará (Wischik 2020). El Dr. Viktor Frankl hizo afirmaciones similares sobre la libertad, declarando que la libertad no es la última palabra. Escribió: *"Recomiendo que la estatua de la libertad en la costa este se complemente con una estatua de la responsabilidad en la costa oeste"* (Frankl 2007, 536).

La curación y la madurez emocional serán esenciales para la curación de una persona transgénero; no por poseer la virtud de la templanza se desvanecerá toda la disforia. Al discernir el apoyo espiritual para una persona con disforia de género, el objetivo no es sustituir el consejo médico de los profesionales de la medicina capacitados por la oración o la *"curación interior"* guiada por líderes religiosos bienintencionados pero no capacitados. Este principio ya se explicó en el primer paso. En el caso de trastornos como la esquizofrenia o el cáncer, sentirse mejor no es una cura, pero sí devuelve la calidad de vida y ayuda al proceso de curación. Con trastornos como la disforia de género, la depresión o la ansiedad, puede surgir una causa química para estos sucesos, pero los sentimientos de paz y satisfacción son una cura. Supongamos que empezar el día asistiendo a misa, leyendo las Sagradas Escrituras o reorientando la energía hacia una identidad cristiana en lugar de una basada en el sexo permite a una persona unas horas de paz. En ese caso, la terapia ha *"funcionado"*. Reprimir *el miedo* y *los deseos* nunca puede conducir a la curación (Terruwe y Baars 1981, 91); en cambio, este miedo puede ser aliviado por la esperanza, y la energía podría dirigirse en otras direcciones más racionales.

Cuanta más energía se dedica a establecer una identidad cristiana, menos energía se dedica a la identidad basada en el sexo. La activista transfeminista Rachel Anne Williams, que no se identifica como cristiana, afirma este enfoque identitario al afirmar: *"Mi identidad principal es la de 'filósofa'. Antes que 'mujer', soy filósofa. Antes que 'trans', soy filósofo. Ser filósofo predice más mi comportamiento y mi profundidad que cualquier otro rasgo. Es fundamental para quién soy y cómo actúo"* (R. A. Williams 2019, 73). Desgraciadamente, la filosofía de Rachel Anne Williams es un sofisma más que un realismo, lo que la lleva a profundizar en el caos de la ideología infructuosa. Para una persona cristiana que tiene una identidad transgénero, la identidad cristiana debería suplantar a la identidad transgénero, ya que la identidad cristiana está arraigada en la razón. Al ordenar correctamente las identidades, es posible una mayor paz interior.

VIII. Misericordia

Suma Teológica II-II 30

Deseo misericordia y no sacrificio.

— San Mateo 9:13

Aunque el arzobispo Carlson plantea un reto a las personas con identidades transgénero, ofrece un reto aún mayor a la Iglesia para que muestre su misericordia:

> Muy sencillo: son nuestros hermanos y hermanas. Han sido objeto de violencia y acoso, lo que constituye una violación de su dignidad humana. Nosotros, por nuestra parte, debemos protegerlos, acogerlos en nuestros corazones y tenderles la mano con amor, como hizo Jesús. Entendamos o no totalmente su experiencia, y estemos o no de acuerdo con las decisiones que toman, necesitan que les ofrezcamos un lugar seguro en el que puedan experimentar el amor de Dios. (Carlson 2020, 11)

El Papa Francisco, en su exhortación postsinodal La alegría del amor (*Amoris Laetitia*) ejemplifica a través de las Escrituras la evangelización de Jesús al acompañar a las personas en su camino. El Papa Francisco escribe que la evangelización comienza con *"la mirada de Jesús, y hablan de cómo miraba a las mujeres y a los hombres con los que se encontraba con amor y ternura, acompañando sus pasos con verdad, paciencia y misericordia mientras anunciaba las exigencias del Reino de Dios"* (Francisco 2016, 60). Jesús no se limitó a ordenar su ideología. Primero se encontró, acompañó y proclamó. Jesús acompañó a la gente con *"la verdad, la paciencia y la misericordia"*, de estas tres virtudes, sólo queda por discutir la misericordia. Santo Tomás escribió: *"Pero de todas las virtudes que se relacionan con el prójimo, la misericordia es la más grande, incluso porque su acto supera a todos los demás"* (IIa-IIae 30, a. 4). La misericordia se aleja de las virtudes personales y de la transformación individual hacia sus implicaciones sociales. La misericordia es la dimensión social por la que las virtudes se manifiestan en el mundo. Al reflexionar sobre cómo los pastores de la iglesia y los líderes cristianos dentro de la sociedad deben responder al *"momento transgénero"*, todas las virtudes, especialmente la misericordia, son necesarias. El Arzobispo Carlson citó al Papa Francisco, afirmando: *"Lo que decimos importa. Pero también importa cómo lo decimos. Es posible violar nuestra fidelidad a Dios en lo que decimos o dejamos de decir. También es posible violar esa fidelidad en cómo decimos las cosas"* (Carlson 2020,10).

El P. Cessario afirma: *"El crecimiento en la vida moral no puede ocurrir aparte de una unión efectiva y personal con Cristo en la iglesia de la fe y los sacramentos"*. Y continúa: *"Los que imparten buenas enseñanzas morales reconocen esta verdad, y por ello se abstienen de imponer obligaciones morales sin dar una explicación clara sobre cómo se pueden cumplir adecuadamente estas exigencias"* (Cessario 2001, 225–226). El P. Cessario también desafía: *"De hecho, el propio Evangelio exige tal indagación, ya que, a imitación de su Señor, la Iglesia en su conjunto debe responder a la pregunta: "¿Y quién es mi prójimo?". (Lc 10, 29)"* (Cessario 2002, 75). La *communio* de los creyentes es un reto para el individuo y un reto para la comunión tal como existe. Dado que el florecimiento humano depende de la *communio*, ¿está la *communio* abierta para que sus miembros entren en comunión con ella? El P. Cessario advierte sobre la creación de imposiciones y obligaciones sin crear un camino para alcanzarlas. Al abordar el dilema ético de tratar la disforia de género, no basta con tener buenas intenciones. En la Carta de Santiago, escribe: *"Si uno de los hermanos o una de las hermanas tiene necesidad de ropa y no tiene suficiente comida para vivir, y uno de vosotros le dice: "Te deseo lo mejor; abrígate y come mucho", sin darle estas necesidades básicas de la vida, ¿de qué sirve?"*. (Jm 2:15-16 NJB)

La comunión cristiana puede establecer imposiciones y obligaciones para los homosexuales y transexuales, pero la *praxis* de cómo aparece la santidad para ellos es mucho menos clara. El Dr. Vanier desafía a la iglesia a evitar la creación de una comunidad dividida, en la que cada persona sólo se preocupa de su propia santidad. Esta actitud es un contra-testimonio de la resurrección. Él enseñó,

> *A menudo, la comunidad deja de clamar a Dios cuando ella misma ha dejado de escuchar el clamor de los pobres, cuando se ha autosatisfecho y ha encontrado un modo de vida no demasiado inseguro... Cuando la comunidad hace un pacto con los pobres, su clamor se convierte en el suyo.* (Vanier 1989, 196)

Los padres de un niño transgénero, al ser entrevistados, recordaron su propia lucha por encontrar una comunidad: *"Cuando [su hijo] nos lo dijo por primera vez, nos sentimos como si fuéramos las únicas personas de nuestra zona que tienen este problema de un niño que quiere ser mujer. Cuando fuimos al grupo de apoyo PFLAG (Padres y Amigos de Lesbianas y Gays), conocimos a otras personas [con hijos transgénero]. Hay tantas cosas relacionadas con los niños transgénero [sic]... Fuimos todos durante bastante tiempo, y fueron de gran ayuda"* (Yarhouse et al., 2016, 203). Tener una red de apoyo de PFLAG para padres de niños transgénero puede beneficiar a algunos, pero es incompleta. La iglesia puede estar perdiendo una oportunidad de servir mejor a su gente ofreciendo un sistema de apoyo a los padres impregnado de ciencia médica, la práctica de las virtudes, la oración y la apertura a la gracia.

El lector también puede considerar lo que la iglesia pierde al no encontrarse con las personas transgénero y las familias de las personas transgénero. Al permanecer aislada del sufrimiento del prójimo, la comunidad ha perdido una oportunidad de ser transformada. El Papa Francisco escribió en su encíclica Fraternidad y amistad social (Fratelli Tutti): "No podemos ser indiferentes al sufrimiento; no podemos permitir que nadie pase por la vida como un paria. Por el contrario, debemos sentirnos indignados, desafiados a salir de nuestro cómodo aislamiento y a ser cambiados por nuestro contacto con el sufrimiento humano. Ese es el sentido de la dignidad" (Francisco 2020, sec. 68).[6]

El trabajo de *communio* es un reto para los transeúntes y un nuevo desafío para que la iglesia no ignore el grito de los que sufren en su entorno: nuestros hermanos y hermanas en Cristo. La iglesia se enfrenta a un momento del pobre Lázaro en el que la comunidad será juzgada por lo bien que responda a las necesidades de los pobres en la puerta de la iglesia. San Juan Crisóstomo advirtió: *"Si no encuentras a Cristo en el mendigo a la puerta de la iglesia, no lo encontrarás en el cáliz"*. El Dr. Vanier advierte además: *"El cuerpo roto de Cristo en la Eucaristía sólo se*

---

[6] Paráfrasis popular de la *Homilía* 50 sobre Mateo 14:23, 24.

entiende claramente cuando se ve en relación con los cuerpos y corazones rotos de los pobres; y sus cuerpos y corazones rotos encuentran el sentido en el Cuerpo roto de Cristo" (Vanier 1989, 198). Este mensaje del Dr. Vanier encuentra eco en las palabras de Santo Tomás de Aquino en la *Summa: "La misericordia significa dolor por la angustia de otro"* (ST IIa-IIae 30, a. 3). Jesús llama a sus seguidores a manifestar su deseo de misericordia en lugar de sacrificio (Mateo 19:13) cuando llama a sus seguidores a abrir sus ojos y sus corazones al sufrimiento de las personas con discapacidad y a acompañarlas en su camino de curación. La fidelidad a los rituales religiosos es esencial, pero el Verbo no se hizo carne para instituir una reforma litúrgica, sino que vino a recordar a las personas para qué fueron creadas.

Jesús establece en Mateo 19 dos caminos para la santidad: el matrimonio y los eunucos por el Reino de los Cielos. Juan Pablo II se hace eco de estas dos vías a lo largo de la *Teología del Cuerpo.* La soledad original era Adán, que estaba solo, por lo que Dios tomó de su costado una costilla para hacer a Eva. Después de la doble creación, Adán ya no experimentó la soledad original, pero la unidad original fue destruida en el proceso. Para recuperar la unidad original, los dos vuelven a ser una sola carne. Esta unidad se produce en la era cristiana a través del sacramento del matrimonio y de la entrega del uno al otro, dando lugar a la descendencia, la encarnación de las dos carnes que se convierten en una. San Pablo también establece la teología del Cuerpo (de Cristo) que se encuentra en primera de Corintios 12: 27. En este cuerpo espiritual, una persona casada, soltera, homosexual, transexual, o cualquier otro tipo de sexualidad son invitados a entrar en Cristo y recibir una nueva identidad no definida por los sentimientos personales de identidad o atracción sexual.

Paradójicamente, cuando nace la descendencia, se destruye y se crea la unidad original. La descendencia es la doscarne hecha una, pero también significa que la unidad de Adán es ahora tres. En cada generación posterior, la unidad original se aleja aún más. Con 6.000 millones de personas en el planeta, la desunión antropológica parece permanente. La reunificación de la unidad original no puede ser en la carne, sino en el Espíritu. Así como Dios castigó al pueblo de Babel con la división, el Espíritu Santo en Pentecostés recrea una sola persona, un solo pueblo elegido que no depende de la clase, la cultura, la nacionalidad, la edad, el sexo o cualquier otra característica mundana.

Mediante el bautismo, uno es adoptado en el Cuerpo de Cristo; a continuación, uno recibe la Eucaristía para convertirse en lo que recibe, que es de nuevo el Cuerpo de Cristo. Por último, como miembro del Cuerpo de Cristo, uno une su sufrimiento al de Cristo, compensa lo que le falta al sufrimiento de Cristo, y toma su cruz para seguir a Cristo hasta el Gólgota. Muriendo con Cristo, se resucita después con Cristo en la resurrección. Así, el misterio de la fe se convierte en la historia de la salvación cristiana, pero también de la *communio* y *beatitudio.* Esta narración sirve tanto para San Pablo soltero como para San Pedro, que estaba casado, y Santa Inés, la virgen o Santa Perpetua, la madre. El estatus de uno en la vida, incluso hasta el punto de ser San Onésimo, el esclavo o San Filemón, el dueño de esclavos,[7] San Felipe el apóstol, o San Simeón, el negro el eunuco, es irrelevante comparado con la unidad del Cuerpo de Cristo.

Dentro de la *Teología del Cuerpo* de Juan Pablo II, el pontífice presenta a los casados, a los eunucos de nacimiento, a los que han sido hechos así por otros y a los que se han hecho eunucos por el Reino de los Cielos. Los eunucos naturales y los hechos por otros no se sitúan claramente en ninguna de esas dos categorías de unión sacramental por matrimonio o vida consagrada. ¿Se ha planteado la Iglesia cómo sería la vocación cristiana de una persona homosexual y transexual? Existen similitudes entre estos eunucos naturales de Mateo 19 y los marginados sexuales actuales.

La Iglesia ha promulgado en el Concilio Vaticano II *Apostolicam Actuositatem* (Decreto sobre el Apostolado de los Laicos). La Iglesia declara que cada persona tiene una vocación según *su carácter particular* de vida. Como proclama el documento,

> Este plan de vida espiritual de los laicos debe tomar su carácter particular de su estado matrimonial o familiar o de su estado de soltería o viudez, de su estado de salud y de su actividad profesional y social. No deben dejar de desarrollar con empeño las cualidades y los talentos que les han sido concedidos de acuerdo con estas condiciones de vida, y deben hacer uso de los dones que han recibido del Espíritu Santo. (*AA* 4)

[7] Tradición ortodoxa etíope para el eunuco etíope que aparece en Hechos 8 y 13.

Los homosexuales y transexuales, como todos los cristianos, están llamados a encontrar la santidad dentro de su estado de vida específico. La diversidad de expresión es coherente con la teología del Cuerpo de Cristo de San Pablo, ya que no todas las personas pueden ser un pie o una mano. La unidad a través de la diversidad constituye el Cuerpo de Cristo. La Constitución Dogmática sobre la Iglesia, Lumen Gentium (Luz de las Naciones), también afirma que todos los cristianos están "*llamados a la plenitud de la vida cristiana y a la perfección de la caridad*" (LG 5, 40). La mayoría de los cristianos encuentran la santidad dentro de la vida matrimonial. La Iglesia reconoce a la familia como la "*primera y vital célula de la sociedad*" (AA 11), pero el matrimonio no es la única vocación.

Al administrar el sacramento del bautismo, el obispo Robert Barron de Los Ángeles (Barron 2020) recuerda la historia de un águila nacida entre pollos. El águila comienza a copiar el comportamiento de las gallinas hasta que un águila mayor sobrevuela y ve a esta joven águila picoteando el suelo. El águila mayor aterriza y le dice al águila joven que no es una gallina y que tiene la capacidad de elevarse en el cielo. Esa vieja le enseña al joven cómo ser un águila. Del mismo modo, muchos niños son bautizados en Cristo y poseen el potencial para ser tremendos santos. Desgraciadamente, nunca se les habla de su potencial y, en cambio, están picoteando la tierra como pollos. Este mensaje se aplica a todos los cristianos, sean transgénero o cisgénero. La vocación de la iglesia militante es recordarse unos a otros su vocación de ser tremendos santos y dejar de picotear el mundo.

Dr. Vanier pide a los cristianos que consideren: "*Ahora bien, este fuego del Espíritu Santo se da, no a los sabios y a los poderosos, sino a los débiles y a los más pequeños, a los pobres, a los tiernos, a los puros de corazón y a los perseguidos. A éstos, Jesús se muestra como el Esposo*" (Vanier 1985, 103). Convertirse en la esposa de Cristo no es fácil de aceptar como vocación, como pueden atestiguar muchos grandes santos. Para la mayoría de los cristianos, sus padres casados han sido sus formadores en la vida cristiana. A los religiosos, sacerdotes o personas casadas no les faltan ejemplos de vida santa; sin embargo, los ejemplos para los laicos santos solteros y, en particular, para las personas homosexuales y transexuales son mucho más limitados. El capítulo VI de *Apostolicam Actuositatem* (Decreto sobre el Apostolado de los Laicos) está dedicado a la formación de los laicos. Reclama la necesidad de la formación moral,

> Puesto que la formación para el apostolado no puede consistir en una mera instrucción teórica, desde el principio de su formación, los laicos deben aprender gradual y prudentemente a ver, juzgar y hacer todas las cosas a la luz de la fe, así como a desarrollarse y mejorarse a sí mismos junto con los demás a través del hacer, entrando así en el servicio activo a la Iglesia. (AA 29)

Según el Magisterio, los actos homosexuales son desordenados y, por tanto, el matrimonio cristiano no es posible para estos miembros de la Iglesia. Supongamos que una persona homosexual se casara con una persona del sexo opuesto y el matrimonio fracasara. La homosexualidad es motivo de anulación ya que el matrimonio habría sido imposible desde el principio del mismo. El derecho canónico establece que los deseos homosexuales pueden ser una "*incapacidad para asumir las obligaciones esenciales del matrimonio*" (*Derecho Canónico*, 1095, 3).

La terapia reparadora también ha sido infructuosa y perjudicial para las personas. La Congregación para la Educación Católica ha considerado que los homosexuales no pueden acceder a las órdenes sagradas en 2005 Congregación para la Educación Católica 2005), siguiendo una directiva anterior de 1961 (Sagrada Congregación para los Religiosos 1961). La única vocación que queda es la vida de soltero célibe. Los transexuales se enfrentan a un dilema similar. Si la Iglesia exige que la vocación de una persona transexual sea la vida soltera célibe, ¿qué formación y apoyo espera ofrecer la Iglesia a las personas transexuales? *Apostolicam Actuositatem* (Decreto sobre el Apostolado de los Laicos) es consciente de que la formación es necesaria, pero actualmente no se ofrece ninguna. El celibato no se consigue fácilmente en el sacerdocio y la vida religiosa sin una sólida formación, una comunidad de apoyo, directores espirituales, confesores, oración y una sólida vida sacramental. Este sistema para los religiosos y clérigos célibes no se ha reproducido para los laicos solteros, aunque la Iglesia reconoce este estado de vida como una vocación.

En el apogeo del catolicismo en Estados Unidos, en 1965, había aproximadamente 45 millones de católicos y 180.000 religiosas. En la actualidad, residen en Estados Unidos unos 76 millones de católicos y 31.350 hermanas (McKay 2020). Si los niveles de devoción y las tasas de vocaciones persistieran, hoy deberían existir 337.800 hermanas. Entonces, ¿a dónde fueron estas 306.000 mujeres que se habrían convertido en hermanas en 60 años? Gran parte de esto se atribuye al aumento de los "*nones*", aquellos que se identifican como no afiliados a la religión.

Si los hombres y mujeres católicos que experimentan la identidad de género consideraran los estados laicos de la vida religiosa, esto produciría 230.000 hermanas religiosas adicionales y un número igual de hermanos religiosos. Los religiosos abandonan su vestimenta secular específica de género y los estereotipos de su sexo para vincularse a Cristo mismo. Se objetará que la vida religiosa está diseñada para personas sanas y completas que buscan a Dios, y que la vida comunitaria no es un lugar para abandonar a los quebrados. Es un punto justo, pero hay que tener en cuenta que las personas con disforia de género no son enfermos mentales y pueden integrarse plenamente en la sociedad si se les da la oportunidad.

Un gran grupo de jóvenes con disforia de género de inicio tardío busca orientación y formar parte de algo significativo. En lugar de adentrarse en una forma de vida antinatural y autodestructiva para encontrar un sentido, una joven católica con disforia de género podría plantearse una formación que la apoye a lo largo de su vida. Muchas religiosas explican que nunca creyeron ser como los demás chicos y que tuvieron deseos diferentes en la vida mientras crecían. También experimentaron el elemento contracultural y comunitario de un convento o monasterio y se sintieron atraídas por esta vida. Los religiosos viven plenamente su sexualidad mediante la contención y el autocontrol. Sus vidas se convierten en ofrendas a Dios y al servicio del mundo. Los jóvenes disfóricos pueden estar demasiado centrados en su interior y pueden ser llamados a la vida religiosa, que los envía con sentido.

La vocación de los miembros de la iglesia, por la naturaleza de su bautismo, es acoger a la mesa a los nuevos cristianos. El Dr. Vanier reflexiona sobre la comunidad afirmando: "*También somos "misioneros" es decir, personas enviadas- cuando acogemos a alguien a nuestra mesa, cuando le mostramos que es amado y apreciado, cuando le decimos con amor cómo hemos sido llamados por Jesús a vivir, cuando le hacemos sentir en casa. En ese momento, también estamos anunciando verdaderamente la buena noticia*" (Vanier 1989, 271–272). La vocación de la persona transexual no es una vocación particular dentro de la Iglesia, como lo eran las personas transexuales en las culturas paganas (supra-2.6), pero requiere una formación única.

La meta de todos los cristianos es la beatitud final, que no se alcanza en la vida terrenal.

Según explica el P. Cessario, la *communio* dispone a los creyentes a aceptar *"el misterio de Cristo, así como [la Iglesia] instruye sobre ese auténtico 'desprecio del mundo' que conlleva el ejercicio de una vida espiritual"* (Cessario 2001, 225). Esta última bienaventuranza lleva a San Agustín a escribir: *"Nos has hecho para ti, Señor, y nuestro corazón está inquieto hasta que descanse en ti"* (Agustín, Las confesiones, cap. 1). Según la teología cristiana, los seres humanos plenamente realizados y satisfechos no están diseñados para este mundo.

La transfeminista Rachel Anne Williams, que no se identifica como cristiana, reconoce la caída en sus propias palabras: *"Mi cuerpo no es suficiente para mí. Simplemente no es suficiente"* (R. A. Williams 2019, 121). La no suficiencia en el corazón de la identidad transgénero de Rachel Anne Williams está en el centro de la narrativa cristiana. Cuando uno ve su cuerpo a través de la lente del materialismo, su cuerpo nunca es suficiente porque el cuerpo no manifiesta sin esfuerzo la grandeza a la que la humanidad está llamada. Blaise Pascal imaginó,

> ¿Hubo una vez en el hombre una verdadera felicidad, de la que ahora sólo queda la huella y el rastro vacíos? Esto lo intenta llenar en vano con todo lo que le rodea, buscando en las cosas que no están la ayuda que no puede encontrar en las que sí están, aunque ninguna puede ayudar, ya que este abismo infinito sólo puede ser llenado con un objeto infinito e inmutable; es decir, por Dios mismo. (Pascal *Pensees*, 148)

El hombre trata de llenar este vacío en su corazón con cualquier distracción, pero sólo Dios puede llenar el vacío de la felicidad.

El teólogo cristiano evangélico estadounidense Dr. Mark Yarhouse propone que la iglesia debe decidir qué modelo prefiere (Yarhouse 2015, 147). El modelo tradicional protestante es:

Comportarse → Creer → Pertenecer

Este modelo atrae a personas que creen y piensan como ellos. No hay que sorprenderse de que los campesinos blancos republicanos que poseen armas acudan a parroquias con miembros culturalmente similares. Del mismo modo, las comunidades negras tradicionales atraen a otros miembros negros. Del mismo modo, no hay que sorprenderse de que personas liberales, favorables al aborto y a la justicia social acudan a las parroquias de la Iglesia Unida de Cristo o que los cristianos LGBT acudan a la Iglesia de la Comunidad Metropolitana. Su fe no les une a la práctica; en cambio, su práctica les une a una denominación o parroquia. El otro modelo de iglesia es el enfoque de la iglesia misionera:

Comportarse → Creer → Pertenecer

En este modelo, una persona entra en una comunidad permitiendo que la fe transforme la creencia, transformando la acción y la identidad. Este modelo es atractivo, ya que el proceso permite que el Espíritu Santo informe al intelecto y proporcione la gracia para afectar a la voluntad, de modo que sea posible una vida justa. El reto de este modelo es que la iglesia acoge a personas que todavía no actúan como tales. Este modelo es inevitable con los bautismos de bebés cuando un niño pertenece a una comunidad antes de ser consciente. Algunos miembros que pertenecen todavía no creen en el credo. ¿Cuánto tiempo tienen que pertenecer las personas a una comunidad antes de que sus creencias y su comportamiento coincidan con las enseñanzas de la fe? La gracia de la vida de fe es a veces instantánea y otras veces se desarrolla lentamente.

El reto secundario de permitir que los miembros pertenezcan sin creer plenamente o llegar a ser/comportarse de acuerdo con las enseñanzas de la iglesia es el grado de participación. ¿A quién se le permite ser lector, saludador o catequista? Ya que la creencia y el llegar a ser completamente no se completa hasta el otro lado de la tumba, la iglesia se queda con miembros imperfectos. ¿Cómo de imperfecta puede ser la gente? A menudo la métrica práctica es el escándalo público y la controversia. Se toleran muchas incoherencias siempre que sus acciones no lleven a la confusión pública.

Dr. Yarhouse propone un reto para que la iglesia vaya más allá de la comodidad y se vuelva misionera. ¿Puede darse un espacio de misericordia y comunión a los transexuales durante la reevangelización sin escandalizar al resto de los fieles? ¿Es el Cuerpo de Cristo lo suficientemente amplio como para abarcar a los marginados sexuales?

11.2 Paso 5: Gracia

Debido a la naturaleza caída del mundo, la redención del cuerpo no se producirá hasta la resurrección. Por lo tanto, el hombre depende de la gracia y la salvación de Dios para su felicidad final.

a. ***La redención*** significa, de hecho, una "*nueva creación*", por así decirlo, significa asumir todo lo creado para expresar en la creación la plenitud de justicia, equidad y santidad que Dios ha previsto para ella y para expresar esa plenitud sobre todo en el hombre, creado varón y mujer "*a imagen de Dios*". (Juan Pablo II 2006, sec. 99.7)

El Concilio Vaticano II declaró en la *Gaudium et Spes* (La Iglesia en el mundo actual): "*Dado que la libertad humana está debilitada por el pecado, sólo con la ayuda de la gracia de Dios los hombres pueden orientar adecuadamente sus acciones hacia Dios*" (GS 17). Del mismo modo, cuando se le preguntó a Jesús quién podía salvarse, dijo a sus discípulos: "*Para los seres humanos esto es imposible, pero para Dios todo es posible*" (Mt 5,26 NAB).

El Exultete recuerda cada año a los católicos con la magnánima oración: *Padre, qué maravilloso es tu cuidado por nosotros! ¡Qué ilimitado es tu amor misericordioso! Para rescatar a un esclavo, entregaste a tu Hijo. ¡Oh, feliz culpa, oh pecado necesario de Adán, que nos ganó un Redentor tan grande!* El quebrantamiento del cuerpo del hombre y su incapacidad para alcanzar la perfección interior no es una barrera para el amor de Dios, sino una invitación a entrar en su misericordia. La venerable Catalina McAuley enseñaba a sus Hermanas: "La misericordia recibe a los ingratos una y otra vez, y nunca se cansa de perdonarlos" (McAuley 1888, 137). La misericordia es un camino hacia el Padre.

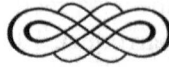

Dr. Vanier escribió: "*Sí, la Palabra se hizo carne por el clamor de los pobres*" (Vanier 2019, 133). Mientras el hombre crea que puede superar por sí solo el error humano, nunca podrá aceptar la curación. San Ambrosio escribió: "*Mi culpa se convirtió para mí en la causa de la redención, por la que Cristo vino a mí*" (Ambrose *De Jacob et vita beata*, I. 6. 21). Cuando un cristiano reconoce la incapacidad de alcanzar la perfección y el malestar de estar dentro del propio cuerpo, esto es un reconocimiento de la condición humana y una invitación a aceptar el mensaje de esperanza de Cristo.

El Catecismo enseña que *"la gracia es una participación en la vida de Dios"* (*CCC*, 1997). La llamada de la gracia no es sólo una cuestión de vivir una vida satisfecha en la tierra, sino la adopción en la vida divina. La gracia no es la participación de Dios en el mundo natural, sino la participación del hombre en la vida de Dios. La Iglesia tiene una teología profunda sobre la gracia, que comenzó con la batalla de San Agustín con Pelagio y se desarrolló durante la batalla del Concilio de Trento con el calvinismo y el luteranismo. Los tipos de gracia necesarios para la vida de una persona transgénero son la *gracia santificante, la gracia habitual* y *la gracia actual.*

San Pablo admite: *"Se me dio una espina en la carne, una medida de Satanás para maltratarme e impedir que me superara. A propósito de esto, he suplicado tres veces al Señor que me deje, pero me ha respondido: "Te basta con mi gracia, porque en la debilidad está la fuerza"* (2 Cor 12: 7-9 NAB). San Pablo también escribió: *"Por tanto, si alguien está en Cristo, es una nueva creación; lo viejo ha pasado, he aquí que ha llegado lo nuevo. Todo esto proviene de Dios, que por medio de Cristo nos reconcilió consigo"* (2 Cor 5: 17-18 NAB). Esta teología paulina de la gracia explica la gracia santificante, un don de Dios que realiza la obra de la salvación con el alma humana. La gracia santificante es un *"don habitual, una disposición estable y sobrenatural que perfecciona el alma misma para que pueda vivir con Dios, para actuar por su amor"* (*CCC*, 2000). Mientras que la gracia habitual es una disposición permanente, la gracia actual son las *"intervenciones de Dios, ya sea al principio de la conversión o en el curso de la obra de santificación"* (*CCC*, 2000). Aunque la gracia santificante y la habitual son inmensamente importantes, ya que conducen a la vida eterna, tienen una aplicación menos específica en el tema transexual. Estas formas de gracia son necesarias para todo cristiano santificado. Los transexuales no están especialmente equipados o mal equipados para recibir la gracia santificante de Dios.

En cuanto a la gracia actual, se trata de una gracia especial que Dios da a cada persona específicamente para su propia vida como una invitación a la vida de Cristo o en *cualquier forma particular* que Dios elija para llevar a la persona a la perfección. Esta gracia explica cómo cada persona recibe una llamada particular, como los apóstoles en los Evangelios, para *"venir a seguirme"*. En la tercera hora, la llamada se produce al principio de la vida para algunos cristianos (Mt 20,1-16). Para otros, son los obreros que son llamados a la hora undécima, pero todos son llamados a su tiempo y a su manera. Del mismo modo, una persona con identidad transgénero, como cada cristiano antes de él, recibirá la gracia necesaria para hacer surgir la vocación. San Agustín, en sus tratados sobre la naturaleza y la gracia, señala,

> En efecto, nosotros también trabajamos, pero sólo colaboramos con Dios que trabaja, porque su misericordia nos ha precedido. Ha ido delante de nosotros para que seamos curados y nos sigue para que, una vez curados, se nos dé la vida; va delante de nosotros para que seamos llamados, y nos sigue para que seamos glorificados; va delante de nosotros para que vivamos devotamente, y nos sigue para que vivamos siempre con Dios: porque sin él no podemos hacer nada. (Augustine *De Natura et gratia*, 31)

Los cristianos se apoyan en la gracia para responder a la llamada de la santidad. La gracia también es necesaria para mantener la vocación y hacer fructificar la virtud. La gracia es sobrenatural, pero no mágica. Por el contrario, la gracia tiene sus raíces en el amor de Dios por la humanidad y requiere que *"el hombre prepare su alma, ya que lo hace por su libre voluntad. Sin embargo, no lo hace sin la ayuda de Dios que lo mueve y lo atrae hacia sí"* (*ST* Ia-IIae q.109, a.6, ad. 4). El hermano Jacques Maritain, P.F.J., explica con más detalle la *preparación* del alma de Santo Tomás en *La persona y el bien común*. Escribe,

> El estrato más profundo de la dignidad de la persona humana consiste en la propiedad de asemejarse a Dios, no de una manera general a la manera de todas las criaturas, sino de una manera propia. Es la imagen de Dios. Porque Dios es espíritu, y la persona humana procede de Él como poseedora de un principio de vida, un alma espiritual capaz de conocer, amar y ser elevada por la gracia a la participación en la vida misma de Dios. (Maritain 1947, 32)

La teología de Søren Kierkegaard se apoya en gran medida en el pasaje "Venid a mí todos los que estáis cansados y agobiados, y yo os haré descansar" (Mt 11,28) (Kierkegaard *Training in Christianity*, 9). El Jesús de los Evangelios, más que de la cristiandad, viene no como juez y creador de infraestructuras políticas cristianas, sino como salvador de los débiles. En 1848, en una carta a su primo paralítico, Kierkegaard escribió: "*cuando todo se ha olvidado, lo que sigue importando es la interioridad*" (Kierkegaard *Journals and Papers*, 83). Søren se centra en la vida interior de las personas con discapacidad. Escribió a su primo,

> Sobre todo, no olvides tu deber de amarte a ti mismo; no permitas que el hecho de haber sido apartado de la vida en cierto modo, de que se te impida participar activamente en ella, y de que seas superfluo a los ojos obtusos de un mundo ocupado, sobre todo no permitas que esto te prive de la idea que tienes de ti mismo, como si tu vida, si la vives en la intimidad, no tuviera tanto sentido y valor como la de cualquier otro ser humano a los ojos amorosos de un Gobierno omnisciente, y considerablemente más que la prisa de la ocupación, más ocupada, ocupada en desperdiciar la vida y en perderse a sí misma. (Kierkegaard *Journals and Papers*, 83)

Søren, como Santo Tomás en sus reflexiones sobre los nacimientos *monstruosos*, puede ver la providencia divina que se encuentra dentro de una vocación de alteridad. Dentro de la ruptura de uno se encuentra la gracia.

11.3 Revisión de Conceptos

El capítulo once ofreció la aplicación heurística práctica del capítulo diez, ampliando una guía práctica para abordar la disforia de género en los adultos. Este capítulo utilizó las Escrituras y los padres de la Iglesia para ofrecer consejos prácticos sobre cómo un individuo con disforia de género puede abordar el deseo utilizando el *habitus* de las virtudes adquiridas. Este capítulo también planteó los principios teológicos de las virtudes infusas y la gracia, y cómo la conformidad con Cristo aporta la verdadera libertad. La columna vertebral de este capítulo fue San Agustín y Santo Tomás de Aquino, y comentaristas tomistas como el Cardenal Cayetano y el Padre Cessario. Esta metodología respeta las diferentes vías de conocimiento y experiencia, a la vez que proporciona un enfoque holístico hacia la curación utilizando una combinación de ciencia, naturaleza, virtud y gracia.

Dentro del enfoque teológico hacia la disforia de género, no se aconseja ningún intento de reprimir las emociones o las acciones, ya que serían contrarias a las mejores prácticas médicas y espirituales. En su lugar, la teología moral pretende conformar la vida de uno a la *imago Christi* y permitir que la gracia de Dios transforme a la persona infundiendo virtudes y el don de la gracia. San Agustín escribió: *"Dios nos creó sin nosotros: pero no quiso salvarnos sin nosotros"* (*CCC*, 1847; *Sermo* de Agustín, 169, 11).

CONCLUSIÓN

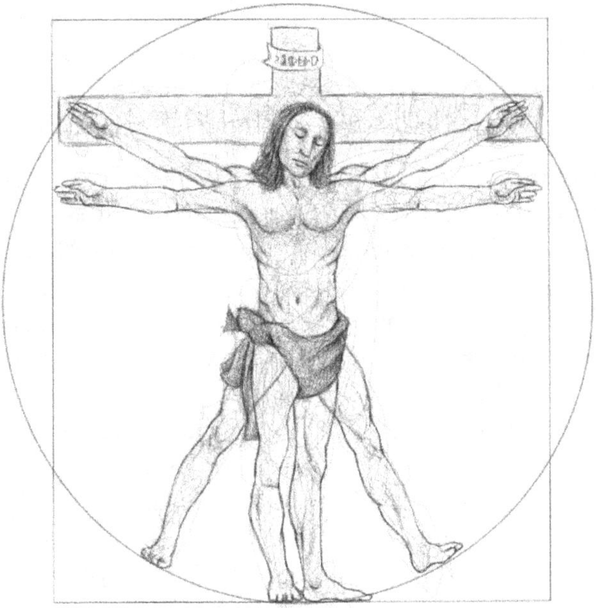

Breve Resumen

A mediados del siglo XX, el Dr. Harry Benjamin inició una revolución, combinando las innovaciones de la cirugía estética con los avances de la endocrinología para tratar a un pequeño pero decidido grupo que sufría disforia de género y que creía que un enfoque médico era la mejor solución. Aunque la salud es una bendición tanto de Dios como de la ciencia, el enfoque medicalizado no siempre es el mejor para curar los sentimientos de deseo. Desde los años cincuenta hasta los setenta (y podría decirse que todavía hoy), la sociedad ha mantenido un intenso sentimiento de modernidad según el cual la inteligencia humana puede resolver todos los problemas del mundo.

El enfoque del *cogito* de René Descartes considera a la persona humana como una mente incorpórea, desvinculada de la naturaleza. El Dr. Money y otros creían que el cuerpo y el sexo eran moldeables a cualquier esquema que el cirujano pudiera crear con habilidad. Este enfoque no realista resultó ser un fracaso en los años 80 y 90. Como resultado, muchos niños fueron sometidos a cirugías de reasignación de sexo debido a ambigüedades sexuales, mientras que más tarde desistieron y volvieron a su sexo natal. Aunque médicos como Paul McHugh, Jon Meyer y Lawrence Mayer, concluyeron que las cirugías experimentales realizadas para la reasignación de sexo eran un fracaso desde el punto de vista psicológico, la práctica de la reasignación de sexo se ha multiplicado por cincuenta desde la década de 1980.

Estudios médicos recientes han identificado factores clave que apuntan a una etiología médica para muchas formas de disforia de género. Por ejemplo, el estudio de gemelos de Milton Diamond, Ph.D., sugiere un vínculo genético con las identidades transgénero. Al estudiar a gemelos idénticos, descubrió que cuando uno de los miembros se identificaba como transgénero, el 20% de las veces, el otro gemelo también se identificaba como transgénero. Además, el Dr. Diamond descubrió que ninguno de los otros hermanos se identificaba como transgénero en los casos de gemelos fraternos. Esta conexión demuestra una probable causalidad epigenética, ya que si la disforia de género fuera totalmente genética, el 100% de los gemelos idénticos se identificarían como transgénero si el gen estuviera presente.

El argumento del neurodesarrollo se ve confirmado por las importantes tasas de comorbilidad entre la identificación transgénero y otros trastornos del neurodesarrollo. Estas tasas serían una probabilidad demasiado alta si las condiciones se basaran en variables independientes. A las personas transgénero se les diagnostica autismo y otras psicosis en una proporción mayor que a las personas no transgénero. Estos trastornos pueden ser la etiología de la disforia de género, pero la mayoría de las personas transexuales no son autistas ni psicóticas, por lo que ésta no puede ser la causa principal. Aunque muchas revisiones de la literatura científica contienen una amplia gama de tasas de comorbilidad, todos estos estudios muestran tasas de correlación mucho más altas que el grupo de control. Estos resultados sugieren una probable etiología común del neurodesarrollo.

El último avance fue el descubrimiento en 2016 de que las matrices cerebrales de MtF y FtM tenían sus propias características estándar. A pesar de esta anomalía, los cerebros de los sujetos se parecían más a su sexo natal. El estudio de Guillamon descarta la narrativa de que un individuo MtF tiene un cerebro femenino, y un individuo FtM tiene un cerebro masculino. La matriz de rasgos que crean un macho o una hembra es demasiado numerosa y compleja para interpretar qué combinación de rasgos determina la identidad sexual. ¿Son las diferencias en los cerebros transgénero lo suficientemente significativas como para provocar una crisis de identidad sexual? La respuesta no es médicamente segura, pero la experiencia de las personas con disforia de género sugiere que algunas anomalías afectan a la identidad.

El reconocimiento de la disforia de género como condición médica significa que las personas transgénero deben ser tratadas como personas con una discapacidad, mientras que el transgenerismo es una ideología política para los demás. La respuesta práctica desde una perspectiva puramente racional es sencilla. En los casos de disforia de género de inicio temprano, la mayoría (entre el 63 y el 84%) desistirá por sí sola al llegar a los quince años. Realizar cualquier tipo de cirugía o suministrar bloqueadores hormonales o suplementos de sexo cruzado a los niños ignoraría el desarrollo sexual natural del cerebro adolescente. Sin embargo, en el estado de California, los médicos están realizando dobles mastectomías a niños de trece años y recetando bloqueadores hormonales sin realizar evaluaciones físicas y psicológicas exhaustivas.

El cerebro humano no madura completamente hasta después de los 20 años. Cuando los adolescentes toman bloqueadores hormonales, cesa el flujo de estrógenos y testosterona, necesarios para terminar de feminizar o masculinizar su cerebro. Los bloqueadores hormonales pueden congelar permanentemente la maduración sexual del cerebro y provocar una disforia de género permanente, que de otro modo no habría existido.

Los jóvenes con disforia de género de aparición tardía, probablemente estén experimentando ROGD. Los padres suelen ser conscientes del desarrollo sexual normal y pueden identificar si un niño tiene disforia de género persistente desde la infancia o un inicio rápido en la adolescencia. Si la disforia de género del niño es ROGD, lo mejor es esperar y ver. Cuanto más haga el padre que la ROGD sea un acto de rebeldía y una identidad, más se reforzará el trastorno.

Los jóvenes de todas las generaciones crean subculturas para darse una identidad única. En una sociedad postmoderna postcristiana, el mundo es incierto para los jóvenes y la disforia se ha convertido en algo habitual. Los jóvenes adultos temen la violencia de las armas en las escuelas y la inestabilidad de instituciones como la familia, el gobierno y la iglesia. Además, las redes sociales están obsesionadas con las ilusiones de la realidad, que los jóvenes no pueden racionalizar del todo. El postcristianismo conduce a la falta de una cosmología, epistemología y antropología cohesivas.

Los adolescentes se enfrentan a una crisis existencial y tienen poca orientación por parte de los adultos en sus vidas. Buscar la pertenencia a cualquier tipo de comunidad se convierte en una forma de escapar de la incertidumbre. Ayudar a un adolescente a adoptar una identidad personal cristiana saludable podría ayudar a un niño a evitar la búsqueda de falsos ídolos, que no ayudan a la transición del joven hacia un adulto emocionalmente maduro. Los jóvenes que no cuentan con el apoyo de su familia e iglesia se ven obligados a descubrir sus emociones con la ayuda de extraños y depredadores.

Un cristiano transgénero recomienda: *"No les des una teología de parachoques. Los adolescentes están en pleno proceso de cambio. ¿No sería estupendo presentarles las maravillas del misterio de nuestra fe? Que Dios reside en los lugares incontestables"* (Yarhouse y Houp 2016, 61). La cosmología cristiana no necesita dar respuestas definitivas a situaciones complicadas para proporcionar a los jóvenes transgénero un alivio adecuado. Los estudios han encontrado que los jóvenes transgénero que participan en el asesoramiento religioso tienen mayores tasas de suicidio. Además, los jóvenes LGBT de familias religiosas experimentan tasas elevadas de suicidio. Al no estar basado en una ciencia médica sólida, el asesoramiento religioso es potencialmente mortal para las personas con trastornos médicos psicológicos.

En el caso de los adultos con disforia de género, la preocupación por su bienestar disminuye, ya que los adultos estarán mejor preparados para tomar decisiones maduras y están prudentemente adaptados para discernir la disforia real de una ideología social. Es de suponer que si los adultos experimentan disforia de género, entienden mejor estos sentimientos. Si una persona ha experimentado la disforia de género durante décadas y sigue teniendo preocupaciones significativas, esto debería considerarse una condición médica grave. En esta fase, debería considerarse la heurística desarrollada en los capítulos diez y once. El enfoque actual es una carrera hacia la medicalización, una solución que los estudios demuestran que no cura muchas condiciones subyacentes.

Conclusión

Hay pruebas considerables que apuntan a la insatisfacción final: el enfoque médico no consigue aliviar los sentimientos de disforia, al tiempo que aumenta los riesgos de cáncer, enfermedades cardíacas, coágulos de sangre y hospitalización psicológica. Además, las bajas tasas de participación en los estudios de postratamiento y las todavía elevadas tasas de suicidio sugieren que el enfoque medicalizado no es suficiente por sí solo para lograr la curación del individuo. La heurística no rechaza la medicina moderna, sino que instruye a los profesionales de la medicina para que el proceso tenga como objetivo *restaurar el orden natural y sea una intervención lo menos invasiva posible.*

Aristóteles afirma que para alcanzar la *eudaimonía*, uno necesita típicamente la virtud pero, igualmente importante, las circunstancias beneficiosas o la buena suerte. Afirma que la mala suerte moral afecta a la capacidad de las personas para prosperar, pero también considera que la mala suerte es una oportunidad para expresar las propias virtudes. La virtud no es tal si sólo se tiene virtud en los momentos fáciles o cuando no surgen oportunidades de carácter extraordinario. La magnanimidad y la magnificencia nunca pueden actualizarse cuando la vida es sencilla. La mala suerte moral crea la oportunidad de ofrecer honor y gloria a Dios.

El abrazo de las virtudes es necesario para la felicidad en la vida de todo cristiano, no sólo para las personas con disforia de género. C.S. Lewis escribió: "*La virtud—incluso el intento de virtud–trae luz; la indulgencia trae niebla*" (Lewis 2016, 102). Las virtudes teológicas dinamizan las virtudes morales infundidas. La vida de la virtud es una imitación de la vida de Cristo a través de la cual uno se convierte en la imago Christi. El P. Cessario conecta la virtud con la imagen divina: "*El amor de Cristo abre el camino a la perfección final de cada hombre y mujer creados a imagen de Dios*" (Cessario 2002, 105).

La finalidad de la vida moral, que conduce a la mayor oportunidad de realizar la propia posición en el mundo, es la gracia. A través de la salvación, el quebranto de la humanidad será glorificado con la redención del cuerpo. Cristo no vino a curar a los enfermos de la Tierra por el bien de unas pocas docenas de personas en el primer siglo. Si lo hiciera, ¿qué beneficio obtendrían los cristianos de hoy? En cambio, resucitar a los muertos, alimentar a los hambrientos y curar a los enfermos eran signos del Reino de Dios parcialmente realizado. La esperanza de la humanidad no es un Reino parcialmente realizado, sino la plenitud del Reino después del eschaton. Al igual que el cuerpo de Jesús, roto y glorificado tras la resurrección, cada cristiano salvado será hecho entero con heridas glorificadas. Aunque la iglesia militante no se da cuenta de ello, la fe en el Reino espera que el sufrimiento pase pronto y llegue la paz. Para terminar, un pasaje de San Agustín sobre la vida cristiana,

> De la ley proviene el conocimiento del pecado, por la fe la recepción de la gracia contra el pecado, por la gracia el alma es curada de la imperfección del pecado; un alma sana posee libertad de elección; la libertad de elección está ordenada al amor a la justicia; el amor a la justicia es el cumplimiento de la ley. (Augustín *De doctrina christiana*, 30, 52)

Conclusiones Extraídas de la Investigación

La investigación sobre los resultados de las personas con disforia de género plantea dudas sobre la eficacia de un enfoque puramente médico de las cuestiones transgénero. Del mismo modo, la eficacia de una respuesta puramente religiosa a las personas con disforia de género es igualmente peligrosa. Al estudiar a las personas que afirman tener una identidad de género distinta a la que se les atribuye al nacer en función de sus características biológicas, las tasas de depresión, ansiedad y suicidio son excesivamente elevadas.

Aunque hay muchas pruebas que sugieren que las identidades transgénero están relacionadas con el neurodesarrollo y los orígenes epigenéticos, los jóvenes que se acogen a las ideologías de género emotivistas plantean cuestiones clave sobre el hecho de ser transgénero. Aunque los defensores de ciertas ideologías de la teoría de género pretenden liberar a la sociedad de la *"opresión"* del sistema binario, el resultado para la mayoría de los individuos encuestados se autoidentificó como menos feliz y pacífico que sus homólogos cisgénero. La investigación sobre los resultados de estas dos categorías de personas *"trans"* concluye que ni el enfoque medicalizado de los tratamientos hormonales y las cirugías ni los esfuerzos liberadores de algunos teóricos del género dan como resultado la *eudaimonía* —el florecimiento humano.

Dadas las limitaciones de las estrategias actuales para abordar la disforia de género, el realismo tomista puede proporcionar un apoyo adicional. La Iglesia dispone de un medio suplementario de curación utilizando la normatividad de la creación, la epistemología realista, la práctica de la virtud y una cosmología cohesiva que une el quebrantamiento a la gracia. El enfoque tomista no pretende sustituir a la ciencia médica, sino mejorar los tratamientos médicos. Los principios de la Iglesia que guían las decisiones morales también son útiles para crear objetivos alcanzables y expectativas adecuadas. En la actualidad, nadie tiene una cura médica para la disforia de género; por lo tanto, la gestión de los síntomas es lo más importante.

Cuando se afrontan los retos psicológicos, el uso de la heurística puede llevar a una persona paso a paso a través del proceso de curación. La heurística creada en este libro reduce el énfasis puesto en los propios deseos y examina las creencias subjetivas a la luz de la razón y la gracia. El programa de los Doce Pasos inspiró esta heurística en su enfoque de sanar a la persona a través de convertirse en una mejor persona.

A pesar de las causas biológicas de los sentimientos y deseos de la persona transexual, la práctica de la espiritualidad ayuda a reenfocar el ego hacia la alteridad y, por tanto, a reducir la disforia. La investigación médica también ha confirmado que la oración, el autocuidado y el voluntariado son los mejores métodos para afrontar la disforia de género. Supongamos que el afrontamiento puede sustituir a los tratamientos menos naturales y más invasivos para tratar este trastorno. ¿Es el enfoque de afrontamiento siempre mejor que el uso de cirugías y tratamientos hormonales para el sexo opuesto? No se pueden conocer las consecuencias; sin embargo, este enfoque heurístico nunca podría perjudicar a un paciente y sólo puede ayudar a mejorar los resultados.

La Importancia de la Investigación

La investigación sobre el tema transgénero es oportuna ya que la tasa de cirugías transgénero se ha multiplicado por cincuenta desde la década de 1980, y actualmente, 1,4 millones de estadounidenses se identifican como transgénero. En junio de 2020, el Tribunal Supremo incluyó a las personas transgénero como una clase protegida por la ley de derechos civiles de 1964; sin embargo, la administración Obama concluyó en 2016 que las cirugías de reasignación de sexo son ineficaces para tratar las condiciones subyacentes atribuidas a la disforia de género. Aunque está interesado en cómo la inclusión de las personas transgénero afectará a las leyes de una sociedad, la cuestión más crítica para la iglesia es el cuidado pastoral de las personas con disforia de género que son diagnosticadas con altos niveles de ansiedad, depresión e intento de suicidio. Surge una gran necesidad de apoyo cuando una persona decide desistir después de que sus esperanzas se hayan quedado cortas. Supongamos que la Iglesia aprovecha este momento histórico para atacar una versión de paja de las personas transgénero. En ese caso, desperdiciará una valiosa oportunidad de mostrar cómo la fe y la ciencia pueden colaborar por el bien del paciente. Por el contrario, si la iglesia aprovecha este momento para atender las necesidades de las personas que no se consuelan sólo con la ciencia médica ni con la teoría nominalista del género, la iglesia tendrá la oportunidad de extender la mano de Cristo a los más necesitados. La iglesia necesita libros escritos desde una base de fe que se comprometa con la mejor ciencia para satisfacer las necesidades de las personas transgénero en la actualidad.

Investigación Futura

A medida que la ciencia médica sigue avanzando, esta investigación debe continuar. El Dr. McHugh tenía razón al concluir que no sabemos lo suficiente sobre este tema para llegar a conclusiones definitivas. La atención a las personas transgénero es insuficiente en este momento, por lo que cualquier información añadida que pueda ayudar a crear planes de tratamiento para las personas transgénero es esencial. Se necesita un estudio crítico para determinar si los individuos MtF y FtM aplican la ética como los hombres o las mujeres. La doctora Carol Gilligan, (1936-) *En una voz diferente*, 1982 determinó que los hombres y las mujeres abordan la ética de manera diferente. Si la Dra. Gilligan está en lo cierto, los estudios pueden determinar si las personas transgénero piensan como las personas del sexo opuesto. La investigación de este libro acepta que ciertas partes del cerebro transgénero son como el del otro sexo. Sin embargo, los investigadores médicos desconocen el efecto que esas secciones del cerebro tienen en un individuo. ¿Afectan estas secciones del cerebro sólo a la identidad de género, o afectan a la forma en que una persona transgénero ve el mundo? Dos estudios de este libro han sugerido inadvertidamente que los jóvenes transgénero adolescentes abordan las situaciones estresantes a través de la lente de su sexo natal en lugar de sus identidades sexuales (Human Rights Campaign 2018) (Toomey, Syvertsen, and Shramko 2018). Una persona que es genéticamente masculina, hormonalmente masculina, físicamente masculina y que se acerca al mundo éticamente como un hombre, ¿puede ser considerada femenina porque desea serlo?

Conclusión de la Conclusión

Tras visitar un hospital psiquiátrico para niños, Jean Vanier Ph.D, escribió: "*Cuando se dan cuenta de que a nadie le importa, de que nadie les va a responder, los niños ya no lloran. Requiere demasiada energía. Sólo lloramos cuando hay esperanza de que alguien nos escuche*" (Vanier 1998, 9). La Academia Americana de Pediatría informa de que las tasas de ideación suicida de los adolescentes transexuales alcanzan el 73,9%. Sin embargo, los niños siguen gritando. ¿Responde la Iglesia a ellos antes de que sea demasiado tarde? ¿Responderá la Iglesia antes de que sus hijos se callen?

El Papa Juan Pablo II, en los meses previos a su catequesis quinquenal sobre la *Teología del Cuerpo*, se dirigió a la multitud de Puebla, México, con la enseñanza: "*La verdad que debemos al hombre es, ante todo, una verdad sobre el hombre*" (Juan Pablo II 1979b, I.9). Mientras la Iglesia busca de nuevo su voz, debe responder con amor a este *momento transgenero.*

APÉNDICE

Las figuras 7.1 y 7.2 se han reproducido con la autorización de Oxford University Press: Cerebral Cortex. Sex Differences in Adult Human Brain: Evidence from 5216 UK Biobank Participants, Stuart Ritchie y Simon Cox, 2018.

Figura 7.3 reimpresa con permiso de PNAS. El sexo más allá de los genitales: El mosaico del cerebro humano, Daphna Joel y otros, 2015.

Figura 9.2 reimpresa con permiso de Transgender Trend. El aumento de las tasas de derivación de niñas al Tavistock sigue aumentando, The Transgender Trend Team, 2019.

Las figuras 10.2 y 10.3 se reimprimen con permiso de PLoS One. Seguimiento a largo plazo de personas transexuales sometidas a cirugía de reasignación de sexo: Un estudio de cohorte en Suecia, Cecilia Dhejne y otros, 2011.

BIBLIOGRAFÍA

ACLU. 2019. Twitter Post. November 19, 3:46 PM https://twitter.com/ACLU/status/1196877415810813955.

adamandeve.com. "Adamandeve.com Asks: Would You Be Open To Dating Someone Transgendered?" *PRNewswire*. August 4, 2016. Accessed July 22, 2020. https://www.prnewswire.com/news-releases/adamandevecom-asks-would-you-be-open-to-dating-someone-transgendered-300309316.html.

Allen, Mary Prudence. 2014. "Gender Reality." *Solidarity: The Journal of Catholic Social Thought and Secular Ethics* 4: 25–27.

———. 1985. *The Concept of Woman, vol. 1*. Grand Rapids, MI: W.B. Eerdmans Publishing.

Ambrose. 1970. "De Jacob et vita beata." In *Seven Exegetical Works (The Fathers of the Church, Volume 65*, by The Catholic University of America Press, translated by Bernard Peebles. Washington, DC: Catholic University of America Press.

———. 2018. *Exposition of the Christian Faith: St. Ambrose of Milan.* Edited by Paul Boer. Translated by H Romestin. Veritatis Splendor Publication.

American Academy of Pediatrics Committee on Adolescence. 2013. "Policy Statement: Office-Based Care for Lesbian, Gay, Bisexual, Transgender, and Questioning Youth." *Pediatrics* 132, no. 1: e198–203. https://doi.org/10.1542/peds.2013-1282.

American Medical Association House of Delegates. 2016. *Removing Financial Barriers to Care for Transgender Patients.* Resolution 122, Chicago, IL: American Medical Association.

American Psychiatric Association. 2011. "American Psychological Association, "Answers to Your Questions About Transgender People, Gender Identity and Gender Expression." *American Psychiatric Association.* Accessed June 17, 2020. https://www.apa.org/topics/lgbt/transgender.pdf.

———. 2013. *Diagnostic and Statistical Manual of Mental Disorders- 5.* Philadelphia, PA: American Psychiatric Association.

———. *What Are Dissociative Disorders?* 2018. Edited by Philip Wang. August. Accessed June 30, 2020. https://www.psychiatry.org/patients-families/dissociative-disorders/what-are-dissociative-disorders#:~:text=Suicide%20attempts%20and%20other%20self,identity%20disorder%20have%20attempted%20suicide.

American Society of Plastic Surgeons. 2017a. "Gender Confirmation Surgeries Rise 20% in First Ever Report." *American Society of Plastic Surgeons.* May 22. Accessed December 15, 2019. https://www.plasticsurgery.org/news/press-releases/gender-confirmation-surgeries-rise-20-percent-in-first-ever-report.

———. 2017b. "2017 Plastic Surgery Statistics Report." *American Society of Plastic Surgeons.* Accessed June 23, 2020. https://www.plasticsurgery.org/documents/News/Statistics/2017/body-contouring-gender-confirmation-2017.pdf.

———. 2018. "2017 Plastic Surgery Statistics Report." *American Society of Plastic Surgeons.* Accessed June 23, 2020. https://www.plasticsurgery.org/documents/News/Statistics/2017/plastic-surgery-statistics-full-report-2017.pdf.

Amnesty International. 2014. "The State Decides: Lack of legal gender recognition for transgender people in Europe." *Amnesty International.* Accessed June 17, 2020. https://www.amnesty.org/download/Documents/8000/eur010012014en.pdf.

———. n.d. "LGBTQI Glossary." *Amnesty International.* Accessed January 22, 2020. https://www.amnestyusa.org/pdfs/AIUSA_Pride2015Glossary.pdf.

Anderson, Ryan. 2018b. "A New York Times Writer's Reckless Hit Piece on My Transgender Book." *The Daily Signal.* February 27. Accessed June 09, 2020. *https://www.dailysignal.com/2018/02/27/new-york-times-writers-reckless-hit-piece-transgender-book/.*

———. 2018c. "Transgender Ideology Is Riddled with Contradictions. Here Are the Big Ones." *The Heritage Foundation.* February 9. Accessed June 17, 2020. https://www.heritage.org/gender/commentary/transgender-ideology-riddled-contradictions-here-are-the-big-ones.

———. 2018a. *When Harry Became Sally: Responding to the Transgender Moment.* New York: Encounter Books.

Andreano, Joseph, Bradford Dickerson, and Lisa Feldman-Barrett. 2014. "Sex differences in the persistence of the amygdala response to negative material." *Social Cognitive and Affective Neuroscience.* vol. 9, no. 9 (September): 1388–1394. http://doi:10.1093/scan/nst127.

Apostolicam Actuositatem. 1965. "Decree on the Apostolate of the Laity." *The Second Vatican Council.* Vatican City: Promulgated by Pope Paul VI.

Aquinas Thomas. 2013. *Commentary on the Gospel of Matthew 13–28.* Translated by Jeremy Holmes. Steubenville, OH: Emmaus Academic.

———. 1994. *De Anima: Commentary on Aristotle's De Anima.* Chicago, IL: St. Augustine's Dumb Ox Books.

———. 1999. *Quaestio disputata de spe [Disputed Questions on Virtue].* Translated by Ralph McInerny. Notre Dame, IN: St. Augustine's Press.

———. 2019. *Summa Contra Gentiles.* Steubenville, OH: Emmaus Academic.

. 1948. *Summa Theologica.* Translated by Fathers of the English Dominican Province. V vols. New York: Benzinger Bros.

Aristotle. 1966. *Aristoteles Latinus, XVII.* Edited by Drossaart Lulofs. Bruges, BE: Desclee de Brouwer.

———. 1984. "Categories." In *The Complete Works of Aristotle*, by Aristotle, translated by The Revised Oxford Translation, 1b 10–20. Princeton, NJ: Princeton University Press.

———. 1984. "Generation of Animals." In *The Complete Works of Aristotle*, by Aristotle, translated by The Revised Oxford Translation. Princeton, NJ: Princeton University Press.

———. 1984. "History of Animals." In *The Complete Works of Aristotle*, by Aristotle, translated by The Revised Oxford Translation, 538a 22 – 38b 10; 608b 8. Princeton, NJ: Princeton University Press.

———. 1924. *Metaphysics.* Translated by W.D. Ross. Oxford, UK: Oxford Press.

———. 1999. *Nicomachean Ethics.* Translated by Terence Irwin. Indianapolis, IN: Hackett Publishing.

———. 1984. "On the Soul." In *The Complete Works of Aristotle,* by Aristotle, translated by Jonathan Barnes, 412a 6–9. Princeton, NJ: Princeton University Press.

———. 1984. "Parts of Animals." In *The Complete Works of Aristotle*, by Aristotle, 4,10,687a10. Princeton, NJ: Princeton University Press.

———. 1984. "Physics." In *The Complete Works of Aristotle*, by Aristotle, translated by The Revised Oxford Translation, 194b 20–35. Princeton, NJ: Princeton University Press.

———. 2004. *Rhetoric.* Translated by W. Rhys Roberts. New York: Dover Publications.

———. 2011. *The Eudemian Ethics.* Translated by Anthony Kenny. Oxford, UK: Oxford World's Classics.

———. 1984. "Topics." In *The Complete Works of Aristotle*, by Aristotle, translated by Jonathan Barnes, 102a 15–25. Princeton, NJ: Princeton University Press.

Aschwanden, Christie. 2019. "Trans Athletes Are Posting Victories and Shaking Up Sports." *Wired.* October 29. Accessed June 27, 2020. https://www.wired.com/story/the-glorious-victories-of-trans-athletes-are-shaking-up-sports/.

Ashley, Benedict. 1985. *Theologies of the Body: Humanist and Christian.* Boston, MA: Pope John Center.

ASPS National Clearinghouse of Plastic Surgery. 2019. "Americans Spent More than $16.5 Billion on Cosmetic Plastic Surgery in 2018." *American Society of Plastic Surgeons.* April 10. Accessed January 19, 2020. https://www.plasticsurgery.org/documents/News/Statistics/2018/plastic-surgery-statistics-full-report-2018.pdf.

Associated Press. 1982. "Transgender." *Appeal-Democrat*, May 11: A 10. Accessed September 29, 2020. https://i1.wp.com/research.cristanwilliams.com/wp-content/uploads/2012/02/page.png.

Athenaeus. 1927. *The Deipnosophists xii.* Translated by C.D. Yonge. London, UK: Loeb Classical Library.

Augustine. 1978. *A Treatise on the merits and Forgiveness of Sins, and on the Baptism of Infants.* Vol. 5, in *The Nicene and Post-Nicene Fathers*, by Philip Schaff, 27–28. Grand Rapids, MI: Wm. B. Eermans Publishing.

———. 1954. *Augustinus Magister.* Paris, FR: Etudes Augustiniennes.

———. 1995. *De doctrina christiana.* Notre Dame, IN: University of Notre Dame Press.

———. 1966. *De moribus ecclesiae Catholicae et de moribus Manichaeorum.* Washington, DC: Catholic University of America Press.

———. 2005. *De Natura et gratia.* Whitefish, MT: Kessinger Publishing.

———. 1895. *Enarrationes in Psalmos.* Vol. 8, in *Nicene and Post-Nicene Fathers*, by Henry Wace, & Philip Schaff, translated by Bloomfield Jackson. Buffalo, NY: Christian Literature Publishing.

———. 1990. *Epistola 100–155.* Translated by Boniface Ramsey. Hyde Park, NY: New City Press.

———. 2019. *Sancti Aurelii Augustini ... Opera Omnia, Castigata Denuo Studio Monachorum Ordinis Sancti Benedicti E Congregatione Sancti Mauri.* Vol. 4 part 1. Sydney, AU: Wentworth Press.

———. 1888. *Sermo, 87.* Vol. VI, in *Nicene and Post-Nicene Fathers*, by Philip Schaff, translated by R.G. MacMullen. Buffalo, NY: Christian Literature Publishing.

———. 1887. *The Confessions.* Vol. 1, in *Nicene and Post-Nicene Fathers*, by Philip Schaff, translated by J.G. Pilkington. Buffalo, NY: Christian Literature Publishing.

———. 1888. *Tractate 26.* Vol. VII, in *Nicene and Post-Nicene Fathers*, by Philip Schaff, translated by John Gibb, 4–6. Buffalo, NY: Christian Literature Publishing.

Austriaco, Nicanor. 2013. "The Specification of Sex/Gender in the Human Species." *Blackfriars*, November: 701–715. https://doi.org/10.1111/nbfr.12028.

Bailey, John Michael, and Kiira Triea. 2007. "What many transgender activists don't want you to know: And why you should know it anyway." *Perspectives in Biology and Medicine* 50, no. 4: 521–534. https:// doi.org/10.1353/pbm.2007.0041.

Bailey, John Michael. 2003. *The Man Who Would Be Queen: The Science of Gender-Bending and Transsexualism.* Washington, DC: National Academies Press.

Bailey, John Michael, Ray Blanchard. 2017. "Gender dysphoria is not one thing." *4thWaveNow*. December 7. Accessed June 10, 2021. https://4thwavenow.com/tag/autohomoerotic-gender-dysphoria/.

Barbier, Patrick. 1996. *The world of the castrati: The history of an extraordinary operatic phenomenon.* London, UK: Souvenier Press.

Barford, Vanessa. 2008. *Iran's 'Diagnosed Transsexuals' [BBC News].* February 25. Accessed January 6, 2020. http://news.bbc.co.uk/2/hi/7259057.stm.

Barlow, David, Gene Abel, and Edward Blanchard. 1977. "Gender Identity Change in transsexual: An exorcism." *Archives of Sexual Behavior* 6, no. 5 (September): 387–395. https://doi.org/10.1001/archpsyc.1979.01780090087009

Baron-Cohen, Simon. 2003. *The Essential Difference.* New York: Basic Books.

Barringer, Felicity. 1992. "Many Surgeons Reassure Their Patients on Implants." *The New York Times*, January: C12.

Barringer, M, and David Gay. 2017. "Happily, Religious: The Surprising Sources of Happiness Among Lesbian, Gay, Bisexual, and Transgender Adults." *Sociological Inquiry* 87, no. 1: 75–96. https://doi.org/10.1111/soin.12154.

Barron, Robert. 2015. "Bruce Jenner, The "Shadow Council," and St. Irenaeus." *Word on Fire.* June 9. Accessed June 27, 2020. https://www.wordonfire.org/resources/article/bruce-jenner-the-shadow-council-and-st-irenaeus/4785/.

———. 2020. "Stop Being a Chicken: Bishop Barron on the Realities of Baptism." *YouTube.* September 25. Accessed September 27, 2020. https://www.youtube.com/watch?v=1jUQd4UH1Zs.

Bartky, Sandra Lee. 1990. *Femininity and Domination.* New York: Routledge.

Basic Right Oregon. 2016. " *Oregon Health Plan Coverage of Gender Dysphoria: LGBTQ Community Partners Frequently Asked Questions (FAQ).*" March. Accessed June 8, 2021.

Basil. 1895. *The Letters, 115.* Vol. 8, in *Nicene and Post-Nicene Fathers*, by Henry Wace Philip Schaff, translated by Blomfield Jackson. Buffalo, NY: Christian Literature Publishing.

———. 1950. *The Long Rules.* Vol. IX, in *Ascetical Works*, by Inc. Fathers of the Church, translated by MM Wagner, 232. Washington, DC: Fathers of the Church.

Batty, David. 2004. *Mistaken identity.* July 30. Accessed January 7, 2020.

https://www.theguardian.com/society/2004/jul/31/health.socialcare.

Baumeister, Roy, and Kathleen Vohs. 2013. "Recent Empirical Findings on Meaning and How it Differs from Happiness." *The International Forum for Logotherapy* 36: 87–94.

Bautista, Delfin, Quince Mountain, and Heath Mackenzie-Reynolds. 2014. "Religion and Spirituality." In *Trans Bodies, Trans Selves*, by Laura Erickson-Schroth, 62–79. Oxford, UK: Oxford University Press.

BCC Media Centre. 2017. *No More Boys and Girls: Can Our Kids Go Gender Free?* August. Accessed January 8, 2020. https://www.bbc.co.uk/mediacentre/proginfo/2017/33/no-more-boys-and-girls.

BBC News. 2018. *Trans inmate jailed for Wakefield prison sex offenses.* October 11. Accessed June 8, 2021. https://www.bbc.com/news/uk-england-leeds-45825838.

BBC Newsnight. 2019. *Detransitioning: Reversing a gender transition - BBC Newsnight.* November 26. Accessed June 8, 2021. https://www.youtube.com/watch?v=fDi-jFVBLA8.

Bechard, Melanie, Doug VanderLaan, Hayley Wood, Lori Wasserman, and Kenneth Zucker. 2017. "Psychosocial and Psychological Vulnerability in Adolescents with Gender Dysphoria: A 'Proof of Principle' study." *Journal of Sex and Marital Therapy* 43, no. 7: 678–688. https://doi.org/10.1080/0092623X.2016.1232325.

Bedford, Elliott Louis, and Jason Eberl. 2016. "Is the Soul Sexed?" *Health Care Ethics USA* 24, no. 3 (Summer): 18–33.

Beemyn, Genny. n.d. *Transgender Terminology*. Accessed January 20, 2020. https://hr.cornell.edu/sites/default/files/trans%20terms.pdf.

Beier, Klaus, H Bosinski, and K Loewit. 2005. *Sexual Medicine (Vol. II)*. Munchen, DE: Urban & Ficher Verlag.

Beilby, James, and Paul Rhodes Eddy. 2019. "Understanding Transgender Experiences and Identities: An Introduction." In *Understanding Transgender Identities*, by James Beilby, & Paul Rhodes Eddy, 1–54. Grand Rapids, MI: Baker Academic.

Becker, Christoph, Isadora Kirchmaier, and Stefan Trautmann. 2019. "Marriage, parenthood and social network: Subjective well-being and mental health in old age." *Plos One*, July 24: https://doi.org/10.1371/journal.pone.0218704.

Belli, Melvin. 1978. "Transsexual surgery: A new tort?" *Journal of the American Medical Association* 239, no. 20: 2143–2148. https://doi.org/10.1001/jama.1978.03280470055022.

Bello, Angela Ales. 2016. *"Neutral" Human Being to Gender Difference: Phenomenological and Dual Anthropology in Edith Stein.* Vol. 4, chap. 2 in *Edith Stein: Women, Social-Political Philosophy, Theology, Metaphysics and Public History*, by A. Calcagno, 11–23. Boston, MA: Springer International Publishing.

Benedict XIV, Pope. 2012. "Pope: faith, science must cooperate to protect people, planet." *The Eastern Tennessee Catholic.* November 8. Accessed 12 15, 2019. https://etcatholic.org/2012/11/pope-faith-science-must-cooperate-to-protect-people-planet/.

———. 2011. *Address at the Reichstag Building.* Performed by Pope Benedict XVI. Reichstag Building, Berlin, DE. September 22.

———. 2012. "Address to the Roman Curia." Vatican City: The Holy See, December 21.

Benjamin, Harry. 1966. *The Transsexual Phenomenon.* New York: Julian Press Books.

Bernard of Clairvaux. 1971. *On the Song of Songs I.* Translated by Kilian Walsh. Vol. IV. Spencer, MA: Cistercian Fathers Series.

Best, L, and K Stein. 1998. *Surgical gender reassignment for male to female transsexual people.* DEC Report No. 88, Southampton, UK: Wessex Institute for Health Research and Development, University of Southampton.

Beyrer, Christ, Robert Blum, and Tonia Poteat. 2017. "Hopkins faculty disavow 'troubling' report on gender and sexuality." *The Baltimore Sun.* September 28. Accessed June 06, 2020. https://www.baltimoresun.com/opinion/op-ed/bs-ed-lgbtq-hopkins-20160928-story.html.

Blackless, Melanie, Anthony Charuvastra, Amanda Derryck, Anne Fausto-Sterling, Karl Lauzanne, and Ellen Lee. 2000. "How sexually dimorphic are we? Review and synthesis." *American Journal of Human Biology*, February 11: https://doi.org/10.1002/(SICI)1520-6300(200003/04)12:2<151: AID-AJHB1>3.0.CO;2-F.

Black Lives Matter. 2020. Accessed July 25, 2020. *What we believe.* https://blacklivesmatter.com/what-we-believe/.

Blanchard, Ray. 1990. "Clinical Management of Gender Identity Disorders in Children and Adults." *American Psychiatric Publication* 49 (September): Preface.

———. 1991. "Clinical Observations and Systematic." *Journal of Sex & Marital Therapy* 17, no. 4: 235–251.https://doi.org/10.1080/00926239108404348.

———. 2013. Interview by Motherboard. *How the Psychiatrist Who Co-Wrote the Manual on Sex Talks About Sex* (April 11). Accessed September 29, 2020. https://www.vice.com/en_us/article/ypp93m/heres-how-the-guy-who-wrote-the-manual-on-sex-talks-about-sex.

———. 20000. "Part II: The case for publicly funded transsexual surgery." *Psychiatric Rounds* (University of Toronto) 4, no. 2 (April): 4–6.

———. 1985. "Typology of male-to-female transsexualism." *Archives of Sexual Behavior* 14, no. 3 (June): 247–261.

Blanchard, Ray, Line Clemmensen, and Betty Steiner. 1987. "Heterosexual and Homosexual Gender Dysphoria." *Archives of Sexual Behavior* 16: 139–152.

Blanke, Olaf, Florence Morgenthaler, Peter Brugger, and Landis Overney. 2008. "Preliminary evidence for a frontal-parietal dysfunction in able-bodied participants with a desire for limb amputation." *Journal of Neuropsychology*: 1–13. https://doi.org/10.1348/174866408X318653.

Blum, Deborah. 1998. *Sex on the Brain.* New York: Penguin Press.

Body Dysmorphic Disorder Foundation. n.d. *Problems related to BDD.* Accessed January 5, 2020. https://bddfoundation.org/helping-you/problems-related-to-bdd/.

———. n.d. *What is BDD?* Accessed January 5, 2020. https://bddfoundation.org/.

Boellstorff, Tom. 2004. "Playing Back the Nation: Waria, Indonesian Transvestites." *Cultural Anthropology* 19, no. 2: 159–195. https://doi.org/10.1525/can.2004.19.2.159.

Bonfatto, Marina, and Eva Crasnow. 2018. "Gender/ed identities: an overview of our current work as child psychotherapists in the Gender Identity Development Service." *Journal of Child Psychotherapy* 44, no. 1: 29–46. https://doi.org/10.1080/0075417X.2018.1443150.

Bonos, Lisa. 2016. "LGBTQ singles are split on marriage, kids and dating someone who's transgender." *Washington Post.* May 26. Accessed July 22, 2020. https://www.washingtonpost.com/news/soloish/wp/2016/05/26/lgbtq-singles-are-split-on-marriage-kids-and-dating-someone-whos-transgender/.

Book Ngram Viewer. 2019. *Identity.* Accessed June 16, 2021. https://books.google.com/ngrams/graph?content=identity&year_start=1800&year_end=2019&corpus=26&smoothing=7&direct_url=t1%3B%2Cidentity%3B%2Cc0#t1%3B%2Cidentity%3B%2Cc0

Bornstein, Kate. 1995. *Gender Outlaw: On Men, Women, and the Rest of Us.* New York: Vintage Books.

Bossi, Paul. 2019. "Transgender Statement." *100% Raw Powerlifting Federation.* Press Release May 1. Accessed May 21, 2021. https://rawpowerlifting.com/wp-content/uploads/2019/05/Transgender-statement-05.2019.pdf.

Bossuet, Jacques. 1900. *Traité de la connaissance de dieu et de soi-même.* Edited by L Rossigneux. Paris, FR: Lacaffee.

Bostock, John, and Henry Riley. 1857. *The Natural History of Pliny* Vol. 6. London, UK: Henry G. Bohn.

Bote, Joshua. 2018. "'Love, Simon' Actor Keiynan Lonsdale Talks About Preferred Pronouns: 'I Just Want to Go by Tree.'" *Billboard.* September 26. Accessed January 14, 2020. https://www.billboard.com/articles/news/pride/8477100/keiynan-lonsdale-preferred-pronouns-tree

Bowles, Josephine, and Peter Koopman. 2013. "Precious cargo: regulation of sex-specific germ cell development in mice." *Sex Development* 7: 46–60. https://doi.org/10.1159/000342072.

Boylan, Jennifer Finney. 2018. "It's Not a Disaster Movie. It's Reality." *The New York Times.* February 27. Accessed June 09, 2020. https://www.nytimes.com/2018/02/27/opinion/transgender-rights.html.

Bränström, Richard, and John Pachankis. 2020. "Reduction in Mental Health Treatment Utilization Among Transgender Individuals After Gender-Affirming Surgeries: A Total Population Study." *American Journal of Psychiatry*, August 1: 727–734. https://doi.org/10.1176/appi.ajp.2019.19010080.

Brewer, Erin. 2021. *Always Erin.* Independently Published.

Brock, Brian. 2012. "Augustine's Hierarchies of Human Wholeness and Their Healing." In *Disability in the Christian Tradition*, by Brian Brock, & John Swinton, 65–100. Grand Rapids, MI: Wm. B. Eerdmans Publishing.

Brooks, Jon. 2018. "The Controversial Research on 'Desistance' in Transgender Youth." *KQED Science.* May 23. Accessed 12 15, 2019. https://www.kqed.org/futureofyou/441784/the-controversial-research-on-desistance-in-transgender-youth.

Brown, Michael. 2015. "Marry For Love: Aydin and Jo Olson-Kennedy – The love story of one transgender couple." *Gay Weddings & Marriage Magazine*. September 22. Accessed June 1, 2021. https://www.gayweddingsmag.com/marry-for-love-aydin-and-jo-olson-kennedy-the-love-story-of-one-transgender-couple/.

Brucculieri, Julia. 2018. "'Snapchat Dysmorphia' Points To A Troubling New Trend In Plastic Surgery." *The Huffington Post.* February 22. Accessed January 25, 2021. https://www.huffpost.com/entry/snapchat-dysmorphia_n_5a8d8168e4b0273053a680f6.

Brugger, E. Christian. 2016. "Response to Bayley and Gremmels on Transgender Ethics." *Health Care Ethics USA* 24, no. 3 (Summer): 12–17.

Brusman, Liza. 2019. "Sex isn't binary, and we should stop acting like it is." *Massive Science.* June 14. Accessed June 16, 2020. https://massivesci.com/articles/sex-gender-intersex-transgender-identity-discrimination-title-ix/.

Bullough, Vern, and Bonnie Bullough. 1993. *Cross Dressing, Sex, and Gender.* Philadelphia: University of Pennsylvania Press.

Burkeman, Oliver, and Gary Younge. 2004. "Being Brenda [Book review of "As Nature Made Him" by John Colapinto]." *The Guardian.* May 12. Accessed January 3, 2020. https://www.theguardian.com/books/2004/may/12/scienceandnature.gender.

Butler, Gary. 2017. "Child and Adolescent Endocrinology." In *Genderqueer and Non-Binary Genders*, by Christina Richards, Walter Bouman, and Meg-John Barker, 171-182. London: Palgrave Macmillan.

———.Butler, Gary. n.d. "Professor Gary Butler." *NHS University College London Hospitals.* Accessed June 10, 2021. https://www.uclh.nhs.uk/our services/find consultant/professor-gary-butler.

Butler, Judith, interview by Diana Tourjée. 2015. W*hy Do Men Kill Trans Women? Gender Theorist Judith Butler Explains* Vice, (December 16).

———. 1988. "Performative Acts and Gender Constitution: An Essay in Phenomenology and Feminist Theory." *Theatre Journal* 40, no. 4: 519–531. https://doi.org/10.2307/3207893.

Cajetan, Thomas Cardinal. 2003. *Commentary on Summa Theologiae IIa–IIae.* Hildesheim, DE: Georg Olms.

Cameron, David. 1999. "Caught Between: An Essay on Intersexuality." In *Intersex in the Age of Ethics*, by Alice Domurat, 91–98. Hagerstown, MD: University Publishing Group.

Cantor, James. 2017. "How many transgender kids grow up to stay trans?" *PsyPost.* December 30. Accessed June 11, 2020. https://www.psypost.org/2017/12/many-transgender-kids-grow-stay-trans-50499.

Carr, Lucien. 1883. "The Mounds of the Mississippi Valley, Historically Considered." In *Memoirs of the Kentucky Geological Survey Vol. II*, by NS Shaler, 33, footnote. 143. Oxford, UK: Oxford University.

Cashman, Eion, and Andrew Walters. 2016. "The Genders We Live: Transgender Youth and Young Adults in an Era of Expanding Gender Paradigms." In Transgender Youth, by Shemya Vaughn, 1–36. New York: Nova Publishers.

Carlson, Robert. 2020. "Compassion and Challenge." *Archdiocese of St. Louis.* June 1. Accessed September 23, 2020. http://www.archstl.org/Portals/0/Pastoral%20letters/Compassion%20and%20Challenge%20-%20letter%20size.pdf.

Carter, Rita. 1998. *Mapping the Mind.* Berkeley: University of California Press.

Catechism of the Catholic Church. 1994. *The Holy See.* Edited by Promulgated by Pope John Paul II. London, UK: Geoffrey Chapman.

Cauldwell, David Oliver. 1949. "Psychopathia transsexualis." *Sexology* 16: 274–280.

Caviness, Verne. 1996. "The Human Brain Age 7–11 Years: A Volumetric Analysis Based on Magnetic Resonance Differences." *Cerebral Cortex* 6: 726–736. https://doi.org/10.1093/CERCOR/6.5.726.

Center for Disease Control and Prevention. 2014. "Lesbian, gay, bisexual, and transgender health." *CDC.* Accessed July 20, 2020. www.cdc.gov/lgbtheath/youth.htm.

———. 2016. "Sexual Identity, Sex of Sexual Contacts, and Health-Risk Behaviors Among Students in Grades 9–12: Youth Risk Behavior Surveillance." *Department of Health and Human Services,* August 12: Accessed June 20, 2020. https://www.cdc.gov/mmwr/volumes/65/ss/pdfs/ss6509.pdf.

Cessario, Romanus. 2001. *Introduction to Moral Theology.* Washington, DC: Catholic University of America Press.

———. 1991. *The Moral Virtues and Theological Ethics.* Notre Dame, IN: University of Notre Dame Press.

———. 2002. *The Virtues, or the Examined Life.* New York: Continuum International Publishing Group.

Chan, STH, and Oo Wai-Sum. 1981. "Environmental and Non-genetic Mechanisms in Sex Determination." In *Mechanisms of Sex Differentiation in Animals and Men,* by CR Austin, & RG Edwards. New York: Academic Press.

Chang, Larry. 2007. *Wisdom for the Soul of Black Folk.* Washington, D.C.: Gnosophia Publishers.

Chapin Hall. 2018. "Missed Opportunities: LGBTQ Youth Homelessness in America." Chapin Hall. April. Accessed July 20, 2020. https://voicesofyouthcount.org/wp-content/uploads/2018/05/VoYC-LGBTQ-Brief-Chapin-Hall-2018.pdf.

Charlevoix, Pierre Francis Xavier. 1851. *Historical Journal of Father Pierre François Xavier de Charlevoix: in letters addressed to the Dutchess of Lesdiguières.* New York: Historical collections of Louisiana.

Chase, Cheryl. 2006. "Hermaphrodites with Attitude: Mapping the Emergence of Intersex Political Activism." In *Transgender Studies Reader*, by Susan Stryker, & Stephen Whittle, 300–314. New York: Routledge.

Cherry, Kittredge. 2019. *Cross-dressing warrior-saint and LGBTQ role model.* May 30. Accessed 12 30, 2019. http://qspirit.net/joan-of-arc-cross-dressing-lgbtq/.

Chesterton, G.K. 1933. *Saint Thomas Aquinas.* New York: Sheed.

Chokshi, Niraj. 2016. "Transgender Woman Is Charged With Voyeurism at Target in Idaho." *The New York Times.* July 14. Accessed June 8, 2021. https://www.nytimes.com/2016/07/15/us/target-transgender-idaho-voyeurism.html.

Chrysostom, John. 1854. *The Homilies of St. John Chrysostom Archbishop of Constantinople.* Translated by John Henry Parker. Oxford, UK: F. & J. Rivington.

Chung, Wilson, and Anthony Auger. 2013. "Gender differences in neurodevelopment and epigenetics." *Pflügers Archive: European Journal of Physiology* 465, no. 5: 573–584.

Clark, Marianne. 2011. "Whose Eyes?: Women's Experiences of Changing in a Public Change Room." *Phenomenology & Practice* 5, no. 2: 57–69.https://doi.org/10.29173/pandpr19845.

Clark, Nathan. 2021. "Transgender woman sues prison after allegedly being raped by cellmate in male prison." *M Live.* March 8. Accessed June 8, 2021. https://www.mlive.com/news/jackson/2021/03/transgender-woman-sues-prison-after-allegedly-being-raped-by-cellmate-in-male-prison.html.

Clarke, W. Norris. 2016. *Person and Being.* Milwaukee, WI: Marquette University Press.

Cohen, Deborah and Hannah Barnes. 2019. "Transgender treatment: Puberty blockers study under investigation." *BBC Newsnight.* July 22. Accessed June 15, 2021. https://www.bbc.com/news/health-49036145

Cohen, Leo, Corine de Ruiter, Heleen Ringelberg, and Peggy Cohen-Kittenis. 1977. "Psychological functioning of adolescent transsexuals: Personality and psychopathology." *Journal of Clinical Psychology* 53, no. 2: 187–196. https://doi.org/10.1002/(sici)1097-4679(199702)53:2<187::aid-jclp12>3.0.co;2-g.

Cohen-Kettenis, Peggy, and Friedemann Pfäfflin. 2003. *Transgenderism and intersexuality in childhood and adolescence: Making choices.* Vol. 46. London, UK: Sage Publications.

Cole, Collier, Michael O'Boyle, Lee Emory, and Walter Meyer. 1997. "Comorbidity of gender dysphoria and other major psychiatric diagnoses." *Archives of Sexual Behavior* 26, no. 1 (February): 13–26. https://doi.org/10.1023/a:1024517302481.

Coleman, Eli, Philip Colgan, and Louis Gooren. 1992. "Male cross-gender behavior in Myanmar: A description of the acault." *Archives of Sexual Behavior* 21, no. 3: 313–321. https://doi.org/10.1007/BF01542999.

Coleman, Eli, Walter Bockting, Marsha Botzer, Peggy Cohen-Kettenis, Griet DeCuypere, and Jamie Feldman. 2012. "Standards of Care." *WPATH.* Accessed July 25, 2020. https://www.wpath.org/media/cms/Documents/SOC%20v7/Standards%20of%20Care_V7%20Full%20Book_English.pdf.

Collier, James Lincoln. 1973. "Man and Woman, Boy and Girl [Review]." *The New York Times*, February: 6.

Congregation for Catholic Education. 2005. *Instruction Concerning the Criteria for the Discernment of Vocations with Regard to Persons with Homosexual Tendencies in View of Their Admission to the Seminary and to Holy Orders.* for the formation of clergy, Vatican City: Congregation for Catholic Education. Accessed September

29, 2020. http://www.vatican.va/roman_curia/congregations/ccatheduc/documents/rc_con_ccatheduc_doc_20051104_istruzione_en.html.

———. 2019. *Male and Female He Created Them.* for Educational Institutions, Vatican City: Congregation for Catholic Education. Accessed September 29, 2020. https://www.vatican.va/roman_curia/congregations/ccatheduc/documents/rc_con_ccatheduc_doc_20190202_maschio-e-femmina_en.pdf.

Congregation for the Doctrine of the Faith. 1990. "Donum Veritatis on the Ecclesial Vocation of the Theologian." Vatican.va. Edited by Joseph Ratzinger. May 24. Accessed September 23, 2020. http://www.vatican.va/roman_curia/congregations/cfaith/documents/rc_con_cfaith_doc_19900524_theologian-vocation_en.html.

———. 1986. "Letter to the Bishops of the Catholic Church on the Pastoral Care of Homosexual Persons." EWTN.com. Edited by Joseph Ratzinger. October 1. Accessed September 23, 2020. https://www.ewtn.com/catholicism/library/letter-to-the-bishops-of-the-catholic-church-on-the-pastoral-care-of-homosexual-persons-2081.

———. 1975. "Persona Humana." Vatican.va. Edited by Franjo Seper. December 29. Accessed September 23, 2020. https://www.vatican.va/roman_curia/congregations/cfaith/documents/rc_con_cfaith_doc_19751229_persona-humana_en.html.

Cooke, Rachel. 2019. *The Gendered Brain by Gina Rippon review- demolition of a sexist myth.* March 5. Accessed January 8, 2020. https://www.theguardian.com/books/2019/mar/05/the-gendered-brain-gina-rippon-review.

Council of Nicaea. 325. "The Canons of the First Council of Nicaea." Constantinople. Canon 1.

Cretella, Michelle. 2016. "Gender Dysphoria in Children and Suppression of Debate." *Journal of American Physicians & Surgeons* 21, no. 2: 50–54.

Crews, David. 1994. "Animal Sexuality." *Scientific America*, November: 108–114. Accessed September 29, 2020. https://www.scientificamerican.com/article/animal-sexuality/.

Cronin, Helena. 2005. "The vital statistics." *The Guardian.* March 11. Accessed January 9, 2020. https://www.theguardian.com/world/2005/mar/12/gender.comment.

Cronin, Helena, Gina Rippon, and Simon Baron-Cohen, interview by Mark Salter. 2016. "How Men and Women Think." IAI, January 22. YouTube video, 10:17. Accessed 03 22, 2020. https://www.youtube.com/watch?v=31c48XUtwVg.

Cross Dreamers. 2018. *What the sexual fantasies of non-transgender people tell us about the dreams of those who are trans.* December 30. Accessed 12 17, 2019. https://www.crossdreamers.com/search?q=cross+sex+gender+fantasy%E2%80%9D.

Cross, Erin. n.d. "Respecting Pronouns in the Classroom." *The Educator's Playbook.* Accessed June 3, 2021. https://www.gse.upenn.edu/news/educators-playbook/erin-cross-pronouns-gender-identity.

Culp-Ressler, Tara. 2015. "Birth Control Goes Against Catholicism's Teachings, But Most Catholics Use It Anyway." *Think Progress.* August 4. Accessed July 24, 2020. https://archive.thinkprogress.org/birth-control-goes-against-catholicisms-teachings-but-most-catholics-use-it-anyway-d22f2da560a1/.

Cummings, Deborah, and Pauline Yahr. 1984. "Adult testosterone levels influence the morphology of a sexually dimorphic area in the Mongolian gerbil brain." *The Journal of Comparative Neurology* 224, no. 1 (March): 132-140. https://doi.org/10.1002/cne.902240112.

Cuypere, Griet De, Els Elaut, Gunter Heylens, and Georges van Maele. 2006. "Long-term follow-up: Psychological outcome of Belgian transsexuals after sex reassignment surgery." *Sexologies*, April: 126–133.

Daily News. 1952. "Ex-GI Becomes Blonde Beauty: Operation transforms Bronx youth." *Daily News*, December 1: 1,3.

David, Sister Monica. 2015. "A nun's underground ministry for the trans community." *U.S. Catholic* 80, no. 9 (September): 32–34. Accessed September 29, 2020. https://uscatholic.org/articles/201509/a-nuns-underground-ministry-for-the-trans-community/.

Davidson v. Aetna Life & Casualty Insurance Company. 1979. 101 Misc. 2d 1 (N.Y. Sup. Ct., August 9).

Davis, William David, and Dale Alloison.1988. *A Critical and Exegetical Commentary on the Gospel according to Saint Matthew*. Vol. 3. Edinburgh, UK: T. & T. Clark.

Declaration of Quentin L. Van Meter, M.D. 2016. 1:16-cv-00425-TDS-JEP (Middle District of North Carolina, August 17).

DeFranza, Megan. 2019. "Response to Owen Strachan." In *Understanding Transgender Identities*, by James Beilby, & Paul Rhodes Eddy, 90–94. Grand Rapids, MI: Baker Academics.

———. 2015. *Sex Difference in Christian Theology*. Grand Rapids, MI: Wm. B. Eerdmans Publishing.

Dennett, Daniel. 1996. *Darwin's Dangerous Idea*. New York: Simon and Schuster.

Denzinger, Heinricus, and Adolfus Schönmetzer. 1965. *Enchiridion Symbolorum*. Freiburg, CH: Herder.

Depalma, Anthony, and Laurie Goodstein. 2002. "Member of Sex Abuse Panel Upsets Some." *The New York Times*. July 26. Accessed June 15, 2020. https://www.nytimes.com/2002/07/26/us/member-of-sex-abuse-panel-upsets-some.html.

Derouen, Sister Luisa. 2019. *Listening to God's transgender people.* June 26. Accessed January 14, 2020. https://www.globalsistersreport.org/column/equality/listening-gods-transgender-people-56286.

Descartes, René. 1999. *Discourse on Method and Meditations on First Philosophy.* Translated by Donald A. Cress. Indianapolis, IN: Hackett Publishing.

Descher, Jack, and Jack Pula. 2014. *Ethical Issues Raised by the Treatment of Gender-Variant Prepubescent Children.* Follow-Up Report, Garrison, NY: Hastings Center Report 44 [supplement].

Devor, Aaron. *Reed Erickson and the Erickson Educational Foundation.* n.d. Accessed January 5, 2020. http://web.uvic.ca/~erick123.

de Vries, Annelou, Thomas Steensma, Theo Doreleijers, and Peggy Cohen-Kettenis. 2011. "Puberty Suppression in Adolescents with Gender Identity Disorder: A Prospective Follow-Up Study." *The Journal of Sexual Medicine* 8, no. 8 (August): 2276–2283. https://doi.org/ 10.1111/j.1743-6109.2010.01943.x.

de Vries, Annelou. 2020. "Challenges in Timing Puberty Suppression for Gender-Nonconforming Adolescents." *Pediatrics,* 146 (4). DOI: https://doi.org/10.1542/peds.2020-010611.

Dewing, Phoebe, Tao Shi, Steve Horvath, and Eric Vilain. 2003. "Sexually Dimorphic Gene Expression in Mouse Brain Precedes Gonadal Differentiation." *Molecular Brain Research* 118: 82–90. https://doi.org/10.1016/s0169-328x(03)00339-5.

Dhejne, Cecilia, Katarina Öberg, Stefan Arver, and Mikael Landén. 2014. "An Analysis of All Applications for Sex Reassignment Surgery in Sweden, 1960–2010: Prevalence, Incidence, and Regrets." *Archives of Sexual Behavior*, November: 1535–1545. https://doi.org/10.1007/s10508-014-0300-8.

Dhejne, Cecilia, Paul Lichtenstein, Marcus Boman, Anna Johansson, Niklas Långström, and Mikael Landén. 2011. "Long-term follow-up of transsexual persons undergoing sex reassignment surgery: cohort study in Sweden." *PLoS One*, February 22. https://doi.org/ 10.1371/journal.pone.0016885.

Dhejne, Cecilia, Roy Van Vlerken, Gunter Heylens, and Jon Arcelus. 2016. "Mental Health and Gender Dysphoria: A review of literature." *International Review of Psychiatry* 28, no. 1: 44–57. https://doi.org/10.3109/09540261.2015.1115753.

Diamond, Milton. 2013. "Transsexuality among twins: Identity concordance, transition, rearing, and orientation." *International Journal Transgender Health* 14: 24–38. https://doi.org/10.1080/15532739.2013.750222.

Diamond, Milton, and Keith Sigmundson. 1997. "Sex Reassignment at Birth: A long term review and clinical implications." *Archives of Pediatrics and Adolescent Medicine* 151 (March): 298–304.
https://doi.org/10.1001/archpedi.1997.02170400084015.

Dörner, Günter, Ingrid Poppe, F Stahl, J Kölzsch, and Ralf Uebelhack. 1991. "Gene and environment-dependent neuroendocrine etiogenesis of homosexuality and transsexuality." *Experimental and Clinical Endocrinology* 98, no. 2: 141–150. https://doi.org/10.1055/s-0029-1211110.

Dostoevsky, Fyodor. 2018. *The Brothers Karamazov.* Translated by Constance Garnett. New Delhi, IO: Om Books International.

Dreger, Alice. 1999. "A History of Intersex: From the age of gonads to the age of consent." In *Intersex in the Age of Ethics*, by Alice Dreger, 5–28. Hagerstown, MD: University Publishing Group.

———. 2015. *Galileo's Middle Finger.* London, UK: Penguin Press.

Dresher, Jack, and Jack Pula. n.d. *American Psychiatric Association.* Accessed 12 16, 2019. https://www.psychiatry.org/patients-families/gender-dysphoria/expert-q-and-a.

Drummond, Kelley, Susan Bradley, Michele Peterson-Badali, and Kenneth Zucker. 2008 "A Follow Up Study of Girls With Gender Identity Disorder." *Developmental Psychology* 44, no. 1 (February): 34–45. https://doi.org/10.1037/0012-1649.44.1.34.

Dr. Veronica Ivy. 2019. Twitter Post. October 20, 2:32 AM https://twitter.com/SportIsARight/status/1185805929943617537.

Du Bois, W.E.B. 1969. *The Souls of Black Folk*. New York: Signet Classic.

Dulles, Avery. 2007. "God and Evolution." *First Things*, October: 19–24.

Dumic, Miroslav, Karen Lin-Su, Natasha I. Leibel, Srecko Ciglar, Giovanna Vinci, Ruzica Lasan. 2008. "Report of Fertility in a Woman with a Predominantly 46 XY Karyotype in a Family with Multiple Disorders of Sexual Development." *Journal of Clinical Endocrinology and Metabolism* 93: 182–189. https://doi.org/10.1210/jc.2007-2155.

Edgerton, Milton, Norman Knorr, and James Callison. 1970. "The surgical treatment of transsexual patients: Limitations and indications." *Plastic and Reconstructive Surgery* 45, no. 1: 38–50.

Edison, Avery. 2014. "I'm trans and on Tinder, but I am not a fetish for your sexual bucket list." *The Guardian*. December 12. Accessed July 22, 2020. https://www.theguardian.com/commentisfree/2014/dec/12/trans-tinder-sexual-bucket-list.

Edwards-Leeper, Laura, and Norman Spack. 2012. "Psychological evaluation and medical treatment of transgender youth in an interdisciplinary "Gender Management Service" (GeMS) in a major pediatric center." *Journal of Homosexuality* 59: 321–336. https://doi.org/ 10.1080/00918369.2012.653302.

Ehrenhalt, Jey. 2018. "Trans Rights and Bathroom Access Laws: A History Explained." *Teaching Tolerance*, October 16: Accessed September 29, 2020. https://www.tolerance.org/magazine/transgender-bathroom-laws-history.

Ehernstaf, Diane. 2021. "Fertility Issues for Transgender and Nonbinary Youth." *UC San Francisco Child and Adolescent Gender Center*. Zoom April 7. Accessed June 17, 2021.

https://drive.google.com/file/d/1SlpfbHRxf3mvbc7SdS5WGBav__3Tm3Vx/view.

Ehrhardt, Anke. 2007. "John Money, Ph.D." *The Journal of Sex Research* 44, no. 3 (August): 223–224. https://doi.org/10.1080/00224490701580741.

Ellul, Jacques. 1964. *The Technological Society.* Translated by John Wilkonson. New York: Vintage Books.

Ely, Robin, Debra Meyerson, and Martin Davidson. 2006. "Rethinking Political Correctness." *Harvard Business Review.* September. Accessed June 24, 2020. https://hbr.org/2006/09/rethinking-political-correctness.

Ennis, Dawn. 2016. "Queer singles survey reveals divisions on dating, marriage, and kids." LGBTQ Nation. June 2. Accessed July 22, 2020. https://www.lgbtqnation.com/2016/06/queer-singles-survey-reveals-divisions-dating-marriage-kids/.

Erickson-Schroth, Laura. 2014. *Trans Bodies, Trans Selves. A Resource for the transgender community.* Oxford, UK: Oxford University Press.

Ettner, Randi. 1999. *Gender Loving Care.* New York: WW Norton.

Ettner, Randi, Mark Schaht, J Brown, Craig Niederberger, and Eugene Schrang 1996. "Transsexualism: The phenotypic variable." *Fifteenth International Symposium on Gender Dysphoria.* Vancouver: Harry Benjamin International Gender Dysphoria Association. Poster session presentation.

Evans, Lydia. 2010. "Charleston, SC: Dr. Paul McHugh: "There Is No Gay Gene"." *Virtue Online.* January 26. Accessed June 15, 2020. https://virtueonline.org/charleston-sc-dr-paul-mchugh-there-no-gay-gene.

Family Policy Institute of Washington. 2016. *Trans-Activism Uncensored (Warning: Explicit Language).* YouTube video. June 22. Accessed June 10, 2021. https://www.youtube.com/watch?v=mFujpMxmUME.

Fausto-Sterling, Anne. 2000a. *Sexing the Body: Gender Politics and the Construction of Sexuality.* New York: Basic Books.

Fausto-Sterling, Anne. 2000b. "The five sexes revisited"." *The Sciences* 40, no. 4: 18–23.

Faustus. 2006. "Sermo 5, De Epiphania 2." *Documenta Catholica Omnia.* Accessed February 09, 2020. ://www.documentacatholicaomnia.eu/04z/z_0425-0490__Faustus_Rhegiensis_Episcopus__Sermones__MLT.pdf.html.

Favale, Abigail. 2019. "The Eclipse of Sex by the Rise of Gender." *Church Life* 22: 1–10. Accessed September 29, 2020. https://churchlifejournal.nd.edu/articles/the-eclipse-of-sex-by-the-rise-of-gender/.

Fernández, Rosa. 2014. "The (CA)n Polymorphism of ERβ Gene is Associated with FtM Transsexualism." *The Journal of Sexual Medicine* 11, no. 3 (March): 720–728. https://doi.org/10.1111/jsm.12398.

Fichtner, Joseph. 1963. *Theological Anthropology: The Science of Man in His Relations to God.* Notre Dame, IN: University of Notre Dame Press.

Field, Richard. 1984. "St. Thomas Aquinas on Properties and the Powers of the Soul." *Laval théologique et philosophique* 40, no. 2: 203–215. https://doi.org/10.7202/400093ar.

Finley, John. 2015. "The Metaphysics of Gender: A Thomistic Approach." *The Thomist: A Speculative Quarterly Review* 79, no. 4: 585–614. https://doi.org/ 10.1353/tho.2015.0031.

First, Michael. 2005. "Desire for amputation of a limb: paraphilia, psychosis, or a new type of identity disorder." *Psychological Medicine,* 35, no. 6 (June): 919–928. https://doi.org/10.1017/s0033291704003320.

Fisher, Alessandra, Elisa Bandini, Helen Casale, and Naika Ferruccio. 2013."Sociodemographic and Clinical Features of Gender Identity Disorder: An Italian Multicentric Evaluation." *The Journal of Sexual Medicine* 10, no. 2 (February): 408–419. https://doi.org/10.1111/j.1743-6109.2012.03006.x.

Fisk, Norman. 1973. *Gender dysphoria syndrome (the how, what, and why of a disease), in Proceedings of the Second Interdisciplinary Symposium on Gender Dysphoria Syndrome.* Edited by D Laub, & P Gandy. Palo Alto, CA: Stanford Press.

———. 1974. "Gender dysphoria syndrome – The conceptualization that liberalizes indications for total gender reorientation and implies a broadly based multi-dimensional rehabilitative regimen." *Western Journal of Medicine* 5, no. 120: 386–391.

Flier, Jeffrey. 2018. "As a Former Dean of Harvard Medical School, I Question Brown's Failure to Defend Lisa Littman." *Quillette.* August 31. Accessed June 30, 2020. https://quillette.com/2018/08/31/as-a-former-dean-of-harvard-medical-school-i-question-browns-failure-to-defend-lisa-littman/.

Flores, Andrew, Jody Herman, Gary Gates, and Taylor Brown. 2016."How Many Adults Identify as Transgender in the United States." *Williams Institute of Law UCLA.* June. Accessed 12 15, 2019. https://williamsinstitute.law.ucla.edu/wp-content/uploads/How-Many-Adults-Identify-as-Transgender-in-the-United-States.pdf.

Foot, Philippa. 2001. *Natural Goodness.* Oxford, UK: Clarendon.

Forbes, Catherine, Leslie Clark, and Huong Diep. 2016. "Positive attributes and risk behaviors in young transgender women." *Psychology of Sexual Orientation and Gender Diversity 3*, no. 1: 129–134. https://doi.org/10.1037/sgd0000148.

Ford, Zack. 2014. "Laverne Cox: 'Loving Trans People Is A Revolutionary Act'." *ThinkProgressive.org.* January 31. Accessed July 22, 2020. https://archive.thinkprogress.org/laverne-cox-loving-trans-people-is-a-revolutionary-act-2b79c142ae69/.

Forger, Nancy, James Strahan, and Alexandra Castillo-Ruiz. 2016. "Cellular and molecular mechanisms of sexual differentiation in the mammalian nervous system." *Frontiers in Neuroendocrinology* 40: 67–86. https://doi.org/10.1016/j.yfrne.2016.01.001.

Forrai, Judit. 2006. "History Ambroise Paré- The "Father of Surgery"." *Clinica e Pesquisa Odontológica, Curitiba*, July 10: 447–450.

Francis, Pope. 2017. "Address to the Participants in the General Assembly of the Members of the Pontifical Academy for Life." Vatican City, October 5. Accessed September 29, 2020. http://www.vatican.va/content/francesco/en/speeches/2017/october/documents/papa-francesco_20171005_assemblea-pav.html.

———. 2016a. Amoris Laetitia (The Joy of Love). Post- Synodal Apostolic Exhortation." Vatican City: The Holy See. Promulgated by Pope Francis, March 19. Accessed September 29, 2020. https://w2.vatican.va/content/dam/francesco/pdf/apost_exhortations/documents/papa-francesco_esortazione-ap_20160319_amoris-laetitia_en.pdf.

———. 2019. Aperuit Illis (He Opened). *Aperuit Illis Instituting the Sunday of the Word of God.* Vatican City: The Holy See. Promulgated by Pope Francis, September 30. Accessed September 29, 2020. http://www.vatican.va/content/francesco/en/motu_proprio/documents/papa-francesco-motu-proprio-20190930_aperuit-illis.html.

———. 2013b "Chrism Mass Homily." *Vatican.va*. March 28. Accessed September 28, 2020. http://w2.vatican.va/content/francesco/en/homilies/2013/documents/papa-francesco_20130328_messa-crismale.html.

———. 2013a. Evangelii Gaudium (The Love of the Gospel). "Apostolic Exhortation." Vatican City: The Holy See. Promulgated by Pope Francis, November 24. Accessed September 29, 2020. http://www.vatican.va/content/francesco/en/apost_exhortations/documents/papa-francesco_esortazione-ap_20131124_evangelii-gaudium.html.

———. 2020. Fratelli Tutti. (Fraternity and Social Friendship)."Encyclical Letter." Vatican City: The Holy See.

Promulgated by Pope Francis, October 3. Accessed October 5, 2020. http://www.vatican.va/content/francesco/en/encyclicals/documents/papa-francesco_20201003_enciclica-fratelli-tutti.html#_ftn187.

———. 2015b. "General Audience." *Vatican.va.* April 15. Accessed June 04, 2020. http://w2.vatican.va/content/francesco/en/audiences/2015/documents/papa-francesco_20150415_udienza-generale.html.

———. 2016b. "Pope complains schools are telling children they can choose their gender." *Associated Press.* August 2. Accessed July 24, 2020. https://www.theguardian.com/world/2016/aug/02/pope-complains-gender-children-schools-telling-choose.

———. 2015a. Laudato Si' (Praise be to You)."Encyclical Letter." Vatican City: The Holy See. Promulgated by Pope Francis, May 24. Accessed September 29, 2020. http://www.vatican.va/content/francesco/en/encyclicals/documents/papa-francesco_20150524_enciclica-laudato-si.html.

———. 2018. "Pope's quotes: Peace builds bridges." *Vatican.va.* May 4. Accessed January 28, 2020. https://press.vatican.va/content/salastampa/en/bollettino/pubblico/2016/07/28/160728c.html.

Frankl, Viktor. 2007. "Man's Search for Meaning." In *Virtue & Vice in Everyday Life*, by Christina Hoff Sommers, & Fred Sommers, 530–536. Boston, MA: Wadsworth Cengage Learning.

Freud, Sigmund. 2014. *Three Essays on the Theory of Sexuality.* Translated by James Strachey. Vol. 7. London, UK: Hogarth Press.

G.G. [Gavin Grimm v. Gloucester County School Board. 2018. 15–2056 (United States Court of Appeals for the Fourth Circuit, May 22).

Galanter, Marc, and Lee Anne Kaskutas. 2008. *Research on Alcoholics Anonymous and Spirituality in Addiction Recovery.* Berlin, DE: Springer Science & Business Media.

Garner, Bryan. 2019. "Black's Law Dictionary (11th ed.)." *Mayhem Definition.* Eagan: Thomson West, July.

Garofalo, Robert, Joanne Deleon, Elizabeth Osmer, Mary Doll, and Gary Harper. 2006. "Overlooked, misunderstood and at-risk: exploring the lives and HIV risk of ethnic minority male-to-female transgender youth." *Journal of Adolescent Health* 38, no. 3: 230–236. https://doi.org/10.1016/j.jadohealth.2005.03.023.

Gary-Smith, Mariotta and Judith Steinhart. 2016. "Transgender Youth: ways to be an ally and advocate" In *Transgender Youth*, by Shemya Vaughn, 209–221. New York: Nova Publishers.

Gates, Gary. 2011. "How many people are lesbian, gay, bisexual, and transgender?" *The Williams Institute at UCLA.* April. Accessed 12 15, 2019. http://williamsinstitute.law.ucla.edu/wp-content/uploads/Gates-How-Many-People-LGBT-Apr-2011.pdf.

Gaudium et Spes. 1965. "Pastoral Constitution on the Church in the Modern World." *The Second Vatican Council.* Vatican City: Promulgated by Pope Paul VI.

Geach, Peter. 1977. *Virtues.* Cambridge, UK: Cambridge University Press.

Gehring, John. 2019. "Why Catholic bishops need a year of abstinence on preaching about sexuality." *National Catholic Reporter.* June 26. Accessed January 15, 2020. https://www.ncronline.org/news/opinion/why-catholic-bishops-need-year-abstinence-preaching-about-sexuality.

Gender Identity Clinic. 1979. *The Johns Hopkins Medical Institutions News.* Press Release, Baltimore, MD: Johns Hopkins.

George, Robert. 2016. "Gnostic Liberalism." *First Things.* December. Accessed June 27, 2020. https://www.firstthings.com/article/2016/12/gnostic-liberalism.

Gettell, Oliver. 2016. "Little Axe illuminates transgender gospel singer Willmer Broadnax." *Entertainment Weekly.* March 1.

Accessed July 25, 2020. https://ew.com/article/2016/03/01/little-axe-transgender-gospel-singer-short-film/.

Ghosh, Shuvo. 2020. "Gender Identity." *Medscape*. December 9. Accessed June 5, 2021. https://emedicine.medscape.com/article/917990-overview.

Gibbs, Jeremy, and Jeremy Goldbach. 2015. "Religious Conflict, Sexual Identity, and Suicidal Behaviors among LGBT Young Adults." *Archives of Suicide Research*, March 12: 472–488. https://doi.org/10.1080/13811118.2015.1004476

Gigerenzer, Gerd. 1999. *Simple Heuristics That Make Us Smart*. New York: Oxford University Press.

Gigerenzer, Gerd, and Wolfgang Gaissmaier. 2011. "Heuristic decision making." *Annual Review of Psychology* 62: 451–482. https://doi.org/ 10.1146/annurev-psych-120709-145346.

Gilchrist, Susan. 2015. "Deuteronomy 22:5 and its Impact on Gender." *tgdr*. November 15. Accessed 12 24, 2019. http://www.tgdr.co.uk/documents/022B-Deuteronomy22-5.pdf.

Gilligan, Andrew. 2019. "Surge in girls switching gender." *The Sunday Times*. June 29. Accessed September 28, 2020. https://www.thetimes.co.uk/article/surge-in-girls-switching-gender-c69nl57vt.

Gilson, Étienne. 1952. *Being and Some Philosophers*. Toronto: Pontifical Institute of Mediaeval Studies.

———. 1948. *The Philosophy of St. Thomas Aquinas*. Translated by Edward Bullough. New York: Dorset Press.

———. 2012. *Thomist Realism and the Critique of Knowledge*. Translated by Mark Wauck. San Francisco, CA: Ignatius Press.

GLAAD. 2019. Twitter Post. July 31, 12:14PM: https://twitter.com/glaad/status/1156599091096371207

Glanvill, Joseph. 1661. *Vanity of Dogmatizing*. London, UK: Printed by E.C. for Henry Eversden.

Goddard, Jonathan Charles. 2009. "Development of Feminizing Genitoplasty for Gender Dysphoria." *The Journal of Sexual Medicine: Goddard, Jonathan Charles MD,* "April 19: 981–989. https://doi.org/10.1111/j.1743-6109.2007.00480.x.

González, Ana Marta. 1999. "Depositum Gladius non Debet Restitui Furioso: Precepts, Synderesis, and Virtues in Saint Thomas Aquinas." *The Thomist*, April 2: 217–240. https://doi.org/10.1353/tho.1999.0029.

Grand View Research. 2020. "U.S. Sex Reassignment Surgery Market Size, Share & Trends Analysis Report By Gender Transition (Male To Female, Female To Male), And Segment Forecasts, 2020 - 2027." *Grand View Research.* December. Accessed March 15, 2021. https://www.grandviewresearch.com/industry-analysis/us-sex-reassignment-surgery-market.

Grant, Jaime, Lisa Mottet, Justin Tanis, and Jack Harrison. 2011. "Injustice at Every Turn." *National Center for Transgender Equality.* Accessed January 9, 2020. https://www.transequality.org/sites/default/files/docs/resources/NTDS_Report.pdf.

Grant, Jon, and Katherine Phillips. 2004. "Is Anorexia Nervosa a Subtype of Body Dysmorphic Disorder? Probably Not, but Read On …." *Harvard Review of Psychiatry* 12, no. 2: 123–126. https://doi.org/10.1080/10673220490447236.

Grayson Project. 2021. *I'm Detransitioning | My struggle with Gender and Self Acceptance.* June 9. YouTube video. Accessed June 10, 2021. https://www.youtube.com/watch?v=wNsIpF7g2lQ.

Green, Richard. 2008. "The Three Kings: Harry Benjamin, John Money, Robert Stoller." *Archives of Sexual Behavior*, June 21: 610–613. https://doi.org/10.1007/s10508-008-9392-3.

———. 1987. *The "Sissy Boy Syndrome" and the Development of Homosexuality.* New Haven. CT: Yale University Press.

Greenberg, Steve. 1993. "The Next Wave." *The Advocate*, July 13: 51–52.

Greer, Germaine, interview by Krishnan Guru-Murthy. 2018. "Germaine Greer on women's liberation, the trans community and her rape." *Channel 4 News*, May 23. YouTube video, 45:01. Accessed 04 24, 2020. https://www.youtube.com/watch?v=aU_csXGfdVM&t=178s.

Gremmels, Becket. 2016. "Sex Reassignment Surgery and the Catholic Moral." *Health Care Ethics USA* 24, no. 1 (Winter): 6–10.

Griswold, Alexander. 2014. "How to Shrink Your Church in One Easy Step." *The Federalist.* August 21. Accessed July 24, 2020. https://thefederalist.com/2014/08/21/how-to-shrink-your-church-in-one-easy-step/.

Gstalter, Morgan. 2019. "International sports court rules women with high testosterone can be required to take suppressants." *The Hill.* May 1. Accessed January 27, 2020. https://thehill.com/policy/international/441529-international-sports-court-rules-women-with-high-testosterone-can-be.

Guillamon, Antonio, Carme Junque, and Esther Gómez-Gil. 2016. "A Review of the Status of Brain Structure Research in Transsexualism." *Archives of Sexual Behavior* 45, no. 1: 1615–1648. https://doi.org/10.1007/s10508-016-0768-5.

Guillen, Matheus. 2018. *Gender-affirming surgery 'significantly improves quality of life,' study says.* April 11. Accessed February 7, 2020. http://www.nbcnews.com/feature/nbc-out/gender-affirming-surgery-significantly-improves-quality-life-study-says-n862361.

Gurian, Michael. 2017. *Saving Our Sons.* Spokane, WA: Gurian Institute.

Gurian, Michael, and Kathy Stevens. 2005. *The Minds of Boys.* San Francisco, CA: Jossey-Bass.

Guttmacher Institute. 2008. "Religion and Family Planning Tables." *Guttmacher Institute.* Accessed July 24, 2020.

https://www.guttmacher.org/religion-and-family-planning-tables.

Haas, Ann, Philip Rodgers, and Jody Herman. 2014. "Suicide Attempts among Transgender and Gender Non-Conforming Adults." *Williams Institute of Law UCLA*. January 2. Accessed January 11, 2020. https://williamsinstitute.law.ucla.edu/wp-content/uploads/AFSP-Williams-Suicide-Report-Final.pdf.

Hadro, Matt. 2020. *After AOC Decries Statue, Hawaiian Catholic Says St Damien 'Gave His Life' Serving Leper.* July 31. Accessed October 5, 2020. https://www.ncregister.com/news/after-aoc-decries-statue-hawaiian-catholic-says-st-damien-gave-his-life-serving-leper.

Haier, Richard, Rex Jung, Ronald Yeo, Kevin Head, and Michael Alkire. 2005. "The neuroanatomy of general intelligence: sex matters." *Neuroimage* 25, no. 1 (March): 320–327. https://doi.org/10.1016/j.neuroimage.2004.11.019.

Hake, Laura, and Claire O'Connor. 2008. "Genetic mechanisms of sex determination." *Nature Education*: 25.

Hamer, Dean. 2016. "New 'Scientific' Study on Sexuality, Gender Is Neither New nor Scientific." *The Advocate*. August 29. Accessed June 06, 2020. https://www.advocate.com/commentary/2016/8/29/new-scientific-study-sexuality-gender-neither-new-nor-scientific.

Hare, John. 2015. "Hermaphrodites, Eunuchs, and Intersex People: The witness of medical science in Biblical times and today." In *Intersex, Theology, and the Bible: Troubling bodies in Church text and society*, by Susannah Cornwall, 83–87. New York: Palgrave.

Hare, Lauren, Pascal Bernard, Francisco Sánchez, Paul Baird, Eric Vilain, Trudy Kennedy. 2009. "Androgen Receptor Repeat Length Polymorphism Associated with Male-To-Female Transsexualism." *Biological Psychiatry* 65, no. 1: 93–96. https://doi.org/ 10.1016/j.biopsych.2008.08.033.

Hartin v. Director of the Bureau of Records and Statistics. 1973. 347 N.Y.S. 2d 515 (N.Y. Sup. Ct.).

Hayes. 2014. "Hormone therapy for the treatment of gender dysphoria." *Hayes Medical Technology Directory,* May 14.

Hayton, Debbie interview by Madeleine Kearns. 2020. "One Transwoman Speaks Out on the Dangers of Trans Extremism." National Review. February 25. Accessed June 8, 2021. https://www.nationalreview.com/2020/02/debbie-hayton-transwoman-speaks-out-on-dangers-of-trans-extremism/.

———. 2021. "'Trans Women Are Men … Including Me' - Debbie Hayton." *Triggernomitry*. March 31. YouTube video. Accessed June 8, 2021. https://www.youtube.com/watch?v=q0DT1aBHheI.

Hembree, Wylie, Peggy Cohen-Kettenis, Louis Gooren, Sabine Hannema, Walter Meyer. 2017. "Endocrine Treatment of Gender-Dysphoric/Gender-Incongruent Persons: An Endocrine Society Clinical Practice Guideline." *The Journal of Clinical Endocrinology & Metabolism*, September 13: 3869–3903. https://doi.org/10.1210/jc.2017-01658.

Hendershott, Anne. 2015. "Digging deeper into the Pew data about nones, millennials, and Christians." *The Catholic World Report.* May 25. Accessed July 24, 2020. https://www.catholicworldreport.com/2015/05/25/digging-deeper-into-the-pew-data-about-nones-millennials-and-christians/.

Henningsson, Susanne, Lars Westberg, Staffan Nilsson, Bengt Lundström, Lisa Ekselius, and Owe Bodlund. 2005. "Sex steroid-related genes and male-to-female transsexualism." *Psychoneuro endocrinology* 30: 657–664. https://doi.org/10.1016/j.psyneuen.2005.02.006.

Hess, Jochen, Andreas Henkel, Joseph Bohr, Christian Rheme, Andrej Panic, and Linda Panic. 2018. "Sexuality after Male-to-Female Gender Affirmation Surgery." *Biomedical Research International*: 7 pgs. https://doi.org/10.1155/2018/9037979.

Hester, David. 2005. "Eunuchs and the Postgender Jesus: Matthew 19.12 and Transgressive Sexualities." *Journal for the Study of the*

New Testament 28, no. 1: 13–40. https://doi.org/10.1177/0142064X05057772.

Heyer, Walt. 2020. "Another Women's Sport Is Letting Biological Males Compete." *The Daily Signal.* January 16. Accessed June 27, 2020. https://www.dailysignal.com/2020/01/16/another-womens-sport-is-letting-biological-males-compete/.

———. 2018. *Trans Life Survivors.* Lightning Source UK.

Hidalgo, Marco, Diane Ehrensaft, Amy Tishelman, and L Clarke. 2013. "The Gender Affirmative Model: What we know and what we aim to learn." *Human Development* 56, no. 5 (October): 285–290. https://doi.org/10.1159/000355235.

Hirschfeld, Magnus. 1948. *Sexual Anomalies.* New York: Emerson Books.

———. 2003. *The Transvestites: The Erotic Drive to Cross-dress.* Translated by MA Lombardi-Nash. Buffalo, NY: Prometheus.

Holt, Alison. 2020. "NHS gender clinic 'should have challenged me more' over transition." *BBC News.* March 1. Accessed May 25, 2021. https://www.bbc.com/news/health-51676020.

Horan, Dan. 2020. "The truth about so-called 'gender ideology'." *National Catholic Reporter*, June 24. Accessed September 29, 2020. https://www.ncronline.org/news/opinion/faith-seeking-understanding/truth-about-so-called-gender-ideology.

Hughes, Ieuan. 2006. "Consensus Statement on Management of Intersex Disorders." *Archives of Disease in Childhood 2*, May: 488–500. https://doi.org/10.1136/adc.2006.098319.

Hulshoff, Hilleke. 2006. "Changing your sex changes your brain: influences of testosterone and estrogen on adult human brain structure." *European Journal of Endocrinology* 155: 107–114. https://doi.org/10.1530/eje.1.02248.

Human Rights Campaign. 2018. "2018 Gender-Expansive Youth Report." *Human Rights Campaign.* Accessed 12 18, 2019. https://www.hrc.org/resources/2018-gender-expansive-youth-report.

Hunt, Mary. 2015. "Vatican Council on Women Would Be Funny Were It Not So Insulting." *Religion Dispatches*. February 5. Accessed January 15, 2020. https://religiondispatches.org/vatican-council-on-women-would-be-funny-were-it-not-so-insulting/.

Hutchinson, Anna, Melissa Midgen, and Anastasis Spiliadis. 2020. "In Support of Research into Rapid-Onset Gender Dysphoria." *Archives of Sexual Behavior* 49: 79–80. https://doi.org/10.1007/s10508-019-01517-9.

Hutchinson, J. Benjamin. 1997. "Gender-specific Steroid Metabolism in Neural Differentiation." *Cellular and Molecular Neurobiology, 17(6),* 603–626.

Ihlenfeld, Charles. 2004. "Harry Benjamin and Psychiatrists." In *Transgender Subjectivities: A Clinician's Guide*, by Ubaldo Leli, & Jack Dresher, 147–152. Binghamton, NY: Hayworth Medical Press.

Inkwood Research. 2020. "Global Cosmetic Surgery and Procedure Market Forecast 2020-2028." *Inkwood Research*. September. Accessed December 13, 2020. https://inkwoodresearch.com/reports/cosmetic-surgery-and-procedure-market#.

International Theological Commission. 2002. "Communion and Stewardship: Human Persons Created in the Image of God." *Vatican.va*. Accessed June 27, 2020. http://www.vatican.va/roman_curia/congregations/cfaith/cti_documents/rc_con_cfaith_doc_20040723_communion-stewardship_en.html.

Intrusive Thoughts. *Living with Body Dysmorphic Disorder (BDD)*. n.d. Accessed January 8, 2020. https://www.intrusivethoughts.org/ocd-symptoms/body-dysmorphic-disorder/.

Isidore of Seville. 2010. *The Etymologies of Isidore of Seville*. Translated by Stephen A. Barney. Cambridge, UK: Cambridge University Press.

Jaeger, Werner. 1947. *Theology of Early Greek Philosophers.* Oxford, UK: Clarendon Press.

Jaffrey, Zia. 1996. *The Invisibles.* New York: Pantheon.

James, Sandy, Jody Herman, Susan Rankin, Mara Keisling, Lisa Mottet, and Ma'ayan Anafi. 2016. *The Report of the 2015 U.S. Transgender Survey.* Results of Survey, Washington, DC: National Center for Transgender Equality. Accessed September 29, 2020. https://www.transequality.org/sites/default/files/docs/USTS-Full-Report-FINAL.PDF.

Jensen, Steven. 2010. *Good & Evil Actions: A Journey through Saint Thomas Aquinas.* Washington, DC: Catholic University of America Press.

———. 2008. "Of Gnome and Gnomes: The Virtue of Higher Discernment and the Production of Monsters." *American Catholic Philosophical Quarterly* 82, no. 3: 411–428. https://doi.org/10.5840/acpq200882328.

Jensen, Tamara Syrek, Joseph Chin, James Rollins, Elizabeth Koller, Linda Gousis, and Katherine Szarama. 2016b. "Decision Memo for Gender Dysphoria and Gender Reassignment Surgery (CAG-00446N)." *Centers for Medicare & Medicaid Services.* August 30. Accessed January 7, 2020. https://www.cms.gov/medicare-coverage-database/details/nca-decision-memo.aspx?NCAId=282&bc=ACAAAAAAQAAA&.

———. 2016a. "Proposed Decision Memo for Gender Dysphoria and Gender Reassignment Surgery (CAG-00446N)." *Centers for Medicare & Medicaid Services.* June 2. Accessed January 7, 2020. https://www.cms.gov/medicare-coverage-database/details/nca-proposed-decision-memo.aspx?NCAId=282.

Joel, Daphna. 2019. "It's Time for a World without Gender." *Scientific American.* October 10. Accessed June 17, 2020. https://blogs.scientificamerican.com/observations/its-time-for-a-world-without-gender/?print=true.

———. 2012. "TEDxJaffa — Daphna Joel — Are brains male or female?" *TEDx Talks.* October 8. YouTube video, 14:47. Accessed January 10, 2020. https://www.youtube.com/watch?v=rYpDU040yzc.

Joel, Daphna, Zohar Berman, Ido Tavor, Nadav Wexler, Olga Gaber. 2015. "Sex beyond the genitalia: The human brain mosaic." *Proceedings of the National Academy of Sciences of the United States of America* 112, no. 50 (December): 15468-15473. https://doi.org/10.1073/pnas.1509654112.

John Paul II, Pope. 1979a. "Address of His Holiness John Paul II to High School Students." *Vatican.va.* October 3, 1979. Accessed December 12, 2020. http://www.vatican.va/content/john-paul-ii/en/speeches/1979/october/documents/hf_jp-ii_spe_19791003_ny-madison-square-garden.html.

———. 1991. "Centesimus Annus." *The hundredth anniversary of Rerum novarum.* Vatican City: The Holy See. http://www.vatican.va/content/john-paul-ii/en/encyclicals/documents/hf_jp-ii_enc_01051991_centesimus-annus.html (accessed September 29, 2020).

———. 2006. *Man and Woman, He Created Them: A Theology of the Body.* Translated by Michael Waldstein. Boston, MA: Pauline Books and Media.

———. 1996. "Message of St. John Paul II to the Pontifical Academy of Sciences." *Vatican.va.* October 22. Accessed December 15, 2019. http://www.vatican.va/content/john-paul-ii/fr/messages/pont_messages/1996/documents/hf_jp-ii_mes_19961022_evoluzione.html.

———. 1979b. "Third General Conference of the Latin American Episcopate." Puebla, Mexico: The Holy See, January 28. Accessed September 29, 2020. http://www.vatican.va/content/john-paul-ii/en/speeches/1979/january/documents/hf_jp-ii_spe_19790128_messico-puebla-episc-latam.html.

———. 1993. The Splendor of the Truth (Veritatis Splendor), London, UK: Catholic Truth Society.

Joint Commission. 2011. *Advancing effective communication, cultural competence, and patient and family centered care for the gay, lesbian, bisexual and transgender (lgbt) community: A field guide.* Oak Brook, IL: Joint Commission.

Jones, Bethany Alice, Jon Arcelus, Walter Pierre Bouman, and Emma Haycraft. 2017. "Sport and Transgender People: A Systematic Review of the Literature Relating to Sport Participation and Competitive Sport Policies." *Sports Medicine,* 47, no. 4: 701–716. https://doi.org/ 10.1007/s40279-016-0621-y.

Jones, David Albert. 2018. "Truth in transition? Gender Identity and Catholic Anthropology." *Blackfriars,* November: 756–774. https://doi.org/10.1111/nbfr.12380.

———. 2019. "One More Way to be Human." *The Tablet,* April 6: 4–5.

Jones, Morgan. 2017. "LDS Church issues statement of support for LGBTQ concert event." *Deseret News.* August 16. Accessed July 24, 2020. https://www.deseret.com/2017/8/16/20617692/lds-church-issues-statement-of-support-for-lgbtq-concert-event#dan-reynolds-of-imagine-dragons-performs-at-the-staples-center-on-monday-april-3-2017-in-los-angeles.

Jones, Robert, Daniel Cox, and Juhem Navarro-Rivera. 2014. *A Shifting Landscape.* A Decade of Change in American Attitudes about Same-sex Marriage and LGBT Issues, Washington, DC: Public Religion Research Institute.

Jones, Zinnia. 2013. *"That was dysphoria?" 8 signs and symptoms of indirect gender dysphoria.* September 10. Accessed February 15, 2021. http://genderanalysis.net/articles/that-was-dysphoria-8-signs-and-symptoms-of-indirect-gender-dysphoria/.

———. 2016. *Myth: Pimozide and gender dysphoria [Gender Analysis].* December 30. Accessed January 4, 2020. https://genderanalysis.net/2016/12/myth-pimozide-and-gender-dysphoria-gender-analysis/.

———. 2021 Twitter Post. July 21, 6:49 AM: https://twitter.com/ZJemptv/status/1417798800903659520.

———. 2020. Twitter Post. December 2, 11:35 AM: https://twitter.com/ZJemptv/status/1334159240466997249.

Jordan, Crimson. 2018. "The Gender Affirmative Model: APA Publishes Groundbreaking Book on Care for Trans and Gender Expansive Youth." *Spectrum South*. June 20. Accessed July 1, 2020. https://www.spectrumsouth.com/gender-affirmative-model/.

Jordan-Young, Rebecca. 2010. *Brain Storm: The Flaws in the Science of Sex Differences*. Cambridge, MA: Harvard University Press.

Jost, Alfred. 1978. "Basic sexual trends in the development of vertebrates." *Ciba Foundation symposium* (14) 16: 5–18. https://doi.org/10.1002/9780470720448.ch2.

Kahneman, Daniel. 2011. *Thinking, Fast and Slow*. New York: Farrar, Strauss, Giroux.

Kahneman, Daniel, Alan Krueger, David Schkade, Norbert Schwarz, and Arthur Stone. 2004. "A Survey Method for Characterizing Daily Life Experience: The Day Reconstruction Method." *Science*, December 3: 1776–1780. https://doi.org/ 10.1126/science.1103572.

Kailas, Maya, Hsun Ming Simon Lu, Emily Rothman, and Joshua Safer. 2017. "Prevalence and types of gender-affirming surgery among a sample of transgender endocrinology patients prior to state expansion of insurance coverage." *Endocrine Practice* 23, no. 7 (July): 780–786. https://doi.org/10.4158/EP161727.OR.

Kay, Jackie. 1998. *Trumpet*. London, UK: Picador.

Kalin, Ned. 2020. "Reassessing Mental Health Treatment Utilization Reduction in Transgender Individuals After Gender-Affirming Surgeries: A Comment by the Editor on the Process." *American Journal of Psychiatry*, August 1: 176. https://doi.org/10.1176/appi.ajp.2020.20060803.

Kavanaugh, James and Vamik Volkan. 1979. "Transsexualism and a New Kind of Psychosurgery." *International Journal of Psychoanalytic Psychotherapy* 7: 366–372. PMID: 738821.

Keating, Shannon. 2019. *Gender Dysphoria Isn't A "Social Contagion," According to A New Study.* April 19. Accessed June 15, 2020. https://www.buzzfeednews.com/article/shannonkeating/rapid-onset-gender-dysphoria-flawed-methods-transgender.

Keefe, Donald. 1999. "The Relation of Nuptial symbolism to Eucharistic Realism." *The Pacific Journal of Theology, Series II* 21: 89–119.

Kellaway, Mitch. 2014. *Will the Catholic Church Accept Its First Openly Transgender Nun?* July 15. Accessed January 14, 2020. https://www.advocate.com/politics/religion/2014/07/15/will-catholic-church-accept-its-first-openly-transgender-nun.

Kelleher, Patrick. 2020. "Trans woman raped 14 times by inmates and staff in men's prison speaks her truth about 'nightmare' existence." *Pink News.* November 25. Accessed June 8, 2021. https://www.pinknews.co.uk/2020/11/25/ashley-diamond-transgender-lawsuit-georgia-corrections-male-prison-sexual-assault/.

Keo-Meier, Colt, and Diane Ehrensaft. 2018. *The Gender Affirmative Model: An Interdisciplinary Approach to Supporting Transgender and Gender Expansive Children.* Worcester, MA: American Psychological Association.

Kerlin, Scott. 2005. "Prenatal Diethylstilbestrol Exposure in Males and Gender-related Disorders: Results from a 5-year study." Presented at the *International Behavioral Development Symposium.* (July). Minot, ND.

Kierkegaard, Søren. 1978. *Søren Kierkegaard's Journals and Papers.* Edited by Howard Hong & Edna Hong. Vol. 6. Indianapolis: Indiana University Press.

———. 1983. *The Sickness Unto Death: A Christian Psychological Exposition for Upbuilding And Awakening.* Princeton, NJ: Princeton University Press.

———. 2004. *Training in Christianity.* Translated by Walter Lowrie. London, UK: Vintage Spiritual Classics.

Kingkade, Tyler. 2015. "Mount Holyoke Cancels 'Vagina Monologues' For Not Being Inclusive Enough." *The Huffington Post.* January 16. Accessed July 25, 2020. https://www.huffpost.com/entry/vagina-monologues-mount-holyoke_n_6487302.

Kirkbride, James, Antonia Errazuriz, Tim Croudace, and Craig Morgan. 2012. *Systematic review of the incidence and prevalence of schizophrenia and other psychoses in England.* Systematic Review of Case Files, London, UK: The Department of Health.

Knight, Ema, and Matthew McDonald. 2013. "Recurrence and Progression of Meningioma in Male-to-Female Transgender Individuals During Exogenous Hormone Use." *International Journal of Transgenderism* 14: 18–23. https://doi.org/10.1080/15532739.2012.725563.

Knoll, Benjamin. 2016. "Youth Suicide Rates and Mormon Religious Context: An Additional Empirical Analysis." *Rational Faiths.* March 9. Accessed July 24, 2020. https://rationalfaiths.com/mormon-religious-context-and-lgbt-youth-suicides-an-additional-empirical-analysis/.

Kockott, Götz, and Eva-Maria Fahrner. 1987. "Transsexuals who have not undergone surgery: a follow-up study." *Archives of Sex Behavior* 16: 511–522. https://doi.org/10.1007/BF01541715.

Koyama, Emi. 2006. "From "Intersex" to "DSD": Toward a Queer Disability Politics of Gender." *Intersex Initiative.* February. Accessed January 7, 2020. http://www.intersexinitiative.org/articles/intersextodsd.html.

Kruijer, Frank, Jiang-Ning Zhou, Chris Pool, Michel Hofman, Louis Gooren, and Dick Swaab. 2000. "Male-to-Female Transsexuals Have Female Neuron Numbers in a Limbic Nucleus." *The Journal of Clinical Endocrinology & Metabolism* 85, no. 5 (May): 2034–2041. https://doi.org/10.1210/jcem.85.5.6564.

Kuefler, Mathew. 2001. *Manly Eunuchs: Masculinity, gender ambiguity, and Christian Ideology in Late Antiquity.* Chicago, IL: Chicago University Press.

Kuhn, Thomas. 2012. *The Structure of Scientific Revolutions.* Chicago, IL: University of Chicago Press.

Kuiper, Abraham, and Peggy Cohen-Kettenis. 1995. "Factors influencing post-operative "regret" in transsexuals." *Fourteenth International Symposium on Gender Dysphoria.* Ulm, Germany: Harry Benjamin International Gender Dysphoria Association. Paper Presented. Accessed September 29, 2020. https://kinseyinstitute.org/pdf/HBIGDA_S14_1995OCR.pdf.

———. 1988. "Sex reassignment surgery: A study of 141 Dutch transsexuals." *Archives of Sexual Behavior* 17: 439–457.

Kvam, Kristen, Linda Schearing, and Valarie Ziegler. 1999. *Eve and Adam: Jewish, Christian, and Muslim Readings on Genesis and Gender.* Bloomington: Indiana University Press.

Laidlaw, Michael, Michelle Cretella, and G Donovan. 2019. "The Right to Best Care for Children Does Not Include the Right to Medical Transition." *American Journal of Bioethics* 19, no. 2: 75. https://doi.org/10.1080/15265161.2018.1557288.

Lambda Legal. 2018. *Professional Organization Statements Supporting Transgender People in Health Care.* New York: Lambda Legal. Accessed September 29, 2020. https://www.lambdalegal.org/sites/default/files/publications/downloads/resource_trans-professional-statements_09-18-2018.pdf.

Lamminmäki, Annamarja, Melissa Hines, Tanja Kuiri-Hänninen, Leena Kilpeläinen, Leo Dunkel, and Ulla Sankilampi. 2012. "Testosterone measured in infancy predicts subsequent sex-typed behavior in boys and in girls." *Hormones and Behavior* 61, no. 4 (April): 611–616. https://doi.org/10.1016/j.yhbeh.2012.02.013.

Larsen, Karin. "Estheticians don't have to wax male genitalia against their will, B.C. tribunal rules." *CBC.* October 22. Accessed

June 8, 2021. https://www.cbc.ca/news/canada/british-columbia/transgender-woman-human-rights-waxing-1.5330807.

Last, Jonathan. 2017."We Have Ways to Make You Conform." *Washington Examiner.* April 17. Accessed June 11, 2020. https://www.washingtonexaminer.com/weekly-standard/we-have-ways-to-make-you-conform.

Laub, Gillian. 2014. "The Transgender Tipping Point [Cover Photo]." *Time*, May 29: Cover.

Lawrence, Anne. 2012. *Men Trapped in Men's Bodies: Narratives of Autogynephilic Transsexualism.* New York: Springer Books.

Lawrence, Anne, Elizabeth Latty, Merideth Chivers, and John Michael Bailey. 2005. "Measurement of sexual arousal in postoperative male-to-female transsexuals using vaginal photoplethysmography." *Archives of Sexual Behavior* 34, no. 2 (April): 135-145. https://doi.org/10.1007/s10508-005-1792-z.

Leahy, Robert. 2008. "How Big a Problem is Anxiety?" *Psychology Today.* April 30. Accessed July 15, 2021. https://www.psychologytoday.com/us/blog/anxiety-files/200804/how-big-problem-is-anxiety.

Leavitt, Berger. 1990. "Clinical patterns among male transsexual candidates with erotic interest in males." *Archives of Sexual Behavior*, October: 491–505. https://doi.org/10.1007/BF02442350.

Leo XIII, Pope. 1879. *Aeterni Patris* (Of the Eternal Father). "Encyclical Letter." Vatican City: The Holy See, Promulgated by Pope Leo XIII. Accessed September 29, 2020. http://www.vatican.va/content/leo-xiii/en/encyclicals/documents/hf_l-xiii_enc_04081879_aeterni-patris.html.

———. 1893. Providentissimus Deus (On the Study of Holy Scripture). "Encyclical Letter." *Vatican.va.* November 18. Accessed December 15, 2019. http://w2.vatican.va/content/leo-xiii/en/encyclicals/documents/hf_l-xiii_enc_18111893_providentissimus-deus.html.

———. 1891. Rerum Novarum (On the Condition of the Working Class). "Encyclical Letter." Vatican City: The Holy See. Promulgated by Pope Leo XIII. Accessed September 29, 2020. http://www.vatican.va/content/leo-xiii/en/encyclicals/documents/hf_l-xiii_enc_15051891_rerum-novarum.html.

Levine, Stephen and Anna Solomon. 2009. "Meanings and political implications of "psychopathology" in a gender identity clinic: a report of 10 cases." *Journal of Sex & Marital Therapy* 35, no. 1: 40–57. https://doi.org/10.1080/00926230802525646.

Lewis, C.S. 2016. *Mere Christianity.* London, UK: William Collins.

Licht, Hans. 1932. *Sexual Life in Ancient Greece.* London, UK: George Routledge & Sons.

Liese, Sharon. 2020. *Transhood.* [online] HBO. June 4. Accessed June 3, 2021. https://www.hbo.com/documentaries/transhood.

Lilly, Silly. 2019. Twitter Post. December 19, 5:09 AM: https://twitter.com/jk_rowling/status/1207646162813100033

Lind, Earl. 1975. *Autobiography of an Androgyne.* New York: Arno Press.

Lindenfors, Patrik, Charles Nunn, and Robert Barton. 2007. "Primate brain architecture and selection in relation to sex." *BMC Biology* 5 (20). https://doi:10.1186/1741-7007-5-20.

Lipka, Michael. 2015. "Most U.S. Catholics hope for change in church rule on divorce, Communion." *Pew Research Center.* October 26. Accessed July 24, 2020. https://www.pewresearch.org/fact-tank/2015/10/26/most-u-s-catholics-hope-for-change-in-church-rule-on-divorce-communion/.

Littman, Lisa. 2019. "Correction: Parent reports of adolescents and young adults perceived to show signs of a rapid onset of gender dysphoria." *PLoS One*, March: 1–7. https://doi.org/10.1371/journal.pone.0214157.

———. 2018. "Rapid-onset gender dysphoria in adolescents and young adults: A study of parental reports." *PLoS One* 13, no. 8 (August): 1–44. https://doi.org/10.1371/journal.pone.0214157.

Lopez, Mario, interview by Candace Owens. 2019. "The Candace Owens Show: Mario Lopez." *PragerU*, June 23. YouTube video, 40:02. Accessed March 11, 2020. https://www.youtube.com/watch?v=FSDlx23uiDY.

Lothstein, Leonard. 1979. "Psychodynamics and sociodynamics of gender-dysphoric states." *The American Psychiatric Association* 33, no. 2 (April): 214–238. https://doi.org/10.1176/appi.psychotherapy.1979.33.2.214.

———. 1984. "Psychological testing with transsexuals: a 30-year review." *Journal of Personality Assessment* 48, no. 5: 500–507. https://doi.org/10.1207/s15327752jpa4805_9.

Lorber, Judith. 2018. "The social construction of gender." In *Inequality Reader: Contemporary and Foundational Readings in Race, Class, and Gende*r, by David Grusky, & Szonja Szelenyi, Chapter 36. New York: Perseus Books.

Lowry, Rich. 2019. "Trans athletes are making a travesty of women's sports." *New York Post.* March 4. Accessed June 27, 2020. https://nypost.com/2019/03/04/trans-athletes-are-making-a-travesty-of-womens-sports/.

Luders, Eileen, Francisco Sanchez, Christian Gaser, Arthur Toga, and Katherine Narr. 2009. "Regional gray matter variation in male-to-female transsexualism." *NeuroImage*: 904–907. https://doi.org/10.1016/j.neuroimage.2009.03.048.

Lumen Gentium. 1964. "Light of the Nations." *The Second Vatican Council.* Vatican City: Promulgated by Pope Paul VI.

MacIntyre, Alasdair. 1984. *After Virtue.* Notre Dame, IN: University of Notre Dame Press.

Mallory, Christy, Taylor Brown, and Kerith Conron. 2019. "Conversion Therapy and LGBT Youth." *Williams Institute of UCLA*. June. Accessed July 23, 2020. https://williamsinstitute.law.ucla.edu/publications/conversion-therapy-and-lgbt-youth/.

Mansfield, Caroline, Suellen Hopfer, and Theresa Marteau. 1999. "Termination rates after prenatal diagnosis of Down syndrome, spina bifida, anencephaly, and Turner and Klinefelter syndromes: A systematic literature review." *Prenatal Diagnosis,* 19, no. 9: 808–812. PMID: 10521836.

Marano, Hara. 2003. "The Opposite Sex: The New Sex Scorecard." *Psychology Today*, July/August: 38–44. Accessed September 29, 2020. https://www.psychologytoday.com/us/articles/200307/the-new-sex-scorecard.

Maritain, Jacques. 1955. *An Essay on Christian Philosophy*. Translated by Edward Flannery. New York: Philosophical Library.

———. 1968. *Integral Humanism: Temporal and Spiritual Problems of a new Christendom*. Translated by Joseph Evans. New York: Charles Scribner's Sons.

———. 2001. *Natural Law: Reflections on Theory & Practice*. South Bend, IN: St. Augustine Press.

———. 1959. *The Degrees of Knowledge*. New York: Charles Scribner's Sons.

———. 1968. *The Peasant of the Garonne*. New York: Holt, Rinehart, and Winston.

———. 1947. *The Person and the Common Good*. Translated by John Fitzgerald. New York: Charles Scribner's Sons.

Marshall, Francis. 1937. "Forward to A.L. Peck." In *De partibus animalium*, by Aristotle, 3. Cambridge, UK: Loeb Classic Library.

Marx, Karl. 1975. *Economic and Philosophical Manuscripts of 1844*. Vol. 3, in *Karl Marx and Frederick Engels, Collected Works*, by Karl Marx,

& Frederick Engels, 305–306. New York: International Publishers.

Masiello, Shawna. 2021. "Twitter defends gross 'little girls are kinky' tweet by Alok Vaid-Menon." *PopTopic.* March 8. Accessed July 15, 2021. https://poptopic.com.au/tech/twitter-defends-gross-little-girls-are-kinky-tweet-by-alok-vaid-menon/.

Masterson, Matt. 2020. "Lawsuit: Female Prisoner Says She Was Raped by Transgender Inmate." *WTTW*. February 19. Accessed June 8, 2021. https://news.wttw.com/2020/02/19/lawsuit-female-prisoner-says-she-was-raped-transgender-inmate.

Mathew, Teresa. 2017. "When Nuns Tried to Kick-Start India's First Transgender School." *The Atlantic.* March 27. Accessed January 14, 2020. https://www.theatlantic.com/international/archive/2017/03/when-nuns-tried-to-kickstart-indias-first-transgender-school/519957/.

Maxouris, Christina. 2020. "3 Connecticut high school girls are suing over a policy that allows trans athletes to compete in girls' sports." *CNN*. February 15. Accessed June 8, 2021. https://edition.cnn.com/2020/02/14/us/transgender-athletes-connecticut-lawsuit/index.html.

McAuley, Catherine. 1888. *Familiar Instructions.* Dulin, IR: Ev. E. Carreras.

McCarthy, Justin. 2021. Mixed Views Among Americans on Transgender Issues. *Gallup*. May 26. Accessed July 12, 2021. https://news.gallup.com/poll/350174/mixed-views-among-americans-transgender-issues.aspx.

McHugh, Paul. 2014a. "Brief of Amicus Curiae." *SupremeCourt.gov.* April 04. Accessed June 30, 2020. https://www.supremecourt.gov/DocketPDF/18/18-107/113262/20190822151939369_TO%20PRINT%2019-8-22%20Dr.%20Paul%20McHugh%20Amicus%20Brief%20FINAL.pdf.

———. 2015. "Transgenderism: A Pathogenic Meme." *Public Discourse.* June 05. Accessed June 30, 2020. https://www.thepublicdiscourse.com/2015/06/15145/.

———. 2014b. "Transgender Surgery Isn't the Solution." *Wall Street Journal,* June 12. Accessed September 29, 2020. https://www.wsj.com/articles/paul-mchugh-transgender-surgery-isnt-the-solution-1402615120.

———. 2004. "Surgical Sex: Why we stopped doing sex change operations." *First Things.* November. Accessed June 11, 2020. https://www.firstthings.com/article/2004/11/surgical-sex.

———. 2006. *The Mind Has Mountains: Reflections on Society and Psychiatry.* Baltimore, MD: Johns Hopkins University Press.

McHugh, Paul, and Lawrence Mayer. 2016. "Sexuality and Gender: Findings from the Biological, Psychological, and Social Sciences." *The New Atlantis*: Special Report. https://www.jstor.org/stable/43893424.

McKay, Hollie. 2020. "Keeping the sisterhood from extinction: The struggle to save nuns in America." *Fox News.* Accessed June 8, 2021. https://www.foxnews.com/us/keeping-the-sisterhood-from-extinction-the-struggle-to-save-nuns-in-america.

Mead, Christina. n.d. "What the Catholic Church Wants the Transgender Community to Know," *Life Teen* (blog). Accessed January 12, 2021. https://lifeteen.com/blog/catholic-church-wants-transgender-community-know/

Medical Accidents Group. 2014. *Two thirds of Brits regret having cosmetic surgery.* May 28. Accessed June 11, 2021. https://www.medicalaccidentgroup.co.uk/news/two-thirds-brits-regret-cosmetic-surgery/.

Melina, Livio. 2001. *Sharing in Christ's Virtues.* Translated by William May. Washington, DC: Catholic University of America Press.

Meybodi, Azadeh, Ahmad Hajebi, Atefeh Jolfaei. 2014. "Psychiatric Axis I Comorbidities among Patients with Gender

Dysphoria." *Psychiatric Journal*: 1–5. http://doi.org/10.1155/2014/971814.

Meyer, Ilan, Merilee Teylan, and Sharon Schwartz. 2014. "The role of help-seeking in preventing suicide attempts among lesbians, gay men, and bisexuals." *Suicide and Life Threatening Behavior* 45, no. 1: 35–36.

Meyer, Jon, and D Reter. 1979. "Sex Reassignment: follow-up." *Archives of General Psychiatry* 36: 1010–1015. https://doi.org/10.1001/archpsyc.1979.01780090096010.

Meyer-Bahlburg, Heino. 2002. "Gender Identity in Young Boys: A parent- and peer-based treatment protocol." *Clinical Child Psychology and Psychiatry* 7, no. 3: 361. https://doi.org/10.1177/1359104502007003005.

Meyerowitz, Joanne. 2002. *How Sex Changed: A history of transsexuality in the United States*. Cambridge, MA: Harvard University Press.

Migeon, Claude, Amy Wisniewski, John Gearhart, Heino Meyer-Bahlburg, John Rock. 2002. "Ambiguous Genitalia With Perineoscrotal Hypospadias in 46, XY Individuals: Long-term Medical, Surgical, and Psychosexual Outcome." *Pediatrics* 110: e31. https://doi.org/DOI: 10.1542/peds.110.3.e31.

Milanovich, Anita. 2019. "Transgender athletes deserve compassion, but not the right to transform women's sports." *USA Today*. September 19. Accessed June 27, 2020. https://www.usatoday.com/story/opinion/voices/2019/09/27/transgender-athletes-supreme-court-sex-equality-column/2421776001/.

Mineo, Liz. 2019. "Schuyler Bailar races toward his authentic self." *The Harvard Gazette*. May 15. Accessed February 13, 2021. https://news.harvard.edu/gazette/story/2019/05/ncaas-first-openly-transgender-swimmer-schuyler-bailar-finds-his-real-self-and-flourishes-at-harvard/.

Mirasol. n.d. Eating Order Statistics. Accessed September 22, 2020. https://www.mirasol.net/learning-center/eating-disorder-statistics.php.

Moir, Anne, and David Jessel. 1989. *Brain Sex*. New York: Dell.

Money, John. 1955. "Hermaphroditism, Gender and Precocity in Hyperadrenocorticism: Psychological Findings." *Bulletin of the Johns Hopkins Hospital* 96: 253–264. PMID: 14378807.

Money, John, Joan Hampson, and John Hampson. 1957. "Imprinting and the Establishment of Gender Role." *American Medical Association Archives of Neurology & Psychiatry* 77, no. 3: 333–336. https://doi.org/10.1001/archneurpsyc.1957.02330330119019 .

Montgomery, Stephen H., and N. I. Mundy. 2013. "Microcephaly genes and the evolution of sexual dimorphism in primate brain size." *Journal of Evolutionary Biology* 26: 906-911. doi:10.1111/jeb.12091.

Morandini, James. n.d. "10) Nature versus Nurture: What other factors besides "innate gender identity" contribute to trans identification in young people." *Gender Health Query*. Accessed January 24, 2020. https://www.genderhq.org/trans-nature-vs-nurture-innate-gender-identity-culture.

Moreau, Danielle. 2019. "What is 'gender critical' anyway? On essentialism and transphobia." *Overland*. May 8. Accessed 02 16, 2020. https://overland.org.au/2019/05/what-is-gender-critical-anyway-on-essentialism-and-transphobia/comment-page-1/.

Morgan, Robin. 1973. "Lesbianism and Feminism: Synonyms or Contradictions?" *The Lesbian Tide*, April 14: 37–38. Accessed September 29, 2020. http://www.onearchives.org/wp-content/uploads/2015/02/Lesbianism-and-Feminism-Synonyms-or-Contradictions-by-Robin-Morgan-April-14-1973.pdf.

Moser, Caroline. 2010. "Blanchard's Autogynephilia Theory: a critique." *Journal of Homosexuality* 57, no. 6 (July): 790–809. https://doi.org/10.1080/00918369.2010.486241.

Moss, Decker.2013. "Hey Doc, some boys are born girls: Decker Moss at TEDxColumbus." October 11. Accessed 02 16, 2020. YouTube video, 17:02.

https://www.youtube.com/watch?v=nOmstbKVebM&t=730s.

Munro, Alistair. 1980. "Monosymptomatic hypochondriacal psychosis." *British Journal of Hospital Medicine* 24: 34–38. https://doi.org/10.1192/S0007125000298978.

Murad, Mohammad Hassan, Mohamed Elamin, Magaly Zumaeta Garcia, Rebecca Mullan. 2010. "Hormonal Therapy and Sex Reassignment: A Systematic Review and Meta-Analysis of Quality of Life and Psychosocial Outcomes." *Clinical Endocrinology*, February. 214–231. https://doi.org/10.1111/j.1365-2265.2009.03625.x.

Murchison, Gabe. 2016. "Supporting and Caring of Transgender Children." *Human Rights Campaign.* Accessed January 8, 2020. https://www.aap.org/en-us/Documents/solgbt_resource_transgenderchildren.pdf.

Murib, Zein. 2015. "Transgender: Examining an Emerging Political Identity Using Three Political Processes." *Politics, Groups, and Identities* 3, no. 3: 381–397. https://doi.org/10.1080/21565503.2015.1048257.

Murphy, Heather. 2019. "Always Removes Female Symbol From Sanitary Pads." *The New York Times.* October 22. Accessed November 23, 2020. https://www.nytimes.com/2019/10/22/business/always-pads-female-symbol.html.

Murphy, Peter. 2006. "Prudential Gnome, Right Judgments and Diagnostic Tests." *The Linacre Quarterly* 73, no. 2 (May): 190–193. https://doi.org/10.1080/20508549.2006.11877778.

Murray, James. 1985. "Borderline Manifestations in the Rorschachs of Male Transsexuals." *Journal of Personality Assessment* 49, no. 5 (November): 454–466. https://doi.org/10.1207/s15327752jpa4905_1.

Meyerowitz, Joanne. 1998. "Sex change and the popular press: Historical notes on transsexuality in the United States, 1930–1955." *GLQ: A Journal of Lesbian and Gay Studies* 4, no. 2: 159–187. https://doi.org/10.1215/10642684-4-2-159.

National Center for Transgender Equality.2016. *2015 U.S. Transgender Survey*. Washington, DC: National Center for Transgender Equality. Accessed September 29, 2020. http://www.ustranssurvey.org/.

Naylor, Dave. "Yaniv now suing Ontario beauty pageant for not letting her in." *Western Standard.* October 26. Accessed June 8, 2021. https://westernstandardonline.com/2020/10/yaniv-now-suing-ontario-beauty-pageant-for-not-letting-her-in/.

Nazianzus, Gregory. 2006. *Gregory of Nazianzus. The early church fathers.* Translated by Brian Daley. London, UK: Routledge.

Neenan, Mary Angelica. 20017. *The Nature of the Human Soul.* Nashville, TN: Cluny Media.

Newman, Larry. 1976. "Treatment for the Parents of Feminine Boys." *American Journal of Psychiatry* 133, no. 6: 683–687. https://doi.org/10.1176/ajp.133.6.683.

Newport, Frank. 2017. "Wyoming, North Dakota and Mississippi Most Conservative." *Gallup.* January 31. Accessed December 31, 2019. https://news.gallup.com/poll/203204/wyoming-north-dakota-mississippi-conservative.aspx.

Nicholas I, Pope. 1925. "The Responses of Pope Nicholas I to the Questions of the Bulgars A.D. 866 (Letter 99)." Edited by W.L. North. Epistolae VI: 568–600.

Nickell, Amy interview by Pierce Morgan. 2019. "Piers Gets in a Furious Debate on Whether or Not Men Can Be Mothers | Good Morning Britain." *Good Morning Britain.* March 26. YouTube video. Accessed June 8, 2021. https://www.youtube.com/watch?v=UnB7Bi4DfBk.

Nolan, Ian, Christopher Kuhner, and Geolani Dy. 2019. "Demographic and temporal trends in transgender identities and gender confirming surgery." *Translational Andrology and Urology* 8, no. 3 (June): 184–190. https://doi.org/10.21037/tau.2019.04.09.

Nolan, Michael. 1995. "Passive and Deformed? Did Aristotle Really Say This?" *Blackfriars*, May: 237. https://doi.org/10.1111/j.1741-2005.1995.tb07100.x.

North Carolina Department of Health and Human Services. 2016. "Myths vs. Facts: What the New York Times, Huffington Post and other media outlets aren't saying about common-sense privacy laws." *North Carolina Department of Health and Human Services.* March 25. Accessed January 27, 2020. https://www.ncdhhs.gov/news/press-releases/myths-vs-facts-what-new-york-times-huffington-post-and-other-media-outlets-arent.

Novak, Kelly. 2018. *Let Harry Become Sally: Responding to the Anti-Transgender Movement.* Andover, MA: Hypothesis Press.

Nussbaum, Martha. 1986. *The Fragility of Goodness: Luck and Ethics in Greek Tragedy and Philosophy.* Cambridge, UK: Cambridge University Press.

O'Brien, Jennifer. 2018. "The Psychology of Drag." *Psychology Today.* January 30. Accessed June 11, 2020. https://www.psychologytoday.com/us/blog/all-things-lgbtq/201801/the-psychology-drag.

O'Keefe, Benjamin. 2014. *Retract Your Disgusting and Transphobic Op-Ed on Laverne Cox.* Accessed January 12, 2020. https://www.change.org/p/chicago-sun-times-retract-your-disgusting-and-transphobic-op-ed-on-laverne-cox.

O'Leary, Siobhan. 2018. "The Rejection of 'Conversion Therapy' Isn't Motivated by Politics—It's Motivated by Science." *Rewire News.* November 21. Accessed June 27, 2020. https://rewire.news/article/2018/11/21/the-rejection-of-conversion-therapy-for-trans-kids-isnt-motivated-by-politics-its-motivated-by-science/.

Olson, Kristina, Lily Durwood, Madeleine DeMeules, and Katie McLaughlin. 2015. "Mental Health of Transgender Children Who Are Supported in Their Identities." *Pediatrics* 137, no. 3: 1098–4275. https://doi.org/10.1542/peds.2015-3223.

Olson-Kennedy, Johanna, Jonathan Warus, Vivian Okonta, Marvin Belzer, and Leslie Clark. 2018. "Chest Reconstruction and Chest Dysphoria in Transmasculine Minors and Young Adults." *JAMA Pediatrics*, May: 431–436. https://doi.org/10.1001/jamapediatrics.2017.5440

Olson-Kennedy, Johanna. 2014. *Johanna Olson, MD, Talks About Research on Transgender Youth.* Edited by Children's Hospital Los Angeles. February 12. YouTube video. Accessed October 4, 2020. https://www.youtube.com/watch?v=jjtRJsC16HE&feature=emb_title.

Operario, Don, Toho Soma, and Kristen Underhill. 2008. "Sex work and HIV status among transgender women: systematic review and meta-analysis." *Journal of Acquired Immune Deficiency Syndromes* 48, no. 1: 97–103. https://doi.org/10.1097/QAI.0b013e31816e3971.

Oppenheimer, Mark. 2015. "Catholics, Plastic Surgery, and 'the Truth of the Feminine Self'." *The New York Times.* March 14. Accessed June 11, 2020. https://advance-lexis-com.ez-salve.idm.oclc.org/api/document?collection=news&id=urn:contentItem:5FH7-DP11-JBG3-63W2-00000-00&context=1516831.

Ostgathe, Antonia, Thomas Schnell, and Erich Kasten. 2014. "Body integrity identity disorder and Gender Dysphoria: A pilot study to investigate similarities and differences." *American Journal of Applied Psychology* 3, no. 6: 138–143. https://doi.org/10.11648/j.ajap.20140306.14.

Owens, Christian. 2019. Twitter Post. February 12, 6:59 AM https://twitter.com/SgtCOwens/status/109527617209360384 0.

Pape, Madeleine. 2019. "I was sore about losing to Caster Semenya. But this decision against her is wrong." *The Guardian.* May 1. Accessed June 27, 2020. https://www.theguardian.com/commentisfree/2019/may/01/losing-caster-semenya-decision-wrong-women-testosterone-iaaf.

Parker, Posie interview by Konstantin Kisin and Francis Foster. 2019. "Posie Parker: "Trans Women Aren't Women." *Triggernometry*. November 17. YouTube video. Accessed June 8, 2021. https://www.youtube.com/watch?v=Pdpc2r4cBxQ.

Pascal, Blaise. 1995. *Pensees*. London, UK: Penguin Classics.

Pauly, Ira. 1992. "Terminology and Classification of gender identity disorders." In *Gender Dysphoria: Interdisciplinary approaches in clinical management*, by WO Bockting, & E Coleman, 1–11. New York: Haworth.

Peirce, Birnberg. 2020. "Sexual assault victim challenge to transgender prisoners policy." *Press Release*. October 27. Accessed June 8, 2021. https://fairplayforwomen.com/wp-content/uploads/2020/10/0097320003-FDJ-v-SSJ-Press-Release-Birnberg-Peirce-27.10.20.pdf.

Pellegrini, Massimiliano Matteo, Lamberto Zollo Cristiano Ciappei, and Andrea Boccardi. 2016. "Finding the extraordinary and creating the unexpected: Gnome and genius combined in an exceptional ethical heuristic." *Journal of Management Development* 35, no. 6: 789–801. https://doi.org/10.1108/JMD-09-2015-0130.

Pentin, Edward. 2010. "Plastic Surgery: Not Just for the Rich and Famous." *National Catholic Register*, February 14. Accessed September 29, 2020. http://www.ncregister.com/daily-news/plastic_surgery_not_just_for_the_rich_and_famous.

Peterson, Jordan. 2018. "Jordan Peterson debate on the gender pay gap, campus protests, and postmodernism.' *Channel 4 News*. January 16. YouTube Video. Accessed June 28, 2021. https://www.youtube.com/watch?v=aMcjxSThD54

———. 2021. "Abandon Ideology | Gad Saad - The Jordan B. Peterson Podcast #S4E6." *Jordan P. Peterson*. February 15. YouTube Video. Accessed June 28, 2021. https://www.youtube.com/watch?v=5eBcKlBaaoc.

Petri, Thomas. 2016. *Aquinas and the Theology of the Body*. Washington, DC: Catholic University of America Press.

Philadelphia Fight Community Health Centers. *Eating Disorders Awareness Week*. February 22, 2019. Accessed September 28, 2020. https://fight.org/eating-disorders-awareness-week/.

Phillips, Katharine. n.d. *Prevalence of BDD*. Accessed January 8, 2020. https://bdd.iocdf.org/professionals/prevalence/.

Piacenza, Joanna, and Robert Jones. 2017. "Most American Religious Groups Support Same-sex Marriage, Oppose Religiously Based Service Refusals." *PRRI*. February 3. https://www.prri.org/spotlight/religious-americans-same-sex-marriage-service-refusals/ (accessed July 24, 2020).

Pieper, Josef. 1986. *Hope*. San Francisco, CA: Ignatius Press.

———. 1966. *The Four Cardinal Virtues*. Translated by R & C Wilson. Notre Dame, IN: University of Notre Dame.

Pius IX, Pope. 1864. The Syllabus of Errors *(Syllabus Errorum)*. "Encyclical Letter." Vatican City: The Holy See. Promulgated by Pope Pius IX, December 8.

Pius XII, Pope. 1953a. "Address to the Participants of the 26th Congress of the International Society of Urology." Translated by Becket Gremmels. Vatican City, October 8.

———. 1952. "Address to the Participants of the International Congress of Histopathology of the Nervous System." Vatican City: The Holy See, September 13. https://www.chausa.org/publications/health-care-ethics-usa/archives/issues/winter-2016/sex-reassignment-surgery-and-the-catholic-moral-tradition-insight-from-pope-pius-xii-on-the-principle-totality (Accessed September 29, 2020).

———. 1953b. "Fifth International Congress of Psychotherapy and Clinical Psychology." Vatican City: Osservatore Romano, April 16.

———. 1950. Humani Generis (On the Human Race). "Encyclical Letter." Vatican City: The Holy See. Promulgated by Pope Pius XII, August 12.

Plato. 2009. *Phaedrus*. Oxford, UK: Oxford World Classics.

———. 1989. *Symposium.* Indianapolis, IN: Hackett Publishing.

Ponticus, Evagrius. 1972. *Evagrius Ponticus: The Praktikos. Chapters on Prayer.* Translated by John Eudes Bamberger. Kalamazoo, MI: Cistercian Publications.

Pontifical Council for Culture. 2015. *Women's Cultures: Equality and Difference.* "Plenary Assembly document." Outline Document, Rome: The Holy See. http://www.cultura.va/content/dam/cultura/docs/pdf/Traccia_en.pdf (Accessed September 29, 2020).

Preves, Sharon. 2003. *Intersex and Identity.* New Brunswick, CA: Rutgers University Press.

Prince, Virginia. 1969. "Change of Sex or Gender." *Transvestia,* 10, no. 60: 53–65.

———. 1978. "Transsexuals and Pseudotranssexuals." *Archives of Sexual Behaviour* 7, no. 4: 263–272.

Przywara, Erich. 1929. *Das Geheimnis Kierkegaards.* München, DE: R. Oldenbourg.

Puri, Basant, and Iqbal Singh. 1996. "The successful treatment of a gender dysphoric patient with pimozide." *Australian and New Zealand Journal of Psychiatry* 30, no. 3: 422–425. https://doi.org/10.3109/00048679609065010.

Pymnts. 2021. *Reality Check: Paycheck-to-Paycheck Report.* June Accessed July 14, 2021. https://www.pymnts.com/wp-content/uploads/2021/06/PYMNTS-Reality-Check-Paycheck-to-Paycheck-June-2021.pdf.

Quincy Bell and Mrs. A v. The Tavistock And Portman NHS Foundation Trust. 2020. EWHC 3274 (High Court of Justice Administrative Court, December 21).

r/asktransgender. 2015. "Existence precedes essence: how I know that I am definitely transgender." *Reddit.* December 14. https://www.reddit.com/r/asktransgender/comments/3wsid6/existence_precedes_essence_how_i_know_that_i_am/.

Radcliffe, Daniel. 2020. "Daniel Radcliffe Responds to J.K. Rowling's Tweets on Gender Identity." *Trevor Project.* June 8. https://www.thetrevorproject.org/2020/06/08/daniel-radcliffe-responds-to-j-k-rowlings-tweets-on-gender-identity/ (Accessed June 28, 2020).

Raines, Jamie. 2020. "Trans Guy Reacts to Anti-Trans Feminist." *Jammidodger.* November 18. YouTube Video. Accessed June 15, 2021. https://www.youtube.com/watch?v=fxCxZWFUSgY.

Rajkumar, Ravi. 2014. "Gender Identity Disorder and Schizophrenia: Neurodevelopmental Disorders with Common Causal Mechanisms?" *Schizophrenia Research and Treatment*: 1-8. https://doi.org/ 10.1155/2014/463757.

Rametti, Giuseppina, Beatriz Carrillo, Esther Gómez-Gil, Carme Junque, Santiago Segovia, Ángel Gomez, Antonio Guillamon. 2011. "White Matter Microstructure in Female to Male Transsexuals Before Cross-Sex Hormonal Treatment." *Journal of Psychiatric Research* 45: 199–204. https://doi.org/10.1016/j.jpsychires.2010.05.006.

Ramphul, Kamleshun, and Stephanie Mejias. 2018. "Is "Snapchat Dysmorphia" a Real Issue?" *Cureus*, March 3. https://doi:10.7759/cureus.2263.

Rand, Ayn. 1979."Introduction to Objectivist Epistemology." *The Tomorrow Show,* New York, NY: NBC Universal, July 2. Accessed January 11, 2020. from NBC Learn: https://archives.nbclearn.com/portal/site/k-12/browse/?cuecard=41640

Rashi, Shlomo Yizchaki. 1985. *Tractate Nazir / Sotah.* Edited by I. Epstein. Translated by B. Klien. London, UK: Soncino Press.

Ratzinger, Joseph. 1992. "Catechism of the Catholic Church." *L' Obsservatore Romano*, December 16: 4.

———. 1987. "The Gift of Life." (Donum Vitae). *Introduction on Respect for Human Life in its origin and on the dignity of Procreation Replies to Certain Questions of the Day.* Vatican City: Congregation for the Doctrine of the Faith, February 22.

———. 2005. "Homily of his eminency Joseph Cardinal Ratzinger to the College of Cardinals." *Vatican.va.* April 15. Accessed June 27, 2020. http://www.vatican.va/gpII/documents/homily-pro-eligendo-pontifice_20050418_en.html.

Raymond, Janice. 1994. "Introduction to the 1994 Edition." In *The Transsexual Empire,* by Janice Raymond, i–xxxv. New York: Teachers College Press.

Reardon, Sarah. 2016. "Transgender youth study kicks off." *Nature* 531: 560.

Redtube. 2016. "Trans Porn In the USA." *RedTube Blog.* June 2. Accessed July 25, 2020. https://blog.redtube.com/2016/06/trans-porn-usa/.

Reiner, William, and John Gearhart.2004. "Discordant Sexual Identity in Some Genetic Males with Cloacal Exstrophy Assigned to Female Sex at Birth." *The New England Journal of Medicine* 350 (January): 333–341.

Rekers, George, Mark Kilgus, and Alexander Rosen. 1990. "Long-Term Effects of Treatment for Gender Identity Disorder of Childhood." *Journal of Psychology and Human Sexuality* 3: 121–153. https://doi.org/10.1300/J056v03n02_09.

Reynolds, Mark. 2018. "Gender Identity issues for Brighton high school's 76 pupils." *Express.* November 28. Accessed June 8, 2021. https://www.express.co.uk/news/uk/1051523/Gender-identity-Brighton-school-gender-fluid-education-transgender.

Rhoads, Steven. 2004. *Taking Sex Differences Seriously.* San Francisco, CA: Encounter Books.

Rider, Nicole, Barbara McMorris, Amy Gower, Eli Coleman, and Marla Eisenberg. 2018. "Health and Care Utilization of Transgender and Gender Nonconforming Youth: A Population-Based Study." *Pediatrics* 141, no. 3 (March). https://doi.org/10.1542/peds.2017-1683.

Ringrose, Kathryn. 2004. *The Perfect Servant: Eunuchs and the social construction of gender in Byzantium.* Chicago, IL: University of Chicago Press.

Rippon, Gina. 2019. *The Gendered Brain: The New Neuroscience that Shatters the Myth of the Female Brain.* New York: Pantheon.

Risman, Barbara. 2018. *Where the Millennials Will Take Us: A New Generation Wrestles with the Gender Structure.* Vol. 61. Oxford, UK: Oxford University Press.

Ritchie, Stuart, Simon Cox, Xueyi Shen, Michael Lombardo, Lianne Reus, Clara Alloza. 2018. "Sex Differences in the Adult Human Brain: Evidence from 5216 UK Biobank Participants." *Cerebral Cortex,* 28, no. 8 (August): 2959–2975. https://doi.org/10.1093/cercor/bhy109.

Robertson, Carol. 1989. "The Mahu of Hawaii." *Feminist Studies* 15: 313–327.

Robins, Jane. 2018. *U.S. Doctors Are Performing Double Mastectomies on Healthy 13-Year-Old Girls.* September 12. Accessed September 27, 2020. https://thefederalist.com/2018/09/12/u-s-doctors-performing-double-mastectomies-healthy-13-year-old-girls/.

Rogan, Joe. 2018. "Joe Rogan Reflects on Fallon Fox Controversy." *JRE Clips.* July 26. YouTube Video. Accessed June 8, 2021. https://www.youtube.com/watch?v=KQpQmNhya14.

Romano, Aja. 2019. *J.K. Rowling's latest tweet seems like transphobic BS. Her fans are heartbroken.* December 19. Accessed January 12, 2020. https://www.vox.com/culture/2019/12/19/21029852/jk-rowling-terf-transphobia history-timeline.

Romey, Kristen. 2018. "Exclusive: Ancient Mass Child Sacrifice May Be World's Largest." *National Geographic.* April 26. Accessed February 27, 2021. https://www.nationalgeographic.com/science/article/mass-child-human-animal-sacrifice-peru-chimu-science.

Rose of Dawn. 2019. "Rose of Dawn: Trans Activists Don't Speak for Me." *Tiggernometry*. December 15. Accessed June 9, 2021. https://www.youtube.com/watch?v=ak8v1LxdavY.

Rosen, Danni/y. n.d. "Gender-neutral bathrooms are radical, but now how you think." *GLSEN*. Accessed June 10, 2021. https://www.glsen.org/blog/gender-neutral-bathrooms-are-radical-not-how-you-think.

Rowling, J.K. 2019. "Twitter Post." 4:57AM: https://twitter.com/jk_rowling/status/1207646162813100033, December 19.

Rude, Mey Valdivia. 2014. "It's Time for People to Stop Using the Social Construct of "Biological Sex" to Defend Their Transmisogyny." *Autostraddle*. June 5. Accessed January 9, 2020. https://www.autostraddle.com/its-time-for-people-to-stop-using-the-social-construct-of-biological-sex-to-defend-their-transmisogyny-240284/.

Russo, Francine. 2016. "Debate is growing about how to meet the urgent need of transgender kids." *Scientific American Mind*, January/February: 27–35.

Russo, Francine. 2016. "There Something Unique about the Transgender Brain?" *Scientific American*. January 1. Accessed June 29, 2020. https://www.scientificamerican.com/article/is-there-something-unique-about-the-transgender-brain/.

Ryan, Hugh. 2014. "What Does Trans* Mean, and Where Did It Come From?" *Slate*. January 10. Accessed June 27, 2020. https://slate.com/human-interest/2014/01/trans-what-does-it-mean-and-where-did-it-come-from.html.

Sacred Congregation for Religious. 1961. *Instruction on the Careful Selection and Training of Candidates for the States of Perfection and Sacred Orders*. for the formation of clergy, Vatican City: Sacred Congregation for Religious. Accessed September 29, 2020. https://adoremus.org/1961/02/religiosorum-institutio/.

Salve Regina University Ph.D. in Humanities Department. *Ph.D. in Humanities Program Handbook*. Handbook, Newport, RI: Salve Regina University, 2019–2020.

San Martín, Inés. 2016. "Pope says walk with trans persons, but fight gender theory." *Crux*. October 16. Accessed January 14, 2020. https://cruxnow.com/global-church/2016/10/pope-says-walk-trans-persons-fight-gender-theory/.

———. 2017. "Nun ministering to transgender women gets thumbs-up from Pope." *Crux*. July 25. Accessed January 14, 2020. https://cruxnow.com/global-church/2017/07/nun-ministering-transgender-women-gets-thumbs-pope/.

Sarah, Robert. 2016. "National Catholic Prayer Breakfast 2016." *Amazon News*. May 26. Accessed July 24, 2020. https://s3.amazonaws.com/ncpb/platform/wp-content/uploads/Cardinal-Sarah-Keynote_2016-NCPB.pdf.

Saraswat, Aruna, Jamie Weinand, and Joshua Safer. 2015. "Evidence supporting the biologic nature of gender identity." *Endocrine Practice* 21, no. 2 (February): 199–204. https://doi.org/10.4158/EP14351.RA.

Sartre, Jean Paul. 1965. "Critique de la raison dialectique." In *Marxism and Existentialism*, by Walter Odajnyk, 139. Garden City, NY: Doubleday Anchor Books.

Schaefer, Leah, and Connie Wheeler. 1995. "Harry Benjamin's First Ten Cases (1938–1953): A Clinical Historical Note." *Archives of Sexual Behavior*, February 24: 73–93. https://doi.org/10.1007/BF01541990.

Schaffer, Kay, and Sidonie Smith. 2000. *The Olympics at the Millennium: Power, Politics, and the Games*. New Brunswick: Rutgers University Press.

Schmitt, David, Anu Realo, Voracek Martin, and Jüri Allik. 2008. "Why can't a man be more like a woman? Sex differences in Big Five personality traits across 55 cultures." *Journal of Personality and Social Psychology* 94, no. 1: 168–182. https://doi.org/10.1037/0022-3514.94.1.168.

Schore, Allan. 2001. "effects of a Secure Attachment Relationship on Right Brain Development, Affect Regulation, and Infant Mental Health." *Infant Medical Health* 22: 7–66. https://doi.org/10.1002/1097-0355(200101/04)22:1<7::AID-IMHJ2>3.0.CO;2-N

Scott, Daryl Michael. 1997. *Contempt and Pity: Social policy and the image of the damaged black psyche, 1880–1996.* Chapel Hill: University of North Carolina Press.

Scott, Walter Sidney. 1956. *The Trial of Joan of Arc, Being the verbatim report of the proceedings from the Orleans Manuscript.* London: Folio Society.

Seal, Leighton. 2017. "Adult Endocrinology." In *Genderqueer and Non-Binary Genders*, by Christina Richards, Walter Bouman, and Meg-John Barker, 183-223. London: Palgrave Macmillan.

Searle, John. 1984. *Minds, Brains, and Science.* Cambridge, MA: Harvard University Press.

Sedda, Anna and Gabriella Bottini. 2014. "Apotemnophilia, body integrity identity disorder or xenomelia? Psychiatric and neurologic etiologies face each." *Neuropsychiatric Disease and Treatment* 10, July 7: 1255–1265. https://doi.org/10.2147/NDT.S53385.

Serano, Julia. 2013. *Gender Is More Than Performance.* Emeryville, CA: Seal Press.

———. 2010a. "Performance Piece." In *Gender Outlaws: The Next Generation*, by Kate Bornstein, & S. Bear Bergman, 85–88. Emeryville, CA: Seal Publishing.

———. 2010b. "The Case Against Autogynephilia." *International Journal of Transgenderism* 12, no. 3: 176–187.

———. 2007. *Whipping Girl: A transsexual woman on sexism and the scapegoating of femininity.* Emeryville, CA: Seal Press.

Shafer, Jeff. 2017. "Supreme Incoherence: Transgender Ideology and the End of Law." *First Things*, March. Accessed September 29, 2020. https://www.firstthings.com/web-exclusives/2017/03/supreme-incoherencetransgender-ideology-and-the-end-of-law.

Shapiro, Ben, interview by David Ruben. 2018. "Jordan Peterson and Ben Shapiro: Religion, Trans Activism, and Censorship." *The Ruben Report*, November 30. YouTube video, 2:01:04. Accessed 02 25, 2020. https://www.youtube.com/watch?v=1opHWsHr798&t=69s.

Shapiro, Judith. 1991. "Transsexualism: Reflections on the Persistence of Gender and the Mutability of Sex." In *Body Guards: The Cultural Politics of Gender Ambiguity*, by Julia Epstein, & Kristina Straub, 248–262. New York: Routledge.

Shaw, Diana. 2020. "Transgender Teen With Pattern of Violence Against Women 'Anxious' to be Jailed With Women." *Women are Human.* September 26. Accessed June 10, 2021. https://www.womenarehuman.com/transgender-teen-charged-with-making-death-threats-against-two-individuals/.

Shea, John Gilmary. 2015. *Discovery and Exploration of the Mississippi Valley.* London, UK: Scholar Select.

Shostak, Art. 2015. *Viable Utopian Ideas: Shaping a Better World: Shaping a Better World.* London, UK: Routledge.

Shrier, Abigail. 2021. "Science, the Transgender Phenomenon, and the Young | Abigail Shrier." *Hillsdale College.* May 12. Accessed June 3, 2021. YouTube video, https://www.youtube.com/watch?v=DWbxIFC0Q2o.

Shucart, Brenden. 2016. "The Empty "Choice" Argument." *The Advocate*: 16.

Shupe, Jamie. 2019. "First Legally "Non-Binary" Individual Detransitions | Interview with Jamie Shupe." *Benjamin A Boyce.* March 5. YouTube Video. Accessed July 1, 2021. https://www.youtube.com/watch?v=0l-b7Ke8qBk&t=1425s.

Sigall, David. 2017. "Buyer's Remorse: The consequences of your decisions." *Psychology Today.* August 17. Accessed October 5, 2020. https://www.psychologytoday.com/us/blog/wishful-thoughts/201708/buyer-s-remorse.

Silberner, Joanne. 2006. "The Legacy of Sex Researcher John Money." *Obituaries.* Compiled by NPR. All Things Considered, July 11. Accessed September 29, 2020. https://www.npr.org/templates/story/story.php?storyId=5549668.

Silverberg, Corey. 20013. "From Pathology to Pride: Supporting Gender Non-Conforming Children." *Contemporary Sexuality,* 47, no. 8: 1, 3–6.

Singal, Jesse. 2016. "A False Accusation Helped Bring Down Kenneth Zucker, a Controversial Sex Researcher." *The Cut.* January 27. Accessed January 8, 2020. https://www.thecut.com/2016/01/false-charge-helped-bring-down-kenneth-zucker.html.

———. 2016. "How the Fight over Transgender Kids Got a Leading Sex Researcher Fired." *The Cut.* February 7. Accessed January 8, 2020. https://www.thecut.com/2016/02/fight-over-trans-kids-got-a-researcher-fired.html.

———. 2015. *Why Some of the Worst Attacks on Social Science Have Come from Liberals.* New York Magazine. December 30. Accessed 12 17, 2019. https://www.thecut.com/2015/12/when-liberals-attack-social-science.html.

Sky News. 2019. *Special Report: NHS 'over-diagnosing' transgender children.* December 12. Accessed June 19, 2021. https://www.youtube.com/watch?v=qXvdrSkBFqw.

Smaers, Jeroen, Poppy Mulvaney, Christophe Soligo, Karl Zilles, Katrin Amunts. 2012, and 79(3):205-12. 2012. "Sexual dimorphism and laterality in the evolution of the primate prefrontal cortex." *Brain, Behavior, and Evolution* 79 (3): 205-212. https://doi:10.1159/000336115.

Smith, Michael, and Jeffrey Wilhelm. 2002. *Reading Don't Fix No Chevys: Literacy in the Lives of Young Men.* Portsmouth, NH: Heinemann.

Socarides, Charles. 1970. "A psychoanalytic study of the desire for sexual transformation ('transsexualism'): the plaster-of-paris man." *The International Journal of Psycho-Analysis* 51, no. 3: 341–349. PMID: 5503634.

———. 1969. "Dr. Socarides replies, [Letter to the editor]." *American Journal of Psychiatry* 126, no. 2: 156.

———. 1978. "Transsexualism and Psychosis." *International Journal of Psychoanalytic Psychotherapy* 7: 373–384.

Soh, Debra. 2020. *The End of Gender: Debunking the Myths about Sex and Identity in Our Society.* New York, NY: Threshold Editions.

———.2021. "Debra Soh | Full Address and Q&A | Oxford Union Web Series." *OxfordUnion.* April 10. Accessed June 15, 2021. https://www.youtube.com/watch?v=epm_2oC0tus.

Sommers, Christina Hoff. 2013. "What 'Lean In' Misunderstands About Gender Differences." *The Atlantic.* March 19. Accessed June 11, 2020. www.theatlantic.com/sexes/archive/2013/03/what-lean-in-misunderstands-about-gender-differences/274138/.

Spinoza, Baruch. 2001. *Theological-Political Treatise.* Translated by Samuel Shirley. Indianapolis. IN: Hackett Publishing.

St. Thomas, John of. 1885. "De donis Spiritus Sancti." In *Curses Theologicus, Disputatio XVIII*, by Vives. Paris, FR: Vives.

Stahl, Lesley. 2021. "Transgender Healthcare." *60 Minutes.* CBS, WCBS, May 23.

Stebbins, George Ledyard. 1966. *Processes of Organic Evolution.* Englewood Cliffs, NJ: Prentice-Hall.

Steensma, Thomas, Peggy Cohen-Kettenis, and Annelou de Vries. 2011a. "Treatment of Adolescents with Gender Dysphoria in the Netherlands." *Child Adolescent Psychiatric Clinics of North America* 20, no. 4 (October): 689–700. https://doi.org/10.1016/j.chc.2011.08.001.

Steensma, Thomas, Roseline Biemond, Fijgje de Boer, and Peggy Cohen-Kettenis. 2011b. "Desisting and Persisting Gender Dysphoria After Childhood: A Qualitative follow-Up Study."

Clinical Child Psychology and Psychiatry, January 7. https://doi.org/10.1177/1359104510378303.

Steensma, Thomas, and Peggy Cohen-Kettenis. 2018. "A critical commentary on "A critical commentary on follow-up studies and "desistence" theories about transgender and gender non-conforming children"." *International Journal of Transgenderism*, May 29: 225–230. https://doi.org/10.1080/15532739.2018.1468292

Steensma, Thomas, Jenifer McGuire, Baudewijntje Kreukels, Anneke Beekman, and Peggy Cohen-Kettenis. 2013. "Factors associated with desistence and persistence of childhood gender dysphoria: a quantitative follow-up study." *Journal of the American Academy of Child & Adolescent Psychiatry* 52, no. 6 (June): 582–590. https://doi.org/10.1016/j.jaac.2013.03.016,

Stephens, Travis. 2016. "The Principle of Totality Does Not Justify Sex Reassignment Surgery." *Ethics & Medics,* 41, no. 11 (November): 1–4. Accessed September 29, 2020. https://www.ncbcenter.org/em-openaccess/ethics-medics-november-2016.

Stewart, Conor. 2020. *Hospital admissions involving a diagnosis of anorexia nervosa in England in 2019/20, by age.* September 25. Accessed September 28, 2020. https://www.statista.com/statistics/987224/england-anorexia-diagnoses-by-age/.

Stewart, Milo. 2020. Twitter Post. May 11, 2:07AM. https://twitter.com/genderthrash/status/1259726894800535553

Stoller, Robert. 1968. *Sex and Gender: On the development of masculinity and femininity.* New York: Science House.

Strang, John, Lauren Kenworthy, Aleksandra Dominska, Jennifer Sokoloff, Laura Kenealy, Madison Berl, Karin Walsh. 2014. "Increased Gender Variance in Autism Spectrum Disorders and Attention Deficit Hyperactivity Disorder." *Archives of Sexual Behavior*, November: 1525–1533. https://doi.org/10.1007/s10508-014-0285-3.

Swain, Smarak. 2006. "Problems of third gender." In *Social Issues of India*, by Smarak Swain, 57–59. New Delhi, IO: New Vishal Publications.

Synesius of Cyrene Bishop of Ptolemais. 1985. "Synesii Cyrenaei Calvitii encomium." In *In Praise of Baldness*, by J.G. Krabinger, translated by George Kendal, 1–44. Vancouver, CA: Pharmakon Press.

Szasz, Thomas. 1979. "Male and Female Created He Them." *The New York Times*, June: 3.

Talusan, Meredith. 2017. "Why Can't My Famous Gender Nonconforming Friends Get Laid?" *Vice*. June 22. Accessed February 15, 2021. https://www.vice.com/en/article/wjq99z/why-cant-my-famous-gender-nonconforming-friends-get-laid.

Tanis, Justin. 2016. "The Power of the 41%: A glimpse into the life of a statistic." *Journal of Orthopsychiatry* 86, no. 4: 373–377. https://doi.org/10.1037/ort0000200.

Tannehill, Brynn. 2016. "The End of the Desistance Myth." *The Huffington Post*. January 01. Accessed June 11, 2020. https://www.huffpost.com/entry/the-end-of-the-desistance_b_8903690.

Tauler, John. 1910. *The Sermons and Conferences of John Tauler*. Translated by Maria Shrady. Washington, DC: Apostolic Mission House.

Taylor, Timothy. 1996. *The pre-history of sex: Four million years of human sexual culture*. New York: Bantam.

Taylor & Francis. 2020. *Article Metrics*. June 26. Accessed June 26, 2020. https://www.tandfonline.com/doi/abs/10.3109/00048679609065010#metrics-content.

Tetelepta, Berendien. 2021. *More research is urgently needed into transgender care for young people: 'Where does the large increase of children come from?'*. February 27. Accessed June 12, 2021. https://www.voorzij.nl/more-research-is-urgently-neededinto-transgender-care-for-young-people-where-does-the-large-increase-of-children-come-from/.

Temple Newhook, Julia, Jake Pyne, Cindy Holmes, Jemma Tosh, and Sarah Pickett. 2018. "A Critical Commentary on Follow-Up Studies and "Desistance" Theories about Transgender and Gender-Nonconforming Children." *International Journal of Transgenderism* 19, no. 2 (April): 212-224. https://doi.org/10.1080/15532739.2018.1456390.

Terruwe, Anna, and Conrad Baars. 1981. *Psychic Wholeness and Healing.* New York: Alba House.

Tertullian. 1971. *Adversus Valentinianos.* Translated by Mark Riley. Ann Arbor, MI: Bell & Howell.

———. 1885. *On the Apparel of women.* Vol. 4, in *Ante-Nicene Fathers*, by James Donaldson, A. Cleveland Coxe Alexander Roberts, translated by S. Thelwall. Buffalo, NY: Christian Literature Publishing.

Tessman, Lisa. 2005. *Burdened Virtues: Virtue Ethics for Liberatory Struggles.* Oxford, UK: Oxford University Press.

The Barna Group. 2007. *A New Generation Expresses its Skepticism and Frustration with Christianity.* Research Releases in Millennials & Generations, Ventura, CA: Barna Group.

The Ethicists of The National Catholic Bioethics Center. 2016. "Brief Statement on Transgenderism." *The National Catholic Bioethics Quarterly*, Winter: 599–603.

The Leader. 2012. "Exploring Sexual and Gender Identities." *The Leader.* May 1. Accessed June 28, 2020. https://ecleader.net/2012/tag/Benjamin.

The Mayo Clinic. n.d. *Gender dysphoria.* Accessed June 19, 2020. https://www.mayoclinic.org/diseases-conditions/gender-dysphoria/diagnosis-treatment/drc-20475262.

The Roman Missal. 1973. *Exsultet.* Vatican City: International Commission on English in the Liturgy.

The Royal Institution. 2016. "How Neurononsense Keeps Women in Their Place- with Gina Rippon." June 1. YouTube video, 53:26. Accessed January 8, 2020. https://www.youtube.com/watch?v=uqR4cw9Amlg.

The United States Department of State. 2017. *2017 Country Reports on Human Rights Practices: Iran.* Country Report, Washington, DC: Bureau of Democracy, Human Rights and Labor.

The World Conservation Union. 2014. *Numbers of threatened species by major groups of organisms (1996–2014).* November 13. Accessed December 24, 2019. http://cmsdocs.s3.amazonaws.com/summarystats/2014_3_Summary_Stats_Page_Documents/2014_3_RL_Stats_Table_1.pdf.

The World Professional Association for Transgender Health. 2012. *Standards of Care written by the World Professional Association for Transgender Health.* Minneapolis, MN: WPATH.

Thérèse. *The Story of a Soul.* 1996. Translated by John Clarke. Charmouth, UK: C.S. Publications.

Toomey, Russell, Amy Syvertsen, and Maura Shramko. 2018. "Transgender Adolescent Suicide Behavior." *Pediatrics* 42, no. 4 (October): https://doi.org/10.1542/peds.2017-4218.

Totenberg, Nina. 2020. "Supreme Court Delivers Major Victory to LGBTQ Employees." *NPR.* June 15. Accessed June 28, 2020. https://www.npr.org/2020/06/15/863498848/supreme-court-delivers-major-victory-to-lgbtq-employees.

Tougher, Shaun. 2004. "Holy Eunuchs! Masculinity and Eunuch Saints in Byzantium." In *Holiness and Masculinity in the Middle Ages*, by PH Cullum, & Katherine Lewis, 94. Cardiff, UK: University of Wales Press.

Trans Student Educational Resources. n.d. *The Gender Unicorn.* Accessed January 9, 2020. https://www.transstudent.org/gender.

———. n.d. *Why We Used Trans* and Why We Don't Anymore.* Accessed January 23, 2020. https://www.transstudent.org/asterisk.

Transgender Law Center. 2015. "Ten tips for working with transgender patients: An information and resource publication for healthcare providers." *Transgender Law Center.* Accessed July 20, 2020. http://transgenderlawcenter.org/wp-content/uploads/2011/12/01.06.2016-tips-healthcare.pdf.

Travers, Robb, Greta Bauer, and Jake Pyne. 2012. *Impacts of Strong Parental Support for Trans Youth.* Children's Aid Society of Toronto and Delisle Youth Services, Toronto, ON: Trans Pulse.

Tur, Zoey. 2015. "The moment this transgender debate got heated." *HLN.* July 17. Accessed July 16, 2021. https://www.youtube.com/watch?v=YgQy70_LPS4.

Ugalmugle, Sumant, and Rupali Swain. 2020. "Sex Reassignment Surgery Market Size By Gender Transition (Male to Female {Facial, Breast, Genitals}, Female to Male {Facial, Chest, Genitals}), Industry Analysis Report, Regional Outlook, Application Potential, Price Trends, Competitive Market Share." *Global Market Insights.* March. Accessed December 13, 2020. https://www.gminsights.com/industry-analysis/sex-reassignment-surgery-market.

Ulrichs, Karl Heinrich. 1868. *Memnon.* Schleiz, DE: Hübscher.

United States Conference of Catholic Bishops. 2019. "U.S. Bishops' Chairman for Catholic Education Welcomes the Release of Male and Female He Created Them." *United States Conference of Catholic Bishops.* June 11. Accessed July 15, 2020. http://www.usccb.org/news/2019/19–109.cfm.

U.S. Department of Health and Human Services. 2013. *Child Maltreatment 2012.* Accessed July 12, 2021. http://www.acf.hhs.gov/programs/cb/research-data-technology/statistics-research/child-maltreatment.

Vaid-Menon, Alok. 2021. Twitter Post. March 7, 6:57 AM. https://twitter.com/WomenReadWomen/status/1368516106520911874/photo/1

van de Grift, Tim, Els Elaut, Susanne Cerwenka, Peggy Cohen-Kettenis, and Baudewijntje Keukels. 2018. "Surgical Satisfaction, Quality of Life, and Their Association After Gender-Affirming Surgery: A Follow-up Study." *Journal of Sex & Marital Therapy* 44, no. 2: 138–148. https://doi.org/10.1080/0092623X.2017.1326190.

van Kesteren, Paul, Henk Asscheman, Jos Megens, and Louis Gooren. 1997. "Mortality and Morbidity in Transexual Subjects Treated with Cross-sex Hormones." *Clinical Endocrinology, 47*(3): 337–342.

van Mol, Andre, Michael Laidlaw, Miriam Grossman, and Paul McHugh. 2020. *Correction: Transgender Surgery Provides No Mental Health Benefit.* September 13. Accessed September 27, 2020. https://www.thepublicdiscourse.com/2020/09/71296/.

van Straalen, Wouter, J. Joris Hage, and Elisabeth Bloemena. 1995. "The inframammary ligament: myth or reality?" *Annals of Plastic Surgery* 35, no. 3 (September): 237–241.

Vanier, Jean. 2019. *A Cry is Heard: My path to peace.* Toronto, ON: Darton, Longman, and Todd.

———. 1998. *Becoming Human.* Toronto, ON: Anansi.

———. 1989. *Community and Growth.* New York: Paulist Press.

———. 1985. *Man and Woman He Made Them.* Mahwah, NJ: Paulist Press.

———. 1997. *Our Journey Home.* Translated by Maggie Parham. London, UK: Novalis/ Orbis.

———. 1988. *The Broken Body.* New York: Paulist Press.

Vatsyayana. 1961. *Kama Sutra.* Translated by Upadhyaya. Bombay, IO: D.B. Traraporevala Sons.

Vincent, Ben, and Ana Manzano. 2017. "History and Cultural Diversity." In *Genderqueer and Non-Binary Genders*, by Christina Richards, Walter Pierre Bouman, 11–30. London, UK: Palgrave Macmillan.

Vincent, Par Alizée. 2020. "Sylvia Rivera, la Rosa Parks des trans." *Causette*. May 20. Accessed June 13, 2021. https://www.causette.fr/feminismes/figures/sylvia-rivera-la-rosa-parks-des-trans.

von Balthasar, Hans Urs. 1974. "Nine Theses in Christian Ethics." *Vatican.va,* Accessed February 12, 2020. http://www.vatican.va/roman_curia/congregations/cfaith/cti_documents/rc_cti_1974_morale-cristiana_en.html.

von Hildebrand, Dietrich, Mary Shivanandan, and Mark S. Latkovic. 2013. "Sex." In *New Catholic Encyclopedia Supplement 2012–2013: Ethics and Philosophy*, by Catholic University of America, translated by Robert L. Fastiggi, 1405. Detroit, MI: Gale.

von Krafft-Ebing, Richard. 1906. *Psychopathia Sexualis: With Especial Reference to the Antipathic Sexual Instinct [12th ed.]*. Translated by FJ Rebman. New York: Physicians and Surgeons Book; reprint.

Walch, Tad. 2018. "LDS Church donates 25K to LGBT advocacy group in effort to prevent suicide." *KSL.com*. July 11. Accessed July 24, 2020. https://www.ksl.com/article/46358409/lds-church-donates-25k-to-lgbt-advocacy-group-in-effort-to-prevent-suicide.

Wallace, William. 1999. "Quantification in the Sixteenth Century Natural Philosophy." In *Recovering Nature: Essays in Natural Philosophy, Ethics, and Metaphysics in Honor of Ralph McInerny*, by O'Callaghan, & Thomas Hibbs, 11–24. Notre Dame, IN: University of Notre Dame Press.

Wallien, Madeleine, and Peggy Cohen-Kettenis. 2008. "Psychosexual outcome of gender-dysphoric children." *Journal of the American Academy of Child and Adolescent Psychiatry*: 1414–1423. https://doi.org/10.1097/CHI.0b013e31818956b9.

Watson, Diane, and Stanley Coren. 1992. "Left-handedness in male-to-female transsexuals [letter]." *Journal of the American Medical Association* 267, no. 10: 1342.

Warrier, Varun, David M. Greenberg, Elizabeth Weir, Clara Buckingham, Paula Smith, Meng Chuan Lai, Carrie Allison & Simon Baron-Cohen. 2020. "Elevated rates of autism, other neurodevelopmental and psychiatric diagnoses, and autistic traits in transgender and gender-diverse individuals." *Nature Communications* 11, 3959. https://doi.org/10.1038/s41467-020-17794-1.

Watson, Rebecca. 2019. "Correction or Censorship? An Anti-Trans Study Sparks Controversy." March 29. YouTube video, 7:28. Accessed 12 16, 2019. https://www.youtube.com/watch?v=rIiFQ5UJCJQ.

Watts, Fraser. 2002. "Transsexualism and the Church." *Theology and Sexuality* 9: 63–85. https://doi.org/10.1177/135583580200900105.

White, Blaire. 2017. "Live Debate w/ Trans Activist" *Blaire White.* February 20. YouTube video, 58:20. Accessed January 15, 2021. https://www.youtube.com/watch?v=7mamVI4UPYQ.

———. 2018. "DEBATE: Ben Shapiro & Blaire White." *Blaire White.* January 10. YouTube video, 14:35. Accessed January 21, 2020. https://www.youtube.com/watch?v=hbTwoLah2VY.

———. 2019a. "Why I'm Not Getting "The Surgery." *Blaire White.* March 7. YouTube video. Accessed January 21, 2020. https://www.youtube.com/watch?v=z1ZWX5r_0MI.

———. 2019b. "Exposing Jessica Yaniv: Trans Predator." *Blaire White.* July 23. YouTube video. Accessed June 8, 2021. https://www.youtube.com/watch?v=MI_lXO7zrAQ.

———. 2020. "'I Regret Transitioning' - Talk w/ Teen De-transitioner." *Blaire White.* January 21. YouTube video, 9:00. Accessed January 21, 2020. https://www.youtube.com/watch?v=tPBLyb8H_iE

———. 2021a. "'My Life Felt Ruined' - Talk w/ Detransitioned Woman" *Blaire White.* May 26. YouTube video, Accessed January 21, 2021. https://www.youtube.com/watch?v=xJNAD6dJanA.

———. 2021b. "Responding to 'Blaire White Hates Non-Binary People'" Blaire *White.* May 14. YouTube video, Accessed May 15, 2021. https://www.youtube.com/watch?v=_CUf2vIz2Y4.

White, Tonya. 1997. "Gender Identity Disorder: Nature, Nurture and A Common Final Pathway." *The Second International Congress on Sex & Gender Issues.* King of Prussia, PA: The Renaissance Education Association, 1997. Saturday, June 21.

Whyte, Stephen, Robert C. Brooks, and Benno Torgler. 2018. "Man, Woman, "Other": Factors Associated with Nonbinary Gender." *Archives of Sexual Behavior*, November 1: 2397–2406. https://doi.org/10.1007/s10508-018-1307-3.

Wilhelmsen, Frederick. 2012. "Forward." In *Thomist Realism and the Critique of Knowledge*, by Étienne Gilson, 7–21. San Francisco, CA: Ignatius Press.

Williams, Bernard. 1981. *Moral Luck.* Cambridge, UK: Cambridge University Press.

Williams, Cristan. 2012a. "1971: Transsex Added to the Dictionary." *Cristan Williams.* February 10. Accessed June 27, 2020. http://research.cristanwilliams.com/2012/02/10/1971-transsex-added-to-dictionary/.

———. 2012b. "Tracking Transgender: The Historical Truth." *Cristan Williams.* March 27. Accessed June 27, 2020. http://www.cristanwilliams.com/2012/03/27/tracking-transgender-the-historical-truth/.

Williams, Rachel Anne. 2019. *Transgressive: A Trans Woman on Gender, Feminism, and Politics.* London, UK: Jessica Kingsley Publishers.

Williamson, Kevin. 2014. "National Review." *Laverne Cox Is Not a Woman: Facts are not subject to our feelings.* May 30. Accessed

January 12, 2020. https://www.nationalreview.com/2014/05/laverne-cox-not-woman/.

Willoughby, India. 2019. "India Willoughby on Being Trans, Trans Athletes and Women's Spaces." *Triggernometry*. April 14. Accessed June 9, 2021. https://www.youtube.com/watch?v=jWuNG5tXNS4.

Wilson, Erin, Ellen Iverson, Robert Garofalo, and Marvin Belzer. 2012. "Parental support and condom use among transgender female youth." *Journal of the Association of Nurses in AIDS Care* 23, no. 4: 306–317. https://doi.org/10.1016/j.jana.2011.09.001.

Wilson, Erin, Robert Garofalo, Robert Harris, Amy Herrick, Miguel Martinez, Jaime Martinez. 2009. "Transgender Female Youth and Sex Work: HIV Risk and a Comparison of Life Factors Related to Engagement in Sex Work." *AIDS and Behavior* 13, no. 5: 902–913. https://doi.org/ 10.1007/s10461-008-9508-8.

Wischik, Claude. 2020. "Neuropathology, the Brain, and Spirituality." Keynote Address. Elgin, UK: Pluscarden Abbey, January 29.

Witt, Charlotte. 1989. *Substance and Essence in Aristotle: An Interpretation of Metaphysics VII-IX*. Ithica, NY: Cornell University Press.

———. 2011. *The Metaphysics of Gender*. Oxford, UK: Oxford Press.

Wojtyla, Karol. 1981. *Love & Responsibility*. Translated by H.T. Willetts. London, UK: Collins.

———. 1979. *The Acting Person*. Translated by Andrzej Potocki. Boston, MA: Reidel.

Wood. Graeme. 2019. "Genital waxing complainant's topless-OK youth LGBTQ2S+ swim proposal delayed by Township of Langley." *North Shore News*. July 25. Accessed June 8, 2021. https://www.nsnews.com/local-news/genital-waxing-complainants-topless-ok-youth-lgbtq2s-swim-proposal-delayed-by-township-of-langley-3104138.

Wooden, Cindy. 2016. "Pope Francis deplores 'global war' on marriage." *Catholic Herald.* October 1. Accessed January 14, 2020. https://catholicherald.co.uk/news/2016/10/01/pope-deplores-global-war-on-marriage/.

Wright, Colin. 2020. ""Sex is NOT a Spectrum' - Colin Wright." *Triggernometry.* October 7. Accessed June 10, 2021. https://www.youtube.com/watch?v=ncF-ZbfVR2w.

Wright, N.T. 2017. "Letter to the Editor." *The Times of London*, August 3.

Wu, Chengliang. 1995. "Ancient Crocodile Chomped on Plants." *Science News*, August: 132. Accessed September 29, 2020. https://www.sciencenewsforstudents.org/article/ancient-crocodiles-may-have-preferred-chomping-plants-not-meat.

Wu, Katherine. 2016. *Between the (Gender) Lines: Science of Transgender Identity.* December. Accessed 12 15, 2019. http://sitn.hms.harvard.edu/flash/2016/gender-lines-science-transgender-identity/.

Wynn, Natalie. 2019. """Transtrenders" | ContraPoints." ContraPoints, July 1. YouTube video, 34:43. Accessed December 17, 2019. https://www.youtube.com/watch?v=EdvM_pRfuFM.

———. 2018. "Autogynephilia | ContraPoints." ContraPoints, February 1. YouTube, 48:54. Accessed 12 16, 2019. https://www.youtube.com/watch?v=6czRFLs5JQo.

Yarhouse, Mark. 2015. *Understanding Gender Dysphoria.* Downers Grove, IL: IVP Academic, 2015.

Yarhouse, Mark, and Dara Houp. 2016. "Transgender Christians: Gender Identity, Family Relationships, and Religious Faith." In *Transgender Youth*, by Shemya Vaughn, 51–65. New York: Nova Publishers.

Yarhouse, Mark, Dara Houp, Julia Sadusky, and Olya Zaporozhets. 2016. "Christian Parents' Experiences of Transgender Youth During the Coming Out Process" In *Transgender Youth*, by Shemya Vaughn, 193–208. New York: Nova Publishers.

Yarhouse, Mark, and Julia Sadusky. 2019. "The Complexities of Gender Identity." In *Understanding Transgender Identities*, by James Beilby, & Paul Rhodes Eddy, 101–146. Grand Rapids, MI: Baker Academic.

Yeo, Margaret. 1938. *A Prince of Pastors: St. Charles Borromeo.* London, UK: Catholic Book Club.

Yerke, Adam, and Ashley Fortier. 2016. "Leveling the Playing Field for All: safe, fair, and equal inclusion of transgender youth athletes part one." In Transgender Youth, by Shemya Vaughn, 143–163. New York: Nova Publishers.

Zeigler, Cyd. 2016. "Exclusive: Read the Olympics' new transgender guidelines that will not mandate surgery." *Out Sports.* January 21. Accessed July 23, 2020. https://www.outsports.com/2016/1/21/10812404/transgender-ioc-policy-new-olympics.

Zell, Michael. 1986. "Suicide in pre-industrial England." *Social History,* 11, no. 3 (October): 303–317. http://www.jstor.org/stable/4285541.

Zhou, Jiang-Ning, Michael Hofman, Louis Gooren, and Dick Swaab. 1995. "A sex difference in the human brain and its relation to transsexuality." *Nature* 68: 68–70. https://doi.org/10.1038/378068a0.

Zinn, Andrew. 2016. "Turner Syndrome—the Basics, Genetic Overview." In *Sex, Gender, and Sexuality: The New Basics*, by Abby Ferber, Kimberly Holcomb, & Tre Wentling, 540. Oxford, UK: Oxford University Press.

Zucker, Kenneth, Anne Lawrence, and BPC Kreukels. 2016. "Gender dysphoria in adults." *Annual Review of Clinical Psychology* 12: 217–247. https://doi.org/10.1146/annurev-clinpsy-021815-093034.

Zucker, Kenneth. 2007. "Gender Identity Disorder in Children and Adolescents." In *Gabbard's treatments of psychiatric disorders*, by G.O. Gabbard, 683–701. Washington, DC: American Psychiatric Press.

ÍNDICE

www.ingramcontent.com/pod-product-compliance
Lightning Source LLC
Chambersburg PA
CBHW071009140426
42814CB00004BA/174
* 9 7 8 1 7 3 7 2 2 7 3 7 3 *